ORACLE

쉬운 설명과 실전 예제가 가득한

오라클 관리 실무

서진수 지음

생능출판

국립중앙도서관 출판시도서목록(CIP)

(쉬운 설명과 실전예제가 가득한) 오라클 관리 실무 /
저자: 서진수. -- [파주] : 생능출판사, 2013
p. ; cm

색인수록
권말부록: 리눅스 기초 ; Visual Editor(vi editor) ; Li-
nux Shell Script
ISBN 978-89-7050-782-8 93000 : ₩45000

오라클[Oracle]

005.756-KDC5
005.756-DDC21 CIP2013011628

머리말

PREFACE

안녕하세요, 이 책의 저자 서진수입니다.

우선 데이터베이스 중에서 가장 많이 사용되고 성능과 안정성을 인정받고 있는 오라클 세계에 입문한 것을 완전 환영합니다.

오라클 공부를 하기 위해서 서점에서 책을 찾아보면 오라클 구조나 원리에 대한 내용을 언급하고 있는 좋은 책들이 아주 많이 있습니다. 그런데 오라클을 처음 배우는 많은 분들이 공통적으로 하는 말은 오라클의 내용이 너무 어렵고 이해가 잘 안 된다는 것이었습니다. 사실 컴퓨터공학 전공자들조차도 오라클은 너무 어려운 과목이라고 생각할 정도로 관련 책이나 문서에 어려운 용어들과 내용들로 가득하지요.

오라클 자체가 결코 쉬운 과목이 아니기 때문에 어쩌면 당연한 반응일 수도 있지만 처음 입문하는 분들 입장에서는, 즉 기초부터 확실히 배워야 하는 분들 입장에서는 조금이라도 더 쉽고 마음에 와 닿게 오라클을 배우고 싶어하는 것 같아서 감히 제가 이 책을 기획하고 집필하게 되었습니다.

하지만 이 책의 집필 목적이 "초보자에게도 쉽고 재미있게 오라클을 전하자!"라고 하더라도 오라클 자체가 처음 시작하는 분들에게는 워낙 어렵고 생소한 부분이 많기 때문에 이 책 안에서도 어려운 내용들이나 생소한 용어들이 등장합니다. 하지만 최대한 쉽고 재미있게 설명하였고 용어 선택이나 예를 선택하는 데에 있어서도 초보자나 입문자의 입장에서 생각해보고 고민하고 선택했습니다. 그리고 이 책으로 기본을 확실하게 만들고 난 후에는 OWI나 보다 전문적인 튜닝 서적을 봐야 하기에 OWI 관련된 어려운 내용과 전문적인 튜닝 관련 내용도 조금씩 언급하고 있습니다.

이 책의 가장 큰 특징은 오라클 구조 및 운영과 튜닝 관련 기본 지식과 원리들을 다른 책에서 볼 수 없을 만큼 쉽게 설명하면서도, 기존 오라클 책에서는 찾아보기 어려운 꼭 알아야 하는 네트워크 관련 지식과 OS(리눅스), Shell Script에 대한 내용을 집대성하여 독자에게 관련된 지식을 한꺼번에 연관지어

P R E F A C E

볼 수 있도록 제공하고 있습니다. 만약 리눅스에 익숙하지 않은 분들은 부록의 리눅스 부분부터 먼저 본 후에 책을 읽어볼 것을 권장합니다.

그리고 Oracle Enterprise Linux 5 기반에 Oracle 11g 버전을 설치하는 매뉴얼을 OUI 기반과 Silent Mode 두 가지로 제공하고 있습니다. 현업에서 Silent mode는 많이 설치되어서 꼭 알아야 하는 설치 방법인데 이 방법을 알려주는 책이 없지요. 그리고 설치 매뉴얼 안에도 그냥 무조건 따라 하라는 것이 아니라 각종 설치와 관련된 여러 파라미터들의 의미를 자세히 설명했습니다. 다만 양해를 부탁할 부분은 책에 담고 싶은 내용이 너무 많은데 지면상 한계가 있어서 모두 담지 못했다는 것과 설치 매뉴얼을 이 책 안에 넣지 못하고 생능출판사 홈페이지의 자료실을 통해 별도의 파일로 제공한다는 점입니다. 다소 불편하더라도 널리 양해를 부탁 드립니다.

또 한 가지 양해를 미리 구할 내용이 있습니다.

이 책을 기획한 이유는 '단 한 권으로 독자들이 어떤 책보다 쉽게 오라클 구조와 운영 방법, 기본적인 장애처리를 다 할 수 있는 매뉴얼 같은 책을 만들자' 입니다. 그래서 오라클에서 중요한 다양한 내용을 보다 쉽고 자세하게 설명을 하려고 노력했는데 그 중에서 저자의 다른 저서에서 언급되었던 내용들과 이 책의 일부 내용이 중복이 되는 부분이 있습니다. 오라클이라는 한 가지 주제를 가지고 일관되게 설명을 하다 보니까 어쩔 수 없이 중복이 되었습니다. 그래서 이렇게 중복되는 부분을 이 책에 포함할 것인지 뺄 것인지를 두고 심각하게 고민을 했습니다. 기존 책을 가지고 있는 분들이 이 책에서 중복되는 부분을 본다면 당연히 기분이 좋지 않을 것 같아서 제외하려고 했지만, 또 한편으로는 만약 이 책을 시작으로 오라클을 처음 배우는 분들은 그 내용이 빠져버리면 중요한 핵심을 못 배우게 되는 문제가 생길 수 있어서 고민을 거듭하다가 중복되는 내용을 최대한 줄이되 중복되는 부분도 포함하는 것이 더 나을 것 같다는 판단을 했습니다. 이미 저의 이전 책을 가지고 계신 분들은 이 부분에 대한 저의 고민과 이 책을 시작으로 오라클에 입문하시는 분들의 마음을 이해해 주기를 널리 양해 부탁 드립니다.

이 책에서 언급하지 못한 AWR이나 성능 튜닝 부분은 향후 별도의 책으로 전해 드리기 위해 현재 작업 중에 있습니다. 그리고 이 책에서 모두 언급하지 못했지만 아주 중요한 인덱스 부분과 테이블 파티셔닝, 중요 SQL 작성 방법은 저의 또 다른 저서인 ≪다양한 예제로 쉽게 배우는 오라클 SQL과 PL/SQL≫를 참고하고 이 책에 언급 못한 아주 다양한 장애 유형과 대처 방법은 ≪정석! 오라클 백업과 복구 1,2≫를 보면 아주 자세하게 잘 설명되어 있으니 참고하세요.

끝으로 토끼와 거북이의 경주 이야기 아시죠?

토끼와 거북이의 차이가 무엇이었을까요? 많은 의견이 있지만 저는 이렇게 생각합니다.

"토끼는 상대를 보고 달렸지만 거북이는 목표를 보고 달렸다!"

토끼는 경주를 할 때 거북이를 보고 자만하고 교만해서 최선을 다하지 못했고 결국 중간에 낮잠이라는 만용을 발휘하다가 결국 경주에 지고 말지요. 하지만 거북이는 상대를 보지 않고 목표지점만 바라 보았습니다. 만약 거북이가 경주 전에 자기보다 훨씬 빠른 토끼를 봤다면 아예 경주를 시작하지도 못했을 것 같아요.

오라클 공부를 하다 보면 분명히 그리고 당연히 나보다 잘하고 대단한 분들이 많음을 알게 됩니다. 저도 마찬가지거든요. 저보다 훨씬 잘하는 선배님들이나 후배님들이 아주 많습니다. 그럴 때 그 분들을 보면서 도전을 받는 것은 좋지만 그 분들하고 자신을 비교해서 주눅들고 포기하게 된다면 참 안타까운 일입니다. 절대로 다른 사람의 시선과 내 미래를 책임지지 않는 남의 말에 소중하고 중요한 자신의 목표를 버리거나 흔들리지 말고 원하는 그 목표를 이루길 바랍니다.

감사 드립니다

이 책이 나오기까지 저뿐만 아니라 제 주위에 계신 많은 분들의 여러 가지 많은 수고와 응원과 노력이 있었습니다. 여러 가지로 배려해 주고 도와준 아이티윌의 조인형 사장님과 박승곤 원장님과 모든 직원 분들께도 감사 드립니다. 함께 고민해 주고 좋은 말씀과 격려로 힘을 실어준 김영조 강사님께도 깊은 감사를 드립니다.

현업에서 함께 혹은 다른 곳에서 일하면서 실시간으로 저에게 질문해 주고 함께 해결방법을 고민했었던 여러 엔지니어들에게도 감사 드립니다.

P R E F A C E

허우 님, 박원범 님, 박상수 님, 홍정우 님, 정연권 님, 박동주 님, 박민경 님 등 너무 많아서 일일이 다 열거할 수 없지만 모든 분들께 정말 많이 감사하고 있다는 점 꼭 전하고 싶습니다.

네이버 prodba 카페(http://cafe.naver.com/prodba)의 여러 회원들과 다음 ocp 카페(http://cafe.daum.net/ocp)의 여러 회원들께도 감사 드립니다.

부족한 원고를 받아주시고 책으로 빛을 보게 해준 생능출판사의 김승기 사장님과 모든 관계자 분들께도 진심으로 감사 드립니다.

고향에서 오늘도 저를 위해 기도하는 어머니 이남순 여사님과 형을 대신해서 고향에서 어머니를 지키고 있는 동생 서재수에게 사랑과 감사의 마음을 함께 전하고 싶습니다.

그리고 힘들다고 늘 걱정하면서 챙겨주는 또 한 분의 어머니이신 장모님 한경희 여사님과 부족함밖에 없는 저를 믿어주고 힘이 되어준 소중한 아내 희연이와 딸 채원이에게도 이 지면을 빌어서 감사와 사랑을 전합니다.

"희연아, 정말 널 만난 건 내게 너무 큰 축복이야!"

그리고

부족한 저에게 펜을 들게 해서 이 책을 쓰게 하신 하나님께 모든 감사와 영광을 올려 드립니다.

2013년 5월의 봄날에, 서진수

차례

CHAPTER 07 Tablespace와 Data File 관리하기

CHAPTER 08 Oracle 저장 구조

CHAPTER 09 Oracle 메모리 관리 기법들

CONTENTS

CONTENTS

CHAPTER 10 사용자 관리

CHAPTER 11 DBMS_JOB & DBMS_SCHEDULER

CONTENTS

CHAPTER 14 Datapump와 Migration

APPENDIX 부록1 리눅스 기초

CONTENTS

C O N T E N T S

APPENDIX 부록2 Visual Editor(vi editor)

APPENDIX 부록3 Linux Shell Script

CHAPTER 01

Oracle Architecture

1. DBMS와 Oracle 이야기

2. Oracle Server의 전체 구조 살펴보기

(1) Oracle Server 전체 구조

(2) Oracle Instance의 할당 관리

(3) Dynamic SGA 기능

(4) Program Global Area(PGA)의 주요 구성 요소

01 CHAPTER

Oracle Architecture

1. DBMS와 Oracle 이야기

차를 잘 운전하고 사용하려면 그 구조를 잘 알고 있어야 하듯이 Oracle을 잘 운영하고 관리하려면 그 구조를 잘 알아야 하는 것은 당연한 일입니다. 마치 의사가 인체의 구조와 특징을 잘 알아야 병든 사람도 고치고 더 건강하게 잘 살게 도와주는 것처럼 지금 우리가 공부하는 Oracle Database 역시 내부 구조와 작동원리를 잘 알아야 잘 운영할 수 있다는 부분은 마찬가지입니다.

컴퓨터는 많은 하드웨어로 구성되어 있는 아주 복잡한 기계지만 가장 중요한 부분을 나누라고 하면 실제 작업을 하는 CPU와 작업을 하는 장소인 메모리(RAM)와 데이터를 저장하는 하드디스크(HDD)로 나눌 수 있습니다. 여기에서 CPU 부분은 사용자가 관리나 제어를 할 수 없기 때문에 주로 메모리와 HDD를 자주 언급되는데 이 책에서도 Oracle 구조를 메모리와 HDD를 위주로 설명하겠습니다.

먼저 Oracle이라는 프로그램이 무엇을 하는 프로그램인지 간단히 알아보겠습니다. Oracle은 DataBase Management System(DBMS)이라는 분야의 한 종류입니다. 그럼 Database란 무엇일까요? Database란 데이터를 저장하는 보관소를 의미합니다. 아래 그림으로 DBMS와 Oracle에 대해 이해해 보겠습니다.

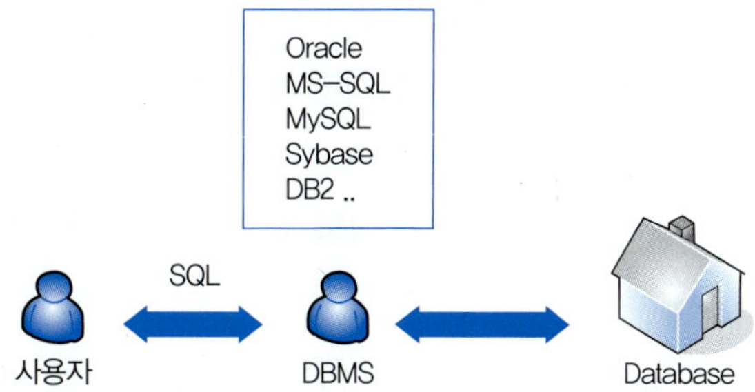

위 그림을 보면 가장 오른쪽에 Database라는 것이 보입니다. Database라는 것은 쉽게 이야기해서 데이터를 아주 많이 쌓아 둔 것을 말합니다. 만약 친구 명단을 관리해야 하는데 친구가 몇 명 없을 경우에는 그냥 수첩에 적어서 관리하면 됩니다. 그렇지만 성격이 좋아서 정말 친구가 많아도 너무 많아서 약 1억 명이라고 하면 그 1억 명을 직접 일일이 수첩에 다 적고 관리하기가 정말 힘들겠지요. 예를 들어 1억 명 중에서 내일 생일인 사람을 찾아서 생일 축하한다는 문자 메시지를 보내려고 할 때 만약 찾는데 2일이 걸린다면 생일이 지나서야 찾아지겠지요.

Oracle이라는 프로그램은 이렇게 대량의 데이터를 고장 나지 않도록 잘 지켜주고 사용자가 원하는 자료를 빨리 찾아주고 사용자가 원하면 변경도 해주는 등의 일을 해 주는 프로그램의 일종입니다. Oracle처럼 사람을 대신해서 데이터를 지켜주고 관리해 주는 전문적인 프로그램 분류를 DBMS(DataBase Management System, 또는 Software)라고 합니다.

위 그림에서 보면 사용자가 DBMS라는 관리인에게 SQL이라는 명령어를 사용해서 원하는 것을 시키고 DBMS는 사용자가 시키는대로 Database라는 창고를 왔다 갔다 하면서 데이터도 넣고 가져오고 관리도 해 주게 됩니다. 사실 사용자의 입장에서는 어디에 어떤 데이터가 있는지 몰라도 그냥 DBMS에게 시키기만 하면 되니까 아주 편리하게 데이터를 관리할 수 있습니다. 물론 DBMS 프로그램의 종류에 따라서 Database를 관리하는 원리는 조금씩 다릅니다. 즉 관리자에 따라 창고를 사용하는 방식이나 SQL 명령어가 조금씩 다를 수 있다는 거죠.

컴퓨터에 설치되는 대부분의 DBMS 프로그램은 사용자가 저장한 데이터를 전부 하드 디스크에 저장해 놓고 실제 내용을 조회하거나 변경하는 등의 작업은 전부 메모리에서 진행합니다. 그 이유는 작업 속도 때문입니다. 요즘 하드디스크가 속도가 많이 빨라졌다고 해도 메모리의 속도와는 비교도 안될 만큼 느리거든요. 어떤 통계를 보니까 하드 디스크와 메모리의 속도 차이가 1만 배 정도 난다라는 자료를 본 적도 있으니 정말 메모리에 비해서 하드 디스크가 느린 것 알겠죠?

메모리에서 작업하고 디스크에 저장한다는 이 원리가 아주 중요합니다.

Oracle도 위의 원리와 동일하게 작동을 합니다. 사용자가 Oracle이라는 프로그램을 설치 한 후 시작하면 Oracle 프로그램은 자신이 사용할 메모리와 디스크 부분을 자신이 작업을 하기 좋은 상태로 구성을 하게 됩니다. 이 과정을 얼마나 효율적으로 하느냐에 따라서 성능이 결정이 되기 때문에 Oracle이 메모리를 어떻게 쓰고 디스크를 어떻게 사용해야 하는지를 이해하는 것이 아주 중요합니다. 이 구조를 잘 알면 작업이 느릴 때 어디가 문제인지, 또는 고장이 났을 때 어떤 문제가 있는지, 어떻게 고치는지를 쉽게 알 수 있으니까요. 뒷부분에서 이 구조들을 자세하게 살펴보겠습니다.

Oracle을 공부할 때 많이 힘들어 하는 부분 중 한가지는 Oracle 프로그램에서 사용하는 용어들인데 일반 프로그램에서 사용하는 용어를 쓰지 않고 독자적인 언어를 사용하기 때문에 처음 배우는 사람들이 많이 힘들어 합니다. 예를 들어 고양이를 한국에서는 '고양이'라고 부르지만 미국에서는 'Cat'이라고 부르는 것과 비슷한 개념입니다. 이 책에서는 전문적인 Oracle 용어를 최대한 쉬운 일반적인 용어와 비교하면서 설명을 하겠지만 Oracle 전문용어를 꼭 외우셔야 합니다. 그래야 Oracle 관련된 공부를 할 때 편하기 때문입니다.

2. Oracle Server의 전체 구조 살펴보기

Oracle은 구조도 아주 복잡하고 새로운 용어도 많아서 배우기가 많이 어려운 프로그램입니다. 하지만 어렵더라도 반드시 알아야 하는 Oracle의 전체 구조를 이번 장에서 살펴보겠습니다. 단 이번 장에서는 세부적인 내용보다는 전체적인 구조를 파악할 수 있는 것에 목표를 두고 아래의 내용을 설명하고 각 구성 요소에 대한 세부적인 내용은 해당 챕터에서 자세하게 살펴보겠습니다.

1. Oracle Server 전체 구조(메모리와 디스크 구조)
2. Instance 할당 및 관리
3. SGA의 주요 구성 요소
4. Dynamic SGA 기능
5. PGA의 주요 구성 요소

(1) Oracle Server 전체 구조

사용자가 Oracle Server에 접속해서 데이터를 조회하고 관리를 하는 원리를 먼저 살펴보겠습니다. Oracle 프로그램을 설치한 후에 실행시키면 Oracle은 메모리와 디스크에 자신만의 특별한 구조를 만들게 됩니다. 이렇게 메모리와 디스크에 생성되는 구조를 Oracle 용어로 Oracle Server라고 합니다. Oracle Server(흔히 Oracle이라고 불리지만 정확하게는 Oracle Server라고 합니다.)에서는 메모리 부분에 생성되는 구조를 인스턴스(Instance)라고 부르고 디스크에 있는 여러 가지 파일 중에서 특별히 데이터가 저장되는 데이터 파일들(Data files), DB 전체의 관리정보가 들어있는 컨트롤 파일들(Control files), 장애 복구 시에 사용되는 리두 로그파일(Redo log files)을 합쳐서 데이터베이스(Database)라고 부릅니다.

다소 복잡하지만 정리하면 Oracle Server는 크게 Instance와 Database로 나눌 수 있습니다. 다음 그림은 Oracle Server의 구조를 보여주고 있습니다.

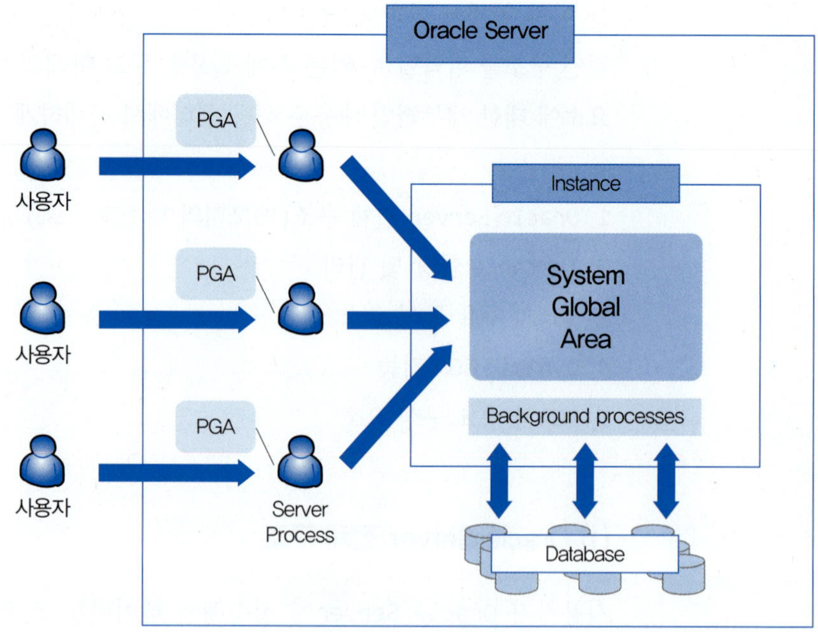

<Oracle Server 구조>

위 그림을 조금 더 자세하게 살펴보겠습니다.

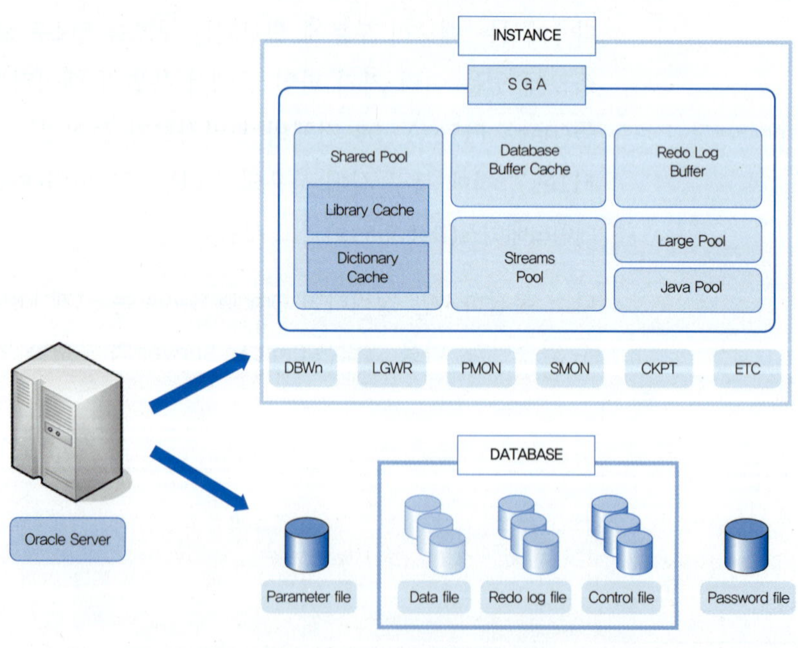

<Oracle Instance와 Database>

위 그림에서 볼 수 있듯이 메모리에 생성되는 인스턴스(Instance)는 다시 SGA(System Global Area)와 여러 가지의 백그라운드 Process(Background Process)들로 나뉘게 됩니다. 이 중에서 SGA라는 공간은 실제 작업들이 수행되는 공간이고 백그라운드 Process들은 Oracle Server가 잘 운영되도록 해주는 역할을 합니다. 위 그림을 보면 구조가 많이 복잡하게 보이지만 마치 회사에 여러 부서가 있고 또 각각의 부서가 하는 업무가 정해져 있듯이 Oracle 또한 메모리나 디스크에 각각의 부서와 같은 부분으로 나뉘게 되고 각각 하는 일들이 정해져 있습니다. 이 부분에 대해서는 뒤에서 자세히 알아 보겠습니다.

앞에서 살펴본 메모리와 디스크의 특성이 거의 모든 컴퓨터에서 작동하는 프로그램들에게 영향을 주기 때문에 컴퓨터 구조를 잘 알고 원리를 잘 알면 Oracle도 많은 부분에서 쉽게 이해할 수 있습니다.

다행히 Oracle 10g 버전부터는 메모리관리를 자동으로 최적으로 유지시켜주는 Automatic Shared Memory Management(ASMM)이란 기능이 등장했고 11g에 이르러 그 기능이 더 막강해진 AMM(Automatic Memory Management)라는 기능으로 발전하긴 했지만 Instance와 Database 관리의 중요성은 아무리 강조해도 지나치지 않습니다. ASMM과 AMM에 대해서는 이 책의 메모리 관리 기법에서 자세하게 살펴봅니다.

(2) Oracle Instance의 할당 및 관리

앞에서 간단히 살펴 보았듯이 Oracle이 시작되면 메모리상에 Instance라는 것을 만들게 됩니다. Oracle Instance는 아래 그림에서 보듯이 크게 SGA라는 부분과 Background Process들로 구성이 되어 있습니다(11g 기준입니다.).

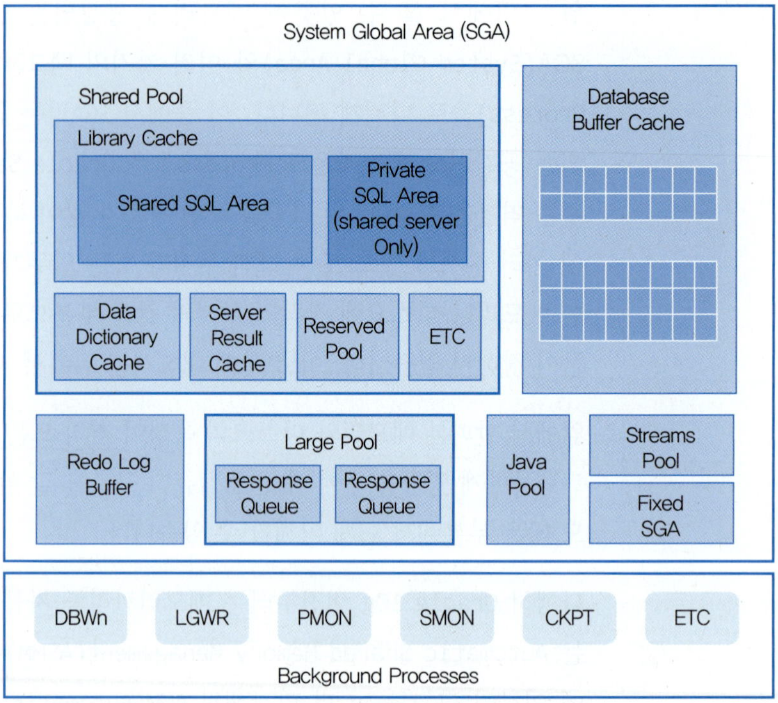

<Oracle Instance 구조>

Instance의 구조는 많이 복잡한데 Instance가 생성되는 과정을 살펴 보겠습니다. Oracle 데이터베이스가 종료되어 있는 상태에서 관리자가 DB에 접속해서 Oracle을 시작(startup) 시킨다고 가정하겠습니다(아래의 설명들은 유닉스 계열 OS를 기준으로 설명합니다.).

startup 요청을 받은 최초의 Oracle Server Process가 초기화 파라미터(pfile이나 spfile)에 적혀있는 설정을 참고해서 OS Kernel에게 공유 메모리를 사용할 수 있도록 할당해 달라고 요청을 하게 됩니다. 컴퓨터에서 모든 하드웨어를 관장하는 것이 OS의 Kernel이기 때문에 RAM을 사용하여 작업하려면 OS의 Kernel에게 허락을 받아야 하는 것이지요.

파라미터 파일이란 것은 위 그림에서 SGA라는 부분을 만들 때 참조되는, 마치 집을 짓기 위해 보는 설계도 같은 역할을 하는 파일입니다(이 파일과 Server Process에 대해서는 뒤에서 자세하게 살펴봅니다.).

Oracle Server Process로부터 사용할 메모리 할당 요청을 받은 OS의 Kernel

은 자신이 알고 있는 OS Kernel 파라미터를 조회해서(리눅스의 경우는 /etc/sysctl.conf, 솔라리스는 /etc/system 파일) 그 파일들에 설정되어 있는 내역으로 공유 메모리(이하 SGA라고 부르겠습니다.)를 할당해 주게 되고 세마포어 설정 값 등을 기반으로 하여 다른 프로그램 등에서 사용을 못하게 하는 등의 관리를 시작하게 됩니다. OS Kernel 입장에서 생각해보면 Oracle이 요구하는 대로 메모리를 모두 할당해 줄 수는 없습니다. 예를 들어 서버의 총 RAM이 1G인데 오라클이 2G를 요구할 수도 있기 때문이지요. 이런 이유로 Oracle이 요청을 해도 OS Kernel이 자신만의 설정 파일을 보고 거기에 지정되어 있는 용량만 허락해 주게 됩니다. 즉 리눅스의 경우를 예를 들면 /etc/sysctl.conf 파일에 500MB만 하락하도록 설정해 주었다면 Oracle이 1G를 요청해도 실제 허락되는 용량은 500MB밖에 안 되는 것입니다. 이 말은 만약 물리적으로 RAM을 추가해서 전체 RAM 용량을 증가 시켰다면 /etc/sysctl.conf 파일의 설정들도 변경될 수 있다는 것입니다.

이처럼 SGA의 생성은 최초의 Oracle Server Process가 요청하고 만들게 되지만 일단 만들어진 후에는 OS Kernel이 관리를 하게 되고 최초로 Kernel에게 SGA 생성을 요청한 Oracle Server Process가 종료되어도 SGA는 종료되지 않고 Instance가 종료되어야 SGA가 공유메모리에서 사라지게 됩니다.

OS Kernel은 RAM의 일부를 Oracle에게 할당해 준 후에도 해당 메모리 공간을 다른 프로그램이 사용할 수 없도록 꾸준히 관리를 해 줍니다. RAM이란 장소가 모든 Server Process들이 동시에 함께 사용하는 공유 메모리이기 때문에 Oracle이 사용하고 있다 하더라도 다른 프로그램이 해당 메모리를 사용하려고 시도 할 수 있기 때문입니다. 하나의 메모리 블록을 여러 프로그램이 동시에 중복 사용하는 사태를 막기 위해서 OS 차원에서 제공하는 세마포어(Semaphore)와 몇 가지 Kernel 파라미터가 있습니다.

이 부분은 OS와 밀접한 관련이 있으며 여기서는 공유 메모리 관리를 위해 OS에서 제공되는 중요한 몇 가지 사항들을 살펴 보도록 하겠습니다. 지금부터 설명하는 이 값들은 Oracle을 설치하거나 운영하기 위해 설정하는 값들이므로 그 의미를 잘 알고 있어야 나중에 운영이나 튜닝할 때 많은 문제들을 쉽게 해결할 수 있습니다.

첫 번째로 세마포어(Semaphore)가 있습니다. 세마포어라는 뜻은 깃발(flag)이라는 의미로 어떤 자원의 현재 사용 여부를 표현합니다.

SGA는 공유 메모리입니다. 즉 여러 프로그램의 Process가 함께 사용하는 공간이기 때문에 언제든지 하나의 메모리 블록에 여러 개의 Process가 액세스 할 가능성이 있다는 뜻입니다. 이것은 사람이 많이 모이는 장소에서 언제든지 발생하는 문제입니다. 예를 들어 공용 화장실 같은 경우에 누가 사용중인 화장실은 다른 사람이 동시에 사용할 수 없습니다. 먼저 들어가 있던 사람이 나온 후에 다음 사람이 들어갈 수 있죠. 컴퓨터에서도 마찬가지입니다.

RAM이라는 공간은 모든 프로그램이 실행될 때 동시에 사용되는 공간인데 만약에 하나의 블록에 여러 개의 Process가 동시에 액세스 한다면 큰 문제가 생기기 때문에(Kernel Panic이나 윈도의 Blue Screen 같은 현상) OS에서 하나의 블록에는 한번에 한 개의 Process만 접속을 허용하게 관리를 해야 합니다.

만약 Oracle에서 중요한 데이터를 메모리 블록에 넣고 작업을 하고 있는 상황에서 다른 프로그램이 그 블록을 덮어 써 버린다면 아주 큰 문제가 발생을 하게 됩니다. 그래서 Server에서 동작하는 모든 Process는 메모리 블록을 사용하기 전에 그 블록을 다른 Process가 쓰고 있는지 확인하기 위해 해당 메모리 블록의 세마포어의 상태를 먼저 확인합니다. 만약 사용 중(set)으로 세팅이 되어 있으면 Process는 대기를 하고 있다가 release되어 unset이 되는 순간 세마포어를 set으로 세팅하고 자원을 사용할 수 있게 됩니다. 즉 세마포어는 해당 자원이 사용 중인지 아닌지를 표시하는 깃발의 의미를 가지고 있습니다. 그래서 세마포어는 set/unset 두 가지 값을 가지고 있습니다. 보통 세마포어는 한 개씩 쓰지 않고 세트로 묶어서 여러 개씩 사용을 하게 됩니다.

세마포어와 관련된 주요 Kernel 파라미터는 아래와 같습니다. 이 파라미터들은 유닉스 계열에 적용되며 각 Unix OS별로 권장 수치는 다를 수 있으니 설치 매뉴얼에 나오는 권장 값을 확인하신 후 설치 및 운영에 참고하시기 바랍니다.

- SEMMSL : 시스템 내에서 여러 개의 Process들이 세마포어를 동시에 사용하기 때문에 세마포어 사용량이 너무 많습니다. 그래서 세마포어는 하나씩 사용하지 않고 여러개를 묶어서 세트로 사용하게 됩니다. 이 파라미터는 하나

의 세마포어 세트당 세마포어의 최대 개수를 정의합니다. Oracle을 설치하고 운영하기 위한 Server일 경우 Oracle에서 권장하는 이 파라미터의 값은 초기화 파라미터 파일의 PROCESSES 변수의 최대값에 10을 더한 값을 사용할 것을 권장하고 있으며 기본값은 100 이상으로 설정하도록 권장됩니다. Oracle 11g 버전의 PROCESSES 값은 기본이 150개로 설정되어 있습니다.

- SEMMNI : 리눅스 전체에서 설정 가능한 세마포어 세트의 최대 개수를 의미합니다. 이 값의 Oracle 권장값은 100 이상입니다.
- SEMMNS : 리눅스 전체에서 사용 가능한 세마포어의 최대 개수를 의미합니다. 이론적으로 봤을 때 이 값은 SEMMSL X SEMMNI 값보다 크거나 같아야 합니다.
- SEMOPM : 1call(1개의 시스템 호출)이 초당 호출 가능한 최대 세마포어 개수를 정의합니다. 하나의 시스템 호출을 통해 여러 개의 세마포어를 지원할 수 있으며, 한 개의 세마포어 셋에서 가질 수 있는 세마포어의 최대값은 SEMMSL 파라미터를 통해 정의됩니다. 그래서 보통 SEMOPM을 SEMMSL과 동일하게 설정하는 것을 권장합니다.

앞의 내용들이 시스템에 어떻게 설정되어 있는지를 확인하려면 아래와 같이 하면 됩니다.

```
[oracle@localhost ~]$ ipcs  -ls

------ Semaphore Limits --------
max number of arrays = 128 ← SEMMNI 값입니다.
max semaphores per array = 250 ← SEMMSL 값입니다.
max semaphores system wide = 32000 ← SEMMSN 값입니다.
max ops per semop call = 100 ← SEMOPM 값입니다.
```

이 세마포어의 값들은 Oracle사에서 Oracle 버전과 유닉스 버전에 맞는 최적화된 권장값을 알려주므로 권장사항대로 설정하면 됩니다.

Kernel이 Oracle Process로부터 사용할 수 있는 공유 메모리를 할당해 달라는 요청이 오면 앞에서 살펴본 세마포어 외에도 아래의 Kernel 파라미터들을 확인한 후 공유 메모리(RAM)를 Oracle이 사용하도록 할당해 줍니다(이 파라미터들은 리눅스의 경우 /etc/sysctl.conf, 솔라리스의 경우 /etc/system 파일에 있습니다.).

- SHMMAX

SHMMAX 변수는 공유 메모리 세그먼트의 최대 크기(바이트 단위)를 정의하는데 사용됩니다. Oracle SGA는 공유 메모리로 구성되어 여러 Server Process들이 공유해서 사용됩니다. 많은 프로그램들이 동시에 공유 메모리를 사용하고 공유 메모리의 용량 또한 아주 큰 경우가 많기 때문에 Kernel이 응용 프로그램들에게 메모리를 할당해 줄 때 작게 여러 번 할당하지 않고 큰 덩어리로 한꺼번에 주게 됩니다. 이렇게 큰 덩어리를 세그먼트라고 합니다.

SHMMAX 변수는 Kernel이 Oracle에게 공유 메모리를 할당해 줄 때 한번에 주는 큰 덩어리의 사이즈를 의미합니다. 식당의 예를 들어 보겠습니다. 10명이 회식을 가서 자리에 앉아야 하는데 가장 좋은 경우는 10명이 1개의 테이블에 모두 앉는 것입니다. 그래야 서로 이야기도 나누고 좋겠지요. 이 때 배정받는 테이블을 세그먼트라고 생각하시면 됩니다. 만약 Oracle이 RAM을 100MB를 쓸 수 있는데 이 파라미터를 20MB로 설정을 할 경우 이론적으로 100MB의 메모리를 5개의 세그먼트로 나누어서 사용해야 합니다. 이 말은 10명이 회식을 가서 5개의 테이블에 떨어져서 앉게 되었다는 의미이며 이럴 경우 당연히 성능은 좋지 않게 됩니다.

하지만 그렇다고 이 설정 값을 무조건 크게 해도 문제가 됩니다. 예를 들어 식당에서 단체 손님이 많을 것 같아서 무조건 10명씩 앉을 수 있는 테이블만 준비해 놓았다고 가정하겠습니다. 그런데 막상 들어온 손님들은 1명, 또는 2명과 같은 식으로 왔다면 10인용 테이블에 2명이 앉아서 밥을 먹어야 하니 8석은 낭비가 되는 것이지요. 즉 이 파라미터 설정을 잘못하게 되면 메모리 낭비가 아주 심해지며 SGA의 크기가 설정이 틀려 Oracle이 실행되지 않을수도 있습니다.

이 변수가 설정이 잘못되면 아래와 같은 에러 메시지가 발생할 수 있습니다. 아래의 예는 kernel.shmmax 값을 아주 작게 주고 DB에 접속을 시도한 예입니다.

```
[oracle@localhost ~]$ sqlplus / as sysdba
SQL*Plus: Release 10.2.0.5.0 - Production on Wed Jan 26 12:08:05 2011
Copyright (c) 1982, 2010, Oracle.  All Rights Reserved.
ERROR:
ORA-12547: TNS:lost contact

Enter user-name: ← Server에 접속이 되지 않습니다.
```

또는 ORA-27123: unable to attach to shared memory segment라는 메시지가 발생할 수 있습니다.

현재 시스템에 설정되어 있는SHMMAX 변수의 설정 값을 확인하려면 아래와 같이 명령을 수행합니다.

```
[root@localhost ~]# cat /proc/sys/kernel/shmmax
16777214 ← 이 값은 필자가 수정한 값입니다. 단위는 바이트며 16MB입니다.
```

일반적으로 SHMMAX의 디폴트 값은 32MB입니다. 그러나 이 사이즈는 Oracle SGA로 활용하기에는 너무 양이 부족하기 때문에 보통 SHMMAX 매개변수를 2GB로 설정합니다. 이 의미는 1개의 세그먼트 크기를 2GB로 설정하겠다는 뜻입니다.

이 파라미터를 변경하는 방법은 아래와 같습니다.

1) /proc 파일시스템에 변경사항을 직접 반영시켜 Server의 재 부팅 없이 SHMMAX의 값을 변경합니다.

```
[root@localhost ~]# cat /proc/sys/kernel/shmmax
16777214 ← 변경 전의 값입니다. 16MB입니다.
[root@localhost ~]# echo "2147483648" > /proc/sys/kernel/shmmax
[root@localhost ~]# cat /proc/sys/kernel/shmmax
2147483648 ← 변경 후의 값입니다. 2GB입니다.
```

2) sysctl 명령어를 사용하여 SHMMAX의 값을 변경할 수 있습니다.

```
# sysctl -w kernel.shmmax=2147483648
```

3) /etc/sysctl.conf 파일에 Kernel 변수 값들을 추가함으로써 변경 사항을 영구적으로 적용할 수 있습니다 (vi editor 등을 사용하여 변경합니다)

이 파일을 수정한 후 OS의 재부팅 없이 즉시 적용하려면 root 계정으로 sysctl -p 명령을 수행하면 됩니다.

● SHMMNI

SHMMNI 매개변수는 공유 메모리 세그먼트의 최대 개수를 설정하는데 사용되며, 디폴트 값은 4096입니다. 이 값은 일반적으로 충분하며 변경될 필요가 없습니다. 예를 들어 Oracle이 사용 가능한 전체 RAM의 크기가 10G인데 앞에서 살펴본 SHMMAX 값이 2G일 경우 Oracle은 총 5개의 Segment를 만들어서 SGA로 사용하게 됩니다. 이런 세그먼트의 개수가 4096개이니 아주 충분함을 알 수 있습니다.

SHMMNI의 설정 값을 확인하는 방법이 아래와 같습니다:

```
[root@localhost ~]# cat  /proc/sys/kernel/shmmni
4096
```

● SHMALL

SHMALL 변수는 특정 시점에 시스템에서 사용 가능한 공유 메모리의 최대 크기(페이지 단위)를 설정하는데 사용됩니다. 이 매개변수는 최소한 아래 값보다 큰 값을 사용할 것을 권장합니다.

```
ceil(SHMMAX/PAGE_SIZE)
```

SHMALL의 디폴트 사이즈는 2097152 bytes이며 아래 명령을 통해 조회할 수 있습니다.

```
[root@localhost ~]# cat  /proc/sys/kernel/shmall
2097152
```

i386 플랫폼 기반 Red Hat Linux의 페이지 사이즈는 4,096바이트입니다. 이 부분은 모든 OS 별로 다를 수 있기 때문에 사용하시는 OS 매뉴얼을 참고하시기 바랍니다.

● SHMMIN

단일 공유메모리 세그먼트의 최소크기(byte)를 의미합니다.

● SHMSEG

1개의 Process에 부여될 수 있는 공유메모리 세그먼트의 최대 개수를 의미합니다. 위에서 살펴본 SHMMNI는 시스템 전체에서 사용 가능한 공유 메모리 세그먼트의 최대 개수이고 이 파라미터는 1개의 Process가 사용할 수 있는 공유 메모리 세그먼트의 최대 개수입니다.

앞에서 살펴본 여러가지 Kernel 파라미터를 해당 파일에 기록 한 후 적용하게 되면 OS Kernel이 공유 메모리를 생성할 때 뒤 값들을 참조해서 공유메모리를 생성하고 관리하게 됩니다.

한가지 주의사항은 위에서 설정한 값들은 최대 또는 최소 값을 정의한 것일 뿐 평소 사용하는 기본값은 아닙니다. 예를 들어 SHMSEG값에 설정되어 있는 값은 1개의 Process에서 여러 개의 작업을 하기 위해 메모리 세그먼트를 요청할 때 최대로 줄 수 있는 값을 정의 한 것이지 평소에 이 값을 늘 사용한다는 의미는 아니라는 뜻입니다.

Kernel이 위에서 살펴본 파라미터들을 기초로 해서 SGA로 사용할 공유 메모리를 Oracle에 할당해 줄 때 아래의 3가지 방법으로 할당할 수 있습니다.

첫째는 공유 메모리로 사용할 물리적 메모리가 충분할 경우 하나의 segment에 전체 SGA가 할당될 수 있고, 둘째는 만약 하나의 segment에 다 할당할 수 없다면 연속된 여러 segment로 분산시켜 할당할 수도 있으며, 세째는 이 두 번째 방법조차 여의치 않으면 연속적이 아닌 여러 segment에 분산시켜 할당할 수 있습니다. 이 때 유의할 것은 SGA내 fixed Area 부분은 반드시 전체가 1 segment에 할당되어야 한다는 것입니다.

위 말이 용어가 어려워서 이해하기 좀 어려울 수 있지만 아래의 내용으로 이해해 보세요. 10명의 친구들이 식당에 식사를 하러 갔습니다. 그럼 10자리가 필요할 것입니다. 테이블을 할당할 때 가급적이면 모두 같은 자리에 앉는 것이 좋겠지요? 이것이 첫 번째 할당하는 방법입니다. 아래의 그림을 보세요.

연속적인 1개의
세그먼트로 할당

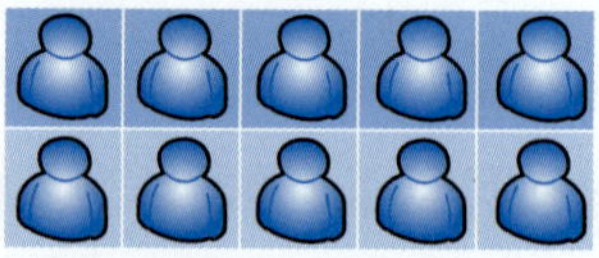

위 그림처럼 10자리를 연속적으로 할당 받는 것이 가장 회식하기에 좋을 것입니다. Oracle에서도 SGA가 이렇게 연속적인 메모리 공간을 할당 받는 것이 가장 성능에 좋습니다.

그러나 테이블이 10명이 모두 한꺼번에 앉을 자리가 없을 경우에는 어쩔 수 없이 여러 테이블에 나누어 앉되 연결되어 있는 테이블이면 좋을 것입니다. 아래 그림이 두 번째 방법입니다.

연결된 여러 개의
세그먼트로 할당

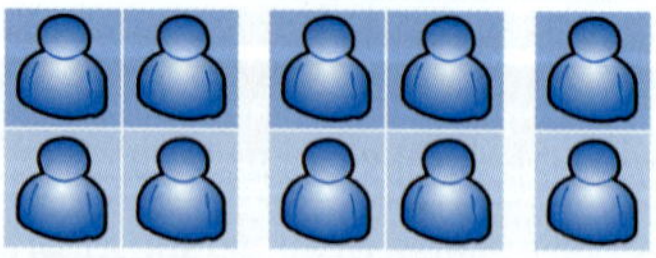

아쉽지만 그래도 여러 테이블이라도 연속적으로 앞의 그림처럼 붙어 있으면 그나마 다행입니다.그러나 이마저도 여의치 않으면 그냥 멀리 떨어져 있더라도

빈자리에 앉아야 합니다. 아래 그림처럼 메모리 공간을 할당 받는 것이 세 번째 방법입니다.

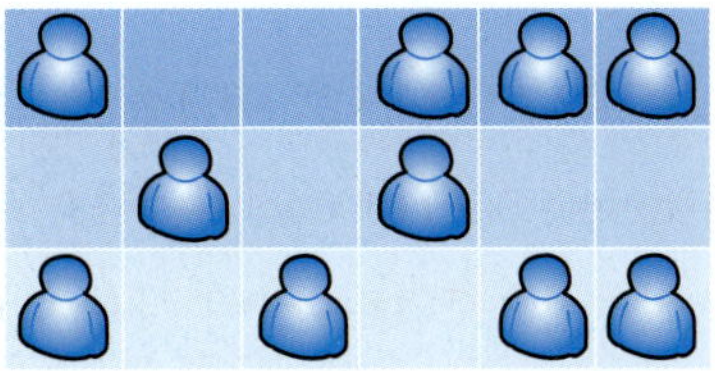

세 번째 방법으로 메모리를 할당 받아서 SGA가 생성 될 경우 SGA에서 작업하는 속도는 당연히 아주 늦어지게 됩니다. 위와 같은 경우를 메모리가 단편화 되어 있다고 표현하며 이렇게 될 경우는 메모리를 정리해서 Oracle이 연속적인 공간을 할당 받을 수 있도록 해 주어야 합니다.

지금까지 Kernel이 관리하는 SGA 메모리 설정과 관련 있는 각 파라미터의 값을 살펴보았습니다. 내용이 다소 어렵지만 이 내용들을 이해해야 향후 OS 튜닝이나 Oracle 튜닝이 쉬워지므로 꼭 이해를 하시기 바랍니다.

지금까지 Instance의 생성 과정을 살펴 보았습니다. 다음으로 세부적인 구성요소인 SGA에 대해서 자세하게 살펴보겠습니다.

(3) SGA의 주요 구성 요소

앞에서 살펴본 바와 같이 Oracle 프로그램이 실행되면 Oracle Process가 OS Kernel에게 가서 SGA를 생성하기 위해 공유메모리를 할당 받아 옵니다. 그 후에 파라미터 파일과 다른 각종 사항을 참고 해서 SGA를 이루고 있는 구성요소들을 생성하게 됩니다(파라미터 파일에 관련된 내용은 뒷부분에서 자세히 살펴봅니다.).

SGA라는 공간은 Oracle에서 실제로 거의 대부분의 작업이 일어나는 공간입니다. 그래서 SGA를 잘 이해해야 하며 잘 관리하면 아주 성능 좋은 Oracle이 되지만 잘못 관리되면 아주 나쁜 성능이 되는 요인이 되기도 합니다. 거의 모든 작업이 SGA에서 이루어지기 때문에 반드시 SGA의 주요 구성요소와 각 요소들이 하는 역할을 이해해야 합니다. 이번 섹션에서는 SGA를 이루는 각 구성요소에 대해서 자세히 알아 보겠습니다.

① Database Buffer Cache

Database Buffer Cache는 줄여서 Buffer Cache라고 부르기도 하는 SGA의 중요한 구성요소입니다. 이 곳은 데이터의 조회와 변경 등의 실제 작업이 일어나는 공간으로 사용자가 조회하거나 변경하려는 모든 데이터는 이 곳에 있어야 합니다.

사용자가 데이터를 입력하면 그 데이터는 하드 디스크의 데이터 파일에 저장이 됩니다. 그런데 저장되어 있는 데이터를 조회하거나 변경하려면 그 데이터가 저장되어 있는 데이터파일의 블록을 복사한 후 Database Buffer Cache로 가져와서 작업을 수행합니다. 어떻게 보면 번거로울 수도 있는 작업이지만 이렇게 하는 이유는 작업 속도를 높이기 위해서입니다. 디스크에서 작업하는 속도와 메모리에서 작업하는 속도는 비교가 안 될 만큼 메모리가 빠르기 때문에 작업 속도도 빨라지고 또한 메모리에 있는 데이터는 다른 사용자에게 공유가 될 수 있기 때문에 여러 사람이 작업하는 환경일 경우 전체적인 작업 속도가 빨라지게 됩니다.

정리를 하면 조회나 변경을 하기를 원하는 데이터들은 모두 Database Buffer Cache에 그 내용이 존재해야 하며 만약 없을 경우 데이터파일에서 해당 내용이 들어있는 블록을 복사해서 이곳으로 가져와야 합니다.

사용자가 SELECT 문장을 사용하여 데이터를 조회할 때와 DML 문장을 수행해서 데이터를 변경할 때 이 부분이 어떻게 사용되는지 자세한 내용은 뒷장의 SQL 문장이 실행되는 원리에서 각 케이스 별로 자세하게 살펴보겠습니다.

앞에서 살펴본 바와 같이 Database Buffer Cache는 SGA의 가장 중요한 구성요소로 여러 명의 사용자가 이 곳을 공유해서 사용하는 특징을 가지고 있습니다. 그래서 여러 명의 사용자가 같은 곳의 메모리 블록을 동시에 사용하려는 경우도 생길 수 있으며 이럴 경우 심각한 장애가(kernel panic 같은) 발생할 수도 있기 때문에 공유메모리에 생성되는 구조들은 서로 중복사용이 되지 않도록 잘 관리가 되어야 합니다.

만약 어떤 사용자(여기서는 A사용자라고 가정하겠습니다)가 데이터를 조회하거나 변경해야 할 경우 해당 데이터가 이 곳에 없다면 하드 디스크의 데이터 파일에서 필요한 블록을 찾아 Database Buffer Cache로 복사를 해 와야 합니다. 그런데 그렇게 하기 위해서는 Database Buffer Cache의 블록의 상태를 먼저 확인해야 합니다. Database Buffer Cache는 여러 사용자가 공동으로 사용하는 곳이므로 하나의 블록에 여러 사용자가 동시에 I/O를 시도할 수 있기 때문입니다.

이렇게 될 경우 어떤 사용자의 데이터를 다른 사용자가 훼손하는 등의 문제가 발생할 수 있습니다. 그래서 Oracle은 Database Buffer Cache Block의 상태를 3가지로 나누어 두고 리스트를 통해 관리하고 있습니다.

- Pinned Buffer: 다른 사용자가 현재 사용하고 있는 Buffer 블록을 의미합니다. 당연히 Pinned 상태의 Buffer는 A 사용자는 사용할 수 없습니다.
- Dirty Buffer: 현재 작업은 진행되지 않지만 다른 사용자가 내용을 변경 한 후 아직 데이터 파일에 변경된 내용을 저장 하지 않은 Buffer를 의미합니다. 아직 저장이 안 된 상태에서 다른 사용자가 덮어 쓴다면 문제가 되기 때문에 이 Buffer 역시 A 사용자는 사용할 수 없습니다.
- Free Buffer: 이 Buffer는 사용되지 않았던지(Unused)또는 Dirty Buffer였다가 하드 디스크로 저장이 완료되어 재사용할 수 있는 블록을 의미합니다.

일반적으로 Database Buffer Cache는 아주 많은 수의 Buffer Block들로 구성이 되어 있습니다. 그 많은 Buffer Block들의 상태를 모두 관리하고 있는데 마치 호텔에서 비어있는 방과 사용중인 방을 리스트로 관리하듯이 Oracle도 이런 Buffer들의 상태를 관리하기 위해 LRU(Least Recently Used) List라는 것을 만들어서 사용합니다.

LRU 알고리즘을 이용하여 관리하는 리스트가 LRU List인데 용어는 어렵지만 의미는 아주 쉽습니다. 공유 메모리라는 공간은 용량이 제한적이라는 한계점이 있습니다. 서버에 아무리 메모리가 많아도 그 한계가 있겠죠? 그런데 앞에서 살펴본 대로 사용자들이 하는 모든 작업은 공유 메모리인 SGA에서 작업이 진행되고 사용자들이 작업하기를 원하는 모든 데이터는 SGA로 복사되어야만 합니다. 예를 들어 SGA가 100MB인데 사용자들이 변경하고자 하는 자료가 150MB일 경우 문제가 된다는 뜻이지요. 이런 경우에는 어쩔 수 없이 SGA의 일부분을 덮어 써야 하는데 이때 무작정 덮어 쓰는 것이 아니라 가장 최근까지 많이 사용된 것은 지키고 가장 사용이 안 된 것은 덮어쓰는 (버리는) 알고리즘 입니다.

예를 들어 어떤 매장의 진열대에 제품을 10개 진열 할 수가 있다고 가정하겠습니다. 현재 10개가 진열되어 있는데 주인이 새로운 제품을 1개 가져와서 진열을 하려고 합니다. 이미 10개가 다 진열되어 있을 경우에 그 10개중 1개를 빼서 반품하고 그 자리에 새로 가져온 제품을 진열해야 하는데 이때 손님이 최근까지 찾아서 판매가 잘 되는 제품을 빼는 주인은 당연히 없을 것입니다. 당연히 주인은 손님이 가장 찾지 않는 즉 사용되지 않는 제품을 빼서 반품하고 그 자리에 새로운 제품을 진열하겠지요. 이런 알고리즘을 LRU 알고리즘이라고 합니다. SGA 내부 요소 중에서 Shared Pool, Database Buffer Cache 등이 LRU 알고리즘을 이용하는 대표적인 구성요소입니다.

앞에서 언급한대로 DB Buffer Cache는 LRU 알고리즘을 사용해서 제한적인 메모리 공간을 관리합니다. 즉 무한정 많은 데이터 블록을 가지고 있지 못하기 때문에 사용자가 요청한 데이터 블록을 가져와야 할 경우 기존 블록을 덮어 쓰게 되는 일이 발생할 수 있습니다. 이 때 다른 사용자가 지금 사용중인 블록을 덮어 쓰면 큰일 나겠지요? 그래서 LRU List라는 것을 사용해서 가장 사용이 안되거나 이미 작업이 완료되어서 덮어 써도 되는 블록을 찾아서 그곳을 덮어쓰게 됩니다.

Oracle은 이 LRU List를 스캔의 효율성을 위해 LRU 리스트와 LRUW 리스트로 나누고 또 각각 세부적으로 메인 리스트와 보조 리스트로 별도로 나누어서 관리를 하고 있습니다. 이런 LRU List+LRUW List를 합쳐서 Working Data Set(또는 Working Set)이라고 부릅니다.

● LRU List

• 메인 리스트: 사용된 Buffer들의 리스트. Hot 영역과 Cold 영역으로 나뉩니다.

• 보조 리스트: 미 사용된 Buffer들이나, DBWR에 의해 기록된 Buffer들의 리스트(Free list)

● LRUW List

• 메인 리스트: 변경된 Buffer들의 리스트(Dirty list라고도 합니다)

• 보조 리스트: 현재 DBWR에 의해 기록중인 Buffer들의 리스트

만약 어떤 사용자가 데이터 파일의 데이터를 DB Buffer Cache로 가져와야 할 경우가 생기게 된다면 데이터 파일에서 블록을 복사하기 전에 먼저 DB Buffer Cache에 Free상태의 Buffer를 먼저 확보를 해야 합니다. 그렇게 하기 위해서 우선 LRU 리스트의 보조 리스트에서 free Buffer를 찾게 됩니다. 그러나 보조 리스트의 Buffer가 모두 사용된 경우에는, 메인 리스트의 cold 영역에서 free Buffer를 다시 찾게 됩니다. 이렇게 free Buffer를 찾다가 특정 개수(10g 기준으로 40%)만큼 찾았는데 Free Buffer를 못 찾게 되면 Scan을 멈추고 DBWR에게 Dirty Buffer를 내려쓰라고 요청을 하게 됩니다(DBWR이란 DB Buffer Cache에 있는 변경 완료된 데이터를 데이터 파일로 저장해 주는 백그라운드 프로세스로 뒤에서 자세하게 살펴봅니다.).

데이터 파일로 저장이 완료된 Dirty Buffer는 변경 내용이 저장이 완료되었기에 상태가 Dirty Buffer에서 Free Buffer로 바뀌게 되어 LRU List의 보조 리스트에 추가 됩니다. 사용자는 이제 Free Block를 확보한 후 데이터 파일에서 필요한 블록을 Database Buffer Cache로 복사해 올 수 있게 됩니다(참고로 하드 디스크의 데이터 파일에서 필요한 블록을 찾아 DB Buffer Cache로 복사해 오는 작업은 Server Process가 하게 되며 뒤에서 살펴봅니다.). 인스턴스가 최초로 구동된 때는 모든 Buffer들은 LRU List의 보조 리스트에서 관리됩니다.

그런데 문제는 위에서 살펴본 이 List들을 모든 사용자가 공유를 해서 사용하기 때문에 한번에 여러 Server Process들이 동시에 이 List를 사용하려고 시도할 수 있습니다. 예를 들어 100명의 사용자들이 모두 다른 데이터를 조회할 경우에 100개의 데이터가 DB Buffer Cache에 존재해야 합니다. 그런데 만약 100개의 데이터가 DB Buffer Cache에 없을 경우 100개의 Server Process는 하드 디스크의 데이터파일에 가서 해당 블록을 복사 한 후 DB Buffer Cache에 가져올 것입니다. 이 때 DB Buffer Cache에 100개의 Free한 Block이 존재해야 하는데 100개의 Server Process들이 모두 Free Block을 찾기 위해 동시에 하나밖에 없는 Free List를 사용하려고 시도하게 되면 문제가 될 수 있습니다. 100개의 Server Process들이 모두 같은 Free Block을 사용하려고 할 수 있으니까요.

Oracle은 일반적으로 대용량인 DB Buffer Cache를 빠르게 관리하기 위해서 여러 개의 구역으로 나누고 각 구역을 관리하는 Working Data Set을 여러 개 생성해서 여러 사용자들이 동시에 Free Buffer를 보다 빠르게 찾을 수 있도록 만들어져 있습니다. 그러나 이런 방법도 아주 많은 사용자들이 동시에 접속을 해서 사용을 할 경우에는 대기 현상 때문에 작업 속도가 느려지는 문제가 생기게 됩니다.

이렇게 유한한 자원을 여러 Process가 한꺼번에 사용하려고 할 경우에 순서를 지키는 것이 아주 중요한데 이런 경우 사용 순서를 관리하기 위해 Oracle은 Latch라는 것을 사용하게 됩니다. Latch란 튜닝관련 책에서 아주 자주 언급되는 중요한 내용으로 마치 은행의 번호표와 같이 순서를 정해주는 역할을 합니다. 모든 메모리 자원에는 각 Latch가 별도로 존재합니다. 마치 은행마다 각각 번호표 기계가 있는 것과 동일합니다. 하나의 메모리 공간에 여러 개의 Latch가 존재하는 경우도 있습니다. 예를 들어 데이터를 변경할 때 사용되는 SGA 구성 요소 중에 Redo Log Buffer가 있습니다. 데이터를 변경하려면 반드시 이곳에 변경된 데이터를 기록해야 하는데 이곳에 데이터를 기록하기 위해서는 Redo Copy Latch라는 Latch를 먼저 확보 한 후 Redo Allocation Latch를 확보해야만 내용을 기록할 수 있습니다. 유한한 자원인 메모리를 여러 Process에서 공유를 해서 사용하는 구조이므로 Latch란 순서를 결정하기 위해 반드시 필요한 기술입니다. 모든 Process들은 해당 메모리 자원에 접근해서 사용하려면 반드시 그 메모리의 Latch를 가지고 있어야만 합니다. Latch와 Lock에 대한 이야기가 튜닝에서 자주 언급되니까 개념을 잘 알아두세요.

이상으로 SGA의 가장 중요한 구성요소인 Database Buffer Cache에 대해서 자세히 살펴보았습니다. 사용자가 찾거나 변경하는 데이터는 반드시 이 곳에 있어야 한다는 것을 꼭 기억하세요!

② Redo Log Buffer

SGA의 중요 구성 요소 중 하나인 Redo Log Buffer란 데이터에 변경사항이 생길 경우(DDL이나 DML이 실행될 경우 등) 해당 변경 내용을 기록해 두는 역할을 하게 됩니다. 이곳에 해당 변경 내용을 기록하는 이유는 만약의 경우 장애가 발생했을 때 복구를 하기 위해서입니다. 만약 Redo log 관련 설정을 잘못해서 데이터가 장애가 났을 경우 복구가 안될 수 있으니 완전히 이해한 후에 잘 설정해야 합니다. Redo log에 대해서는 뒷부분에서 별도의 챕터로 아주 자세하게 살펴볼 예정입니다. 이 곳에서는 개략적인 개념만 살펴보겠습니다.

Redo log는 사람 세상에서 말하면 장부나 일지 같은 역할을 합니다. 예를 들어 누군가에게 돈을 빌려주고 잊어먹을 것을 대비해 장부에 적어놓는 것에서 장부가 redo log에 해당되는 의미입니다. 정말 나중에 기억이 안 나더라도 장부에 적힌 것을 보고 다시 돈을 돌려 받을 수 있는 것처럼 Oracle에서도 데이터가 변경될 경우 특정 내용을 Redo Log로 남겨두고 혹시나 장애가 발생할 경우 기록해 두었던 Redo Log를 보고 복구를 하게 됩니다. 이렇게 변경된 내용을 기록하는 메모리 공간을 Redo Log Buffer라고 하고 Redo Log Buffer의 내용을 디스크에서 저장해 주는 파일을 Redo Log File이라고 부릅니다.

여기서 중요한 것은 데이터가 변경될 경우 변경사항을 기록한다는 부분입니다. 즉 DDL이나 DML, TCL 같은 작업 내용들은 Redo log에 저장이 되며 Select 같은 문장은 저장되지 않습니다. 그렇지만 모든 변경사항이 전부 Redo log에 기록되는 것은 아닙니다. 예를 들어 Direct Load(SQL Loader, insert /*+ APPEND */)나 table이나 index 생성시 nologging 옵션을 준다든지 하는 경우에는 Redo log에 기록이 되지 않습니다. 단 nologging 옵션으로 테이블이 생성되었다 하더라도 일반적인 insert, update, delete 같은 작업은 모두 Redo Log에 기록이 됩니다. 여기서 언급된 Direct Load라는 기법은 뒷부분의 Datapump 부분에서 자세히 살펴보겠습니다.

Redo Log 관련 사항은 Oracle Recovery의 핵심적인 요소입니다. 장애가 발생할 경우 믿을 건 Redo log 밖에 없으므로 아주 잘 이해해야 합니다. 그리고 Redo Log 관련 사항이 튜닝과도 아주 밀접한 관련이 있습니다. Redo Log에 기록을 하게 되면 전체적인 성능이 저하되는 부작용이 있기 때문입니다.

여기까지 SGA의 구성요소인 Redo Log Buffer를 살펴보았습니다. Redo Log와 관련된 보다 자세한 내용은 이 책의 Redo Log 챕터에서 아주 자세하게 살펴보겠습니다.

③ Shared Pool

이번에는 SGA의 주요 구성요소인 Shared Pool에 대해서 살펴보겠습니다. 한국말로 번역하면 공유풀인데 이름처럼 다른 사용자와 어떤 대상을 공유해서 사용하기 위해 만들어진 곳입니다. 아래 그림으로 자세히 살펴보겠습니다.

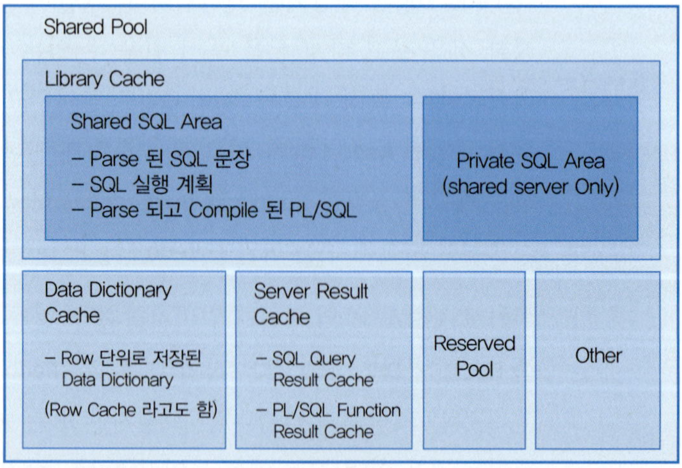

<Shared Pool>

앞 그림에서 보는 바와 같이 Shared Pool은 다시 Library Cache와 Data Dictionary Cache(Row Cache) 등의 여러 공간으로 나누어집니다. 11g부터는 Server Result Cache라는 부분도 추가가 됩니다.

Library Cache는 Soft Parse할 때 사용되는 공간으로 이미 수행되었던 SQL 문장이나 PL/SQL 문장의 Parse Code와 해당 SQL/PLSQL 문장, 실행계획 등이 저장되어 있고 LRU 알고리즘으로 관리가 됩니다(Soft Parse와 Hard Parse에 대해서는 뒷부분의 SQL 문장의 처리과정에서 자세히 살펴봅니다.).

Dictionary Cache에는 구문분석이나 옵티마이저가 실행계획을 세울 때 사용되는 주요 Dictionary들이 Row 단위로 Cache되어 있습니다. 이곳 역시 LRU 알고리즘으로 관리 됩니다. Library Cache와 Dictionary Cache에 대해서는 뒷부분의 SQL 문장의 처리과정 부분에서 자세하게 살펴 보고 11g 버전부터 새로 생긴 Server Result Cache라는 부분을 살펴보겠습니다.

아래의 Server Result Cache 테스트 부분은 튜닝의 배경지식이 조금 필요한 부분이라 약간 어려울 수 있으니 이해하기 어려울 경우 일단 건너뛴 후 다시 살펴보세요.

Server Result Cache란 이름처럼 결과값을 Cache해 두는 공간입니다. Server Result Cache가 없던 예전에는(11g이전 버전) 사용자가 Select 문장을 수행하면 DB Buffer Cache에서 데이터를 찾아와서(Fetch:인출) PGA라는 메모리 공간에서 취합한 후에 사용자에게 보여주는 구조였습니다. 이런 특징이 성능상 문제가 될 수 있습니다. 앞에서 잠깐 언급한 바와 같이 사용자가 SQL을 수행하면 해당 데이터가 DB Buffer Cache에 있는지 없는지를 찾아야 합니다. 그런데 DB Buffer Cache에 있다고 하더라도 DB Buffer Cache라는 공간은 여러 사용자가 동시에 사용하기 때문에 순서를 지켜서 사용해야 하고(이때 적절한 Latch가 필요하다고 했습니다.) 만약 자신의 순서가 안되면 순서가 될 때까지 기다려야 하는 일도 생길 수 있습니다. 기다린다는 말은 성능이 저하된다는 의미이지요.

그런데 11g 부터는 그 결과를 Shared Pool의 Server Result Cache에 저장해 두었다가 동일한 Select가 수행되었을 경우 DB Buffer Cache까지 가지 않고 즉시 Server Result Cache에서 가져가도록 해서 속도를 더 높이는 것입니다. 이론적으로는 DB Buffer Cache에 I/O를 반복적으로 발생시키지 않으므로 성능은 좋아지겠지만 아래 테스트 내용을 보시면 급격한 성능 개선으로 연결되지는 않습니다. 다만 아래 테스트는 DB Server에 저자 혼자 접속해서 테스트를 수행한 것이므로 DB Buffer Cache의 경합이나 사용량이 적어서 그럴 수도 있다는 점을 염두에 두시고 실무에 적용하실 때 충분히 테스트를 수행한 후 적용하시기 바랍니다.

이 기능은 기본적으로는 사용 안 함으로 설정이 되어 있으며 사용하고 싶으면 SQL을 작성할 때 SQL 문장에 /*+ result_cache */ 라는 힌트 구문을 사용해서 수동으로 사용하도록 설정해야 합니다(아래 실습에 사용 예가 있습니다.).

매번 이렇게 힌트를 쓰기가 번거로울 땐 RESULT_CACHE_MODE 파라미터의 값을 Force로 변경한 후 SQL 문장을 사용하면 자동으로 Result Cache를 사용하게 됩니다. RESULT_CACHE_MODE의 기본값은 Manual이며 이 값은 힌트를 사용할 경우 Result_cache를 사용하라는 의미입니다. 아래의 테스트로 Result Cache의 사용 방법과 성능을 간단히 테스트 해 보겠습니다.

```
SYS>show parameter result_cache_mode ;

NAME                         TYPE       VALUE
---------------------------- ---------- ------------------------------
result_cache_mode            string     MANUAL

SYS>create  table scott.rtest
  2  (no number , name varchar2(10));

Table created.
```

```
SYS>begin
for i in 1..200000 loop
  insert into scott.rtest values (i,dbms_random.string('A',9));
end loop;
commit;
end;
/
```

```
SYS>select count(*) from scott.rtest ;

  COUNT(*)
-------------
    200000    ← 20만 건의 데이터가 조회됩니다.
```

20만 건의 데이터가 들어있는 scott.rtest 테이블을 조회하는 테스트를 하는데 먼저 result cache를 사용하지 않고 조회하는 시간과 사용하고 조회하는 시간을 비교해 보겠습니다.

```
SYS> set timing on ;
SYS> select  *  from  scott.rtest;
    ( 중간 생략 )
    184902 CuGrkBkCp
    184903 gToRBpzIN
    184904 ALKtoMizV                    Result Cache를 사용 안 한 경우
    184905 JVLKcecKe
    184906 OERavgPqe

200000 rows selected.

Elapsed: 00:00:15.06  ← 대략 15초 06정도가 소요되었습니다.
```

```
SYS> select  /*+  result_cache */  *   from  scott.rtest ;
    ( 중간 생략 )
    184901 TIaHwHgaX
    184902 CuGrkBkCp
    184903 gToRBpzIN
    184904 ALKtoMizV
    184905 JVLKcecKe
    184906 OERavgPqe

200000 rows selected.

Elapsed: 00:00:15.07   ← 대략 15초 07정도가 소요되었습니다.
```

/*+ result_cache */ 힌트로 result_cache를 사용한 경우

```
SYS>alter system set result_cache_mode=force ;

System altered.

SYS>show parameter result_cache_mode ;

NAME                                 TYPE        VALUE
------------------------------------ ----------- ------------------------------
result_cache_mode                    string      FORCE
```

매번 힌트 구문을 사용하여 쿼리를 작성하기 번거로울 경우 위와 같이 result_cache_mode를 force 모드로 변경해 두면 번거롭게 힌트를 쓰지 않아도 기본적으로 result cache를 사용하게 됩니다.

위에서 언급한 것처럼 이 기능은 여러 사용자가 Database Buffer Cache의 내용에 동시에 엑세스를 하고 있는 환경에서 Database Buffer Cache의 경합 때문에 발생하는 속도 저하를 막기 위해 등장한 기능입니다. 예를 들어 DBWR이 기록 중인 Buffer의 내용을 조회해야 할 경우 DBWR의 선행 작업이 다 끝나기 전에는 해당 블록의 내용을 조회할 수 없이 기다려야만 합니다. 그러나 이 기능을 사용할 경우 기다릴 필요 없이 즉시 Result Cache의 내용을 가져가면 되기 때문에 성능 개선이 될 수 있다는 것입니다. 그러나 Result Cache를 살펴

본 후 결과가 존재하지 않을 경우 다시 Database Buffer Cache로 가서 데이터를 가져와야 하므로 시간이 더 걸릴 수 있고 Result Cache에 있는 데이터의 원본 값이 Database Buffer Cache에서 다른 값으로 변경이 되었을 경우 Result Cache의 값에도 반영시킨 후 데이터를 가져와야 한다는 등의 여러 가지 고려해야 할 사항들이 있습니다. 11g의 신기능이라서 여러 가지 경우의 수를 염두에 두시고 많은 테스트 후 적용하시기 바랍니다.

이 Server Result Cache 내부는 다시 SQL Query Result Cache와 PL/SQL Function Result Cache로 나누어지며 그 역할은 이름처럼 SQL 결과 값을 저장하는 것과 PL/SQL 수행 값을 저장하는 것입니다.

또 다른 Shared Pool의 구성 요소로 Reserved Pool이 있습니다. 이 공간은 Shared Pool에 5KB(11g 기준)가 넘는 오브젝트가 적재되어야 할 경우에 사용하기 위해서 예약해 둔 공간입니다. 이런 경우는 거의 드물지만 가끔씩 java나 PL/SQL, SQL객체 중에서 대용량인 객체가 있을 경우 Shared Pool의 공간이 부족할 경우에 사용하는 공간입니다.

이 공간은 Oracle이 내부적으로 자동으로 설정해서 필요할 경우 사용하게 됩니다. 그러나 관리자가 이 공간의 크기를 명시적으로 설정하고 싶다면 파라미터 파일에 SHARED_POOL_RESERVED_SIZE 파라미터로 용량을 설정하시면 됩니다.

이 공간의 크기는 인스턴스가 시작될 때 Shared_Pool_Size 크기의 5%로 기본 설정이 되어 있으며 최대값은 Shared Pool Size의 50%입니다. 이 공간이 부족한지 충분한지를 조회하려면 V$SHARED_POOL_RESERVED를 조회하시면 됩니다. V$SHARED_POOL_RESERVED 뷰에서 REQUEST_FAILURES 값이 증가하면 이 공간이 부족하다는 뜻이므로 값을 늘려 주시고 REQUEST_MISSES의 값이 0이거나 증가되지 않는다면 공간이 부족하지 않다는 뜻입니다.

Shared Pool의 전체 크기는 shared_pool_size라는 파라미터로 설정할 수 있으며 Library Cache나 Dictionary Cache의 크기는 각각 따로 관리 할 수 없습니다. Shared Pool Size는 동적 파라미터라서 DB를 종료하지 않아도 다음과 같이 사이즈를 변경시킬 수 있습니다(이 기능은 Oracle 9i 버전부터 가능합니다.).

```
SQL> alter system set shared_pool_size = 100 M ;
```

여기서 주의 사항은 메모리 할당 단위입니다. Oracle에서는 그래뉼(granule) 이라는 단위로 메모리를 할당하고 해제하게 되는데 이 부분은 뒤의 Dynamic SGA 기능 부분에서 자세히 살펴보겠습니다.

④ Large Pool

Large Pool은 필수 구성요소는 아니며 특정 기능을 사용할 경우에만 쓰는 SGA 구성 요소입니다. Large Pool을 사용하는 주요 경우는 아래와 같습니다.

- Shared Server mode로 Oracle Server를 운영할 경우 UGA를 이곳에 생성하게 됩니다.
- Parallel Execution(병렬처리) 작업을 할 경우 각 Process들간의 Message Buffer가 이곳에 생성됩니다.
- RMAN으로 백업이나 복구를 할 경우 RMAN이 사용하는 I/O용 Buffer가 이 곳에 생성됩니다.

이 곳은 Shared Pool과는 다르게 LRU 알고리즘으로 관리되지 않습니다.

⑤ Java Pool

이 공간도 SGA의 필수 공간은 아니며 java 관련 code나 Java Virtual Machine(JVM) 관련 데이터를 저장하기 위해 생성되는 선택적인 공간입니다.

⑥ Streams Pool

이 공간은 10g 이상 버전부터 생긴 SGA 구성요소로 Streams 기능을 사용할 경우에만 사용됩니다. 관리자가 설정하지 않게 되면 기본값은 0으로 설정되며 Streams 기능을 사용하게 되면 동적으로 Oracle Streams가 그 크기를 증가시키게 됩니다.

⑦ Fixed SGA

이 공간은 Oracle이 내부적으로 사용하기 위해 생성시키는 공간입니다. 주로 이 공간에는 백그라운드 Process들이 필요한 Database의 전반적인 공유 정보나 각 Process들끼리 공유해야만 하는 Lock 정보 같은 내용들이 저장됩니다. 이 공간의 크기는 Oracle이 시작될 때 자동으로 설정되며 사용자나 관리자가 임의로 변경할 수 없습니다.

여기까지 SGA의 구성요소들을 살펴 보았습니다. SGA 구성요소들이 아주 복잡하고 성능에도 직접적인 영향을 주는 곳이므로 어렵더라도 꼭 각 구성요소들이 어떤 일을 하는지 기억하셔야 합니다.

(4) Dynamic SGA 기능

앞에서 살펴본 대로 Oracle Process가 OS Kernel에게 가서 RAM의 일부를 SGA로 사용할 수 있도록 공간을 할당 받은 후에는 파라미터 파일에 적혀 있는 값을 참조해서 SGA의 세부적인 구조를 만들게 됩니다. 아래 그림을 살펴보겠습니다.

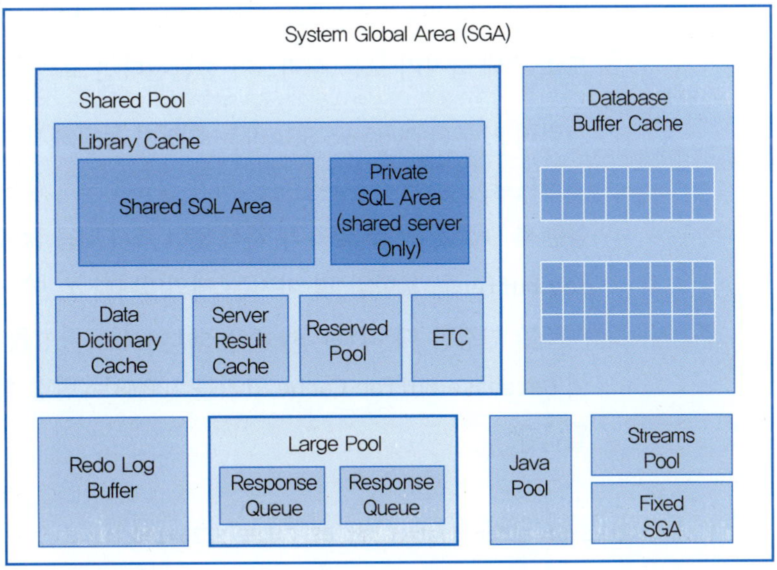

<SGA 구성요소>

이미 앞에서 살펴본 바와 같이 SGA 내부 구성요소는 아주 복잡한데 Oracle Process는 Kernel에게서 SGA로 사용할 수 있는 공유 메모리를 할당 받은 후 위의 그림과 같은 SGA를 생성하게 됩니다. 이 때 각 구성요소의 크기를 얼마로 하느냐가 성능에 아주 중요한 영향을 주기 때문에 각 구성요소의 크기를 잘 결정해야 합니다.

문제는 각 구성요소의 크기를 결정하는 것이 결코 쉽지가 않다는 것입니다. 그리고 서버에서 이루어지는 작업의 상황에 따라 수시로 변할 수도 있다는 것도 문제입니다. 즉 어떤 작업을 하느냐에 따라 각 구성요소의 크기를 수시로 바꿔야 할 경우가 생긴다는 것인데 Oracle 8i 버전까지는 이 구성요소의 크기를 변경하고 나서 Oracle Instance를 중단했다가 재시작해야만 변경 사항이 적용되는 Static SGA라는 방식으로 운영되었습니다.

예를 들어 사용자들이 요청한 SELECT 문장의 속도가 너무 느릴 경우 일반적으로 Database Buffer Cache라는 구성요소의 효율을 체크해서 용량이 부족하다고 나오면 사이즈를 증가시키는 조치를 하게 됩니다. 그런데 문제는 이 구성요소의 사이즈를 증가시켰을 때 8i 이전 버전은 DB를 재시작하지 않는다면 여전히 변경전의 값으로 운영된다는 것입니다. 이것은 아주 심각한 문제입니다. DB를 중단 시킨다는 것은 모든 서비스가 중단된다는 뜻이기 때문입니다. 안그래도 느린데 갑자기 모든 서비스가 중단된다면 고객들의 항의가 엄청나겠죠?

그런데 9i부터 Dynamic SGA라는 특징이 등장해서 이런 문제가 많이 개선이 되었습니다. Dynamic SGA란 관리자가 필요에 의해서 SGA의 구성요소의 크기를 변경한 후 Oracle Instance의 재 시작 없이 즉시 적용 할 수 있는 기능입니다(단 Redo log buffer를 포함한 몇 가지는 제외입니다.). 이 기능은 해당 구성요소의 사이즈를 변경할 때 alter system set이라는 명령을 사용하면 됩니다. 예를 들어 Database Buffer Cache 크기를 100MB로 변경 할 경우는 아래와 같이 하면 됩니다.

```
SYS> alter system set DB_CACHE_SIZE=100 M ;
```

위 명령어로 인해 재부팅 없이 즉시 Database Buffer Cache의 크기가 변경됩니다. 그런데 변경되는 크기가 정확하게 100MB가 되는 것은 아닙니다. 위와 같은 명령어로 동적으로 크기를 바꿀 때 사용하기 위해 Oracle에서는 메모리를 할당하는 새로운 단위를 만들었는데 바로 그래뉼(Granule)이란 단위입니다.

이 그래뉼은 SGA_MAX_SIZE라는 파라미터의 크기에 따라 결정되는데 9i일 경우 SGA_MAX_SIZE가 128MB 이하이면 1Granule=4M이고 SGA_MAX_SIZE가 128MB보다 초과되면 1Granule=16MB로 설정이 됩니다. 그리고 10g 이후 버전에서는 SGA_MAX_SIZE의 기준이 상향 조정되어서 기존 9i는 128MB였던 것이 10g는 1GB로 조정됩니다. 1Granule 크기는 동일합니다. 즉 10g 이후 버전은 SGA_MAX_SIZE가 1GB 이하이면 1Granule이 4MB이고 1GB초과이면 1Granule이 16M가 되는 것입니다(여기에서 언급하는 DB_CACHE_SIZE나 SGA_MAX_SIZE와 같은 파라미터들은 이 책의 파라미터 파일 부분에서 자세하게 배웁니다.).

쉽게 생각해서 명절에 친척들이 모여서 할아버지께 세배를 했는데 할아버지께서 세뱃돈을 주실 때 중학생까지는 일괄적으로 1만 원을 주시고 고등학생부터는 일괄적으로 5만 원을 주실 때 한번에 주시는 이 돈의 단위를 그래뉼(Granule)이라고 하는 것입니다. Oracle에서 현재 사용중인 SGA 크기를 확인하시려면 아래와 같이 조회하면 됩니다.

```
SYS> show sga ;

Total System Global Area  285212672 bytes
Fixed Size                  1273252 bytes
Variable Size              92275292 bytes
Database Buffers          184549376 bytes
Redo Buffers                7114752 bytes
```

여기서 Total System Global Area는 전체 SGA 양을 의미하는 것이며, Fixed size는 background process들이 사용하는 공간으로 예약이 되어 있습니다.

Variable Size에는 Shared pool, Large Pool, Java pool로 사용되는 공간이며 Database Buffers는 DB Buffer Cache로 사용될 공간이고 Redo Buffers는 Redo log buffer로 사용될 공간을 의미합니다. 위에서 살펴본 메모리 부분 중에

서 먼저 현재 SGA_MAX_SIZE의 값부터 확인해 보겠습니다.

```
SYS> show  parameter  sga_max_size ;

NAME                                 TYPE        VALUE
------------------------------------ ----------- ------------------------------
sga_max_size                         big integer 160M
```

shared pool의 크기를 확인 해 보겠습니다.

```
SYS> show parameter shared_pool_size;

NAME                                 TYPE        VALUE
------------------------------------ ----------- ------------------------------
shared_pool_size                     big integer 0
```

DataBase Buffer Cache의 크기를 확인 해 보겠습니다.

```
SYS> show parameter db_cache_size;

NAME                                 TYPE        VALUE
------------------------------------ ----------- ------------------------------
db_cache_size                        big integer 0
```

위 내용에서 shared pool과 db buffer cache의 크기가 0으로 나오는 것은 Oracle 10g 버전부터 적용된 신기능인 ASMM이라는 것 때문에 그렇습니다. ASMM에 대해서는 뒤의 메모리 관리 부분에서 자세히 살펴봅니다. 간단히 요약하면 사용자가 SGA의 각 구성요소 값을 지정하지 않아도 Oracle이 자동으로 SGA의 값을 결정하게 해서 성능을 향상시키는 기법입니다. SGA의 각 구성요소 값을 잘못 설정할 경우 성능이 아주 저하되고 여러 가지 문제가 발생하기 때문에 Oracle이 스스로 최적의 값을 찾아서 사용하도록 하는 기술입니다.

간단하게 Granule에 대한 테스트를 하면서 Granule에 대해 확인해 보겠습니다. 테스트를 위해 shared_pool_size가 현재 0인데 10M를 주도록 하겠습니다. 그렇게 되면 그래뉼 단위 때문에 실제 할당 되는 값은 10M가 아닌 4의 배수인 12M로 할당이 될 것입니다.

```
SQL> alter system set shared_pool_size=10m;

System altered.

SQL> show parameter shared_pool_size;

NAME                          TYPE        VALUE
----------------------------- ----------- ------------------------------
shared_pool_size              big integer 12M
```

앞에서 말했던 것처럼 현재 SGA_MAX_SIZE가 160M로 1G 미만이기에 1granule이 4M로 계산되어서 할당이 된 것입니다. 이번에는 크기를 줄여보겠습니다.

```
SQL> alter system set shared_pool_size=9M;

System altered.

SQL> show parameter shared_pool_size;

NAME                          TYPE        VALUE
----------------------------- ----------- ------------------------------
shared_pool_size              big integer 12M   ← 9M로 변경했지만 여전히 12M임.

SQL> alter system set shared_pool_size=8M ; ← 4의 배수인 8M로 변경시킴

System altered.

SQL> show parameter shared_pool_size;

NAME                          TYPE        VALUE
----------------------------- ----------- ------------------------------
shared_pool_size              big integer 8M   ← 이번에는 8M로 변경된 것이 확인됨
```

위 테스트로 Oracle에서 메모리를 할당 할 때 그래뉼 단위를 쓴다는 것을 알 수 있습니다.

(5) Program Global Area(PGA)의 주요 구성 요소

Oracle에서 사용되는 메모리는 크게 SGA와 PGA가 있고 그 중에서 SGA에 대해서 자세하게 살펴 보았습니다. 앞에서 살펴본 바와 같이 SGA는 모든 Process들이 공유해서 사용되는 메모리 공간인 것에 반해 PGA는 각 Process들이 개별적으로 사용하는 메모리 공간입니다. 학교로 예를 들면 SGA는 모두가 공동으로 사용하는 운동장과 같은 개념이고 PGA는 각 학생들이 개별적으로 사용하는 사물함 같은 개념입니다. 즉 PGA는 각 Process마다 개별적으로 저장해야 할 내용을 담는 공간입니다. 주로 정렬관련 작업등이 이루어지며 자세한 내용은 아래에서 살펴보겠습니다.

Oracle Server내에서 동작하는 모든 Process는 각각 PGA를 다 가지고 있습니다. 이 말은 Server Process나 백그라운드 Process들은 전부 각각의 PGA를 가지고 각자의 용도에 맞게 사용하고 있다는 뜻입니다. 여기서는 Server Process가 사용하는 PGA인 Instance PGA에 대해서 자세히 살펴보겠습니다.

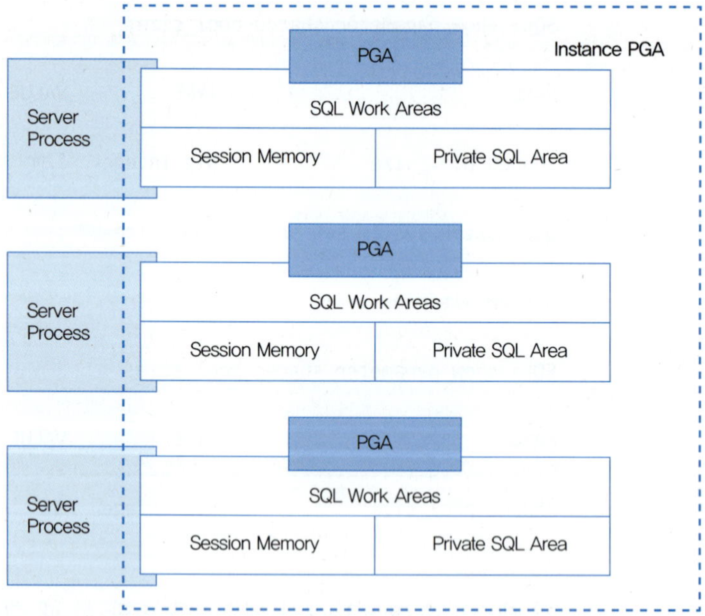

위 그림에서 보는 것처럼 모든 Server Process들은 각 PGA를 가지게 됩니다.

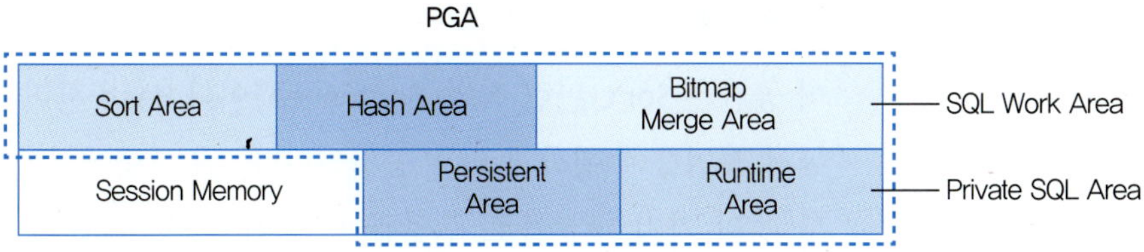

위 그림은 PGA를 더 자세히 나타낸 모습입니다. 각 구성요소들이 어떻게 사용되는지 살펴보도록 하겠습니다.

① Private SQL Area

사용자가 SQL 문장을 수행하면 User Process가 Server Process에게 해당 쿼리를 전달해 주게 됩니다. User Process로부터 SQL 문장을 전달 받은 Server Process는 자신에게 작업을 요청한 User Process의 정보를 Session Memory 부분에 저장을 한 후 해당 SQL을 Parse 작업을 시작합니다. 만약 해당 SQL에 Bind 변수 등이 있을 경우 해당 Bind 변수 값을 Private SQL Area에 보관을 하고 또한 Query의 실행 상태정보와 Query를 수행하면서 임시로 정보를 저장해야 하는 경우 -예를 들어 조인- 이 공간을 사용하게 됩니다. Bind 변수란 일반적으로 사용자로부터 특정 값을 입력 받을 경우 입력 받는 값을 저장할 변수를 뜻합니다(Bind에 대한 보다 자세한 내용은 2장 SQL 문장의 실행 원리 부분에서 살펴봅니다.).

Private SQL Area는 위 그림에서처럼 Persistent Area와 Runtime Area로 구성됩니다. Persistent Area는 Bind 변수 값을 저장해 두는 공간이고 Runtime Area는 SQL 문장을 수행하는 도중에 데이터를 임시로 저장해야 할 경우 사용하는 공간입니다. 예를 들어 100만 건의 데이터가 있는 테이블을 조회하여 데이터를 모두 출력해야 할 경우 100만 건 모두가 DB Buffer Cache에서 PGA로 Fetch되어야만 화면에 출력할 수 있는데 100만 건 모두가 Fetch될 때까지 Runtime Area에서 데이터를 모으는 것입니다.

② SQL Work Area

이 공간은 Sort 관련 작업(Sort Area)이나 Hash 관련 작업이 있을 경우 이 곳에서 작업을 수행하게 되는 공간입니다. 위 그림에서 살펴 본 것처럼 PGA 내부도 여러 가지 부분들로 구성됩니다. 8i 버전까지는 이 각각의 크기들을 직접 파라미터 값들을 설정해서 관리를 수동으로 직접 했습니다(예를 들어 SORT_AREA_SIZE, HASH_AREA_SIZE, BITMAP_MERGE_AREA_SIZE, CREATE_BITMAP_AREA_SIZE 같은 파라미터를 직접 설정해서 관리를 했습니다. 여기서 언급되는 각종 파라미터의 의미는 이 책의 Parameter File 부분에서 자세하게 설명하고 있습니다.).

그러나 9i 부터는 PGA의 크기를 Oracle Server가 자동으로 관리를 할 수 있는 방법이 등장을 하게 됩니다. 이 방법은 초기화 파라미터 파일에 PGA의 총량을 지정하는 파라미터인 PGA_AGGREGATE_TARGET의 값을 설정 한 후 WORKAREA_SIZE_POLICY 파라미터를 AUTO로 설정하면 PGA를 구성하는 각각의 구성요소의 크기를 Oracle Server가 동적으로 관리를 하게 설정됩니다. WORKAREA_SIZE_POLICY를 MANUAL로 설정하면 기존 방법처럼 각 파라미터 값을 수동으로 제어할 수 있습니다.

여기서 한가지 주의할 사항은 PGA_AGGREGATE_TARGET 값을 설정 했을 경우 한 개의 Server Process가 쓸 수 있는 총량이 아니라는 것입니다. 즉 PGA_AGGREGATE_TARGET=100M 로 설정을 했을 경우 1개의 개별 Server Process가 100M를 전부 다 쓸 수 있는 것은 아니고 1개의 개별 Server Process가 쓸 수 있는 PGA 메모리량은 _SMM_MAX_SIZE 파라미터로 설정된 값 만큼만 사용을 할 수 있습니다. 단 직렬작업과 병렬작업일 경우의 사이즈는 다르며 이 부분은 이 책의 9장 Oracle의 메모리관리 기법에서 보다 자세하게 살펴보겠습니다.

그럼 적절한 PGA 용량은 어떻게 계산할까요? Oracle 튜닝 가이드에서 계산 방법을 제공하고 있습니다.

- OLTP 시스템 환경일 경우

```
PGA_AGGREGATE_TARGET = (<총 물리 메모리 용량> * 80%) * 20%
```

- DSS 시스템 환경일 경우

PGA_AGGREGATE_TARGET = (<총 물리 메모리 용량> * 80%) * 50%

위 공식을 토대로 총 물리 메모리가 16G인 Server의 PGA를 계산해 보겠습니다.

- OLTP 시스템일 경우

PGA_AGGREGATE_TARGET = (16G X 0.8) X 0.2 = 2.56 G

- DSS 시스템일 경우

PGA_AGGREGATE_TARGET = (16G X 0.8) X 0.5 = 6.4 G

위 공식들은 가이드라인이며 정확한 값은 아니니 운영중인 시스템에 맞도록 튜닝작업이 추가로 필요할 수도 있습니다. 현재 Server의 PGA와 관련된 값을 조회하려면 V$PGASTAT뷰를 조회하시면 됩니다.

```
SYS>select * from v$pgastat ;

NAME                                              VALUE      UNIT
-------------------------------------------------- ---------- ---------
aggregate PGA target parameter                    146800640  bytes
aggregate PGA auto target                          98648064  bytes
global memory bound                                29360128  bytes
total PGA inuse                                    37182464  bytes
total PGA allocated                                52882432  bytes
maximum PGA allocated                             175848448  bytes
total freeable PGA memory                           9633792  bytes
process count                                            28
max processes count                                      37
PGA memory freed back to OS                       437452800  bytes
total PGA used for auto workareas                         0  bytes
maximum PGA used for auto workareas                 2620416  bytes
total PGA used for manual workareas                       0  bytes
maximum PGA used for manual workareas                     0  bytes
over allocation count                                     0
bytes processed                                   565979136  bytes
```

```
extra bytes read/written                                        0    bytes
cache hit percentage                                          100    percent
recompute count (total)                                      9695

19 rows selected.
```

이상으로 Oracle Server의 주요 구조들 중에 메모리 관련된 부분들을 살펴보았습니다. 또 다른 Oracle Instance의 주요 구성 요소인 Background Process는 이 책의 3장에서 종류별로 자세하게 다루고 있습니다.

아마 Oracle을 처음 공부하는 분들에게는 생소한 용어와 개념들이 많이 등장해서 어려웠을 것 같습니다. 그러나 Oracle을 정말 잘 하려면 Oracle 구조는 완전하게 파악하고 있어야 합니다. 당연히 한번에 다 이해하고 외우는 건 어려우니 차근차근 꾸준하게 공부해서 꼭 본인의 지식으로 만들기 바랍니다.

다음 장에서는 이번 장에서 살펴본 SGA의 구성요소들이 SQL 문장을 수행할 때 어떻게 사용되는지와 SQL 문장들이 실행되는 원리들을 집중적으로 살펴보겠습니다.

CHAPTER 02

SQL 문장의 실행 원리

CHAPTER 02 SQL 문장의 실행 원리

SQL 문장이 수행되면 오라클 서버 내부에서 여러 가지 과정을 거쳐서 작업이 수행되고 결과물이 화면에 보여지게 됩니다. 이 과정을 잘 이해해야 장애 처리나 SQL 튜닝 등을 잘 할 수 있기 때문에 이 과정을 이해하는 것이 아주 중요합니다. 내용이 조금 어려울 수 있지만 꼭 반복해서 보고 외우세요. 주요 과정은 아래와 같습니다.

아래 그림을 보세요.

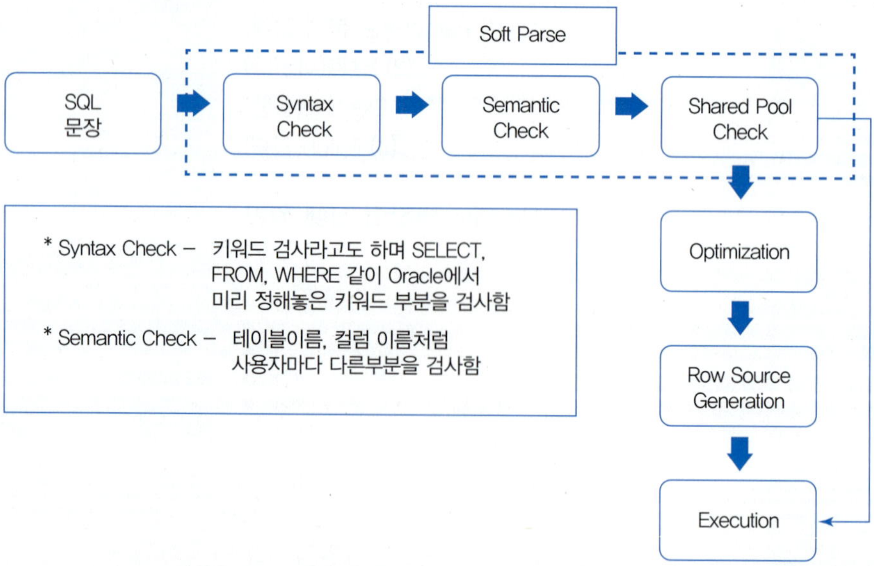

<SQL 문장이 수행되는 과정>

전체적인 순서를 먼저 개략적으로 살펴본 후에 각 단계별로 자세하게 살펴보겠습니다.

사용자가 SQL 문장을 수행하면 사용자의 PC쪽에 User Process라는 프로세스가 해당 SQL 문장을 서버로 전달해 줍니다. User Process란 SQL을 작성하는 프로그램이라고 생각하면 됩니다. 일반적으로 많이 사용하는 것은 SQL*PLUS, SQL Developer, Toad, Orange, 각종 개발용 프로그램 등의 프로그램이 많이 사용됩니다. 사용자가 이 프로그램들을 사용하여 SQL을 실행하면 이 프로그램이 해당 SQL을 Server쪽에서 직접 작업을 수행하는 Server Process를 찾아서 전달을 해 줍니다(이 과정에 대한 보다 자세한 사항은 이 책의 12장 Network와 Oracle Networking에서 자세히 설명합니다.).

User Process는 자신이 가져온 SQL 문장을 Server Process에게 전달해 주고 결과가 나올 때까지 기다리게 됩니다.

User Process로부터 SQL 문장을 받은 Server Process는 해당 문법검사(Syntax Check) → 의미검사(Semantic Check)를 한 후 권한검사를 하게 됩니다. 권한검사란 어떤 사용자가 해당 오브젝트에 접근 할 수 있는 권한이 있는지 없는지를 확인하는 과정입니다. 이 과정을 Parse(파스)라고 합니다. 일반 프로그래밍에서 흔히 소스코드를 검사하는 컴파일 단계에 해당된다고 생각해도 비슷합니다. 문법이 맞는지 틀린지, 권한이 있는지 없는지를 모두 검사한 후에 Shared Pool이라는 곳의 Library Cache를 검사합니다. Library Cache(라이브러리 캐쉬)란 한번이라도 실행된 SQL 문장이나 PL/SQL 문장과 해당 문장의 실행계획이 공유되어 있는 공간입니다. 이 부분에 대해서는 뒤에서 더 자세히 살펴보겠습니다. 우선 공유되어 있는 실행계획이 있는지 검사한 후(이 단계까지를 Soft Parse라고 합니다.) 있으면 바로 다음 단계인 Execution 단계로 진행하게 되고 만약 실행 계획이 공유되지 못하면(Soft Parse를 실패하면) 옵티마이저를 찾아가서 실행 계획을 만들어 달라고 요청하게 됩니다.

옵티마이져란 모르는 길을 찾아 갈 때 길을 찾아주는 내비게이션 같은 프로그램이라고 생각하면 됩니다. 서버 프로세스로부터 요청을 받은 옵티마이저는 Data Dictionary 등을 참조하여 실행 계획을 생성하게 되는 데 과정이 시간도 많이 걸리고(Soft Parse에 비해서) 힘든 과정이기 때문에 Hard Parse라고 말합니다. Soft Parse를 실패할 경우에만 Hard Parse를 한다는 점 꼭 기억하시기 바랍니다.

위 과정 중에 옵티마이저가 실행 계획을 만들 때 한 개의 실행 계획만을 만드는 것이 아니라 여러 개의 실행 계획을 만들게 됩니다. 그 후에 딕셔너리 등에서 각종 통계정보를 찾아서 실행 계획들의 비용을 계산하게 되고 그 중에서 가장 효율적인 실행 계획 1가지를 선택하게 되는 것입니다. 그 실행 계획을 받은 서버 프로세스는 그 실행 계획을 Library Cache에 등록한 후 PGA로 복사해서 가져온 후 그걸 보고 실행 단계로 넘어가게 됩니다.

갑자기 어려운 내용이 많이 나오는데 아래에서 Select 문장과 DML 문장이 수행되는 원리를 보다 구체적으로 살펴보고 각 단계에서 SGA의 각 구성요소가 어떤 역할을 하는지 알아보겠습니다.

1. Select 문장의 실행 원리

아래 그림으로 전체적인 흐름을 먼저 보겠습니다. 사용자가 Select 문장을 실행하면 서버 쪽에서는 아래 그림의 4단계로 해당 문장이 수행됩니다.

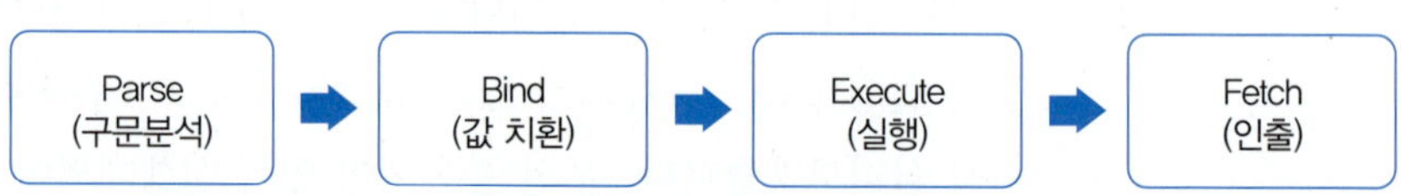

<SELECT 문장의 수행 단계>

각 단계별로 자세하게 살펴보겠습니다.

(1) Parse(구문 분석 단계)

사용자가 SQL 문장을 실행하면 User Process가 Server Process를 찾아와서

해당 SQL 문장을 전달해 줍니다(User Process가 Server Process를 찾아가는 과정은 뒤의 오라클 Networking 부분에서 자세하게 살펴봅니다.). 그 SQL(여기서는 Select문이라고 가정하겠습니다.)을 전달 받은 서버프로세스는 해당 SQL문을 처리하는데 가장 먼저 SQL Parser를 통해서 각 SQL 문장에 쓰인 키워드나 컬럼명 등을 분석해서 Parse Tree라는 것을 생성하게 됩니다.

이렇게 Parse Tree를 만드는 과정에서 문법 검사(Syntax check) 등을 하게 되고 이상이 없으면 구문의 의미 검사(Semantic Check)를 해서 의미상 오류 검사를 합니다. 즉 오라클 Key Word(SELECT, FROM, WHERE 등)의 스펠링이 틀릴 경우는 Parse Tree 생성 단계에서 오류가 생기게 되고 스펠링은 맞지만 없는 테이블을 조회했다면 Semantic Check 단계에서 에러를 발생하게 됩니다. 이 과정에서 해당 문법이 맞는지 틀린지 여부나 해당 테이블이 있는지 없는지 여부를 알기 위해 데이터 딕셔너리를 사용하게 되고 자주 사용하는 데이터 딕셔너리를 캐싱해 두어서 성능을 높이는 역할을 하는 곳이 Shared Pool 안에 있는 Dictionary Cache(Row Cache라고도 합니다.)입니다.

이런 과정을 거쳐서 해당 SQL 문장이 오류가 있는지 없는지 점검한 후 오류가 없다면 이 SQL 문장을 ASCII 값으로(숫자 값) 변경을 한 후 해당 숫자 값을 HASH 함수를 통해 특정 HASH 값으로 변경을 하게 됩니다. 그리고 여기서 얻은 HASH Value를 Shared Pool의 Library Cache에 있는 HASH Value들과 비교해서 동일한 값이 있는지 확인을 하게 됩니다. 이 과정을 커서 공유 또는 Soft Parse라고 합니다. 주의할 점은 만약 scott 사용자와 hr 사용자가 동일한 문장의(대소문자, 공백, 주석까지 모두 동일한 문장) SQL을 수행했다 하더라도 사용자가 다르게 되면 이 문장들은 서로 다른 문장이 됩니다.

이 부분을 좀 더 쉽게 설명해 보겠습니다.

다음의 그림을 보세요.

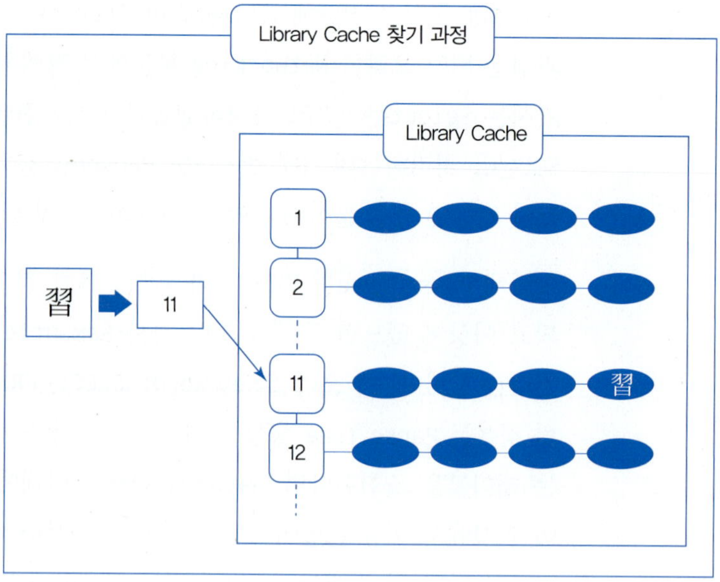

위 예는 翟이라는 한자가 무슨 뜻인지 몰라서 옥편을 찾는 과정을 그림으로 그린 것입니다. 일단 한자를 숫자로 바꿉니다. 그리고 그 숫자에 해당되는 획 수에 가서 해당 한자가 있는지 살펴보겠지요? 오라클에서 Library Cache를 찾는 과정도 이와 비슷한 과정을 거치게 됩니다. 사용자가 입력한 SQL 문장이나 PL/SQL 문장 자체를 획수로 바꾸어 주는 Hash 함수에 넣습니다.

Hash 함수에 대해 많이 어려워 하는데 Max 함수는 입력 값 중 가장 큰 값을 보여주는 함수이고 Min 함수는 가장 작은 값을 보여 주는 역할인 것처럼 Hash 함수는 입력된 값이 같을 경우 늘 출력 결과가 같고 입력 값이 다를 경우 출력 값은 항상 다르다는 것을 보장해 주는 함수입니다. 이 함수는 주로 오라클에서 두 개의 데이터가 서로 같은지 다른지를 비교할 때 많이 사용합니다.

즉 같은지 다른지 모르는 두 개의 값을 Hash 함수에 넣어서 나온 결과값이 같을 경우 입력된 두 개의 데이터가 같고 Hash값이 다를 경우 두 입력값은 서로 다르다는 것을 검증하기 위해 사용하게 됩니다. Hash 함수를 이용하여 데이터를 비교하는 방식은 성능이 아주 빠르고 정확하기 때문에 대용량의 데이터를 비교해야만 하는 join에서 인덱스가 있다 하더라도 인덱스를 사용하지 않고 Hash 함수를 이용하여 비교하는 Hash join 방법이 아주 많이 사용됩니다.

일단 Hash 함수에 넣어서 Hash value를 만든 후 Library Cache에서 해당 획 수에 해당되는 부분을 찾습니다. 오라클에서는 위 그림에서 획 수가 들어가 있는 부분을 Hash Bucket(해쉬 버킷)이라고 부릅니다. 즉 사용자가 어떤 SQL의 실행계획이 있는지를 검사하기 위해서는 Hash Bucket을 반드시 읽어봐야 합니다. 그리고 해당 획 수에도 수많은 한자가 있기 때문에 그 획 수 아래 실제 한자가 저장되어 있는 부분을 뒤져서 해당 한자를 찾아야만 합니다. 오라클에서는 이렇게 실제 내용이 들어가 있는 공간을 커서(cursor)라고 부릅니다.

커서(cursor)란 메모리에 어떤 데이터를 저장하기 위해 만드는 임시 저장 공간 같은 의미입니다. 일반적으로 3가지가 있는데 공유 커서, 세션 커서, 어플리케이션 커서가 그것입니다. 이 중에서 지금 우리가 말하고 있는 Library Cache 안에 있는 커서는 공유커서를 의미합니다. 이 공유 커서의 역할은 이미 한번 수행되었던 SQL 문장의 실행계획과 관련 정보를 보관하고 있다가 재활용 함으로써 Hard Parse(Optimizer가 실행계획을 만들어 주는 것)의 부담을 줄여 SQL 문장의 수행 속도를 빠르게 하는 것입니다.

마치 사람이 어떤 길을 갈 때 이미 예전에 가봐서 알고 있는 길은 누구에게 물어 볼 필요 없이 머리 속 기억으로 금방 찾아 가는 것(Soft Parse)과 같은 이치입니다. 만약 그 길을 가본 적이 없어서 누구에게 물어 보면서 찾아간다면 시간이 훨씬 더 많이 걸리겠지요(이 것을 뒤에서 Hard Parse 라고 배웁니다.).

이렇게 공유커서를 재활용해서 실행계획을 찾게 되면 SQL의 수행속도가 빨라지기 때문에 일반적으로 커서 공유를 의미하는 Soft Parse를 할 수 있도록 SQL을 작성하는 것을 권장합니다.

그러나 주의할 사항은 동일한 SQL 문장이라 하더라도 항상 커서 공유를 할 수 있는 것은 아닙니다. 즉 사용자가 다르거나 옵티마이저 모드가 다르거나 하게 되면 커서 공유를 할 수 없게 됩니다. 공유 커서는 크게 부모 커서(Parent Cursor)와 자식 커서(Child Cursor)로 나뉘게 되는데 SQL 문장 자체에 대한 값은 Parent Cursor에 있으나 사용자 정보나 Optimizer Mode 같은 정보는 Child Cursor에 있게 됩니다.

만약 사용자 A와 B가 각각 다른 계정으로 DB에 로그인 한 후 동일한 SQL 문장을 실행했다면 같은 Parent Cursor를 찾더라도 Child Cursor가 서로 다르게 되어(SQL 문장을 수행한 사용자가 다르므로) 커서 공유를 실패하게 됩니다. 즉 커서 공유란 Parent Cursor와 Child Cursor 모두가 완전히 동일해야만 이루어지게 되는 것입니다.

만약 100명의 사용자가 각각 다른 계정으로 DB에 로그인 한 후 동일한 SQL 문장을 수행했다면 Parent Cursor는 1개이지만 100개의 Child Cursor를 생성하게 되어 전부 커서 공유를 하지 못하게 된다는 뜻입니다.

문제는 Library Cache에 일반적으로 아주 많은 SQL 문장과 실행 계획이 들어가기 때문에 해당 실행계획을 찾을 때 일일이 실제 커서를 방문해서 해당 내용이 있는지 없는지를 찾지 못한다는 것입니다. 이런 식으로 찾다간 시간이 엄청 많이 걸릴 테니까요.

그래서 오라클은 '어떤 커서에 어떤 데이터가 들어 있다'라는 것을 리스트로 관리를 하는데 이 리스트를 Hash list라고 부릅니다. Hash list에 들어 있는 정보들은 마치 자전거 체인처럼 Chain 구조로 다음 데이터가 연결되어 있습니다.

Chain 구조라는 것에 대해 간단하게 살펴보겠습니다. 만약 위의 그림에서처럼 꼛이라는 한자를 찾기 위해 숫자로 바꾸니 Hash Value가 11이 나왔다면 11의 값이 들어 있는 Hash Bucket을 찾을 것입니다. 그 후에 실제 11획의 한자가 들어 있는 첫 번째 커서를 찾아본 후 찾는 한자가 아니면 두 번째 커서를 찾아야 하는데 메모리가 Heap 구조이기 때문에 11의 값을 가지는 커서들이 메모리 상에 모두 연속적으로 저장되어 있지 않습니다. Heap 구조라는 것은 순서가 보장되지 않고 빈자리가 있으면 그냥 마구 저장하는 구조입니다. 그래서 Heap 구조에 데이터가 들어가게 되면 순서를 알 수 없이 들어갑니다. 이 방식은 저장할 때는 속도가 빠른데 데이터를 찾을 때는 시간이 오래 걸린다는 문제점이 있습니다. 실제 구조에서는 데이터가 흩어져서 저장된다 하더라도 Hash List에는 11획의 값들끼리 모여 있어야 찾기 쉬우니까 첫 번째 11의 값을 가진 커서 값에 두 번째 커서의 위치가 저장되어 있고 두 번째 커서에 세 번째 커서 값이 저장되어 있는 형태라는 뜻입니다. 마치 학교에서 학생들이 앉은 책상위치를 실제 데이터가 저장된 것으로 생각하고 학생들의 이름으로 만들어진 출석부를 Hash

List라고 생각하면 됩니다. 학생들이 랜덤으로 막 앉아 있는 것이 Heap 구조의 특징이며 학생들이 어디 앉아있던 출석부는 정렬이 되어 있지요?

가장 중요한 사실은 Library Cache 안에서 원하는 SQL 문과 실행계획이 들어있는 커서를 찾기 위해서는 반드시 Hash List를 읽어야 한다는 사실입니다.

문제는 Library Cache의 내용을 저장하고 있는 Hash list가 1개 밖에 없다는 것입니다. 만약 10명의 사용자가 동시에 SQL 문장을 수행했다면 이론적으로 10명의 사용자가 동시에 Parse를 하게 되고 그렇다면 10명이 동시에 Library Cache의 내용을 검색해야 하는데 list가 1개 밖에 없어서 서로 먼저 읽기 위해서 다툼이 일어나게 된다는 것이죠.

즉 출석부는 1개 밖에 없는데 10명이 동시에 다른 학생을 찾으려고 시도하는 것과 동일합니다. 당연히 1개 밖에 없는 출석부를 서로 먼저 보기 위해 쟁탈전이 벌어지겠죠.

이런 사태를 막기 위해서 오라클에서는 Library Cache를 탐색하기 위해서는 반드시 Library Cache Latch를 가지게끔 정하고 있습니다. 앞에서 잠시 언급한 대로 Latch란 순서를 정해주는 번호표 같은 역할을 한다고 했습니다. 만약 10명이 동시에 Library Cache를 획득하려고 시도했을 경우 1명만 성공하고 나머지 9명은 대기를 하게 됩니다. 이런 이유 때문에 성능이 저하가 되는 문제가 되어서 Library Cache의 Hash List를 Select만 할 경우에는 서로 공유해서 한꺼번에 여러 명이 볼 수 있는 기능을 제공합니다. 같이 보고 빨리 데이터를 찾자는 의미지요. 그런데 주의해야 할 의미가 있습니다. 조금 전에 Library Cache Hash List를 Select를 하는 경우라고 했는데 이것은 사용자가 Select 문장을 수행했다는 뜻이 아닙니다.

사용자가 Select를 했을 경우에도 만약 Hash List를 찾아보고 원하는 SQL과 실행계획이 없을 경우 서버 프로세스는 뒤에서 배우는 Hard Parse 과정을 수행한 후 실행계획을 받아서 Library Cache에 신규로 등록한 후 다음 단계로 넘어 갑니다. 즉 사용자는 Select를 했지만 해당 SQL이 처음 실행 될 경우에는 Hash List를 Update해야 하는 것입니다(Library Cache Hash List를 update

하거나 신규로 새로운 SQL과 실행계획을 등록하려면 Library Cache Latch를 획득한 상태에서 Shared pool latch가 추가로 필요합니다.). 반면에 사용자가 Update를 했다고 가정하겠습니다. 그럴 경우에도 우선 Hash List를 먼저 읽어 보고(Select해 보고) 해당 SQL 문장과 실행계획이 있으면 Soft Parse를 성공하게 됩니다. 이럴 경우는 hash List를 Select만 해도 다음 작업이 가능합니다. 이 의미를 혼동하시면 안됩니다.

흔히들 soft parse가 성능이 좋다고 하지만 만약 10명의 사용자가 찾는 모든 데이터가 Library Cache에 있다 하더라도 지금과 같이 Latch가 1개 밖에 없어서 동시에 작업 할 수 있는 사용자가 1명 밖에 없다면 속도가 느려지게 됩니다. 즉 Soft Parse라고 해서 무조건 빠르다는 생각은 틀릴 수 있다는 것입니다. 이런 문제(Soft Parse를 해도 성능이 느려지는 문제)를 해결 하기 위해서 오라클에서는 Session_Cached_Cursors라는 파라미터를 제공합니다. 이 파라미터에 대해서는 이 책 4장의 Parameter File 부분에 자세하게 설명이 나옵니다. 물론 Soft Parse가 뒤에 나오는 Hard Parse 보다는 성능이 빠른 것은 사실입니다.

만약 Library Cache를 찾는 커서 공유를 실패하게 되면 새로운 실행 계획을 찾아야 합니다. 즉 어떤 사람이 서울에서 부산을 운전해서 가야 하는데 기억을 아무리 더듬어 봐도 가는 길이 생각이 안 난다면(커서 공유 실패=Soft Parse 실패), 이 사람은 서울에서 부산을 가는 길을 알고 있는 사람이나 내비게이션에게 길을 물어보고 길을 알아내서 출발해야 할 것입니다.

오라클에서 새로운 실행계획을 생성시켜 주는 네비게이션 역할을 하는 것이 바로 아주 중요한 옵티마이져(Optimizer)입니다. 우리가 모르는 길을 찾아갈 때 네비게이션을 통해서 길을 찾듯이 오라클의 서버프로세스도 실행 계획이 없을 경우 옵티마이져에게 물어서 실행계획을 받고 그 실행계획대로 SQL을 수행하게 됩니다. 예를 들어 여러 테이블의 조인에서 어떤 테이블을 먼저 읽어야 하는지(드라이빙 한다고 말합니다.) 또는 여러 개의 인덱스 중에서 어떤 인덱스를 사용해서 SQL을 수행할 건지 등을 옵티마이져가 지시를 해 줍니다.

그럼 옵티마이져는 어떻게 가장 좋은 실행계획을 만들어 낼 수 있을까요?

옵티마이저는 크게 Rule Based Optimizer(RBO)와 Cost Based Optimizer(CBO)로 나눌 수 있습니다. RBO라는 옵티마이저와 CBO라는 옵티마이저의 차이는 실행계획을 세우는 방식의 차이입니다. RBO라는 옵티마이저는 서버 프로세스가 실행계획을 세워 달라고 요청이 들어오면 이름대로 미리 정해져 있는 규칙을 사용해서 실행 계획을 세우게 됩니다.

RBO가 사용하는 규칙은 아래와 같습니다.

순위	접근경로
1	Single row by ROWID
2	Single row by cluster join
3	Single row by hash cluster key with unique or primary key
4	Single row by unique or primary key
5	Cluster join
6	Hash cluster key
7	Indexed cluster key
8	Composite index
9	Single-column index
10	Bounded range search on indexed columns
11	Unbounded range search on indexed columns
12	Sort-merge join
13	MAX or MIN of indexed column
14	ORDER BY on indexed column
15	Full table scan

예를 들어 사용자가 select * from emp where empno=7902 ;라는 SQL 문을 수행했다고 가정하겠습니다. 또 empno 컬럼에는 인덱스가 생성되어 있다고 가정하겠습니다. 위 SQL을 Soft Parse를 시도했는데 실패했을 경우 서버 프로세스가 RBO를 찾아가서 실행 계획을 요청 했다면 RBO는 위 테이블을 꺼내 놓고 15번 방법부터 하나씩 대입해서 적당한 실행 계획을 찾게 됩니다. 15번은 Full Scan이므로 무조건 확보 되고 14번 규칙을 대입해 봅니다. 그러나 위 쿼리에는

Order by 컬럼이 없으므로 14번 방법은 그냥 통과되고 13번 방법을 대입해 봅니다. 그러나 위 쿼리는 MAX / MIN 함수가 없으므로 그냥 통과 되고 12번 방법으로 넘어갑니다. 이런 식으로 쭉 진행이 되다가 9번 방법을 만나면 empno에 index가 있다는 것을 확인하고 그 방법을 사용합니다. 이 단계까지 되면 옵티마이저는 15번과 9번 방법을 확보합니다. 그리고도 계속 쭉 진행을 해서 결국 1번 방법까지 다 대입해 본 후 확보된 방법 중에서 숫자가 작은 방법을 실행계획으로 채택하게 됩니다. 이 방법의 문제점은 모든 SQL이 15가지의 경우의 수 안에서 실행계획을 만들어야 한다는 것입니다.

즉 다양한 경우나 상황이 많지만 그 모든 것은 다 무시되고 오직 정해져 있는 15가지의 규칙 안에서 실행계획을 세워야 하기 때문에 당연히 문제가 될 수 있습니다. 대표적인 문제는 위의 경우와 같이 인덱스가 있을 경우 규칙상 무조건 인덱스를 쓴다는 점입니다. 인덱스란 것은 무조건 사용해야 하는 것이 아닙니다. 상황에 따라서 사용하는 경우가 좋을 수도 있지만 오히려 더 문제가 될 수 있다는 것이지요. 예를 들어 택시를 타는 것과 걸어가는 것 중에서 어떤 것이 더 빠를까요? 당연히 택시를 타는 것이 빠르겠지요? 그러나 만약 차가 막히는 경우라면 택시 타는 것 보다 걷는 것이 더 빠를 수 있다는 것입니다. RBO 같은 경우 규칙이 택시를 타라는 것이기 때문에 차가 막히든 안 막히든 상관없이 무조건 택시를 탄다는 것이 문제가 됩니다.

RBO는 오라클7 버전 이후로 규칙이 추가되지 않고 지원되고 있다가 10g R2 버전 이후부터 완전히 지원되지 않습니다. 즉 11g부터는 무조건 CBO만 지원이 됩니다. 그러나 RBO에 대해서 알면 CBO를 이해하는데 아주 큰 도움이 되므로 RBO에 대해서 꼭 기억하기 바랍니다.

RBO와는 다르게 오라클7 버전부터 CBO가 등장을 합니다. CBO는 RBO와는 다르게 규칙보다는 규칙을 참조한 현실적인 상황이 실행계획을 세우는 주요한 요소가 됩니다. 그렇다면 CBO는 어떻게 현실적인 상황을 알 수 있을까요?

CBO는 실행 계획을 세울 때 데이터 딕셔너리 정보를 보고 판단을 하게 됩니다. 예를 들어 DBA_TABLES, USER_TABLES 등과 같은 Data Dictionary를 참고해서 실행 계획을 세우게 된다는 뜻입니다(데이터 딕셔너리에 대해서는 이 책의 7장 SYSTEM tablespace 부분을 참조하세요.).

이렇게 옵티마이저가 실행계획을 세워 주는 대로 실행을 하기 때문에 옵티마이저의 실행 계획이 SQL 문장의 수행 속도에 절대적인 영향을 주게 됩니다. 즉 옵티마이저의 실행계획이 안 좋으면 쿼리의 수행 속도는 느리고 옵티마이저의 실행계획이 훌륭하면 쿼리도 아주 빠르게 수행된다는 뜻입니다. 이렇게 옵티마이저가 새로운 실행계획을 세우는 단계를 Hard Parse라고 부릅니다.

이 Hard Parse 단계가 Soft Parse에 비해 시간이 훨씬 더 걸리기 때문에 가능한 Soft Parse를 할 수 있도록 쿼리를 작성해야 합니다. 그리고 옵티마이저가 실행계획을 잘 세울 수 있도록 사람이 적극 도와주어야 합니다.

예를 들어서 서울에서 부산을 운전을 해서 가는데 내비게이션이 알려준 A라는 길을 보니 20시간이 걸린다고 나왔다고 해보겠습니다. 운전자는 길을 모르기 때문에 그 길이 맞는지 틀린지 모르고 무조건 달립니다. 정말 빠르게 운전을 해서 20시간 걸릴 길을 15시간 만에 다녀 왔습니다. 그런데 다른 내비게이션을 보니 서울에서 부산을 가는 새로운 고속도로를 통해 가는 실행계획을 세워 5시간 만에 갈 수 있는 길을 찾아 주었고 운전을 조금 못해도 5시간 걸릴 길을 7시간 만에 다녀 올 수 있었습니다.

여기서 중요한 내용이 있습니다. 옵티마이저는 Data Dictionary를 참고해서 실행계획을 생성합니다. 중요한 점은 옵티마이저가 참조하는 딕셔서리 중 대부분이 Static Data Dictionary라는 딕셔너리인데 옵티마이저가 보는 딕셔너리가 자동으로 업데이트 되는 것이 아니라는 부분입니다.

물론 특정한 경우에는 자동으로 업데이트 되지만 항상 최신 정보를 가지고 있는 것이 아니라는 뜻입니다. SQL의 수행 속도는 옵티마이저의 실행계획이 결정하지만 옵티마이저가 참조하는 딕셔너리 관리는 사람이 해 주어야 합니다. 그리고 좋은 실행 계획을 만들 수 있도록 좋은 인덱스 생성과 공간 관리 같은 것도 사람이 해 주어야 합니다. 네비게이션으로 말하자면 만들어져 있는 길 중에서 빠른 길을 찾아 주는 것은 네비게이션이 하지만 빠른 길을 만들어 주고 내비게이션 지도를 업데이트 해서 항상 최신의 데이터를 유지하게 관리 해 주는 일은 사람이 해야 한다는 것입니다.

10g 버전부터 데이터 딕셔너리 정보를 자동으로 모아주고 관리해 주는 고마운

기능이 생기긴 했으나 데이터 딕셔너리 관리의 중요성은 아무리 강조해도 지나치지 않습니다.

복잡하고 많은 내용을 살펴보았는데 다시 한번 정리를 하면 사람이 SQL을 수행하면 서버측에서 그 쿼리를 직접 수행해서 결과를 만들어 주는 역할은 서버 프로세스가 합니다. 그리고 이 서버 프로세스가 어떤 SQL 문장을 수행하려면 해당 SQL의 실행 계획이 필요한데 이 실행계획에 따라 쿼리의 수행 속도가 결정이 됩니다. 이렇게 중요한 실행계획을 만드는(또는 찾는) 단계가 Parse이고 이 단계에서 사용되는 메모리 공간이 Shared Pool입니다.

Shared Pool은 크게 Library Cache와 Dictionary Cache로 구성이 되고 Library cache는 Soft Parse할 때 사용되는 공간으로 이미 수행되었던 SQL 문장이나 PL/SQL 문장의 parse code와 해당 SQL/PLSQL 문장, 실행계획 등이 저장되어 있고 LRU 알고리즘으로 관리가 됩니다.

Library Cache 크기와 Dictionary Cache 크기는 각각 따로 설정할 수 없으며 Parameter file의 Shared_pool_size라는 파라미터로 설정을 하게 됩니다. Oracle 10g 버전부터는 자동으로 Shared memory를 관리해주는 Automatic Shared Memory Management(ASMM)라는 기능이 등장했습니다. 이 기능을 사용하기 위해서는 SGA_TARGET이라는 파라미터를 설정하면 되는데 이 파라미터를 설정하고 shared_pool_size의 값을 주지 않으면 Shared_pool_size의 기본값은 0으로 세팅됩니다. 이 의미는 '최저 0byte부터 시작해서 오라클이 자동으로 관리하겠다'라는 뜻입니다.

(ASMM에 대해서는 이 책 9장의 메모리 관리기법에서 자세히 살펴보겠습니다.)

Oracle 9i 버전까지는 Shared_pool_size를 설정해도 실제 사용되는 Shared Pool의 크기는 다소 초과되어 사용되었습니다. 그러나 10g부터는 shared_pool_size에 설정한 값이 그대로 적용됩니다. 현재 사용중인 Shared Pool의 용량을 확인하려면 아래의 쿼리를 수행하면 됩니다.

```
SQL> SELECT SUM(bytes/1024/1024) MB FROM v$sgastat WHERE pool='shared pool';
```

(2) BIND(바인드)

SQL 문장을 수행하는 두 번째 단계로 BIND 과정을 살펴 보겠습니다. 설명의 예를 위해서 전체 학생이 1,000명인 학교가 있다고 가정하겠습니다.

학생의 학번과 이름을 입력 받아서 그 학생의 전체 평균 점수와 영어 과목 점수를 조회하려고 합니다. 이 SQL의 특징을 살펴보면 조회하기를 원하는 학생의 학번과 이름을 입력 받아서 SQL을 수행하는데 만약 1,000명 모두를 조회한다면 1,000명의 학번과 이름만 다르고 실행 계획은 같을 것입니다. 즉 같은 테이블의 같은 컬럼을 조회하는 SQL이니까 파싱을 1,000번하고 실행계획을 1,000개 만드는 것 보다 1번만 파싱해서 실행계획을 1개만 생성 한 후 학번과 이름만 바꾸어서 1,000번 실행하는 것이 훨씬 더 부담도 적고 쿼리 수행 속도도 빠를 것입니다.

이 과정을 바인드라고 하고 이 작업에서 사용된 학번과 이름을 바인드 변수값이라고 부릅니다. 바인드 변수를 사용하게 되면 Soft Parse를 많이하게 되므로 좋아지는 부분도 있지만 일반적으로 테이블에 입력되어 있는 데이터들이 한쪽으로 편중되어(Skewed) 있게 되면 index가 정상적으로 작동을 못한다는 단점도 있습니다.

즉 분포도가 균일하지 못할 경우에는 Bind 변수를 사용할 수 없다는 뜻입니다. Skewed라는 말의 뜻은 테이블에 있는 데이터들이 균일한 비율이 아니라 특정 데이터가 집중적으로 많이 들어가 있다는 의미입니다. 이럴 경우에는 대안으로 특수한 통계정보인 histogram을 생성해 주어야 합니다. 그러나 histogram을 생성하게 되면 이번에는 BIND 기능을 사용하지 못합니다. 그래서 SQL을 작성하실 때 BIND 기능을 사용할 수 있도록 주의해서 작성해야만 합니다. 이 책 4장의 Parameter file 부분에서 BIND 기능의 문제점을 해결하기 위해 추가된 각종 기능에 대한 자세한 설명이 있으니 참조하세요. BIND 기능 덕분에 Hard Parse의 부하가 많이 줄게 되었고 그로 인해 성능이 많이 향상 될 수 있기에 이 기능을 꼭 사용하는 것이 좋습니다.

(3) Execute(실행)

Parse와 Bind 단계를 거치고 나면 서버 프로세스는 해당 데이터를 가져오기 위해서 해당 데이터가 저장되어 있는 블록을 찾게 됩니다.

사용자가 찾는 모든 데이터는 SGA 구성요소인 Database Buffer Cache에 존재해야 합니다. 사용자가 찾거나 변경하는 모든 작업은 Database Buffer Cache에서 작업이 수행됩니다.

즉 모든 데이터의 조회와 변경작업은 SGA 내의 Database Buffer Cache에서 이루어지기 때문에 오라클은 항상 작업을 하기 위해서 해당 블록을 데이터파일에서 찾아서 Database Buffer Cache로 복사해 놓아야 합니다. 그래서 서버 프로세스는 해당 블록을 찾기 위해서 우선 Database Buffer Cache를 확인하게 됩니다. 만약 해당 블록에 Database Buffer Cache에 있을 경우에는 힘들게 데이터 파일로 가서 블록을 복사해 올 필요가 없기 때문입니다. 서버 프로세스가 Database Buffer Cache에 자신이 원하는 블록이 있는지 없는지를 어떻게 찾아내는지 살펴보겠습니다.

Database Buffer Cache는 데이터 파일의 블록 주소를 Hash값으로 변경시켜서 리스트를 만든 후 그 리스트와 데이터 파일 블록을 관리하고 있습니다.

Database Buffer Cache에 서버 프로세스가 찾는 블록이 있는지 없는지 검사하는 원리는 서버 프로세스가 찾는 블록의 주소를 Hash 함수에 넣어 Hash Value를 만들고 이렇게 만들어진 Hash Value와 Database Buffer Cache Hash list를 비교해서 동일한 Hash Value가 Database Buffer Cache에 있는지를 검사하는 것입니다. 그래서 Database Buffer Cache에 원하는 블록이 있으면 즉시 다음 단계인 Fetch 단계로 진행하게 되고 못 찾게 되면 서버 프로세스가 하드 디스크로 가서 해당 블록을 찾아 Database Buffer Cache로 복사해 오게 됩니다.

하드 디스크에서 필요한 블록이나 파일을 찾아 메모리로 복사한 후 메모리에서 작업을 하는 원리는 오라클뿐만 아니라 거의 모든 프로그램이 동일합니다.

워드 프로그램의 예를 들어보겠습니다.

100 페이지로 되어있는 report.doc 파일에서 5번째 페이지의 내용을 수정하려고 하는 상황일 경우 당연히 해당 report.doc 파일을 open할 것입니다. 여기서 해당 파일을 open한다는 의미는 하드 디스크에 저장되어 있는 report.doc 파일 전체를 복사해서 메모리(RAM)로 가져 온 후 메모리에서 작업을 한다는 뜻입니다. 이 원리는 오라클과 동일합니다.

오라클도 어떤 데이터를 조회하거나 수정하는 작업을 하려면 모든 작업은 메모리에서 발생하게 됩니다(오라클에서는 Direct Path로 디스크로 바로 작업하는 경우가 있긴 하지만 이는 특수한 경우이고 여기서는 일반적인 경우를 말합니다.). 다만 오라클이 다른 프로그램들과 다른 부분은, 예를 들어 다른 프로그램에서는 100페이지에서 5페이지만 수정하고 싶어도 100페이지 파일 전체를 모두 메모리로 복사한 후 거기서 해당 파일을 열어서 5번째 페이지를 수정하게 되지만 오라클은 특정 파일에서 내가 원하는 데이터가 들어 있는 블록만 찾아서 그 블록만 메모리로 복사해 와서 작업할 수 있다는 점입니다. 데이터베이스에서 사용하는 파일의 크기가 아주 큰데 그 파일 전체를 메모리로 복사해 와야 한다면 그건 정말 문제가 됩니다.

실행(execute)이란 단계는 하드 디스크의 데이터 파일에서 데이터가 들어있는 블록을 찾아 메모리(Database Buffer Cache)로 복사해 오는 과정을 말합니다. 데이터를 조회하거나 수정 또는 신규 입력을 하기 위해서는 해당 테이블은 반드시 Database Buffer Cache에 존재해야만 합니다.

만약 해당 테이블이 Database Buffer Cache에 존재하지 않는다면 서버 프로세스는 하드 디스크에 있는 해당 데이터 파일에 가서 원하는 블록을 찾아서 Database Buffer Cache로 복사해 온 후에 작업을 하게 됩니다.

* Block 단위의 I/O

오라클은 데이터 파일에서 Database Buffer Cache로 데이터를 복사해 오거나 또는 반대로 Database Buffer Cache에서 데이터 파일로 저장할 때 가장 최소 단위인 Block 단위로 움직이게 됩니다. 블록은 여러 건의 데이터를 담아서 움직이는 작은 박스라고 생각하면 됩니다.

이 블록은 초기화 파라미터 파일에 DB_BLOCK_SIZE로 크기가 결정되며 이 값은 DB가 생성될 때 적용되어 그 이후에는 DB를 다시 생성하기 전에는 변경할 수 없습니다. Oracle 9i 버전에서는 기본값이 4k이고 10g 버전에서는 8k로 상향 되었습니다.

이 크기가 크면 I/O를 줄일 수 있는 장점이 있는 반면에 공간 낭비가 많이 생길 수 있고 Database Buffer Cache에서 Wait가 많이 생겨 성능이 저하 될 수 있으므로 신중하게 고려해야 합니다.

이 실행 과정이 오라클 SQL의 성능에 아주 중요한 영향을 주게 됩니다. 다음의 그림으로 더 자세히 살펴보겠습니다.

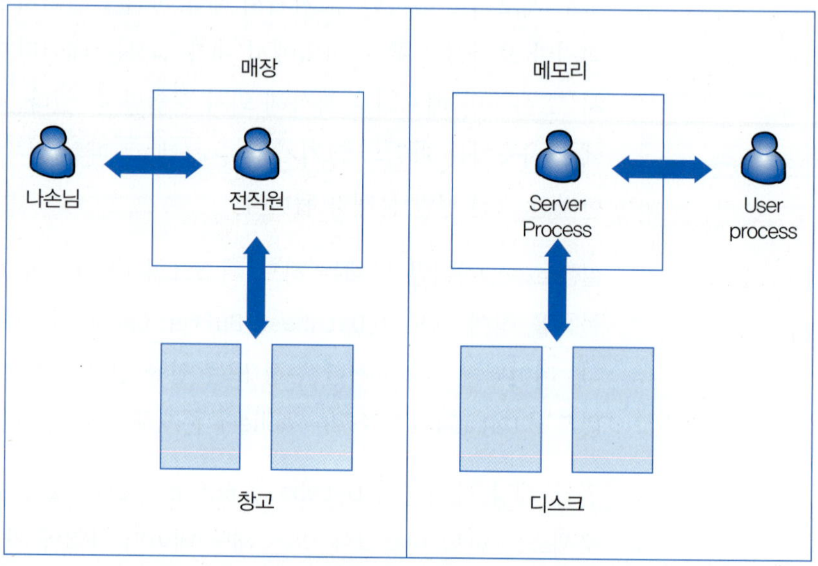

위 그림에서 왼쪽 그림을 먼저 살펴보겠습니다. 나손님이 매장에 있는 전직원에게 어떤 물건을 달라고 했습니다. 이럴 때 만약 매장에 물건이 있었다면 즉시 나손님은 그 물건을 사서 갈 수 있습니다. 그러나 만약 매장에 물건이 없고 창고에 있을 경우 전직원은 나손님을 기다리게 하고 창고로 가서 물건을 찾아 올 것입니다.

이때 만약 창고에 많은 물건이 있는 중에 어떤 물건이 나손님이 찾는 물건인지 모른다고 하면 전부 다 뒤져봐야 하고 그 시간이 오래 걸릴 경우 나손님이 기다리는 시간이 아주 오래 걸리게 될 것입니다. 이렇게 되면 나손님은 그냥 다른 매장으로 갈수도 있을 것입니다.

오라클이 작동하는 원리도 이와 동일합니다. 위 그림에서 보는 바와 같이 메모리 부분이 매장이고 디스크 부분이 창고의 역할을 합니다. 즉, 사용자(위 그림에서 User Process)가 어떤 데이터를 요청하면 서버의 메모리 부분에서 Server Process가 그 작업을 수행해서 데이터를 User Process에게 돌려주게 됩니다.

이때 Server Process는 메모리(Database Buffer Cache)에서 해당 데이터를 찾게 되고 만약 찾지 못하게 되면 디스크에 있는 파일에서 해당 데이터가 들어있는 블록을 메모리로 복사해 와야 합니다. 이때 하드 디스크에 있는 파일에서 해당 블록을 찾는 시간이 오래 걸리거나 또는 복사해 와야 하는 블록의 수량이 많을 경우 User Process가 기다려야 하는 시간이 오래 걸리게 된다는 것입니다(이 부분에 대한 자세한 내용은 이 책 7장의 Tablespace 부분을 참조하세요.).

(4) Fetch(인출)

Execute 단계까지 수행이 되면 원하는 데이터가 들어 있는 블록이 메모리(Database Buffer Cache)로 올라오게 됩니다. 그러나 여기서 기억해야 할 것은 데이터의 I/O 최소 단위가 Block이라는 것입니다. 이 말은 Database Buffer Cache에 원하는 데이터만 있는 것이 아니라 해당 블록에 다른 데이터까지 많이 들어 있다는 뜻입니다.

그래서 그 중에서 사용자가 요청한 원하는 데이터만 골라내야 하는 과정이 필요하고 이 과정이 Fetch라고 하는 것입니다. 만약 사용자가 정렬(sort) 등의 추가 작업을 요구했을 경우 Fetch 과정에서 Sort를 완료해서 데이터를 보내주게 됩니다. 정렬이 발생하는 장소는 Program Global Area(PGA)라는 공간이며 이 공간은 서버 프로세스 별로 각각 독립적으로 할당이 되어 사용이 됩니다(이 내용은 앞의 PGA 부분에서 살펴 보았습니다.).

여기까지 SELECT 문장을 수행할 경우를 예를 들어서 SGA가 어떻게 활용되는지 간략하게 살펴보았습니다. 다음으로 DML 문장 중 Update 문장을 수행할 경우의 예를 들어서 SGA가 어떻게 활용되는지 살펴보도록 하겠습니다.

2. Update 문장의 실행 원리

모든 DML 문장은 수행되는 원리가 동일합니다. 즉 Insert, Update, Delete, Merge 문장은 동일한 원리로 수행이 되며 여기서는 대표적으로 Update 문장이 수행되는 원리를 살펴보면서 SGA를 어떻게 활용하는지 알아보겠습니다. DML 문의 수행단계는 SELECT 문의 수행단계에서 Fetch 과정만 없고 나머지는 동일합니다. 그러나 Execute 과정이 SELECT 문의 수행단계보다 아주 복잡하므로 잘 이해해야 합니다.

```
SQL> UPDATE  emp
  2  SET sal = 3000
  3  WHERE empno=7901 ;
```

위와 같은 UPDATE 문장이 수행되었다고 가정하고 어떻게 수행되며 SGA를 어떻게 사용하는지 살펴보겠습니다.

SELECT 문과 마찬가지로 이 SQL을 받은 서버 프로세스는 제일 먼저 PARSE 단계로 문법검사를 하고 의미검사를 한 후 권한 검사를 하게 됩니다. 그 후에 Shared Pool의 Library Cache를 살펴서 이 SQL과 실행계획이 있는지를 보게 됩니다. 이 과정을 Soft Parse라고 했습니다. 만약 Soft Parse를 실패하게 되면 옵티마이저에게 실행계획을 생성해 달라고 요청하게 되고 옵티마이저는 복잡한 과정을 거쳐서 Hard Parse를 하게 됩니다.

이렇게 Parse 과정이 끝나게 되면 이 SQL 문장을 수행하는 가장 최적의 실행계획이 생성되며 이 실행계획을 받은 서버 프로세스는 Library Cache에 등록한 후 다음 단계인 Execute를 수행하게 됩니다.

Parse 과정이 끝난 후에 Database Buffer Cache를 살펴서 emp 테이블의 7901번 사원이 있는지를 보게 되고 만약 없다면 데이터파일로 가서 해당 블록을 Database Buffer Cache로 복사해 오게 됩니다. 여기까지는 SELECT 문장과 동일하게 진행됩니다.

Execute 단계에서 원하는 데이터가 들어 있는 블록을 Database Buffer Cache로 가져 온 후 서버 프로세스는 변경되는 데이터의 변경내역을 Redo log Buffer에 먼저 기록합니다.

Redo log Buffer란 데이터가 변경이 될 때 만약의 장애를 복구하기 위해 변경 내역을 기록해 두는 공간입니다. 그 후에 Undo Segment에 이전(원본) 이미지를 기록한 후 Database Buffer Cache의 내용을 변경하게 됩니다.

이 순서가 매우 중요합니다. 데이터의 변경이 일어날 경우 가장 먼저 Redo log buffer에 기록 → Undo Segment에 기록 → Database Buffer Cache의 실제 데이터 변경이라는 순서를 꼭 기억하기 바랍니다. 데이터가 변경되는 것을 통틀어서 오라클에서는 Transaction(트랜잭션)이라고 부릅니다. 이 트랜잭션이 일어나는 과정이 아주 중요하고 성능상 아주 많은 이슈가 발생하는 부분입니다. 이렇게 중요한 트랜잭션 부분은 뒷장의 Redo log 부분과 Tablespace 부분 중 Undo Tablespace 부분에서 아주 자세하게 관련 내용을 추가로 살펴보겠습니다.

이상으로 오라클에서 SQL 문장을 수행하는 원리들을 살펴보았습니다. 아주 중요한 내용이므로 꼭 반복적으로 읽어서 내용을 이해해야 합니다.

CHAPTER 03

Oracle Background Processes

CHAPTER 03

Oracle Background Processes

Oracle Server는 마치 사람의 몸과 같은 구조입니다. 이 말의 의미는 사람의 몸처럼 각각의 역할을 담당하는 여러 가지 기능들이 유기적으로 작동하여 Oracle Server를 운영하고 유지하고 있다는 뜻입니다.

Oracle Server와 관련된 프로세스 종류는 아래와 같이 3가지로 나눌 수 있습니다. 프로세스는 사람을 대신해서 작업을 수행해주는 역할을 하고 있습니다.

* User Process
  - 사용자가 작성한 SQL 문장을 Server Process로 전달해 주고 결과를 가져오는 프로세스

* Server Process
  - User Process가 전해 준 SQL 문장을 실제 수행하는 프로세스

* Background Process
  - Oracle Server가 시작되면 자동으로 시작되어 운영과 유지를 담당하는 프로세스

User Process와 Server Process는 앞에서 살펴보았고 여기서는 Background Process를 자세하게 살펴보겠습니다. User Process와 Server Process는 사용자가 접속하면 생성되고 사용자가 접속을 종료하면 사라지게 됩니다. 그러나 필수 Background Process는 이와는 다르게 Oracle Server가 시작되면 함께

시작되고 Oracle Server가 종료되면 종료됩니다.

Background Process는 Oracle Server를 운영하기 위해서 반드시 필요한 필수 Background Process와 특정 기능을 사용할 때만 생성되는 선택적인 Background Process로 크게 나누어집니다.

1. 필수 Background Process

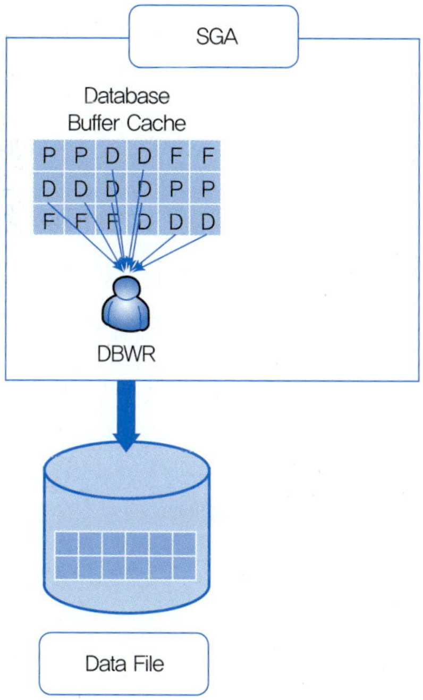

(1) DBWR(Database Writer)

DBWR이 하는 역할은 Database Buffer Cache에서 변경 완료 후 저장되어야 하는 블록(앞에서 살펴본 Dirty Block)을 데이터 파일로 저장하는 역할입니다. Oracle에서 모든 변경 작업들은 Database Buffer Cache에서 진행되기 때문에 변경 후 파일로 내려쓰지 않으면 모든 데이터가 다 손실됩니다. 그때 저장해 주는 역할을 하는 프로세스가 DBWR입니다.

DBWR이 DB Buffer Cache의 Dirty Buffer의 내용을 파일에 내려쓰는 경우는 아래와 같습니다.

1. Checkpoint 신호가 발생했을 때 / 2. Dirty Buffer가 임계값을 지났을 때
3. Time out이 발생했을 때 / 4. RAC Ping이 발생했을 때
5. Tablespace가 Read only 상태로 변경될 때 / 6. Tablespace가 offline될 때
7. Tablespace가 begin backup 상태가 될 때 / 8. Drop table이나 Truncate table될 때
9. Direct Path Read/Write가 진행될 때 / 10. 일부 Parallel Query 작업이 진행될 때

DBWR 백그라운드 프로세스는 기본적으로 DBW0 하나가 작동을 하지만 I/O가 많이 추가로 더 필요할 경우 여러 개(DBW1~DBW9)를 동시에 사용하여 성능을 향상시킬 수 있습니다. 단, 단일 프로세서의 시스템에서는 사용되지 못합니다.

```
oracle@localhost:~
SYS>
SYS>show parameter processes;

NAME                                 TYPE        VALUE
------------------------------------ ----------- ------------------------------
aq_tm_processes                      integer     0
db_writer_processes                  integer     1
gcs_server_processes                 integer     0
global_txn_processes                 integer     1
job_queue_processes                  integer     1000
log_archive_max_processes            integer     4
processes                            integer     150
SYS>
```

<DBWR 개수 확인하기>

(2) LGWR(Log Writer)

앞에서 살펴본 바와 같이 데이터가 변경되면 Server Process가 그 변경 내역(Change Vector)을 Redo Log Buffer에 기록하게 됩니다. 그리고 LGWR은 Redo Log Buffer에 있는 내용을 아래의 경우에 디스크의 Redo Log File로 저장해 줍니다.

1. Commit이 발생했을 때
2. 1/3이 찼을 때
3. 변경량이 1M가 되었을 때
4. 3초 마다
5. DBWR이 내려 쓰기 전에

Redo Log Buffer에 있는 내용을 Redo Log File에 내려 쓰는 이유는 Redo Log Buffer도 메모리이므로 서버가 꺼지면 내용이 다 날아갈 수 있기 때문에 안전하게 하드디스크의 Redo Log File에 저장하는 것입니다.

앞에서도 살펴 봤듯이 오라클은 데이터가 변경되는 경우(DDL이나 DML 수행 시) 항상 Redo Log Buffer에 변경 내용을 먼저 기록한 후 Database Buffer Cache에서 내용을 변경합니다(이런 특징을 Redo Log의 특징 중에서 Log Ahead Method 또는 Write-Ahead라고 하기도 합니다.). 그리고 많이 오해하는 것 중 하나가 'Commit을 수행하면 디스크로 데이터를 내려쓴다'라고 하는 것인데 사실 Commit을 수행하면 저장을 하긴 하지만 데이터를 저장하는 것이 아니라 Redo Log를 저장하는 것입니다.

이렇게 하는 이유(Commit시에 Database Buffer Cache의 내용을 안 내려쓰고 Redo Log Buffer의 내용을 먼저 쓰는 이유)는 여러 가지가 있지만 우선 Database Buffer Cache의 블록은 기본적으로 10g 기준으로 8KB인데 변경된 내용이 1글자라 하더라도 저장할 때는 해당 블록을 전부 저장해야 하기 때문에 시간이 많이 소모됩니다. 그러나 Redo Log Buffer의 Block의 크기는 OS별로 다르긴 하지만(기본은 512Bytes) Database Buffer Cache보다 훨씬 작기 때문에 빨리 저장될 수 있습니다(11g부터는 관리자가 Redo log file을 생성할 때 블록 크기를 512byte, 1KB, 4KB 중에서 선택해서 생성할 수도 있습니다.).

또한 Database Buffer Cache의 블록을 저장할 때는 데이터 파일에서 해당 블록의 원래 위치를 찾아서 덮어써야 하기 때문에 그 시간이 오래 걸립니다. 그러나 Redo Log File에 내용을 쓸 때는 그냥 순서대로 쭉 써 나가기 때문에 빨리 기록될 수 있습니다. 이 부분은 뒷부분의 Redo Log 부분에서 보다 자세하게 살펴보겠습니다.

또 한꺼번에 많은 사용자가 동시에 Commit을 수행하는 경우 LGWR은 그 요청들을 한꺼번에 Redo Log File에 기록하는 Group Commit 기법을 사용하여 disk I/O도 줄이고 성능도 향상시킵니다.

만약 Commit 요청이 들어왔는데 Redo log file이 없을 경우 Alert log 파일에 해당 에러 내용을 기록해 두고 LGWR은 다음 Commit 요청을 수행하지 않고 대기하게 됩니다.

(3) PMON(Process Monitor)

PMON은 모든 서버 프로세스들을 감시하고 비정상적으로 종료된 프로세스가 있다면 관련 복구작업등을 하는 역할을 합니다.

예를 들어 어떤 서버 프로세스가 작업 도중에 비정상적으로 종료가 되었다면 PMON이 해당 서버 프로세스가 사용하고 있던 Transaction Table의 내용을 다시 reset하며 해당 서버 프로세스가 설정해 놓은 lock이 있다면 해제하고 비정상 종료된 서버프로세스의 Transaction ID를 시스템에서 제거해 주는 일 등을 하게 됩니다. 또한 인스턴스가 시작될 때 해당 인스턴스의 정보를 Listener에 등록하고 관리하는 역할도 합니다.

(4) SMON(System Monitor)

SMON의 주요 업무는 아래와 같습니다.

a. 인스턴스가 비정상 종료 되었을 경우(Instance Crash) 인스턴스를 시작할 때 Clean Up하는 역할을 담당합니다(Instance Recovery라고 합니다.).
b. 어떤 사정이(File 에러나 Tablespace가 Offline 상태여서) 있어서 Instance Recovery 과정에서 누락된 Transaction을 Recovery하는 역할도 담당합니다.
c. 비정상 종료된 Transaction이 사용 중이던 Temporary Segment를 Clean Up하는 역할도 SMON이 하게 됩니다. 예를 들어 누군가가 Create Index 등의 작업을 하던 도중에 해당 Transaction이 비정상 종료된다면 그 세션이 사용 중이던 Temporary Segment를 Clean Up 해 주게 됩니다.
d. Dictionary Managed Tablespace에서 free extents들을 모아주는 역할도 합니다.

위 역할 중에서 a 항목의 Instance Recovery 과정을 자세하게 살펴보겠습니다. scott 사용자가 test 테이블에 작업하는 아래와 같은 상황을 가정하겠습니다.

1. A를 입력합니다.
2. B를 입력합니다.
3. commit을 수행합니다.
4. C를 입력합니다.

5. 정전이 되어 database가 비정상 종료되었습니다.

위 상황에서 startup을 수행하면 아래와 같은 과정으로 Instance Recovery를 수행합니다.

1. Parameter file을 읽어서 nomount 단계에서 instance를 생성합니다.
2. Mount 단계에서 Control file의 내용을 확인해서 Instance Crash 상황임을 확인합니다.
3. Redo log file에서 위 1, 2, 3, 4 단계의 작업을 다시 수행합니다(Roll Forward라고 합니다). 여기서 중요한 것은 commit이 안 된 4번 작업도 수행한다는 것입니다.
4. Database를 Open 합니다.
5. Commit이 안 된 4번 작업을 취소합니다(Roll backward라고 합니다).

위 과정을 마치면 Instance Recovery가 완료되며 Instance Recovery 할 때는 Online Redo log file만 읽고 진행됩니다. 만약 복구해야 할 내용이 Archived Redo log file에 있다면 Instance Recovery 로는 복구가 안 되며 DBA가 수동으로 Media Recovery를 수행해야 합니다.

(5) CKPT(Checkpoint Process)

CKPT Process는 DBWR에게 Checkpoint 신호를 전달해 주며 Control File과 Data file Header에 해당 Checkpoint 정보를 기록하는 역할을 하게 됩니다.

Checkpoint 정보에는 Checkpoint 위치와 SCN, 해당 내용을 담고 있는 Redo log 내용의 위치값 등을 담고 있습니다.

(6) MMON과 MMNL(Manageability Monitor Processes – 10g 이후 버전부터 추가됨)

MMON Process는 AWR(Automatic Workload Repository)와 관련된 다양한 작업을 수행하는 프로세스입니다. 그리고 MMNL Process는 Active Session

History(ASH) 정보를 디스크의 파일로 기록하는 역할을 수행합니다.

(7) RECO(Recoverer Process)

분산 데이터베이스 환경에서 Transaction 처리 도중에 장애가 발생할 경우 해당 Transaction을 자동으로 복구해 주는 역할을 수행하게 됩니다. 분산 데이터베이스가 아닌 환경에서는 큰 의미가 없습니다.

지금까지 언급한 필수적인 백그라운드 프로세스에 문제가 생길 경우 Database가 비정상적으로 강제 종료되므로 잘 관리해야 합니다. 다음으로 선택적인 백그라운드 프로세스를 살펴보겠습니다.

2. 선택적인 Background Processes

(1) ARCn(Archiver Processes)

ARCn Process는 Archive Log Mode로 데이터베이스를 운영할 경우 Online Redo Log File을 Archiving해 주는 역할을 하게 됩니다. 즉 Archive Log Mode가 아닐 경우에는 작동하지 않습니다.

(2) CJQ0 & Jnnn(Job Queue Processes)

이 프로세스는 오라클에서 제공하는 Job 기능을 수행하는 프로세스입니다. Oracle Job이란 어떤 작업을 미리 정해진 시간에 정해진 옵션으로 예약해서 실행하게 해 주는 아주 편리한 기능으로 마치 유닉스의 Cron 기능과 비슷한 기능입니다. Oracle job에 대해서는 이 책의 뒷부분에 자세하게 나옵니다.

(3) FBDA(FlashBack Data Archiver Process)

이 프로세스는 11g 버전부터 새로 등장한 FBDA 기능을 수행해 주는 프로세스입니다.

FBDA란 Flashback 기능 중에 Undo Data를 사용하는 기능이 있는데 이 기능들은 Undo Data를 다른 프로세스가 덮어 써버릴 경우 Flashback을 할 수 없게 되는 단점이 있었습니다. 그러나 11g 버전부터는 FBDA 기능을 사용할 경우 Undo Data를 다른 사용자가 덮어쓰기 전에 Archive를 해서 보관해 주는 기능이 도입이 되었고 이 때 Undo Data를 다른 곳으로 복사해 주는 역할을 담당하는 프로세스가 FBDA입니다.

지금까지 오라클 서버에서 동작하는 중요한 백그라운드 프로세스들을 살펴보았습니다.

CHAPTER 04

Oracle 시작하기와 종료하기

1. Parameter File(초기화 파라미터 파일)
2. 다양한 방법으로 Instance Open 하기
3. Oracle Instance 종료하기

CHAPTER 04

Oracle 시작하기와 종료하기

Oracle Database에 저장되어 있는 정보를 조회하거나 데이터를 입력 또는 변경하려면 오라클 서버가 Open 되어 있어야 합니다. 마치 가게에서 물건을 사려고 하면 가게가 Open 되어야 하는 것과 같은 의미입니다.

이번 장에서는 Oracle Server를 시작하는 방법과 시작과 관련되어 있는 각종 파일들의 내용을 살펴보고 Oracle Server를 중지시키는 방법들과 각종 로그를 활용하는 방법을 살펴보겠습니다.

오라클 서버를 시작하려면 SYSDBA 권한을 가지고 있는 계정으로 로그인 해야 합니다. 기본적으로 SYS 계정으로 접속한 후 아래와 같이 시작하면 됩니다.

```
oracle$ sqlplus  sys/oracle  as  sysdba
SQL> STARTUP ;
ORACLE instance started.

Total System Global Area  422670336 bytes
Fixed Size                  1344616 bytes
Variable Size             281021336 bytes
Database Buffers          134217728 bytes
Redo Buffers                6086656 bytes
Database mounted.
Database opened.
```

오라클 서버를 시작하는 단계는 아래와 같습니다.

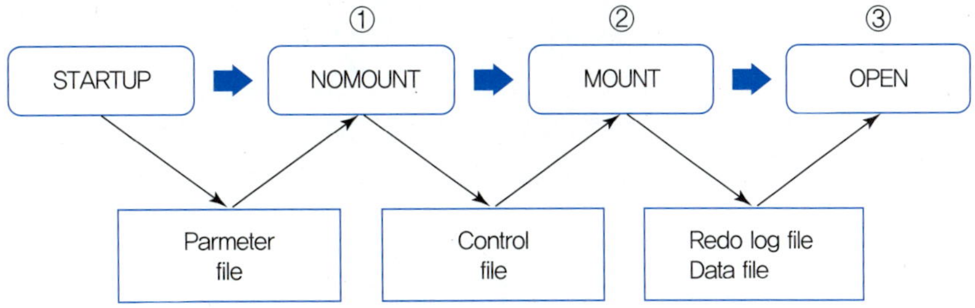

<오라클 서버의 시작 순서와 파일들>

위 그림에서 볼 수 있듯이 Instance를 시작하기 위해서 STARTUP 명령을 치면 오라클 서버프로세스는 가장 먼저 Parameter File을 찾아서 읽게 됩니다.

이 Parameter File은 정적 Parameter File인 Pfile과 동적 Parameter File인 Spfile이 있습니다. 여기서 정적이라는 의미는 Parameter File 안에 있는 내용을 변경하려면 관리자가 직접(수동으로) 변경해야만 한다는 뜻이며 동적이라는 뜻은 관리자가 변경을 하지 않아도 서버 프로세스가 자동으로 변경한다는 뜻입니다. 잠시 후에 이 Parameter File에 대해서 자세히 살펴보겠습니다.

오라클 서버 프로세스는 NOMOUNT 단계에서 Parameter File을 읽고 그 파일 안에 저장되어 있는 파라미터 값들을 참고하여 인스턴스를 생성합니다. 인스턴스는 SGA와 Background Process들로 구성되어 있으므로 NOMOUNT 단계에서 RAM에 인스턴스가 생성되어 작업할 수 있는 메모리 공간이 확보가 되는 것입니다. 그리고 Alert Log 파일을 열어서 로깅을 시작합니다.

Alert Log 파일은 인스턴스가 시작되어서 운영되고 종료될 때까지 중요한 내용들을 모두 저장하고 있는 파일입니다. 만약 서버에서 어떤 장애가 발생했거나 문제의 징후가 보일 경우 이 파일의 내용을 자세히 살펴보시면 그 답을 찾을 수 있는 경우가 많으니 절대 소홀히 보시면 안됩니다.

Alert Log 파일은 10g일 경우 $ORACLE_BASE/admin/SID/bdump/alert_SID.log 파일로 존재하고 11g일 경우 $ORACLE_BASE/diag/rdbms/SID/SID/trace/alert_SID.log로 존재합니다.

유닉스에서 이 파일에 실시간으로 변경되는 내용을 조회하려면 tail -f 명령어를 사용하면 됩니다.

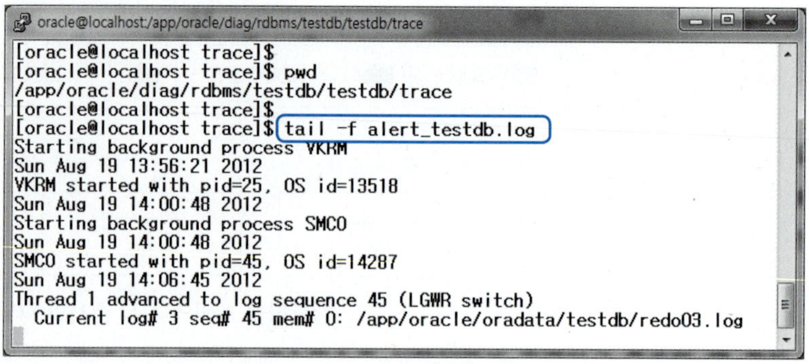

위 명령을 종료하고 명령 프롬프트로 나오려면 CTRL + C를 누르면 됩니다.

NOMOUNT 단계가 마치면 Control File의 내용을 읽고 MOUNT 단계로 진행하게 됩니다. Control File의 위치정보는 Parameter File에 기록되어 있습니다. MOUNT 단계에서는 Database의 이상 유무를 확인하게 됩니다.

Control File 안에는 Database 전체의 상태정보가 들어 있는데 자세한 내용은 Control File 부분에서 살펴보겠습니다.
MOUNT 단계에서 Database의 이상 유무가 확인을 한 후 OPEN 단계로 진행이 됩니다. 이 때 Instance Crash로 판단되면 Open 단계로 가기 전에 SMON이 Instance Recovery를 수행하게 됩니다. Instance에 문제가 있는 Instance Crash 상태면 SMON이 Instance Recovery를 수행 할 때 복구 내용을 Redo Log File에서 찾게 됩니다. 만약 복구하려는 내용이 Redo Log File에 없거나 Archived Log File에 있을 경우에는 SMON이 Instance Recovery를 수행하지 못하고 관리자가 직접 Recovery를 수행해야 하는 Media Recovery 상태가 됩니다.

위에서 살펴본 파일 중에 NOMOUNT 단계에서 필요한 Parameter File부터 자세하게 살펴보겠습니다.

1. Parameter File(초기화 파라미터 파일)

(1) Parameter(파라미터)란?

프로그래밍에서 사용하는 일종의 변수와 비슷한 개념입니다. 즉 여러분들이 원하는 어떤 값을 오라클에게 전해주기 위해 사용하는 변수 같은 역할을 하는 것이 파라미터입니다. 이 파라미터는 묵시적 파라미터값과 명시적 파라미터 값이 있습니다.

묵시적 파라미터 값은 관리자가 지정하지 않을 경우 자동으로 기본값을 가지는 파라미터를 말하며 명시적 파라미터는 관리자가 지정해 주어야만 값을 가지는 것을 말합니다.

이런 파라미터들을 모아 놓은 파일이 파라미터 파일이며 앞에서 살펴본 바와 같이 정적 파라미터 파일인 Pfile과 동적 파라미터 파일인 Spfile이 있습니다.

간단하게 정리하면 관리자가 Oracle Server를 Startup하게 되면 커널에게 가서 메모리를 받아와서 SGA를 만들어야 하고 Background Process들을 시작시켜야 하는데 SGA를 생성할 때 각 SGA 구성요소 관련된 사항을 기록하고 있는 집을 짓기 위해 필요한 설계도와 같은 역할을 하는 파일입니다. 아래의 표로 두 파라미터 파일의 특징을 비교해 보겠습니다.

항목 / 파일	Pfile	Spfile
파일이 존재하는 기본경로	$ORACLE_HOME/dbs (두 파일 모두 공통)	
파일 이름	initSID.ora	SpfileSID.ora
내용 변경	관리자(사람)	서버 프로세스
파일 형태	Text (OS 편집기로 편집가능)	Binary (OS 편집기로 편집 안됨)

위 표에서 살펴 보았듯이 pfile과 Spfile은 정해져 있는 디렉토리에 정해진 이름으로 존재해야만 Oracle Server가 STARTUP 될 때 내용을 찾아서 읽을 수 있게 됩니다. 즉 경로가 아니거나 경로라도 이름이 다를 경우 찾을 수 없어서

에러가 나게 됩니다(단, STARTUP할 때 다른 경로나 이름의 파라미터 파일을 직접 지정할 수도 있습니다.).

파일 이름에 SID라는 부분이 나오는데 이것은 Site IDentifier(사이트 구분자)의 약자 입니다. 흔히들 DB 이름으로 생각하지만 엄밀하게 말하면 DB 이름과 SID는 다른 의미입니다.

특히 RAC 같은 특수한 환경에서는 SID는 Instance name으로 동작하기 때문에 DB 이름과 확실하게 구분이 됩니다만 일반적인 Single 환경일 경우는 SID와 DB 이름을 서로 혼용해서 많이 사용하고 있습니다.

예를 들어 DB 이름이 testdb일 경우 pfile의 이름은 inittestdb.ora로 되고 Spfile일 경우는 Spfiletestdb.ora가 됩니다. pfile은 text 형식이라 파일 안에 있는 내용을 OS 편집기(메모장, Vi 에디터 등)로 관리자(사람)가 언제든지 변경할 수 있습니다.

그러나 Spfile의 경우는 Binary file이기 때문에 일반적인 OS 편집기로 파일 안에 있는 내용을 변경하는 것은 불가능하며 관리자나 DB 사용자가 SQL 명령을 수행하면 서버 프로세스가 그 내용을 받아서 대신 수정해 주게 됩니다.

오라클 8i 버전까지는 pfile이 기본 파라미터 파일이었으나 9i 버전부터 Spfile이 등장하게 되었고 기본 파라미터 파일이 Spfile로 변경됩니다. 그러나 9i 이후 버전에서도 Pfile도 사용할 수 있으며 11g 버전에서도 여전히 Pfile을 많이 사용하고 있으니 두 가지 파일 모두를 잘 알아야 합니다. 뒷부분의 실습에서 두 파일을 생성하고 관리하는 방법을 자세히 살펴보겠습니다.

9i 버전부터 오라클에 많은 변화가 생기는 데 대표적인 것들 중 한가지가 자동 튜닝 기능입니다. 즉 9i 이전 버전까지는 튜닝을 사람이 해야만 했었는데 9i 버전부터 오라클이 자체적으로 튜닝을 하는 개념이 등장을 하게 됩니다. 그 기능을 수행하기 위해서는 파라미터 파일의 내용을 서버 프로세스가 변경해야 할 필요성이 생기게 되었습니다. 그런데 pfile의 내용은 사람만이 변경할 수 있었기에 서버 프로세스가 변경할 수 있는 형태인 새로운 Spfile을 만들고 사용하게 된 것입니다.

(2) 파라미터 파일의 내용 확인하기

다음의 그림이 Spfile의 내용을 확인한 것입니다.

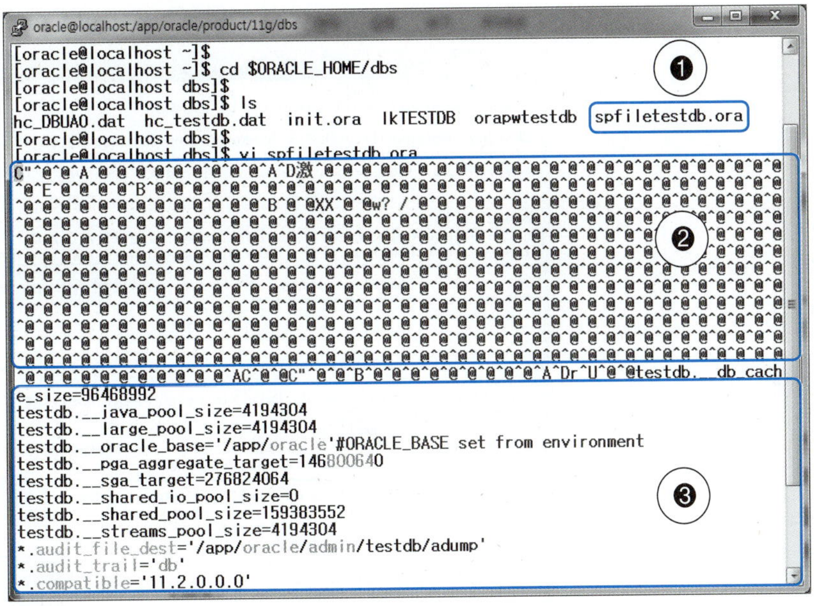

위의 그림에서 1번 부분이 Spfiletestdb.ora인 것 보이지요? 이처럼 9i 이후 버전부터는 오라클을 설치하면 Spfile이 기본 파라미터 파일로 설치가 되고 pfile은 사라집니다.

2번 부분을 보면 @@@ 기호가 가득 보이지요? 이런 파일을 바이너리파일(Binary file)이라고 부릅니다. 이런 형태의 파일은 사람이 그 내용을 수정할 수 없고 프로그램이나 프로세스가 내용을 변경하는 파일입니다. 3번 부분은 2번 부분을 사용자가 보기 쉽게 요약해 둔 내용입니다.

주의사항은 절대로 이런 바이너리 파일은 사용자가 수정하면 안 된다는 점입니다. 특히 3번 부분은 절대로 수정하지 마세요!

다음 그림은 pfile을 확인한 내용입니다.

앞에서 살펴본 바와 같이 9i 이후 버전부터는 Spfile만 있기 때문에 pfile은 기본적으로 없습니다. 그래서 수동으로 생성시켰습니다. 그리고 중요한 사실 한 가지는 'Pfile과 Spfile이 둘 다 존재할 경우 Spfile 내용만 사용한다'는 것입니다. 꼭 기억해야 합니다! 그래서 아래 그림에서 Pfile을 생성한 후 Spfile을 삭제하였습니다.

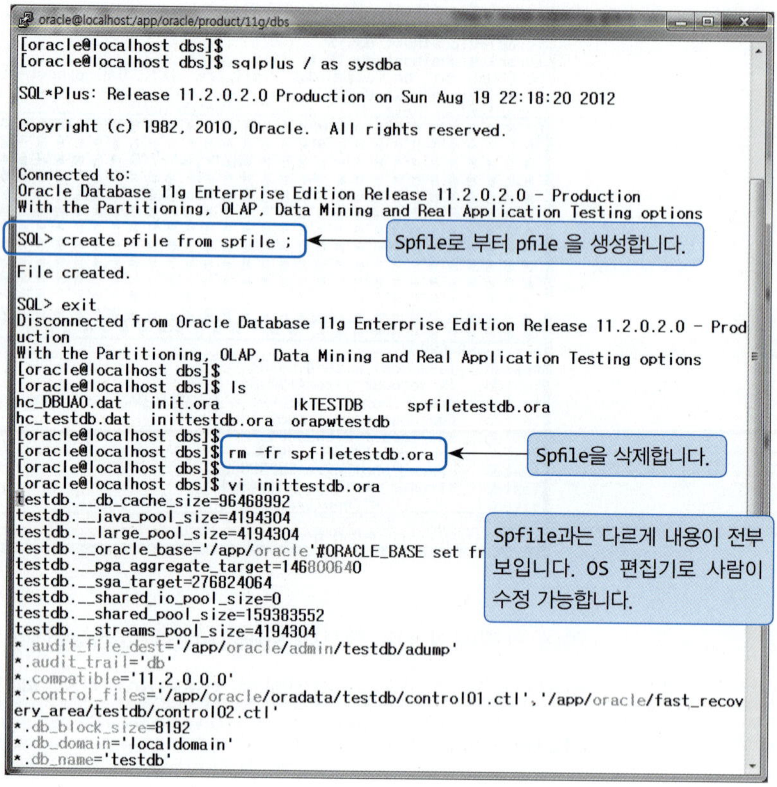

(3) 파라미터 파일의 내용 변경하기

pfile의 경우는 OS편집기(메모장, vi 에디터) 등으로 관리자가 해당 파라미터 파일의 내용을 직접 수정한 후 저장하면 됩니다. 그리고 그 변경된 사항은 다음 시작부터 적용됩니다.

그러나 9i 이후 버전부터는 Dynamic SGA 기능이 도입되어 pfile을 사용하더라도 alter system set 명령을 이용하면 재부팅 없이 즉시 적용시킬 수 있게 되었습니다(단, 일부 파라미터 값들은 제외됩니다.). 그러나 pfile의 내용은 alter system set으로 변경할 수 없기 때문에 만약 사람이 수정하지 않으면

DB를 재시작하고 나면 원래의 값으로 돌아가게 됩니다.

관리자가 직접 내용을 수정하는 pfile과는 다르게 Spfile은 사람이 내용을 수정할 수 없습니다. 만약 내용을 변경하고자 한다면 alter system set 명령을 사용하여 서버 프로세스에게 변경 요청을 해야 하며 이 요청을 받은 서버 프로세스는 Spfile의 내용을 변경하게 됩니다.

SGA 구성 요소 중에서 Database Buffer Cache 값을 변경시키는 예를 가지고 Spfile의 내용을 변경하는 예를 살펴보겠습니다.

```
SYS> ALTER SYSTEM SET  db_cache_size=30m  Scope =Memory ;
```

위 문장은 Spfile을 사용할 경우 DB Cache Size를 30M로 변경하는 문장입니다. 문장의 마지막에 Scope=memory라는 부분이 있는데 이 부분의 의미가 중요합니다. Scope 부분에 올 수 있는 옵션이 Memory, Spfile, Both입니다.

각 의미를 간단하게 살펴보겠습니다.

Memory 옵션은 Spfile의 내용은 변경하지 말고 현재 작동 중인 인스턴스에만 적용하라는 의미 입니다. 이 말은 재부팅을 하게 되면 다시 Spfile에 적혀있는 값으로 돌아간다는 뜻이며 주로 어떤 테스트 등의 목적으로 일시적으로 적용해 보는 작업을 할 때 쓰는 옵션입니다.

Spfile 옵션은 현재 운영중인 인스턴스에는 적용하지 말고 Spfile의 내용만 변경하라는 뜻입니다. 이 말은 현재는 적용하지 않고 재부팅 후부터 적용하겠다라는 의미입니다.

Both 옵션은 의미 그대로 두 가지 모두에 적용한다는 뜻으로 현재 운영 중인 인스턴스에도 즉시 적용하고 Spfile에도 적용하여 재부팅 후에도 유지되게 하라는 의미입니다. 만약 Scope 옵션을 사용하지 않을 경우는 Both가 기본 모드입니다.

Spfile은 성능은 막강하지만 기존에 pfile을 사용하던 사용자들에게는 pfile에 비해서 사용하기가 불편하기 때문에 아직도 pfile을 많이 사용하고 있으므로 pfile과 spfile 두 가지 모두 잘 익혀두기 바랍니다.

(4) 주요 파라미터들의 의미(ABC 순서)

- BACKGROUND_DUMP_DEST

이 파라미터는 각 백그라운드 프로세스들이 발생시키는 로그와 Alert log가 기록될 경로를 지정하는 파라미터입니다.

- CLIENT_RESULT_CACHE_LAG (11g부터 사용됩니다)

이 파라미터는 Client에 캐시 되어 있는 RESULT에 대해서 얼마 동안 유효하게 사용 할지에 대한 설정값으로 Milliseconds 단위입니다. 캐시된 데이터 중 동일 쿼리를 재사용하기 전에 기존에 캐시 되어 있던 데이터가 얼마 동안 유효한 데이터로 인정될지에 대한 시간을 설정하는 파라미터입니다. 해당 시간 전에 동일 쿼리 수행시 관련 데이터 베이스 변경사항이 있었을 경우에는 새로운 값을 가져와서 캐싱합니다.

- CLIENT_RESULT_CACHE_SIZE (11g부터 사용됩니다)

RESULT CACHE의 크기를 지정하는 파라미터로 단위는 바이트입니다.

- CLUSTER_DATABASE

Real Application Cluster(RAC) 환경에서만 사용하는파라미터로 RAC 기능을 쓰는지 안 쓰는지를 지정하는 파라미터 입니다. TRUE와 FALSE값을 가지고 있으며 기본값은 FALSE입니다.

- COMPATIBLE

호환 가능한 이전 버전을 지정하는 파라미터입니다. 11g 버전일 경우 기본값은 11.0.0이고 10g 버전일 경우 10.0.0입니다.

● CONTROL_FILES

Control File들의 경로를 지정하는 파라미터입니다. 최대 8개까지의 파일이름을 등록할 수 있습니다.

● CURSOR_SHARING

9i 이전 버전의 오라클에서 하드 파싱을 줄이고 커서공유를 하기 위해서는 반드시 동일한 SQL 문장을 작성해야만 했습니다. 그러나 만약 바인드값처럼 사용자에게 값을 입력을 받는 경우는 동일한 문장으로 인식되기가 어려워서 자주 재 파싱이 발생하게 되는데 이런 문제점을 해결하기 위해 등장한 파라미터입니다. 아래와 같이 3가지 모드가 있으며 이 모드에 따라서 어떤 문장이 동일한 SQL로 인정받는지가 결정됩니다.

- EXACT: 모든 문장이나 변수값까지 동일해야 동일한 문장으로 인정합니다. 기본값입니다.
- SIMILAR: 문장은 동일하고 바인드 변수값이 다를 경우에도 동일한 문장으로 인정합니다.
- FORCE: 문장은 동일하지만 상수값이 다른 SQL일 경우에도 동일한 문장으로 인정합니다.

이 파라미터는 튜닝에서 Shared Pool의 Library Cache의 경합을 줄이기 위해서 자주 거론되는 파라미터입니다. 다양한 이슈가 많은 파라미터이므로 기본값에서 다른 값으로 바꾸기 전에 충분히 테스트를 수행 한 후 적용하시길 권장합니다. 권장값은 기본값을 사용하는 것입니다.

● DB_BLOCK_SIZE

Database에서 사용될 Standard Block Size를 지정하는 파라미터 입니다. 일반적으로 4096(4K)바이트나 8192(8K)바이트를 사용하며 이 값은 CREATE DATABASE를 하는 시점에 지정해야 합니다. 데이터베이스가 생성되고 나면 이 값은 데이터베이스를 다시 생성하기 전까지는 변경될 수 없게 됩니다. 9i 버전까지는 기본값은 4KB이며 10g 이후 버전부터 기본값이 8KB로 변경되었습니다.

● DB_CACHE_ADVICE

이 파라미터는 V$DB_CACHE_ADVICE 뷰에서 서로 다른 캐시 사이즈에 대한 통계정보를 모을 것일지 아닐 것일지를 결정하는 파라미터입니다. 아래의 3가지 값을 가집니다.

- Off: 이 기능을 사용하지 않으며 메모리도 할당하지 않습니다.
- Ready: 이 기능을 사용하지는 않지만 할당된 메모리는 유지하고 있습니다.
- On: 이 기능을 사용합니다. 만약 메모리가 할당이 안될 경우 에러가 발생할 수 있으므로 Off에서 On으로 바로 변경할 경우 에러가 발생할 수 있습니다. 이 기능을 On할 경우 추가적인 CPU와 메모리 사용량이 증가될 수 있습니다.

● DB_CACHE_SIZE

이 파라미터는 데이터의 변경이나 조회를 위해 반드시 필요한 Default Database Buffer Cache의 크기를 결정하는 파라미터입니다.

여기서 Default라고 이름을 지정한 이유는 DB_nK_CACHE_SIZE, DB_KEEP_CACHE_SIZE, DB_RECYCLE_CACHE_SIZE도 있기 때문입니다. 이 파라미터로 생성되는 DB Cache Size는 DB_BLOCK_SIZE에서 지정된 Block 크기를 사용해서 생성됩니다.

● DB_CREATE_FILE_DEST

Oracle Managed File(OMF) 환경에서 데이터 파일이 생성될 위치를 지정하는 파라미터 입니다. 오라클에서 데이터베이스 파일(Data file, Redo log file, Control file)을 관리하는 방법은 크게 관리자가 파일의 위치와 이름과 크기 등을 직접 지정하고 관리하는 User Managed File(UMF) 방식과 Oracle에서 관리하는 Oracle Managed File(OMF) 방식이 있습니다. 기존에는 모두 UMF라는 방식을 사용했지만 9i 버전부터 OMF라는 방식이 등장을 했습니다.

OMF 기능을 쓸 경우 관리자는 Data file과 Redo log file, Control file이 저장될 디렉토리 위치만 지정해 주고 각 파일을 생성하라는 명령만 주면 이름과 크기 등을 오라클이 자동으로 결정해서 만들고 관리하게 됩니다. 편할 수도 있지만 익숙하지가 않고 관리적인 측면에서 여러 가지 불편한 점도 많이 있어서 여전히 UMF 방식도 많이 사용되고 있습니다.

- DB_CREATE_ONLINE_LOG_DEST_*n*

OMF 환경에서 Redo Log File과 Control File이 생성될 위치를 지정하는 파라미터 입니다. Redo Log file과 Control File의 경우는 안정적인 운영을 위해 여러 경로에 다중화를 하기를 권장하며 이 파라미터의 가장 마지막 부분의 n부분에 숫자가 들어갑니다. 이 숫자는 최대 5까지 지정할 수 있으며 이 의미는 최대 5곳까지 다중화를 할 수 있다는 뜻입니다.

- DB_DOMAIN

물리적으로 서로 다른 네트워크로 떨어져 있는 오라클 인스턴스들을 하나의 논리적 그룹으로 묶어 주는 역할을 하는 파라미터입니다. 도메인이라는 개념은 물리적으로 떨어져 있는 경우라도 논리적으로 하나의 단위로 묶는 것을 의미합니다. 예를 들어 서울과 부산에 오라클대학교 캠퍼스가 떨어져 있지만 모두 오라클대학교라는 도메인에 속해 있는 것입니다.

- DB_FILE_MULTIBLOCK_READ_COUNT

이 파라미터는 Index Scan이 아닌 Full Scan이나 Index Full Scan을 할 경우 하드디스크의 데이터 파일에서 Database Buffer Cache로 한꺼번에 읽어 올릴 수 있는 블록의 개수를 지정하는 파라미터입니다. 이 값은 OS의 종류에 따라 그 값이 달라지며 일반적으로 OLTP 시스템 같은 경우 4에서 32개 사이의 값을 가집니다. 이 값에 지정된 값만큼 한 번 스캔 시에 블록을 디스크에서 메모리로 가져오게 됩니다. 이 파라미터는 튜닝에서 아주 중요하게 사용되는 파라미터입니다.

이 파라미터를 크게 줄 경우 하드디스크에서 메모리로의 I/O 횟수가 줄어드는 효과가 있기 때문입니다. 단 이 파라미터를 많이 준다고 성능이 무조건 좋아지는 것은 아니라는 사실을 꼭 기억해야 합니다.

작동원리를 조금 더 자세히 살펴보면 그 이유를 알 수 있습니다. 예를 들어 emp 테이블에 총 100개의 블록이 있는데 모든 데이터를 다 읽어서 급여 합계를 구해야 할 경우를 살펴보겠습니다. 이때 이 파라미터의 값을 20으로 줄 경우는 한 번에 20개씩 DB Buffer Cache로 가져올 수 있기 때문에 총 5번 왕복하면 됩니다. 그런데 이 파라미터를 10으로 줄 경우는 총 10번을 왕복해야 합니다. 그럼 만약 100을 주면 1번 왕복하면 모든 작업이 끝나겠다는 생각이 들죠? 그런데 그렇지가 않습니다.

디스크에서 필요한 블록을 찾아서 메모리로 가져오는 역할을 하는 프로세스가 서버 프로세스입니다. 앞에서 살펴본 바와 같이 사용자가 SQL을 수행하면 서버 프로세스는 DB Buffer Cache에 필요한 블록이 있는지 살펴보고 만약 없으면 하드 디스크에 가서 필요한 블록을 DB Buffer Cache로 복사해 와야 하는데 이때 사실은 서버 프로세스는 OS 커널에게 필요한 블록을 가져달라고 부탁하고 기다리게 됩니다. 왜냐하면 모든 하드웨어를 제어하는 주인은 OS 커널이기 때문입니다.

즉, 이 파라미터를 100으로 설정해서 서버 프로세스가 커널에게 가서 블록 100개를 가져달라고 말해도 커널에서 32개만 줄 수 있다면 이 파라미터를 아무리 크게 한다고 해서 성능이 좋아지지 않는다는 것입니다. 그래서 이 값은 OS에 의존적입니다.

- DB_KEEP_CACHE_SIZE

이 파라미터는 LRU 알고리즘의 적용을 받지 않는 Keep Buffer Cache의 크기를 지정하는 파라미터입니다.

- DB_NAME

Database Name을 지정하는 파라미터입니다. RAC 환경이 아닌 Single 환경일 경우에는 Instance Name과 Database Name을 같이 사용할 수 있으며 RAC 환경일 경우에는 Instance Name과 Database Name이 다릅니다. 이름은 8문자까지 지정할 수 있으며 대소문자 구분을 하지 않습니다.

- DB_nK_CAHCE_SIZE

이 파라미터는 데이터베이스 버퍼 캐시를 생성할 때 Non-Standard Block

Size로 생성할 크기를 지정하는 파라미터입니다. 예를 들어 DB_BLOCK_SIZE =8k일 경우에 4k 블록 크기로 테이블 스페이스를 생성했다고 할 경우 반드시 Database Buffer Cache도 4k 사이즈로 생성해줘야 하며 DB_4k_CACHE_SIZE 값으로 생성하면 됩니다.

● DB_RECOVERY_FILE_DEST

Flash Recovery Area 경로를 지정하는 파라미터입니다. Flash Recovery Area에는 기본적으로 RMAN 백업파일과 Flashback log 파일과 Archived Redo log 파일이 저장되는 곳이며 11g 버전부터 이곳이 Fast Recovery Area로 변경됩니다.

● DB_RECOVERY_FILE_DEST_SIZE

Flash Recover Area 경로의 크기를 지정하는 파라미터입니다. 10g는 기본이 2GB이고 11g는 기본값이 4GB로 설정됩니다.

● DB_UNIQUE_NAME

DB_UNIQUE_NAME은 유일한 데이터베이스 이름입니다. Data guard 등에서 physical standby DB 같은 경우는 원본 데이터베이스와 DB_NAME은 동일합니다. 그러나 DB_UNIQUE_NAME은 다르게 설정해야 하며 이 이름은 회사 내에서 유일해야만 합니다.
이 값의 기본값은 Instance일 경우 DB_NAME이며 ASM 인스턴스일 경우 +ASM으로 설정됩니다.

● DB_WRITER_PROCESSES

백그라운드 프로세스 중에서 Database Writer(DBWR)의 개수를 지정하는 파라미터입니다. 1 또는 CPU개수 / 8 중에서 큰 값의 개수가 사용됩니다.

● INSTANCE_NUMBER

이 파라미터는 RAC 환경에서 사용되는 파라미터로 해당 인스턴스의 번호를 지정하는 파라미터입니다. 모든 인스턴스는 고유한 인스턴스 번호를 가져야만 합니다. 1부터 최대값까지 지정할 수 있으며 기본값은 0이고 최대값은 OS별로 다릅니다.

● LDAP_DIRECTORY_SYSAUTH

이 파라미터는 SYSDBA나 SYSOPER 권한의 디렉토리 인증기능을 사용 가능하게 해 줍니다. YES와 NO의 값을 가질 수 있으며 기본값은 NO입니다.

● LOG_ARCHIVE_DEST_*n*

아카이브 리두 로그 파일의 저장 경로를 지정하는 파라미터입니다. 이 파라미터를 지정하지 않을 경우 Flash Recovery Area(11g는 Fast Recovery Area) 경로에 아카이브 리두 로그를 저장합니다. 지정 가능한 경로는 총 10개까지 가능합니다.

● LOG_ARCHIVE_DEST_STATE_*n*

이 파라미터는 LOG_ARCHIVE_DEST_n에 지정된 디렉토리의 사용여부 상태를 지정합니다. 여기에서 사용되는 값은 ENABLE, DEFER, ALTERNATE가 있으며 각 의미는 아래와 같습니다.

- Enable : 기본 값이며 해당 경로를 사용한다는 뜻입니다.
- Defer : 정의된 경로와 값들은 유지되지만 다음 활성화 될 때까지 사용되지 않고 보류됩니다.
- Alternate : 다른 경로로 지정된 값들이 모두 실패할 경우 이 경로가 활성화 되도록 합니다.

이 파라미터는 LOG_ARCHIVE_DEST나 LOG_ARCHIVE_DUPLEX_DEST 파라미터에는 영향을 주지 않습니다.

● NLS_LANGUAGE

데이터베이스 내에서 기본적으로 사용될 언어를 지정하는 파라미터 입니다. 이 파라미터는 NLS_DATE_LANGUAGE와 NLS_SORT 파라미터의 기본값에도 영향을 줍니다. 이 파라미터에 대한 자세한 내용은 이 책 14장의 Datapump와 Migration 부분에서 자세하게 다룹니다.

● NLS_TERRITORY

TERRITORY란 원래 지역이란 뜻을 가진 영어 단어로 이 파라미터는 해당 언어와 날짜(요일, 주)를 사용하는 지역을 지정하는 파라미터입니다.
이 파라미터는 기본 날짜 형식, 기본 소수점 문자, 그룹 구분 기호 및 기본 ISO 및 지역 통화 기호를 설정합니다.

● OPEN_CURSORS

이 파라미터는 1개의 세션당 PL/SQL 등에서 사용하는 CURSOR의 최대 Open 개수를 지정하는 파라미터입니다. 이 파라미터를 지정함으로써 1개의 세션이 너무 많은 메모리 공간을 차지하는 것을 방지할 수 있습니다.

● PGA_AGGREGATE_TARGET

이 파라미터는 하나의 인스턴스에 접속한 전체 서버프로세스가 사용 가능한 총 PGA 크기를 결정하는 파라미터입니다.
이 파라미터의 값을 0보다 크게 설정하면 WORKAREA_SIZE_POLICY 값이 자동으로 AUTO로 설정이 되어 PGA의 크기를 오라클에서 자동으로 설정하게 됩니다. 이 값은 기본값이 전체 SGA의 크기의 20%와 10MB 중에서 큰 값으로 자동 설정됩니다. 만약 이 값의 크기를 명시적으로 0으로 설정할 경우 WORKAREA_SIZE_POLICY의 값이 MANUAL로 설정되며 각 PGA의 개별 구성요소 값을 관리자가 수동으로 설정해야 합니다. 이 파라미터에 대한 자세한 내용은 이 책의 9장 메모리 관리 부분에서 자세하게 살펴봅니다.

● PROCESSES

이 파라미터는 OS상에 카운트 되는 오라클 관련 프로세스의 최대값을 설정합니다. 즉 User Process, Background Process 등을 모두 포함하는 프로세스로서 만약 이 설정이 너무 작게 되면 서버에 접속을 할 수 없게 됩니다. 11g일 경우 기본값은 150개 입니다.
SESSIONS와 TRANSACTIONS 파라미터의 기본 값은 이 파라미터가 기준이 되므로 이 파라미터의 값을 변경할 때는 충분히 검증한 후 수행하기 바랍니다.

● RECYCLEBIN

이 파라미터는 10g 버전부터 등장한 휴지통 기능의 사용 유무를 지정하는 파라미터이며 기본값은 on입니다. 만약 off로 변경할 경우 Table을 drop했을 경우 휴지통으로 가지 않고 즉시 삭제됩니다. 이 파라미터에 대해서는 이 책의 Flashback 부분에서 자세하게 살펴봅니다.

● REMOTE_LISTENER

이 파라미터는 로컬 서버에서 작동하지 않고 원격지 서버에서 작동중인 리스너의 이름을 지정하는 파라미터 입니다. 원격지에 있는 서버주소는 로컬 서버의 tnsnames.ora 파일에 등록되어 있습니다.

● REMOTE_LOGIN_PASSWORDFILE

외부에서 접속할 때 암호 파일의 사용여부를 지정합니다. 아래와 같이 3가지 값을 가지게 됩니다.

- SHARED : 하나 이상의 데이터베이스가 암호 파일을 공유해서 사용할 수 있습니다.
  암호 파일에는 SYS 유저와 Non-SYS 유저를 포함할 수 있습니다.
- EXCLUSIVE : 한 개의 암호파일은 한 개의 데이터베이스만이 사용할 수 있습니다.
  암호 파일에는 SYS 유저와 Non-SYS 유저를 포함할 수 있습니다.
- NONE : 암호 파일을 무시하며 오직 OS 인증 방식을 사용합니다.

이 파라미터가 Shared나 Exclusive로 설정이 되어 있더라도 암호파일이 없을 경우 None과 같은 설정으로 동작하게 됩니다.

● RESULT_CACHE_MAX_RESULT (11g부터 사용 가능합니다)

RESULT CACHE내에 저장되는 RESULT중 하나의 RESULT가 사용할 수 있는 최대 크기를 지정하는 파라미터이며 기본값은 RESULT_CACHE_MAX_SIZE의 5%입니다.

● RESULT_CACHE_MAX_SIZE (11g부터 사용 가능합니다)

RESULT CACHE의 크기를 지정하는 파라미터입니다.
기본값은 Shared_pool_size, sga_target, memory_target 값에 따라서 결정되는데 Shared_pool_size의 1%, Sga_target의 0.5%, Memory_target의 0.25% 정도를 권장합니다.

● RESULT_CACHE_MODE (11g부터 사용 가능 합니다)

RESULT CACHE를 어떻게 운영할 것인지에 대한 파라미터로 기본값은 MANUAL입니다.

- MANUAL : /*+ result_cache */ 힌트를 사용한 쿼리에 대해서 RESULT CACHE에 등록합니다.
- FORCE : 사용되는 모든 SQL에 대하여 RESULT CACHE에 등록하도록 하고, /*+ no_result_cache */ 힌트를 사용하는 SQL 문에 대해서는 RESULT CACHE에 등록하지 않습니다.
- AUTO : MANUAL 상에는 존재하지 파라미터 설정 후 사용 가능합니다.
  오라클 내부적으로 많이 사용되는 쿼리 및 설정된 범위를 넘는 쿼리에 대해서 RESULT CACHE에 등록하여 사용하도록 해서 성능향상을 추구합니다.
  AUTO 관련 히든 파라미터 종류는 아래와 같습니다.

_result_cache_auto_size_threshold : result cache auto max size allowed
_result_cache_auto_time_threshold : result cache auto time threshold
_result_cache_auto_execution_threshold : result cache auto execution threshold
_result_cache_auto_time_distance : result cache auto time distance

앞에서 SGA 구성요소 이야기를 하면서 이 파라미터에 대한 테스트를 간단히 하면서 효율과 성능에 대해서 살펴보았습니다. 특히 현업에 적용할 때는 많이 테스트 한 후 적용해야 합니다.

- **SESSIONS**

이 파라미터는 오라클 서버에서 생성 가능한 최대 세션 수를 지정하는 파라미터입니다. 즉 이 파라미터는 최대 동시 접속자 수를 지정하는 의미를 가지고 있습니다.(전체 동시접속 인원수 + 백그라운드 프로세스 수) X 10%의 수를 권장하고 있습니다.

ENQUEUE_RESOURCES와 TRANSACTIONS 파라미터의 값은 SESSIONS 파라미터에 의해 결정되므로 이 파라미터의 값을 변경할 경우 ENQUEUE_RESOURCES와 TRANSACTIONS 파라미터의 값도 조정해 주어야 합니다.

- **SESSION_CACHED_CURSORS**

Session Cached Cursor는 한 세션 내에서 세 번 이상 수행된 Cursor을 Cache 하는 기능을 의미합니다. 이 기능을 이해하려면 Server Process가 SQL 문장을 받아서 Parse하는 과정을 먼저 이해해야 합니다. 앞에서 언급했지만 간단하게 살펴보겠습니다.

Server Process는 User Process로부터 SQL 문장을 받게 되면 Soft Parse를 먼저 수행하게 됩니다. 이 때 Shared Pool에 있는 Library Cache에서 자신이 수행해야 하는 SQL 문장과 실행계획이 있는지를 찾게 되는 데 Library Cache가 여러 서버 프로세스들이 공유해서 쓰는 곳이기 때문에 동시에 접속해서 사용할 수가 없습니다. 그래서 이런 혼란을 막기 위해서 Library Cache Latch라는 번호표를 만들어 둡니다. 그래서 이 Latch를 가지고 있는 사용자만 Library Cache에 접속해서 데이터를 찾을 수 있고 자신이 원하는 작업을 마치면 Latch를 다음 대기자에게 넘겨주고 다음 작업을 하게 됩니다. 여기서 알 수 있는 것은 동일한 SQL 문장을 반복적으로 수행할 때 매번 Library Cache Latch를 받기 위해 줄을 서서 기다리다가(오라클에서는 이런 현상을 Wait라고 부릅니다) Latch를 확보한 후 실행 계획을 찾아야 하기 때문에 Soft Parse를 하는 경우라도 속도가 많이 느릴 수 있다는 것입니다.

그래서 오라클은 3번 이상 사용한 SQL과 실행 계획일 경우 Library Cache에 있는 실행계획을 아예 PGA에 복사를 해 와서 저장해 놓고 다시 그 SQL을 수행할 경우 Library Cache에 가지 않고 PGA에서 바로 찾아서 수행하도록 설정할 수 있습니다. 이 파라미터는 이렇게 Cache할 항목의 수를 지정하는 것입니다. 자주 수행되는 SQL일 경우 이 기능을 쓰면 성능향상의 효과가 있습니다.
Cache된 Cursor는 Session이 Close되거나 LRU 알고리즘에 의해 최신 Cursor에 자리를 양보할 때까지 유지됩니다. 즉, 사용자(개발자)가 강제로 Cursor를 Close하더라도 실제로는 Cursor를 계속 Open해서 재활용할 수 있도록 해주는 것입니다. 이렇게 하는 이유는 Cursor를 매번 Open하고 Close하는 오버헤드를 줄이기 위함입니다. 이렇게 하나의 Session이 Cache할 수 있는 Cursor의 수는 SESSION_CACHED_CURSORS 파라미터에 의해 결정됩니다.

● SESSION_MAX_OPEN_FILES

이 파라미터는 1개의 세션에서 열 수 있는 최대 BFILES의 개수를 지정하는 파라미터입니다.

● SGA_TARGET

10g 버전부터 등장한 파라미터로 자동 공유 메모리 튜닝 기능(Automatic Shared Memory Management: ASMM)을 사용할 경우 SGA의 전체 사이즈를 지정하는 파라미터 입니다. 이 파라미터를 사용할 경우 아래의 값들이 자동 튜닝의 대상이 됩니다.

- Buffer cache (DB_CACHE_SIZE) / - Shared pool (SHARED_POOL_SIZE)
- Large pool (LARGE_POOL_SIZE) / - Java pool (JAVA_POOL_SIZE)
- Streams pool (STREAMS_POOL_SIZE)

위 5가지 파라미터의 값들은 기본적으로 0으로 설정되며 만약 특정 값을 주면 최소값으로 인식하여 사용되어 집니다.
아래의 값들은 ASMM 기능으로 관리되지 않는 파라미터들입니다.

- Log buffer
- Other buffer caches, such as KEEP, RECYCLE, and other block sizes
- Fixed SGA and other internal allocations

● UNDO_TABLESPACE

인스턴스에서 사용할 UNDO Tablespace 이름을 지정하는 파라미터입니다.
이 파라미터는 이 책 7장의 Tablespace 관련 부분에서 자세하게 살펴봅니다.

● UNDO_MANAGEMENT

UNDO Data의 관리방법을 지정하는 파라미터로 아래와 같이 두 가지의 값을 가집니다.

- AUTO: 9i 버전부터 등장한 Automatic Undo Management(AUM) 기능으로 Undo data를 오라클 서버가 자동으로 관리하도록 하는 방법입니다. 권장 값입니다.
- MANUAL: 8i까지 사용되던 Manual Undo Management(MUM) 기능으로 Undo data를 관리자가 수동으로 관리하는 방법입니다. 평소 운영 시에는 권장하지 않으며 주로 장애가 발생할 경우에 사용됩니다. 이 파라미터는 이 책 7장의 Tablespace 관련 부분에서 자세히 살펴봅니다.

● USER_DUMP_DEST

User Process가 생성하는 trace file을 저장할 경로를 지정하는 파라미터입니다. 즉 사용자가 필요에 의해서 trace file을 생성할 경우 이 파라미터가 지정하는 경로가 기본경로가 됩니다.

이상으로 파라미터 파일에서 설정되는 주요 파라미터들의 의미를 살펴보았습니다.

(5) 10g 설치 후 변경해야 하는 파라미터들

오라클 버전이 up이 되면서 다양한 새로운 기능들이 등장합니다.

그런데 이 새로운 기능 중에 충분히 검증이 되어서 업무에 즉시 사용 가능한 것들이 있는 반면에 아직 충분히 실무에서 테스트되지 않아서 절대로 쓰면 안 되는 것들도 많이 있습니다.

여기서는 이런 파라미터를 살펴보고 조치를 하는 방법을 알아보겠습니다. 아래에서 언급되는 파라미터들은 오라클 설치 후 꼭 변경하기 바랍니다.

- _DG_BROKER_SERVICE_NAMES=''

Oracle10g에서는 엔진을 설치하고 Database를 생성할 경우 Data Guard라는 기능을 위해 'SID_XPT'라는 Service가 Listener에 자동으로 등록됩니다. 그러나 만약 Data Guard를 사용하지 않을 경우에는 이 기능이 필요 없습니다. 그래서 이 Hidden Parameter를 설정하여 Listener에 불필요한 Service가 등록되지 않도록 해 주어야 합니다.

주의사항은 파라미터 이름의 앞부분이 underscore(_)가 두 개이며 값은 ''로 single quotation을 두 개 연속으로 써서 공백으로 만들면 됩니다.

- _B_TREE_BITMAP_PLANS=FALSE

사용자가 SQL을 작성하고 실행 할 때 가장 먼저 Parse라는 단계를 거치게 되고 실행계획을 수립하게 됩니다. 이때 실행 계획을 수립하는 것이 오라클 Optimizer(옵티마이저)인데 해당 SQL에 Where절에 조건이 여러 개가 있고 각 조건에 B-tree 인덱스가 생성되어 있을 경우 옵티마이저는 B-Tree 인덱스를 Bitmap 인덱스로 변환한 후 실행계획을 세우게 됩니다. 이렇게 할 경우 성능이 더 좋아지는 경우도 있으나 거의 대부분이 성능이 저하되는 경우이기 때문에 이 기능을 강제로 Disable 시켜주는 것이 좋으며 이 파라미터의 값을 False로 설정하면 됩니다.

- _BLOOM_FILTER_ENABLED=FALSE

Bloom Filter란 많은 양의 데이터 중에서 특정 데이터가 있는지 없는지를 빨리 찾아주는 기능을 의미합니다. 오라클에서도 대량의 데이터를 조인 하거나 파티셔닝 되어 있는 대량의 데이터를 찾을 때 이 기능을 사용하도록 설정이 되어 있습니다. 그러나 이 기능이 버그가 있어서 10.2.3 버전까지는 이 기능을 사용할 경우 Instance Crash가 발생하는 경우가 있습니다. 다행이 10.2.4 버전에서 버그가 해결은 되었으나 RAC 환경일 경우 또 다른 문제가 발생하게 되어 결국 이 기능을 사용하지 않도록 설정하는 것이 좋습니다. 기본값은 True 이므로 False로 변경하기를 권장합니다.

● _CLEANUP_ROLLBACK_ENTRIES=2000

이 파라미터는 어떤 이유에서든지 강제로 종료된 세션(Killed Session)을 SMON이 Rollback 작업을 수행할 때 한 번에 Rollback 하는 건 수를 지정하는 파라미터입니다.
이 파라미터를 많이 줄수록 SMON의 Rollback 수행 속도가 빨라지게 되지만 반면에 이 작업에 CPU나 메모리 등의 자원을 많이 할당해야 하므로 다른 작업의 속도가 느려질 수 있다는 점도 기억해야 합니다.

● CLOSE_CACHED_OPEN_CURSORS=TRUE

PL/SQL에서 데이터를 처리할 때 주로 CURSOR를 사용하게 됩니다. 이때 해당 CURSOR에 데이터를 많이 가져와서 작업을 완료 한 후 COMMIT이나 ROLLBACK을 한 후 CURSOR를 CLOSE 해 줘야 메모리 낭비도 막고 다른 사용자가 동일한 이름의 CURSOR를 다시 생성해서 사용할 수 있는데 여러 가지 경우에(세션이 강제로 종료되는 경우 등) CURSOR가 CLOSE 되지 않아서 메모리 낭비나 각종 에러의 원인이 되는 경우가 생기게 됩니다.
이럴 경우 파라미터 파일에 이 파라미터의 값을 True로 설정해 두면 즉시 대상 CURSOR를 CLOSE하게 됩니다. 그러나 만약 해당 CURSOR 안의 내용을 자주 참조하는 프로그램이 있을 경우 이 파라미터를 True로 하게 되면 오히려 더 큰 부하를 가져 올 수 있으므로 False로 하는 것이 더 좋습니다. 즉 여러 가지 경우를 잘 고려해서 이 값을 결정해야 합니다.

● _COMPLEX_VIEW_MERGING=FALSE

일반적으로 View를 포함하고 있는 쿼리일 경우 옵티마이저가 실행계획을 세울 때 메인쿼리와 뷰 쿼리를 하나로 합쳐서 수행하는 Merge 기능을 사용하게 됩니다. 이때 View 안에 Group by나 Distinct 등이 없는 뷰를 단순(Simple)뷰라고 하고 있는 것을 복합(Complex)뷰라고 하는데 복합뷰일 경우에는 Merge하는 방법이 많이 복잡합니다. 문제는 View Merge 기능은 아주 바람직하며 성능 개선에 긍정적인 효과를 많이 주기도 하지만 잘못 작동할 경우 성능에 치명적으로 악영향을 주기도 한다는 것입니다. 이 기능은 9i 이후 버전부터 자동으로 사용하도록 True로 설정이 되어 있지만 위 히든 파라미터를 이용하여 사용 안 함(False)으로 변경할 수도 있습니다.
이 기능을 사용할지 안 할지는 다양한 테스트를 통해서 결정을 하시길 권장합니다.

- _CURSOR_FEATURES_ENABLED=10

어떤 세션에서 특정한 function 수행 시에 spin이 발생하면서 지속적인 'kks-fbc child completion'이란 대기 상태로 Hang이 발생하게 되는 BUG 6795880이 발생할 수 있으며 해결 방법은 BUG 8575528 one-off patch 8575528을 적용한 후에 초기화 파라미터 파일에 "_cursor_features_enabled" = 10을 적용하여 patch 8575528의 fix 내용을 활성화시켜 주어야 합니다. 즉 이 파라미터는 특정 버그의 해결을 위해 적용하는 파라미터 입니다.

- _FAST_START_INSTANCE_RECOVERY_TARGET=360

RAC 환경일 경우 한쪽 노드가 장애로 Crash 되었을 경우 남아 있는 다른 노드에서 해당 Crash를 Recovery 할 시간을 정해주는 파라미터 입니다. 이와 비슷한 파라미터로 FAST_START_MTTR_TARGET가 있는데 이는 인스턴스가 Crash 되었을 경우 다시 복구하는데 소요되는 시간을 지정하는 파라미터입니다.

- _GBY_HASH_AGGREGATION_ENABLED=FALSE

10g R2 버전부터는 GROUP BY를 수행하면 Hash 알고리즘을 사용하여 그룹핑을 하기 때문에 결과값이 정렬이 되지 않습니다. 그래서 GROUP BY 속도가 기존보다 많이 향상되었습니다.
그러나 만약 결과값이 정렬이 되어서 나와야 한다면 별도로 ORDER BY 구문을 사용하여 추가로 정렬을 해야만 합니다.

이 파라미터는 GROUP BY를 기존 방법처럼 ORDER BY가 되어서 나오도록 설정하는 파라미터로 FALSE 값으로 설정하면 기존 방법처럼 데이터가 정렬되어 출력하게 됩니다.
이 기능을 사용하는 것이 좋을지 사용하지 않는 것이 좋을지는 충분히 테스트를 해 본 후 결정하기 바랍니다.

- _GC_AFFINITY_TIME=0

RAC 환경일 경우 어떤 사용자가 요청한 데이터가 현재 노드에 없을 경우 해당 데이터를 조회하기 위해 마스터 노드에 조회를 해야 합니다. 즉 마스터 노드에 요청해서 해당 데이터를 가지고 있는 노드를 찾은 후 해당 노드에 요청해서 데이터를 받아와서 사용자에게 리턴해야 합니다. 이 원리에 의하면 특정 블록의 요청을 가장 많이 받는 노드를 마스터 노드로 하는 것이 가장 성능에 좋을 것입니다. 문제는 요청이 모두 다르기 때문에 관리자가 늘 해당 내역을 조회하여 마스터 노드를 지정해야 하는데 이는 정말 어렵기 때문에 10g RAC에서는 자동으로 요청 빈도를 조사하여 마스터 노드를 변경하는 기능을 제공합니다. 이를 동적 리마스터링이라고 부릅니다.
이때 위 파라미터의 값에 있는 숫자가 동적 리마스터링을 하기 위한 조사 시간을 지정하는 파라미터입니다. 즉 위 값을 10으로 주면 10분마다 조사해서 리마스터링을 시도한다는 뜻입니다.
이 값을 0으로 주면 리마스터링을 하지 않겠다는 뜻이며 RAC가 아닌 환경에서는 이 값을 0으로 설정하시면 됩니다. 그러나 RAC일 경우에는 신중하게 조사한 후 지정해야 하며 기본값은 10분 입니다.

- _GC_UNDO_AFFINITY=FALSE

RAC에서 Undo Segment를 활성화 한 노드가 자동으로 마스터 노드가 되는 기능(리마스터링)을 사용 안 함으로 변경하는 파라미터입니다. RAC가 아닐 경우에는 이 값을 FALSE로 하기를 권장합니다.

- _IN_MEMORY_UNDO=FALSE

Oracle 10g부터 추가된 IN MEMORY UNDO라는 기능이 있습니다. 이 기능이 활성화 되면 Undo 데이터를 Undo Segment에 기록하지 않고 Shared Pool에 미리 만들어져 있는 IMU Pool에 기록을 하게 됩니다. 그 후 해당 IMU Pool이 가득 차면 IMU Pool에 기록되었던 데이터를 한꺼번에 Undo Segment에 기록하고 그 후부터 발생하는 Undo 데이터는 IMU Pool에 기록하지 않고 Undo Segment에 계속 기록하게 됩니다. 이 기능이 나온 이유는 작은 트랜잭션의 경우에는 Undo Segment에 기록하지 않고 IMU Pool에 기록하게 함으로써 성능 개선을 이루기 위함입니다. 위 파라미터는 이 기능을 사용할지 안 할지를 결정하는 파라미터입니다.

작은 트랜잭션이 많을 경우는 이 기능을 사용하시는 것이 유리하지만 대량의 데이터가 변경되는 경우가 많을 경우 이 기능이 오히려 성능 저하를 유발할 수도 있기 때문에 잘 판단하시기 바랍니다.

- _KKS_USE_MUTEX_PIN=FALSE

Oracle 10g부터는 여러 명이 공유해서 사용하는 Shared Cursor 관리를 Mutex로 관리하는 기능이 등장하며 기본값은 사용함입니다. 그런데 문제는 새로 추가된 이 기능이 기존에 Lock / Latch를 사용하던 방법보다 성능이 더 좋지 않은 경우가 많다는 것입니다. 그래서 이 기능을 사용 안 함으로 변경하시길 권장하며 위 파라미터의 값을 FALSE로 지정하시면 됩니다.

- _OPTIM_PEEK_USER_BINDS=FALSE

Bind Peeking이라는 기능의 사용 유무를 결정하는 파라미터입니다. Bind Peeking이라는 기능은 옵티마이저가 실행계획을 세울 때 사용되는 기능인데 이 기능의 부작용이 많아서 권장사항은 이 기능을 사용하지 않도록 하는 것입니다.

Bind Peeking이라는 기능에 대해서 간단히 알아보겠습니다. Bind란 사용자로부터 실행할 값을 입력 받아서 실행계획에 적용시켜 실행을 하는 것을 의미합니다. 이 기능을 설명하기 위해서 서점에서 사용자가 책 이름을 조회하는 경우를 예로 들겠습니다.

만약 테이블에 100권의 책이 있는데 그 중 99권이 A라는 책이고 1권이 B라는 책이라고 가정하겠습니다.

사용자가 A라는 책을 조회할 경우 선택될 확률이 99%이므로 절대로 인덱스를 사용하면 안됩니다. 반면에 사용자가 B를 입력하면 선택될 확률이 1%이므로 인덱스를 사용해야 합니다.

그런데 문제는 앞에서 배운 SQL 문장의 실행단계에서 사용자가 어떤 값을 입력하기 전에 이미 실행계획을 세운다는 것입니다. 즉 옵티마이저는 사용자가 뭘 입력할지 모르는 상태에서 실행계획을 세워야 하는 애매한 상황에 놓인다는 것인데 그래서 옵티마이저는 기본적으로 값의 개수를 확인합니다. 이 경우에는 총 데이터는 100개 이지만 종류는 A, B 두 가지 뿐이므로 오라클은 잠정적으로 50%의 확률이 있다고 생각을 하게 됩니다. 그래서 실행계획을 Full Scan하는 것으로 세우게 됩니다. 이럴 경우에 만약 사용자가 A를 입력하고 조회를 하면 다행이지만 B를 입력하고 조회하면 속도가 아주 느리게 나오게 되는 단점이 있습니다.

이런 문제가 생긴 이유는 사용자가 어떤 값을 입력할 지 모르는 상태에서 실행계획을 세워야 하는 점 때문인데 Peeking이라는 기능을 사용하게 되면 사용자가 처음 조회하는 값을 보고 실행계획을 확정하게 됩니다. 즉 옵티마이저는 실행 계획을 확정하지 않고 사용자가 처음 입력하는 책을 보고 그 값을 기준으로 실행계획을 세우게 됩니다.

아주 좋은 기능 같지만 만약에 평소에 사용자들이 늘 B를 조회하지만 실행 계획을 세우는 시점에는 하필 A를 조회했다면 옵티마이저는 A를 기준으로 해서 Full Scan하는 실행계획을 세우게 된다는 것이고 이렇게 세워진 실행 계획은 성능 저하의 주범이 되는 것이지요. 그래서 11g에서는 이런 단점을 보완하기 위해 적응적 커서 공유(Adaptive Cursor Sharing) 기법이 등장합니다. 이것은 사용자가 입력하는 값마다 실행계획을 따로 세우고 각각 사용하는 기술입니다.

이 기능은 실행계획을 세울 때 사용자가 A를 입력했다면 A로 실행 계획을 일단 세우고 만약 사용자가 B를 입력하면 A의 실행계획으로 우선 실행해보고 성능이 좋지 않다고 판단되면 다시 B로 실행계획을 하나 더 만들어서 수행합니다. 이 방법은 Bind Peeking보다는 개선되었지만 일단 A로 실행한 후 성능이 좋지 않을 경우 B를 수행하기 때문에 1번은 성능이 좋지 않을 수 있다는 단점이 있습니다. 10g를 설치할 경우 이처럼 문제의 소지가 많은 Bind Peeking 기능이 기본적으로 Enable되어 있으므로 꼭 Disable하기 바랍니다.

● _OPTIMIZER_COST_BASED_TRANSFORMATION=OFF

오라클 옵티마이저는 SQL 문에서 View나 Sub-Query를 만나면 실행계획을 세우기 전에 항상 변환작업을 먼저 한 후 실행계획을 세웁니다. 이런 과정을 Query Transformation이라고 하는 데 9i 까지는 이 작업을 항상 Rule Base로 진행했습니다. 즉 무조건 변환작업을 했다는 의미입니다. 10g 이상의 버전에서는 Cost Base로 변환작업이 더 성능이 좋은지 안 좋은지 확인 후 변환을 하게 됩니다.
그러나 간혹 9i에서 잘 되던 변환작업이 10g 이후 버전부터 정상적으로 변환이 일어나지 않아서 실행계획이 잘못 수립되는 경우가 발생하기도 합니다.
이럴 경우를 대비해서 이 파라미터를 OFF로 설정해 두고 사용하게 됩니다.

● _OPTIMIZER_PUSH_PRED_COST_BASED=FALSE

9i 버전의 옵티마이저에서 정상적으로 Push Predicate이 이루어지는 쿼리가 10g에서는 Push Predicate가 발생하지 않는 경우가 있습니다. 일반적으로 통계 정보가 정확하다면 오라클의 대부분의 경우 최적의 판단을 하지만, 간혹 특정 쿼리의 경우에 Push Predicate이 이루어지지 않음으로써 비효율적인 실행계획을 수립하여 성능이 저하될 수 있습니다.
이런 경우가 발생했을 경우 _OPTIMIZER_PUSH_PRED_COST_BASED 파라미터 값을 FALSE로 변경해 주어 9i 버전과 같이 Rule Base 기반에서 쿼리 변환이 일어나게 설정해줘야 합니다.

● _PX_USE_LARGE_POOL=TRUE

Parallel Query를 수행할 경우 Large Pool 사용 유무를 결정하는 파라미터입니다. True로 하고 사용하기를 권장합니다.

● _ROW_CACHE_CURSORS=1000

데이터 딕셔너리 캐시에 캐싱되는 양을 지정합니다. 기본값은 20인데 그 값이 너무 작아서 충분히 크게 설정하시기를 권장합니다.

위에서 언급한 18가지의 파라미터들은 DB 생성 후에 추가로 변경하기를 권장하는 파라미터들입니다. 단 위에서 언급한 값들이 모두 절대적이지 않고 모든 데이터베이스의 환경마다 적용되는 값이 다를 수 있으니 위 값을 참고만 하고 더 정확한 값들은 운영과 튜닝을 하면서 결정하기 바랍니다.

(6) 11g 설치 후 변경해야 하는 파라미터들

아래의 값은 위 5번 항목의 10g 설치 후 변경하는 파라미터 외에 11g부터 추가되는 항목들입니다. 즉 11g를 설치하신 후 앞에서 살펴본 10g 설치 후 변경해야 하는 파라미터들을 변경한 후 아래의 파라미터들을 추가로 반영해야 합니다.

● OPEN_LINKS

하나의 세션에서 동시에 사용할 수 있는 데이터베이스 링크의 개수를 지정하는 파라미터입니다. 초기값이 4개로 설정이 되어 있는데 이 개수가 부족할 수 경우가 많으므로 충분히 많이 지정하기 바랍니다(예: 40개).

● OPEN_LINKS_PER_INSTANCE

하나의 인스턴스에서 동시에 사용할 수 있는 데이터베이스 링크의 개수를 지정하는 파라미터입니다. 초기값이 4개로 설정이 되어 있는데 충분히 많이 지정하기 바랍니다(예: 40개).

● MEMORY_TARGET

11g 버전부터 등장한 메모리(SGA + PGA) 크기를 자동으로 튜닝해 주는 기능을 사용할 때 총 메모리양을 지정하는 파라미터입니다. 초기값은 16G로 설정되어 있으나 이 파라미터의 크기를 0으로 주거나 앞 부분에 # 처리를 해서 주석처리로 사용하지 않음을 권장합니다.
그냥 보면 좋은 기능 같지만 이 파라미터의 사용으로 인해 여러 가지 부작용이 많이 발생할 수 있기 때문에 이 파라미터의 사용 유무는 충분히 테스트를 하신 후 결정하시기를 권장합니다. 이 파라미터에 대한 이야기는 이 책 9장의 메모리 관리 부분에서 자세하게 설명합니다.

● DB_WRITER_PROCESSES

DBWR의 기본 개수를 지정하는 파라미터로 기본값은 1이지만 2로 변경하기를 권장합니다.

● SESSION_CACHED_CURSORS

이 파라미터에 대한 설명은 앞에서 살펴보았습니다. 하나의 세션 당 캐싱되는 커서의 개수를 지정하는 파라미터입니다. 기본값이 50인데 충분히 크게(예: 500) 지정하기를 권장합니다.

● _DIAG_DAEMON

분석 데몬의 자동 시작 유무를 결정하는 파라미터입니다. 기본값은 True인데 False로 변경하기를 권장합니다.

위 6가지 파라미터의 값은 위 5번 항목의 값을 적용한 후 추가로 지정해주어야 하는 파라미터들 입니다. 위에서 언급한 대로 이 책에서 제안하는 값은 절대값이 아니며 모든 현장의 상황에 따라 다를 수 있으니 이 값들을 참고하여 적절하게 설정하기 바랍니다.

2. 다양한 방법으로 Instance Open 하기

앞에서 살펴본 오라클의 시작단계를 다시 한 번 더 보겠습니다.

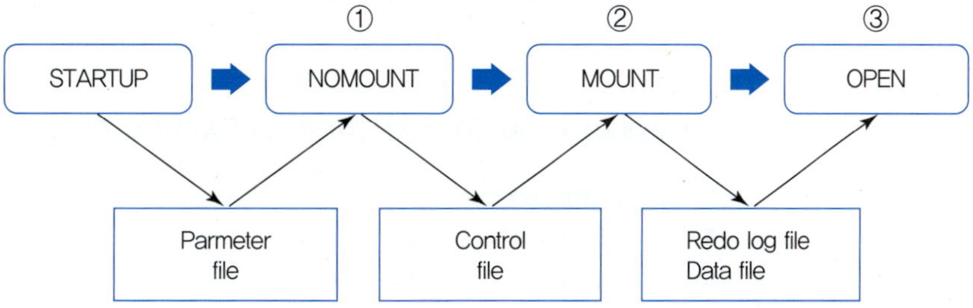

앞에서 살펴본 바와 같이 오라클의 시작 과정은 NOMOUNT → MOUNT → OPEN의 3단계가 있으며 각 단계별로 사용되는 파일과 각 과정에서 수행하는 업무는 다릅니다.

그리고 아주 중요한 사실 한 가지는 사용 중인 파일은 절대로 이동 및 복사를 하면 안 된다는 것입니다(단, Parameter File 중에 Pfile은 예외입니다.). 윈도 OS에서는 사용 중인 파일이 OS에서 복사를 못하도록 막아주지만 UNIX 계열에서는 사용 중인 파일이 복사나 심지어 지워지는 것까지 되기 때문에 UNIX 계열에서는 특히 주의해야 합니다.

사용 중이라는 의미가 중요한데 NOMOUNT 단계까지 가려면 Parameter File을 읽고 가기 때문에 NOMOUNT에서는 Parameter File을 사용 중이라고 하고 MOUNT 단계까지 오려면 Parameter File과 Control File을 읽어야 하기 때문에 MOUNT 단계에서는 Parameter File과 Control File은 사용 중이라고 합니다. 그리고 OPEN 단계까지 오려면 앞에서 본 파일들에 Data File과 Redo Log File까지 사용하게 됩니다.

만약 Data File을 재배치하는 작업을 해야 할 경우는 해당 Data File을 사용 안 하게 설정하거나 데이터베이스를 종료 후 Mount까지만 시작시켜 작업해야 합니다. MOUNT 단계에서는 Data File과 Redo Log File을 사용하지 않기 때문입니다.

이처럼 작업 내용에 따라서 시작되는 단계가 달라야 하기 때문에 오라클에서는 DBA가 원하는 단계까지만 지정해서 Instance를 시작시킬 수 있습니다. 원하는 단계까지만 시작한 후 작업을 마치고 나머지 단계를 진행하려면 ALTER DATABASE라는 명령어를 사용하면 됩니다. 그리고 나머지 단계를 시작할 때 반드시 NOMOUNT → MOUNT → OPEN의 단계를 순서대로 거쳐야만 합니다. 즉 NOMOUNT에서 MOUNT를 건너뛰고 OPEN으로 갈 수 없다는 것입니다.

- NOMOUNT 단계까지만 시작한 후 나머지 단계 진행하기

```
SYS> STARTUP NOMOUNT ;
SYS> ALTER DATABASE MOUNT;
SYS> ALTER DATABASE OPEN ;
```

- MOUNT 단계까지 시작한 후 나머지 단계 진행하기

```
SYS> STARTUP MOUNT ;
SYS> ALTER DATABASE OPEN ;
```

- 읽기전용인 상태로 OPEN 하기

```
SYS> STARTUP MOUNT ;
SYS> ALTER DATABASE OPEN READ ONLY ;
```

읽기 전용인 상태로 OPEN을 하게 되면 SELECT 외의 작업은 모두 할 수 없게 됩니다. 이 모드는 주로 감사 등의 작업과 같이 데이터의 변경을 막고 조회만 하는 경우 사용하면 유용한 기능입니다.

만약 READ ONLY 모드로 OPEN 후에 다시 데이터를 변경할 수 있는 모드로 변경하고 싶을 경우는 Instance를 종료한 후 다시 정상적으로 시작하면 됩니다.

- Restricted Mode(제한된 모드)로 OPEN하기

앞에서 살펴본 Read Only 모드는 데이터를 변경할 수 없기 때문에 불편한 부분이 많습니다. 그래서 데이터의 생성이나 수정 등을 모두 할 수 있지만 대신에 허가 받은 사용자만 접속할 수 있도록 하는 mode가 Restricted Mode입니다.

주로 제품 유지 관리 작업 등을 할 때 많이 사용하는 방법입니다.

```
- SYS> STARTUP RESTRICT ;
```

만약 현재 OPEN되어 있는 Instance를 Restricted Mode로 변경하려면 아래와 같이 하면 됩니다.

```
SYS> ALTER SYSTEM ENABLE RESTRICTED SESSION ;
SYS> ALTER SYSTEM DISABLE RESTRICTED SESSION ;
```

Restricted Mode로 Open된 Instance에 접속하려면 Restricted Session이란 권한을 가지고 있어야만 합니다.

3. Oracle Instance 종료하기

Oracle Instance를 종료하는 명령어는 Shutdown이며 4가지 옵션이 있습니다. 그리고 Oracle Instance를 종료하기 위해서는 sysdba 권한을 가지고 있는 사용자로 명령을 실행해야 합니다.

기본적으로는 SYS라는 사용자가 sysdba 권한을 가지고 있으므로 SYS 계정으로 로그인 해서 아래와 같이 shutdown 명령을 수행하면 됩니다.

```
oracle$ sqlplus sys/oracle as sysdba

SQL> shutdown immediate;
Database closed.
Database dismounted.
ORACLE instance shut down.
```

(1) Shutdown의 4가지 옵션

Instance를 종료하는 Shutdown 명령어는 Shutdown 명령이 수행된 후 접속을 시도하는 신규 접속은 모두 접속을 거부합니다.

그러나 Shutdown 명령어가 수행되기 이전에 접속해 있던 사용자들을 어떻게 처리하느냐가 4가지 옵션이 모두 다릅니다.

① NORMAL (기본 옵션)

이 옵션은 SYS> Shutdown normal ; 또는 SYS> Shutdown ;으로 수행하면 됩니다. 이 옵션은 Shutdown 명령 전에 접속되어 있던 사용자가 있을 경우 강제로 종료시키지 않고 해당 사용자들이 모두 스스로 접속을 종료할 때까지 기다렸다가 종료하는 옵션입니다. 만약 사용자들이 스스로 접속을 종료하지 않는다면 Instance는 종료되지 않는다는 의미입니다.

② TRANSACTIONAL

이 옵션은 사용자가 스스로 접속을 종료할 때까지 기다려주지 않고 강제로 접속을 중단시킨 후 Instance를 종료시킵니다. 접속을 강제로 중단 시키는 시점은 사용자가 수행중인 Transaction이 끝나는 시점입니다. 즉 사용자가 어떤 DML 작업을 수행 중일 경우에는 기다리고 있다가 사용자가 해당 트랜잭션을 종료하는 명령어(DDL, DCL, TCL)를 수행하면 접속을 강제로 종료시킨 후 데이터를 저장하고 Instance를 종료하게 됩니다. 그러나 이 옵션 또한 사용자가 트랜잭션을 종료하지 않게 되면 Instance를 종료할 수 없습니다.
사용자가 업데이트를 수행한 후 Commit이나 Rollback 명령어나 DDL, DCL 명령어를 수행하지 않게 되면 Instance를 종료할 수 없다는 뜻입니다.

③ IMMEDIATE

이 옵션은 사용자의 행동에 상관없이 즉시 접속을 강제 종료 시킵니다. 그리고 접속이 종료되는 시점까지 해당 사용자가 수행한 작업 중에 Commit이 완료된 데이터를 데이터베이스 버퍼캐시에서 찾아서 데이터 파일로 저장해 주고 Commit이 완료되지 않은 작업들은 모두 Rollback시킨 후 정상적으로 Instance를 종료하게 됩니다.

④ ABORT

이 옵션은 immediate 옵션과 같이 즉시 접속을 강제 종료시킵니다. 다만 immediate 옵션과 다른 점은 사용자가 수행한 작업을 저장하지도 rollback하지도 않고 그냥 즉시 Instance를 종료하게 됩니다. 서버가 정전이 된 것과 같은 상황으로 비정상 종료이고 다른 말로 Instance Crash라고 부릅니다. 이렇게 꺼진 Instance는 다시 Startup될 때 SMON이 Instance Recovery를 수행해서 복구를 해야 합니다.
이 옵션은 운영중인 서버에 치명적인 위험을 줄 수 있는 명령어이므로 아주 주의해야 하는 옵션입니다.

이상으로 오라클 Instance의 시작과 종료, 파라미터 파일과 주요 파라미터에 대해서 살펴보았습니다.

실습 1. Parameter file 생성 및 관리하기

Parameter file

이번 실습은 모든 Parameter file(Pfile, Spfile) 파일이 삭제되어서 없을 경우에 Oracle 설치 시에 기본값을 가지고 만들어지는 최초 parameter file을 활용해서 pfile을 생성하는 실습입니다.

```
[oracle@localhost ~]$ sqlplus / as sysdba

SQL*Plus: Release 11.2.0.2.0 Production on Wed Feb 20 01:25:19 2013

Copyright (c) 1982, 2010, Oracle.  All rights reserved.

Connected to:
Oracle Database 11g Enterprise Edition Release 11.2.0.2.0 - Production
With the Partitioning, OLAP, Data Mining and Real Application Testing options

SQL> shutdown immediate.
Database closed.
Database dismounted.
ORACLE instance shut down.
SQL> !
[oracle@localhost ~]$ cd $ORACLE_HOME/dbs/
[oracle@localhost dbs]$ ls
hc_DBUA0.dat   init.ora   orapwtestdb     spfiletestdb.ora
hc_testdb.dat  lkTESTDB   snapcf_testdb.f
```

위에서 보는 바와 같이 9i 이후부터 오라클을 설치하면 기본적으로 spfile만 존재합니다.

```
[oracle@localhost ~]$ rm -fr spfiletestdb.ora  ← spfile을 삭제하는 장애를 만듭니다.
[oracle@localhost dbs]$ exit
exit
SQL> startup  ← 초기화 파라미터 파일이 없는 상태에서 startup 하면 에러가 발생합니다.
ORA-01078: failure in processing system parameters
LRM-00109: could not open parameter file '/app/oracle/product/11g/dbs/inittestdb.
ora'
```

위에서 발생한 에러(초기화 파라미터 파일이 모두 삭제되어 없을 경우)는 아래와 같이 해결하면 됩니다. 오라클은 설치될 때 이런 경우를 대비해서 최초의 설정 정보를 가진 초기화 파라미터 파일을 특정 디렉토리에 생성해 둡니다. 이 파일의 이름을 바꾸어서 복사해 오면 됩니다.

Step 1 **현재 Parameter file 확인하기 - Parameter file이 없습니다.**

```
[oracle@localhost dbs]$ ls
hc_testdb.dat  init.ora  initdw.ora  lkTESTDB  orapwtestdb
```

Step 2 **이미 만들어져 있는 원본 pfile 찾기**

```
[oracle@localhost ~]$ ls $ORACLE_BASE/admin/testdb/pfile
init.ora.9302012175516 ← 원본 pfile입니다. 숫자는 모든 Server마다 다릅니다.
```

이 파일의 내용은 DB를 최초에 생성했던 초기값들로 만들어져 있습니다. 즉 운영하면서 변경된 값은 반영되어 있지 않습니다.

Step 3 **원본 pfile을 복사해 오기**

```
[oracle@localhost ~]$ cd $ORACLE_HOME/dbs
[oracle@localhost dbs]$ cp $ORACLE_BASE/admin/testdb/pfile/init.
ora.9302012175516  inittestdb.ora
[oracle@localhost dbs]$ ls
hc_testdb.dat  init.ora  initdw.ora  inittestdb.ora  lkTESTDB  orapwtestdb
```

Step 4 **test 합니다**

```
[oracle@localhost dbs]$ exit
Exit

SQL> startup
ORACLE instance started.

Total System Global Area  167772160 bytes
Fixed Size                  1218316 bytes
Variable Size              62916852 bytes
Database Buffers          100663296 bytes
Redo Buffers                2973696 bytes
Database mounted.
Database opened. ← 잘 되는 것을 확인할 수 있습니다.
```

** 참고로 현재 spfile을 사용했는지 pfile을 사용했는지 알고 싶으면 아래와 같이 조회하세요

```
SQL> show parameter spfile;
NAME                                 TYPE        VALUE
------------------------------------ ----------- ------------------------------
spfile                               string

SQL> show parameter pfile;
NAME                                 TYPE        VALUE
------------------------------------ ----------- ------------------------------
spfile                               string
```

위 쿼리의 value 부분이 값이 없으면 pfile이고 있으면 spfile입니다.

```
SQL> show parameter spfile;

NAME     TYPE     VALUE
-------- -------- ------------------------------------------------------
spfile   string   /app/oracle/product/11g/dbs/spfiletestdb.ora

SQL> show parameter pfile;

NAME     TYPE     VALUE
-------- -------- ------------------------------------------------------
spfile   string   /app/oracle/product/11g/dbs/spfiletestdb.ora
```

실습 2. Pfile, Spfile 만들기

Parameter file

이번 실습은 pfile만 있을 경우 pfile을 사용하여 spfile을 생성하는 것과 반대로 spfile만 있을 경우 spfile을 이용하여 pfile을 생성하는 방법을 실습합니다.

```
SQL> !ls  /app/oracle/product/11g/dbs/
hc_testdb.dat  init.ora  initdw.ora  inittestdb.ora  lkTESTDB  orapwtestdb
```

```
SQL> create  spfile  from pfile; ← pfile로부터 spfile을 생성시키는 명령어입니다.
File created.

SQL> !ls  /app/oracle/product/11g/dbs/
hc_testdb.dat  init.ora  initdw.ora  inittestdb.ora  lkTESTDB  orapwtestdb
spfiletestdb.ora

SQL> !rm -fr /app/oracle/product/11g/dbs/inittestdb.ora ← pfile 삭제합니다.

SQL> !ls  /app/oracle/product/11g/dbs/
hc_testdb.dat  init.ora  initdw.ora  lkTESTDB  orapwtestdb  spfiletestdb.ora

SQL> create pfile from spfile;  ← spfile로부터 pfile을 다시 생성합니다.
File created.

SQL> !ls  /app/oracle/product/11g/dbs/
hc_testdb.dat  init.ora  initdw.ora  inittestdb.ora  lkTESTDB  orapwtestdb
spfiletestdb.ora
```

앞에서 살펴본 바와 같이 pfile과 spfile이 모두 있을 경우 spfile만 사용되므로 pfile을 사용하려면 spfile을 삭제하거나 이름을 변경해야 합니다.

```
SQL> !rm  -f  /app/oracle/product/11g/dbs/spfiletestdb.ora

SQL> !ls  /app/oracle/product/11g/dbs/
hc_testdb.dat  init.ora  initdw.ora  inittestdb.ora  lkTESTDB  orapwtestdb
```

실습 3. Startup / shutdown 실습하기

Parameter file

```
[oracle@localhost ~]$ sqlplus / as sysdba

SQL*Plus: Release 11.2.0.2.0 Production on Wed Feb 20 01:25:19 2013
Copyright (c) 1982, 2010, Oracle.  All rights reserved.
Connected to:
Oracle Database 11g Enterprise Edition Release 11.2.0.2.0 - Production
With the Partitioning, OLAP, Data Mining and Real Application Testing
options

SQL> shutdown immediate;
```

```
Database closed.
Database dismounted.
ORACLE instance shut down.

SQL> startup nomount;
ORACLE instance started.

Total System Global Area  285212672 bytes
Fixed Size                  1267068 bytes
Variable Size              92277380 bytes
Database Buffers          188743680 bytes
Redo Buffers                2924544 bytes
SQL> select status from v$instance;  ← 현재 상태를 조회하는 명령어입니다.
STATUS
------------------------
STARTED  ← nomount 상태를 의미합니다.

SQL> alter database mount;
Database altered.

SQL> select status from v$instance;
STATUS
------------------------
MOUNTED

SQL> alter database open;
Database altered.

SQL> select status from v$instance;
STATUS
------------------------
OPEN

SQL> shutdown mount;
SP2-0717: illegal SHUTDOWN option

SQL> shutdown nomount;
SP2-0717: illegal SHUTDOWN option

SQL> shutdown immediate;
Database closed.
Database dismounted.
ORACLE instance shut down.
```

위에서 살펴본 바와 같이 Shutdown은 nomount, mount 등의 옵션을 사용할 수 없습니다.

위 실습들은 이 실습 매뉴얼을 보지 않고도 아주 능숙하게 할 수 있어야 하는 내용이니 열심히 연습하셔서 꼭 익히기 바랍니다.

CHAPTER 05

Control File 관리하기

1. 각 버전별 Control File의 내용

2. Control File 관리하기

실습1. Spfile일 경우 다중화 하는 방법

실습2. Pfile일 경우 다중화 하는 방법

05 CHAPTER

Control File 관리하기

이 책의 앞 장에서 살펴본 바와 같이 Oracle Server를 Startup하면 Parameter File을 읽고 NOMOUNT 단계로 가서 Instance를 메모리에 생성한 후 Control File을 읽고 Database의 무결성을 확인한 후 Data File과 Redo Log File을 읽고 Open 상태로 가게 됩니다. 또한 Control File은 Database가 운영될 때 실시간으로 각종 정보가 저장되고 또 조회됩니다. 이 파일에 장애가 발생할 경우 Instance가 실패되어 중단되므로 잘 관리해야 합니다.

Control File은 Binary File이라서 Control File 안에 있는 내용은 사용자나 DBA가 직접 수정할 수 없습니다. 만약 내용을 변경하려면 Server Process에게 변경을 요구하는 SQL 문장이나 DDL 문장을 수행해야 합니다.

이번 장에서는 데이터베이스 전체의 정보를 지니고 있는 Control File을 자세하게 살펴보겠습니다.

1. 각 버전별 Control File의 내용

앞에서 언급한 대로 Control File은 Binary File이라서 직접 OS편집기로 내용을 볼 수 없습니다. 만약 직접 OS편집기로 파일을 열게 되면 아래와 같이 됩니다.

```
oracle@localhost:/app/oracle/oradata/testdb
[oracle@localhost ~]$
[oracle@localhost ~]$ cd /app/oracle/oradata/testdb
[oracle@localhost testdb]$ vi control01.ctl
^@XX^@^@^@? ^@^@^@^@^@^@^@4XX^@^@@^@^@R^B^@^@}|{z잴^@^@^@^@^@^@^@^@^@^@^@^@^
@^@^@^@^@^@^@^@^@^@^@^@^@^@^@^@^@^@^@^@^@^@^@^@^@^@^@^@^@^@^@^@^
@^@^@^@^@^@^@^@^@^@^@^@^@^@^@^@^@^@^@^@^@^@^@^@^@^@^@^@^@^@^@^@^
@^@^@^@^@^@^@^@^@^@^@^@^@^@^@^@^@^@^@^@^@^@^@^@^@^@^@^@^@^@^@^@^
@^@^@^@^@^@^@^@^@^@^@^@^@^@^@^@^@^@^@^@^@^@^@^@^@^@^@^@^@^@^@^@^
@^@^@^@^@^@^@^@^@^@^@^@^@^@^@^@^@^@^@^@^@^@^@^@^@^@^@^@^@^@^@^@^
@^@^@^@^@^@^@^@^@^@^@^@^@^@^@^@^@^@^@^@^@^@^@^@^@^@^@^@^@^@^@^@^
@^@^@^@^@^@^@^@^@^@^@^@^@^@^@^@^@^@^@^@^@^@^@^@^@^@^@^@^@^@^@^@^
@^@^@^@^@^@^@^@^@^@^@^@^@^@^@^@^@^@^@^@^@^@^@^@^@^@^@^@^@^@^@^@^
@^@^@^@^@^@^@^@^@^@^@^@^@^@^@^@^@^@^@^@^@^@^@^@^@^@^@^@^@^@^@^@^
@^@^@^@^@^@^@^@^@^@^@^@^@^@^@^@^@^@^@^@^@^@^@^@^@^@^@^@^@^@^@^@^
```

위와 같이 @^@^@^@…으로 보이는 파일을 Binary File이라고 합니다. 그래서 그 내용을 확인하려면 해당 파일을 Trace 작업을 별도로 수행해서 내용을 확인해야만 합니다. Control file을 Trace하는 작업은 뒷부분에서 직접 확인해 보겠습니다.

〈오라클 7 버전의 내용〉

1. 데이터베이스에 대한 전체 요약 정보가 저장되어 있습니다.
   대표적으로 활성화 되어 사용중인 데이터 파일과 리두 로그 파일, 쓰레드 등에 정보를 저장하고 있습니다.
2. 리두 로그 관련 정보를 저장합니다. 리두 쓰레드 정보와 전용인지 아니면 공용인지 여부와 각 로그 그룹과 LGWR이 현재 기록 중인(Current) 로그 그룹 정보를 저장하고 있습니다.
3. 로그 그룹의 각 로그 멤버에 관한 정보를 저장합니다. 각 로그 파일의 크기, 완전한 경로의 이름, 로그 시퀀스 번호, 각 로그 파일별로 최대/최소 SCN 값, 각 로그 파일이 속한 쓰레드 정보 등을 저장하고 있습니다.
4. 데이터 파일에 대한 정보를 가지고 있습니다. 각 데이터 파일내의 oracle block 크기를 저장하고 있고, 각 데이터 파일을 읽고 쓸 수 있는지, 온/오프라인 상태, 복구가 필요한지 등과 각 데이터 파일 별로 최종 저장된 SCN 번호를 기록하고 있습니다. 이 부분이 나중에 복구할 때 중요하게 사용되는 부분입니다.
5. 로그 히스토리 정보를 저장하고 있습니다.

〈오라클 8 버전의 내용〉

오라클 8 버전에서는 컨트롤 파일에 17가지의 부분으로 나누어져 있습니다. 앞에서 설명한 7 버전의 5가지 항목에 12가지 내용이 추가가 됩니다. 그 중에서 중요한 내용만 살펴보도록 하겠습니다.

1. 진행중인 체크포인트 관련 정보를 저장하고 있습니다.
2. 데이터베이스내의 전체 테이블 스페이스 정보를 저장하고 있습니다. 각 테이블 스페이스별로 이름과 경로와 만약 복구가 진행된 테이블 스페이스라면 복구와 관련된 SCN 번호의 처음과 끝을 저장하고 있습니다.
3. 테이블 스페이스가 오프라인 되었거나 읽기 전용일 경우 온라인으로 만들 때와 Writable 가능하게 하는 주요 정보들이 저장되어 있습니다.
4. 아카이브 로그 관련 정보를 포함하고 있습니다.
5. 백업셋 관련 정보를 보관합니다. 이 부분은 8 버전부터 등장한 RMAN 관련 정보입니다.

〈오라클 9i 버전의 내용〉

1. Database Entry – 이 부분은 데이터베이스 전체에 대한 정보를 요약해 놓은 곳으로 DB 이름과 DB가 생성된 시간, Resetlogs SCN, checkpoint SCN, Redo log Thread 정보, 아카이브 정보 등이 저장되어 있습니다.
2. Checkpoint Progress Record – 체크포인트 관련 주요 정보들이 저장되어 있습니다.
3. Extended Database Entry – control file 백업 등의 추가적인 정보가 저장되어 있습니다.
4. Redo Thread Records – Redo log Thread 관련 정보가 들어 있습니다. OPS나 RAC가 아니면 Redo log Thread 정보는 자동으로 1로 설정됩니다.
5. Log File Records – 각 리두 로그 그룹 별로 시퀀스 번호와 SCN 번호 등의 정보가 저장되어 있습니다.
6. Data File Records – 각 데이터 파일별로 File name, checkpoint SCN, stop SCN, hot backup 상태, 오프라인 상태 등이 저장되어 있습니다.
7. Temp File Records – 각 temporary file 관련 상태가 기록되어 있습니다.

8. Tablespace Records - 각 tablespace 이름과 링크된 데이터 파일 정보, PITR(Point In Time Recovery) 관련 정보들이 저장되어 있습니다.
9. RMAN CONFIGURATION RECORDS
10. LOG FILE HISTORY RECORDS
11. OFFLINE RANGE RECORDS
12. ARCHIVED LOG RECORDS
13. BACKUP SET RECORDS
14. BACKUP PIECE RECORDS
15. BACKUP DATAFILE RECORDS
16. BACKUP LOG RECORDS
17. DATAFILE COPY RECORDS
18. BACKUP DATAFILE CORRUPTION RECORDS
19. DATAFILE COPY CORRUPTION RECORDS
20. DELETION RECORDS
21. PROXY COPY RECORDS
22. INCARNATION RECORDS

〈오라클 10g 버전의 내용〉

10g 버전은 9i 버전에 비해 내용이 추가 되어 총 30개의 정보를 가지고 있습니다.

1. DATABASE ENTRY
2. CHECKPOINT PROGRESS RECORDS
3. EXTENDED DATABASE ENTRY
4. REDO THREAD RECORDS
5. LOG FILE RECORDS
6. DATA FILE RECORDS
7. TEMP FILE RECORDS
8. TABLESPACE RECORDS
9. RMAN CONFIGURATION RECORDS

10. FLASHBACK LOGFILE RECORDS
11. THREAD INSTANCE MAPPING RECORDS
12. MTTR RECORDS
13. STANDBY DATABASE MAP RECORDS
14. RESTORE POINT RECORDS
15. LOG FILE HISTORY RECORDS
16. OFFLINE RANGE RECORDS
17. ARCHIVED LOG RECORDS
18. BACKUP SET RECORDS
19. BACKUP PIECE RECORDS
20. BACKUP DATAFILE RECORDS
21. BACKUP LOG RECORDS
22. DATAFILE COPY RECORDS
23. BACKUP DATAFILE CORRUPTION RECORDS
24. DATAFILE COPY CORRUPTION RECORDS
25. DELETION RECORDS
26. PROXY COPY RECORDS
27. INCARNATION RECORDS
28. RMAN STATUS RECORDS
29. DATAFILE HISTORY RECORDS
30. NORMAL RESTORE POINT RECORDS

〈오라클 11g 버전의 내용〉

10g 버전에서는 30개의 항목이 있었으나 11g가 되면서 3개의 항목이 추가되면서 총 33개의 항목이 있습니다.

1. DATABASE ENTRY
2. CHECKPOINT PROGRESS RECORDS
3. EXTENDED DATABASE ENTRY
4. REDO THREAD RECORDS
5. LOG FILE RECORDS

6. DATA FILE RECORDS
7. TEMP FILE RECORDS
8. TABLESPACE RECORDS
9. RMAN CONFIGURATION RECORDS
10. FLASHBACK LOGFILE RECORDS
11. THREAD INSTANCE MAPPING RECORDS
12. MTTR RECORDS
13. STANDBY DATABASE MAP RECORDS
14. RESTORE POINT RECORDS
15. ACM SERVICE RECORDS
16. LOG FILE HISTORY RECORDS
17. OFFLINE RANGE RECORDS
18. ARCHIVED LOG RECORDS
19. FOREIGN ARCHIVED LOG RECORDS
20. BACKUP SET RECORDS
21. BACKUP PIECE RECORDS
22. BACKUP DATAFILE RECORDS
23. BACKUP LOG RECORDS
24. DATAFILE COPY RECORDS
25. BACKUP DATAFILE CORRUPTION RECORDS
26. DATAFILE COPY CORRUPTION RECORDS
27. DELETION RECORDS
28. PROXY COPY RECORDS
29. INCARNATION RECORDS
30. RMAN STATUS RECORDS
31. DATAFILE HISTORY RECORDS
32. NORMAL RESTORE POINT RECORDS
33. DATABASE BLOCK CORRUPTION RECORDS

이 장의 뒷부분 심화학습에서 11g 버전의 Control File을 Dump해서 내용을 자세하게 살펴 보겠습니다.

2. Control File 관리하기

앞에서 살펴본 바와 같이 Control File에는 오라클 서버를 운영하는 데 필수적인 정보들이 저장되어 있으며 Instance가 Mount 이상의 상태일 때부터 Control File의 내용이 실시간으로 변경되고 또 조회됩니다. 그래서 이 파일을 잘못 관리할 경우 심각한 장애가 발생할 수 있으므로 평소에 이 파일을 잘 관리해야 합니다. 이 파일이 삭제 될 경우는 아주 심각한 문제가 발생하기 때문에 이 파일이 삭제되지 않도록 주의해야 하며 혹시나 삭제되더라도 복구 할 수 있도록 여러 곳에 복사본을 만들어서 분산시켜 사용하는 것을 권장합니다(이를 Multiplexing-다중화라고 합니다.).

DBA가 Startup을 실행하면 Parameter File을 읽은 후 Control File의 위치를 확인 한 후 해당 Control File들을 메모리로 불러와서 내용을 확인 합니다. 여기서 중요한 것은 Parameter File에 적혀있는 내용을 보고 Control File의 위치를 파악한다는 점입니다. 그래서 여러곳으로 다중화 할 경우에는 Parameter File에 Control File의 위치를 기록 한 후 그 위치에 Control File을 복사해 두면 되는 것입니다.

실습으로 파라미터 파일 별로 다중화하는 방법을 자세히 살펴보겠습니다.

실습 1. Spfile일 경우 다중화 하는 방법

현재 운영중인 Control File의 경로를 확인 한 후
/home/oracle/disk1/control01.ctl,
/home/oracle/disk2/control02.ctl,
/home/oracle/disk3/control03.ctl로 다중화 합니다.

```
SYS>select status from v$instance;

STATUS
------------
OPEN    ← 현재 상태를 확인합니다.

SYS>show parameter spfile;
```

```
NAME             TYPE          VALUE
---------------- ------------- ------------------------------------------
spfile           string        /app/oracle/product/11g/dbs/spfiletestdb.ora
```

Step 1 현재 Control File 조회하기

```
(10g 에서 조회한 내용)
SQL> select name from v$controlfile;

NAME
--------------------------------------------------------------------------
/home/oracle/oradata/testdb/control01.ctl
/home/oracle/oradata/testdb/control02.ctl
/home/oracle/oradata/testdb/control03.ctl

(11g 에서 조회한 내용)
SYS>select name from v$controlfile;

NAME
--------------------------------------------------------------------------
/app/oracle/oradata/testdb/control01.ctl
/app/oracle/fast_recovery_area/testdb/control02.ctl
```

Step 2 Spfile의 내용을 변경한 후 Instance를 종료합니다.

```
SYS>alter system set control_files='/home/oracle/disk1/control01.ctl',
  2                               '/home/oracle/disk2/control02.ctl',
  3                               '/home/oracle/disk3/control03.ctl' scope=spfile;

System altered.
SYS>shutdown immediate;
Database closed.
Database dismounted.
ORACLE instance shut down.
```

Step 3 대상 디렉토리를 생성하고 파일을 복사합니다.

```
SYS>!
[oracle@ ~]$ cd /home/oracle/
[oracle@oracle]$ mkdir disk1 disk2 disk3
[oracle@oracle]$ cp /app/oracle/oradata/testdb/control01.ctl  /home/oracle/disk1/control01.ctl
[oracle@oracle]$ cp /app/oracle/oradata/testdb/control01.ctl  /home/oracle/disk2/control02.ctl
[oracle@oracle]$ cp /app/oracle/oradata/testdb/control01.ctl  /home/oracle/disk3/control03.ctl
[oracle@oracle]$ exit
exit
```

Control File은 여러곳에 분산이 된다 하더라도 내용은 모두 동일해야만 합니다. 그래서 위 예에서 복사할 때 1개의 파일(Control01.ctl)을 3곳으로 반복해서 이름을 바꾸어서 복사를 해도 아무런 문제가 되지 않습니다.

Step 4 **정상적으로 Startup 시켜서 확인합니다.**

```
SYS>startup
ORACLE instance started.

Total System Global Area  422670336 bytes
Fixed Size                  1344616 bytes
Variable Size             281021336 bytes
Database Buffers          134217728 bytes
Redo Buffers                6086656 bytes
Database mounted.
Database opened.

SYS>select name from v$controlfile;

NAME
----------------------------------------------------------------------------
/home/oracle/disk1/control01.ctl
/home/oracle/disk2/control02.ctl
/home/oracle/disk3/control03.ctl
정상적으로 작업이 완료 되었습니다.
```

순서를 다시 한번 정리를 하면

Spfile의 내용변경 → Instance 종료 → Control File 복사 → Instance Open입니다!

실습 2. Pfile일 경우 다중화 하는 방법

현재 spfile이므로 pfile을 생성한 후 spfile을 삭제하고 Instance를 재시작한 후 다중화 작업을 하겠습니다.

```
SYS>!ls $ORACLE_HOME/dbs
hc_DBUA0.dat  hc_testdb.dat  init.ora  lkTESTDB  orapwtestdb  spfiletestdb.ora

SYS>create  pfile  from spfile ; ← spfile에서 pfile 생성하기

File created.

SYS>!rm -f $ORACLE_HOME/dbs/spfiletestdb.ora

SYS>!ls $ORACLE_HOME/dbs
hc_DBUA0.dat  hc_testdb.dat  init.ora  inittestdb.ora  lkTESTDB  orapwtestdb

SYS>shutdown immediate;
Database closed.
Database dismounted.
ORACLE instance shut down.

SYS>startup
ORACLE instance started.

Total System Global Area  422670336 bytes
Fixed Size                  1344616 bytes
Variable Size             281021336 bytes
Database Buffers          134217728 bytes
Redo Buffers                6086656 bytes
Database mounted.
Database opened.

SYS>show parameter pfile;

NAME                          TYPE        VALUE
----------------------------- ---------- ------------------------------------
spfile                        string
```

위 조회 내용에서 VALUE 부분에 아무 내용이 안나오면 pfile을 사용중입니다.

Step 1 현재 사용중인 Control File 조회하기

```
SYS>select name from v$controlfile;

NAME
--------------------------------------------------------------------------
/home/oracle/disk1/control01.ctl
```

```
/home/oracle/disk2/control02.ctl
/home/oracle/disk3/control03.ctl
```

위에서 조회된 Control File 의 위치를
/home/oracle/disk4/control01.ctl ,
/home/oracle/disk5/control02.ctl ,
/home/oracle/disk6/control03.ctl 로 다중화 하겠습니다.

Step 2 Instance를 종료합니다.

```
SYS>shutdown immediate;
Database closed.
Database dismounted.
ORACLE instance shut down.
```

Step 3 pfile에서 Control File의 경로를 수정한 후 저장합니다.

```
SYS>!vi $ORACLE_HOME/dbs/inittestdb.ora
(중간 생략)
*.control_files='/home/oracle/disk4/control01.ctl',
                '/home/oracle/disk5/control02.ctl',
                '/home/oracle/disk6/control03.ctl'
(이하 생략)
:wq!
```

Step 4 해당 디렉토리를 생성 후 Control file을 복사합니다.

```
SYS>!
[oracle@localhost ~]$ cd /home/oracle/
[oracle@localhost oracle]$ mkdir  disk4  disk5  disk6
[oracle@localhost oracle]$ cp /home/oracle/disk1/control01.ctl  /home/oracle/disk4/control01.ctl
[oracle@localhost oracle]$ cp /home/oracle/disk1/control01.ctl  /home/oracle/disk5/control02.ctl
[oracle@localhost oracle]$ cp /home/oracle/disk1/control01.ctl  /home/oracle/disk6/control03.ctl
[oracle@localhost oracle]$ exit
exit
```

Step 5 정상 Open 후 확인합니다.

```
SYS>startup
ORACLE instance started.

Total System Global Area  422670336 bytes
Fixed Size                  1344616 bytes
```

```
Variable Size             281021336 bytes
Database Buffers          134217728 bytes
Redo Buffers                6086656 bytes
Database mounted.
Database opened.
SYS>

SYS>select name from v$controlfile;

NAME
--------------------------------------------------------------------------
/home/oracle/disk4/control01.ctl
/home/oracle/disk5/control02.ctl
/home/oracle/disk6/control03.ctl
```

pfile을 사용하여 Control File을 다중화 하는 경우는 Step 3 과정과 Step 4 과정을 바꾸어도 상관없습니다. 그러나 나머지 순서는 바뀌면 장애가 발생하니 순서에 꼭 주의하시기 바랍니다.

Control File에는 변경되는 정보가 실시간으로 저장되기 때문에 가장 최근에 사용한 것만 진짜 Control File이고 나머지들은 사용할 수 없는 구 Control File로 변합니다. 이동이나 복사할 때 가장 최근에 사용했던 것만 사용해야 한다는 점을 꼭 기억하기 바랍니다.

CHAPTER 06

Redo Log 관리하기

CHAPTER 06

Redo Log 관리하기

오라클에서 do라는 용어가 들어가는 용어는 Redo와 Undo가 있습니다. 이 두 가지 용어는 비슷하게 보이지만 의미는 완전히 반대입니다. Redo는 말 그대로 Re(다시)do(한다)라는 뜻이지만 Un(취소)do(한다)라는 의미이기 때문입니다. Undo의 다른 용어는 Rollback입니다. 8i까지 Rollback으로 부르다가 9i부터 Undo로 변경되었습니다. 그럼 Redo는 왜, 무엇을 다시 할까요?

오라클에서는 데이터에 변경이 생길 경우 만약에 발생할 장애를 대비해서 변경되기 전의 내용과 변경된 후의 내용을 모두 기록해 둡니다. 그 이유는 장애가 발생했을 경우 복구를 하기 위해서입니다. 이 내용이 기록되는 장소 중 메모리가 Redo Log Buffer이고 파일이 Redo Log File입니다. 즉, 작업일지나 일기와 같이 변경되는 내용이 있을 경우 모두 기록해 두었다가 장애를 대비하는 기능이 Redo Log입니다.

이 장에서는 오라클의 장애 처리의 핵심적인 기능인 Redo Log의 생성 원리와 관리 방법 등을 자세하게 살펴보겠습니다.

1. Redo Log의 생성 원리

데이터에 변경이 생기는 SQL을 실행했을 때(DML, DDL 등) Redo Log가 생성되고 기록되는 원리를 살펴보겠습니다. Oracle에서 데이터의 변경이 발생했다면 아래의 두 가지 메커니즘에 의해 Redo Log에 기록됩니다. 여기서 데이터의 변경이란 DDL, DML, TCL 등을 의미합니다.

* Write Log Ahead

실제 데이터를 변경하기 전에 Redo Log에 먼저 기록한 후 데이터를 변경합니다. 앞에서 백그라운드 프로세스 부분에서도 살펴보았듯이 DBWR이 작동하기 전에 먼저 LGWR이 작동하는 것도 이 의미입니다. Redo Log에 복구 관련 중요 정보가 저장되어 있기 때문에 오라클에서는 기본적으로 데이터를 먼저 기록하지 않고 Redo Log부터 기록합니다.

* Log force at Commit

사용자로부터 Commit 요청이 들어오면 관련된 모든 Redo Record들을 Redo Log File에 저장한 후 Commit을 완료합니다. 이 말은 Redo Log File에 기록하지 않고는 Commit을 완료하지 않는다는 뜻입니다. 그러나 대량의 데이터 변경 후 Commit이 한꺼번에 수행되면 이 특성 때문에 성능에 악영향을 주는 경우가 많이 발생하여 오라클에서는 Delayed Commit(지연된 커밋)이나 Commit을 아주 짧은 시간 동안 모아서 한꺼번에 수행하는 Group Commit이란 기술이 등장합니다. Group Commit은 주로 PL/SQL 등에서 짧은 시간 동안 많은 데이터가 변경된 후 한꺼번에 Commit 요청이 들어올 경우 많이 발생합니다. 그리고 LGWR이 관련된 Redo Log를 다 기록한 후 DBWR이 데이터를 기록하는 동기식 커밋에서 성능 문제 때문에 비동기식 커밋이란(10g R2부터 등장) 기술도 나오게 됩니다. 이 부분에 대한 자세한 내용은 뒷부분에서 자세히 다루도록 하겠습니다.

아래 그림으로 Redo log가 생성되고 기록되는 원리를 살펴보겠습니다.

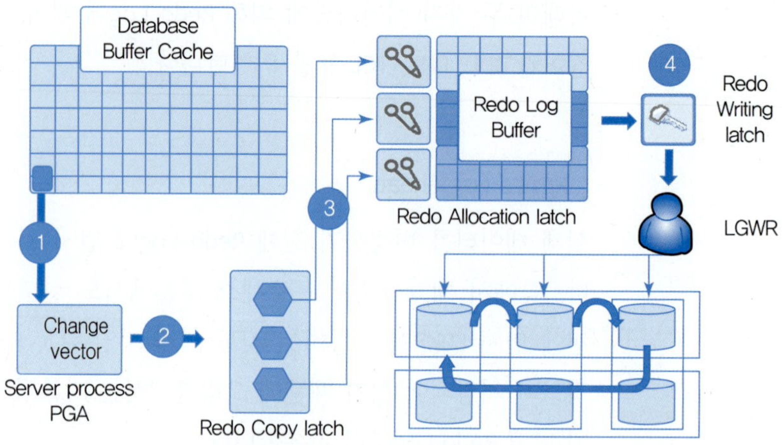

<Redo log 기록 원리>

Step 1 사용자가 특정 데이터의 변경을 요청하는 쿼리를 수행하면 해당 SQL을 받은 서버 프로세스는 원하는 Block이 Database Buffer Cache에 있는지 확인한 후 없을 경우 해당 블록을 데이터 파일에서 찾아서 복사한 후 메모리(Database Buffer Cache)로 가져옵니다. 그 후에 해당 Block의 해당 row 부분을 다른 사용자가 바꿀 수 없도록 해당 Block에 Lock을 설정한 후(이 과정을 page fix라고도 합니다) PGA에서 Redo Change Vector를 생성합니다(위 그림에서 1번 과정입니다.).

Change Vector란 변경된 데이터를 나중에 복구를 할 목적으로 Redo log에 기록할 변경된 데이터에 대한 모든 정보의 세트를 의미합니다.

일반적으로 Redo Log는 트랜잭션의 변경을 복구할 용도로 기록이 되는데 이 말의 의미는 Commit된 데이터를 복구할 때도 사용되지만 Rollback 데이터를 복구할 경우에도 사용된다는 뜻입니다. 즉, 사용자가 Commit한 후 아직 Checkpoint 발생 전에 DB가 강제 종료되었을 때 해당 데이터를 Roll Forward하는 내용도 저장해야 하지만 사용자가 Rollback한 후 아직 Rollback이 완료되지 않은 상태에서 DB가 강제 종료되었을 경우에도 Rollback되지 못한 데이터를 전부 Rollback해 주어야 합니다. 그래서 Change Vector내에 Undo 관련 내용까지 함께 저장되어 있는 것입니다. 이렇게 PGA상에서 만들어진 Change Vector들은 Redo Record Format으로 row 단위로 Redo Log Buffer에 복사됩니다.

Step 2 서버 프로세스는 PGA에서 Change Vector를 생성한 후 Redo Log Buffer에서 필요한 용량을 계산합니다. 그리고 PGA에서 생성된 Change Vector를 Redo Log Buffer에 복사하기 위해 필요한 Latch(래치)를 획득해야만 합니다.

Latch란 은행에 있는 번호표와 비슷한 의미로 한정된 메모리 자원을 여러 사용자가 사용할 때 서로 먼저 자원을 확보하기 위해 충돌이 일어나는 것을 막기 위해 사용할 수 있는 순서를 정리해 주는 역할을 하는 장치입니다. 즉, 은행에서 자기 번호가 되어야만 업무를 볼 수 있고 자기 번호가 아닌 사람은 자기 순번이 될 때까지 기다리는 것처럼 Oracle에서도 메모리 자원을 사용할 때는 반드시 그 메모리 자원에 대한 Latch를 먼저 확보해야만 합니다. 대부분의 메모리 자원(Shared Pool, Database Buffer Cache등)은 각각 적절한 Latch들을 가지고 있습니다. Redo Log Buffer 역시 마찬가지로 Redo Log Buffer에 내용을 쓰려면 적절한 두 가지 Latch를 먼저 확보해야 하는데 첫 번째로 Redo Copy Latch를 획득해야 합니다.

만약 여러 개의 서버 프로세스가 동시에 데이터를 변경하려 한다면 Redo Copy Latch를 획득하는 과정에서 경합이 발생할 수 있습니다. 경합이 생긴다면 당연히 성능이 느려지게 됩니다. 이 Redo Copy Latch는 Change Vector가 모두 Redo Log Buffer에 기록될 때까지 계속 가지고 있어야 하기 때문에 여러 개가 존재하게 됩니다. 그리고 Redo Copy Latch의 수는 "_log_simultaneous_copies"라는 히든 파라미터로 조정이 가능합니다(기본값은 CPU 개수 * 2개입니다).

현재 시스템의 Redo Copy Latch 현황은 아래와 같이 조회가 가능합니다. 아래 테스트 장비들은 모두 CPU 1개인 서버들입니다.

〈9i(9.2.0.4)에서 조회한 내용〉

```
SQL> col name for a13
SQL> SELECT name , gets , misses , immediate_gets , wait_time
  2  FROM  v$latch_children
  3  WHERE name='redo copy' ;
```

```
NAME                GETS       MISSES       IMMEDIATE_GETS       WAIT_TIME
------------- ---------- ------------- -------------------- -------------
redo copy           11           0                    0              0
redo copy           11           0                 5515              0
```

〈10g(10.2.0.5)에서 조회한 내용〉

```
SQL> col name for a13
SQL> SELECT name , gets , misses , immediate_gets , wait_time
  2  FROM  v$latch_children
  3  WHERE name='redo copy' ;

NAME                GETS     MISSES       IMMEDIATE_GETS       WAIT_TIME
------------- ---------- ---------- -------------------- ----------------
redo copy            6          0                116              0
redo copy            6          0                  0              0
```

〈11g(11.2.0.2)에서 조회한 내용〉

```
SQL> col name for a13
SQL> SELECT name,gets,misses,immediate_gets,wait_time
  2  FROM  v$latch_children
  3  WHERE name='redo copy' ;

NAME                GETS       MISSES        IMMEDIATE_GETS       WAIT_TIME
------------- ---------- ------------ -------------------- --------------
redo copy            8           0                 836               0
redo copy            6           0               78000               0
```

위에서 살펴 보았듯이 CPU 개수가 1개일 경우는 기본적으로 2개의 Redo Copy Latch가 조회됩니다. 만약 CPU의 개수가 여러 개일 경우는 위 조회 결과가 달라질 수 있습니다. 그리고 _log_simultaneous_copies 히든 파라미터를 이용해서 Redo Copy Latch의 개수를 조정할 수도 있습니다. 아래 내용은 11g 버전에서 파라미터 파일의 내용에 _log_simultaneous_copies 파라미터의 개수를 8로 지정한 한 후 재시작하여 조회한 내용입니다.

```
SQL> col name for a13
SQL> SELECT name , gets , misses , immediate_gets , wait_time
  2  FROM v$latch_children
  3  WHERE name='redo copy' ;
```

```
NAME          GETS       MISSES      IMMEDIATE_GETS       WAIT_TIME
------------ ---------- ------------ -------------------- -------------
redo copy        6          0              0                  0
redo copy        6          0              0                  0
redo copy        6          0              0                  0
redo copy        6          0              0                  0
redo copy        6          0              0                  0
redo copy        6          0              0                  0
redo copy        6          0              0                  0
redo copy        6          0            154                  0
```

예상대로 8개가 조회되는 것을 알 수 있습니다. 그런데 이렇게 Redo Copy Latch의 개수를 늘이는 것이 무조건 성능에 좋은 것은 절대 아닙니다. 은행의 예를 들어서 Latch란 번호표의 역할을 한다고 했습니다.

즉 고객이 많이 몰려서 번호표 뽑는데 대기한다면 번호표 기계를 많이 가져다 놓는 것이 좋을 수 있지만 근본적인 문제로 업무를 처리하는 창구가 혼잡해서 대기가 생긴다면 번호표 기계를 아무리 많이 가져다 놓는다 해도 성능은 절대로 좋아지지 않습니다. 그래서 만약 Redo Log 관련 대기 현상이 많이 생기게 된다면 Latch 때문에 문제가 생기는 것인지 아니면 Redo Log Buffer나 Redo Log File 자체에 문제가 있는 것인지를 잘 파악하신 후 조치를 하셔야만 합니다.

Redo Copy Latch를 획득하기 위해서 대기를 하는 경우라면 Latch:redo copy 라는 항목의 값이 증가될 것입니다. 그런데 이런 경우라고 해도 무조건 Redo Copy Latch의 값을 늘이는 것은 아닙니다. 앞에서 살펴본 바 대로 Redo Copy Latch는 Change Vector가 모두 기록될 동안에 가지고 있는 것이므로 Redo Copy Latch 획득 후 다른 단계에서 문제가 생겨서 값이 증가될 수도 있기 때문입니다. 그래서 전체적인 점검이 필요합니다.

Step 3 Redo Copy Latch를 확보한 서버 프로세스는 Redo Log Buffer에 내용을 기록하기 위해 다음 단계인 Redo Allocation Latch를 확보해야 합니다(위 그림에서 3번 단계에 해당됩니다.). Oracle 8i 버전까지 Redo Copy Latch는 여러 개가 존재하지만 Redo Allocation Latch는 1개 밖에 없어서 데이터의 변경이 많이 되는 서버일 경우에는 Redo Allocation Latch를 확보하기 위해 많은 경합이 발생할 수 있었습니다. 즉 속도 저하의 원인이 되었다는 의미입니다.

그래서 9i 버전부터 Redo Log Buffer를 여러 개의 공간으로 나누어서 각 공간별로 Redo Allocation Latch를 할당해주는 Shared Redo Strand라는 기능이 도입이 되었습니다. 즉, 하나의 Redo Log Buffer를 마치 디스크의 파티션과 같이 여러 개로 나눔으로써 여러 서버 프로세스가 동시에 작업하게 하여 성능을 높이겠다는 뜻입니다. Strand란 여러 개로 분할된 영역을 의미하는 것으로 LOG_PARALLELISM 파라미터 값으로 설정을 할 수가 있습니다. 특별한 설정이 없다면 LOG_PARALLELISM 값은 1로 설정됩니다. 9i부터 Redo Log Buffer를 Strand 방식으로 운영하면서 Redo Log Buffer에 데이터를 기록하기 위해 Redo Allocation Latch를 획득하기 위해 발생했던 경합들이 감소되었습니다.

Shared Redo Strands 기능과 관련해서 중요한 것은 Redo Log Buffer를 몇 개로 나누는가 인데 Oracle 10g 버전이 되면서부터 LOG_PARALLELISM 파라미터가 _LOG_PARALLELISM으로(히든 파라미터) 변경되고 이 파라미터의 값을 Oracle이 동적으로 관리하도록 _LOG_PARALLELISM_DYNAMIC 파라미터가 추가되었습니다. 이 값을 TRUE로 설정할 경우 Oracle이 해당 Strand 개수를 자동으로 제어하도록 설정할 수 있습니다. 이 파라미터에 대한 Oracle 권장 값은 (CPU 개수 / 8)입니다. 현재 Redo Allocation Latch의 개수는 아래의 방법으로 조회 가능합니다.

〈9i 버전에서 조회한 내용〉

```
SQL> SELECT count(*)
  2  FROM v$latch_children
  3  WHERE name='redo allocation' ;

  COUNT(*)
--------------
         1
```

〈10g 버전에서 조회한 내용〉

```
SYS> SELECT COUNT(*)
  2  FROM V$LATCH_CHILDREN
  3  WHERE NAME='redo allocation';

  COUNT(*)
----------------
        20
```

〈11g 버전에서 조회한 내용〉

```
SYS>SELECT COUNT(*)
  2  FROM V$LATCH_CHILDREN
  3  WHERE NAME='redo allocation' ;

  COUNT(*)
--------------
        28
```

위 조회 내용 중 첫 번째를 보면 9i일 경우 기본적으로 Redo Log Buffer를 1개로 쓰고 Shared Redo Strand의 값이 1이므로 Redo Allocation Latch가 1개임을 확인했습니다. 그래서 초기화 파라미터 파일에 LOG_PARALLELISM의 값을 4로 설정한 후 인스턴스를 재시작하고 다시 Redo Allocation Latch를 조회하니 아래와 같이 4로 늘어난 것을 확인할 수 있습니다.

```
SQL> show parameter log_parallelism ;

NAME                                 TYPE        VALUE
------------------------------------ ----------- -----------
log_parallelism                      integer       4

SQL> SELECT count(*)
  2  FROM v$latch_children
  3  WHERE name='redo allocation';

  COUNT(*)
----------------
         4
```

10g 이후 버전부터는 자동으로 여러 개의 Redo Allocation Latch의 값이 생성되어 있음을 확인할 수 있습니다.

그리고 10g 버전부터는 Shared Redo Strand보다 더 확장된 개념인 Private Redo Strand 기능이 도입되었습니다. 앞에서 살펴본 바와 같이 데이터의 변경이 생길 경우 Server Process가 PGA 내부에서 Change Vector를 생성하게 되고 그것을 Redo Log Buffer에 기록하게 됩니다. 이 과정에서 각종 필요한 Latch를 확보하기 위해 경합이 발생했고 성능에 안 좋은 영향을 주게 되는데 10g부터 각 서버 프로세스는 Shared Pool에 자신만의 독립적인 Private Strand 공간을 만들어서 그곳에 Change Vector를 생성한 후 필요할 경우 LGWR이 Redo Log File에 바로 기록하게 됩니다. 이처럼 Private Redo Strand 기능은 Latch를 확보해서 Redo log Buffer에 기록해야 하는 과정을 줄임으로써 성능을 더 향상시킬 수 있습니다. 그래서 Redo Log Buffer에 기록하지 않는 이 기능을 다른 말로 'zero copy redo'라고도 합니다.

이 기능은 히든 파라미터인 _LOG_PRIVATE_PARALLELISM=TRUE로 설정하면 활성화됩니다. 기본 값은 사용 안 함이며 만약 이 기능을 사용하고 싶을 경우 충분한 테스트로 확인한 후에 업무에 적용하기 바랍니다. 이렇게 복잡한 과정을 거친 후 Redo Log Buffer에 있는 내용을 Redo Log File에 기록하게 됩니다.

Step 4 Redo Log Buffer에 기록된 내용들(Redo Log Buffer에 기록된 Change Vector을 Redo Entry 라고도 합니다.)은 특정 상황이 되면 Background Process인 LGWR이 일부를 Redo Log File에 기록한 후 기록된 Redo Entries들은 Redo Log Buffer에서 삭제(Flush)합니다. 이 부분을 더 정확하게 말하면 어떤 Server Process가 아래의 상황이 되면 Redo Writing Latch를 확보한 후 LGWR에게 Redo Log Buffer에 있는 내용을 Redo Log File에 기록하라고 요청을 하게 됩니다(위 그림에서 4번 과정입니다.).

아래의 내용은 Redo Log Buffer에 있는 내용들이 Redo Log File로 기록되는 경우입니다.

① 3초마다

LGWR 프로세스는 할 일이 없을 경우 sleep 상태로 되었다가 rdbms ipc message라는 대기 이벤트의 time out이 되는 시점인 3초마다 한번씩 Wake Up을 해서 Redo Log Buffer에서 Redo Log File에 기록해야 할 내용이 있는지를 찾게 됩니다. 그래서 기록해야 할 부분이 있으면 Redo Log File에 기록한 후 Redo Log Buffer에서 기록된 해당 내용을 삭제(Flush)합니다.

② Redo Log Buffer의 전체 크기의 1/3이 찼거나 1M가 넘을 경우

서버 프로세스는 Redo Log Buffer를 할당 받을 때마다 현재 사용된 log Buffer의 Block 수를 계산합니다. 만약 현재 사용된 Log Buffer의 Block 수가 _LOG_IO_SIZE의 값보다 많을 경우 LGWR에게 Redo log Buffer의 내용을 Redo log file에 기록하도록 요청하게 됩니다. _LOG_IO_SIZE란 파라미터는 LGWR이 Redo Log Buffer에 있는 내용을 Redo Log File로 내려 쓸 임계값을 지정하는 파라미터입니다. 즉 이 값을 512KB로 설정한다는 뜻은 변경사항이 512KB가 된다면 LGWR이 작동한다는 뜻입니다.

이 값에 절대적 기준은 없으며 LGWR이 자주 내려 쓸 경우 안정성은 좋아지지만 전체적인 Performance는 저하되는 경우가 많으므로 이 파라미터를 사용할 경우 그 값을 잘 조정해야 합니다. _LOG_IO_SIZE 파라미터의 기본값은 9i까지는 Redo Log Buffer의 1/3이었는데 10g 버전부터 1/6 로 변경됩니다. 이것은 9i까지 _LOG_PARALLELISM_MAX의 값이 1이었다가 10g 버전부터 2배로 늘어났기 때문에 Redo Log Buffer의 변경사항을 기록하는 기준이 절반으로 줄어든 것입니다.

③ 사용자가 Commit 또는 Rollback을 수행할 때

사용자가 Commit이나 Rollback을 수행하게 되면(즉 트랜잭션을 종료하게 되면) 내부적인 관리번호인 SCN이 생성되어 해당 트랜잭션에 할당되고 관리됩니다. 앞에서 SCN과 Checkpoint에 대해서 살펴보았습니다.

④ DBWR 이 LGWR에게 쓰기를 요청할 때

Oracle 8i부터는 DBWR이 LGWR의 on-disk RBA 값보다 큰 high-RBA 값을 가진 Block을 데이터 파일로 기록해야 할 때 해당 Block을 Differed Write Queue에 먼저 기록한 후 LGWR 프로세스를 먼저 수행시켜 해당 Redo Log를 먼저 내려 쓰게 만든 후 Data Block을 기록하는 방식으로 Sync를 맞추게 됩니다.

위 조건들일 때 LGWR은 Redo Log Buffer에 있는 내용을 Redo Log File에 기록한 후 Redo Log Buffer에서 Redo Log File에 기록된 내용을 Flush하게 됩니다.

LGWR이 Redo Log Buffer의 내용을 Redo Log File로 내려 쓸 때 DBWR과 마찬가지로 Block 단위로 내려씁니다. 그러나 DBWR이 내려쓰는 Block의 크기는 DB_BLOCK_SIZE로 결정되지만 LGWR이 내려쓰는 LOG Buffer의 Block 크기는 DB_BLOCK_SIZE의 값이 아니라 OS Block Size이며 OS 종류에 따라 다를 수 있습니다. 현재 Redo Log Block Size는 아래의 방법으로 조회 가능합니다.

```
SQL> SELECT max(lebsz) FROM sys.x$kccle;

MAX(LEBSZ)
--------------
       512  ← RHEL 4 버전에 10g R2 버전에서 조회한 값이며 단위는 Byte입니다.

SQL> SELECT max(lebsz) FROM sys.x$kccle;

MAX(LEBSZ)
--------------
       512  ← RHEL 5 버전에 11g R2 버전에서 조회한 값이며 단위는 Byte입니다.
```

지금까지 Oracle에서 데이터의 변경이 발생할 경우 어떤 원리로 Redo Log에 기록되는지를 살펴보았습니다. 그렇지만 모든 변경사항이 전부 Redo Log에 기록되는 것은 아닙니다. 예를 들어 Direct Load(SQL Loader, Insert /*+ APPEND */)나 Table나 Index 생성 시 NOLOGGING 옵션을 준다든지 하는 경우에는 Redo Log에 기록되지 않습니다. 단, NOLOGGING 옵션으로 테이블이 생성되었다 하더라도 일반적인 Insert, Update, Delete 같은 작업은 모두 Redo Log 에 기록됩니다.

2. Redo Log File 구성 및 관리하기

앞에서 Redo Log 관련된 기본적인 개념들을 살펴보았습니다. 여기서는 Oracle Database의 안정성에 가장 중요한 Redo Log를 어떻게 구성하고 관리하는지 실습을 통하여 자세하게 살펴보겠습니다.

(1) Redo Log Buffer와 Redo Log File

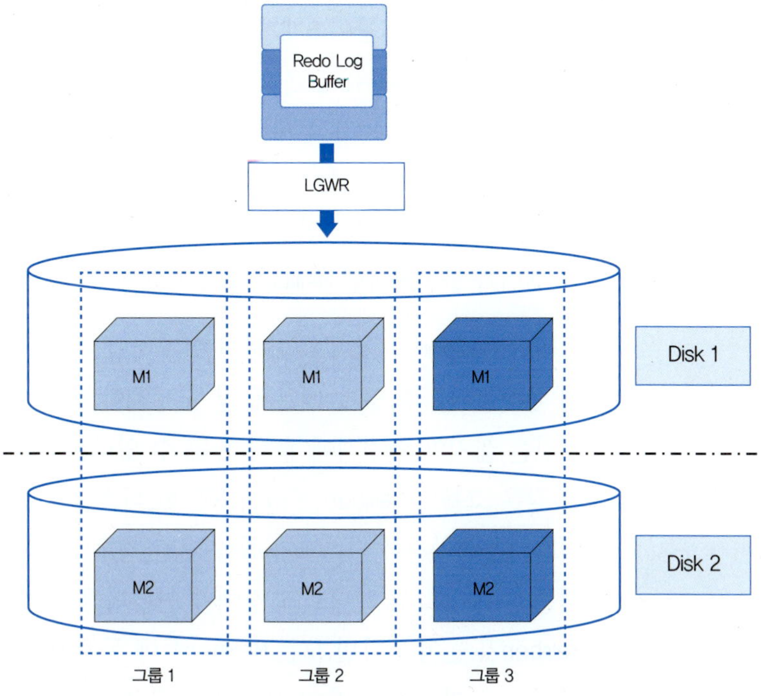

<Redo log 구성도>

앞에서 살펴 보았듯이 Oracle에서는 데이터가 변경이 되면(DDL, DML 등) 데이터의 안전한 복구를 위해서 Redo Log Buffer에 먼저 기록한 후 실제 변경을 수행하게 됩니다. 그리고 Redo Log Buffer는 메모리이기 때문에 데이터를 안전하게 저장하기 위해서 Redo Log Buffer에서 여러 가지 조건(1/3 차든지, Commit 수행되든지, 1M 되든지 등)이 발생하게 되면 Redo Writing Latch를 획득한 Server Process가 LGWR에게 Redo Log Buffer의 내용을 Redo Log File로 기록 요청을 하게 되고 LGWR이 Redo Log Buffer에 있는 내용을 Redo Log File에 내려 쓰고 내려 쓴 내용은 Redo Log Buffer에서 지워 새로운 공간을 확보하게 됩니다.

Redo Log File은 그룹과 멤버라는 개념으로 관리 되는데 Oracle 6 버전까지는 그룹이란 개념이 없어서 Redo Log File에 장애가 생기면 데이터가 손상되었고 DB에 심각한 장애가 발생했습니다. 그러나 Oracle 7 버전 이후부터는 위 그림처럼 같은 내용을 여러 곳에 중복으로 저장하는 그룹이란 개념이 등장해서 현재까지 쭉 이어져 오고 있습니다.

위 그림을 보면 그룹이 3개가 있고 각각의 그룹에는 Member가 2개씩 존재하는 것을 알 수 있습니다. 같은 그룹일 경우 Member들은 같은 내용을 담고 있어서 만약 하나의 Member가 삭제되든지 장애가 발생해도 다른 Member가 하나 더 존재하기 때문에 데이터는 안전하게 지켜질 수 있는 것입니다. 물론 한 그룹의 모든 Member가 다 지워지면 그 그룹의 데이터는 손실됩니다. 만약 한 그룹에 2개의 멤버가 불안하다면 Member를 추가해서 운영하면 됩니다.

그러나 Member를 많이 추가하면 안정적일 수는 있지만 기록시간이 더 늘어나서 부하를 줄 수 있기 때문에 잘 구성해야 합니다. Member 수가 적으면 기록시간은 짧지만 안정성에 문제가 될 수 있다는 점도 꼭 기억해야 합니다. 그리고 같은 그룹의 Member는 절대 동일한 디스크에 함께 두는 것을 권장하지 않습니다. 만약의 경우 디스크가 장애가 날 경우 그 그룹 전체가 손상이 될 수 있기 때문입니다. 그리고 디스크 장애가 안나더라도 같은 디스크 안에 같은 그룹의 Member가 들어 있다면 모든 Member들에 동시에 기록이 안되고 한 개의 Member에 기록을 마친 후 다음 Member에 기록을 하게 되어 성능적으로나 안정성 부분에서 문제가 됩니다.

아래의 그림으로 잘못 구성된 예와 잘 구성된 예를 비교해 보겠습니다.

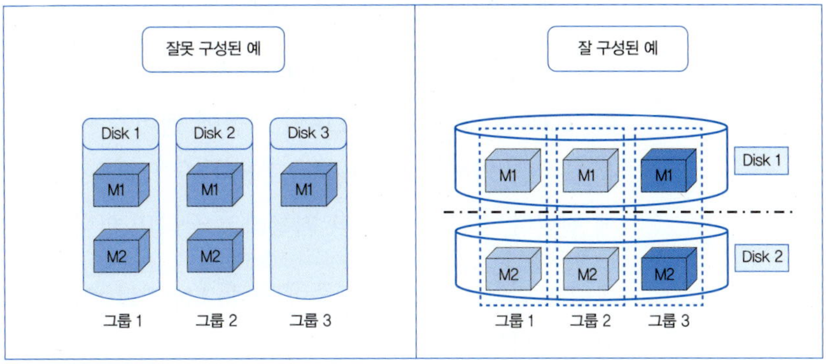

위 그림에서 잘못 구성된 예에서 1개의 그룹 전체가 Disk 하나에 몰려 있기 때문에 잘못 구성된 예가 된 것입니다. 그룹 3에 Member가 1개 있는 것은 문제가 되지는 않습니다. 그러나 1개의 그룹이 1개의 Member를 가지는 것은 권장사항이 아닙니다.

오라클에서 최소 그룹의 개수는 2개이며 각 그룹별로 필요한 최소 Member의 개수는 1개 입니다. 그렇지만 이렇게 할 경우 운영하다가 심각한 장애가 발생할 수 있기 때문에 그룹은 최소 3개와 각 그룹별로 최소 2개 이상의 Member로 구성하기를 권장합니다.

사람도 공부하면서 노트에 필기하다가 그 페이지가 다 되면 다음 페이지로 넘어가듯이 Oracle에서도 LGWR이 Redo Log Buffer의 내용을 노트에 해당하는 Redo Log File에 내려쓰다가 해당 파일이 가득 차게 되면 다음 그룹으로 자동으로 넘어가게 됩니다. 이 과정을 Log Switch(로그스위치)라고 부르고 Log Switch가 발생하게 되면 checkpoint 신호가 발생되게 됩니다. 그렇게 되면 DBWR이 해당 로그 파일에 있는 내용 중 DB Buffer Cache에서 데이터 파일로 저장되지 못한 변경사항들을 내려쓰게 됩니다. 그리고 이 정보들을 데이터 파일과 컨트롤 파일에 반영됩니다.

만약 2번 그룹도 다 차게 되면 역시 같은 원리로 3번 그룹으로 넘어가면서 Log Switch가 발생하게 됩니다. 계속 같은 원리로 작동되어 Redo Log File은 순환해서 사용하게 되는 것입니다. 여기서 Log Switch가 일어나는 그룹의 순서는 Oracle이 라운드로빈 방식으로 알아서 결정하게 됩니다. 즉 1번 그룹 다음에 2번 그룹이고 그 다음에 3번 그룹이 아닐 수도 있다라는 의미입니다.

같은 그룹 안의 Member들끼리는 서로 저장하고 있는 내용과 크기가 동일합니다. LGWR은 Redo Log File의 그룹에 멤버가 여러 개일 경우 병렬로 동시에 같은 내용을 기록하게 됩니다. 그러나 만약 같은 디스크에 있으면 직렬로 기록하게 됩니다. 직렬이란 하나 기록하고 끝나면 하나 기록한다는 의미입니다.

그런데 만약 병렬쓰기 도중에 Redo Log File이 삭제되었다든지 Block에 문제가 생겼다든지 해서 문제가 발생할 경우에는 LGWR은 각 오픈 로그 멤버의 상태를 조사해서 어떤 파일이 에러가 발생되는지 알아냅니다. 그리고 장애가 난 멤버는 Control File안에서 STALE라는 상태로 기록이 됩니다. 그리고 LGWR은 백그라운드 Trace File에 ORA-00346 에러를 기록하게 됩니다. STALE이라는 상태는 해당 로그 파일이 문제가 있다는 것을 의미합니다. 만약 LGWR이 하나의 로그 파일에서 4개 이상의 에러를 만나게 되면 로그 파일을 닫고 더 이상 그 파일에 내용을 기록하지 않게 됩니다. 만약 LGWR이 어떤 로그파일에도 내용을 기록할 수 없다면 ORA-00340 에러를 발생시키고 Shutdown abort로 강제 종료되고 Startup이 되지 않습니다.

메모리에 생성되는 Redo Log Buffer의 크기는 일반적으로 10MB~30MB 미만인 경우가 많지만 Redo Log File 크기는 각 서버의 실정에 맞게 사용해야 합니다. 즉 Redo Log File의 권장 크기는 정해져 있지 않다는 뜻입니다.

Redo Log File 크기가 너무 작게 되면 Log Switch가 자주 발생하게 되어 DB 운영 성능이 저하될 수 있고 반대로 너무 크게 되면 데이터의 손상 가능성이 커지기 때문에 적절한 크기로 설정을 잘 하셔야 합니다. 일반적으로는 1시간에 Log Switch가 2~3회 정도 발생하게 설정하는 것을 권장하지만 업무 환경에 맞게 설정하는 것이 가장 중요합니다. 그리고 Alert Log File에 checkpoint not completed. 라는 메시지가 나오면 Redo Log File의 크기나 그룹의 개수가 작다는 의미이므로 멤버크기를 크게 만들거나 그룹을 더 만들어주어야 합니다.

Checkpoint Not Completed라는 메시지는 Log Switch가 너무 빈번하게 일어

날 경우 DBWR이 이전에 발생한 Checkpoint 내용을 Data File에 다 기록을 못한 상태에서 다시 Log Switch가 발생하여 Checkpoint 신호가 들어올 경우에 주로 발생합니다. 즉 Redo Log File의 크기가 작을 경우 잦은 Log Switch가 발생할 것이므로 이런 메시지를 자주 보게 될 것이며 이럴 경우에는 Redo Log File의 크기나 Redo Log Group의 수를 증가시켜 주어야 합니다.

(2) Redo Log File 관리하기(11g 기준이긴 하지만 이전 버전도 동일합니다.)

주요 명령어부터 정리하겠습니다.

1. 신규 Group 생성하기(여기서는 신규 그룹을 4번으로 하겠습니다.)

```
SQL> alter database add logfile group  4
 2  '/app/oracle/oradata/testdb/redo04_a.log'  size  5M ;
```

2. Member 추가하기

```
SQL> alter database add logfile member
 2  '/app/oracle/oradata/testdb/redo04_b.log'  to group 4 ;
```

3. Member 삭제하기

```
SQL> alter database drop logfile member
 2   '/app/oracle/oradata/testdb/redo04_b.log' ;
```

4. Group 삭제하기

```
SQL> alter database drop logfile group 4 ;
```

5. 강제로 Log Switch 발생시키기

```
SQL> alter system switch logfile ;
```

6. 강제로 Checkpoint 발생시키기

```
SQ> alter system checkpoint ;
```

만약 ASM이 아닌 일반 OS파일 시스템으로 Oracle을 설치하였다면 위 3번과 4번에 있는 삭제 과정을 수행해도 실제로 해당 파일은 지워지지 않습니다. 3번과 4번 명령어는 단지 Control File안에 있는 해당 그룹과 멤버의 정보만 지울 뿐 실제 파일은 지우지 못합니다(단, ASM 기반에서는 지울 수 있습니다.).

따라서 파일 시스템일 경우에는 위 명령어들을 수행하고 난 뒤 반드시 DBA가 직접 OS명령어로 해당 파일을 직접 지워야 합니다. 이때 다른 그룹이나 멤버를 지우지 않도록 각별히 조심해야 합니다.

그리고 Redo Log File의 상태를 나타내는 것이 CURRENT / ACTIVE / INACTIVE의 3가지가 있습니다. Current란 현재 LGWR이 내용을 기록하고 있는 상태를 말하고 ACTIVE는 Redo Log File의 내용이 아직 DB Buffer Cache에서 Data file로 저장이 안되어서 지워지면 안 되는 상태를 의미하며, INACTIVE란 Redo Log File의 내용이 데이터 파일에도 다 저장이 되어서 삭제되어도 된다는 의미입니다. 만약 DBA가 어떤 필요에 의해서 Redo Log File을 삭제하고 싶다면 반드시 INACTIVE 상태로 만들고 위 3번과 4번의 명령어로 삭제를 수행해야 합니다. 여기서 주의 사항은 Redo Log File을 삭제할 때 절대 OS 명령어로 먼저 삭제하시면 안 된다는 것입니다!

실습 1. Redo Log File 관리하기

```
[oracle@localhost ~]$ sqlplus / as sysdba

SQL*Plus: Release 11.2.0.2.0 Production on Fri Oct 19 23:09:01 2012

Copyright (c) 1982, 2010, Oracle.  All rights reserved.

Connected to:
Oracle Database 11g Enterprise Edition Release 11.2.0.2.0 - Production
With the Partitioning, OLAP, Data Mining and Real Application Testing
options
```

Step 1 현재 상태 확인하기

```
SYS> !vi log.sql

set line 200
col group# for 999
col mb for 999
```

```
col member for a45
col seq# for 999
col status for a8
col arc for a5

SELECT a.group#,a.member,b.bytes/1024/1024 MB,b.sequence# "SEQ#",b.status
, b.archived "ARC"
FROM v$logfile a, v$log b
WHERE a.group#=b.group#
ORDER BY 1,2
/

:wq!     ← 저장하고 종료하세요

SYS> @log

GROUP#   MEMBER                                   MB   SEQ#  STATUS    ARC
-------- --------------------------------- ----- ----- --------- --------
       1 /app/oracle/oradata/testdb/redo01.log  50    13   CURRENT   NO
       2 /app/oracle/oradata/testdb/redo02.log  50    11   INACTIVE  NO
       3 /app/oracle/oradata/testdb/redo03.log  50    12   INACTIVE  NO
```

Step 2 신규 그룹(4번 그룹) / 멤버 추가하기

```
SYS>alter database add logfile group 4
  2  '/app/oracle/oradata/testdb/redo04_a.log' size 5M;

Database altered.

SYS>@log

GROUP#   MEMBER                                      MB   SEQ#  STATUS    ARC
------- ------------------------------------ ---- ----- -------- --------
       1 /app/oracle/oradata/testdb/redo01.log      50    13   CURRENT   NO
       2 /app/oracle/oradata/testdb/redo02.log      50    11   INACTIVE  NO
       3 /app/oracle/oradata/testdb/redo03.log      50    12   INACTIVE  NO
       4 /app/oracle/oradata/testdb/redo04_a.log     5     0   UNUSED    YES

SYS>alter database add logfile member
  2  '/app/oracle/oradata/testdb/redo04_b.log' to group 4;

Database altered.
```

```
SYS>@log
GROUP#  MEMBER                                  MB  SEQ#  STATUS    ARC
------- -------------------------------------- ---- ----- -------- -------
      1 /app/oracle/oradata/testdb/redo01.log    50    13 CURRENT   NO
      2 /app/oracle/oradata/testdb/redo02.log    50    11 INACTIVE  NO
      3 /app/oracle/oradata/testdb/redo03.log    50    12 INACTIVE  NO
      4 /app/oracle/oradata/testdb/redo04_a.log   5     0 UNUSED    YES
      4 /app/oracle/oradata/testdb/redo04_b.log   5     0 UNUSED    YES

SYS>alter system switch logfile;

System altered.


SYS>@log

GROUP#  MEMBER                                  MB  SEQ#  STATUS    ARC
------- -------------------------------------- ---- ----- -------- -------
      1 /app/oracle/oradata/testdb/redo01.log    50    13 ACTIVE    NO
      2 /app/oracle/oradata/testdb/redo02.log    50    11 INACTIVE  NO
      3 /app/oracle/oradata/testdb/redo03.log    50    12 INACTIVE  NO
      4 /app/oracle/oradata/testdb/redo04_a.log   5    14 CURRENT   NO
      4 /app/oracle/oradata/testdb/redo04_b.log   5    14 CURRENT   NO

SYS>alter system checkpoint ;

System altered.

SYS>@log

GROUP#  MEMBER                                  MB  SEQ#  STATUS    ARC
------- -------------------------------------- ---- ----- -------- -------
      1 /app/oracle/oradata/testdb/redo01.log    50    13 INACTIVE  NO
      2 /app/oracle/oradata/testdb/redo02.log    50    11 INACTIVE  NO
      3 /app/oracle/oradata/testdb/redo03.log    50    12 INACTIVE  NO
      4 /app/oracle/oradata/testdb/redo04_a.log   5    14 CURRENT   NO
      4 /app/oracle/oradata/testdb/redo04_b.log   5    14 CURRENT   NO
```

Alter system checkpoint 명령어로 1번 그룹이 Active → Inactive로 변경되었습니다.

Step 3 기존 멤버 삭제 / 그룹 삭제하기 - 여기선 4번 그룹을 삭제하려 합니다.

```
SQL> @log

GROUP#  MEMBER                                   MB   SEQ#  STATUS   ARC
------- ---------------------------------------- ---- ----- -------- -------
      1 /app/oracle/oradata/testdb/redo01.log    50    13  INACTIVE  NO
      2 /app/oracle/oradata/testdb/redo02.log    50    11  INACTIVE  NO
      3 /app/oracle/oradata/testdb/redo03.log    50    12  INACTIVE  NO
      4 /app/oracle/oradata/testdb/redo04_a.log   5    14  CURRENT   NO
      4 /app/oracle/oradata/testdb/redo04_b.log   5    14  CURRENT   NO

SQL> alter system switch logfile;
System altered.

SQL> select  a.group# , a.member , b.bytes/1024/1024 MB , b.archived ,
b.status
  2  from  v$logfile a , v$log b
  3  where  a.group#=b.group#
  4  order by 1,2 ;

GROUP#  MEMBER                                        MB    ARCHIV  STATUS
------- ------------------------------------------ ----- ------- -----------
      1 /app/oracle/oradata/testdb/redo01.log          50    NO      ACTIVE
      2 /app/oracle/oradata/testdb/redo02.log          50    NO      CURRENT
      3 /app/oracle/oradata/testdb/redo03.log          50    NO      INACTIVE
      4 /app/oracle/oradata/testdb/redo04_a.log         5    NO      ACTIVE
      4 /app/oracle/oradata/testdb/redo04_b.log         5    NO      ACTIVE

SQL> alter system checkpoint;

System altered.

SQL>  select a.group#,a.member,b.bytes/1024/1024 MB , b.archived , b.status
  2   from v$logfile a , v$log b
  3   where a.group#=b.group#
  4   order by 1,2 ;

GROUP#  MEMBER                                        MB    ARCHIV  STATUS
------- ------------------------------------------ ----- ------- -----------
      1 /app/oracle/oradata/testdb/redo01.log          50    NO      INACTIVE
      2 /app/oracle/oradata/testdb/redo02.log          50    NO      CURRENT
      3 /app/oracle/oradata/testdb/redo03.log          50    NO      INACTIVE
      4 /app/oracle/oradata/testdb/redo04_a.log         5    NO      INACTIVE
```

```
      4  /app/oracle/oradata/testdb/redo04_b.log       5     NO      INACTIVE

SQL> alter database drop logfile member '/app/oracle/oradata/testdb/redo04_b.log';

Database altered.

SQL> !ls /app/oracle/oradata/testdb/redo04_b.log
/app/oracle/oradata/testdb/redo04_b.log ← 위에서 삭제했지만 여전히 파일이 남아 있음.

SQL> !rm -fr /app/oracle/oradata/testdb/redo04_b.log ← 수동으로 삭제해줘야 함.

SQL> !ls /app/oracle/oradata/testdb/redo04_b.log
ls: /app/oracle/oradata/testdb/redo04_b.log: No such file or directory

SQL> select a.group# , a.member , b.bytes/1024/1024 MB , b.archived , b.status
  2  from v$logfile a , v$log b
  3  where a.group#=b.group#
  4  order by 1,2 ;

GROUP#  MEMBER                                         MB   ARCHIV   STATUS
------- ---------------------------------------- ----- ------- -----------
      1  /app/oracle/oradata/testdb/redo01.log        50     NO      INACTIVE
      2  /app/oracle/oradata/testdb/redo02.log        50     NO      CURRENT
      3  /app/oracle/oradata/testdb/redo03.log        50     NO      INACTIVE
      4  /app/oracle/oradata/testdb/redo04_a.log       5     NO      INACTIVE

SQL> alter database drop logfile member '/app/oracle/oradata/testdb/redo04_a.log';
alter database drop logfile member '/app/oracle/oradata/testdb/redo04_
a.log'
*
ERROR at line 1:
ORA-00361: cannot remove last log member /app/oracle/oradata/testdb/redo04_a.log for
group 4  ← 그룹에 member가 1개일 경우 member는 삭제가 안 되며 그룹을 지워야 합니다.

SQL> alter database drop logfile group 4;

Database altered.

SQL> select a.group# , a.member , b.bytes/1024/1024 MB , b.archived , b.status
  2  from v$logfile a , v$log b
  3  where a.group#=b.group#
  4  order by 1,2 ;
```

```
GROUP# MEMBER                                    MB    ARCHIV  STATUS
------- --------------------------------------- ----- ------- -----------
     1  /app/oracle/oradata/testdb/redo01.log     50    NO      INACTIVE
     2  /app/oracle/oradata/testdb/redo02.log     50    NO      CURRENT
     3  /app/oracle/oradata/testdb/redo03.log     50    NO      INACTIVE

SQL> !ls /app/oracle/oradata/testdb/redo04_a.log
/app/oracle/oradata/testdb/redo04_a.log ← 지웠지만 여전히 파일이 남아 있음.

SQL> !rm -fr /app/oracle/oradata/testdb/redo04_a.log ← 수동으로 삭제 해줌

SQL> !ls /app/oracle/oradata/testdb/redo04_a.log
ls: /app/oracle/oradata/testdb/redo04_a.log: No such file or directory
```

이상으로 기본적인 Redo log에 대한 내용과 중요한 실습을 살펴보았습니다. Redo log file은 오라클 장애를 대비한 최후의 보루이기 때문에 이 설정이 잘못된다면 성능에 문제가 나타나게 되고 더 심할 경우 장애가 발생해도 복구를 할 수 없는 경우가 될 수 있으니 정확하게 이해하고 잘 구성하기 바랍니다.

3. 심화학습. SCN과 Checkpoint

오라클에서 장애가 났을 때 문제가 있는지 없는지를 어떻게 판단할까요? 사용자가 Commit을 하게 되면 Oracle 내부적으로 SCN이란 번호를 생성해서 트랜잭션을 관리하게 됩니다. 이것은 학생이 입학하면 학생에게 학번을 주고 관리하는 개념과 같습니다.

아주 핵심적인 내용인 SCN과 Checkpoint라는 개념에 대해서 자세하게 살펴보겠습니다.

(1) SCN(System Commit Number)

Commit이 발생하게 되면 해당 트랜잭션은 고유한 번호를 부여 받아서 관리됩니다. 마치 학생이 학교에 입학하면 고유한 학번을 받는 것과 같습니다. 이렇게 Commit할 때 생성되는 번호를 Oracle은 SCN(System Commit Number)이라고 부릅니다. 그리고 Oracle은 SCN 번호를 가지고 트랜잭션을 관리하면서 장애 발생시 복구도 하게 됩니다.

Instance Recovery 때나 사용자가 Recover 명령을 실행할 때 Oracle은 이 SCN 정보를 사용하여 데이터베이스에 문제가 있는지 없는지를 판별하고 문제가 있다고 판단될 경우 복구를 수행하게 됩니다. 그만큼 중요한 번호이며 Commit이 발생할 때 마다 모든 트랜잭션에 고유한 SCN 번호가 부여가 됩니다. SCN 번호는 DML 문장단위로 할당 되는 것이 아니라 트랜잭션 단위로 할당된다는 것을 기억하셔야 합니다.

SCN은 크게 SCN base(4bytes) + SCN Wrap(2bytes)으로 구성되어 있고 초당 16,384회를 발생시켜도 약 534년 정도를 쓸 수 있는 양(281,474,976,710,656)이 제공됩니다. SCN Base 값이 전부 다 사용되게 되면 SCN Wrap 값이 하나씩 증가되어 사용되게 되며 만약의 경우 이 SCN이 모두 다 사용되게 되면 다시 0으로 reset 된 후 새로운 Incarnation으로 할당되어 다시 시작됩니다. Incarnation이란 마치 외국 드라마에서 시즌별로 구분하는 것과 비슷한 개념입니다. 즉, 시즌 1에 몇 편까지 방영하고 이것이 다 끝나면 시즌 2로 넘어가는 것과 비슷한 개념이지요.

SCN은 Sequence에서 발생시키는 것이 아니라 steve adams가 개발한 "kcmgas"라는 function으로 구현이 됩니다. SCN은 아래처럼 여러 곳에 기록됩니다.

1. Control File Header – Checkpoint 발생 때
   – Resetlogs 발생 때
   – Incomplete Recovery 수행 때

2. Data Blocks(cache Layer) – Block Cleanout시 마지막 SCN을 각 Block에 기록합니다.

3. Data Blocks(ITL entries) – Data Block의 Transaction Layer 안에 있는 ITL(Interested Transaction List) Entries에 Commit된 SCN 정보를 기록하고 있습니다(Delayed Block Cleanout).

4. Data File Headers – 모든 데이터 파일 헤더에 아래의 경우에 SCN을 기록합니다
   - 마지막 Checkpoint 발생 때
   - Begin Backup 수행 때
   - 복구가 되었다면 사용된 마지막 SCN을 기록합니다.

5. Redo Records / Log Buffer
   - Commit이 수행되면 Commit Record에 SCN을 포함하여 저장하게 됩니다

6. 그 외 Rollback Segment(Undo Segment)와 Tablespace Headers에도 기록됩니다.

10g R2 버전기준으로 Commit과 관련된 파라미터가 몇 가지 있으며 아래와 같습니다.

```
SQL> show parameter commit;

NAME                                 TYPE                   VALUE
------------------------------------ ---------------------- ------
commit_point_strength                integer                  1
commit_write                         string
max_commit_propagation_delay         integer                  0
```

각 의미는 다음과 같습니다.

- commit_point_strength: 분산 데이터 베이스 환경에서 2-Phase Commit에서 사용합니다.
- commit_write: 사용자가 commit을 하게 되면 LGWR이 해당 트랜잭션을 Redo Log File에 기록하게 됩니다. 이 내용과 관련된 4가지 방식이 있는데 이 4가

지 방식 중 어떤 것을 사용하는지를 결정하는 파라미터입니다. 4가지 방식은 아래와 같습니다.

1. WAIT: 변경된 트랜잭션이 Redo log file에 기록될 때까지 기다립니다.
2. NOWAIT: WAIT 와 반대로 Redo log file에 기록될 때까지 기다리지 않습니다.
3. IMMEDIATE: Commit 요청이 들어오면 즉시 Redo Log File에 기록하기 시작합니다.
4. BATCH: Commit 요청이 들어오더라도 일정 시간 동안 모아서 한꺼번에 기록합니다.

일반적으로 앞에서 살펴 본 4가지 방식을 2개씩 조합해서 사용합니다. 예를 들어서 IMMEDIATE+WAIT(Commit이 수행되면 즉시 Redo Log File에 기록을 요청하고 기록이 다 될 때까지 기다립니다.), IMMEDIATE+NOWAIT(Commit이 수행되면 즉시 Redo Log File에 기록을 요청만 하고 사용자에게 제어권을 넘겨 다른 작업을 진행할 수 있도록 합니다.) 등과 같이 사용하게 됩니다.

특히 BATCH나 NOWAIT 같이 Redo Log Buffer의 내용이 아직 Redo Log File에 기록이 완료되지 않아도 다른 작업을 할 수 있도록 성능을 높이는 방식을 비동기식 커밋(Asynchronous Commit)이라고 하며 10g R2 버전의 New Feature입니다.

동기식 커밋은 Server Process가 Commit 요청을 수행할 때 LGWR이 Redo Log Buffer의 내용을 Redo Log File에 기록을 완료한 후에 후속 작업을 할 수 있는 방식입니다. 이 방식은 LGWR의 작업이 완료된 후 후속작업을 진행하기 때문에 안정성은 비동기식 커밋보다 좋지만 성능면에서는 떨어지는 단점이 있었으므로 비동기식 커밋이라는 방식이 등장을 한 것입니다.

즉, BATCH나 NOWAIT 방식은 Commit이 수행되어도 즉시 Redo Log File에 기록하지 않기 때문에 성능은 빠르겠지만 데이터가 안전하게 지켜지는 것을 보장하지 못한다는 사실이며 특히 트랜잭션이 많은 OLTP 환경이라면 이 두 가지 파라미터를 사용하시는 것은 더욱 조심해야 합니다.

위에서 살펴본 commit 관련된 파라미터들이 11g R2 버전부터는 다르게 변경이 되며 아래와 같습니다.

```
SQL> show parameter commit;

NAME                                 TYPE        VALUE
------------------------------------ ----------- ------------------------------
commit_logging                       string
commit_point_strength                integer     1
commit_wait                          string
commit_write                         string

SQL> alter system set commit_logging = immediate;
System altered.

SQL>alter system set commit_wait = nowait;
System altered.

SQL>alter system set commit_write = immediate, nowait;
 System altered.

SQL> show parameter commit;

NAME                                 TYPE        VALUE
------------------------------------ ----------- ------------------------------
commit_logging                       string      IMMEDIATE
commit_point_strength                integer     1
commit_wait                          string      NOWAIT
commit_write                         string      IMMEDIATE, NOWAIT
```

각 의미는 앞에서 본 것과 동일합니다.

- max_commit_propagation_delay

RAC 환경에서 어떤 데이터가 양쪽 인스턴스에 호출되었다고 가정하고 설명하겠습니다(편의상 node 1, node 2라고 하겠습니다.).

만약 홍길동이라는 데이터를 양쪽 노드에서 다 호출 한 후 node 1에서 일지매로 업데이트 한 후에 Commit했다고 하고 Commit과 거의 동시에 node 2에서 누군가 홍길동의 정보를 조회했다고 가정하면 분명히 node 1에서 홍길동의 정보를 일지매로 변경 후에 Commit했기 때문에 node 2에서는 홍길동이 아닌 일지매로 보여야 할 것입니다. 그러나 아직 node 1에서 Commit된 정보가 node 2에 도달하지 않으면 node 2에서는 잘못된 정보를 볼 수 있는 문제가 발생합니다. Oracle에서는 node 1에서 발생한 정보를 node 2에 전송할 때 piggyback이란 방식으로 전송을 하는데 이 방식의 특징은 Commit이 발생하면 즉시 보내는 것이 아니라 다른 메시지가 갈 때 함께 업혀서 가는 방식입니다. 그러다 보니 메시지 발생양은 작고 트래픽 양은 작은 장점이 있으나 틀린 내용을 조회할 수 있다는 심각한 단점이 생깁니다. 그래서 max_commit_propagation_delay 파라미터를 사용해서 전송시간을 제어하게 된 것입니다. 10g부터는 이 파라미터의 값은 기본값이 0으로 설정이 되어 무조건 Commit 하자마자 전송을 하도록 설정이 되어 있습니다.

이런 방식을 broadcast on commit(줄여서 BOC) 방식이라고 합니다.

(2) System Change Number

SCN의 또 다른 이름으로 System Change Number도 있습니다. 이것은 Data File, Redo Log File, Control File 간의 동기화 정보를 맞추기 위해 사용됩니다. 이 SCN은 SCN_Base(4bytes) + SCN_Wrap(2bytes) + SCN_Sequence(1byte)로 구성되어 있고 Sequence는 동일한 SCN Block을 여러 개의 ServerProcess가 동시에 변경할 경우에 이를 구분하기 위해서 사용하게 됩니다. 이 SCN은 Data block Header, Redo records, Segment Header에 기록이 됩니다.

앞에서 살펴본 것처럼 Commit을 하면 DB Buffer Cache에서 데이터를 안 내려쓰고 Redo Log를 내려 쓰는 것이 시간도 더 빠르다고 해서 이것을 다른 말로 Fast Commit이라고도 합니다. 원래 더 정확하게 말하면 Commit이 완벽하게 수행되려면 Data Block에 걸려있던 Lock까지 해제가 되어야 하지만(이 과정을 Block Cleanout이라고 부릅니다.) 변경된 블록이 많을 경우 일일이 찾아 다니면서 작업을 하기엔 시간이 많이 걸려서 Oracle은 해당 블록에 걸려있던 Lock 정보들은 Commit 후 해당 블록을 처음 엑세스 하는 시점에 해제를 하는 Delayed Block Cleanout이나 Commit Cleanout 같은 여러 가지 기법을 동원해서 Commit을 최대한 빨리 수행하고 데이터를 안전하게 지키려고 하는 것입니다.

(3) Checkpoint

Checkpoint란 Commit된 데이터를 어디까지 저장했는지 확인하기 위해서 만들어 놓은 개념입니다. 예를 들어 SCN이 100번까지 Commit되었고 Checkpoint 정보가 90번이라면 SCN 90번 트랜잭션까지는 데이터 파일에 저장이 되었다고 확인되는 것입니다.

Oracle에서는 Checkpoint 정보가 해당 Data file의 복구를 결정하는 기초적인 정보입니다. 즉 Control File과 Data File의 Checkpoint 정보를 비교하고 서로 정보가 다르면 틀린 부분을 Online Redo Log나 Archived Redo Log를 참조해서 복구를 하는 것입니다. Checkpoint는 아래와 같이 여러 가지 종류가 있으며 하나씩 살펴보겠습니다.

- Database / Global Checkpoint

이 Checkpoint가 발생하게 되면 DB Buffer Cache 내에 있는 모든 저장 안 된 Dirty Buffer들의 내용을 전부 데이터 파일로 저장을 하게 됩니다. 그리고 저장된 SCN 중 가장 번호가 큰 SCN 번호를(Checkpoint SCN이라고도 합니다.) Control File과 Data File Header 부분에 기록합니다.

- Thread Checkpoint / Logical Checkpoint

이 Checkpoint는 해당 Thread 내의 저장되지 않은 모든 Dirty Buffer들을 Data File로 전부 내려쓰게 됩니다. 이 Checkpoint는 Log Switch가 발생하면 생깁니다(Log Switch에 대해서는 뒤 Redo Log 관리 부분에서 자세히 나옵니다.). RAC 환경일 경우는 각 노드 별로 다르게 발생하며 Single Instance 일 경우는 Database Checkpoint와 같은 역할입니다.

- Data File Checkpoint

이 Checkpoint는 특정 데이터 파일에만 발생하는 Checkpoint입니다.

해당 Tablespace를 Offline 한다거나, Begin Backup 수행 시에 발생하게 됩니다. 이 Checkpoint가 발생하면 해당 정보를 Control File과 Data File Header 부분에 기록하게 됩니다.

- Mini Checkpoint

이 Checkpoint는 Drop Table과 같이 특정한 DDL 발생시 특정 블록에만 발생하는 Checkpoint입니다.

- Recovery Checkpoint

데이터 파일에 장애가 발생 했을 때 백업된 데이터파일 복원 후 Redo Change Vector를 적용시키게 됩니다. 그 후 Recovery된 블록을 데이터 파일에 저장해야 하는데 이때 발생하는 Checkpoint를 Recovery Checkpoint라고 합니다.
위에서 살펴본 바와 같이 DB Buffer Cache의 변경된 Dirty buffer들을 Data file로 저장하는 것을 Checkpoint라고 하고 여러 가지 경우가 있었습니다.
Oracle에서는 위의 여러 가지 Checkpoint 종류에 우선 순위를 두어서 Checkpoint를 관리하는데 우선 순위가 높은 경우를 Fast Checkpoint 분류하고 우선 순위가 낮을 경우를 Low Checkpoint로 분류를 해서 두 가지가 동시에 발생할 경우 우선 순위가 높은 Fast Checkpoint부터 진행하게 됩니다.

예를 들어 Database Shutdown, Tablespace Begin Backup, Alter System Checkpoint 등의 명령어로 발생되는 Checkpoint는 Fast checkpoint로 분류되어 DB Buffer Cache 내부에 있는 모든 저장 안 된 Dirty Buffer들을 즉시 데이터파일로 저장하게 됩니다. 이것을 다른 용어로 Full Checkpoint라고도 합니다. Full Checkpoint가 발생하면 Control File과 Data File Header에 해당 Checkpoint 정보를 기록하게 됩니다.

그러나 Checkpoint 우선 순위가 낮을 경우는 Checkpoint를 해야 할 Block의 목록을 즉시 데이터파일로 내려 쓰지 않고 어딘가에 기록해 둔 후 Background로 내려 쓰게 됩니다. 이것을 다른 용어로 Incremental Checkpoint(증분 체크포인트)라고도 합니다.

Oracle 7버전까지는 Database Buffer Cache내에서 내려 써야 할 Dirty buffer들의 목록을 LRUW List(Dirty List)로 관리를 했습니다. 그러나 8버전 이

후부터는 Checkpoint Queue로 대체됩니다. Queue란 먼저 들어간 항목이 먼저 나오는 구조입니다. 8버전부터 도입된 Checkpoint Queue 기능은 Queue 안에 저장되는 Dirty Buffer의 목록의 길이를 적절하게 관리하는 것이 가장 중요합니다. 즉, 저장을 자주 하지 않게 되면(Checkpoint Queue 길이가 길어지면) 성능은 좋아질 수 있지만 장애가 났을 경우 복구하는 시간이 길어지는 단점이 있고 저장을 자주 하게 되면(Checkpoint Queue 길이가 짧게 되면) 성능이 나빠질 수 있다는 것입니다. 그래서 Incremental Checkpoint가 발생하는 간격을 조정할 수 있도록 Oracle 8 버전에서는 DB_BLOCK_MAX_DIRTY_TARGET 파라미터를 사용하였으며 8i버전부터 FAST_START_MTTR_TARGET 파라미터를 제공하게 됩니다. Incremental Checkpoint 를 하게 되면 Checkpoint 정보를 Control File에만 기록하며 Data File에는 기록하지 않습니다.

지금까지 Oracle에서 데이터의 변경이 발생할 경우 어떤 원리로 Redo log에 기록되는지를 살펴보았습니다.

CHAPTER 07

Tablespace와 Data File 관리하기

CHAPTER 07 Tablespace와 Data File 관리하기

1. 개요

Oracle이라는 프로그램은 대용량의 데이터를 저장하고 관리하는 할 때 사용하는 프로그램입니다. 이런 특징 때문에 데이터를 어떻게 저장하고 어떻게 관리하느냐가 아주 중요한 이슈입니다. 오라클은 데이터를 저장하고 작업을 할 때 메모리에 논리적으로는 Tablespace라는 공간을 만들어서 작업하고 물리적으로는 디스크에 Data File을 만들어서 저장합니다.

이 원리는 오라클 뿐만 아니라 거의 대부분의 컴퓨터에서 작동하는 프로그램에 적용되는 원리입니다. 대부분의 프로그램들은 기본적으로 하드 디스크에 필요한 프로그램을 설치 한 후에 해당 프로그램을 실행 할 경우에 그 데이터를 메모리에 적재(Loading)하게 됩니다. 그리고 메모리에서 작업을 수행하고 수시로 하드 디스크의 파일에 저장을 하게 됩니다.

이렇게 하는 이유는 작업의 속도 때문입니다. 메모리는 작업을 처리하는 속도가 아주 빠릅니다. 그러나 메모리는 휘발성이라는 특징 때문에 전원이 차단되면 작업 중이던 모든 데이터가 삭제됩니다.

디스크는 메모리와 반대의 특징을 가지고 있습니다. 즉 디스크는 메모리에 비해 속도가 아주 느립니다. 그렇지만 디스크에 저장된 데이터는 물리적인 장애가 발생하지 않는 한 전원이 차단되어도 영구적으로 저장이 되어 있습니다. 그래서 거의 대부분의 컴퓨터들은 작업은 메모리에서 하고 데이터의 저장은 디스크를 사용하는 구조로 작동합니다. 오라클 역시 컴퓨터 상에서 작동하는 프로그램이므로 이 구조를 사용하고 있습니다. 다만 사용하는 용어나 관리 기법들이 타 프로그램과는 차이가 있으므로 오라클 용어와 관리방법들을 잘 익혀서 데이터를 안전하게 관리하셔야 합니다.

다음의 컴퓨터 매장 그림을 통해 이 원리를 설명해보겠습니다.

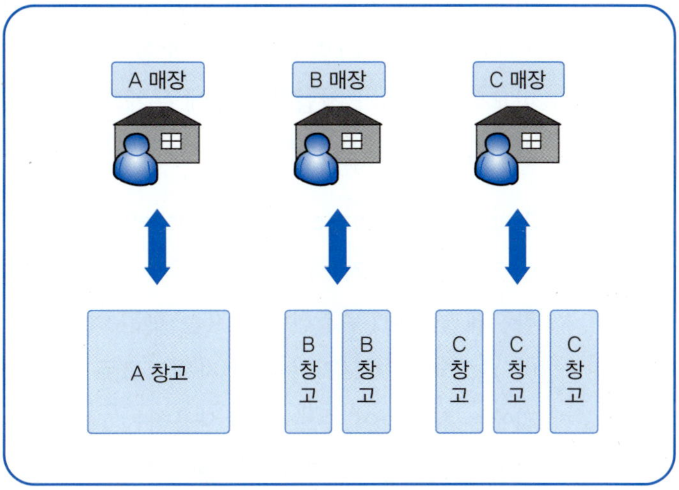

<Tablespace와 Data file의 관계>

앞의 그림에서 매장에 해당되는 것이 Tablespace이고 창고가 Data File입니다. 예를 들어 손님이 A 매장에 와서 "이러한 모양의 지갑 주세요"라고 select를 수행합니다. 그럼 매장 직원이 우선 매장 안에 그 지갑이 있는지 찾아 본 후, 매장에 있을 경우에는 손님에게 바로 판매하면 됩니다. 그러나 만약 매장에 손님이 찾는 지갑이 없을 경우에는 손님에게 잠깐 기다리라고 양해를 구한 후에 창고로 가서 창고에서 손님이 원하던 물건을 찾은 후 가져와서 손님에게 줄 것입니다.

Oracle 또한 비슷한 원리로 SQL 작업이 수행됩니다(SQL 문장의 자세한 수행 원리는 이 책의 2장에서 살펴보았으니 참고 하세요.). 사용자가 SQL을 수행하면 해당 데이터(Table 등)는 반드시 메모리에 있는 Tablespace에 존재해야 합니다. 즉 사용자가 찾는 데이터는 반드시 메모리에 있어야 한다는 뜻입니다(단 Direct Path와 같은 예외의 경우도 있습니다.). 만약 사용자가 찾는 데이터가 메모리에 존재하지 않으면 직원 역할을 하는 Server Process가 데이터가 저장되어 있는 창고인 Data File에 가서 해당 데이터가 들어 있는 블록을 찾아서 Tablespace로 가져온 후 사용자가 원하는 데이터를 꺼내서 전달해 주게 됩니다.

만약에 매장이 충분히 크다면 모든 물건을 매장에 전부 가져다 두고 그 자리에서 팔면 되니까 속도가 아주 빠를 것입니다. 그러나 현실적으로 매장의 임대료가 너무 비싸서 그럴 수 없으니까 많이 팔리는 물건만 매장에 두고 나머지들은 비교적 임대료가 저렴한 창고에 두게 됩니다. 그러다가 손님이 찾는 물건이 매장에 없을 경우에만 창고에서 찾아와서 판매를 하게 됩니다.

Oracle도 Database Buffer Cache에 마치 매장처럼 Tablespace를 생성하며 이 Tablespace가 사용하는 메모리 공간이 클수록 일반적으로 수행 속도가 빨라지게 됩니다(무조건 빨리지는 것은 아니라서 일반적이라는 단서를 붙였습니다.). 그러나 메모리가 비싼 자원이므로 무한정 크게 할 수 없어서 한정된 메모리에는 사람들이 주로 많이 사용하는 데이터만 가지고 작업하고 많이 안 쓰는 데이터들은 창고인 Data File에 저장해 두고 필요할 때마다 호출해서 사용하게 되는 것입니다.

일반적으로는 매장이 클수록(Tablespace가 클수록) 창고에 갈 확률이 적으므로 손님이 물건을 빨리 사갈 확률이 많겠죠? 그런데 만약 매장에 없는 물건을 찾는 손님이 있어서 매장에서 기다리게 하고 직원이 창고에 가서 물건을 찾아와야 하는 상황인데 창고 정리가 잘 안되어 있어서 물건 찾는데 1시간이나 걸린다면 아마도 손님은 화를 내면서 매장을 떠나버릴 것입니다.

그래서 어떤 물건이 어디에 있는지 목록을 적어 관리하면서 손님이 원하는 물건을 최대한 빨리 찾아주기 위한 노력을 하게 되는데 그때 필요한 오브젝트가 인덱스입니다.

예를 들어 그래픽카드는 1번 창고의 2번 선반 왼쪽에서 2번째 박스, 사운드 카드는 2번 창고의 5번째 선반 오른쪽에서 5번째 박스…이런 식으로 정리해 두었다가 손님이 찾게 되면 그 목록을 보고 즉시 찾아서 손님에게 전해주는 역할을 인덱스가 하게 되는 것입니다.

장사가 끝나면(shutdown하면) 매장을 정리해서 옮길 물건은 창고로 옮기고 (Database Buffer Cache에 있는 데이터를 파일로 저장하고) 매장 문을 닫게 됩니다.

2. Tablespace의 종류 및 특징

(1) SYSTEM tablespace

SYSTEM tablespace에는 데이터 딕셔너리들이 저장되어 있습니다. 따라서 이 Tablespace가 손상될 경우 Oracle 서버가 시작이 안되므로 손상되지 않도록 아주 조심해야 합니다.

데이터 딕셔너리란 오라클 서버의 모든 정보를 저장하고 있는 아주 중요한 테이블이나 뷰들을 말합니다. 이 딕셔너리에는 오라클에서 사용하는 거의 모든 메타 정보나 운영 관련된 중요한 정보들이 들어 있습니다. 이곳에서 조회되는 정보들을 이용해서 서버가 운영됩니다.

이 테이블 스페이스는 SYS라는 계정의 소유이지만 이곳에 들어 있는 정보들이 너무 중요해서 SYS 사용자조차도 이 테이블들의 내용을 바꾸지 못하고 조회만 할 수 있습니다. 이 딕셔너리 테이블들의 개수는 오라클 버전에 따라 모두 다릅니다.

- 9i 버전의 딕셔너리 수

```
SQL> select count(*) from dictionary;

  COUNT(*)
---------------
      1284  ← 9.2.0.4 버전 기준입니다.
```

- 10g 버전의 딕셔너리 수

```
SQL> select count(*) from dictionary;

  COUNT(*)
-------------
      1882  ← 10.2.0.5 버전 기준입니다.
```

- 11g 버전의 딕셔너리 수

```
SQL> select count(*) from dictionary ;

  COUNT(*)
-------------
      2600   ← 11.2.0.2 버전 기준입니다.
```

위에서 살펴본 바와 같이 아주 많은 딕셔너리가 각 버전 별로 존재를 하며 저 딕셔너리에 존재하는 정보들을 참고해서 오라클이 운영되는 것입니다.

데이터 딕셔너리는 크게 나누면 Base Table과 Data Dictionary View로 나눌 수 있습니다. Base Table은 데이터베이스를 생성할 때(dbca, create database 등) 생성됩니다. 그런데 이 Base Table은 원본 데이터가 들어 있는 아주 중요한 곳이라서 사람은(DBA 조차도) 이곳에 접근 할 수 없습니다. 그래서 이 곳의 내용을 조회할 수 있도록 추가적으로 Data Dictionary View를 제공해 주는 것입니다. 그런데 Base Table과는 달리 Data Dictionary View는 DBCA를 사용해서 데이터베이스를 생성 할 경우는 자동으로 생성되지만 Create Database 명령어로 수동 생성할 경우에는 자동으로 생성되지 않습니다. 그래서 반드시 Create Database를 수행 한 후 catalog.sql 스크립트를 추가로 실행해 주어야만 합니다.

이렇게 생성되는 딕셔너리에는 아래와 같은 주요 내용의 정보들이 들어 있습니다.

1. 데이터베이스의 논리적인 구조와 물리적인 구조 정보들
2. 객체의 정의와 공간 사용 정보들
3. 제약조건에 관련된 정보들
4. 사용자에 관련된 정보들

5. Role, Privilege 등에 관련된 정보들
6. 감사 및 보안등에 관련된 정보들

Data Dictionary View는 다시 크게 Static Dictionary와 Dynamic Dictionary로 나눌 수 있습니다. Static Dictionary는 딕셔너리에 저장된 정보들이 자동으로 변경되지 않는다는 뜻입니다. 아래의 예로 Static Dictionary의 특징을 간단하게 살펴보겠습니다. 아래의 예는 테이블에 있는 데이터 건수를 확인하는 내용입니다.

Step 1 테스트용 테이블을 생성한 후 데이터를 입력합니다.

```
[oracle@localhost ~]$ sqlplus scott/tiger

SQL*Plus: Release 11.2.0.2.0 Production on Sat Nov 24 08:38:09 2012

Copyright (c) 1982, 2010, Oracle.  All rights reserved.

Connected to:
Oracle Database 11g Enterprise Edition Release 11.2.0.2.0 - Production
With the Partitioning, OLAP, Data Mining and Real Application Testing options

SQL> create table stest (no number);

Table created.

SQL> begin
  2  for i in 1..100 loop
  3    insert into stest values (i);
  4  end loop;
  5  commit;
  6  end;
  7  /

PL/SQL procedure successfully completed.

SQL> select count(*) from stest;

  COUNT(*)
-------------
       100  ← 100건의 데이터가 입력된 것이 확인됩니다.
```

Step 2 USER_TABLES라는 딕셔너리의 내용을 조회합니다.

```
SQL> select table_name,num_rows
  2  from user_tables
  3  where table_name='STEST';

TABLE_NAME                        NUM_ROWS
------------------------------ -------------
STEST                                          ← NUM_ROWS에 값이 없습니다.
```

위 결과에서 NUM_ROWS에 있는 내용이 딕셔너리가 파악하고 있는 STEST 테이블의 데이터 건수인데 현재 한 건도 없는 것으로 조회됩니다. 이렇게 나오는 이유는 Static Dictionary이기 때문입니다. 정확한 결과를 반영하기 위해서는 수동으로 딕셔너리 내용을 업데이트 해야 합니다.

Step 3 딕셔너리 내용을 수동으로 업데이트 한 후 다시 조회합니다.

```
SQL> analyze table stest compute statistics ;  ← 수동으로 업데이트 하는 명령어입니다.

Table analyzed.

SQL> select table_name,num_rows
  2  from user_tables
  3  where table_name='STEST';

TABLE_NAME                        NUM_ROWS
------------------------------ -------------
STEST                                  100  ← 이제 정확한 결과가 보입니다.
```

위에서 딕셔너리 내용을 수동으로 업데이트 하기 위해 사용한 방법은 ANALYZE라는 명령어입니다. 이 명령어 말고 DBMS_STATS라는 패키지도 많이 사용합니다. 그러나 주의하실 사항은 Analyze 명령어나 DBMS_STATS 패키지는 해당 테이블을 전체 스캔을 하는 명령어이므로 서버의 성능에 아주 나쁜 영향을 주는 경우가 많습니다. 그러므로 절대로 함부로 사용해서는 안 되는 명령어라는 것을 꼭 기억하시기 바랍니다!!

위의 실습에서 사용한 딕셔너리는 USER_TABLES입니다.

딕셔너리는 그 종류가 너무 많아서 오라클에서 많이 사용되는 딕셔너리를 4개의 카테고리로 분류를 해 놓고 있습니다. 그 종류는 아래와 같습니다.

● USER_XXX

이 딕셔너리는 해당 사용자가 생성한 내용만 볼 수 있는 딕셔너리입니다.
예: USER_TABLES : 해당 사용자가 생성한 테이블만 볼 수 있는 딕셔너리입니다.
USER_INDEXES : 해당 사용자가 생성한 인덱스만 볼 수 있는 딕셔너리입니다.

● ALL_XXX

이 딕셔너리는 해당 사용자가 생성한 것과 생성하지 않았더라도 접근이 가능한 내용을 볼 수 있는 딕셔너리입니다. 즉 해당 사용자가 생성하지 않더라도 SELECT 할 수 있는 권한을 받은 내용까지 다 볼 수 있다는 의미가 됩니다.
예: ALL_TABLES : 접근 가능한 모든 테이블 내역을 볼 수 있는 딕셔너리입니다.
ALL_INDEXES : 접근 가능한 모든 인덱스 내역을 볼 수 있는 딕셔너리입니다.

● DBA_XXX

이 딕셔너리는 데이터베이스에 생성되어 있는 모든 내용을 다 볼 수 있는 딕셔너리입니다. 단 이 딕셔너리는 DBA라는 권한을 가지고 있는 사용자만 조회 할 수 있습니다.
예: DBA_TABLES : 데이터베이스에 있는 모든 테이블 내역을 볼 수 있는 딕셔너리입니다.
DBA_INDEXES : 데이터베이스에 있는 모든 인덱스 내역을 볼 수 있는 딕셔너리입니다.

위에서 살펴본 3가지는 모두 Static Dictionary입니다. 즉 내용이 실시간으로 변경이 안 된다는 뜻인데 이것과는 다르게 실시간으로 변경되는 내용을 볼 수 있는 Dynamic Performance View라는 것도 있습니다. 이것은 조회하는 시점의 데이터를 실시간으로 알 수 있으며 사용자가 조회를 하면 그 시점에 Control file이나 메모리에서 데이터를 가져와서 보여줍니다.

이것은 위의 3가지와는 다르게 이름이 v$로 시작됩니다. 참고로 Static Dictionary는 Instance가 Open일 경우에만 조회되며 Dynamic Performance View는 Nomount 상태부터 조회가 됩니다.

(2) SYSAUX tablespace

이 Tablespace는 Oracle 10g 버전부터 새로 등장한 Tablespace입니다. 이곳에는 주로 Oracle 서버의 성능 튜닝을 위한 데이터들이 저장되어 있습니다.

9i 버전까지는 튜닝관련 딕셔너리들이 모두 SYSTEM Tablespace에 다 들어 있었지만 10g 버전부터 성능 튜닝과 관련된 딕셔너리들이 이 곳에 별도로 저장이 되고 10g에 새로 등장한 자동 튜닝 기능들(AWR, ADDM, ASH 등)이 이곳의 정보를 사용하게 됩니다.

(3) 일반 Tablespace

이 Tablespace는 가장 일반적으로 많이 사용되는 Tablespace로 관리자가 필요에 의해서 만드는 Tablespace입니다. DBA의 뜻대로 얼마든지 만들 수 있고 또 필요 없을 때는 얼마든지 삭제할 수 있는 Tablespace입니다.

실습 1. 일반 Tablespace 생성 및 조회하기

```
SYS> create tablespace haksa
  2  datafile '/app/oracle/oradata/testdb/haksa01.dbf' size 1M ;

Tablespace created.

SYS> select tablespace_name, status, contents, extent_management,
  2   segment_space_management
  3   from dba_tablespaces;
```

```
TABLESPACE   STATUS    CONTENTS    EXTENT_MANAGEMENT   SEGMENT_SPAC
----------- --------- ----------- ------------------- --------------------
SYSTEM       ONLINE    PERMANENT    LOCAL               MANUAL
SYSAUX       ONLINE    PERMANENT    LOCAL               AUTO
TEMP         ONLINE    TEMPORARY    LOCAL               MANUAL
USERS        ONLINE    PERMANENT    LOCAL               AUTO
EXAMPLE      ONLINE    PERMANENT    LOCAL               AUTO
HAKSA        ONLINE    PERMANENT    LOCAL               AUTO

6 rows selected.

SYS> select tablespace_name, bytes/1024/1024 MB , file_name
2  from dba_data_files ;

TABLESPACE          MB       FILE_NAME
--------------- ---------- ------------------------------------------------
USERS                5      /app/oracle/oradata/testdb/users01.dbf
SYSAUX             250      /app/oracle/oradata/testdb/sysaux01.dbf
SYSTEM             480      /app/oracle/oradata/testdb/system01.dbf
EXAMPLE            100      /app/oracle/oradata/testdb/example01.dbf
UNDO01              10      /app/oracle/oradata/testdb/undo01.dbf
HAKSA                1      /app/oracle/oradata/testdb/haksa01.dbf

6 rows selected.
```

실습 2. 각 Data file의 실제 사용량 확인하는 방법

```
SYS> set line 200 ;
SYS> col file# for 999 ;
SYS> col ts_name for a10 ;
SYS> col total_blocks for 9999999 ;
SYS> col used_blocks for 9999999 ;
SYS> col pct_used for a10
SYS> select distinct d.file_id            file#,
  2  d.tablespace_name                    ts_name,
  3  d.bytes /1024 / 1024                 MB,
  4  d.bytes / 8192                       total_blocks,
  5  sum(e.blocks)                        used_blocks,
  6  to_char( nvl( round( sum(e.blocks)/(d.bytes/8192), 4),0) *100,'09.99') || ' %' pct_used
  7  from   dba_extents  e, dba_data_files  d
```

```
  8  where  d.file_id = e.file_id(+)
  9  group by  d.file_id , d.tablespace_name , d.bytes
 10   order by 1,2 ;

FILE#  TS_NAME            MB   TOTAL_BLOCKS    USED_BLOCKS    PCT_USED
------ ------------- ------- --------------- --------------- -------------
     1  SYSTEM          490         62720           61456       97.98%
     2  UNDOTBS1         30          3840             568       14.79%
     3  SYSAUX          250         32000           31800       99.38%
     4  USERS             5           640             384       60.00%
     5  EXAMPLE         100         12800            8728       68.19%
     6  HAKSA             1          1280                       00.00%
```

실습 3. Tablespace 용량 관리 하기

```
SYS> col tablespace_name for a10
SYS> col file_name for a50
SYS> select tablespace_name,bytes/1024/1024 MB , file_name from dba_data_files;

TABLESPACE           MB      FILE_NAME
------------- ---------  --------------------------------------------------
USERS                 5      /app/oracle/oradata/testdb/users01.dbf
SYSAUX              250      /app/oracle/oradata/testdb/sysaux01.dbf
UNDOTBS1             30      /app/oracle/oradata/testdb/undotbs01.dbf
SYSTEM              490      /app/oracle/oradata/testdb/system01.dbf
EXAMPLE             100      /app/oracle/oradata/testdb/example01.dbf
HAKSA                 1      /app/oracle/oradata/testdb/haksa01.dbf

6 rows selected.

## haksa Tablespace에 iphak Table을 만들고 일부러 가득 차게 해서 장애를 만들겠습니다.

SYS>create table scott.iphak (studno number) tablespace haksa;

Table created.

SYS>begin
  2  for i in 1..50000 loop
  3    insert into scott.iphak values (i);
  4  end loop;
```

```
  5  commit;
  6  end;
  7  /

PL/SQL procedure successfully completed.

SYS>/
begin
*
ERROR at line 1:
ORA-01653: unable to extend table SCOTT.IPHAK by 8 in tablespace HAKSA ← 용량부족으로 에러발생됨
ORA-06512: at line 3
```

이런 상황에서 DBA가 조치할 수 있는 방법은 2가지입니다. 하나는 Data file을 크게 늘려주는 것이고(이방법도 자동 증가와 수동증가로 나뉩니다.) 또 하나는 Data file을 하나 더 추가 해 주는 것입니다. 여기서는 Data file을 수동으로 추가해 주는 것부터 한가지씩 해 보겠습니다.

조치방법 1. 수동으로 Tablespace에 Data file 추가하는 방법

```
SYS> alter tablespace haksa
  2  add datafile '/app/oracle/oradata/testdb/haksa02.dbf' size 20M ; ← datafile 추가하기

Tablespace altered.

SYS> select tablespace_name, bytes/1024/1024 MB , file_name from dba_data_files;

TABLESPACE            MB     FILE_NAME
-------------- ---------- ----------------------------------------------
USERS                  5     /app/oracle/oradata/testdb/users01.dbf
SYSAUX               250     /app/oracle/oradata/testdb/sysaux01.dbf
UNDOTBS1              30     /app/oracle/oradata/testdb/undotbs01.dbf
SYSTEM               490     /app/oracle/oradata/testdb/system01.dbf
EXAMPLE              100     /app/oracle/oradata/testdb/example01.dbf
HAKSA                  1     /app/oracle/oradata/testdb/haksa01.dbf
HAKSA                 20     /app/oracle/oradata/testdb/haksa02.dbf

7 rows selected.
```

조치방법 2. Data file 크기 수동 증가시키기

```
SYS> alter database datafile '/app/oracle/oradata/testdb/haksa01.dbf'resize 20M;
                                                            ← 데이터 파일 증가하기
Database altered.
```

조치방법 3. Data file 크기 자동 증가시키기

```
SYS> alter database datafile '/app/oracle/oradata/testdb/haksa01.dbf'autoextend on ;

Database altered. ← 자동으로 용량이 늘어나게 설정했습니다.
```

이렇게 할 경우 Data file은 자동으로 증가하게 되며 그 크기는 만약 Oracle이 32비트용일 경우엔 최대 파일 1개의 크기는 16GB까지 가능하며 Oracle이 64비트용일 경우엔 최대 크기가 32GB까지 가능하게 됩니다.

```
SYS> select tablespace_name, bytes/1024/1024 MB, file_name from dba_data_files;

TABLESPACE         MB   FILE_NAME
------------ -------- --------------------------------------------------
USERS               5   /app/oracle/oradata/testdb/users01.dbf
SYSAUX            250   /app/oracle/oradata/testdb/sysaux01.dbf
UNDOTBS1           30   /app/oracle/oradata/testdb/undotbs01.dbf
SYSTEM            490   /app/oracle/oradata/testdb/system01.dbf
EXAMPLE           100   /app/oracle/oradata/testdb/example01.dbf
HAKSA              20   /app/oracle/oradata/testdb/haksa01.dbf ← 용량이 증가됨
HAKSA              20   /app/oracle/oradata/testdb/haksa02.dbf

7 rows selected.

## 각 Data File들의 autoextend 유무 확인하기

SYS>set line 200
SYS>col tablespace_name for a10
SYS>col file_name for a50
SYS>select tablespace_name,bytes/1024/1024 MB, file_name,autoextensible "Auto", online_status
  2  from dba_data_files;
```

```
TABLESPACE     MB    FILE_NAME                                    Aut    ONLINE_
----------- ------ ------------------------------------------- ------ ----------
EXAMPLE       100   /app/oracle/oradata/testdb/example01.dbf     YES    ONLINE
USERS           5   /app/oracle/oradata/testdb/users01.dbf       YES    ONLINE
SYSAUX        250   /app/oracle/oradata/testdb/sysaux01.dbf      YES    ONLINE
UNDOTBS1       35   /app/oracle/oradata/testdb/undotbs01.dbf     YES    ONLINE
SYSTEM        480   /app/oracle/oradata/testdb/system01.dbf      YES    SYSTEM
HAKSA          20   /app/oracle/oradata/testdb/haksa01.dbf        NO    ONLINE
HAKSA          20   /app/oracle/oradata/testdb/haksa02.dbf        NO    ONLINE

SYS>alter database datafile '/app/oracle/oradata/testdb/haksa01.dbf'autoextend on;

Database altered.

SYS>select tablespace_name,bytes/1024/1024 MB, file_name,autoextensible "Auto", online_status
  2  from dba_data_files;

TABLESPACE     MB    FILE_NAME                                    Aut    ONLINE_
----------- ------ ------------------------------------------- ------ ----------
EXAMPLE       100   /app/oracle/oradata/testdb/example01.dbf     YES    ONLINE
USERS           5   /app/oracle/oradata/testdb/users01.dbf       YES    ONLINE
SYSAUX        250   /app/oracle/oradata/testdb/sysaux01.dbf      YES    ONLINE
UNDOTBS1       35   /app/oracle/oradata/testdb/undotbs01.dbf     YES    ONLINE
SYSTEM        480   /app/oracle/oradata/testdb/system01.dbf      YES    SYSTEM
HAKSA          20   /app/oracle/oradata/testdb/haksa01.dbf       YES    ONLINE
HAKSA          20   /app/oracle/oradata/testdb/haksa02.dbf        NO    ONLINE

6 rows selected.

## autoextend 되는지 테스트 하기

SYS>begin
  2  for i in 1..500000 loop
  3    insert into scott.iphak values (i);
  4  end loop;
  5  commit;
  6  end;
  7  /

PL/SQL procedure successfully completed.

SYS> /
PL/SQL procedure successfully completed.
```

```
SYS> /
PL/SQL procedure successfully completed.

SYS>select tablespace_name,bytes/1024/1024 MB, file_name,autoextensible "Auto", online_status
  2  from dba_data_files;

TABLESPACE      MB    FILE_NAME                                    Aut    ONLINE_
----------- ------- ------------------------------------------- ------ ----------
EXAMPLE        100  /app/oracle/oradata/testdb/example01.dbf     YES    ONLINE
USERS            5  /app/oracle/oradata/testdb/users01.dbf       YES    ONLINE
SYSAUX         250  /app/oracle/oradata/testdb/sysaux01.dbf      YES    ONLINE
UNDOTBS1        35  /app/oracle/oradata/testdb/undotbs01.dbf     YES    ONLINE
SYSTEM         480  /app/oracle/oradata/testdb/system01.dbf      YES    SYSTEM
HAKSA        20.54  /app/oracle/oradata/testdb/haksa01.dbf       YES    ONLINE
HAKSA           20  /app/oracle/oradata/testdb/haksa02.dbf       NO     ONLINE

7 rows selected.
```

실습 4. Tablespace Offline

Tablespace를 offline한다는 것은 사용자가 더 이상 해당 Tablespace에 접근을 못한다는 의미가 됩니다. 즉 해당 Tablespace만 shutdown 시키는 것과 같은 의미입니다. 이 기능은 특정 Tablespace의 데이터파일의 위치를 이동한다던지 혹은 특정 Tablespace가 장애가 나서 복구를 해야 할 때 유용하게 사용되는 방법입니다.

Tablespace를 offline으로 하는 방법은 3가지가 있습니다.

첫 번째 가장 일반적으로 수행하는 Normal Mode입니다. 이것은 Tablespace에 아무런 문제가 없을 때 정상적으로 수행하는 방법입니다.

```
SYS> alter tablespace haksa offline;
Database  altered.
```

두 번째 방법은 Temporary Mode입니다. 이 방법은 현재 offline시키고자 하는 Tablespace의 Data file이 하나라도 이상이 생기게 되면 offline normal

이 수행되지 못합니다. 이럴 때 쓰는 것이 offline temporary입니다.

세 번째 방법은 Immediate Mode 입니다. 이 방법은 반드시 archive log mode 일 경우에만 사용해야 합니다. 이 옵션은 Data file에 장애가 나서 데이터를 내려쓰지 못하는 상황에서 Tablespace를 offline해야 할 경우에 사용합니다. 나중에 해당 Tablespace를 online할 때 복구를 하라고 메시지가 나옵니다.

또한 Tablespace 전체를 offline할 수도 있으나 특정 Data file만 offline 할 수도 있습니다.

```
SYS> alter database datafile '/app/oracle/oradata/testdb/haksa01.dbf' offline ;
```

이 명령어는 DB가 archive log mode일 경우에 사용 가능합니다. 만약 DB가 no archive log mode라면

```
SYS> alter database datafile '/app/oracle/oradata/testdb/haksa01.dbf'offline  drop;
```

을 수행해서 Data file을 offline시킬 수 있습니다. 그러나 노 아카이브 모드에서 offline drop한 후 online을 할 경우 recovery하라는 메세지가 나옵니다.

어떤 Data file이 offline인지는 아래와 같이 v$datafile을 조회하면 알 수 있습니다

```
SYS> col name for a50
SYS> select file# , name , status from v$datafile;

   FILE#   NAME                                              STATUS
---------- -------------------------------------------------- --------------
         1 /app/oracle/oradata/testdb/system01.dbf            SYSTEM
         2 /app/oracle/oradata/testdb/undotbs01.dbf           ONLINE
         3 /app/oracle/oradata/testdb/sysaux01.dbf            ONLINE
         4 /app/oracle/oradata/testdb/users01.dbf             ONLINE
         5 /app/oracle/oradata/testdb/example01.dbf           ONLINE
         6 /app/oracle/oradata/testdb/haksa01.dbf             ONLINE
         7 /app/oracle/oradata/testdb/haksa02.dbf             ONLINE

7 rows selected.
```

```
SYS> alter database datafile '/app/oracle/oradata/testdb/haksa02.dbf' offline drop;

Database altered.

SYS> select file# , name , status from v$datafile;

  FILE#     NAME                                              STATUS
---------- -------------------------------------------------- --------------
         1  /app/oracle/oradata/testdb/system01.dbf            SYSTEM
         2  /app/oracle/oradata/testdb/undotbs01.dbf           ONLINE
         3  /app/oracle/oradata/testdb/sysaux01.dbf            ONLINE
         4  /app/oracle/oradata/testdb/users01.dbf             ONLINE
         5  /app/oracle/oradata/testdb/example01.dbf           ONLINE
         6  /app/oracle/oradata/testdb/haksa01.dbf             ONLINE
         7  /app/oracle/oradata/testdb/haksa02.dbf             RECOVER

7 rows selected.
```

위에서 보면 7번 파일의 상태가 recover로 되어 있는 것을 보게 됩니다. No archive log mode에서 Data file을 강제로 offline시키면 저렇게 복구가 필요한 상태로 되어 버립니다.

```
SYS> alter tablespace example offline;

Tablespace altered.

SYS>  select file# , name , status from v$datafile;

FILE#  NAME                                         STATUS
------ -------------------------------------------- ----------
     1 /app/oracle/oradata/testdb/system01.dbf      SYSTEM
     2 /app/oracle/oradata/testdb/undotbs01.dbf     ONLINE
     3 /app/oracle/oradata/testdb/sysaux01.dbf      ONLINE
     4 /app/oracle/oradata/testdb/users01.dbf       ONLINE
     5 /app/oracle/oradata/testdb/example01.dbf     OFFLINE ← offline 되었습니다.
     6 /app/oracle/oradata/testdb/haksa01.dbf       ONLINE
     7 /app/oracle/oradata/testdb/haksa02.dbf       RECOVER

7 rows selected.
```

Tablespace를 offline하게 되면 그 파일들에는 새로운 정보가 저장되지 않습니다. 그래서 offline하신 후에 online을 하신다면 반드시 체크포인트를 발생시켜서 Data file간의 동기화 작업을 진행해주셔야 합니다. 아래 내용을 참고로 해서 확인해보겠습니다.

```
SYS> select a.file# , a.ts# , b.name , a.status , a.checkpoint_change#
  2  from v$datafile a, v$tablespace b
  3  where a.ts#=b.ts# ;

     FILE#       TS#    NAME          STATUS       CHECKPOINT_CHANGE#
---------- --------- ------------ ----------- ----------------------------
         1         0   SYSTEM       SYSTEM                602171
         2         1   UNDOTBS1     ONLINE                602171
         3         2   SYSAUX       ONLINE                602171
         4         4   USERS        ONLINE                602171
         5         6   EXAMPLE      OFFLINE               604996
         6         8   HAKSA        ONLINE                603619
         7         8   HAKSA        RECOVER               603619

7 rows selected.
```

위 내용을 보면 example tablespace가 offline 상태여서 checkpoint_change# (checkpoint scn)이 다른 파일들과 다름을 알 수 있습니다. 이 상태에서 online을 시켜도 아래처럼 scn은 여전히 다른 상태입니다.

```
SYS> alter tablespace example online;

Tablespace altered.

SYS> select a.file# , a.ts# , b.name , a.status , a.checkpoint_change#
  2  from v$datafile a, v$tablespace b
  3  where a.ts#=b.ts# ;

   FILE#    TS#    NAME            STATUS          CHECKPOINT_CHANGE#
-------- ------ ------------- ------------ ----------------------------
       1      0    SYSTEM          SYSTEM                      602171
       2      1    UNDOTBS1        ONLINE                      602171
       3      2    SYSAUX          ONLINE                      602171
       4      4    USERS           ONLINE                      602171
       5      6    EXAMPLE         ONLINE                      605549
```

```
         6        8    HAKSA          ONLINE                        603619
         7        8    HAKSA          RECOVER                       603619

7 rows selected.
```

이런 상태에서 만약 Data file을 백업을 받는다면 백업 파일 자체가 문제가 있게 되고 향후에 복구에 문제가 될 수 있습니다. 이럴 경우엔 alter system checkpoint ; 명령어로 수동으로 체크포인트를 발생시키시면 모두 동기화가 됩니다. 그 후에 백업을 받아야 합니다.

```
SYS> alter system checkpoint;
System altered.

SYS> alter tablespace haksa offline; ← 2개의 Data file중 1개가 이미 offline이
                                       라서 offline normal 안됨.

alter tablespace haksa offline
*
ERROR at line 1:
ORA-01191: file 8 is already offline - cannot do a normal offline
ORA-01110: data file 8: '/app/oracle/oradata/testdb/haksa02.dbf'

SYS> alter tablespace haksa offline temporary;

Tablespace altered.

SYS> recover tablespace haksa;

Media recovery complete.

SYS> alter tablespace haksa online;

Tablespace altered.

SYS> select a.file# , a.ts# , b.name , a.status , a.checkpoint_change#
  2  from v$datafile a, v$tablespace b
  3  where a.ts#=b.ts# ;
```

```
 FILE#    TS#      NAME       STATUS      CHECKPOINT_CHANGE#
------- -------- ---------- ------------- ---------------------------
     1       0   SYSTEM     SYSTEM        605635
     2       1   UNDOTBS1   ONLINE        605635
     3       2   SYSAUX     ONLINE        605635
     4       4   USERS      ONLINE        605635
     5       6   EXAMPLE    ONLINE        605635
     6       8   HAKSA      ONLINE        605679  ← 복구 완료되었지만 SCN 다름
     7       8   HAKSA      ONLINE        605679  ← 복구 완료되었지만 SCN 다름

7 rows selected.

SYS> alter system checkpoint;
System altered.

SYS> select a.file# , a.ts# , b.name , a.status , a.checkpoint_change#
  2  from v$datafile a, v$tablespace b
  3  where a.ts#=b.ts# ;

 FILE#      TS#      NAME        STATUS         CHECKPOINT_CHANGE#
-------- --------- ----------- ------------- ----------------------------
    1          0     SYSTEM      SYSTEM              605699
    2          1     UNDOTBS1    ONLINE              605699
    3          2     SYSAUX      ONLINE              605699
    4          4     USERS       ONLINE              605699
    5          6     EXAMPLE     ONLINE              605699
    6          8     HAKSA       ONLINE              605699 ← SCN 같게 됨
    7          8     HAKSA       ONLINE              605699 ← SCN 같게 됨

7 rows selected.
```

Tablespace를 Offline 후 Online을 하게 되면 반드시 수동으로 checkpoint를 수행해서 SCN 번호를 동기화 시켜야 한다는 점을 꼭 기억하세요.

실습 5. Data file 이동시키는 작업

특정 디스크에 있는 Data file들의 용량이 점점 증가하여 다른 더 큰 용량의 디스크를 설치한 후 몇 개의 Data file을 신규 디스크로 이동시키는 등의 작업

을 할 때나 장애 발생시 복구할 때 사용되는 중요한 방법입니다. 반드시 익혀두시고 특히 순서를 주의하셔야 합니다.

이 작업을 할 때 반드시 지켜야 하는 철칙이 있는데 그것은 Data file을 사용 중일 때는 절대로 이동시키거나 복사를 하면 안 된다는 것입니다. 이것을 지키지 않고 파일이 사용 중일 때 이동이나 복사를 하게 되면 그 파일은 사용 못하게 되며 심각할 경우 원본 파일조차도 장애가 생길 수 있으므로 꼭 기억하세요!! 특정 데이터파일을 사용 안 하게 만드는 방법은 Offline과 Shutdown입니다.

① Offline 되는 Tablespace의 Data file 이동하기

Offline 기능은 여러 Tablespace 중에서 특정 Tablespace만 종료시키는 기능으로 DB를 종료하지 않고 작업할 수 있으므로 아주 좋은 방법입니다. Offline했다는 것은 해당 Tablespace만 shutdown했다는 의미와 동일합니다.

haksa Tablespace의 Data file을 /app/oracle/disk1/haksa01.dbf, /app/oracle/disk2/haksa02.dbf 로 이동시키겠습니다.

실습을 위해 /app/oracle/disk1, /app/oracle/disk2 디렉터리를 미리 만드세요.

```
SYS> !mkdir  /app/oracle/disk1
SYS> !mkdir  /app/oracle/disk2
```

〈순서요약〉

1. 해당 Tablespace offline !!! <- 반드시 사용 하지 않게 만드는 것 잊지 마세요!!!
2. Data file을 대상 위치로 복사
3. 컨트롤 파일내의 해당 Data file 위치 변경
4. 해당 Tablespace online

```
SYS> alter tablespace haksa offline;
```

```
Tablespace altered.

SYS> !cp  /app/oracle/oradata/testdb/haksa01.dbf  /app/oracle/disk1/
SYS> !cp  /app/oracle/oradata/testdb/haksa02.dbf  /app/oracle/disk2/



SYS> select  name  from  v$datafile; ← Control file에 기록된 Data file의 위치 확인

NAME
--------------------------------------------------
/app/oracle/oradata/testdb/system01.dbf
/app/oracle/oradata/testdb/undotbs01.dbf
/app/oracle/oradata/testdb/sysaux01.dbf
/app/oracle/oradata/testdb/users01.dbf
/app/oracle/oradata/testdb/example01.dbf
/app/oracle/oradata/testdb/haksa01.dbf
/app/oracle/oradata/testdb/haksa02.dbf

7 rows selected.

SYS> alter tablespace haksa rename
  2  datafile '/app/oracle/oradata/testdb/haksa01.dbf' ← 원래 있던 경로와 파일명
  3  to '/app/oracle/disk1/haksa01.dbf'; ← 새로 이사간 곳의 경로와 파일명

SYS> alter tablespace haksa rename
  2  datafile '/app/oracle/oradata/testdb/haksa02.dbf' ← 원래 있던 경로와 파일명
  3  to '/app/oracle/disk2/haksa02.dbf'; ← 새로 이사간 곳의 경로와 파일명

SYS> select name from v$datafile;

NAME
---------------------------------------------------------------
/app/oracle/oradata/testdb/system01.dbf
/app/oracle/oradata/testdb/undotbs01.dbf
/app/oracle/oradata/testdb/sysaux01.dbf
/app/oracle/oradata/testdb/users01.dbf
/app/oracle/oradata/testdb/example01.dbf
/app/oracle/disk1/haksa01.dbf   ← 변경된 것을 확인할 수 있습니다
/app/oracle/disk2/haksa02.dbf   ← 변경된 것을 확인할 수 있습니다

7 rows selected.

SYS> alter tablespace haksa online ;
```

② Offline 안 되는 Tablespace의 Data file 이동하기

Tablespace를 옮기는 두 번째 방법은 해당 Tablespace가 offline이 안 되는 경우입니다. Offline이 안 되는 Tablespace는 3개가 있는데 system tablespace, 사용중인 undo tablespace, default temporary tablespace가 그것입니다. 이런 Tablespace들을 다른 곳으로 옮기기 위해서는 앞에서 말한 대로 Data file을 사용 안 하게 만들어야 하는데 문제는 offline이 안되기 때문에 어쩔 수 없이 DB를 종료하고 작업을 해야 합니다.

〈순서 요약〉

1. DB를 종료합니다
2. 마운트 상태로 시작합니다
3. Data file을 복사합니다
4. 컨트롤 파일의 내용을 변경합니다
5. DB를 open 합니다

여기서는 예제로 system01.dbf 파일을 /app/oracle/disk3/system01.dbf로 이동시켜보겠습니다.

```
SYS> shutdown immediate;
Database closed.
Database dismounted.
ORACLE instance shut down.

SYS> startup mount;
ORACLE instance started.

Total System Global Area  285212672 bytes
Fixed Size                  1267068 bytes
Variable Size              96471684 bytes
Database Buffers          184549376 bytes
Redo Buffers                2924544 bytes
Database mounted.

SYS> !mkdir  /app/oracle/disk3
```

```
SYS> !cp /app/oracle/oradata/testdb/system01.dbf  /app/oracle/disk3/

SYS> select name from v$datafile;


NAME
--------------------------------------------------------------------------
/app/oracle/oradata/testdb/system01.dbf  ← 원래 경로로 남아 있습니다.
/app/oracle/oradata/testdb/undotbs01.dbf
/app/oracle/oradata/testdb/sysaux01.dbf
/app/oracle/oradata/testdb/users01.dbf
/app/oracle/oradata/testdb/example01.dbf
/app/oracle/disk1/haksa01.dbf
/app/oracle/disk2/haksa02.dbf

7 rows selected.

SYS> alter database rename
  2  file '/app/oracle/oradata/testdb/system01.dbf' ← 변경 전 경로와 이름입니다.
  3  to  '/app/oracle/disk3/system01.dbf'; ← 변경 후 경로와 이름입니다.

Database altered.

SYS> select name from v$datafile;

NAME
--------------------------------------------------------------------------
/app/oracle/disk3/system01.dbf  ← 변경이 된 것을 확인 할 수 있습니다.
/app/oracle/oradata/testdb/undotbs01.dbf
/app/oracle/oradata/testdb/sysaux01.dbf
/app/oracle/oradata/testdb/users01.dbf
/app/oracle/oradata/testdb/example01.dbf
/app/oracle/disk1/haksa01.dbf
/app/oracle/disk2/haksa02.dbf

7 rows selected.

SYS> alter database open;

Database altered.
```

여기서 오해하지 말아야 할 사항은 이 방법은 system과 undo만 옮길 수 있다는 것이 아니라 DB가 마운트 상태이면 모든 Data file 및 Redo log 파일도 이 방법으로 이동시킬 수 있습니다. Redo log file 이동은 아래의 ③을 참고하세요.

③ Redo log file 이동하기

Redo log file 역시 데이터 파일과 동일한 방법으로 다른 경로로 이동할 수 있습니다. Redo log file은 Offline이 안되기 때문에 반드시 사용 안 하게 만들기 위해서 Database를 Mount 상태로 두고 작업해야만 합니다.

Step 1 현재 상태 확인

```
SYS> col member for a50
SYS> select a.group#, a.member , b.bytes/1024/1024 MB, b.archived , b.status
  2  from v$logfile a , v$log b
  3  where a.group#=b.group#
  4  order by 1,2;

 GROUP#  MEMBER                                      MB   ARCHIV    STATUS
-------- ---------------------------------------- ----- -------- ----------
       1 /app/oracle/oradata/testdb/redo01.log       50   NO        INACTIVE
       2 /app/oracle/oradata/testdb/redo02.log       50   NO        CURRENT
       3 /app/oracle/oradata/testdb/redo03.log       50   NO        INACTIVE

이 Redo log 파일들을
/app/oracle/disk4/redo01_a.log , redo02_a.log , redo03_a.log
/app/oracle/disk5/redo01_b.log , redo02_b.log , redo03_b.log  로 이동하겠습니다.

SYS> select status  from v$instance;  ← 현재 Instance 상태 확인부터 반드시 하세요.

STATUS
------------------------
OPEN  ← redo log file을 옮기려면 반드시 마운트 상태로 되어야 합니다.

SYS> shutdown immediate;
Database closed.
Database dismounted.
ORACLE instance shut down.

SYS> startup mount;
ORACLE instance started.
```

```
Total System Global Area  285212672 bytes
Fixed Size                  1267068 bytes
Variable Size              96471684 bytes
Database Buffers          184549376 bytes
Redo Buffers                2924544 bytes
Database mounted.

SYS> !mkdir /app/oracle/disk4
SYS> !mkdir /app/oracle/disk5

SYS> select member from v$logfile;

MEMBER
--------------------------------------------------
/app/oracle/oradata/testdb/redo03.log
/app/oracle/oradata/testdb/redo02.log
/app/oracle/oradata/testdb/redo01.log

SYS> !cp /app/oracle/oradata/testdb/redo01.log  /app/oracle/disk4/redo01_
a.log ← 이름 바꾸면서 복사

SYS> !cp /app/oracle/oradata/testdb/redo02.log  /app/oracle/disk4/redo02_
a.log ← 이름 바꾸면서 복사

SYS> !cp /app/oracle/oradata/testdb/redo03.log  /app/oracle/disk4/redo03_
a.log ← 이름 바꾸면서 복사

SYS> alter database rename
  2  file '/app/oracle/oradata/testdb/redo01.log'  ← 변경 전 위치와 이름
  3  to '/app/oracle/disk4/redo01_a.log'; ← 변경 후 위치와 이름

Database altered.

SYS>  alter database rename
  2  file '/app/oracle/oradata/testdb/redo02.log' ← 변경 전 위치와 이름
  3  to '/app/oracle/disk4/redo02_a.log'; ← 변경 후 위치와 이름

Database altered.

SYS> alter database rename
  2  file '/app/oracle/oradata/testdb/redo03.log' ← 변경 전 위치와 이름
  3  to '/app/oracle/disk4/redo03_a.log'; ← 변경 후 위치와 이름
```

```
Database altered.

SYS> select member from v$logfile;

MEMBER
--------------------------------------------------
/app/oracle/disk4/redo03_a.log
/app/oracle/disk4/redo02_a.log
/app/oracle/disk4/redo01_a.log

SYS> alter database add logfile member
  2  '/app/oracle/disk5/redo01_b.log' to group 1 ,
  3  '/app/oracle/disk5/redo02_b.log' to group 2 ,
  4  '/app/oracle/disk5/redo03_b.log' to group 3;

Database altered.

SYS> select member from v$logfile;

MEMBER
--------------------------------------------------
/app/oracle/disk4/redo03_a.log
/app/oracle/disk4/redo02_a.log
/app/oracle/disk4/redo01_a.log
/app/oracle/disk5/redo01_b.log
/app/oracle/disk5/redo02_b.log
/app/oracle/disk5/redo03_b.log

6 rows selected.

SYS> alter database open;

Database altered.
```

실습 6. Tablespace 삭제하기

```
SYS> drop tablespace haksa;   ← Table이 하나라도 있으면 그냥 안 지워 집니다.
drop tablespace haksa
*
ERROR at line 1:
```

```
ORA-01549: tablespace not empty, use INCLUDING CONTENTS option

SYS> drop tablespace haksa including contents and datafiles;

Tablespace dropped.

SYS> select tablespace_name, bytes/1024/1024 MB , file_name  from  dba_data_
files;

TABLESPACE        MB        FILE_NAME
------------ ---------- --------------------------------------------------
USERS              5       /app/oracle/oradata/testdb/users01.dbf
SYSAUX           250       /app/oracle/oradata/testdb/sysaux01.dbf
UNDOTBS1          30       /app/oracle/oradata/testdb/undotbs01.dbf
SYSTEM           490       /app/oracle/disk3/system01.dbf
EXAMPLE          100       /app/oracle/oradata/testdb/example01.dbf
```

연습문제 1. Data file, Redo log file, Control file을 아래처럼 이동시키세요.

```
/app/oracle/disk1/control01.ctl , redo01_a.log , redo02_a.log , redo03_a.log
/app/oracle/disk2/control02.ctl , redo01_b.log , redo02_b.log , redo03_b.log
/app/oracle/disk3/control03.ctl , undo01.dbf
/app/oracle/disk4/system01.dbf , sysaux01.dbf
/app/oracle/disk5/users01.dbf , example01.dbf
```

(4) Undo Tablespace

Undo Data란 사용자가 DML을 수행할 경우에 발생하는 원본 데이터를 말합니다. 즉 홍길동을 일지매로 업데이트 할 경우 홍길동을 Undo Data라고 합니다.

이런 Undo Data만을 저장하는 Segment를 Undo Segment라고 하는데 Undo Segment를 저장하고 있는 특별한 Tablespace가 Undo Tablespace입니다. Undo Tablespace는 관리자가 생성할 수 있고 관리 할 수 있지만 이 곳에는 Undo Data 외의 다른 데이터는 저장 될 수 없으며 Undo Data 라 하더라도 사용자가 관여할 수 없고 Oracle Server Process가 직접 관리합니다.

Undo라는 용어는 Oracle 8i 버전까지는 rollback이라는 용어로 사용되었습니다. 이번 장에서 살펴볼 Undo Tablespace가 장애가 날 경우 아주 치명적이기 때문에 특징과 관리방법 등을 잘 익혀두시길 바랍니다.

① Undo Tablespace 의 특징

1. Oracle Server Process는 이 Tablespace에 undo segment를 생성하고 기본적으로 각 사용자 별로 undo segment를 할당해서 undo data를 관리하며 사용자는 관여할 수 없습니다.
2. Undo tablespace는 Instance당 여러 개가 동시에 존재 할 수 있지만 사용되는 것은 한번에 1개뿐입니다(단 특별한 경우 동시에 여러 개가 사용되는 경우도 있습니다.).
3. 관리 방법은 자동 Mode와 수동 Mode가 있으며 9i 버전부터는 Automatic Undo Management 방법을 권장하고 있습니다(이를 AUM이라고 합니다.). AUM을 사용하려면 초기화 파라미터 파일(pfile, spfile)에 Undo_management=auto로 설정하고 수동 Mode로 관리하려면 이 값을 Manual로 설정하면 됩니다. 이 값을 설정 안 하면 9i 이후부터는 자동모드가 기본이며 Manual 값은 주로 Undo 관련 장애가 발생했을 경우 복구 용도로 많이 사용됩니다. 만약 이 파라미터의 값을 변경할 경우에는 Instance를 재시작 해야 적용됩니다.

② Undo Tablespace의 사용 목적

1) Transaction Rollback – 사용자가 rollback이라는 명령어를 수행할 경우에 이곳에 저장된 Undo data를 사용해서 rollback하게 됩니다.

2) Read Consistency(읽기 일관성) – CR 작업을 통해 트랜잭션이 끝나지 않은 데이터는 변경 전 데이터를 보여줍니다. 아래 그림을 통해 CR 작업이 어떻게 이루어 지는지 원리를 살펴보도록 하겠습니다.

<사용자 A 작업> empno = 10인 일지매의 이름을 홍길동으로 업데이트합니다.

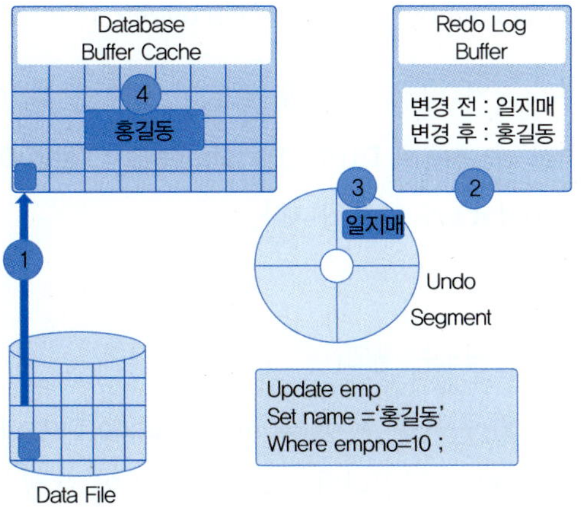

1. 데이터를 DB Buffer Cache로 복사
2. Redo log Buffer에 변경내용 기록
3. Undo Segment 기록
4. DB Buffer Cache의 원본 변경

위의 순서대로 데이터가 업데이트 됩니다.

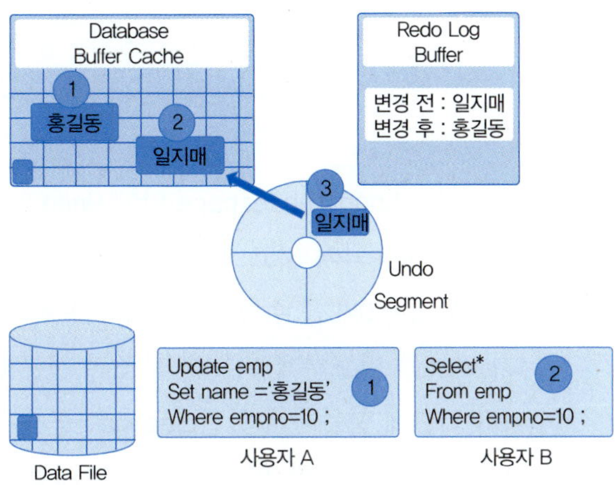

<CR 작업 >

위 상황은 사용자 A가 empno=10번인 일지매를 홍길동으로 변경하는 update 문장을 수행했습니다. 그래서 DB Buffer Cache에 1번과 같이 이름이 변경이 되고 Lock이 설정되어서 사용자 A가 commit이나 rollback을 수행하기 전까지는 아무도 1번 블록의 변경된 데이터를 볼 수 없는 상태입니다. 이 상황에서 또 다른 사용자 B가 empno=10의 조건으로 모든 칼럼을 가져오는 쿼리를 수행했습니다. 이럴 경우 B 사용자의 Server Process는 3번 Undo에 있는 데이터를 2번과 같이 DB Buffer Cache로 복사해 와서 다른 사용자들에게 제공하게 됩니다. 이 과정을 CR(Consistent Read - 읽기 일관성)작업이라고 부르게 되고 DML이 진행중인 데이터의 변경 전 값을 다른 사용자가 볼 수 있게 되는 원리입니다.

3)Transaction Recovery(Instance Recovery 라고도 합니다.)

운영 중이던 DB서버가 비정상적으로 종료가 되었을 때 Roll Forward와 Roll Backward 작업을 수행해서 Dirty Database를 Clean Database로 만들어 주는 과정에서 Undo data가 사용됩니다.

③ Undo segment 할당되는 원리

Undo Tablespace의 독특한 특징 중 하나는 Undo Data File의 크기가 증가만 되고 줄어들지 않는다는 점입니다. 그 이유를 알아 보겠습니다.

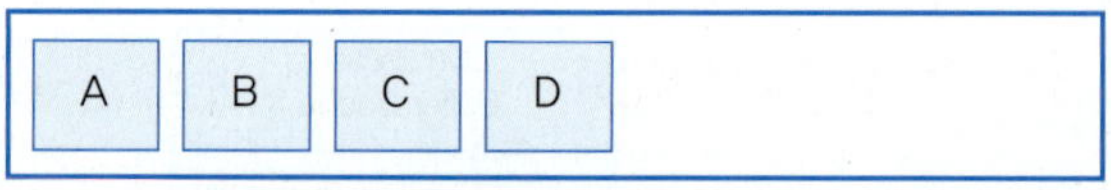

위 그림은 Undo Tablespace 안에 Undo Segment 4개가 할당되어 각각 A,B,C,D에 의해 사용되어 지고 있는 상태를 나타냅니다. 이 상황에서 E 사용자가 신규로 접속해서 DML을 수행할 경우 E 사용자의 Server Process는 가장 먼저 Undo Segment를 확보하게 되는데 무조건 신규 Undo Segment를 할당 받는 것이 아니라 기존에 만들어져 있던 Segment 중에서 트랜잭션이 완료된 것이 있는지 없는지를 먼저 확인한 후 만약 A가 그 시점에 Commit을 수행하여 트랜잭션이 끝났다면 A가 쓰고 있던 Undo Segment를 덮어쓰게 됩니다.

즉 아래와 같은 그림이 되는 것이죠.

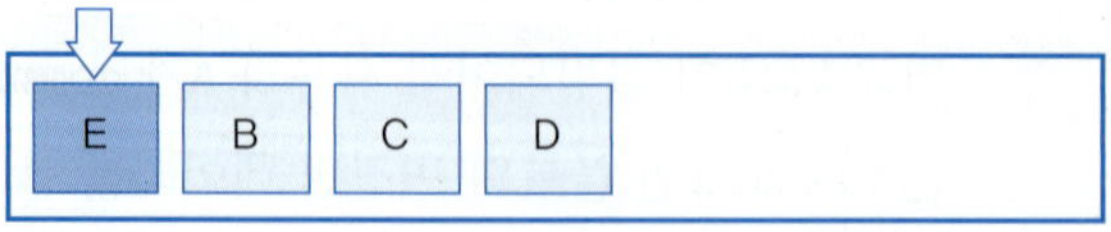

그런데 만약 지금 이 시점에서 새로운 F 사용자가 접속해서 DML을 수행하려 할 때 위의 모든 사용자가 트랜잭션을 완료하지 않았다면 - 즉 아무도 Commit나 Rollback을 수행하지 않았다면 아래 그림처럼 새로운 Undo Segment를 하나 더 생성해서 기록하게 됩니다.

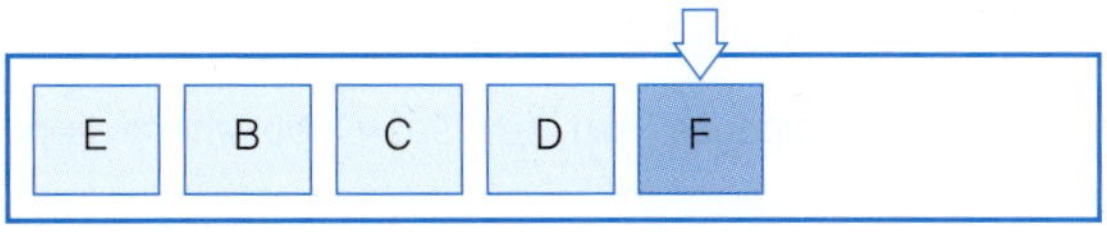

이렇게 Undo Segment가 Data File의 저장공간이 허용하는 범위까지 늘어나다가 만약 Data File에 더 공간이 없게 되면 하나의 Segment에 2개 세션 이상의 Undo Data를 함께 기록하게 됩니다. 그러다가 그 조차도 공간이 없으면 해당 트랜잭션은 에러가 나게 됩니다.

만약 평소에는 Undo Segment를 2개(1M라고 가정하겠습니다.) 정도만 쓰는 용량이었는데 회원가입이라는 특별한 기간에 Undo Data가 급속하게 많아져서 일시적으로 사용량이 100M로 늘어났다고 가정하겠습니다. 회원 가입이 끝나면 다시 사용량은 평소와 같이 1M만 사용하는 상황이 된다 해도 Undo Tablespace의 100M 로 늘어난 데이터 파일은 크기를 줄일 수 없습니다.

왜냐하면 Commit을 수행해도 해당 Undo Segment 안에 Undo Data는 지워지지 않고 남아 있기 때문입니다. Commit을 수행하면 다른 Server Process가 덮어 쓸 수 있게 해주는 것일 뿐 Undo Segment 안의 자료를 Delete 하는 것은 아니라는 사실을 꼭 기억해야 합니다.

이렇게 사용하지도 않는 Undo Tablespace의 크기가 비정상적으로 클 경우에는 관리자가 다른 작은 크기의 Undo Tablespace를 신규로 만들고 Undo Tablespace를 신규 Undo Tablespace로 변경시킨 후 기존 Undo Tablespace를 삭제해 주어야 합니다.

새로운 Undo Tablespace를 생성하고 변경 후 삭제하는 것은 Undo Tablespace의 관리 실습에서 살펴보겠습니다.

현재 Undo Segment 사용 내역은 아래와 같이 조회하면 됩니다.

터미널을 두 개 열어서 그 중 하나의 터미널에서 scott 사용자로 emp table을 업데이트 하겠습니다.

- 1번 터미널 -

```
SCOTT>update emp set sal=5000 where empno=7902 ;

1 row updated.
```

- 2번 터미널 -

```
SYS> set line 200
SYS> col username for a10
SYS> select a.sid, a.serial#, a.username, b.used_urec, b.used_ublk
  2  from v$session a, v$transaction b
  3  where a.saddr=b.ses_addr ;

     SID    SERIAL#         USERNAME          USED_UREC        USED_UBLK
-------- ----------- ---------------- ---------------- ----------------
     136       177            SCOTT               14                1
```

위 결과에서 USED_UREC는 undo사용 record수 이고 USED_UBLK은 사용중인 undo block 개수입니다.

④ Undo Tablespace 관리 실습

실습 1. 현재 상태 파악하기

```
SYS> set line 200
SYS> col name for a10
SYS> show parameter undo;

NAME                             TYPE                   VALUE
-------------------------------- ---------------------- --------------------
undo_management                  string                 AUTO
undo_retention                   integer                900
undo_tablespace                  string                 UNDOTBS1
```

실습 2. 신규 undo tablespace 생성하기

```
SYS> create  undo tablespace undo01
 2 datafile '/app/oracle/oradata/testdb/undo01.dbf' size 10M
```

```
  3  autoextend  on ;

Tablespace created.

SYS> col  tablespace_name for a10
SYS> col file_name for a50
SYS> select tablespace_name, bytes/1024/1024 MB , file_name from dba_data_
files;

TABLESPACE         MB         FILE_NAME
------------ ---------- --------------------------------------------------
USERS               5       /app/oracle/oradata/testdb/users01.dbf
SYSAUX            250       /app/oracle/oradata/testdb/sysaux01.dbf
UNDOTBS1           30       /app/oracle/oradata/testdb/undotbs01.dbf
SYSTEM            480       /app/oracle/oradata/testdb/system01.dbf
EXAMPLE           100       /app/oracle/oradata/testdb/example01.dbf
UNDO01             10       /app/oracle/oradata/testdb/undo01.dbf

6 rows selected.
```

실습 3. Undo tablespace 변경하기(UNDOTBS1 → UNDO01)

```
SYS> show parameter undo;

NAME                                 TYPE                   VALUE
------------------------------------ ---------------------- ------------------------------
undo_management                      string                  AUTO
undo_retention                       integer                 900
undo_tablespace                      string                  UNDOTBS1

SYS> alter system set undo_tablespace=undo01;  ← 재부팅 없이 즉시 변경 가능.

System altered.
```

→ 만약 pfile을 사용하시는 경우 이 작업 후 반드시 파라미터 파일의 내용도 변경 해야 DB 재시작 후 장애가 없습니다!

```
SYS> show parameter undo;

NAME                                 TYPE                   VALUE
------------------------------------ ---------------------- ------------------------------
```

```
undo_management                    string                AUTO
undo_retention                     integer               900
undo_tablespace                    string                UNDO01
```

⑤ 각 세션 별로 사용중인 undo segment 확인하기

(아래 작업을 하기 전에 터미널 여러 개 사용해서 DML 수행하고 commit하지 말고 조회하세요)

```
SYS> select s.sid, s.serial#, s.username, r.name "ROLLBACK SEG"
  2  from v$session s, v$transaction t, v$rollname r
  3  where s.taddr=t.addr
  4  and t.xidusn = r.usn ;

  SID         SERIAL#   USERNAME                ROLLBACK SEG
---------- ---------- --------------------- ------------------------------
     52         3031    SCOTT                   _SYSSMU3_3915342924$
     39         1899    SYS                     _SYSSMU5_3907098824$
```

위 결과에서 알 수 있듯이 세션 별로 하나의 undo segment를 할당하는 것을 알 수 있습니다.

⑥ Undo 관련 주요 parameter

- UNDO_RETENTION (단위는 초 입니다):

commit 수행 후에도 해당 undo segment 내의 데이터를 다른 서버 프로세스가 덮어 쓰지 못하도록 막아주는 시간입니다. 이 파라미터는 주로 CR 작업으로 Undo Segment에 있는 데이터를 조회해야 하는 경우에 많이 발생합니다. 예를 들어 사용자 A가 1시간 정도 걸리는 특정 데이터의 집계 작업용 Select하고 있다고 가정하겠습니다(SUM(sal)과 같은 쿼리입니다.). 이때 사용자 B가 사용자 A가 집계중인 데이터를 Update 한 후 Commit을 할 경우에 사용자 A는 변경 전의 데이터를 Undo Segment에서 찾아서 집계를 해야 합니다. 그런데 만약 사용자 B가 Commit을 한 후에 사용자 C가 사용자 B의 Undo Segment를 덮어 썼다면 사용자 A는 집계 쿼리를 완성 할 수 없게 되고 이때 발생하는 에러가 ORA-01555. Snapshot too old입니다. 당연히 이 에러가 발생하게 되면 성능에 좋

지 않기 때문에 이 에러가 발생하는 현상을 막아야 하는 데 이때 사용되는 파라미터가 Undo_retention입니다. 앞에서 살펴본 대로 Commit이 완료된 Undo Segment는 다른 사용자에 의해 덮어 쓰여질 수 있지만 이 파라미터로 시간을 설정하게 되면 Commit이 완료된 Undo Segment라도 이 파라미터에 설정되어 있는 시간 동안에는 덮어쓰지 않습니다. 그렇게 해서 Snapshot too old라는 에러가 발생하지 않도록 원본 데이터를 유지시키는 것이지요. 그러나 이 파라미터는 Undo Segment 여분이 있을 경우에만 적용되며 만약 모든 Undo Segment가 사용 중일 경우에는 적용되지 않습니다.

- UNDO_RETENTION_GUARANTEE:

위에서 살펴본 바와 같이 UNDO_RETENTION이란 파라미터는 Undo Segment 양이 부족하면 설정된 값이 무시되고 Undo Segment가 재사용 되어 버립니다. 그러나 UNDO_RETENTION_GUARANTEE 파라미터를 설정하게 되면 Undo Retention 파라미터로 설정된 시간 동안 재활용을 하지 않고 데이터를 지켜줍니다.

단 이 기능을 사용할 경우 문제는 Commit을 수행해도 Undo Segment를 특정 시간 동안 재활용을 하지 않기 때문에 Undo Tablespace의 사용량이 증가 될 수 있다는 것입니다. 그래서 기본값은 NOGUARANTEE(사용 안함)입니다.

그리고 Oracle 10g 버전부터는 snapshot too old라는 에러를 줄이기 위해서 undo retention을 자동으로 관리하는 기능을 제공하게 됩니다.

다음의 내용으로 확인해 보겠습니다.

```
SQL> SELECT  tablespace_name,  retention  FROM  dba_tablespaces;

TABLESPACE_NAME              RETENTION
---------------------------- ---------------------
SYSTEM                       NOT APPLY
UNDOTBS1                     NOGUARANTEE ← 기본값은 guarantee하지 않습니다.
SYSAUX                       NOT APPLY
TEMP                         NOT APPLY
USERS                        NOT APPLY
EXAMPLE                      NOT APPLY
```

```
6 rows selected.

SQL> show parameter undo;

NAME                                 TYPE                   VALUE
------------------------------------ ---------------------- ------------------------
undo_management                      string                 AUTO
undo_retention                       integer                900
undo_tablespace                      string                 UNDOTBS1

SQL> alter tablespace undotbs1 retention guarantee;   ← 변경합니다.

Tablespace altered.

SQL> SELECT tablespace_name, retention FROM dba_tablespaces;

TABLESPACE_NAME                          RETENTION
---------------------------------------- -----------------------
SYSTEM                                   NOT APPLY
UNDOTBS1                                 GUARANTEE ← 변경되었습니다.
SYSAUX                                   NOT APPLY
TEMP                                     NOT APPLY
USERS                                    NOT APPLY
EXAMPLE                                  NOT APPLY
```

위의 방법으로 변경하게 되면 undo_retention으로 지정한 값을 Guarantee하게 됩니다. Undo Tablespace가 아닌 다른 테이블 스페이스 들은 Not Apply로 적용대상이 아닙니다.

Guarantee를 취소하시려면 아래와 같이 하시면 됩니다.

```
 SQL> ALTER TABLESPACE undotbs1 RETENTION NOGUARANTEE;

Tablespace altered.

SQL> SELECT tablespace_name, retention FROM dba_tablespaces;

TABLESPACE_NAME                RETENTION
------------------------------ -----------------------
SYSTEM                         NOT APPLY
```

```
UNDOTBS1                        NOGUARANTEE
SYSAUX                          NOT APPLY
TEMP                            NOT APPLY
USERS                           NOT APPLY
EXAMPLE                         NOT APPLY

6 rows selected.
```

⑦ Undo Tablespace 삭제 하기

```
SYS> drop tablespace undotbs1 ;
```

위의 명령어로 사용하지 않는 Undo Tablespace를 삭제할 수 있습니다.

사용중인 Undo Segment를 포함하고 있는 Undo Tablespace는 삭제할 수 없습니다. 그러나 가끔 사용하지 않는데 사용 중이라고 하면서 삭제가 되지 않는 경우가 있는데 이럴 때는 해당 Undo Segment를 _offline_rollback_segments 라는 Hidden Parameter를 사용하여 강제로 offline시킨 후 삭제를 하면 됩니다.

(5) temporary tablespace

이곳은 임시자료를 저장하는 Tablespace로 DB가 재시작되면 이 곳에 있던 내용은 모두 사라지며 일반적으로는 정렬작업 등을 수행할 경우 PGA 공간이 부족하면 이곳을 이용하여 정렬작업 등을 하게 됩니다. 그리고 정렬 작업 외 export/import 등 여러 가지 작업을 할 경우에도 사용됩니다. Temporary Tablespace는 하나의 Instance에 여러 개 만들 수 있으므로 성능 향상을 위해 각 사용자 별로 하나씩 각각 할당해 주는 것이 좋으며 특히 정렬작업이 크게 일어나는 작업 전에 Temporary Tablespace를 크게 만들어주고 작업하시는 것이 성능향상에 좋습니다.

그리고 만약 11g 이상 버전이라면 Temporary Tablespace Group 기능을 적극 활용하기를 권장합니다(Temporary Tablespace Group 기능은 뒤에서 살펴봅니다.).

① Temporary Tablespace 관리실습

Step 1 기존 temporary tablespace 조회하기

```
SYS>set line 200
SYS>col tablespace_name for a10
SYS>col file_name for a50
SYS>select file_id,tablespace_name,bytes/1024/1024 MB, file_name
  2  from dba_temp_files ;

FILE_ID    TABLESPACE        MB      FILE_NAME
--------- --------------- ------- -------------------------------------
      2     TEMP              10     /app/oracle/oradata/testdb/temp01.dbf
```

Step 2 신규 Temporary tablespace 생성하기

```
SYS>create temporary tablespace temp2
 2  tempfile '/app/oracle/oradata/testdb/temp02.dbf'size 10M
 3  autoextend on ;

Tablespace created.
```

위에서 주의 할 사항은 2번 줄의 tempfile 부분입니다. 일반 Tablespace나 Undo Tablespace의 경우에는 저 부분이 datafile이지만 Temporary Tablespace 의 경우에는 반드시 tempfile로 지정해야 합니다.

Step 3 Default Temporary Tablespace 설정하기

앞에서 잠시 살펴본 바와 같이 Temporary Tablespace는 여러 개를 만들어서 여러 사용자에게 각 각 할당하여 동시에 사용하게 하는 것이 성능에 좋습니다.

이 때 여러 개의 Temporary Tablespace 중에서 반드시 1개를 Default Temporary Tablespace로 지정해야 합니다. Default Temporary Tablespace는 독자적인 Temporary Tablespace를 할당 받지 못한 사용자나 System Tablespace가 사용하는 Temporary Tablespace를 의미합니다.

```
SYS>set line 200
SYS>col property_name for a30
SYS>col property_value for a10
SYS>col descriptoin for a50
```

```
SYS> select * from  database_properties
 2   where property_name like 'DEFAULT_TEMP%' ;

PROPERTY_NAME              PROPERTY_V   DESCRIPTION
------------------------ ------------ ------------------------------------
DEFAULT_TEMP_TABLESPACE    TEMP         Name of default temporary tablespace

SYS>alter database default temporary tablespace temp2;

Database altered.

SYS> select * from  database_properties
 2   where property_name like 'DEFAULT_TEMP%';

PROPERTY_NAME              PROPERTY_V   DESCRIPTION
------------------------ ------------ ------------------------------------
DEFAULT_TEMP_TABLESPACE   TEMP2         Name of default temporary tablespace
```

Step 4 Temporary Tablespace 크기 변경하기

Temporary Tablespace의 용량이 부족할 경우 Sort나 Exp/Imp 등의 작업 수행 중에 에러가 발생 할 수 있습니다. 이럴 때 아래의 명령어로 크기를 증가시키면 됩니다.

```
SYS> alter database tempfile '/app/oracle/oradata/testdb/temp02.dbf'resize 100M ;
```

Step 5 Temporary Tablespace 삭제하기

```
SYS>drop tablespace temp2;
drop tablespace temp2
*
ERROR at line 1:
ORA-12906: cannot drop default temporary tablespace
                              ← default temporary tablespace는 삭제안됨

SYS>create temporary tablespace temp3
  2  tempfile '/app/oracle/oradata/testdb/temp03.dbf' size 10M;

Tablespace created.

SYS>alter database default temporary tablespace temp3;
                    ← 다른 Temporary Tablespace 생성 후 default로 변경
```

```
Database altered.

SYS>drop tablespace temp; ← 이제 삭제됨.

Tablespace dropped.
```

② Temporary tablespace group(11g New Feature)

일반적인 DB 접속 환경을 보면 아래 그림처럼 여러 명의 유저가 1개의 schema를 통해 DB에 접속하는 경우가 많습니다.

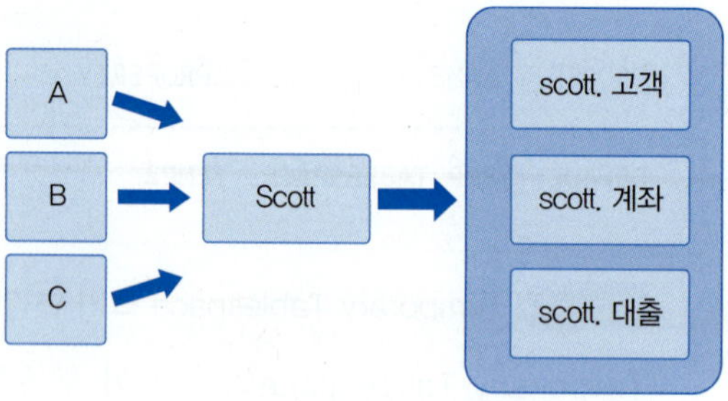

<일반적인 DB 접속 방법>

앞의 그림처럼 A, B, C 사용자가 전부 DB에 scott schema로 접속해서 각각 A는 고객 Table 작업을 하고, B는 계좌 Table 작업, C는 대출 Table에 작업을 한다고 가정하겠습니다. 문제가 되는 것은 세 명의 사용자 모두가 order by 작업을 한다고 했을 때 PGA가 부족하면 scott schema의 temporary tablespace를 사용할 것입니다. 이때 실제 order by를 수행하는 사용자는 3명인데 Scott Schema에 할당된 Temporary tablespace는 1개뿐이라서 작업이 늦어지게 됩니다.

그래서 Oracle 11g부터는 Temporary tablespace group이라는 개념이 도입이 됩니다. 즉 위와 같은 상황에서 Temporary tablespace를 여러 개 만든 후 그룹으로 묶어주고 특정 schema에게 Temporary tablespace group을 지정해 주는 것입니다. 그렇게 되면 위와 같이 하나의 스키마로 여러 명의 사용자가 동시에 로그인 한다 하더라도 여러 명의 사용자가 각각 Temporary tablespace group 안에 있는 여러 개의 temp tablespace를 각각 별도로 사용해서 성능향상이 이루어 질 수 있습니다. 아래 실습으로 확인해 보겠습니다.

```
SYS> create temporary tablespace temp_scott1
2   tempfile '/app/oracle/oradata/testdb/temp_scott01.dbf' size 10M
3   tablespace group temp_scott_group ;
```

이미 만들어져 있는 temporary tablespace를 그룹에 추가하려면 아래와 같이 하면 됩니다. Temp_scott2 tablespace가 만들어져 있어야 합니다.

```
SYS> alter tablespace temp_scott2  tablespace group temp_scott_group ;
```

할당 되어 있는 그룹을 조회하려면 다음과 같이 하면 됩니다.

```
SYS> select * from  dba_tablespace_groups ;

GROUP_NAME                     TABLESPACE_NAME
------------------------------ ----------------------------
TEMP_SCOTT_GROUP               TEMP_SCOTT1
TEMP_SCOTT_GROUP               TEMP_SCOTT2
```

만들어진 그룹을 사용자에게 할당하려면 아래와 같이 하면 됩니다.

```
SYS> alter user scott temporary tablespace  temp_scott_group ;
```

시스템의 default temporary tablespace로 지정하려면 아래와 같이 하면 됩니다.

```
SYS> alter database default temporary tablespace  temp_scott_group ;
```

그룹에서 탈퇴하시려면 아래와 같이 하면 됩니다.

```
SYS>alter  tablespace temp_scott2 tablespace group ' ';
```

위 SQL에서 group 뒤에 그냥 공백을 주게 되면 그룹이 없는 것으로 인식되어서 탈퇴가 됩니다.

이상으로 Tablespace와 Data File 관련 주요 개념과 명령어들을 모두 살펴보았습니다. 이 책은 개념과 운영관리에 대한 책이므로 그 주제에 맞는 내용만 설명했습니다.

이 챕터와 관련된 장애가 아주 많이 발생하는데 관련 장애들과 복구 방법들은 저자의 또 다른 저서인 ≪정석! 오라클 백업과 복구 1, 2≫를 참고 하시기 바랍니다.

이번 장에서 살펴본 내용들은 서버를 운영하면서 아주 많이 접하게 되는 개념이므로 반드시 기억하기 바랍니다.

CHAPTER 08

Oracle 저장 구조

CHAPTER 08

Oracle 저장 구조

DataBase Management System(DBMS)이란 대량의 데이터를 저장하고 관리하기 위해 만들어진 프로그램입니다. 즉 많은 데이터를 어떻게 하면 더 효과적으로 저장하고 관리할 수 있는지가 핵심적인 기능입니다.

일반적으로 사용하는 PC에서도 CPU나 RAM이 아무리 빨라도 하드디스크가 느리면 절대로 속도가 나올 수 없는 것처럼 Oracle에서도 하드디스크에 데이터를 어떻게 저장하고 어떻게 관리하느냐에 따라서 성능에 아주 결정적인 영향을 미치게 됩니다.

이번 장에서는 Oracle에서 데이터를 어떻게 물리적으로 디스크에 저장하고 관리하는가에 대한 여러 가지 중요한 기법들을 자세하게 살펴보도록 하겠습니다. 먼저 저장구조를 요약한 그림을 먼저 보고 각 저장구조의 특징을 자세하게 살펴보겠습니다.

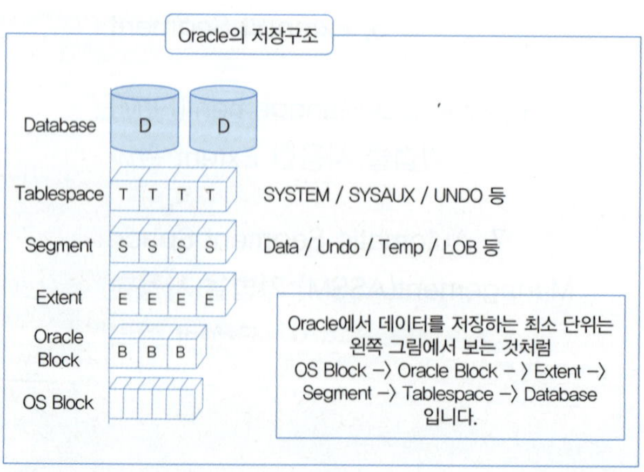

1. Oracle Block 개요

사람이 사는 세상에서 창고 같은 곳에 물건을 보관하거나 물건을 다른 곳으로 이동시킬 때 Box나 통에 담아서 저장하거나 이동합니다. 예를 들어 볼펜 100자루를 옮겨야 할 때 1개씩 옮기면 100번 왔다 갔다 해야 하는데 100개가 들어가는 Box에 담아 옮기면 1번 만에 다 옮길 수 있기 때문에 훨씬 더 빨리 옮길 수 있기 때문이지요.

Oracle에서도 동일한 원리가 적용됩니다. Oracle에서는 사용자가 입력한 데이터를 하드디스크에 저장할 때나 저장되어 있던 데이터를 작업하기 위해 메모리로 복사해 올 때 일반적으로는 1건씩 처리를 하지 않고 가장 작은 단위인 Block 단위로 작업을 합니다(이 원리는 Oracle뿐만 아니라 컴퓨터에서 데이터를 사용하는 거의 대부분의 프로그램들이 사용하는 방식입니다.).

Oracle Block은 OS Block을 한 개 이상 합쳐서 생성하게 되며 DB_BLOCK_SIZE로 지정됩니다. 즉 Oracle Block 1개의 크기가 8KB이고 OS Block 1개의 크기가 2KB라면 OS Block 4개가 모여서 1개의 Oracle Block을 구성하는 것입니다. 이는 Begin Backup시에 발생할 수 있는 Block Split 현상이 생기는 원인이기도 합니다.

DB_BLOCK_SIZE 파라미터는 CREATE DATABASE할 때 한 번 지정이 되면 그 값은 Database를 재 생성하기 전에는 변경할 수 없으며 이 파라미터에서 지정되는 크기 값을 Standard Block Size라고 합니다.

앞에서 잠시 언급한 대로 Block이란 데이터를 담는 가장 작은 통이라고 생각하면 쉽습니다. 예를 들어 지금 있는 자리에 볼펜이 100개가 있는데 그 볼펜을 다른 곳으로 옮긴다고 가정하고 설명하겠습니다. 만약 그 볼펜을 1개씩 들어서 다른 곳에 옮긴다고 가정하면 왔다 갔다(I/O)를 100번 해야만 합니다. 즉 시간이 오래 걸리겠죠?

그런데 통을 하나 가져와서 그 통에 한꺼번에 100개를 다 담아서 옮기게 되면 1번만 가면 되니까 이론적으로는 횟수가 1/100으로 줄어들게 되고 성능은 100배 빨라지게 되는 것입니다. 이 통을 Block이라고 하는 것입니다.

문제는 이 통의 크기인데 통 안에 들어가는 제품의 종류나 크기에 따라 통의 크기가 달라야 하듯이 Oracle에서도 다양한 크기의 Block을 제공하고 있습니다.

Block 크기는 최소 2KB부터 4KB, 8KB, 16KB, 32KB가 제공됩니다. 이것은 OS의 종류에 영향을 많이 받으며 간혹 64KB Block을 지원하는 OS도 있습니다. Block의 크기를 꼭 짝수로 해야 하는 것은 아니지만 홀수로 하는 것은 권장하지 않습니다. Block 크기가 크면 한번에 담을 수 있는 데이터의 양이 많아서 I/O를 줄일 수 있지만 반면에 데이터가 적을 경우 공간이 낭비되는 단점이 있습니다. 그리고 OWI에서 중요하게 생각하는 대기현상이 많이 생길 수 있어서 전체적인 성능이 저하되는 요인도 될 수 있으므로 크기를 잘 설정해야 합니다. 권장값은 오라클에서 제공하는 기본크기를 사용하는 것입니다. 위에서 살펴본 5개의 Block 중에서 DB_BLOCK_SIZE값에 설정된 크기를 Standard Block Size라고 하고 나머지를 Non-Standard Block Size라고 합니다.

이렇게 다양한 Block Size는 아래처럼 Tablespace를 생성할 때 다르게 지정해서 사용할 수 있습니다. 단 Standard Block Size외의 테이블 스페이스를 생성할 경우 Database Buffer Cache에도 해당 Block 사이즈 만큼의 공간을 미리 할당해 두어야 에러가 발생하지 않습니다.

```
SYS>create tablespace test_4k
  2  datafile '/app/oracle/oradata/testdb/test01.dbf' size 5M
  3  blocksize 4k;
create tablespace test_4k
*
ERROR at line 1:
ORA-29339: tablespace block size 4096 does not match configured block sizes ← 에러 발생

SYS>alter system set db_4k_cache_size=10M ;  <- DB Cache에 미리 공간 할당합니다.

System altered.

SYS>create tablespace test_4k
  2  datafile '/app/oracle/oradata/testdb/test01.dbf' size 5M
  3  blocksize 4k;

Tablespace created.  ← 에러 발생 없이 정상적으로 생성됩니다.
```

2. Oracle Data Block 상세 구조

데이터를 실제로 저장하는 Data Block의 구조를 자세하게 살펴보겠습니다. 이 부분은 어려운 내용이 많이 나오지만 실제 구조를 알면 튜닝이나 장애 처리를 할 때 큰 도움이 되므로 차근차근 읽어 보기 바랍니다.

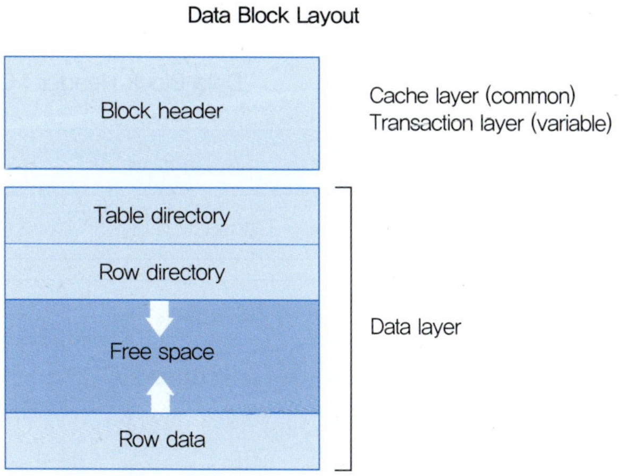

위 그림은 Oracle에서의 Data Block의 구조를 알려주고 있습니다. Block의 가장 윗부분에는 Block의 Header 부분이 위치하고 있고 Block Header는 Cache Layer와 Transaction Layer로 다시 나누어져 있습니다.

그리고 Block Header 부분 다음에 Table Directory가 있고 그 아래에 Row Directory가 위치하고 그 아래에 데이터가 직접 저장되는 공간으로 구성이 되어 있습니다.

각 부분을 좀더 자세하게 살펴보겠습니다. 위에서 언급한 각 부분의 크기는 아래와 같이 조회하면 됩니다.

```
SYS>select component , type , description , type_size
  2  from v$type_size
  3  where component in ('KCB','KTB');
```

```
COMPONEN  TYPE        DESCRIPTION                            TYPE_SIZE
--------- ----------- ---------------------------------- ----------------
KCB       KCBH        BLOCK COMMON HEADER                            20
KTB       KTBIT       TRANSACTION VARIABLE HEADER                    24
KTB       KTBBH       TRANSACTION FIXED HEADER                       48
KTB       KTBBH_BS    TRANSACTION BLOCK BITMAP SEGMENT                8
```

Block Header 부분 중 Common Header 부분은 20Bytes이고 Transaction Variable Header부분은 24Bytes임을 위 결과를 보면 알 수 있습니다.

Data Block Header : Cache Layer

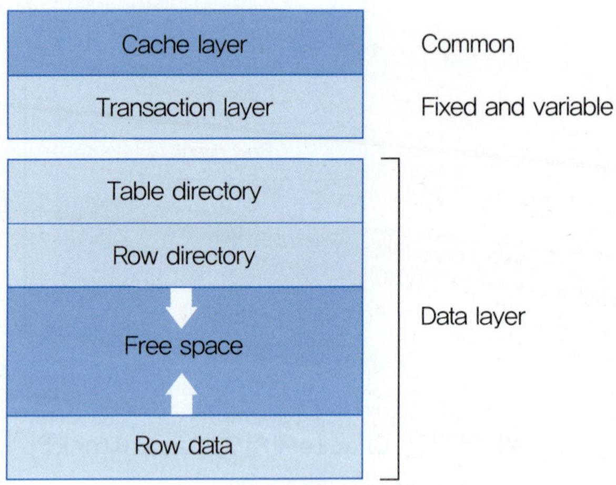

위 그림은 Block Header 중에서 Cache Layer 부분을 나타내고 있습니다. 이 Cache Layer는 20byte이며 KCBH로 조회가 됩니다. 이 Cache Layer에는 아래와 같은 주요 정보가 들어가게 됩니다.

* Data Block Address(DBA)
* Block Type(예: Table, Index, Undo...)
* Block Format(v6, v7, v8 ....)
* System Change Number(SCN : 복구작업 등에 사용됨)

직접 dump를 수행해서 확인해 보겠습니다.

```
SYS> alter session set tracefile_identifier='BBB' ;

SYS> alter system dump datafile '/app/oracle/oradata/testdb/system01.dbf' block 2 ;

System altered.

SYS> !
[oracle@localhost ~]$ cd /app/oracle/diag/rdbms/testdb/testdb/trace/
[oracle@localhost trace]$ ls *BBB*
testdb_ora_6462_BBB.trc  testdb_ora_6462_BBB.trm
[oracle@localhost trace]$ vi testdb_ora_6462_BBB.trc

(중간 생략)
*** 2012-11-24 19:32:41.348
Start dump data block from file /app/oracle/oradata/testdb/system01.dbf
minblk 2 maxblk 2
 V10 STYLE FILE HEADER:
        Compatibility Vsn = 186646528=0xb200000
        Db ID=2583286026=0x99f9d10a, Db Name='TESTDB'
        Activation ID=0=0x0
        Control Seq=2315=0x90b, File size=90880=0x16300
        File Number=1, Blksiz=8192, File Type=3 DATA
Dump all the blocks in range:
buffer tsn: 0 rdba: 0x00400002 (1/2)
scn: 0x0000.00127ffe seq: 0x02 flg: 0x04 tail: 0x7ffe1d02
frmt: 0x02 chkval: 0xecd9 type: 0x1d=KTFB Bitmapped File Space Header
Hex dump of block: st=0, typ_found=1
(이하 생략)
```

위에서 rdba는 Relative Data Block Address이며 seq는 Sequence Number입니다. tail 필드는 Block에서 마지막 4byte와 관련이 있으며 해당 Block의 문제유무를 체크하는 체크섬 용도로 사용이 됩니다.

다음으로 Block Header 부분의 Transaction Layer에 대해서 살펴보겠습니다.

Data Block Header : Transaction Layer

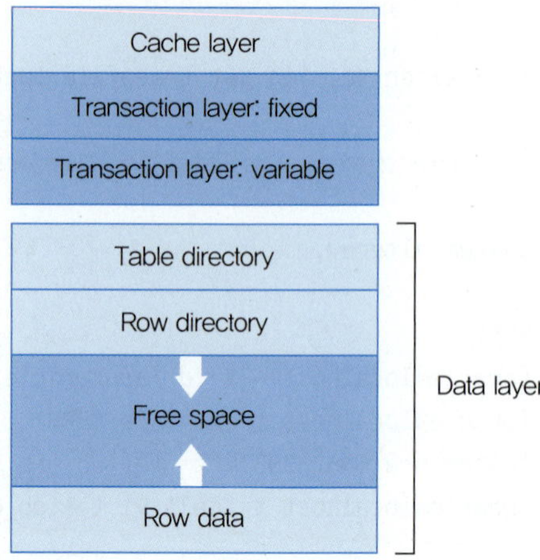

Fixed 영역은 위에서 살펴본 v$type_size에서 KTBBH 영역에 해당되며 총 48bytes의 크기를 가집니다.

```
SYS>select component , type , description , type_size
  2  from v$type_size
  3  where component in ('KCB','KTB');

COMPONEN  TYPE       DESCRIPTION                                TYPE_SIZE
--------- ---------- ---------------------------------------- -------------
KCB       KCBH       BLOCK COMMON HEADER                               20
KTB       KTBIT      TRANSACTION VARIABLE HEADER                       24
KTB       KTBBH      TRANSACTION FIXED HEADER                          48
KTB       KTBBH_BS   TRANSACTION BLOCK BITMAP SEGMENT                   8
```

이 곳에는 Block Type, 마지막으로 수행된 Block Cleanout 시간, ITL Entries 정보, Free List Link 정보, Free space Lock 정보 등이 저장되어 있습니다.

그리고 Variable 영역은 v$type_size에서 KTBIT 부분에 해당되며 24bytes의 크기를 가집니다. 이 영역에는 해당 Block에 있는 Row를 변경하기를 원하는 실제 ITL 관련 정보가 들어갑니다. ITL이란 Interested Transaction List의 약자로 Oracle에서는 특정 Block에 데이터를 변경해야 할 경우 해당 Block

에 사용자 명단에 자신의 정보(TxID 등)을 적고 변경을 해야 합니다. 만약 현재 다른 사용자들이 그 Block을 수정하고 있어서 진입을 못한다면 대기자 명단에 자신의 정보를 적고 기다렸다가 자신의 순서가 될 때까지 기다려야 합니다. 이때 사용하는 대기자 명단을 ITL이라고 합니다. 마치 식당에 밥 먹으러 갔는데 손님이 너무 많아서 바로 못 들어가고 대기자 명단에 이름 적어놓고 기다렸다가 자신의 차례가 되면 들어가는 것과 동일하며 이때 사용하는 대기자 명단을 Oracle에서는 ITL이라고 부릅니다. 당연히 사용자가 많으면 이 부분의 내용이 많아질 것이고 사용자가 적으면 내용이 적어질 것입니다. 그래서 가변(variable)입니다. 기본값으로 테이블에 대한 1개의 ITL과 인덱스에 대한 2개의 ITL 정보가 들어가 있으며 테이블이나 인덱스를 생성할 때 INITRANS 파라미터의 값을 변경하면 그 기본값을 변경할 수 있습니다(이 부분은 Oracle 버전에 따라 특징이 다를 수 있습니다.).

Transaction layer Dump:
Free List Managed (FLM) segments

```
Block header dump:  0x024014ed
 Object id on Block? Y
 seg/obj: 0x2e61  csc: 0x00.ec539  itc: 1  flg: -  typ: 1 - DATA
     fsl: 0  fnx: 0x0 ver: 0x01

Itl    Xid                              Uba                       Flag  Lck
Scn/Fsc
0x01   xid:  0x0005.000.00000805 uba: 0x00c02619.0304.01  ---- 1
fsc 0x0000.00000000
```

위 그림에서

* csc : CR 작업 시에 사용되는 Cleanout SCN 정보를 의미합니다.
* itc : ITL 슬롯에 있는 Transaction 개수를 의미합니다.
* flg : free list에 block이 있을 경우의 상태를 표시합니다.
* fsl : Free Space Lock을 의미합니다.
* fnx : free list chain에서 다음 block의 pointer 값을 표시합니다.

Transaction layer Dump:
Automatic Segment Space Managed
(ASSM) segments

```
Block header dump:  0x01c00025
 Object id on Block? Y
 seg/obj: 0x1544  csc: 0x00.180e8  itc: 3  flg: -  typ: 1 - DATA
     brn: 0  bdba: 0x1c00021 ver: 0x01
     inc: 0  unused: 0
Itl   Xid                          Uba                      Flag  Lck
Scn/Fsc
0x01   xid:  0xffff.000.00000000 uba: 0x00000000.0000.00   C--- 0
scn 0x0000.000180e8
```

Free List Management(FLM) 방식으로 운영되는 Block은 해당 Block이 Free인지 Dirty인지 유무만 관리하지만 Automatic Segment Space Management(ASSM) 방식으로 운영되는 Block에는 해당 Block의 사용 정도를 나타내는 Bitmap 정보가 추가됩니다. 그래서 구조도 조금 다릅니다(FLM과 ASSM 방식에 대해서는 뒷부분에 FLM과 ASSM 부분을 참고하세요.).

Data Block : Data Layer

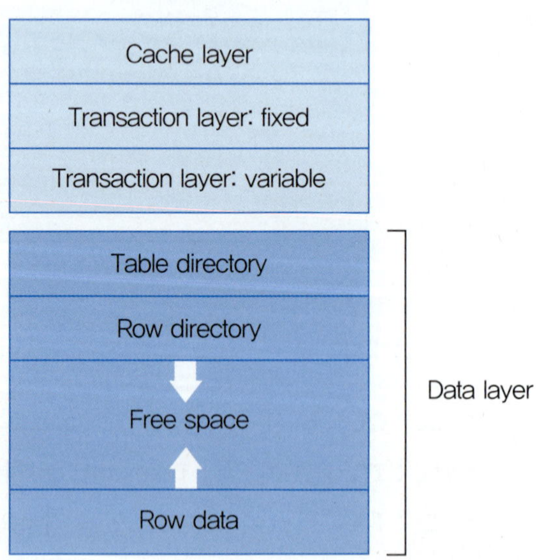

위 그림은 실제 데이터가 저장되는 Data Layer에 대한 부분을 나타내고 있습

니다. 이 Data Layer에는 위 그림에서 보는 바와 같이 Table Index 항목의 내용과 Row Index 항목의 내용이 들어 있습니다. 이곳은 실제 데이터가 저장되는 곳이라서 Free Space 관리가 중요합니다. 그래서 늘 비어있는 Free Space 정보를 관리하고 있는데 Row Index에서 첫 번째 빈 공간의 포인터 주소와 빈 공간의 시작과 끝나는 Offset 주소, 그리고 남아있는(사용 가능한) 빈 공간의 양을 가지고 있습니다. 이 정보를 저장하는 KDBH는 14bytes입니다.

위에서 본 복잡한 Row Data를 어떻게 사용하는지 보다 자세하게 살펴보겠습니다.

Block 사용 예

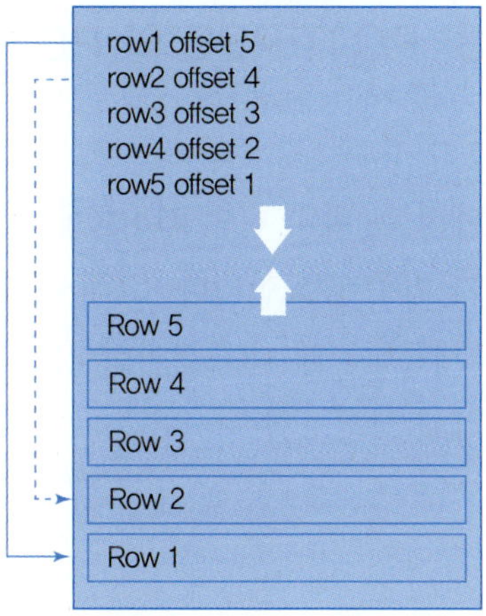

위 Block 사용 예 그림에서 insert일 경우 데이터가 우선 가운데로 입력된 후 실제 데이터는 아래로 이동되고 해당 데이터의 정보는 위로 기록이 됩니다.

Update일 경우에는 기존 데이터가 차지하고 있던 공간이 있기 때문에 우선은 그 공간을 재활용하려고 시도합니다. 위 두 가지(Insert와 update) 경우에 해당 Block에 필요한 연속적인 공간이 부족할 경우 kdbcps() 함수를 호출해서 해당 Block을 압축하려고 시도합니다.

예를 들어 위 그림에서 1,2,3,4,5의 5건의 데이터가 있고 각각 1byte라고 가정하겠습니다. 그런데 2와 4가 삭제되었다고 가정하면 해당 Block에 2byte가 빈 공간이 생깁니다. 그런데 연속적인 공간이 아니지요. 이런 상태에서 2byte 용량의 데이터를 입력하려고 하면 해당 Block에는 데이터가 입력이 되지 않습니다. 이럴 때 데이터를 압축해서(조정해서) 1,3,5 이렇게 모으고 나머지 빈 공간을 2byte로 합쳐서 새로운 데이터를 입력하려고 시도하는 것입니다.

새로 들어오는 데이터가 2번 슬롯에 들어간다고 가정하면 Offset 번호는 아래에서부터 1,3,5,2 이런 순서로 되는 것이지요.

이상으로 Oracle Data Block에 대해서 살펴보았습니다.

3. PCTFREE 와 PCTUSED

앞에서 본 바와 같이 Block에 데이터를 저장하기 때문에 Block 내부의 공간관리가 아주 중요합니다. 그래서 Oracle은 해당 Block을 관리하는 다양한 방법을 제공하는데 대표적이면서도 가장 기본적인 개념인 PCTFREE와 PCTUSED에 대해서 살펴보겠습니다.

PCTFREE 와 PCTUSED

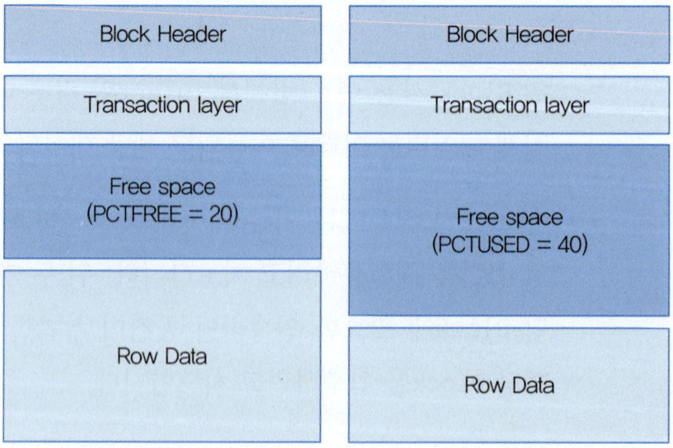

PCTFREE란 해당 Block에 입력되어 있는 데이터들이 Update될 경우를 대비해서 예약을 해 두는 공간입니다. 만약 원래 3글자의 이름이던 사람의 이름이 5글자로 Update될 경우에 만약 해당 Block에 여유 공간이 없을 경우 다른 Block으로 이사를 가야 하는 번거로운 작업(Row Migration)이 발생해서 성능 저하가 되기 때문에 해당 Block에 여유공간을 두게 하는 방법입니다.

이 값은 해당 Block의 크기의 %로 지정합니다. 즉 PCTFREE=20으로 지정할 경우 해당 Block이 8KB라고 가정하면 8KB의 20%만큼 Update만을 위한 공간으로 예약이 되어서 이 공간에는 데이터가 Insert되지 않고 오직 Update되는 경우만 사용이 됩니다. 이 공간만큼을 뺀 부분까지 데이터가 다 차게 되면 이 Block은 더 이상 빈 공간이 없는 Dirty Block으로 상태가 변경되게 됩니다.

그 후 이 Block에 있는 Row가 만약 삭제가 되어서 사용량이 줄어 들어도 Oracle에서는 이 Block을 즉시 재사용을 하지 않고 특정 양이 빌 때까지 기다렸다가 이 Block을 재사용하게 됩니다. 왜냐하면 Oracle에서(특히 FLM기법으로 Block을 관리할 경우) 비어있는 Block의 명단은 Free List에 다 기록이 되고 빈 공간이 없는 Block은 Dirty List에 다 기록이 되게 되는데 1건 지울 때 마다 Free List와 Dirty List를 업데이트 해야 할 경우 그 부하가 더 심하기 때문입니다.

그래서 일단 Dirty List에 등록된(즉 Free Block에서 Dirty Block이 된) Block은 특정량이 지워질 때까지는 Free List로 생각하지 않습니다. 여기서 지워진 후 남은 용량이 얼마가 되어야 Free Block 되는가를 결정하는 파라미터가 PCTUSED입니다. 즉 데이터가 삭제된 후 PCTUSED에 설정된 퍼센트 값만큼 남아서 Free Space가 확보되면 이 Block을 Free Block으로 생각해서 데이터를 다시 Insert하게 되는 것입니다.

이 두 가지 파라미터를 어떻게 사용하느냐가 Block의 사용 효율을 결정하게 됩니다. 즉 PCTFREE를 많이 주는 것은 Update가 많이 발생할 경우 Block 사용 효율은 좋지만 만약 Update가 발생하지 않을 경우 PCTFREE로 지정한 해당 공간은 낭비되는 공간이 되는 것입니다.

이 값들은 Tablespace가 ASSM(Automatic Segment Space Management) 방

식인지 MSSM(Manual Segment Space Management) 방식인지에 따라 그 역할이 달라집니다. MSSM 방식은 Freelist를 사용하기 때문에 Free List Management(FLM)이라고도 하며 FLM일 경우 테이블 생성시에 위 두 가지 파라미터가 모두 사용되지만 ASSM일 경우에는 PCTUSED 파라미터는 사용되지 않습니다.

4. Row Data 와 Row Chaining & Row Migration

Block에 데이터가 입력될 때는 Row 단위로 특정한 형식을 가지게 됩니다.

Row 의 형태

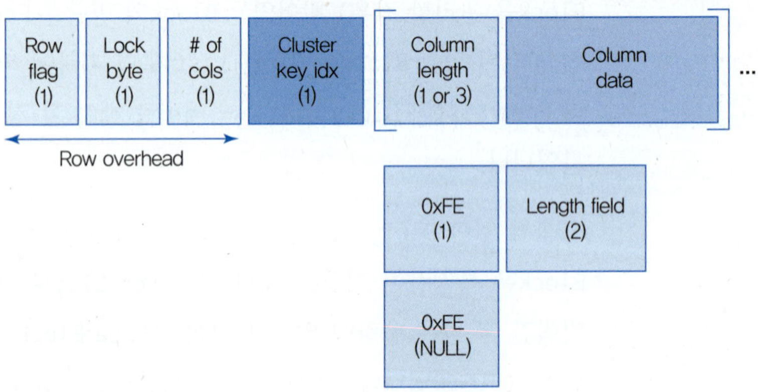

앞의 그림에서 살펴본 바와 같이 데이터가 저장되는 Row를 크게 나누면 Row Overhead(Row Header)와 Column Data 부분입니다. Row Overhead 부분에는 해당 Row에 동시에 트랜잭션을 일으키는 것을 막기 위한 Lock 정보 부분과 해당 Row Piece에 들어있는 Column Data의 개수 등이 기록됩니다. 이 Row Overhead는 모든 Row마다 다 가지고 있습니다. Column Data 부분은 실제 Data가 저장되는 곳입니다. 만약 데이터가 너무 길어서 하나의 Block의 Column Data 부분에 모두 기록 할 수 없을 경우 Oracle은 해당 row를 다른 Block

에 연결해서 저장하게 됩니다.

예를 들어 A Block에 1KB가 남았는데 만약 2KB의 정보가 들어 올 경우 A Block에 1KB를 저장하고 나머지 1KB는 B Block에 이어서 저장한다는 뜻입니다. 이런 경우를 Row Chaining(로우 체이닝)이라고 부릅니다. 성능에 나쁜 영향을 주는 경우 중 한 가지입니다.

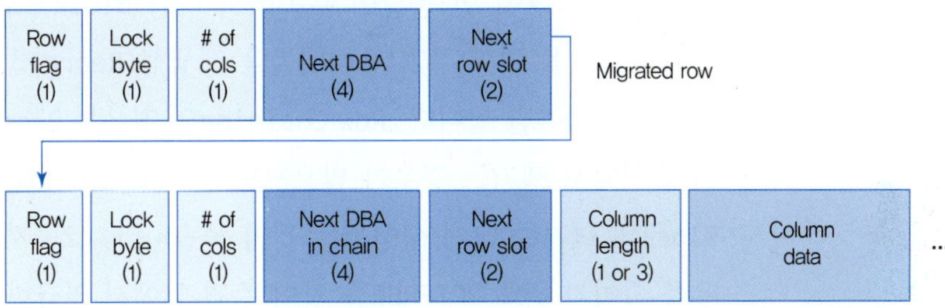

위 그림은 Row Migration과 Row Chaining시 생성되는 Row의 구조입니다. 윗줄에 Next row slot 부분에 다음 row의 flag가 연결되는 형태로 위에서 살펴본 일반적인 Row 의 형태와는 구조가 다르다는 것을 알 수 있습니다.

Row Migration이란 특정 Block에 위치하던 Row가 Update 등의 이유로 해당 Block에 공간이 부족해서 다른 공간으로 이사를 가는 것을 의미합니다. 즉 어떤 식당이 장사가 너무 잘 되어서 공간을 확장하고 싶은데 그 건물에 공간이 없어서 다른 건물로 확장 이전을 하는 것과 같은 개념입니다. 이런 경우 이전하기 전의 장소에 이전 한 후의 위치를 남겨두어야 손님들이 새로운 장소로 찾아 올 수 있는 것처럼 Row Migration도 원래 Block에 신규 Block의 포인터 주소를 남겨두게 됩니다. 그리하여 이전 Block으로 찾아 오는 액세스도 신규 Block을 찾을 수 있도록 배려를 하는 것입니다. 문제는 이렇게 될 경우 I/O가 더 많이 일어난다는 단점이 있다는 것입니다.

즉 식당의 예로 다시 말하면 식당이 A 건물에서 B 건물로 이사를 갔는데 이 사실을 모르던 손님이 A 건물에 가서 보고 다시 B 건물로 찾아가야 하기 때문에 번거롭고 시간도 많이 걸린다는 원리와 동일합니다.

Row Chaining은 A 건물에 있던 식당이 장사가 너무 잘 되어서 B 건물에서까지 같이 식당을 하는 것을 의미합니다. 즉 A 건물에도 식당이 있고 B 건물에도 식당이 있는 경우입니다. Row Migration과 Row Chaining은 비슷하면서도 다른 개념이므로 잘 구분해야만 합니다.

그런데 중요한 점은 이 두 가지 경우 모두 Oracle 성능의 관점에서 볼 경우 좋지 않다는 것입니다. Row Migration이란 주로 Row의 update가 발생했을 경우 해당 Block에 빈 공간이 부족해서 다른 Block으로 이사를 가는 것이므로 PCTFREE 값을 많이 주거나 테이블을 재생성(Reorg)하는 등의 작업을 해서 그 경우를 줄여야만 합니다. Row Chaining의 경우는 Block의 크기보다 큰 데이터가 들어와서 생기는 경우가 많으므로 만약 Row Chaining 현상이 많은 경우는 Block의 크기를 크게 생성하는 것이 좋습니다. 그렇지만 Row Migration의 경우를 줄이기 위해 PCTFREE를 많이 주면 앞에서 언급한 바와 같이 Update가 없을 경우 공간 낭비가 심해지게 되는 단점이 있으며 Row Chaining을 줄이기 위해 Block을 크게 생성할 경우 Wait 현상이 많이 발생해서(OWI에서 언급하는 Write Complete Waits, Buffer Busy Waits 등) 성능이 오히려 저하 될 수 있다는 것도 꼭 기억해야 합니다. 그래서 Oracle에서 Block을 어떻게 관리하느냐가 성능에 아주 중요한 영향을 주는 것입니다. Row chaining과 블록의 사용량 조회 등에 대한 실습은 이 장의 마지막 부분에 있으니 참조하세요.

기본적인 Block에 대한 부분은 여기서 끝을 내고 다음으로 Extent와 Segment를 관리하는 다양한 여러 가지 기법들에 대해서 살펴보겠습니다.

5. Extent 와 Segment

위에서 살펴본 바와 같이 Oracle에서 데이터를 저장하는 가장 기본적인 단위는 Block입니다. 그리고 Block을 여러 개 묶어 놓은 단위를 Extent라고 부릅니다.

먼저 Extent에 대해서 자세히 살펴보겠습니다. Extent란 연속적으로 있는 Block을 묶어 둔 것을 의미하는 논리적 단위입니다. 이런 Extent가 여러 개 모여서 Segment를 구성하게 됩니다. 사용자가 테이블을 생성하게 되면 데이터가 없더라도 기본값을 가지고 데이터파일에 연속적인 Block을 묶어서 Extent를 생성하게 됩니다. 그리고 데이터가 계속 추가되어서 최초 값을 다 사용하게 되면 Extent를 추가로 생성하게 됩니다. 아래의 실습으로 확인해 보겠습니다.

```
SYS> create tablespace test_extent
  2  datafile '/app/oracle/oradata/testdb/ex_test01.dbf' size 5M;

Tablespace created.

SYS> create table ex_table01
  2  ( no number , name varchar2(10)) tablespace test_extent ;

Table created.

SYS>col tablespace_name for a15
SYS>select tablespace_name , extent_id , blocks , bytes
  2  from user_extents
  3  where segment_name='EX_TABLE01';

TABLESPACE_NAME      EXTENT_ID         BLOCKS          BYTES
---------------- -------------- --------------- ------------
TEST_EXTENT                  0              8          65536
```

위 내용을 보면 ex_table01 테이블을 생성하면서 자동으로 64kb Extent 1개가 할당이 되었고 이 Extent는 8kb Block을 8개를 모아서 생성한 것임을 알 수 있습니다.

이렇게 초기에 할당된 Extent를 모두 다 쓰게 되면 다시 재 할당을 받게 됩니다. 다음의 테스트로 확인해 보겠습니다.

```
SYS>begin
  2  for i in 1..10000 loop
  3    insert into ex_table01 values (i,'AAAA');
  4   end loop;
```

```
  5   commit;
  6  end;
  7  /

PL/SQL procedure successfully completed.

SYS>select tablespace_name , extent_id , blocks , bytes
  2  from user_extents
  3  where segment_name='EX_TABLE01';

TABLESPACE_NAME              EXTENT_ID      BLOCKS      BYTES
---------------------- -------------- ----------- ----------
TEST_EXTENT                          0           8      65536
TEST_EXTENT                          1           8      65536
TEST_EXTENT                          2           8      65536
TEST_EXTENT                          3           8      65536
```

위 실습에서 알 수 있듯이 처음 8개의 Block을 다 사용한 후 추가적으로 Extent가 할당되어서 테스트 데이터 1만 건이 저장되었음을 알 수 있습니다.

특정 테이블에 Extent를 수동으로 추가 할당 하려면 아래와 같이 하면 됩니다.

```
SYS>alter table ex_table01
  2  allocate extent ( size 100k
  3  datafile '/app/oracle/oradata/testdb/ex_test01.dbf' );

Table altered.

SYS>select tablespace_name , extent_id , blocks , bytes
  2  from user_extents
  3   where segment_name='EX_TABLE01';

TABLESPACE_NAME       EXTENT_ID      BLOCKS          BYTES
-------------------- ------------ ----------- -----------
TEST_EXTENT                   0            8          65536
TEST_EXTENT                   1            8          65536
TEST_EXTENT                   2            8          65536
TEST_EXTENT                   3            8          65536
TEST_EXTENT                   4            8          65536
```

```
TEST_EXTENT                    5          8         65536

6 rows selected.
```

위에서 없었던 4번과 5번 Extent가 추가된 것을 확인할 수 있습니다. 단 용량을 100kb로 했는데 64의 배수인 128kb가 추가된 것을 확인할 수 있습니다.

이렇게 Extent를 수동으로 할당해 주는 경우는 해당 테이블이 사용할 Extent를 미리 확보해 두기 위함입니다. 위에서 살펴본 바와 같이 하나의 데이터 파일에 여러 테이블이 저장될 수 있으므로 Extent를 미리 확보해서 해당 테이블 데이터의 분산을 막기 위함입니다.

그러나 이 방법(Extent를 수동으로 할당해서 공간을 미리 확보해 두는 방법)의 단점은 데이터가 많이 입력될 것으로 예상해서 Extent를 대량으로 확보했지만 만약 해당 테이블에 데이터가 들어오지 않는다면 해당 Extent에 이 테이블 외에는 내용을 쓸 수 없기 때문에 공간 낭비가 될 수 있다는 점입니다.

식당을 예로 들어서 회식을 하기 위해 100석을 미리 예약을 해서 확보를 했습니다. 이 작업이 Extent를 할당하는 작업이지요. 그런 후에 나중에 시간이 되어서 식당에 가면 빨리 가든 늦게 가든 미리 확보해 둔 예약석에 앉아서 같은 직원들끼리 연결된 테이블에서 회식을 하면 됩니다. 그런데 만약 100명이 올 것으로 예약해서 미리 100석을 예약 했는데 정작 10명 밖에 안 왔다면 나머지 90석은 낭비되는 자리가 됩니다. 이럴 경우 사용하지 않는 공간을 모두 반납을 해 주어야 합니다. 사용 안 된 Extent를 반환하는 방법은 아래와 같습니다.

```
SYS>alter table ex_table01 deallocate unused;
Table altered.

SYS>select tablespace_name , extent_id , blocks , bytes
  2  from user_extents
  3  where segment_name='EX_TABLE01';

TABLESPACE_NAME       EXTENT_ID      BLOCKS       BYTES
----------------- -------------- ---------- ------------
TEST_EXTENT                 0          8        65536
```

```
TEST_EXTENT                    1          8          65536
TEST_EXTENT                    2          8          65536
TEST_EXTENT                    3          8          65536
```

사용 안 된 4번과 5번 Extent가 반납된 것이 확인이 됩니다. 여기서 주의할 사항은 만약 4번과 5번에 데이터가 들어 있다가 삭제되어 비어 있는 경우라면 이미 사용이 된 Extent이기 때문에 이 방법으로는 반납을 할 수 없다는 것입니다. 그런 경우라면 Table을 Reorg하는 등의 방법으로 조치를 하셔야 합니다.

Extent 크기를 지정하는 방법은 세그먼트를 생성할 때 STORAGE라는 파라미터를 이용해서 수동으로 지정할 수 있고 만약 이 파라미터를 생략하면 해당 테이블이 저장될 Tablespace의 기본 설정값을 적용 받게 됩니다. 만약 Tablespace가 생성될 때 "Segment Space Management Auto" 설정 값을 가지고 만들어졌다면(10g 이상 버전부터는 전부 이 설정이 자동 적용됩니다.) Oracle은 시스템에 최적화된 사이즈로 Extent 사이즈를 자동으로 결정하게 되며 최소값이 64KB입니다. 그래서 위에서 테스트한 결과의 Extent size가 모두 64KB입니다. 그리고 만약 Block size가 16KB이상인 경우 Extent의 최소값은 1M로 설정됩니다.

또한 세그먼트를 생성할 때 사용되는 STORAGE 파라미터의 세부 파라미터인 INITIAL, NEXT, PCTINCREASE, MINEXTENTS는 Tablespace 단위로는 사용될 수 없으며 Segment를 생성할 경우에만 사용될 수 있습니다.

Extent를 사용하는 이유는 여러 가지가 있지만 가장 대표적인 이유는 아래의 그림과 같습니다. 아래 그림을 살펴보겠습니다(FLM 기준 그림입니다.).

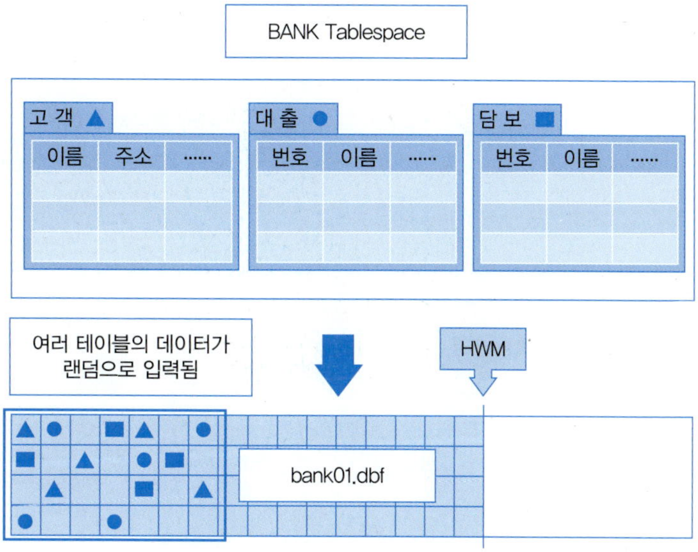

위 그림을 보면 Bank라는 Tablespace에 고객 테이블, 대출 테이블, 담보 테이블이 있습니다. 이 테이블들에 데이터가 입력이 되면 하드 디스크의 bank01.dbf에 저장이 되는 구조입니다.

그런데 bank01.dbf에 저장이 될 때 앞의 그림처럼 3개의 테이블의 데이터들이 뒤죽박죽으로 저장이 될 경우 여러 사용자가 각 테이블들에 작업을 하려고 했을 때 bank01.dbf에서 해당 Block을 찾아야 하는데 이때 블록이 뒤죽박죽으로 섞여 있을 경우 찾는 시간이 오래 걸릴 확률이 많고 이럴 경우 전체적인 성능이 저하가 됩니다. 그래서 하드 디스크에 저장이 될 때 가급적 같은 테이블의 내용은 가까운 Block들에 저장이 되어 있으면 찾을 때 시간을 많이 줄일 수 있습니다. 다음 그림으로 Extent 활용의 장점을 설명하겠습니다.

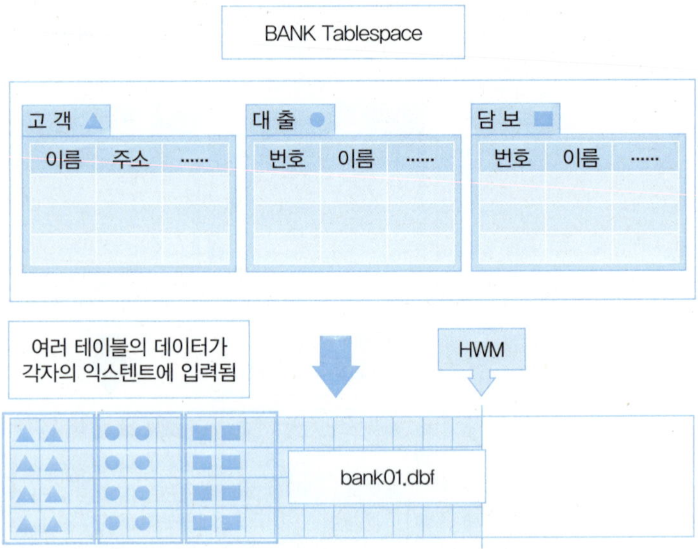

위 그림은 bank01.dbf에 데이터를 저장할 때 테이블 별로 Block의 구역을 나누어서 분류해서 저장을 하게 만들었습니다. 위 그림과 같이 데이터를 분류해서 저장해 둘 경우 해당 테이블에서 데이터를 찾을 경우 검색 범위를 줄일 수 있고 그로 인해 성능이 향상될 수 있습니다.

또 한가지 알아야 하는 중요한 개념이 있습니다. 위에서 살펴 본 것처럼 데이터 파일에 데이터를 저장할 때 Extent 단위로 관리하는 것이 좋은데 이 Extent의 기본 크기가 64KB라고 했습니다. 만약 DBWR이 현재 데이터파일에 내용을 쓰는 도중에 할당 받은 Extent를 모두 다 사용했다면 새로운 Extent를 할당 받아야 합니다. 10g 이상부터는 기본적으로 64KB(8개 블록)을 받을 것입니다. 그리고 DBWR은 이렇게 할당 받은 8개 블록 중에서 지금 당장 사용할 일부만(여기서는 2개라고 가정하겠습니다.) 포맷을 하고 데이터를 기록합니다. 그리고 추가로 받은 8개의 블록 중 지금 포맷 한 2개의 위치까지 현재 사용하고 있다는 뜻으로 High Water Mark를 설정하게 됩니다. 만약 자신에게 할당된 Extent를 다 쓰게 되면 Extent를 다시 할당을 받아야(새로 데이터를 입력할 수 있는 공간을 할당 받아야) 하는데 Free Extent를 할당하고 관리하는 방식에 따라 뒤에서 살펴볼 DMT와 LMT로 나뉘게 되고 LMT일 경우 FLM과 ASSM 방식으로 다시 나누어지게 됩니다.

이상으로 Extent에 대해서 살펴보았습니다.

다음으로 Segment에 대해 살펴보겠습니다.

Segment란 Oracle Object 중에서 독자적인 저장 공간을 가지는 것들을 말합니다. Oracle Object란 Oracle에서 관리자나 사용자가 데이터를 관리하기 위해 만드는(Create로 만드는) 모든 것을 의미합니다. 그런 Object 중에서 특별히 독자적인 공간을 가지는 것, 쉽게 말하면 데이터가 증가되면 용량이 증가되는 것들을 의미합니다.

흔히 말하는 Table, Index, Undo(Rollback), Temp, LOB 등이 대표적인 Segment의 종류들입니다. 이 Segment는 위에서 살펴본 Extent들의 집합으로 만들어져 있습니다. 그리고 논리적으로 테이블 스페이스에 저장이 됩니다.

위에서 살펴본 바와 같이 Segment는 여러 개의 Extent들로 구성이 됩니다. 이 여러 개의 Extent 중 가장 첫 번째 Extent의 첫 번째 Block에 Segment의 전체 요약정보인 Segment Header 정보가 들어가게 됩니다. Segment Header에는 해당 Segment의 종류에 대한 정보가 들어가며(아래에서 ID 부분입니다.) Extent의 할당 상태와 공간 사용 내역 등의 주요 정보들이 저장됩니다.

이 말이 조금 어려울 수 있는데 하나의 데이터 파일에 여러 개의 테이블 세그먼트가 있을 수 있습니다. 이런 상황일 경우 하나의 데이터 파일에 다양한 Extent가 있는데 그 중에서 어떤 Extent가 자신의 Extent인지 Segment는 알아야 합니다. 그래서 Segment에는 그 Segment를 이루는 Extent가 어떤 것인지 Extent에 대한 정보들이 들어가 있어야만 한다는 것입니다.

Segment Header에 저장되는 Segment의 종류에 대한 정보는 아래의 내용과 같습니다.

```
1     undo segment header
11    data file header
12    data segment header with free list group blocks
14    unlimited undo segment header
15    unlimited save undo segment header
16    unlimited data segment header
17    unlimited data segment header with free list group blocks
```

```
18    extent map block
23    bitmapped segment header
29    bitmapped file space header
32    first level bitmap block
33    second level bitmap block
34    third level bitmap block
35    Pagetable segment header block
36    Pagetable extent map block
37    System Managed Undo Extent Map Block
```

위에서 숫자부분이 Segment Header 부분에 기록되어 있는 Segment의 종류 값입니다. 이 Segment의 특징은 FLM일 경우와 ASSM일 경우에 따라 내용이 다르며 아래에서 살펴보겠습니다.

6. Free List Management(FLM) 기법을 사용한 Extent 관리

앞에서 살펴본 바와 같이 Extent란 연속적인 Free Block들의 집합입니다.

데이터 파일에 새로운 내용을 입력해야 하는 경우 데이터 파일에서 비어 있는 블록(Free Block)을 찾아서 데이터를 입력해야 하는데 이런 Free Extent들의 정보를 관리하는 방법을 자세히 살펴보겠습니다.

Oracle 8 버전까지 데이터베이스의 모든 데이터파일은 딕셔너리에서 쓰고 있는 블록과 비어 있는 블록을 중앙 집중적으로 관리를 했습니다. 이러한 Extent들의 정보 중에서 Free Block은 FET$(Free Extent Table)에서 관리하고 사용자는 DBA_FREE_SPACE에서 조회해 볼 수 있습니다. 반면 Dirty Block은 UET$(Used Extent Table)에서 관리하며 DBA_EXTENTS에서 볼 수 있습니다.

만약 사용자가 Drop Tablespace나 Alter Tablespace...Coalesce 등의 작업을 해서 Dirty Extent에서 Free Extent가 된다면 위 FET$와 UET$ 테이블을 업데이트해야만 합니다. 이렇게 Block들의 정보들을 딕셔너리를 사용해서 일괄적으로 관리하는 방식의 Tablespace를 Dictionary Management Tablespace(이하 DMT라고 하겠습니다.)라고 합니다.

DMT는 모든 데이터 파일의 Free Extent들을 FET$에서 일괄적으로 관리했는데 데이터가 한꺼번에 몰려서 Free Extent를 요청할 경우나 Drop 명령 등의 수행 결과로 FET$ 테이블을 업데이트 해야 할 경우 심각한 병목 현상이 발생해서 심각한 성능 저하가 발생했습니다.

예를 들어 새로운 Free Extent가 필요한 상황이 되면 서버프로세스는 자신이 원하는 크기의 Extent를 FET$ 테이블을 검색하게 됩니다. Tablespace를 생성할 때 여러 개의 파일을 생성했을 경우 파일의 순서에 따라 원하는 사이즈나 혹은 그것보다 큰 Extent를 순서대로 찾기를 시도합니다. 서버 프로세스는 FET$를 검색하다가 자신이 원하는 것보다 큰 사이즈의 첫 번째 Extent를 만날 경우 표시를 해 놓고 계속 자신이 원하는 사이즈의 Extent를 찾을 때까지 검색을 합니다.

끝까지 검색해서 자신이 원하는 사이즈의 Extent가 없을 경우 아까 찾아둔 큰 Extent를 자신이 원하는 사이즈로 쪼개어서 사용하게 됩니다. 나머지 부분은 빈 Extent로 남겨두어서 다른 작업에 사용을 하게 되는 것입니다.

만약 이 과정을 거친 후에도 원하는 Free Extent를 못 찾을 경우에는 비슷한 Free Extent를 합쳐서 원하는 Extent를 확보하게 됩니다. 만약 이렇게 해서도 원하는 크기의 Extent를 못 찾게 되면 추가로 신규 Extent를 생성하게 됩니다. 이렇게 해서 원하는 Extent를 찾은 후 FET$ 테이블과 UET$, SEG$ 테이블에 해당 변경사항을 반영하고 Segment Header 부분에 추가된 Extent 정보를 기록하게 됩니다. 만약 이런 과정을 여러 서버 프로세스가 동시에 진행해야 한다면 1명이 딕셔너리에 작업을 하는 동안 다른 서버 프로세스는 대기하는 상태가 되어 전체적인 측면에서 보면 성능에 심각한 문제가 발생했습니다. FET$나 UET$를 동시에 여러 명이 사용할 수 없는 이유가 있습니다. 만약 서버 프로세스 A, B가 동시에 FET$를 보고 Free Extent를 찾게 된다면 두 프로세스가 같은 블록을 동시에 사용하려고 할 수 있기 때문입니다. 그래서 반드시 1번에 1명씩 사용하도록 해야 하는데 이렇게 하기 위해서 딕셔너리에 ST락이라는 것을 만들어서 ST락을 확보한 프로세스만이 해당 딕셔너리에 들어갈 수 있도록 했습니다. 사실 Oracle 8 버전까지는 이렇게 운영해도 크게 문제가 되지 않았습니다. 그러나 Oracle 8i 버전이 되면서부터 동시에 입력되는 데이터의 양이 기하급수적으로 증가하는 환경이 됩니다. 이름에서 알 수 있듯이 i는 인터넷의 약자입니다.

즉 8i가 나온 시점은 인터넷 환경이 급속도로 퍼지면서 데이터베이스로 입력되는 데이터의 양이 갑자기 엄청나게 증가되던 때였습니다. 예를 들어 인터넷이 없을 경우 판매 테이블에 한 사람이 직접 데이터를 입력했었지만 인터넷이 되면서 전국에서 동시에 주문이 들어오게 되는 환경으로 바뀐 것입니다. 그래서 Oracle에서도 발 빠르게 기존 방식의 문제점을 인지하고 DMT를 대체할 수 있는 방식을 찾다가 만들어낸 것이 Locally Managed Tablespace(이하 LMT라고 하겠습니다) 라는 방식입니다.

그래서 8i 버전은 기본은 DMT 방식이지만 LMT 방식이 도입이 되어 테스트가 됩니다. 그 테스트 결과 성능과 안정성이 아주 좋아서 9i부터는 기본적으로 Tablespace 생성 시에 LMT로 만들어지도록 변경되게 됩니다.

아래 그림으로 DMT 방식과 LMT 방식의 차이를 살펴보겠습니다.

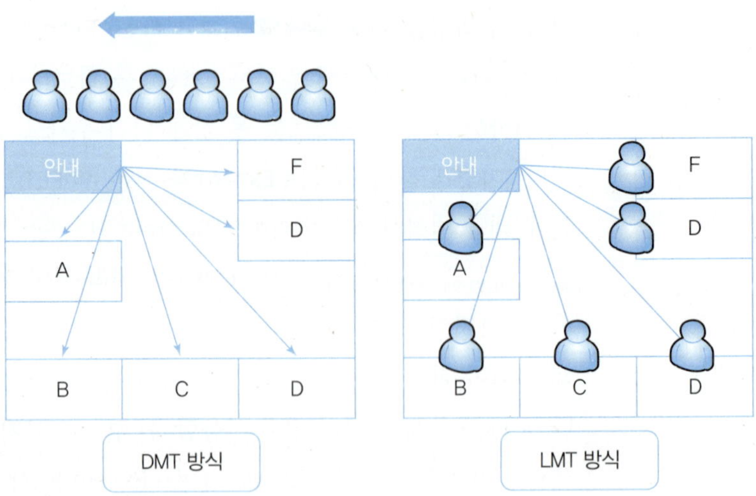

위 그림은 학원의 예를 든 그림입니다. 위 그림에서 왼쪽은 모든 강의장의 자리배치도를 안내에서 다 가지고 있는 경우입니다. 이때 학생들이 자기 자리를 물어볼 때 안내에서 전부 처리하기 때문에 학생들이 한꺼번에 몰려 올 경우 줄을 서서 기다리는 현상이 발생하게 됩니다.

반면에 오른쪽 그림은 모든 강의장의 자리 배치도를 각 강의장 문 앞에 붙여 놓았습니다. 그래서 학생이 자기 자리를 찾고 싶을 경우 직접 각 강의장으로 바로 가서 확인하면 되기 때문에 속도가 훨씬 더 빠를 수 있는 것입니다. Tablespace를 생성할 때는 당연히 LMT로 생성을 해야 하는데 다행히 9i부터는 기본 생성 값이 LMT입니다.

그리고 LMT일 경우에도 9i는 Free List Management(FLM) 방식으로 관리되고 10g 버전부터는 ASSM(Automatic Segment Space Management) 방식으로 생성되고 관리되고 있습니다.

(1) FLM 방식에서 Free Extent를 찾는 순서

FLM 방식으로 Free Extents를 관리하기 위해서 Free lists와 Free list group이라는 것을 사용하게 됩니다. 이 속성들은 해당 Segment를 생성할 때 지정 할 수 있습니다.

Free list는 아래 그림처럼 Last In First Out(LIFO) 방식으로 운영되며 아래의 그림처럼 Linked List 로 만들어져 있습니다. 이 Free List는 뒷부분에서 Free List Management 방식을 설명하는 부분에서 자세히 살펴보겠습니다.

사용자가 어떤 테이블에 새로운 데이터를 입력해야 할 경우에는 Undo segment를 먼저 확보한 후 해당 테이블 세그먼트가 저장되어 있는 Tablespace의 Data file에서 비어 있는(Free) Extent 내의 Free Block를 먼저 확보해야 합니다. 그리고 이 블록에 다른 프로세스가 쓰지 못하도록 Lock 을 설정한 후 해당 Block을 DB Buffer Cache로 복사를 합니다. 당연히 DB Buffer Cache의 Free Buffer를 찾은 후 해당 Buffer로 데이터파일의 Free Block을 복사하게 됩니다.

그런데 이 과정 중에 데이터파일에서 Free Extent를 찾기 위해서 데이터파일의 모든 블록을 일일이 찾아 다니면서 Free 여부를 확인하는 것이 아닙니다. 사람의 경우를 예를 들어 휴가를 가서 호텔 예약을 하는데 호텔에서 손님이 빈 방을 찾는 시점에 모든 객실을 일일이 노크하며 찾아 다니면서 빈 방을 찾는 것이 아니죠? 그와 동일한 원리입니다.

마치 호텔에서 빈 방과 다른 손님이 사용중인 방을 평소에 리스트로 관리하다가 빈방을 찾아야 할 때 리스트만 확인하면 금방 찾을 수 있는 것처럼 Oracle에서도 데이터파일에서 쓰고 있는 블록과 Free 한 블록을 List로 관리를 하게 됩니다. 이 리스트 중에서 Free한 Block의 명단만 가지고 있는 리스트를 Free List라고 부릅니다. 그리고 이 Free List는 Linked List 형태로 구성이 되어 있습니다. 이 말은 첫 번째 Free Block을 찾아야 그 블록에 두 번째 Free Block의 위치가 링크로 연결되어 있고 세 번째 Free Block의 위치는 두 번째 Block을 읽어야만 알 수 있다는 뜻입니다. 이런 특징이 성능 저하의 문제가 되기도 합니다.

Free List는 Segment 단위로 작성이 됩니다. 쉽게 말하면 테이블 단위로 생성이 된다는 것이지요. 위에서 언급한 Free List는 3가지 종류가 있으며 아래와 같습니다.

* Master Free List(Segment Free List)

이 리스트에는 해당 Segment에 새롭게 할당된 Free Block이나 트랜잭션이 종료되어 Dirty에서 Free로 반환된 Block들의 목록이 저장되어 있습니다. Segment 생성시에 Storage(.. FREELISTS n ..) 설정으로 Process Free list를 지정하지 않으면 기본적으로 이 Free List가 전체 블록들을 관리하게 됩니다.

* Process Free List

이 리스트는 Master Free List와 마찬가지로 해당 Segment에 트랜잭션이 끝나서 Free Block이 된 명단을 가지고 있습니다.

이 리스트는 Master Free List의 경합을 막기 위해서 사용합니다. 즉 10개의 서버 프로세스들이 1개 밖에 없는 Master Free List에서 Free Block을 찾기 위해 한꺼번에 검색을 시도하면 Master Free List에 경합이 발생해서 성능이 저하됩니다. 즉 1개의 Server Process가 Master Free List를 검색하면서 Free Block을 찾는 동안 다른 Server Process들은 선행 프로세스의 작업이 끝날 때까지 기다려야 합니다. 이때 Buffer Busy Waits라는 현상을 발생시킵니다. 이런 문제가 생기기 때문에 각 프로세스 별로 Free List를 분리해서 할당해 주는 것입니다. 이렇게 할 경우 Master Free List 에서 일어나던 경합이 확실하게 줄어서 성능이 더 좋아지게 됩니다. 그런데 불행하게도 이 값의 기본값은 1입니다. 이 말은 DBA나 사용자가 별도로 값을 지정하지 않으면 최악의 성능을 내는 상황이 된다는 뜻입니다.

이 Process Free List를 생성하려면 해당 Segment를 생성할 때 Storage(... FREELISTS n ..) 구문으로 개수를 지정하면 됩니다.

* Transaction Free List

이 리스트는 현재 세션이 Transaction을 수행하는 도중 Free Block으로 변한 블록들의 목록을 관리합니다. 예를 들어 현재 Transaction을 진행 중인 세션에서 Transaction 내에서 특정 row를 delete나 update를 해서 해당 Row가 들어 있던 Block이 PCTUSED 파라미터의 값에 도달해서 Block의 상태가 Free Block으로 변할 경우 Oracle은 이 Block을 즉시 Master Free List로 반환하는 대신에 해당 Transaction이 수행되고 있는 기간 동안 Transaction Free List 내에 등록해두고 자신의 Transaction 수행 시 Free Block이 필요하게 될 경우 우선적으로 사용하게 됩니다. 만약 이 List 에서 Free Block을 찾지 못할 경우 Process Free List를 검색하게 됩니다. 해당 Transaction이 끝나게 되면(Commit 되면) 이 리스트에 있던 Free Block들은 즉시 모두 Master Free List로 반납됩니다.

각 Free List 사이의 관계를 아래 그림으로 살펴봅니다.

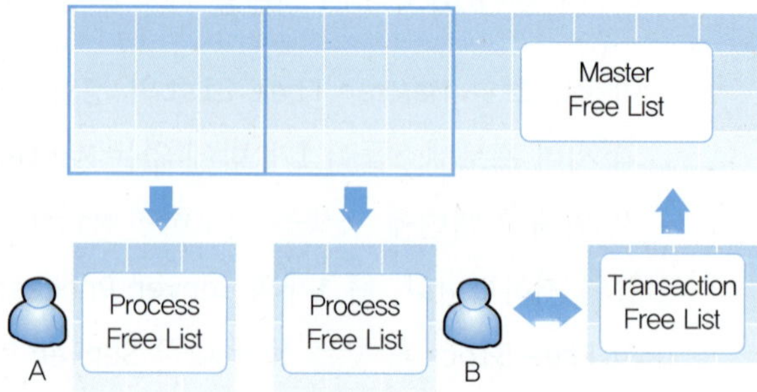

<Free List>

위 그림에서 A 서버 프로세스와 B 서버 프로세스가 동일한 테이블에 데이터를 입력한다고 가정하겠습니다. 그러면 두 서버 프로세스는 해당 테이블이 들어 있는 데이터 파일에서 Free Extent를 할당 받아야 하는데 Master Free List에서 일정 부분을 가져와서 Process Free List를 사용하게 됩니다. 그래서 각각 Process Free List에 할당된 블록에 데이터를 입력하다가 만약 할당된 Free Extent를 다 사용하게 되면 다시 Master Free List로 가서 Extent를 추가로 할당 받아 와서 사용하게 됩니다. 이렇게 관리를 하면 각 서버 프로세스별로 Free List를 각각 독립적으로 사용하기 때문에 Master Free List에 부하도 적게 걸리고 성능도 좋아집니다.

만약 Process Free List의 Free Extent가 전부 소진되어 Master Free List에 요청을 했는데 Master Free List에도 Free한 Extent가 없을 경우 Oracle은 HWM을 오른쪽으로 이동시킨 후에 Free Extent를 새로 생성해서 할당하게 됩니다(HWM을 이동시키는 것을 HWM Bump UP이라고 합니다). 이 때 만약 A와 B 서버 프로세스가 동시에 이런 작업을 할 경우에 문제가 발생할 수 있기 때문에 Oracle은 HWM을 이동시키려는 서버 프로세스는 반드시 먼저 HW 락을 획득하게 합니다. 즉 HW 락을 먼저 획득한 서버 프로세스가 HWM을 이동시킨 후 Free Extent를 확보하고 그 것을 Process Free List로 할당을 받게 됩니다.

서버 프로세스가 HWM을 이동시킬 때 그냥 랜덤으로 이동시키는 것은 아니고 미리 정해진 개수가 있습니다. 이 값을 지정하는 히든 파라미터가 _BUMP_HIGH-WATER_MARK_COUNT입니다. 즉 이 값에 8로 설정이 되어 있으면 한번에 HWM이 8개의 블록씩 이동을 시킵니다. 데이터의 입력이 많을 경우 이 값을 크게 주는 것이 성능에 도움이 됩니다.

그리고 위 그림에서 오른쪽의 B 서버 프로세스의 경우 해당 테이블에서 데이터를 delete를 수행해서 빈 공간이(Free Extent) 생길 경우에 즉시 Master Free List에 반납하지 않고 해당 트랜잭션이 끝날 때까지 자신이 Transaction Free List에 저장하고 있습니다. 이렇게 하는 이유는 해당 트랜잭션에서 다시 입력작업이 발생해서 Free Extent가 필요할 수 있기 때문입니다.

Process Free List는 사람이 해당 Segment를 생성하면서 FREELISTS라는 속성을 지정하면 추가로 줄 수 있지만 Transaction Free List는 Oracle이 자동으로 생성하고 관리합니다. 해당 트랜잭션이 종료가 되면 Transaction Free List에 있던 Free Extent들은 모두 Master Free List로 반납됩니다.

아래의 그림으로 FLM 기반의 Segment 구조를 살펴보겠습니다.

FLM 기반의
Segment 구조

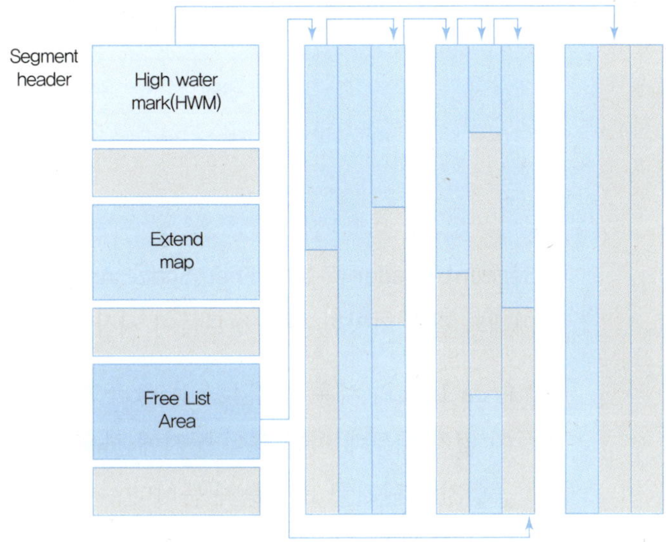

앞의 그림은 FLM 방식으로 운영되는 Segment의 구조를 간략하게 나타낸 그림입니다.

가장 앞 부분에 Segment Header 부분이 있고 이 부분에 High-water Mark(HWM) 정보를 저장하는 공간과 사용중인 Extent들의 정보가 저장되는 Extent Map 부분이 있고 Free Block들의 위치값을 가지는 Free List Area 공간이 있습니다. 그리고 그 다음에 실제 데이터가 저장되는 Block들이 위치하고 있습니다. 위 그림에서 세로로 세워진 것이 1개의 Block이며 회색 부분이 Block 내에서 비어 있는 공간을 표시하며 파란색으로 사용 중인 공간으로 표시하였습니다.

가장 앞 부분에 있는 Segment Header 부분을 자세히 살펴보겠습니다. Segment Header는 해당 Segment의 첫 번째 Extent의 첫 번째 Block에 생성됩니다.

FLM 의 Segment Header

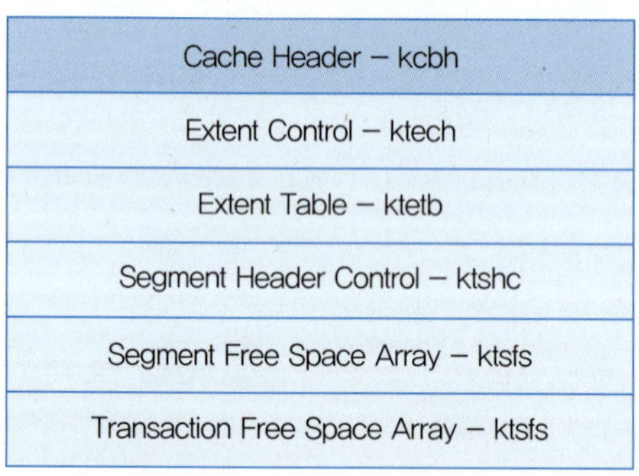

Segment Header 부분에 Free Space Area가 있는 것이 확인됩니다. 이 곳에는 아래와 같은 다양한 주요 정보들이 저장되어 있습니다.

* Free list의 사용 중 유무 - Master Free List일 경우 Free List가 1개 밖에 없기 때문에 여러 명이 동시에 사용할 수 없습니다. 그래서 이 곳에 사용 중인지 아닌지를 표시를 해 둡니다.
* Free List도 Block에 저장되기 때문에 Free List 저장이 시작되는 Block 주소와 끝나는 Block 주소를 기록해 둡니다.

* Extent table / Control - 해당 Segment에 속하게 되는 전체 Extent에 대한 정보가 들어가 있습니다. 만약 새로운 Extent를 할당 받아서 사용하게 될 경우 당연히 이 부분에 추가가 되어야 하며 이런 이유로 만약 하나의 테이블에 여러 사용자가 동시에 많은 데이터를 입력해서 Extent가 추가되는 경우가 발생한다면 이 부분을 동시에 Update할 수 없는 이유로 성능 저하가 발생할 수 있게 됩니다.

위에서 살펴본 바와 같이 FLM은 아주 복잡한 내용을 가진 관리방법이며 Free List를 잘못 설정할 경우 성능에 나쁜 영향을 줄 수 있기 때문에 아주 주의해야 하는 방법입니다. 다행히 이런 문제점을 해결한 방법이 뒤에서 살펴볼 ASSM 기법입니다.

7. Automatic Segment Space Management (ASSM) 기법을 사용한 Extent 관리

FLM 기법은 위에서 언급한 대로 Free List의 관리에 따라 성능이 결정이 되는 수동 모드의 관리 방법이었습니다. 즉 사용자가 Segment를 생성할 때 Freelists 속성이나 pctfree, pctused 값을 어떻게 주느냐에 따라서 성능이 아주 많이 차이가 나는 방식입니다. 관리자의 능력에 따라 성능이 좋을 수도 있고 아닐 수도 있는 단점이 있지요. 그래서 등장한 방법이 Oracle이 자동으로 Extent를 관리하는 방식입니다.

이름도 Automatic Segment Space Management(ASSM)입니다. 이 방식은 기존에 사용하던 Freelist를 사용하는 대신 Block의 사용 정도를 Bitmap으로 관리를 하게 됩니다. 이 방식은 B-Tree 인덱스와 비슷한 방식으로 구성이 됩니다. 아래의 그림으로 자세히 살펴보겠습니다.

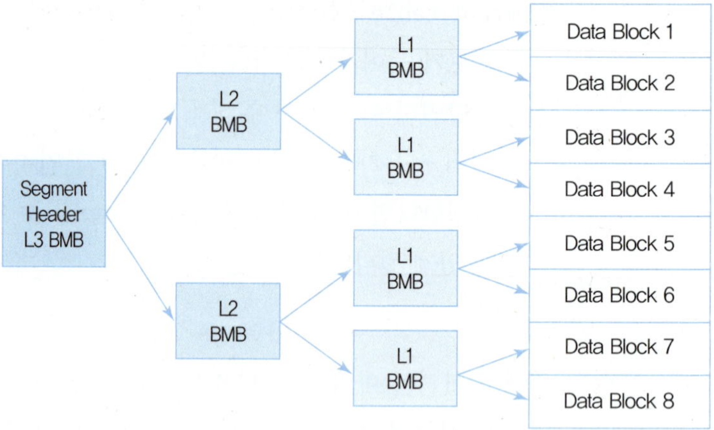

위 그림은 ASSM 기반의 관리 방법을 나타내고 있습니다. FLM 기법은 Free list에 모든 Free Block들의 위치 정보가 들어 있어서 새로운 Free Block이 필요할 경우에 Free list를 읽어서 Free Block을 찾는 과정에서 경합이 발생했지만 위 그림처럼 ASSM 기법은 별도의 Free list가 없고 Bit Map Block(BMB)이 Free Block의 상태들을 관리합니다.

ASSM에서는 모든 Data Block에 해당 Block의 여유 상태를 Bitmap으로 나타내고 있습니다. 이 Bitmap 정보는 아래와 같습니다.

- 0000: 포맷 안 된 상태
- 0001: 100% 사용중인 상태
- 0010: 0% - 25% Free space 있는 상태(FS1로 표현합니다.)
- 0011: 25% 보다 크고 50% 보다 작은 Free space 있는 상태(FS2로 표현합니다.)
- 0100: 50% 보다 크고 75% 보다 작은 Free space 있는 상태(FS3로 표현합니다.)
- 0101: 75% 보다 크고 100% 보다 작은 Free space 있는 상태(FS4로 표현합니다.)

위와 같은 Free Space의 상태가 모든 Data Block의 Header 부분에 저장되어 있으며 이 정보를 가지고 L1 BMB가 만들어 집니다. 하나의 L1 BMB에서 관리하는 Data Block의 개수는 Segment의 크기에 따라 아래와 같이 달라집니다.

- 1M 이하: 16 Blocks
- 1M 보다 크고 32M 이하일 경우: 64 Blocks
- 32M 보다 크고 1G 이하일 경우: 256 Blocks
- 1G 초과일 경우: 1024 Blocks

앞의 그림에서 알 수 있듯이 L3 BMB에는 L2 BMB 정보가 들어가 있으며 L2 BMB에는 L1 BMB 정보가 들어가 있고 L1 BMB에 실제 Data Block에 대한 정보가 들어가 있습니다.

ASSM 환경에서 Segment에 새로운 데이터를 입력하기 위해 Free Block을 찾아야 할 경우에는 가장 먼저 L3 BMB를 읽어서 Free Block의 정보를 가진 L2 BMB를 찾게 되고 L2 BMB에서 해당 Block을 관리하는 L1 BMB를 찾게 됩니다. L1 BMB까지 찾은 후 해당 블록에 새로운 내용을 추가하고 만약 블록의 용량이 변경되면 Block의 헤더 부분에 있는 Bitmap 정보를 변경하게 됩니다.

여기서 한 가지 중요한 점은 Segment의 Block을 순서대로 사용하는 것이 아니라는 것입니다. 예를 들어 A 사용자와 B 사용자가 동시에 같은 테이블에 데이터를 입력할 경우 A 사용자와 B 사용자가 서로 다른 L2 BMB와 L1 BMB를 찾아서 다른 블록에 데이터를 입력할 경우가 생깁니다.

Free List Management에서는 High Water Mark(HWM)을 기준으로 왼쪽은 사용중인 Block을 의미하고 오른쪽은 Free Block을 나타냅니다. 그런데 ASSM은 Block을 순서대로 쓰지 않기 때문에 중간에 빈 Block이 생기게 되는 구조적인 문제점을 안고 있습니다.

그래서 이런 문제를 해결하기 위해 ASSM 기법에서는 High HWM와 Low HWM이라는 개념이 등장하게 됩니다. Low HWM 이하의 블록들은 모두 포맷 상태의 블록으로 "현재 사용 중"인 블록들입니다. 반면 High HWM 이상의 블록들은 모두 비포맷 상태의 블록이며, "아직 사용되지 않은" 블록들입니다. 그리고 Low HWM과

High HWM 사이에는 아직 사용되지 않은 비 포맷 상태의 블록들이 존재할 수 있으며 이러한 비 포맷 상태의 블록들은 추후에 INSERT 작업에 의해 사용되는 시점에 포맷이 되어 사용이 됩니다.

사실 ASSM이 되면서 Segment의 공간관리 부분이 아주 많이 자동화되고 성능 또한 FLM에 비해서 많이 개선이 되어 Tablespace를 생성할 때 좋은 성능을 얻기를 원한다면 거의 무조건 ASSM 기법으로 생성하기를 권합니다. 그리고 **10g** 이후 버전부터는 다른 설정을 하지 않으면 기본적으로 ASSM이 적용이 되어 많은 Segment의 성능 관련 이슈들이 해결되었습니다.

실습 Row Chaining 확인하기

```
SYS>set line 200
SYS>col owner for a10
SYS>col table_name for a10
SYS>col tablespace_name for a10
SYS>select owner,table_name,tablespace_name from dba_tables
  2  where owner='SCOTT'
  3  and table_name='EMP';

OWNER          TABLE_NAME        TABLESPACE
---------- ---------------- ----------------
SCOTT            EMP               USERS

SYS>exec dbms_stats.gather_table_stats('SCOTT','EMP');

PL/SQL procedure successfully completed.

SYS>select num_rows,chain_cnt
  2  from dba_tables
  3  where table_name='EMP';

      NUM_ROWS        CHAIN_CNT
---------------- ----------------
        14               0
```

위 결과에서 chain_cnt 부분이 Row Chaining의 값입니다. 만약 이 값이 높을 경우 해당 테이블에 Row Chaining이 많이 발생하고 있다는 의미이므로 해당 테이블이 저장되어 있는 Tablespace의 Block 크기를 재 조정하는 것과 해당 Table을 Reorg하는 것을 심각하게 고려해야 합니다. 해당 Table을 Reorg하는 방법은 아래와 같이 Table을 move 하면 간단히 해결됩니다.

```
SYS>alter table scott.emp move tablespace example ;
SYS>select owner,table_name,tablespace_name from dba_tables
  2  where owner='SCOTT'
  3  and table_name='EMP';

OWNER          TABLE_NAME       TABLESPACE
---------- ----------------- --------------
SCOTT              EMP              EXAMPLE
```

위와 같이 기존에 USERS에 있던 EMP 테이블을 EXAMPLE tablespace로 이동을 시키게 되면 해당 테이블에 있던 인덱스가 모두 사용 못함(UNUSABLE) 상태로 변경이 되므로 반드시 해당 인덱스까지 Rebuild 작업을 해 주어야 합니다.

그리고 꼭 다른 Tablespace를 써야 하는 것은 아닙니다. 예를 들어 현재 Example Tablespace에 있지만 move tablespace example로 지정해도 reorg가 동일하게 적용됩니다.

```
SYS>exec dbms_stats.gather_table_stats('SCOTT','EMP');

PL/SQL procedure successfully completed.

SYS>select table_name,index_name,status
  2  from dba_indexes
  3  where table_name='EMP';

TABLE_NAME  INDEX_NAME    STATUS
--------------- ------------------ ---------------
EMP          PK_EMP        UNUSABLE ← 사용 못함 상태로 변경되었습니다.

SYS>alter index scott.pk_emp rebuild ;
```

```
Index altered.

SYS>exec dbms_stats.gather_table_stats('SCOTT','EMP');

PL/SQL procedure successfully completed.

SYS>select table_name,index_name,status
  2  from dba_indexes
  3  where table_name='EMP';

TABLE_NAME          INDEX_NAME          STATUS
-------------- ---------------- ------------
EMP                 PK_EMP              VALID  ← 사용 가능함 상태로 변경되었습니다.
```

Table Reorg 후 인덱스 **Rebuild** 해야 한다는 사실을 꼭 기억하세요.

```
SYS>alter table scott.emp allocate extent ( size 128k);

Table altered.

SYS>analyze table scott.emp compute statistics;

Table analyzed.

SYS>select num_rows, blocks, empty_blocks as empty
  2  from dba_tables
  3  where table_name='EMP';

    NUM_ROWS      BLOCKS       EMPTY
--------------- ---------- ----------
           14           4          20 ← 128k가 추가되어 증가했습니다.
```

위 테스트 방법은 주로 FLM 기반일 경우에 특정 블록의 사용 여부나 Segment의 블록 사용 정보 등을 조회할 때 많이 사용했던 방식입니다. 그래서 이 방법으로는 ASSM의 특징인 Block별 사용량을 확인할 수가 없습니다. 아래에서 Block 별로 사용량을 조회할 수 있도록 다른 테스트를 수행하겠습니다.

```
SYS> create table scott.assm
  2  ( no number ,
  3    name varchar2(10),
```

```
    addr varchar2(10));

Table created.

SYS> begin
 for i in 1..10000 loop
  insert into scott.assm
  values (i , dbms_random.string('A',9) , dbms_random.string('B',9));
 end loop;
 commit;
 end;
 /

PL/SQL procedure successfully completed.
SYS> select count(*) from scott.assm;

  COUNT(*)
--------------
     10000

SYS> set serveroutput on;

SYS>  declare
     p_owner                        varchar2(30) := 'SCOTT';
     p_segname                      varchar2(30) := 'ASSM';
     p_segtype                      varchar2(30) := 'TABLE';
     p_partition_name               varchar2(30) := null;
     l_total_blocks                 NUMBER;
     l_total_bytes                  NUMBER;
     l_unused_blocks                NUMBER;
     l_unused_bytes                 NUMBER;
     l_last_used_extent_file_id      NUMBER;
     l_last_used_extent_block_id    NUMBER;
     l_last_used_block              NUMBER;
     l_unformatted_blocks           NUMBER;
     l_unformatted_bytes            NUMBER;
     l_fs1_blocks                   NUMBER;
     l_fs1_bytes                    NUMBER;
     l_fs2_blocks                   NUMBER;
     l_fs2_bytes                    NUMBER;
     l_fs3_blocks                   NUMBER;
     l_fs3_bytes                    NUMBER;
     l_fs4_blocks                   NUMBER;
```

```
    l_fs4_bytes                        NUMBER;
    l_full_blocks                      NUMBER;
    l_full_bytes                       NUMBER;
BEGIN
    /* blocks space */
 DBMS_SPACE.SPACE_USAGE(
    segment_owner          => p_owner,
    segment_name           => p_segname,
    segment_type           => p_segtype,
    partition_name         => p_partition_name ,
    unformatted_blocks     => l_unformatted_blocks,
    unformatted_bytes      => l_unformatted_bytes,
    fs1_blocks             => l_fs1_blocks,
    fs1_bytes              => l_fs1_bytes ,
    fs2_blocks             => l_fs2_blocks ,
    fs2_bytes              => l_fs2_bytes ,
    fs3_blocks             => l_fs3_blocks,
    fs3_bytes              => l_fs3_bytes,
    fs4_blocks             => l_fs4_blocks,
    fs4_bytes              => l_fs4_bytes ,
    full_blocks            => l_full_blocks ,
    full_bytes             => l_full_bytes);
   DBMS_OUTPUT.PUT_LINE( RPAD('OWNER',40,'.') || p_owner );
   DBMS_OUTPUT.PUT_LINE( RPAD('SEGMENT_NAME',40,'.') || p_segname );
   DBMS_OUTPUT.PUT_LINE( RPAD('SEGMENT_TYPE',40,'.') || p_segtype );
   DBMS_OUTPUT.PUT_LINE( RPAD('PARTITION_NAME',40,'.') || p_partition_name );
   DBMS_OUTPUT.PUT_LINE( RPAD('*',60,'*')  );
   DBMS_OUTPUT.PUT_LINE( RPAD('unformatted_blocks',40,'.') || l_unformatted_blocks );
   DBMS_OUTPUT.PUT_LINE( RPAD('unformatted_bytes',40,'.') || l_unformatted_bytes );
   DBMS_OUTPUT.PUT_LINE( RPAD('fs1_blocks : 0 to 25% free space',40,'.') || l_fs1_blocks );
   DBMS_OUTPUT.PUT_LINE( RPAD('fs1_bytes  : 0 to 25% free space',40,'.') || l_fs1_bytes );
   DBMS_OUTPUT.PUT_LINE( RPAD('fs2_blocks : 25 to 50% free space',40,'.') || l_fs2_blocks );
   DBMS_OUTPUT.PUT_LINE( RPAD('fs2_bytes  : 25 to 50% free space',40,'.') || l_fs2_bytes );
   DBMS_OUTPUT.PUT_LINE( RPAD('fs3_blocks : 50 to 75% free space',40,'.') || l_fs3_blocks );
   DBMS_OUTPUT.PUT_LINE( RPAD('fs3_bytes  : 50 to 75% free space',40,'.') || l_fs3_bytes );
   DBMS_OUTPUT.PUT_LINE( RPAD('fs4_blocks : 75 to 100% free space',40,'.') || l_fs4_blocks );
   DBMS_OUTPUT.PUT_LINE( RPAD('fs4_bytes  : 75 to 100% free space',40,'.') || l_fs4_bytes );
   DBMS_OUTPUT.PUT_LINE( RPAD('full_blocks',40,'.') || l_full_blocks );
   DBMS_OUTPUT.PUT_LINE( RPAD('full_bytes',40,'.') || l_full_bytes );
END;
/

OWNER............................................SCOTT
SEGMENT_NAME...........................ASSM
```

```
SEGMENT_TYPE..............................TABLE
PARTITION_NAME..........................
************************************************************
unformatted_blocks.................................0
unformatted_bytes....................................0
fs1_blocks : 0 to 25% free space........0
fs1_bytes  : 0 to 25% free space........0
fs2_blocks : 25 to 50% free space.......1
fs2_bytes  : 25 to 50% free space.......8192
fs3_blocks : 50 to 75% free space.......0
fs3_bytes  : 50 to 75% free space.......0
fs4_blocks : 75 to 100% free space......3
fs4_bytes  : 75 to 100% free space......24576
full_blocks........................................................39
full_bytes.........................................................319488

PL/SQL procedure successfully completed.
```

위 결과를 보면 FS2 상태의 블록이 1개, FS4 상태의 블록이 3개, Full 상태의 블록이 39개가 있다는 것을 알 수 있습니다. ASSM 방식으로 Segment를 생성할 경우에는 위의 방법으로 각 Block들의 상태를 조회할 수 있습니다.

이상으로 Oracle에서 데이터를 저장하고 관리하는 주요 기법들에 대해서 살펴보았습니다.

```
SEGMENT_TYPE..................................TABLE
PARTITION_NAME................................
-------------------------------------------------------
unformatted blocks..............................0
unformatted bytes...............................0
fs1 blocks : 0 to 25% free space.......0
fs1 bytes  : 0 to 25% free space.......0
fs2 blocks : 25 to 50% free space.......[illegible]
fs2 bytes  : 25 to 50% free space.......[illegible]
fs3 blocks : 50 to 75% free space.......[illegible]
fs3 bytes  : 50 to 75% free space.......[illegible]
fs4 blocks : 75 to 100% free space.......[illegible]
fs4 bytes  : 75 to 100% free space.......[illegible]
full blocks.....................................[illegible]
full bytes......................................[illegible]

PL/SQL procedure successfully completed.
```

[illegible] ASSM [illegible] Segment [illegible]

CHAPTER 09

Oracle 메모리 관리기법들

CHAPTER 09

Oracle 메모리 관리 기법들

앞에서 살펴본 바와 같이 데이터베이스의 작동 원리는 디스크에 저장되어 있는 데이터들을 조회하고 변경하기 위해서 메모리에서 작업을 하는 것입니다. 그래서 성능과 메모리와의 관계는 필수불가분의 관계입니다.

오라클은 이렇게 중요한 메모리를 관리하기 위한 기술을 끊임없이 발전시켜 오고 있습니다. 이번 장에서는 오라클에서 메모리를 관리하는 여러 가지 기술들을 살펴보겠습니다. 주요 메모리 관련 환경들은 앞에서 살펴보았으므로 주요 메모리 구조는 생략하고 관리 기법에 중점을 두고 살펴보겠습니다.

1. 9i 버전에서의 메모리 관리기법

앞에서 살펴본 바와 같이 오라클에서 사용하는 메모리는 크게 System Global Area(SGA)와 Program Global Area(PGA)로 나눌 수 있습니다. 8i 이전 버전까지는 이 두 가지 메모리를 모두 DBA가 수동으로 설정을 해서 관리를 했습니다. 그리고 어떤 설정 값이 변경이 되면 인스턴스를 재시작해야 적용이 되는 Static의 특징이 있어서 관리방법이나 적용방법이 아주 불편하고 힘든 부분이 많이 있었습니다.

그러다가 9i가 되면서부터 'Dynamic'하게 메모리 관련 파라미터의 설정 값을 변경하고 적용할 수 있는 기술이 등장을 합니다. DBA가 'alter system set'이라는 명령을 사용하여 특정 파라미터의 값을 변경하면 인스턴스의 재 시작 없이 즉시 적용이 가능하게 된 것입니다.

9.0.1 버전에서는 Default Buffer Cache의 값을 Dynamic하게 변경할 수 있으며 9.2.0 버전부터는 Shared pool, Default Buffer Cache, Large Pool, java pool의 값을 변경할 수 있고 10g 버전부터는 Streams pool이 추가됩니다.

주의 사항은 위 항목들을 모두 합친 값이 SGA_MAX_SIZE에 설정된 값보다 클 수 없다는 것입니다. 즉 SGA의 전체 크기는 SGA_MAX_SIZE로 지정이 되며 이 값을 초과할 수 없다는 점을 꼭 기억하셔야 합니다. 그래서 만약 Shared Pool 사이즈 값을 현재 100MB에서 200MB로 변경할 경우 다른 파라미터의 값을 줄인 후에 Shared Pool의 값을 증가시켜야만 이 값이 적용이 됩니다.

이렇게 오라클이 동적으로 각종 메모리의 값을 변경할 때 사용하는 단위로 그래뉼(Granule)을 사용합니다. 그래뉼은 메모리를 할당할 때 쓰는 단위로 9i의 경우는 SGA의 전체 크기가 128MB 이하이면 1그래뉼이 4MB이고 128MB 초과이면 16MB입니다. 즉 메모리를 할당할 때 1MB씩 할당하는 것이 아니라 1그래뉼 단위로 할당한다는 뜻입니다. 10g가 되면서 SGA값의 크기가 128MB에서 1GB로 변경되었습니다.

SGA 총 크기와 그래뉼 사이즈는 아래와 같이 확인이 가능합니다.

```
SQL> select name , bytes/1024/1024 MB
  2  from v$sgainfo
  3  where name ='Maximum SGA Size' ;

NAME                         MB
-----------------------    ---------------
Maximum SGA Size             403.089844

SQL> select name , bytes/1024/1024 MB
  2  from v$sgainfo
  3  where name ='Granule Size' ;
```

```
NAME                        MB
-----------------------    ----------
Granule Size                 4
```

위에서 조회한 그래뉼 사이즈로 각 백그라운드 프로세스들은 메모리를 할당 받아서 사용하게 됩니다. 아래의 방법으로 각 백그라운드 프로세스가 실제 사용하는 내역을 조회하겠습니다.

```
[oracle@localhost ~]$ pmap `pgrep -f pmon`
3435:   ora_pmon_testdb
00110000      4K rwx--    [ anon ]
00111000   2172K r-x--  /app/oracle/product/11g/lib/libnnz11.so
00330000    184K rwx--  /app/oracle/product/11g/lib/libnnz11.so
0035e000     12K rwx--    [ anon ]
(중간생략)
36c00000   4096K rwxs-  /dev/shm/ora_testdb_98305_91
37000000   4096K rwxs-  /dev/shm/ora_testdb_98305_92
37400000   4096K rwxs-  /dev/shm/ora_testdb_98305_93
37800000   4096K rwxs-  /dev/shm/ora_testdb_98305_94
37c00000   4096K rwxs-  /dev/shm/ora_testdb_98305_95
38000000   4096K rwxs-  /dev/shm/ora_testdb_98305_96
38400000   4096K rwxs-  /dev/shm/ora_testdb_98305_97
38800000   4096K rwxs-  /dev/shm/ora_testdb_98305_98
38c00000   4096K rwxs-  /dev/shm/ora_testdb_98305_99
39000000   4096K rwxs-  /dev/shm/ora_testdb_98305_100
39400000   4096K rwxs-  /dev/shm/ora_testdb_98305_101
bfb12000     84K rwx--    [ stack ]
 total   585108K
```

위 결과를 보면 /dev/shm/ora_로 메모리가 4MB씩 매핑되어 사용되는 것을 알 수 있습니다. 다른 백그라운드 프로세스들도 위와 같이 조회하면 개별 사용내역을 전부 조회할 수 있습니다. 주의 사항은 위 명령어 pmap `pgrep -f pmon`에서 `기호는 홑따옴표가 아닌 틸드(~) 연산자와 함께 있는 기호입니다.

그리고 9i 부터 PGA를 관리하는 방법도 수동모드에서 자동 관리모드로 변경됩니다. WORKAREA_SIZE_POLICY라는 파라미터를 AUTO로 설정할 경우 PGA 전체 크기 범위 안에서 PGA 값을 오라클이 자동으로 관리를 하게 됩니다. 만약 이 파라미터를 Manual로 설정할 경우 이전 버전과 같이 PGA를 구성하는 각종 파라미터의 값을 수동으로 지정할 수 있으며 기본값은 AUTO입니다. PGA 전체 크기는 PGA_AGGREGATE_TARGET 파라미터로 지정할 수 있습니다.

단 실제 서버프로세스가 사용할 수 있는 최대 PGA 크기는 히든 파라미터인 _PGA_MAX_SIZE로 지정됩니다. PGA 관련 Hidden Parameter 값을 조회하는 방법은 아래와 같습니다.

```
SYS>col ksppinm for a40
SYS>col ksppstvl for a40
SYS>select a.ksppinm , b.ksppstvl
  2  from x$ksppi a , x$ksppsv b
  3  where a.indx=b.indx
  4  and a.ksppinm like '%_size' ;
```

이 값으로 조회되는 값 중에서 PGA 관련 주요 항목은 아래와 같습니다.

```
KSPPINM                          KSPPSTVL
--------------------------    ------------------------------
_pga_max_size                    209715200 (bytes 단위)
_smm_max_size                        28672 (kb 단위)
_smm_px_max_size                     71680 (kb 단위)
```

각 항목의 의미는 아래와 같습니다.

* _pga_max_size : 1개의 프로세스가 사용할 수 있는 최대 PGA의 크기를 바이트 단위로 나타냅니다. 이 값은 직렬 처리시 사용될 값과 병렬 처리시 사용될 값을 모두 합친 값입니다.
* _smm_max_size : 1개의 프로세스가 직렬처리시 사용할 수 있는 최대 PGA의 값을 킬로바이트 단위로 나타냅니다.
* _smm_px_max_size : 1개의 프로세스가 병렬처리시 사용할 수 있는 최대 PGA의 값을 킬로바이트 단위로 나타냅니다.

9i부터 PGA용량을 자동으로 관리하는 방법이 나와서 편리해진 부분도 있지만 문제가 되는 부분도 있습니다. 문제가 되는 부분은 하나의 세션이 사용할 수 있는 PGA용량이 정해져 있다는 것입니다. 위에서 살펴본 각종 히든 파라미터의 값에서 지정된 만큼만 사용할 수 있는데, 문제는 대량의 데이터를 처리해야 하는 배치성 작업의 경우에 발생하는 Sort나 Hash 작업 같은 경우는 PGA의 용량이 작업속도에 아주 중요합니다. Sort나 Hash 작업이 PGA에서 이루어 진다는 것은 앞에서 살펴보았습니다. 그런데 PGA 전체 용량이 아무리 커도 한 세션이 사용할 수 있는 값은 정해져 있기 때문에 대량의 Sort 작업이나 Hash 작업을 수행할 경우에는 문제가 됩니다.

PGA 값을 자동으로 관리할 경우 1세션당 사용할 수 있는 PGA 용량은 아래와 같이 결정됩니다.

- 직렬 작업일 경우 : min(5% PGA_AGGREGATE_TARGET, 100MB)
- 병렬 작업일 경우 : min(30% PGA_AGGREGATE_TARGET/DOP, _pga_max_size)

위 공식에서 알 수 있듯이 직렬 작업일 경우는 PGA_AGGREGATE_TARGET 값의 5%와 100MB 중에서 작은 값으로 결정된다는 의미이며 이 경우는 최대값이 100MB를 넘지 못합니다. 그리고 병렬 작업일 경우는 _pga_max_size의 기본값이 200MB이므로 최대 200MB를 넘어가지 못합니다.

이럴 경우에는(대량의 Sort 나 Hash 가 발생하는 작업을 할 경우) WORKAREA_SIZE_POLICY 값을 Manual로 설정한 후에 SORT_AREA_SIZE나 HASH_AREA_SIZE 값을 수동으로 직접 지정해 주는 것이 성능 향상에 도움이 됩니다.

즉 세션 레벨에서 WORKAREA_SIZE_POLICY=manual 모드로 설정한 후 SORT_AREA_SIZE, HASH_AREA_SIZE 값을 물리적 메모리가 허용하는 범위 내에서 최고 값으로(권장값은 최대 2GB입니다.) 설정 한 후 작업하는 것이 좋습니다. 다만 이렇게 세션 레벨에서 Manual 모드로 해도 전체 시스템 레벨이 auto 모드이므로 PGA_AGGREGATE_TARGET 값을 초과할 수 없으므로 PGA_AGGREGATE_

TARGET 값을 충분히 크게 설정을 해야 성능향상의 효과를 얻을 수 있게 됩니다. 참고로 PGA 용량이 부족할 경우 ORA-04030 에러가 발생하게 됩니다.

v$pq_sysstat를 조회하면 현재 작동중인 Parallel Query 의 busy, idle 상태 및 server start, shutdown된 상태를 조회 할 수 있습니다. 아래와 같이 조회하면 됩니다.

```
SQL> select  *  from  v$pq_sysstat  where  statistic = 'Severs Busy';
```

2. 10g 버전에서의 메모리 관리기법

9i 버전에서는 공유 메모리(SGA)를 Dynamic하게 DBA가 변경할 수 있는 기능이 등장을 해서 메모리 관리를 보다 편리하게 해 주었습니다. 10g부터는 이보다 더 진보된 기술인 SGA 주요 구성요소들의 크기를 DBA가 아닌 오라클이 스스로 변경할 수 있는 기능인 Automatic Shared Memory Management(ASMM)이라는 기능이 등장을 하게 됩니다.

이 기능은 주요 SGA 구성요소 중 Redo log Buffer를 제외한 나머지 구성요소들의 크기를 상황에 맞도록 데이터베이스가 스스로 변경하는 기능을 의미합니다. 이 기능으로 자동 변경 가능한 구성요소는 Shared Pool, Default Database Buffer Cache, Large Pool, java Pool, Streams Pool입니다. 이 기능을 수행하기 위해 10g부터 새로 등장한 백그라운드 프로세스는 MMAN입니다.

ASMM 기능에 대해서 자세히 살펴보겠습니다. ASMM은 MMAN이라는 백그라운드 프로세스가 현재 SGA의 Workload를 보고 메모리의 부족함과 충분함을 판단 한 후 충분한 곳에서 메모리를 회수해서 부족한 곳으로 재배치 해주는 기능입니다. 이 기능을 하기 위해서 필수적인 요소는 현재 SGA의 Workload인데 이 부분은 MMON이라는 백그라운드 프로세스가 SYSAUX 테이블 스페이스에 저장해 두는 통계정보와 각종 Advisor들이 실시간으로 보내주는 정보들을 참조하게 됩니다.

MMAN 이 SGA의 양을 자동으로 할당하고 관리할 때 기준으로 사용하는 파라미터가 SGA_TARGET입니다. MMAN은 SGA_TARGET에 설정된 용량의 범위 안에서 메모리를 할당하고 관리를 하게 됩니다.

SGA_TARGET 파라미터는 SGA_MAX_SIZE 값을 초과할 수 없습니다. ASMM 기능을 사용하려면 STATISTICS_LEVEL=TYPICAL or ALL로 설정하고 SGA_TARGET 파라미터의 값을 0보다 큰 값으로 설정하신 후 다른 파라미터들의 크기를 0으로 설정하기만 하면 됩니다. 만약 SGA_TARGET 값을 0보다 크게 설정 한 후 다른 파라미터 값을 0보다 크게 설정하면 해당 파라미터의 값이 최소값으로 인식하게 됩니다.

예를 들어서 SGA_TARGET=2G로 설정한 후 Shared_pool_size=100m로 설정하면 Shared_pool_size 의 최소 값을 100M로 설정한 것입니다. SGA_TARGET 파라미터의 값은 SGA_MAX_SIZE의 값을 초과할 수 없으며 SGA_TARGET 값으로 자동 튜닝되는 파라미터들의 값만을 변경한다는 것도 알아야 합니다. 메모리 관련 파라미터 중에서 자동 튜닝이 되는 파라미터는 아래와 같습니다.

- Auto-Tuned dynamic Parameter :

  DB_CACHE_SIZE, SHARED_POOL_SIZE, LARGE_POOL _SIZE, JAVA_POOL_SIZE, STREAMS_POOL_SIZE

- Manual-Tuned dynamic Parameter :

  DB_KEEP_CACHE_SIZE, DB_RECYCLE_CACHE_SIZE, DB_nK_CACHE_SIZE, SGA_TARGET

이 기능은 아래와 같이 확인 가능합니다.

```
SQL> show parameter sga_target;

NAME                          TYPE              VALUE
----------------------------  ----------------  ------------------------------
sga_target                    big integer       0
```

이럴 경우는 SGA 관련 파라미터들을 전부 수동으로 설정해 주어야 합니다.

SGA_TARGET 값을 설정해서 이 기능을 활성화시킨 후 여러 가지 테스트를 하겠습니다.

```
SQL> alter system set sga_target=100M;

System altered.

SQL> show parameter sga_target ;

NAME                                 TYPE             VALUE
------------------------------------ ---------------- ------------------------------
sga_target                           big integer       100M
```

그리고 자동으로 할당된 세부 내역을 아래와 같이 조회해서 확인할 수 있습니다.

```
SQL> set line 200
SQL> col component for a25
SQL> set pagesize 50
SQL> select component, current_size/1024/1024 curr_MB, min_size/1024/1024 min_MB,
  2         user_specified_size/1024/1024 user_MB
  3  from v$sga_dynamic_components;

COMPONENT                    CURR_MB      MIN_MB      USER_MB
------------------------- ---------- ----------- ------------
shared pool                      148         148            0
large pool                         4           4            0
java pool                          4           4            0
streams pool                       4           4            0
DEFAULT buffer cache              84          84            0
KEEP buffer cache                  0           0            0
RECYCLE buffer cache               0           0            0
DEFAULT 2K buffer cache            0           0            0
DEFAULT 4K buffer cache            0           0            0
DEFAULT 8K buffer cache            0           0            0
DEFAULT 16K buffer cache           0           0            0
DEFAULT 32K buffer cache           0           0            0
Shared IO Pool                     0           0            0
ASM Buffer Cache                   0           0            0

14 rows selected.
```

위 조회 값을 보면 각 파라미터들의 기본 설정 값이 나옵니다. 만약 SGA_TARGET 값을 적절하게 주지 않으면 아래와 같이 에러가 발생합니다.

```
SQL> alter system set sga_target=370M;
alter system set sga_target=370M
*
ERROR at line 1:
ORA-02097: parameter cannot be modified because specified value is invalid
ORA-00839: SGA_TARGET cannot be modified to the specified value
```

SGA_TARGET 값은 SGA_MAX_SIZE에서 Log_buffer 값을 제외하고 또 예약공간 값을 제외한 크기를 초과할 수 없습니다. 남아 있는 용량은 아래와 같이 v$sga_dynamic_free_memory를 조회하시면 됩니다.

```
SQL> show parameter sga_max_size ;

NAME                                 TYPE           VALUE
------------------------------------ -------------- -------------------
sga_max_size                         big integer    404M  ← 총SGA량 입니다

SQL> alter system set sga_target=350M;

System altered.

SQL> select current_size/1024/1024 MB
  2  from v$sga_dynamic_free_memory ;

        MB
---------------
        52
```

이 값들이 정말 자동으로 변경되는지 테스트용 테이블을 생성해서 테스트해 보겠습니다.

```
SQL> create table assm_test
  2  as
  3  select * from dba_tables ;

Table created.

SQL> insert into assm_test
  2  select * from dba_tables;

2841 rows created.

SQL> /

2841 rows created.

SQL> /

2841 rows created.

SQL> /

2841 rows created.

SQL> /

2841 rows created.

SQL> /

2841 rows created.

SQL> /

2841 rows created.

SQL> /

2841 rows created.

SQL> select component , current_size/1024/1024 curr_MB , min_size/1024/1024
min_MB ,
  2         user_specified_size/1024/1024 user_MB
  3  from v$sga_dynamic_components ;
```

```
COMPONENT                      CURR_MB       MIN_MB      USER_MB
------------------------- ---------------- ------------ -------------
shared pool                        148          148            0
large pool                           4            4            0
java pool                            4            4            0
streams pool                         4            4            0
DEFAULT buffer cache               172           84            0
KEEP buffer cache                    0            0            0
RECYCLE buffer cache                 0            0            0
DEFAULT 2K buffer cache              0            0            0
DEFAULT 4K buffer cache              0            0            0
DEFAULT 8K buffer cache              0            0            0
DEFAULT 16K buffer cache             0            0            0
DEFAULT 32K buffer cache             0            0            0
Shared IO Pool                       0            0            0
ASM Buffer Cache                     0            0            0

14 rows selected.
```

Default buffer cache 사이즈가 자동으로 변경된 것을 확인할 수 있습니다. 이렇게 변경된 내역들은 아래와 같이 조회하시면 알 수 있습니다.

```
SQL> set pagesize 50
SQL> col component for a30
SQL> select component, oper_type, oper_mode, initial_size/1024/1024
"INITIAL",
  2         TARGET_SIZE/1024/1024 "TARGET", FINAL_SIZE/1024/1024 "FINAL", status
  3  from v$sga_resize_ops;
```

```
COMPONENT            OPER_TYPE OPER_MODE  INITIAL TARGET  FINAL  STATUS
-------------------- -------------------- ------- ------- ------ -------
shared pool             STATIC                  0     148    148 COMPLETE
RECYCLE buffer cache    STATIC                  0       0      0 COMPLETE
java pool               STATIC                  0       4      4 COMPLETE
streams pool            STATIC                  0       4      4 COMPLETE
DEFAULT buffer cache    GROW      MANUAL       84     172    172 COMPLETE
DEFAULT buffer cache    GROW      MANUAL       84     120    120 COMPLETE
DEFAULT buffer cache    INITIALIZING           84      84     84 COMPLETE
ASM Buffer Cache        STATIC                  0       0      0 COMPLETE
DEFAULT buffer cache    STATIC                  0      84     84 COMPLETE
```

```
DEFAULT 2K buffer cache    STATIC                    0        0        0 COMPLETE
DEFAULT 4K buffer cache    STATIC                    0        0        0 COMPLETE
DEFAULT 4K buffer cache    STATIC                    0        0        0 COMPLETE
DEFAULT 8K buffer cache    STATIC                    0        0        0 COMPLETE
DEFAULT 16K buffer cache   STATIC                    0        0        0 COMPLETE
DEFAULT 32K buffer cache   STATIC                    0        0        0 COMPLETE
KEEP buffer cache          STATIC                    0        0        0 COMPLETE
large pool                 STATIC                    0        4        4 COMPLETE

17 rows selected.
```

위 내용을 보면 DEFAULT buffer cache의 값이 초기에 84MB로 설정되어서 120MB로 증가되고 다시 172MB로 증가되었다는 내용을 알 수 있습니다. 만약 ASMM 기능을 사용하여 SGA의 크기를 자동으로 관리하도록 설정을 한 후에도 관리자가 수동으로 값을 변경할 수 있습니다. 테스트를 해 보겠습니다.

```
SQL> alter system set shared_pool_size=200M;

System altered.

SQL> select component, oper_type, oper_mode, initial_size/1024/1024
"INITIAL",
  2         TARGET_SIZE/1024/1024 "TARGET", FINAL_SIZE/1024/1024 "FINAL", status
  3  from v$sga_resize_ops;

COMPONENT             OPER_TYPE  OPER_MODE  INITIAL TARGET  FINAL STATUS
-------------------- --------- ---------- -------- ------- ----- --------
shared pool           STATIC                    0     148   148 COMPLETE
KEEP buffer cache     STATIC                    0       0     0 COMPLETE
RECYCLE buffer cache  STATIC                    0       0     0 COMPLETE
large pool            STATIC                    0       4     4 COMPLETE
java pool             STATIC                    0       4     4 COMPLETE
streams pool          STATIC                    0       4     4 COMPLETE
DEFAULT buffer cache  GROW      MANUAL         84     172   172 COMPLETE
DEFAULT buffer cache  GROW      MANUAL         84     120   120 COMPLETE
DEFAULT buffer cache  INITIALIZING             84      84    84 COMPLETE
ASM Buffer Cache      STATIC                    0       0     0 COMPLETE
DEFAULT buffer cache  STATIC                    0      84    84 COMPLETE
DEFAULT 2K buffer cache STATIC                  0       0     0 COMPLETE
```

```
DEFAULT 4K buffer cache   INITIALIZING               0          0       0  COMPLETE
DEFAULT 4K buffer cache   STATIC                     0          0       0  COMPLETE
DEFAULT 8K buffer cache   STATIC                     0          0       0  COMPLETE
DEFAULT 16K buffer cache  STATIC                     0          0       0  COMPLETE
DEFAULT 32K buffer cache  STATIC                     0          0       0  COMPLETE
DEFAULT buffer cache      SHRINK     MANUAL        172        120     120  COMPLETE
shared pool               GROW       MANUAL        148        200     200  COMPLETE

19 rows selected.
```

위 결과의 가장 마지막 부분을 보면 Shared pool 사이즈가 GROW되어서 148→200으로 변경되고 DEFAULT buffer cache가 SHRINK되어서 172→120으로 줄어 든 것이 확인됩니다.

3. 11g 버전에서의 메모리 관리기법

오라클에서 메모리를 관리하고 튜닝하는 기술이 9i 버전의 Dynamic SGA 기능에서 10g 버전의 ASMM 기능으로 SGA의 크기를 스스로 튜닝하는 기술로 발전했으며 이 기술이 11g 버전에서는 SGA 뿐만 아니라 PGA 까지 한꺼번에 자동으로 관리하는 기술인 Automatic Memory Management(AMM)으로 발전하게 됩니다.

이 기능은 Linux, Solaris, Windows, HP-UX, AIX 버전의 오라클에서만 작동합니다. AMM 기능을 사용하기 위해서 11g에서 생긴 두 개의 파라미터가 있습니다.

- MEMORY_TARGET :

이 파라미터로 AMM 기능으로 관리할 메모리의 총량을 지정할 수 있습니다. 이 파라미터는 SGA와 PGA 모두를 관리합니다. 이 파라미터를 설정하면 오라클이 SGA와 PGA의 양을 이 파라미터의 범위 안에서 증감하며 관리하게 됩니다. 이 파라미터는 Dynamic이며 이 파라미터의 최대 설정값은 MEMORY_MAX_SIZE 파라미터 값까지 지정할 수 있습니다. 기본값은 0으로 설정되어 있으며 이 뜻은 이 기능을 사용하지 않는다는 의미입니다.

● MEMORY_MAX_TARGET :

이 파라미터는 MEMORY_TARGET 값이 최대로 증가될 값을 지정하는 용도로 사용됩니다. 이 파라미터를 설정하지 않으면 기본값은 MEMORY_TARGET 값과 동일하게 설정됩니다.

만약 AMM 기능을 사용하게 된다면 SGA_TARGET나 PGA_AGGREGATE_TARGET 파라미터의 값을 별도로 지정할 필요가 없습니다. 그러나 만약 지정을 한다면 오라클은 그 값을 최소값으로 인식하게 됩니다. 그래서 최적의 AMM 기능을 사용하려면 SGA_TARGET 나 PGA_AGGREGATE_TARGET 파라미터의 값을 0으로 설정하길 권장합니다.

AMM 기능을 사용하기 위해서는 물리적인 메모리가 충분한 여유공간이 있어야 하며 만약 메모리 공간이 부족할 경우 에러가 발생하게 됩니다. AMM 기능은 /dev/shm 공간을 공유 메모리 공간과 매핑시켜서 마치 메모리를 디스크처럼 사용하게 됩니다.

기본 크기가 OS메모리의 50%로 설정이 되는데 설정값보다 물리 메모리의 양이 부족할 경우 아래와 같은 에러가 발생하면서 오라클이 시작이 되지 않으니 주의해야 합니다.

```
SQL> startup ;

ORA-00845: MEMORY_TARGET not supported on this system
```

리눅스의 경우 메모리를 확인하는 방법은 아래와 같습니다.

```
[root@localhost ~]# df -h  /dev/shm
Filesystem              Size  Used   Avail  Use%  Mounted on
tmpfs                   506M  353M   154M   70%   /dev/shm
```

```
SQL> alter system set memory_target=300M;
alter system set memory_target=300M
*
ERROR at line 1:
ORA-02097: parameter cannot be modified because specified value is invalid
ORA-00838: Specified value of MEMORY_TARGET is too small, needs to be at least
404M

SQL> show parameter memory_max_target

NAME                          TYPE           VALUE
----------------------------- -------------- ------------------------------
memory_max_target             big integer    404M

SQL> alter system set memory_target=400M;
alter system set memory_target=400M
*
ERROR at line 1:
ORA-02097: parameter cannot be modified because specified value is invalid
ORA-00838: Specified value of MEMORY_TARGET is too small, needs to be at least
404M

SQL> alter system set memory_target=450M;
alter system set memory_target=450M
*
ERROR at line 1:
ORA-02097: parameter cannot be modified because specified value is invalid
ORA-00837: Specified value of MEMORY_TARGET greater than MEMORY_MAX_TARGET

SQL> alter system set memory_target=404M;

System altered.
```

위 테스트에서 알 수 있듯이 기본적으로는 MEMORY_TARGET과 MEMORY_MAX_TARGET 값을 동일하게 설정해야 합니다. 적절한 MEMORY_TARGET 값은 SGA와 PGA 값을 더한 값입니다.

그리고 SGA값과 PGA값은 아래와 같이 확인 할 수 있습니다.

```
SQL> col name for a40
SQL> col value for 999999
SQL> SELECT name , value/1024/1024 MB
  2  FROM   v$parameter
  3  WHERE  name IN ('pga_aggregate_target', 'sga_target') ;

NAME                                   MB
------------------------------  ----------
sga_target                            352  ← SGA  총 량입니다.
pga_aggregate_target                    0

SQL> SELECT 'maximum PGA allocated'   name , value/1024/1024  value
  2  FROM   v$pgastat
  3  WHERE  name = 'maximum PGA allocated';

NAME                                 VALUE
------------------------------  ----------
maximum PGA allocated                  154
```

위 두 값의 합계를 아래와 같이 조회하면 적절한 MEMORY_TARGET 값을 구할 수 있습니다.

```
SQL> SELECT ROUND((s.value + GREATEST(p.value, mp.value))/1024/1024)  memory_target
  2  FROM (SELECT value FROM v$parameter WHERE name = 'sga_target') s,
  3        (SELECT value FROM v$parameter WHERE name = 'pga_aggregate_target') p,
  4        (SELECT value FROM v$pgastat WHERE name = 'maximum PGA allocated') mp ;

MEMORY_TARGET
---------------------
          506
```

위에서 살펴본 대로 SGA값과 PGA값을 합친 결과로 확인됩니다.

10g에서와 마찬가지로 11g에서 AMM의 상태를 조회하기 위한 몇 가지 View들이 추가되었습니다. 현재 할당되어 있는 실제 메모리 사용내역은 아래와 같이 조회 가능합니다.

```
SQL> col component for a40

SQL>  SELECT  component, current_size/1024/1024  CURR_MB,
  2          min_size/1024/1024  MIN_MB,
  3          max_size/1024/1024  MAX_MB
  4  FROM v$memory_dynamic_components
  5  WHERE current_size != 0 ;

COMPONENT                          CURR_MB      MIN_MB      MAX_MB
------------------------------ ------------ ----------- ------------
shared pool                            200         200         200
large pool                               4           4           4
java pool                                4           4           4
streams pool                             4           4           4
SGA Target                             352         352         352
DEFAULT buffer cache                   120         120         120
DEFAULT 4K buffer cache                 12          12          12
PGA Target                              52          52          52

8 rows selected.
```

V$MEMORY_CURRENT_RESIZE_OPS와 V$MEMORY_RESIZE_OPS뷰를 조회하면 변경 내역들을 자세하게 조회할 수 있습니다. MEMORY_TARGET 값이 적절한지를 확인 해 볼 수 있는 방법은 아래와 같습니다.

```
SQL> SELECT * FROM v$memory_target_advice ORDER BY memory_size;

MEMORY_SIZE MEMORY_SIZE_FACTOR ESTD_DB_TIME ESTD_DB_TIME_FACTOR VERSION
----------- ------------------ ------------ ------------------- ---------
        404                  1          224                   1        0
        505               1.25          224               .9984        0
        606                1.5          224               .9984        0
        707               1.75          224               .9984        0
        808                  2          224               .9984        0
```

위 v$memory_target_advice 뷰의 각 컬럼의 의미는 아래와 같습니다.

MEMORY_SIZE	NUMBER	If the MEMORY_SIZE_FACTOR column has a value of 1, then this column shows the current size of memory, as set by the MEMORY_TARGET initialization parameter. If the value of the MEMORY_SIZE_FACTOR column is less than or greater than 1, then this column shows a proposed memory size.
MEMORY_SIZE_FACTOR	NUMBER	A multiplier for the current memory size. Possible values are 0.25, 0.5, 0.75, 1, 1.5, 1.75, and 2. This multiplier times the current memory size equals the value of the MEMORY_SIZE column.
ESTD_DB_TIME	NUMBER	For current memory size (MEMORY_SIZE_FACTOR = 1), the amount of database time required to complete the current workload. For a proposed memory size, the estimated amount of database time that would be required if the MEMORY_TARGET parameter were changed to the proposed size.
ESTD_DB_TIME_FACTOR	NUMBER	For a proposed memory size, ratio of estimated database time to current database time
VERSION	NUMBER	Version number of this recommendation (this snapshot of the V$MEMORY_TARGET_ADVICE view)

이상으로 오라클에서 메모리를 관리하는 여러 가지 방법에 대해서 살펴보았습니다.

CHAPTER 10

사용자 관리

CHAPTER 10 사용자 관리

1. Schema와 user

Oracle을 사용하다보면 user라는 용어와 Schema라는 용어가 혼용되어서 사용되는 경우가 종종 있습니다. User와 Schema가 무엇인지부터 살펴보겠습니다.

User란 말 그대로 사용자를 의미합니다. 우리가 원하는 데이터를 Oracle Server에 접속해서 가져오든(Select), 변경하든(DML), 데이터에 어떤 영향을 주려면 우린 Oracle Server에 접속해서 작업을 해야 합니다. 이때 Oracle Server에 접속하기 위해 사용하는 것이 User인 것입니다. 우리가 oracle Server에 접속하기 위해 conn scott/tiger할 때 scott이 user입니다. 이것은 다 잘 알고 있죠?

그럼 Schema란 뭔가를 살펴보겠습니다. Schema란 특정 사용자(User)가 만들어 놓은 모든 Object의 집합을 Schema(스키마)라고 합니다. 오라클 설치 시 연습용으로 제공되는 HR schema를 예로 든다면 Oracle Server 안에 HR 계정으로 로그인해서 만들어 놓은 모든 것을 다 모으면 그것을 HR schema라고 합니다. 예를 들자면 HR user로 로그인 해서 만든 table, index, view, constraint, trigger, dblink, synonym, sequence 등을 다 통틀어서 HR schema라고 하는 것입니다.

원래는 schema와 username은 다른 의미지만 일반적으로는 서로 같이 혼용해서 많이 사용합니다.

2. user 생성하기

Oracle Server를 설치하면 기본적으로 관리자 계정인 SYS와 SYSTEM 계정이 생성됩니다.

이 계정들은 데이터베이스를 관리할 목적으로 제공되는 것으로 일반 작업을 할 때 사용하는 것은 권장하지 않습니다. 그래서 관리 작업용이 아닌 일반 작업용 계정을 필요할 때 마다 추가로 생성해서 사용하는 것을 권장합니다. 그리고 기본적으로 SYS 계정은 암호를 넣지 않아도 로그인이 되도록 설정이 되어 있으므로 데이터베이스를 설치한 후 SYS 계정은 반드시 암호를 넣어야만 접속이 되도록 설정을 변경해야 합니다. 자세한 방법은 이 장의 마지막 부분을 참고하세요.

User 생성을 해야 하는 경우는 공식으로 정해진 것은 없지만 오라클의 일반적인 가이드라인은 새로운 업무가 생성될 때(예를 들어 기존에 안 하던 새로운 신규 서비스를 런칭할 경우) 해당 서비스 관련해서 많은 테이블이나 인덱스, 뷰 등의 오브젝트가 많이 생성될 것입니다.

이렇게 새로 만들어지는 오브젝트들을 저장할 테이블 스페이스를 새로 만들고 그 Tablespace를 사용하는 사용자를 새로 생성하는 경우가 많습니다. 각 서비스 별로 새로운 사용자를 생성해서 사용하는 것이 보안적인 측면에서 더욱 권장되는 사항이기도 하지만 관리적인 측면에서는 사용자가 많다고 무조건 좋은 것은 아닐 수 있습니다. 잘 판단해서 생성하세요.

새로운 사용자를 생성하는 순서를 간단히 요약해 보겠습니다.

1) 생성할 사용자의 default tablespace를 결정하고 해당 Tablespace를 생성합니다.
2) 생성할 사용자가 사용하는 temporary tablespace를 결정하고 먼저 생성합니다.
3) 사용자를 생성합니다. (아래 실습을 참조하세요)
4) 적절한 프로파일과 권한, 롤 등을 생성한 후 할당해 줍니다.

실습 1. 사용자 생성하기

현재 DB Server에서 운영되고 있는 서비스 외에 신규 서비스로 웹하드 서비스를 런칭했습니다. DBA는 Oracle DB 서버에 해당 서비스를 할 수 있도록 작업을 해 줘야 합니다. 그래서 TS_WEBHARD라는 Tablespace를 생성하고 웹하드 관련 테이블은 모두 이곳에 저장하기로 회의하고 TS_WEB_IDX Tablespace에 웹하드 관련 인덱스를 저장하기로 결정했습니다.

WEB HARD 서비스를 개발할 계정 명을 webuser로, 암호는 webpwd로 결정했습니다. 또한 권한은 일반적인 사용자 권한은 다 주기로 하였고, 정렬 작업 등을 위한 Temporary Tablespace는 temp_web으로 만들기로 결정했습니다.

즉 개발자들이 Oracle Server에 sqlplus webuser/webpwd라고 접속해서 테이블을 만들면 기본적으로 모두 TS_WEBHARD에 저장되게 하고, 인덱스를 생성할 때는 TS_WEB_IDX Tablespace에 저장하고 order by 등 정렬 작업을 할 경우에는 temp_web에서 정렬이 일어나게끔 설정을 하는 것입니다. DBA는 이렇게 계정을 생성한 후 개발자들에게 계정 정보를 알려주면 됩니다.

위에서 사용자를 생성하는 요약 순서대로 사용자를 만들겠습니다.

(1) webuser의 default tablespace 생성하기

```
[oracle@localhost ~]$ sqlplus / as sysdba
SQL*Plus: Release 11.2.0.2.0 Production on Sat Mar 9 21:56:41 2013
Copyright (c) 1982, 2010, Oracle.  All rights reserved.
Connected to:
Oracle Database 11g Enterprise Edition Release 11.2.0.2.0 - Production
With the Partitioning, OLAP, Data Mining and Real Application Testing options

SYS>set line 200
SYS>col tablespace_name for a10
SYS>col file_name for a50
SYS>select tablespace_name,bytes/1024/1024 MB, file_name
2  from dba_data_files;
```

```
TABLESPACE_NAME              MB    FILE_NAME
-------------------- ---------- ----------------------------------------
USERS                       8.5    /app/oracle/oradata/testdb/users01.dbf
UNDOTBS1                    8.5    /app/oracle/oradata/testdb/undotbs01.dbf
SYSAUX                   552.82    /app/oracle/oradata/testdb/sysaux01.dbf
SYSTEM                   654.88    /app/oracle/oradata/testdb/system01.dbf
EXAMPLE                  293.95    /app/oracle/oradata/testdb/example01.dbf

SYS>create tablespace ts_webhard
2  datafile '/app/oracle/oradata/testdb/ts_web01.dbf' size 100M;

Tablespace created.

SYS>create tablespace ts_web_idx
  2  datafile '/app/oracle/oradata/testdb/ts_web_idx01.dbf' size 10M;

Tablespace created.

SYS>select tablespace_name,bytes/1024/1024 MB, file_name
2    from dba_data_files;

TABLESPACE_NAME              MB    FILE_NAME
-------------------- --------- ----------------------------------------
USERS                       8.5   /app/oracle/oradata/testdb/users01.dbf
UNDOTBS1                    8.5   /app/oracle/oradata/testdb/undotbs01.dbf
SYSAUX                   552.82   /app/oracle/oradata/testdb/sysaux01.dbf
SYSTEM                   654.88   /app/oracle/oradata/testdb/system01.dbf
EXAMPLE                  293.95   /app/oracle/oradata/testdb/example01.dbf
TS_WEBHARD                85.05   /app/oracle/oradata/testdb/ts_web01.dbf
TS_WEB_IDX                  8.5   /app/oracle/oradata/testdb/ts_web_idx01.dbf

7 rows selected.
```

(2) Temporary tablespace 생성하기

```
SYS>create temporary tablespace temp_web
  2  tempfile '/app/oracle/oradata/testdb/temp_web01.dbf' size 10M;
 Tablespace created.
```

(3) 사용자를 생성하기

```
SYS>create user webuser
 2  identified by webpwd              ← 암호를 지정하는 부분입니다
```

```
  3  default tablespace ts_webhard ← default tablespace를 지정하는 부분입니다
  4  temporary tablespace temp_web ← temporary tablespace를 지정하는 부분입니다
  5  quota unlimited on ts_webhard ← 할당량을 지정하는데 무제한으로 설정했습니다
  6  quota 0m on system;           ← system tablespace를 사용 못하게 설정했습니다.
```

(4) 권한을 설정하기

```
SYS>grant resource , connect  to webuser;
 Grant succeeded.

SYS>conn webuser/webpwd;  ← 접속되는 것을 확인합니다
 Connected.
```

3. 사용자 정보 확인하기

(1) default tablespace와 temporary tablespace 정보 확인하기

```
SYS>set line 200
SYS>col default_tablespace for a10
SYS>col temporary_tablespace for a10
SYS>select username,default_tablespace "Default TS", temporary_tablespace "Temp TS"
 2  from dba_users
 3  where username='WEBUSER";

 USERNAME                Default TS                 Temp TS
---------------------  -------------------------  ------------------------
 WEBUSER                 TS_WEBHARD                 TEMP_WEB
```

4. profile 관리하기

Profile은 사용자 계정의 행동에 제약사항을 두기 위해서 사용하는 경우가 대부분입니다. 예를 들어 10분 이상 활동이 없으면(Inactive) 접속을 강제로 종

료시키거나 10일마다 암호를 다른 것으로 바꾸게 강제로 적용한다든지 하는 것들이 대표적인 예입니다. 아래에서 profile 관련 세부 파라미터가 어떤 의미가 있는지와 어떻게 만들어서 사용하는지 살펴보겠습니다.

(1) Password profile 관련 파라미터

- Failed_login_attempts : login 시도를 실패할 경우 계정을 잠그는데 여기 설정된 횟수만큼 시도한 후 계정을 잠그게 됩니다. 예를 들어 failed_login_attemps 5 이렇게 하면 로그인을 5번 실패하면 6번째부터는 로그인을 하지 못한다는 의미입니다.
- Password_lock_time : 위 1번에서 계정이 잠기면 여기서 며칠 동안 잠글 것인지 기간을 정하는 파라미터입니다. 단위는 일이고 여기 일수와 무관하게 DBA가 unlock해서 사용하게 할 수 있습니다.
- Password_life_time : 동일한 암호를 며칠간 사용하게 할 것인지 설정하는 파라미터입니다. 단위는 일이며 이 기간이 지나도 안 바꾸면 다음 로그인할 때 강제로 바꾸게 프롬프트를 보여줍니다.
- Password_grace_time : 위 3번 항목에서 만료되어도 이 파라미터에 지정된 값 만큼 더 암호를 변경할 기간을 허용하게 됩니다.
- Password_reuse_time : 동일한 암호를 다시 사용할 수 없도록 설정하는 기간입니다. 즉 암호를 변경하라고 했는데 사용자가 동일한 암호를 다시 사용하려고 할 수 있기에 같은 암호를 다시 쓸 수 없게 만들어야 할 때 사용하는 파라미터입니다.
- Password_reuse_max : 동일한 암호를 위 5번 설정을 피해 재사용을 할 경우 최대 사용 가능한 횟수를 지정하는 파라미터입니다.
- Password_verify_function : 암호를 복잡하게 만들기 위해서 특정 함수를 적용시켜 사용자가 입력한 암호가 정말 암호로 적합한지를 점검합니다. 이 함수는 오라클에서 만들어 둔 기본 함수인 verify_function을 사용할 수 있고 사용자가 별도의 함수를 만들어서 적용할 수도 있습니다. 이 함수를 사

용할 경우 아래의 사항을 확인합니다.

* 암호는 최소한 4글자 이상 되어야 합니다.
* 암호는 사용자 계정과 달라야 합니다.
* 암호는 하나의 특수문자나, 알파벳, 숫자가 포함되어야 합니다.
* 암호는 이전 암호와 3글자 이상 달라야 합니다.

실습 2. Password 관련 profile 생성하기

- 조건 1: 로그인 시도 5회 실패시 계정을 5일 동안 사용 못하게 할 것
- 조건 2: 계정의 암호는 10일에 한 번씩 변경하게 할 것
- 조건 3: 동일한 암호는 10일 동안 사용 못하게 할 것

```
SYS>create profile sample_prof limit
  2  failed_login_attempts  5
  3  password_lock_time   5
  4  password_life_time 10
  5  password_reuse_time 10 ;
```

(2) Resource profile 관련 파라미터

이 profile을 사용하려면 resource_limit=true라는 설정이 되어 있어야 합니다. 즉 startup할 때 사용되는 parameter file에 위 문장을 적어 놓거나 또는 지금 즉시 적용시키고 싶으면 9i 이상 버전일 경우엔 alter system set resource_limit=true;를 실행하면 됩니다.

- CPU_PER_SESSION : SESSION이란 1명의 접속을 의미합니다. 이 파라미터는 하나의 SESSION이 CPU를 연속적으로 사용할 수 있는 최대 시간을 설정합니다. 무한루프 같은 쿼리가 작동되면 혼자서 CPU를 연속적으로 점유하기 때문에 이 설정을 사용해서 그런 일을 막고자 하는 것입니다. 1/100초 단위입니다.
- SESSIONS_PER_USER : 하나의 사용자 계정으로 몇 명의 사용자가 동시에 접

속할 수 있는지 설정하는 파라미터입니다. 일반적인 업무환경은 보통 1개의 계정으로 여러 명이 동시에 서버에 접속을 해서 작업을 합니다. 예를 들어 김대리, 이대리, 박대리는 scott 계정으로 DB에 접속해서 작업을 동시에 하고 홍대리, 최대리, 손대리는 hr 계정으로 DB에 동시에 접속해서 작업을 하게 될 경우에 1계정으로 최대 몇 명이 동시에 접속해서 작업을 할 수 있는지를 설정하는 파라미터입니다.

- CONNECT_TIME : 하루 동안 DB Server에 접속할 수 있는 총 시간을 설정합니다.

- IDLE_TIME : 연속적으로 휴면 시간이 이 값을 넘으면 접속을 해제합니다. 예를 들어 idle_time 5 이렇게 하면 5분 동안 활동이 없는 세션은 강제로 접속이 끊어지게 됩니다. 이렇게 하는 이유는 보안적인 문제 때문과 메모리 사용량 때문이기도 합니다. 사용자가 서버에 접속을 하게 되면 Server Process가 생성되고 PGA가 할당이 된다는 것은 앞서 살펴 보았습니다. PGA를 1M로 줄 경우 1000명의 사용자가 서버에 접속해서 아무런 일을 안 해도 PGA가 1000M를 사용하게 되는 것이지요. 이런 일을 막기 위해서 설정을 합니다. 만약 이 설정값을 초과하게 되면 해당 접속이 즉시 해제되며 하고 있던 작업 중 commit이 안 된 작업은 전부 rollback되니 주의해야 합니다.

- LOGICAL_READS_PER_SESSION : 한 session에서 사용 가능한 최대 block 수를 지정합니다.

- PRIVATE_SGA : MTS / shared server일 경우 해당 session의 SGA 사용량을 bytes 단위로 설정합니다.

- CPU_PER_CALL : 하나의 call 당 cpu를 점유할 수 있는 시간이며 1/100초 단위입니다.

- LOGICAL_READS_PER_CALL : 하나의 call 당 읽을 수 있는 block의 개수를 지정합니다.

실습 3. Resource 관련 profile 만들기

```
SYS>alter system set resource_limit=true;

System altered.
```

- 조건 1: 1명당 연속적으로 CPU를 사용할 수 있는 시간을 10초로 제한할 것
- 조건 2: 하루 중 8시간만 DB에 접속 가능하게 할 것
- 조건 3: 10분 동안 사용하지 않으면 강제로 접속을 끊을 것

```
SYS>create profile re_sample_prof limit
2  cpu_per_session 1000
3  connect_time  480
4  idle_time 10 ;

Profile created.
```

(3) 사용자에게 profile 할당하기

여기에서는 위 2번과 4번에서 만든 profile을 webuser에게 설정하겠습니다.

① 현재 모든 사용자가 적용 받고 있는 profile 확인하기

```
SYS> set pagesize 50
SYS>select username "사용자명" , profile "적용 프로파일"
2  from dba_users
3  where username='WEBUSER' ;

   사용자명                              적용 프로파일
   ------------------------------ ------------------------------
   WEBUSER                             DEFAULT
```

② 해당 profile에 어떤 내용이 있는지 확인하기

- 위에서 만든 sample_prof의 내용을 조회하겠습니다.

```
SYS>set line 200
SYS>col profile for a13
SYS>col resource_name for a30
SYS>col resource for a10
SYS>col limit for a10
SYS>select * from dba_profiles
  2  where profile='SAMPLE_PROF' ;

 PROFILE          RESOURCE_NAME                     RESOURCE LIMIT
--------------- ------------------------- ------------- -------------
SAMPLE_PROF      COMPOSITE_LIMIT              KERNEL       DEFAULT
SAMPLE_PROF      SESSIONS_PER_USER            KERNEL       DEFAULT
SAMPLE_PROF      CPU_PER_SESSION              KERNEL       DEFAULT
SAMPLE_PROF      CPU_PER_CALL                 KERNEL       DEFAULT
SAMPLE_PROF      LOGICAL_READS_PER_SESSION    KERNEL       DEFAULT
SAMPLE_PROF      LOGICAL_READS_PER_CALL       KERNEL       DEFAULT
SAMPLE_PROF      IDLE_TIME                    KERNEL       DEFAULT
SAMPLE_PROF      CONNECT_TIME                 KERNEL       DEFAULT
SAMPLE_PROF      PRIVATE_SGA                  KERNEL       DEFAULT
SAMPLE_PROF      FAILED_LOGIN_ATTEMPTS        PASSWORD     5
SAMPLE_PROF      PASSWORD_LIFE_TIME           PASSWORD     10
SAMPLE_PROF      PASSWORD_REUSE_TIME          PASSWORD     10
SAMPLE_PROF      PASSWORD_REUSE_MAX           PASSWORD     DEFAULT
SAMPLE_PROF      PASSWORD_VERIFY_FUNCTION     PASSWORD     DEFAULT
SAMPLE_PROF      PASSWORD_LOCK_TIME           PASSWORD     5
SAMPLE_PROF      PASSWORD_GRACE_TIME          PASSWORD     DEFAULT

16 rows selected.
```

- 위에서 만든 re_sample_prof의 내용을 조회하겠습니다.

```
SYS> col profile for a15

SYS> select * from dba_profiles
  2  where profile='RE_SAMPLE_PROF' ;

PROFILE            RESOURCE_NAME                RESOURCE        LIMIT
----------------- ------------------------ --------------- ------------
RE_SAMPLE_PROF     COMPOSITE_LIMIT              KERNEL          DEFAULT
RE_SAMPLE_PROF     SESSIONS_PER_USER            KERNEL          DEFAULT
RE_SAMPLE_PROF     CPU_PER_SESSION              KERNEL          1000
RE_SAMPLE_PROF     CPU_PER_CALL                 KERNEL          DEFAULT
RE_SAMPLE_PROF     LOGICAL_READS_PER_SESSION    KERNEL          DEFAULT
RE_SAMPLE_PROF     LOGICAL_READS_PER_CALL       KERNEL          DEFAULT
```

```
RE_SAMPLE_PROF     IDLE_TIME                   KERNEL      10
RE_SAMPLE_PROF     CONNECT_TIME                KERNEL      480
RE_SAMPLE_PROF     PRIVATE_SGA                 KERNEL      DEFAULT
RE_SAMPLE_PROF     FAILED_LOGIN_ATTEMPTS       PASSWORD    DEFAULT
RE_SAMPLE_PROF     PASSWORD_LIFE_TIME          PASSWORD    DEFAULT
RE_SAMPLE_PROF     PASSWORD_REUSE_TIME         PASSWORD    DEFAULT
RE_SAMPLE_PROF     PASSWORD_REUSE_MAX          PASSWORD    DEFAULT
RE_SAMPLE_PROF     PASSWORD_VERIFY_FUNCTION    PASSWORD    DEFAULT
RE_SAMPLE_PROF     PASSWORD_LOCK_TIME          PASSWORD    DEFAULT
RE_SAMPLE_PROF     PASSWORD_GRACE_TIME         PASSWORD    DEFAULT

16 rows selected.
```

③ 사용자에게 profile 적용시키고 확인하기

```
SYS>alter user webuser profile sample_prof;
User altered.

SYS>alter user webuser profile re_sample_prof;
User altered.

SYS>select username,profile
  2  from dba_users
  3  where username='WEBUSER';

USERNAME                       PROFILE
------------------------------ ----------------------
WEBUSER                        RE_SAMPLE_PROF
```

위 예에서 알 수 있듯이 여러 개의 프로파일을 적용시킬 수 없습니다. 그래서 처음부터 프로파일을 만들 때 원하는 파라미터를 전부 넣고 한꺼번에 만든 후 그것을 적용시켜야 합니다.

④ 사용 안 하는 profile 삭제하기

- 현재 사용 중인 re_sample_prof 프로파일을 삭제하겠습니다.

```
SYS>drop profile re_sample_prof;
drop profile re_sample_prof
*
```

```
ERROR at line 1:
ORA-02382: profile RE_SAMPLE_PROF has users assigned, cannot drop without CASCADE
```

위에서 보듯이 현재 사용자에게 할당되어 있는 profile은 기본적으로 삭제가 안 됩니다. 그러나 cascade 옵션으로 삭제하면 삭제할 수 있습니다. 그렇게 삭제하게 되면 해당 프로파일을 사용하던 사용자는 default profile을 사용하게 됩니다.

```
SYS>drop profile re_sample_prof cascade;
 Profile dropped.

SYS>select username, profile
  2  from dba_users
  3  where username='WEBUSER';

USERNAME                PROFILE
---------------------- ---------------
WEBUSER                  DEFAULT
```

5. privilege(권한) 관리하기

Profile은 사용자가 어떤 것들을 하지 못하게 제한하는 것이 목적이지만 privilege는 사용자에게 어떤 것들을 할 수 있게 허락해주는 것을 목적으로 합니다. 일반적으로 OS에서는 계정을 생성하고 암호만 주면 서버에 접속 가능하고 적절한 작업도 가능하지만 Oracle에서는 계정을 생성하고 암호 설정하고 적절한 권한까지 주어야만 접속도 할 수 있고 작업도 할 수 있습니다.

Privilege는 크게 system 관련 privilege와 object 관련 privilege로 나뉩니다. System Privilege는 System 전체에 영향을 주는 권한들을 모아 놓은 것이고 Object Privilege는 특정 object에 관련된 privilege입니다.

(1) SYSTEM 관련 주요 privilege

대분류	privilege	설명
index	Create any index	소유자에 상관없이 모든 테이블에 인덱스를 생성할 수 있는 권한
	Drop any index	소유자에 상관없이 모든 인덱스를 삭제할 수 있는 권한
	Alter any index	소유자에 상관없이 모든 인덱스를 수정할 수 있는 권한
table	Create table	자신의 테이블을 생성할 수 있는 권한
	Create any table	소유자에 상관없이 다른 user 이름으로 테이블을 생성할 수 있는 권한
	Alter any table	소유자에 상관없이 모든 테이블의 구조를 수정할 수 있는 권한
	Drop any table	소유자에 상관없이 모든 사용자의 테이블을 삭제할 수 있는 권한
	Update any table	소유자에 상관없이 모든 사용자의 테이블을 업데이트 할 수 있는 권한
	Delete any table	소유자에 상관없이 모든 사용자의 테이블의 데이터를 삭제 할 수 있는 권한
	Insert any table	소유자에 상관없이 모든 사용자의 테이블에 데이터를 삽입 할 수 있는 권한
session	Create session	서버에 접속할 수 있는 권한
	Alter session	접속 상태에서 환경값을 변경할 수 있는 권한
	Restricted session	Restricted 모드로 open 된 DB에 접속할 수 있는 권한
tablespace	Create tablespace	Tablespace를 만들 수 있는 권한
	Alter tablespace	Tablespace를 수정할 수 있는 권한
	Drop tablespace	Tablespace를 삭제할 수 있는 권한
	Unlimited tablespace	Tablespace 사용 용량을 무제한으로 허용 하는 권한. 즉 quota 옵션 적용을 받지 않게 됨

(2) SYSOPER / SYSDBA privilege

Privilege	할 수 있는 일
SYSOPER	Startup / shutdown
	Alter database mount / open
	Alter database backup control file to …..
	Recover database
	Alter database archivelog
	Restricted session
SYSDBA	SYSOPER privilege with admin option
	Create database
	Alter tablespace … begin backup / end backup
	Recover database until

(3) SYSTEM 관련 권한 할당하기 / 해제하기

```
- scott 사용자에게 create table, create session 권한을 할당합니다
SYS> grant create table, create session to scott;

- scott 사용자에게 create table 권한을 해제합니다.
SYS> revoke create table from scott;
```

(4) 사용자가 가지고 있는 권한 조회하기

- scott 사용자가 가지고 있는 모든 권한을 조회하세요

```
SYS>select * from dba_sys_privs
  2  where grantee='SCOTT';

GRANTEE               PRIVILEGE                          ADM
--------------------- ---------------------------------- ----------
SCOTT                 SELECT ANY TRANSACTION             NO
SCOTT                 UNLIMITED TABLESPACE               NO
SCOTT                 CREATE TABLE                       NO
SCOTT                 CREATE SESSION                     NO
```

위에서 adm 컬럼은 With admin option 옵션 여부를 나타냅니다. With admin option이란 권한을 위임하는 기능입니다. 예를 들어서 DBA가 A에게 Create table이란 권한을 줄 때 그냥 주면 A 사용자는 create table을 수행하는 권한만 받게 되지만 grant create table to a with admin option 이렇게 주게 되면 A 사용자는 또 다른 사용자에게 with admin option과 함께 받은 create table라는 권한을 마치 DBA처럼 할당해 줄 수가 있게 됩니다. 또한 다른 사용자가 가진 create table이란 권한을 회수할 수도 있게 됩니다.

(5) Object 관련 Privilege

주로 DML과 연관이 많습니다. 즉 object를 select, insert, update, delete 등을 할 수 있는 권한을 말합니다.

(6) Object 권한 할당하기 / 해제하기

- scott 사용자에게 webuser가 만든 webtest 테이블을 select할 수 있도록 하십시오.

```
SYS> grant  select  on webuser.webtest  to scott ;
```

- scott 사용자에게 webuser가 만든 webtest 테이블을 update할 수 있도록 하십시오. 그리고 scott 사용자가 이 권한을 다른 사람에게 줄 수 있는 권한도 주십시오.

```
SYS> grant update on webuser.webtest to scott with grant option ;
```

- scott 사용자가 가진 webuser의 webtest 테이블을 select하는 권한을 해제하십시오

```
SYS> revoke  select on  webuser.webtest  from scott;
```

- with grant option이란?

System privilege에서 권한 위임을 하기 위해서는 권한 할당을 할 때 with admin option을 사용하였습니다. 그러나 Object privilege에서는 같은 의미

의 작업을 할 때 with grant option을 사용합니다. 차이점은 DBA가 A 사용자에게 with admin option을 사용하여 권한을 주고 A 사용자가 다시 B 사용자에게 권한을 주었을 때 DBA가 A 사용자에게서 권한을 해제해도 A 사용자로부터 권한을 받은 B 사용자는 권한이 해제가 안되지만 with grant option은 A 사용자의 권한을 해제하면 자동으로 A 사용자로부터 받은 B 사용자의 권한까지 해제됩니다.

6. Role 관리하기

사용자가 어떤 작업을 DB 내에서 수행하려면 반드시 그 권한을 가지고 있어야 한다고 앞에서 살펴보았습니다. 그리고 권한을 할당하는 것도 배웠습니다. 그런데 이 권한이 너무 많아서 grant 명령어로 권한 하나하나를 매번 할당하기에는 아주 힘이드는 경우가 많이 있습니다. 이럴 경우를 위해서 만들어진 기능이 Role 입니다.

Role이란 권한의 그룹이라고 생각하시면 됩니다. 예를 들어 김밥 한 조각을 먹을 때, 김도 먹고, 밥도 먹고, 햄도 먹고, 시금치도 먹는 등 이렇게 김밥 한 조각 속에 여러 가지가 들어 있어서 한꺼번에 먹듯이 Role이라는 것도 Role 속에 여러 가지 권한을 넣어 두고 사용자에게 Role 하나를 주면 그 안에 있는 모든 권한을 다 받게 되는 것입니다.

(1) Role 생성하기

```
SYS>create role trole;
 Role created.
```

(2) Role에 create session, create table 권한 할당하기

```
SYS>grant create session , create table to trole;
Grant succeeded.
```

(3) Scott 사용자에게 trole 할당하기

```
SYS>grant  trole  to  scott;
Grant succeeded.
```

(4) 어떤 사용자가 어떤 Role을 사용하는지 확인하기

```
SYS>select * from dba_role_privs where grantee='SCOTT';

GRANTEE      GRANTED_ROLE             ADM        DEF
----------- ---------------------- ---------- -----------
SCOTT         RESOURCE                NO         YES
SCOTT         DBA                     NO         YES
SCOTT         TROLE                   NO         YES
SCOTT         CONNECT                 NO         YES
```

(5) 어떤 Role에 어떤 권한이 있는지 확인하기

```
SYS>select * from dba_sys_privs where grantee ='CONNECT';

GRANTEE          PRIVILEGE                        ADM
-------------- ------------------------------ -------
CONNECT          CREATE SESSION                   NO


SYS>select * from dba_sys_privs where grantee ='RESOURCE';

GRANTEE      PRIVILEGE                          ADM
----------- ------------------------------- ---------
RESOURCE     CREATE TRIGGER                     NO
RESOURCE     CREATE SEQUENCE                    NO
RESOURCE     CREATE TYPE                        NO
RESOURCE     CREATE PROCEDURE                   NO
RESOURCE     CREATE CLUSTER                     NO
RESOURCE     CREATE OPERATOR                    NO
RESOURCE     CREATE INDEXTYPE                   NO
RESOURCE     CREATE TABLE                       NO

8 rows selected.
```

이상으로 사용자 관리를 마치도록 하겠습니다.

CHAPTER 11

DBMS_JOB & DBMS_SCHEDULER

1. DBMS_JOB 패키지 살펴보기
2. DBMS_SCHEDULER

11 CHAPTER

DBMS_JOB & DBMS_SCHEDULER

유닉스의 좋은 기능 중에 정해진 시간에 반복되는 작업을 수행해야 할 경우 아주 요긴하게 사용할 수 있는 Cron이라는 기능이 있습니다. 예를 들어 매일 새벽 2시에 시스템 백업을 수행해야 할 경우라든지 특정 파일을 지운다든지 작업을 해야 할 경우 관리자는 작업내용을 스크립트 파일로 생성한 후 Crond라는 데몬에게 특정 시간에 해당 작업을 수행하라고 지시를 해 두면 Crond라는 데몬이 정해진 시간에 그 작업을 해 주게 됩니다. 만약 이런 기능이 없다면 매일 새벽 2시에 관리자가 직접 해당 작업을 해야 하니까 아주 힘든 삶을 살아야겠지요?

오라클에서도 이런 좋은 기능이 있는데 바로 이번 장에서 살펴볼 DBMS_JOB이라는 패키지와 좀더 확장된 기능을 가지고 있는 DBMS_SCHEDULER 패키지입니다. 이번 장에서는 이 좋은 기능에 대해서 자세하게 살펴보겠습니다.

1. DBMS_JOB 패키지 살펴보기

이 패키지를 설정하게 되면 SNP 백그라운드 프로세스가 이 패키지에 설정되어 있는 작업을 수행하게 됩니다. SNP 백그라운드 프로세스는 선택적인 프로세스로 초기화 파라미터 파일에 아래의 항목을 설정 한 후 재 시작을 하면 실행됩니다.

- job_queue_processes = 1 : SNP 프로세스의 개수를 지정합니다.
- job_queue_interval = 60 : SNP 프로세스가 Sleep 상태에서 깨어나는 간격을 초로 지정합니다.

이 패키지는 아래와 같은 다양한 프로시저들을 가지고 있습니다.

- submit : 새로운 작업을 Job Queue 목록에 등록합니다.
- remove : Job Queue에 등록된 job을 제거합니다.
- change : Job Queue에 등록된 job을 변경합니다.
- next_date : Job Queue에 등록된 job의 작동 시간 변경합니다.
- interval : Job Queue에 등록된 job의 수행 주기를 변경합니다.
- what : 수행할 procedure or package 변경합니다.
- run : 등록되어 있는 특정 Job을 수동으로 수행합니다.

아래에서 위 프로시저들을 활용하는지 자세히 살펴보겠습니다.

1) job 관리하기

이 프로시저는 다양한 파라미터의 항목을 가지고 설정할 수 있습니다.

- 기본 문법

```
DBMS_JOB.submit(
 job out binary_integer,
 what in varchar2,
 next_date in date defalut sysdate,
 interval in varchar2 default 'null',
 no_parse in boolean default false
 )
```

- 주요 파라미터 의미

- job : job 번호로 다른 프로시저에서 호출될 수도 있습니다.
- what : 수행할 pl/sql or procedure or package 이름을 지정합니다.
  이곳에 직접 수행하기를 원하는 SQL 문장을 써도 됩니다.
- next_date : 다음에 수행될 시간을 지정합니다.
- interval : 수행되는 주기를 지정하며 초 단위까지 지정 가능합니다.
- no_parse : Parse 여부를 지정합니다. 기본값은 false로 Parse를 수행합니다.

(1) 새로운 job 등록 테스트 하기

위에서 살펴본 프로시저들을 사용해서 새로운 job을 등록하는 테스트를 하겠습니다. 테스트 내용은 job_test01이라는 테이블을 만든 후 1분에 1번씩 해당 테이블에 데이터를 insert 하는 것입니다.

이 테스트를 위해서 sequence와 테이블과 프로시저를 아래와 같이 생성하겠습니다.

Step 1 **테스트용 테이블과 Sequence, Procedure를 생성합니다.**

```
SCOTT>create sequence seq_job_seq1 ;
Sequence created.

SCOTT>create table job_test01
  2  (no number,
  3   name varchar2(5));

Table created.
SCOTT> create or replace procedure insert_job_test01
  2  is
  3   begin
  4    insert into scott.job_test01
  5    values(seq_job_seq1.nextval , dbms_random.string('a',3));
  6  end ;
  7  /
```

```
Procedure created.
```

Step 2 Job을 등록할 프로시저를 생성합니다.

```
SCOTT>!vi job1.sql
1  begin
2   dbms_job.submit (:jno ,
3   'scott.insert_job_test01;',
4   sysdate ,
5   'sysdate + 1/24/60' , ← 1분에 한번씩 실행합니다.
6   false);
7  end;
8  /

:wq!
```

** 참고 : 위 5행의 시간 설정 방법 **

- 10분에 한번씩 실행하도록 지정하는 경우

sysdate + 1/24/6 또는 sysdate + 1/144

→ 1/24 (1시간-60분) / 6 : 10분 단위 , 1/144 : 24*6으로 나누어도 같은 의미입니다.

(1일은 1440 분이므로)

- 1분에 한번으로 지정하는 경우

sysdate + 1/24/60 또는 sysdate + 1/1440

- 5분에 한번으로 지정하는 경우

sysdate + 5/24/60

- 매일 새벽 2시로 지정하는 경우

trunc(sysdate) + 1 + 2/24 -> 다음날 새벽 2시를 지정함.

위 예에서 trunc(sysdate)를 사용한 이유는 trunc를 사용하지 않으면 분 단위까지 나옵니다. 아래의 예를 보겠습니다.

```
SCOTT>select (sysdate+(1/24)) from dual;

(SYSDATE+(1/24))
------------------------
2013-02-19:07:20:13
```

위 예를 보면 trunc 함수를 사용하지 않을 경우 분:초 단위까지 전부 나오기 때문에 아래와 같이 시간 단위로 지정하고 싶을 경우 날짜에 trunc 함수를 사용한 것입니다.

```
SCOTT>select trunc(sysdate+(1/24),'HH24') from dual;

TRUNC(SYSDATE+(1/24
------------------------------
2013-02-19:07:00:00
```

- 매일 밤 11시로 지정하는 경우
trunc(sysdate) + 23/24 -> 오늘 밤 11시를 지정했음.

```
SCOTT>select trunc(sysdate) +23/24 from dual;

TRUNC(SYSDATE)+23/2
----------------------------
2013-02-19:23:00:00
```

참고로 해당 시간에 정확하게 실행되는 것은 아니고 몇 초 정도 차이가 납니다. 염두에 두시고 설정을 하시기 바랍니다.

Step 3 job을 등록합니다.

```
SCOTT>variable jno number;

SCOTT>@job1.sql
```

```
PL/SQL procedure successfully completed.
SCOTT>print jno ;

       JNO
---------------
        25   ← 현재 할당된 job 번호를 확인합니다. 이 번호는 Random으로 지정됨.

SCOTT>commit;  ← 이 시간부터 job이 수행됩니다. 즉 commit이 안되면 수행되지 않습니다.
Commit complete.
```

만약 RAC 환경에서 특정 노드에 job을 할당해야 할 경우는 아래와 같이 하면 됩니다.

```
SCOTT> EXEC dbms_job.instance(job=>25, instance=>1);
```

Step 4 수행되고 있는 job 내역을 확인합니다.

```
SCOTT>set line 200
SCOTT>col what for a50
SCOTT>select what, job, next_date, next_sec, failures, broken
  2  from user_jobs
  3  where what ='scott.insert_job_test01;';

WHAT                         JOB   NEXT_DATE            NEXT_SEC  FAILURES  B
------------------------- ----- -------------------- --------- -------- --
scott.insert_job_test01;     25   2013-02-19:05:34:50  05:34:50      0     N
```

Step 5 실제 테이블에 데이터가 입력되는지 확인합니다.

```
SCOTT>select * from job_test01;

        NO  NAME
------------ --------
         1  FcQ
         2  yIu
         3  huU
         4  gIq
         5  onp
```

데이터가 잘 입력되고 있음이 확인됩니다.

(2) 등록되어 있는 job 삭제하기

```
SCOTT>exec dbms_job.remove(25) ;

PL/SQL procedure successfully completed.

SCOTT>select what, job, next_date, next_sec, failures, broken
  2  from user_jobs
  3  where job=25 ;

no rows selected    ← 삭제되고 없습니다.
```

(3) 등록되어 있는 job 수정하기

이 테스트를 하기 위해 위의 job을 한번 더 등록하겠습니다.

```
SCOTT>variable jno number;
SCOTT>@job1.sql

PL/SQL procedure successfully completed.

SCOTT>print jno;

       JNO
--------------
        26  ← job no가 26번으로 변경되었습니다.

SCOTT>commit;
Commit complete.

SCOTT>select what,job,next_date,next_sec , interval
  2   from user_jobs
  3  where job=26 ;

WHAT                     JOB  NEXT_DATE            NEXT_SEC   INTERVAL
---------------------- ---- ------------------- ---------- --------------
scott.insert_job_test01;  26   2013-02-19:06:32:40  06:32:40   sysdate + 1/24/60
```

수행 시간을 1분마다 → 5분 마다 1회 수행으로 변경하겠습니다.

```
SCOTT>exec dbms_job.change(:jno,'scott.insert_job_test01;',sysdate,'sysdate + 5/24/60');

PL/SQL procedure successfully completed.

SCOTT>set line 200
SCOTT>col interval for a30
SCOTT>select what,job,next_date,next_sec , interval
  2  from user_jobs
  3  where job=26 ;

WHAT                       JOB   NEXT_DATE           NEXT_SEC    INTERVAL
---------------------     -----  ------------------  ----------  --------------
scott.insert_job_test01;    26   2013-02-19:06:36:04 06:36:04    sysdate + 5/24/60
```

이상으로 오라클에서 작업할 때 아주 유용하게 사용될 기능인 DBMS_JOB에 대해서 살펴보았습니다. 아주 많은 배치성 작업들을 편하고 유용하게 관리 할 수 있는 방법이므로 꼭 잘 연습해서 본인의 스킬로 만들기 바랍니다.

2.DBMS_SCHEDULER

DBMS_SCHEDULER는 앞장에서 살펴 본 DBMS_JOB 패키지 보다 확장된 기능들을 제공하는 아주 유용한 스케줄링 도구입니다. DBMS_JOB과 가장 큰 차이점은 DBMS_JOB에서 안되는 외부 스크립트를 실행할 수 있다는 부분입니다. 기존에는 OS 스크립트를 작성해서 Cron 같은 기능으로 OS 차원에서 수행했던 많은 작업들을 DBMS_SCHEDULER를 사용해서 처리할 수 있게 된 것입니다.

관리자는 DBMS_SCHEDULER를 사용하여 정해진 시간에 튜닝에 필요한 테이블이나 인덱스, 클러스터 등의 각종 통계값을 계산해서 저장하거나, 정해진 시간에 백업을 수행하거나, Mview나 Standby 서버와 원본과의 동기화 작업 등 주기적으로 반복되어야 하는 작업들을 자동화 시켜서 훨씬 편하게 업무를 진행할 수 있습니다. 단 이 기능은 10g 이상 버전에서만 사용할 수 있다는 단점이 있습니다.

(1) 주요 특징

① 오라클에서 생성된 프로시저나 함수 외에 OS에서 생성된 각종 유틸이나 프로그램까지도 실행할 수 있습니다. 즉 dbms_job 패키지 보다 훨씬 적용범위가 넓고 확장성이 좋습니다.
② 다양한 설정을 해서 사용할 수 있는 데 설정할 때 일반적으로 사용하는 자연어를 사용하여 편하게 설정을 할 수 있습니다.
③ 데이터베이스 내부 이벤트까지 추적가능하기 때문에 OS나 dbms_job 보다 훨씬 다양하게 작업을 체크하고 수행할 수 있습니다.

여기서 언급한 특징들 이외에도 다양한 장점들이 있습니다.

(2) 구성

dbms_scheduler는 마치 PL/SQL의 블록 구조처럼 아래의 모듈 구조로 구성되어 있습니다.

① Program

이 부분에 dbms_scheduler가 수행할 프로그램이나 프로시저, 스크립트등에 대한 정보를 저장해서 별도로 생성할 수 있습니다.

② Schedule

이 부분에는 dbms_scheduler가 수행할 job이 실제 수행할 시간이나 실행 주기 등을 별도로 생성 할 수 있습니다.

③ job

새로 생성할 job 부분을 정의합니다. job을 새로 생성하는 방법은 다양하게 존재하는데 아래에서 자세하게 살펴보겠습니다.

(3) DBMS_SCHEDULER 사용하기

① 신규 job 생성하기

DBMS_SCHEDULER가 특정 작업을 수행하는 방법은 여러 가지가 있습니다. 그 중에서 대표적으로는 dbms_scheduler.create_job 프로시저를 이용해서 직접 수행할 job을 생성하는 방법이 있으며 dbms_scheduler.create_program 프로시저를 이용해서 수행할 프로그램을 생성한 후 job에서 불러서 쓰는 방법도 있습니다. 일반적으로는 전자의 방법을 많이 사용하며 여기서도 전자의 방법으로 job을 생성하고 관리하는 것을 자세하게 살펴보겠습니다.

테스트는 job_test1이라는 테이블에 3초에 1회씩 데이터를 insert하는 작업을 설정하겠습니다. 이 작업을 하기 위해서는 해당 계정이 create any job의 권한을 가지고 있어야 합니다. 여기서는 scott 계정으로 작업을 진행하므로 scott 계정에게 먼저 이 권한을 주고 진행합니다.

```
SYS> grant create any job to scott ;

SYS> conn scott/tiger ;

SCOTT> create table job_test1
  2  (no number,
  3   name varchar2(5),
  4   rdate date default sysdate) ;

Table created.

SCOTT>create sequence seq_job_test1_no;
Sequence created.

SCOTT>create or replace procedure insert_job_test
  2  is
  3  begin
  4   insert into scott.job_test1 (no,name)
  5   values(seq_job_test1_no.nextval,dbms_random.string('a',2));
  6  commit;
```

```
  7  end;
  8  /

Procedure created.


SCOTT>begin
  2  dbms_scheduler.create_job (
  3    job_name => 'insert_job_test1' ,
  4    job_type => 'PLSQL_BLOCK' ,
  5    job_action => 'BEGIN insert_job_test; END;' ,
  6    start_date => systimestamp ,
  7    repeat_interval => 'freq=secondly; interval=3' );
  8  end;
  9  /

PL/SQL procedure successfully completed.
```

job이 정상적으로 생성이 되었습니다. 이 job에 대한 세부적인 사항은 아래의 5번 항목에 있습니다.

```
SCOTT>exec dbms_scheduler.enable('insert_job_test1');

PL/SQL procedure successfully completed.

SCOTT>exec dbms_scheduler.run_job('insert_job_test1');

PL/SQL procedure successfully completed.

SCOTT> alter session set nls_date_format='YYYY-MM-DD:HH24:MI:SS' ;

SCOTT>select * from job_test1 order by 3;

        NO NAME      RDATE
---------- --------- -------------------
         1 YH        2013-02-19:16:55:55
         2 qA        2013-02-19:16:55:58
         3 ZI        2013-02-19:16:56:01
         4 bI        2013-02-19:16:56:04
```

rdate 컬럼을 보면 3초마다 insert되는 것이 확인됩니다.

② 현재 작동중인 job 확인하기

데이터베이스에서 아주 많은 job이 있을 수 있으므로 owner='SCOTT'인 사용자의 job만 조회하겠습니다.

```
SYS> select p.job_name, p.job_type, o.object_id, p.enabled, o.last_ddl_time, o.created,
           cast(p.next_run_date as date) next_run_date, p.state, p.job_class, o.owner,
           schedule_type
     from dba_objects o , dba_scheduler_jobs p
     where o.owner=p.owner
     and o.object_name=p.job_name
     and o.object_type='JOB'
     and o.owner='SCOTT' ;
```

③ 특정 job을 일시 중지 또는 재 시작 하기

```
SCOTT>exec dbms_scheduler.disable ('insert_job_test1'); -- 일시 중지하기
SCOTT>exec dbms_scheduler.enable ('insert_job_test1'); -- 다시 시작하기
```

④ 특정 job을 삭제하기

```
SCOTT>begin
     dbms_scheduler.drop_job('insert_job_test1');
     end;
     /

PL/SQL procedure successfully completed.
```

이상으로 dbms_scheduler에서 기본적인 job을 생성/조회/관리/삭제하는 방법을 살펴보았습니다. 이번에는 위 1번에서 생성한 job을 세부적으로 자세하게 살펴보겠습니다.

⑤ DBMS_SCHEDULER.CREATE_JOB 자세히 살펴보기

위 1번에서 생성한 문법을 다시 보겠습니다.

```
SCOTT>begin
     dbms_scheduler.create_job (
       job_name => 'insert_job_test1' ,
```

```
4    job_type => 'PLSQL_BLOCK' ,
5    job_action => 'BEGIN insert_job_test; END;' ,
6    start_date => systimestamp ,
7    repeat_interval => 'freq=secondly; interval=3' );
8  end;
9  /
```

위 문법에서 2번 줄은 신규 job을 생성하라는 의미입니다. 3번 줄은 dbms_scheduler 내에서 사용될 job의 이름을 지정하는 부분입니다. 당연히 다른 job과 중복이 되지 않도록 설정해야 합니다. 4번 줄은 5번 줄에 적히는 항목에 따라 값이 달라집니다. 5번 줄은 실제 실행될 프로그램을 적는 부분입니다.

이 곳에는 1) 실제 pl/sql 블록을 적을 수도 있고, 2) 프로시저 이름을 적을 수도 있고, 3) OS에 있는 실행파일 이름을 지정할 수도 있으며, 4) Program_name으로 미리 생성해 둔 프로그램 이름을 지정할 수도 있으며, 5) Chained 값으로 생성된 체인을 활용할 수도 있습니다. 위의 예에서는 PL/SQL Block을 적었습니다.

4번 줄은 5번 줄에 적은 프로그램의 타입을 적는 곳입니다. 위의 예에서는 Begin과 END로 PL/SQL Block 형태로 적었기 때문에 'PLSQL_BLOCK'으로 적었습니다. 만약 5번 줄에 프로시저 이름을 적었다면 4번 줄에는 'STORED_PROCEDURE'으로 적어야 하며 5번줄에 실행 프로그램을 적었다면 4번 줄에는 'EXECUTABLE'로 적어야 합니다.

-- pl/sql block을 적은 예 --

```
program_action => 'BEGIN DBMS_STATS.GATHER_SCHEMA_STATS(“SCOTT”);END;' ,
program_type => 'PLSQL_BLOCK'
```

-- 실행 프로그램 이름을 적은 예 --

```
program_action => '/home/oracle/run.sh',
program_type    => 'EXECUTABLE'
```

6번 줄은 해당 job이 처음 시작될 시간을 지정하는 곳입니다. systimestamp는 지금 즉시 시작하라는 뜻이며 만약 지금 시간이 아닌 특정 시간에 시작하도록 지정하고 싶으면 아래와 같이 설정하면 됩니다.

```
start_date => to_timestamp_tz('2013-04-01 02:00:00 ROK','YYYY-DD-DD HH24:MI:SS TZR')
```

위의 예는 2013년 4월 1일 새벽 02시에 특정 job을 시작하라는 의미입니다.

위 예에서는 없지만 만약 종료하는 시간을 지정하고 싶다면 end_date 파라미터를 사용하면 됩니다.

```
end_date => systimestamp + interval '30' day
end_date => to_timestamp_tz('2013-04-31 24:00:00 ROK','YYYY-DD-DD HH24:MI:SS TZR')
```

7번 줄은 반복할 주기를 지정하는 곳입니다. 이 곳에는 다양한 형태로 반복주기가 지정될 수 있으며 반복주기를 지정하는 방법은 아래의 두 가지가 있습니다.

- 얼마마다 한번씩 수행한다 는 형식으로 지정하기

예를 들어 1시간에 1번, 5분마다 1번씩 수행하기 이런 식으로 지정하는 방법을 말합니다. 이 방법을 CALENDARING Expression이라고도 합니다. 이 방식은 아래와 같이 지정할 수 있습니다.

```
repeat_interval => 'FREQ=HOURLY; INTERVAL=1' ← 1시간 간격으로 수행하도록 설정합니다.
repeat_interval => 'FREQ=MINUTELY; INTERVAL=30' ← 30분 간격으로 수행하도록 설정합니다.
repeat_interval => 'FREQ=SECONDLY; INTERVAL=5' ← 5초 간격으로 수행하도록 설정합니다.
repeat_interval => 'FREQ=WEEKLY; INTERVAL=2' ← 2주 간격으로 수행합니다.
repeat_interval => 'FREQ=MONTHLY; ' ← 매달 수행하도록 설정합니다.
repeat_interval => 'FREQ=YEARLY;' ← 매년 수행하도록 설정합니다.
```

위 방법에 BY 절을 사용하여 보다 구체적으로 시간을 지정할 수도 있습니다. 만약 8주차 금요일마다 수행하고 싶을 경우에는 아래와 같이 설정하면 됩니다.

```
repeat_interval => 'FREQ=YEARLY; BYWEEKNO=8,16,24,32,40,48; BYDAY=FRI;'
```

보다 구체적으로 매주 금요일 밤 23시 50분에 수행하고 싶을 경우에는 아래와 같이 설정합니다.

```
repeat_interval => 'FREQ=WEEKLY; BYDAY=FRI; BYHOUR=23; BYMINUTE=50;'
```

BY 절에 사용할 수 있는 세부 사항들은 아래와 같습니다.

```
BYMONTH : JAN,FEB,MAR,APR,MAY,JUN,JUL,AUG,SEP,OCT,NOV,DEC
BYWEEKNO : 1 - 53
BYYEARDAY : 1 - 366
BYMONTHDAY : 1 - 31
BYDATE: MMDD 형태로 월일을 직접지정가능. 예)1월1일일 경우 0101 로 지정하면 됨.
BYDAY : MON , TUE , WED , THU , FRI , SAT , SUN
BYHOUR : 0 - 23
BYMINUTE : 0 - 59
BYSECOND : 0 - 59
```

또 다른 유용한 옵션으로 INCLUDE가 있습니다. 이 파라미터는 다른 일정을 현재 일정에 포함할 수 있도록 하는 역할입니다. 사용법은 아래와 같습니다.

```
BEGIN
dbms_scheduler.create_schedule(
 schedule_name  => 'sub_sched_1',
 repeat_interval =>'FREQ=YEARLY;BYDATE=0101,0201,0301');

dbms_scheduler.create_schedule(
 schedule_name =>'main_sched',
 repeat_interval =>
  'FREQ=MONTHLY;INTERVAL=2;BYMONTHDAY=15;BYHOUR=9,17;INCLUDE=sub_sched_1');
END;
/
```

위 예에서처럼 include는 다른 스케줄을 현재 스케줄에 포함시키는 역할을 합니다.

- 다음 직접 작업 시간까지의 간격을 지정하기

아래와 같이 설정하시면 됩니다.

```
repeat_interval => 'SYSDATE + 1' -- 하루 뒤에 수행합니다.
repeat_interval => 'SYSDATE + 30/1440' -- 1440은 하루를 분으로 환산한 것이니 30분마
                                          다 수행하라는 뜻이 됩니다.
```

⑥ 외부 스크립트를 생성해서 실행하기

이번에는 DBMS_SCHEDULER의 중요한 특징인 OS에서 생성한 스크립트를 실행하는 방법을 알아보겠습니다. 외부에서 생성된 스크립트를 오라클에서 실행하기 위해서는 먼저 해당 스크립트를 실행할 권한과 그룹이 지정되어 있는 externaljob.ora라는 파일을 수정해야 합니다.

externaljob.ora를 사용해서 이 작업을 수행하는 방법은 위 파일을 열어서 사용 유저명을 oracle로 변경하고 사용 그룹명을 oracle 계정의 소속그룹으로 변경한 후 SetUID를 지정하면 됩니다. 이 부분이 틀리면 Permisstion denied 라는 에러가 발생하므로 주의하세요.

Step 1 externaljob.ora **파일의 내용을 수정합니다.**

```
[oracle@localhost ~]$ vi /app/oracle/product/11g/rdbms/admin/externaljob.ora
(중간 생략)
가장 마지막 줄의 내용을 아래와 같이 변경하세요.

#run_user = nobody   -- 기존 내용 주석처리
#run_group = nobody  -- 기존 내용 주석처리
run_user = oracle
run_group = oinstall

:wq!
```

만약 oracle 계정의 소속 그룹을 모를 경우 아래와 같이 조회하세요.

```
[oracle@localhost ~]$ id oracle
uid=500(oracle) gid=5001(oinstall) groups=5001(oinstall),5000(dba)
```

Step 2 수정 완료 후 위 파일의 권한을 640(소유자: 읽기/쓰기, 그룹: 읽기, 나머지: 권한없음) 상태로 설정합니다. 이 값이 기본적으로 설정되어 있습니다.

```
[oracle@localhost ~]$ ls -l $ORACLE_HOME/rdbms/admin/externaljob.ora
-rw-r----- 1 oracle oinstall 1572  3월 11 14:14 /app/oracle/product/11g/
rdbms/admin/externaljob.ora
```

Step 3 외부 스크립트를 실제로 수행하는 명령인 extjob 파일의 소유자를 변경합니다.

SetUID를 설정하는 방법은 chmod 4750 extjob인데 기본적으로 설정되어 있습니다. 아래 설정이 기본 설정인데 이 파일의 소유자 부분이 root로 되어 있습니다. 이것을 oracle로 변경해주세요.(위 externaljob.ora 파일에서 run_user가 oracle이기 때문입니다)

```
[oracle@localhost ~]$ ls -l $ORACLE_HOME/bin/extjob
-rwsr-x--- 1 root oinstall 1089965 10월 30 17:38 /app/oracle/product/11g/
bin/extjob

[root@localhost bin]# chown oracle extjob
[root@localhost bin]# ls -l extjob
-rwxr-x--- 1 oracle oinstall 1089965 Oct 30 17:38 extjob
```

이 작업을 하지 않을 경우 Permission denied.라는 에러가 발생합니다. 여기까지 OS 차원에서의 설정은 마무리 되었고 이제 오라클 안에서 작업을 합니다.

Step 4 sys 계정으로 오라클에 접속해서 external job을 수행할 계정에게 적절한 권한을 부여합니다. 이 책에서는 샘플 스키마인 scott 계정으로 작업을 수행하겠습니다.

```
SYS>grant execute on sys.dbms_scheduler to scott;
Grant succeeded.

SYS>grant create job to scott ;
Grant succeeded.

SYS>grant create external job to scott;
Grant succeeded.
```

Step 5 수행할 외부 스크립트를 생성합니다.

이 책에서는 /app/oracle/ 디렉터리 아래에 스크립트를 수행하는 날짜와 시간 이름으로 자동으로 디렉터리를 생성하는 스크립트를 만들어서 테스트 하겠습니다.

```
SYS>!
[oracle@localhost ~]$ vi mkdir.sh
#!/bin/bash
# -- 아래의 date 앞에 있는 ` 기호는 홑따옴표가 아닌 ~ 기호와 함께 있는 기호입니다.
date=`date +%Y-%m-%d-%H-%M-%S`
mkdir /app/oracle/$date

:wq!
```

실행 권한을 부여한 후 스크립트가 정상적으로 작동하는지 테스트 합니다.

```
[oracle@localhost ~]$ chmod 755  mkdir .sh
[oracle@localhost ~]$ sh mkdir.sh
[oracle@localhost ~]$ sh mkdir.sh
[oracle@localhost ~]$
[oracle@localhost ~]$ ls  /app/oracle/2013*
/app/oracle/2013-03-11-15-00-07:
/app/oracle/2013-03-11-15-00-08:
스크립트가 정상적으로 작동하는 것이 확인됩니다.
```

Step 6 위 스크립트를 수행하는 schedule 을 생성합니다.

```
[oracle@localhost ~]$ exit
SCOTT>begin
  2  dbms_scheduler.create_schedule (
  3    schedule_name => 'test_dir' ,
  4    start_date => systimestamp ,
  5    end_date => null ,
  6    repeat_interval => 'freq=secondly;interval=10' ); -- 10초에 1번씩 수행시킵니다.
  7  end ;
  8  /

PL/SQL procedure successfully completed.
```

Step 7 위 스크립트를 실행하는 job을 생성합니다.

```
SCOTT>begin
dbms_scheduler.create_job (
  job_name => 'test_dir_1' ,
  job_type => 'EXECUTABLE' ,
  job_action => '/home/oracle/mkdir.sh' ,
  schedule_name => 'test_dir' );
end;
/

PL/SQL procedure successfully completed.
```

Step 8 해당 job을 enable 합니다.

```
SCOTT>begin
dbms_scheduler.enable('test_dir_1') ;
end;
/

PL/SQL procedure successfully completed.
```

Step 9 해당 job을 실행합니다.

```
SCOTT>exec dbms_scheduler.run_job('test_dir_1');

PL/SQL procedure successfully completed.
```

Step 10 잠시 후에 해당 디렉터리가 10초 간격으로 생성되는지 확인합니다.

```
[oracle@localhost ~]$ ls /app/oracle/2013*
/app/oracle/2013-03-11-15-37-00:
/app/oracle/2013-03-11-15-37-10:
/app/oracle/2013-03-11-15-37-20:
/app/oracle/2013-03-11-15-37-30:
 ( 이하 생략 )
```

oracle에서 아래와 같이 조회해도 조회됩니다.

```
SCOTT> select log_date ,owner,job_name, status
from user_scheduler_job_run_details
where owner = 'SCOTT'
order by log_date desc ;
```

위 job은 테스트 용이므로 테스트가 잘 되는 것이 확인되면 위 job을 삭제하세요. 그렇지 않으면 계속 10초마다 디렉터리를 생성하게 되어 문제가 됩니다.

```
SCOTT>begin
    dbms_scheduler.drop_job('TEST_DIR_1') ;
end;
/

PL/SQL procedure successfully completed.
```

(4) JOB의 속성 변경하기

위에서 살펴본 바와 같이 job에는 이름이나 시작시간, 종료시간, 수행 주기 등의 많은 속성이 있습니다. 업무의 변경이나 여러 가지 상황에 의해서 그 속성들이 변경되어야 할 경우도 종종 있기 때문에 이번에는 해당 속성들을 변경하는 방법들을 살펴보겠습니다.

이 실습을 하기 위해 새로운 job을 하나 더 생성하겠습니다.

```
SCOTT>begin
dbms_scheduler.create_job (
  job_name => 'insert_job_test2' ,
  job_type => 'PLSQL_BLOCK' ,
  job_action => 'BEGIN insert_job_test; END;' ,
  start_date => systimestamp ,
  repeat_interval => 'freq=secondly; interval=5' );
end;
/

PL/SQL procedure successfully completed.
```

위에서 생성한 insert_job_test2란 job은 수행 주기가 5초에 한 번씩 수행되는 것으로 생성되었습니다. 이 속성을 10초에 1번씩 수행 되는 것으로 변경해 보겠습니다.

```
SCOTT>exec dbms_scheduler.set_attribute(name => 'insert_job_test2', -
> attribute => 'repeat_interval' , -
> value => 'freq=secondly; interval=10') ;

PL/SQL procedure successfully completed.
```

정상적으로 변경되었는지 조회하겠습니다.

```
SYS>select owner ,job_name , START_DATE ,REPEAT_INTERVAL,END_DATE
  2  from dba_scheduler_jobs
  3   where owner='SCOTT' ;

OWNER  JOB_NAME         START_DATE                          REPEAT_INTERVAL            END_DATE
---- ------------- ---------------------------- -------------------- -----
SCOTT  INSERT_JOB_TEST  19-FEB-13 08.32.40.409821 PM +09:00  freq=secondly; interval=10  2
```

정상적으로 변경된 것이 확인됩니다.

(5) DBMS_SCHEDULER 관리하기

① 생성된 job 을 즉시 실행하기

dbms_scheduler.run_job() 명령을 이용하면 생성된 job을 즉시 실행시킬 수 있습니다.

예) exec dbms_scheduler.run_job('insert_job_test1') ;

② job 을 중단하기

예) exec dbms_scheduler.stop_job(job_name => 'insert_job_test1' , force => true) ;

위 명령어는 스케줄이 예정되어 있던 job을 중단시킵니다. 만약 중단 시도했던 job이 현재 실행 중일 경우에도 force 옵션이 true로 설정되어 있어서 즉시 작업을 중단시키게 됩니다.

③ job 삭제하기

예) exec dbms_scheduler.drop_job(job_name =>'insert_job_test1' ,force => true) ;

위 명령어는 현재 등록되어 있는 job을 삭제합니다. 만약 해당 job이 실행 중일 경우라도 force 옵션이 true로 설정되어 있어서 강제로 취소시키고 삭제를 하게 됩니다.

이상으로 주기적으로 반복되는 작업에 아주 유용한 dbms_job과 dbms_scheduler 패키지를 살펴보았습니다. 다소 어렵기도 하지만 꼭 열심히 공부하셔서 데이터베이스 관리를 편안하게 하시길 바랍니다.

CHAPTER 12

Network와 Oracle Net Service

12 CHAPTER

Network와 Oracle Net Service

Database란 여러 사람들이 동시에 접속해서 정보를 조회하고 입력하는 특징을 가지고 있습니다. 이렇게 여러 사람들이 접속하기 위해서 반드시 필요하면서 중요한 기능이 Network 관련 기능입니다. 실제 Oracle Database에 접속되지 않는 다양한 장애 현상 중에서 Network 관련 장애들이 아주 많습니다. 이럴 경우 Network 관련 지식을 알고 있다면 장애 처리나 성능 향상에 큰 도움이 될 수 있습니다.

이번 장에서는 일반적인 Network와 관련된 용어와 기술들을 먼저 살펴보고 Oracle에서 이런 Network 기능이 어떻게 관리되고 사용되는지를 살펴보겠습니다. 이 책은 Oracle 관련 책이므로 네트워킹에 대한 보다 전문적인 내용은 관련 분야 전문 서적을 참고하기 바랍니다.

1. IP Address 와 MAC Address

모르는 장소나 사람을 찾아가기 위해서 주소가 필요한 것처럼 컴퓨터 간에도 서로 찾아가려면 적절한 주소가 필요합니다. 아래 그림으로 자세하게 살펴보겠습니다.

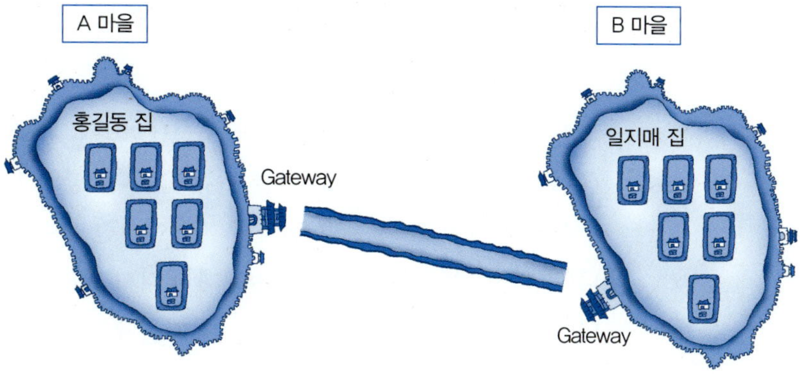

위 그림에서 A 마을과 B 마을을 네트워크 용어로 표현하면 네트워크 대역이라고 합니다. 즉 A 마을에 사는 사람들끼리는 같은 네트워크 대역에 있다고 하고 B 마을 사람들끼리도 같은 네트워크 대역에 있다고 표현합니다. 그리고 A 마을과 B 마을은 서로 다른 네트워크 대역이라고 표현합니다. A 마을 사람들끼리는 같은 마을(네트워크 대역)에 살아서 서로 자유롭게 왕래하지만 만약 A 마을에 사는 홍길동이 B 마을에 사는 일지매를 찾아가야 한다면 홍길동은 A 마을의 성문을 통해서 외부로 나가야 합니다. B 마을에 사는 일지매 역시 A 마을에 사는 홍길동을 찾아가려고 할 때 성문을 통해서 외부로 나가야만 합니다.

네트워크 용어에서 서로 다른 네트워크로 접속하기 위해 사용하는 성문 역할을 하는 컴퓨터를 Gateway(게이트웨이)라고 합니다. 즉, 같은 네트워크(마을) 대역의 컴퓨터를 찾을 때는 Gateway가 없어도 잘 되지만 다른 네트워크 대역의 컴퓨터를 찾을 때는 반드시 Gateway를 통해서 외부로 나가도록 설정되어 있어야만 합니다. 만약 Gateway 설정이 잘못되어 있거나 Gateway 장비가 장애가 날 경우에는 외부로 나갈 수 없다는 뜻입니다. 즉 외부로 나가는 성문이 없거나 고장나서 열리지 않는다면 다른 마을로 갈 수 없는 것입니다. 이런 내용을 네트워크 용어를 사용해서 다시 정리해 보겠습니다.

컴퓨터 세상에서 사용되는 주소는 IP Address와 MAC Address가 있습니다. IP 주소는 Internet Protocol의 약자로 숫자로 이루어져 있으며 이 주소는 192.168.0.1처럼 .(dot) 으로 구분되며 "8비트.8비트.8비트.8비트"로 총 32비트로 구성됩니다. 이는 IPv4의 경우이고 최근에는 IPv4의 주소 개수가 부족해서 IPv6가 등장했습니다. V4나 V6는 .(dot)을 기준으로 필드의 개수를 의미합니다.

IP 주소를 크게 나누면 공인 IP 주소(Public IP Address)와 사설 IP 주소(Private IP Address)로 나눌 수 있습니다. 공인 IP는 전세계에서 유일한 IP 주소이며 사설 IP는 해당 단체나 지역에서만 내부적으로 사용하는 IP 주소입니다. 다시 말하면 공인 IP는 전세계 어디서라도 찾아올 수 있는 유일한 주소입니다. 그러나 사설 IP의 경우에는 그 마을에서만 아는 주소입니다.

옛날 어른들이 많이 사용하시는 표현 중에 누구누구 댁(예를 들어 부산댁)이라는 표현이 있는데 이런 주소는 그 마을 안에서는 통용되는 주소이지만 그 마을 밖에서는 절대로 찾아올 수 없는 주소이지요. 이런 주소를 사설 IP라고 부르는 것입니다.

모든 컴퓨터가 공인 IP를 사용하면 가장 좋지만 문제는 IP 주소의 수량이 한정되어 있어서 그렇게 할 수 없습니다. 그래서 반드시 공인 IP를 사용해야 하는 경우(예를 들어 서버와 같이 외부에서 접속해야만 하는 컴퓨터들)을 제외한 컴퓨터들은 사설 IP를 사용하게 됩니다. 공인 IP는 신청할 때 별도의 비용도 지불해야 하지만 사설 IP는 그럴 필요도 없습니다. 사설 IP를 마음대로 쓸 수 있지만 사용 가능한 IP 주소의 범위가 있으며 아래와 같습니다.

```
10.0.0.0 ~ 10.255.255.255
172.16.0.0 ~ 172.31.255.255
192.168.0.0 ~ 192.168.255.255
```

위 주소 사이에 있는 IP 주소는 사설 IP이므로 별도의 비용 없이 맘대로 사용하면 됩니다. 단 내부에서 외부로 나가는 것은 NAT라는 기술을 사용해서 나가는 것이 가능하지만 외부에서 사설 IP를 사용하는 컴퓨터로 접속하는 것은 기본적으로 불가합니다. 그러나 이것도 라우터에서 Port Forwarding이라는 기술이 지원되면 이 기능을 설정해서 가능할 수도 있습니다.

그리고 공인 IP이든 사설 IP이든 같은 네트워크 대역에 있는 컴퓨터들은 서로 IP 주소가 중복이 되면 안 됩니다. 이것은 서로 다른 마을에 사는 홍길동과 일지매가 같은 주소일 수 없는 것과 같은 이치입니다.

또 다른 네트워크 주소 종류인 MAC Address는 Media Access Control의 약자로 매체접근제어주소라고 불리기도 합니다. 이 주소는 16진수로 작성되고 총 48비트로 구성이 되어 있습니다. 이 주소는 모든 NIC(Network Interface Card - 흔히 LAN Card라고 합니다)에 고유하게 할당됩니다.

이 MAC Address는 hardware Address라고도 하며 00:0C:29:A1:3A:C4와 같은 형태로 구성이 되어 있습니다. 총 48비트 중에서 앞부분의 3자리(24바이트)는 제조사 코드이고 뒷부분의 3자리(24바이트)는 고유한 NIC 번호입니다.

예를 들어 인텔에서 만든 모든 NIC는 앞의 3자리(24비트)는 동일하고 뒤의 3자리(24바이트)는 모두 다릅니다. 위에서 살펴본 바와 같이 IP 주소는 장소에 따라 변경되지만 MAC Address는 변경되지 않습니다. 예를 들어 집에서 사용하던 노트북을 학교에 가져가서 연결했을 때 집의 IP와 학교의 IP가 다르기에 IP 주소는 달라집니다. 그러나 NIC는 변경되지 않으므로 MAC Address는 동일하다는 뜻입니다.

아래 화면은 리눅스에서 IP Address와 MAC Address를 조회한 화면입니다. 리눅스에서 Network 설정을 보는 명령어는 root 계정에서 ifconfig를 사용하면 되고 윈도에서는 ipconfig를 사용하면 됩니다.

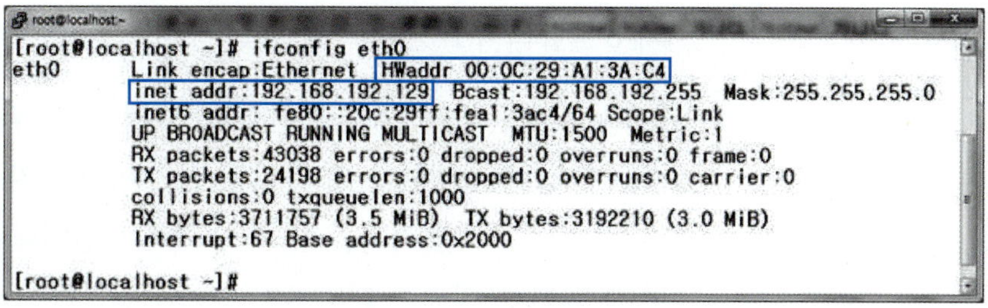

이제 앞에서 살펴본 주요 개념을 가지고 네트워크의 작동 원리를 살펴보겠습니다.

Network 구성도

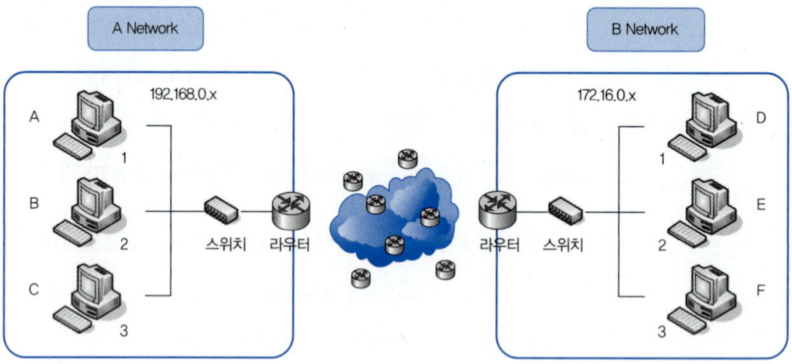

위 그림을 보면 A Network 대역에 A, B, C 컴퓨터가 있고 B Network 대역에 D, E, F 컴퓨터가 있습니다. 이 컴퓨터들은 각각 숫자로 구성된 IP Address를 가지고 있습니다.

A Network에 있는 A 컴퓨터가 같은 Network에 있는 B 컴퓨터와 통신을 하는 경우와 A 컴퓨터가 B Network에 있는 F 컴퓨터와 통신을 하는 과정을 살펴보면서 Network의 개념을 설명하겠습니다.

Case 1 같은 Network 간의 통신일 경우(A 〈——〉 B)

1. A 컴퓨터는 자신의 IP Address와 MAC Address 정보를 담아서 Switch 장비에게 B 컴퓨터의 IP를 알려주고 찾아 달라고 요청합니다.

2. 이 요청을 받은 Switch 장비는 해당 IP를 가진 컴퓨터가 자신의 MAC Address Table에 존재하는지 살펴봅니다. 여기서 알 수 있듯이 Switch 장비가 하는 역할 중 한 가지는 IP <--> MAC 변환입니다. 이런 일을 빨리 하기 위해서 Switch 장비는 IP와 MAC 주소를 연결해서 Switch 장비의 메모리에 저장해 두고 요청이 들어올 때마다 이것을 참조해서 즉시 연결해 줍니다(이 주소들을 메모리에 저장해 두는 곳을 Switching Table이라고 합니다). 그러나 최초 접속일 경우에는 Switching Table에는 해당 컴퓨터가 없을 것입니다.

   이럴 경우에는 Switch 장비는 자신에게 요청한 컴퓨터의 Port를 제외한 나머지 Port에 접속되어 있는 모든 컴퓨터에게 B의 IP 주소를 첨부해서 해당 IP 주소를 사용중인 컴퓨터는 응답하라고 메시지를 보냅니다. 이를 Broadcast라고 합니다. A를 제외한 모든 컴퓨터들은 이 Broadcast 메시지를 받아서 자신을 찾는 메시지가 아니면 폐기를 하고 대상 컴퓨터인 B 컴퓨터는 자신의 MAC Address를 담아서 Switch 장비에게 답장을 보냅니다. 이렇게 해서 컴퓨터들의 IP Address와 MAC Address 를 찾게 되는데 이를 학습(Learning)한다고 표현합니다.

Switching Table은 Switch 장비의 메모리에 저장되므로 Switch를 재부팅하면 이 Switching Table 의 정보는 초기화되어 학습을 다시 해야 합니다.

3. B 컴퓨터의 MAC Address를 찾은 Switch 장비는 A 컴퓨터와 B 컴퓨터 간의 전용 도로를 생성해서 통신이 가능하게 만들어 줍니다. 이를 Switching(스위칭)이라고 합니다. Switch와 Dummy Hub의 차이가 바로 이 Switching 기능이 되는가 입니다. 일반 Dummy Hub는 Switching 기능이 되지 않기에 하나의 길을 여러 컴퓨터가 공유해서 사용하게 됩니다. 즉 도로 하나를 양쪽에서 사용해서 한 명이 사용하면 다른 사람은 기다렸다가 사용해야 한다는 뜻입니다. 그래서 속도가 많이 느린데 Switch는 통신 당사자들끼리 전용 도로를 생성해 주는 것으로 빠른 속도를 보장합니다. Switching Hub는 Dummy Hub에 이런 Switching 기능을 포함시킨 것입니다.

Case 2 다른 네트워크간의 통신(A <—> F)

1. A 컴퓨터는 자신의 IP Address와 MAC Address 정보를 담아서 Switch에게 F 컴퓨터의 IP를 알려주고 찾아 달라고 요청합니다.

2. 이 요청을 받은 Switch는 위에서 살펴본 Case 1의 학습과정을 거친 후 자신이 담당하는 네트워크에 해당 컴퓨터가 없다는 것을 확인합니다. 그러면 외부로 나가기 위해 자신과 연결되어 있는 Gateway 장비에게 F 컴퓨터의 IP를 알려주고 외부 네트워크에서 해당 IP를 찾아 달라고 부탁을 합니다. 일반적으로 Gateway 역할을 하는 장비를 Router(라우터)라고 합니다.

3. Switch로부터 요청을 받은 Router는 자신의 Routing Table을 참조해서 해

당 IP를 가진 Router 를 찾습니다. 만약 그 IP를 가진 Router가 없을 경우 가장 근접한 Router를 찾아서 다시 부탁하게 됩니다. 이 과정에서 알 수 있듯이 Router들끼리는 이웃 Router가 어떤 IP들을 찾을 수 있는지 정보를 공유하게 되는 때 이 때 사용하는 것이 Routing Protocol입니다.

Router들끼리는 서로의 정보를 수시로 공유하게 됩니다. 이 과정을 거쳐서 A Network의 Gateway Router가 B Network의 Gateway Router을 찾아가게 되는데 이것을 Routing(길 찾기)라고 합니다. Routing 과정이 진행되면서 B Network의 Gateway Router에게 A가 요청한 F 컴퓨터의 IP Address가 전달되고 그 IP Address를 받은 Router는 B Network의 Switch에게 F 컴퓨터를 찾으라고 합니다. 그러면 앞에서 살펴본 바와 같이 B Network의 Switch도 학습을 통해서 F 컴퓨터를 찾고 서로 통신할 수 있게 됩니다.

위 3번 과정에서 A Network의 Gateway와 B Network의 Gateway 사이에 수많은 Router 장비를 경유해서 길을 찾게 되는데 이를 Hop이라고 하고 많은 Hop을 거칠수록 당연히 속도가 늦어질 확률이 많게 됩니다.

여러 가지 복잡한 개념과 생소한 용어가 많지만 꼭 기억해야 하는 것은 같은 네트워크에 있는 컴퓨터들끼리는 Gateway를 사용하지 않고 통신을 할 수 있지만 다른 네트워크를 찾아갈 경우에는 반드시 Gateway를 통해서 접속해야 한다는 것입니다. 이상으로 Network 기본 개념을 간단히 살펴보았고 다음으로 IP Address를 계산하고 관리하는 방법을 살펴보겠습니다.

2. IP Address와 Subnet Mask

앞에서 살펴본 바와 같이 같은 네트워크 주소를 가진 컴퓨터일 경우와 아닐 경우는 통신의 방식이 달랐습니다. 여기서 중요한 것은 과연 같은 네트워크 주소인지 아닌지를 어떻게 구분하는가 입니다.

사람의 이름에서 성 부분과 이름 부분이 있듯이 IP 주소에서도 성 부분과 이름

부분이 있습니다. 사람의 이름에서 같은 집안끼리는 모두 성이 같고 이름이 다른 것처럼 IP Address에서도 성 부분은 모두 동일하고 이름 부분은 모두 다릅니다. IP Address에서 성 부분을 Network ID라고 하고 이름 부분을 Host ID라고 표현합니다. 앞으로는 이 용어를 사용하겠습니다.

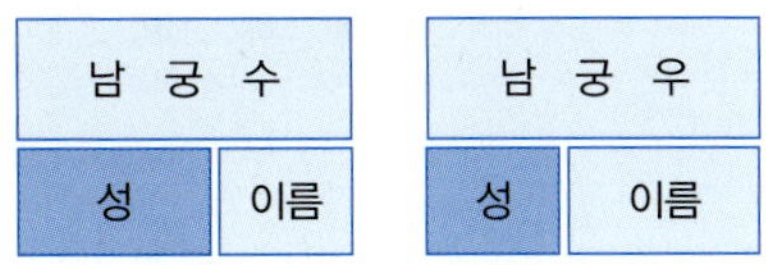

위 그림에서 두 사람의 이름 부분만 보면 같은 집안인 것처럼 보입니다. 그러나 실제로는 성 부분이 달라서 사실은 다른 집안입니다.

이처럼 IP Address에서도 IP Address의 Network ID(성)와 Host ID(이름)를 구분해 주어야만 합니다. 마치 사람의 이름에서 성과 이름을 구분해 주어야 하는 것과 동일한 이치이며 이 역할을 해주는 것을 Net Mask(또는 Subnet Mask)라고 합니다.

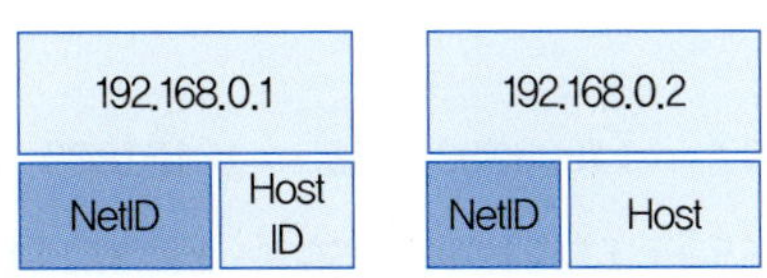

위의 그림처럼 비슷한 IP Address로 보이지만 두 주소는 다른 Network ID를 사용하는 다른 주소입니다. 아래의 예로 Subnet Mask를 사용하여 Network ID를 계산하는 방법을 알아봅니다.

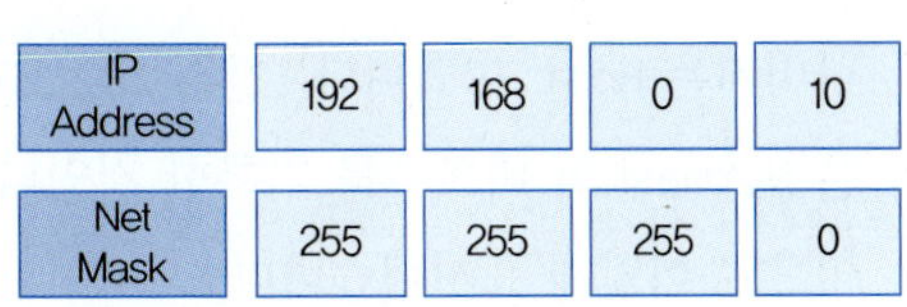

우선 위의 IP Address와 Net Mask를 모두 2진수로 변환합니다. 진법 변환을 쉽게 하는 방법을 알아보겠습니다.

승수	7	6	5	4	3	2	1	0
비트	1	1	1	1	1	1	1	1
실제값	128	64	32	16	8	4	2	1

위 그림은 8비트를 진법 변환하는 과정을 간단하게 나타낸 것입니다. 제일 위의 승수는 2의 n승을 의미하는 것이고 아래의 실제 값은 해당 n승의 실제 10진수 값을 의미합니다.

만약 10진수 7을 2진수로 변환을 하게 되면 위 그림의 실제 10진수 값이 7이 되도록 해당 비트를 더해서 그 부분만 1로 표시하면 됩니다. 즉 위의 예에서 오른쪽 3비트가 1이 되면 실제 값 부분이 7이 되므로 00000111로 변환됩니다.

10진수 63을 2진수로 변환해야 할 경우는 00111111로 변환됩니다. 모든 8개의 비트가 전부 1일 경우 10진수의 값은 255가 됩니다. 위 공식을 바탕으로 주어진 IP를 2진수로 변환하면

192 → 11000000, 168 → 10101000, 0 → 00000000, 10 → 00001010으로 변환되며 255 → 11111111, 255 → 11111111, 255 → 11111111, 0 → 00000000 입니다.

위에서 IP와 Netmask 값을 곱해서 나오는 값이 Network ID 입니다. 즉 위의 경우는 192.168.0의 경우가 Network ID에 해당이 됩니다. 쉽게 생각하면 Netmask 값이 255인 부분이 IP에서 Network ID에 해당되는 것입니다.

즉 192.168.0.1 / 255.255.0.0으로 설정될 경우 Network ID는 192.168이 되고 나머지는 Host ID입니다. 간혹 192.168.0.1/24로 표기하기도 하는데 / 뒷부분은 Netmask의 비트수를 기록한 것입니다. 즉, 255.255.255.0에서 1이 24 비트이므로 이렇게 표시했습니다.

지금까지 살펴본 것은 가장 일반적인 경우이고 하나의 Network를 더 작은

Network로 분리하는 기술을 Subnet이라고 합니다. Subnet을 하는 이유는 보안이나 관리상 목적으로 많이 사용하고 있습니다. Subnet이란 위에서 Host ID로 사용하는 비트를 왼쪽에서부터 Network ID로 빌려서 사용하는 것을 말합니다. 즉, 8비트의 Host ID 중에서 왼쪽부터 2자리를 Network ID로 빌리게 되면 Netmask 가 0이 아닌 192가 됩니다. 아래의 그림으로 공식을 보겠습니다.

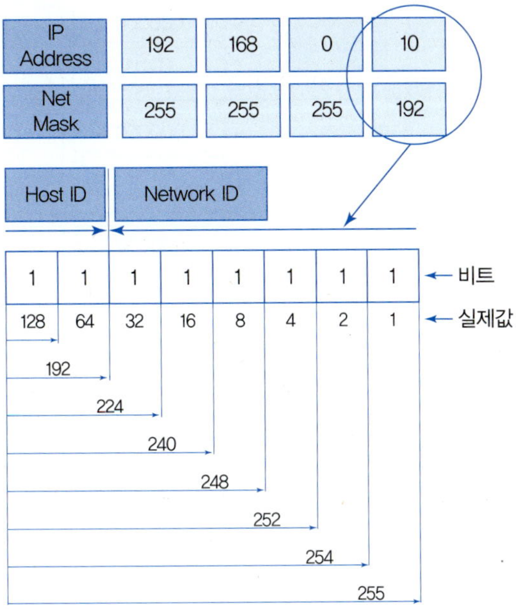

위 그림은 Host ID 부분을 Network ID로 빌려 쓸 경우 Netmask가 어떻게 되는지를 나타낸 그림입니다. 원래 255.255.255.0일 경우에 가장 마지막 8자리 비트는 모두 Host ID로 사용이 되지만 8개의 비트 중 왼쪽 2개를 Network ID로 빌려 쓰게 되면 Host ID는 남은 6자리만 됩니다. 그럴 경우 Netmask 값은 왼쪽 2비트 값을 합친 192로 표기됩니다.

이렇게 될 경우 네트워크가 어떻게 구성되는지 아래 그림으로 살펴보겠습니다.

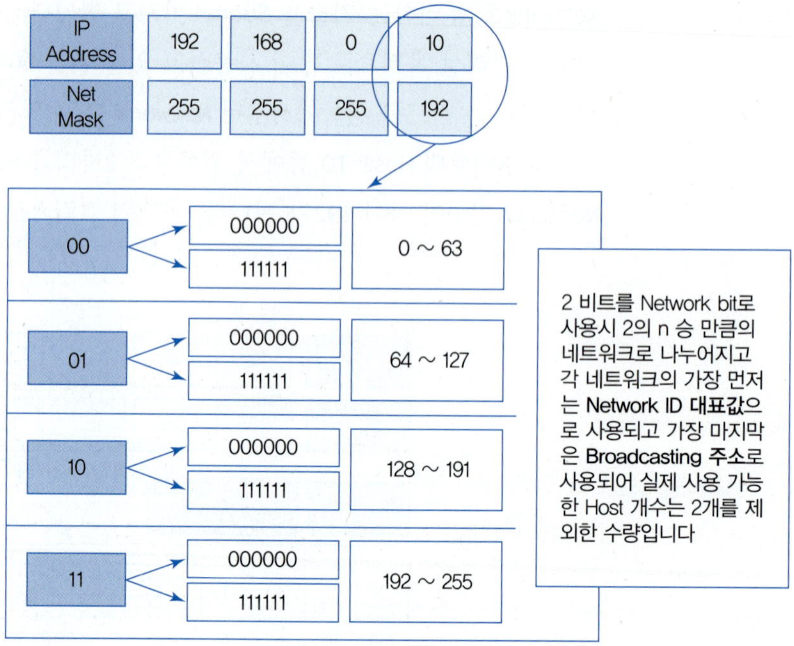

위 그림은 IP Address 중 가장 오른쪽 부분의 Host ID 부분의 8비트 중에서 2개의 비트를 Network ID로 사용하는 예를 설명하고 있습니다. 2비트가 각각 00, 01, 10, 11이 될 경우 나머지 6개 비트의 Host ID가 어떻게 결정되는지를 설명하고 있습니다.

IP Address가 비슷하게 보여도 Netmask에 따라서 같은 Network가 되거나 다른 Network가 된다는 것을 꼭 기억하고 다른 Network에 있는 컴퓨터를 찾아가려면 반드시 Gateway가 지정되어 있어야 한다는 점도 꼭 기억하세요.

위의 예에서는 192.168.0.62번 컴퓨터와 192.168.0.65번 컴퓨터는 서로 다른 네트워크에 있는 컴퓨터가 됩니다. 그래서 서로 통신을 하기 위해서는 반드시 Gateway 역할을 하는 컴퓨터가 설정이 되어 있어야만 합니다.

이상으로 네트워크에 대한 기본적인 사항을 살펴보았습니다. 다음으로 Oracle에서 제공하는 Network 관련 내용인 Oracle Net Service에 대해서 자세하게 살펴보겠습니다.

3. Oracle Server로 접속하기

Oracle Database Sever에는 외부에서 많은 사용자들이 동시에 접속을 해서 데이터를 조회도 하고 입력이나 변경, 삭제 등의 작업을 하게 됩니다. 외부에서 접속을 해야 하는 특성이 있으므로 네트워크 관련 기능이 필수인데 Oracle에서의 네트워크는 크게 Client쪽과 Server쪽으로 분류됩니다. 우선 아래 그림으로 간략하게 Oracle Client가 Oracle Server에 접속되는 과정을 살펴보겠습니다.

Oracle Server 에 접속하는 과정

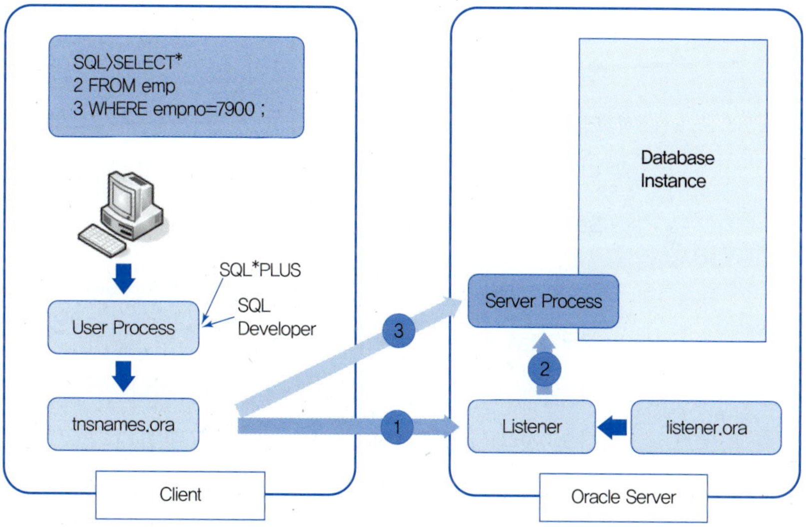

위 그림에서 왼쪽에서 사용자가 SQL 문을 수행하면 User Process라는 Process가 생성되어서 사용자가 작성한 SQL 문장을 서버 쪽으로 전달해 줍니다. 여기서 User Process는 SQL 문장을 작성하는 프로그램을 의미합니다. 그림의 예처럼 SQL*PLUS가 대표적 예입니다. 메모장 같은 프로그램에서 위 SQL 문장을 수행하려 해도 수행이 안 되는 이유는 메모장 프로그램은 User Process 역할을 못하기 때문입니다.

User Process는 사용자의 SQL 문장을 서버 쪽의 Server Process에게 전달해 주고 또한 Server Process가 생성한 결과물을 받아와서 화면에 출력하는 역할을 담당합니다. 그런데 User Process는 과연 자신이 찾아가야 할 Server가 어디에 있는지 어떻게 알고 찾아 갈까요? 해답은 바로 tnsnames.ora라는 파일에 있습니다. Client 쪽에 Oracle Client software를 설치하고 적절한 설정을 하게 되면(netca 등을 사용해서) $ORACLE_HOME/network/admin/tnsnames.ora라는 파일이 생성이 됩니다.

이 파일에 User Process가 찾아가야 할 Database Server의 SID 정보와 IP 주소, Port 번호 등의 정보가 자세하게 저장되어 있습니다. 물론 이 정보는 DBA나 관리자가 생성해 주어야 합니다. 이 방법은 뒷부분에서 자세히 살펴보겠습니다. User Process는 tnsnames.ora 파일의 내용을 참고하여 Server를 찾아가게 됩니다(위 그림에서 1번 입니다.).

일반적으로 중요한 정보가 많이 있는 회사나 관공서들은 일반 사람들이 회사에 직접 들어가지 못하고 입구나 방문자 대기소에서 담당자가 나올 때까지 기다리는 경우가 많습니다. 보안 때문에 그런 구조로 운영되는 것인데 Oracle Server 역시 비슷한 구조로 되어 있습니다.

즉 위 그림에서 오른쪽 부분인 Oracle Server 부분을 보면 Listener라는 부분과 Database Instance 라는 부분으로 나누어져 있는데 Database Instance가 실제 데이터가 저장되고 작업이 일어나는 부분이고 Listener라는 곳은 회사의 경비실 같은 역할을 하는 프로그램입니다.

즉 User Process가 SQL 문장을 가지고 Oracle Server를 찾아오면 가장 먼저 경비실에 해당되는 Listener를 만나게 됩니다. 여기에서 Listener가 listener.ora 파일을 참고하여 User Process의 요청을 검사한 후 Database Instance에 호출을 넣어서(위 그림에서 2번 단계입니다) SQL을 실제 처리할 실무 담당자인 Server Process를 불러오게 됩니다. 이렇게 일반 User Process는 직접 데이터에 접근할 수 없게 하고 반드시 Server Process가 작업을 하게 한 이유는 데이터의 보안과 안정성 때문입니다.

그러나 매번 이런 단계로 SQL이 수행되는 것은 아닙니다. 최초 접속일 경우에만 위의 방법으로 접속을 하게 되고 해당 User Process가 두 번째 수행하는 SQL부터는 Listener를 거치는 과정을 생략하고 바로 Server Process를 찾아가게 됩니다(3번 과정 입니다) 여기서 최초 접속이란 해당 User Process 프로그램을 실행한 후 처음 수행하는 쿼리를 의미합니다. 여기에 중요한 내용이 있습니다. 만약 Listener라는 프로그램이 장애가 발생해서 중단된 상태일 경우 신규 접속은 Oracle Server에 접속할 수 없게 됩니다. 그러나 기존에 접속되어 있던 사용자들은 아무런 이상 없이 계속 사용할 수 있습니다.

아래의 몇 가지 테스트로 Listener가 접속에 어떤 영향을 주는지 확인해보겠습니다. 아래 실습에서 나오는 각 파일들에 대한 설명과 설정 방법 등의 자세한 내용은 뒷장에서 구체적으로 배우게 되니 지금 화면에서는 위에서 언급한 부분들에 대한 확인만 하기 바랍니다.

Case 1 정상적인 접속 테스트

아래 화면은 기본적인 설정이 된 Server 쪽의 listener.ora 화면입니다.

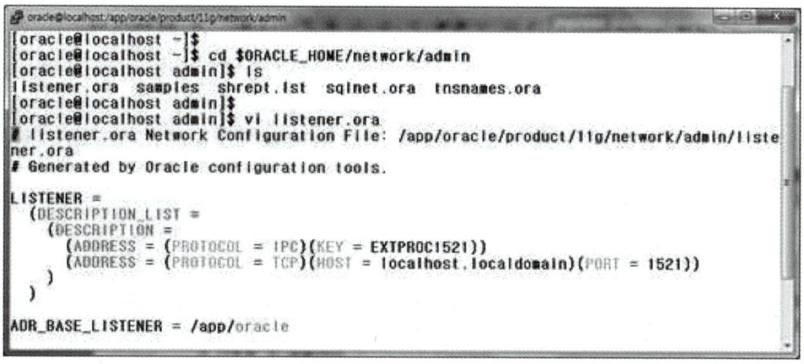

아래 화면은 Client(여기서는 윈도 7이 설치된 PC입니다)의 tnsnames.ora 파일 설정 화면입니다.

```
# tnsnames.ora Network Configuration File: c:WappWjinsuWproductW11.1.0Wclient_1Wne
# Generated by Oracle configuration tools.

TESTDB =
  (DESCRIPTION =
    (ADDRESS_LIST =
      (ADDRESS = (PROTOCOL = TCP)(HOST = 192.168.192.129)(PORT = 1521))
    )
    (CONNECT_DATA =
      (SERVICE_NAME = testdb)
    )
  )
```

Client의 cmd 창에서 서버로 접속을 시도해서 성공합니다.

```
C:WUsersWjinsu>
C:WUsersWjinsu>sqlplus scott/tiger@testdb

SQL*Plus: Release 11.1.0.6.0 - Production on 토 3월 2 17:21:50 2013

Copyright (c) 1982, 2007, Oracle.  All rights reserved.


다음에 접속됨:
Oracle Database 11g Enterprise Edition Release 11.2.0.2.0 - Production
With the Partitioning, OLAP, Data Mining and Real Application Testing options

SQL>
```

Case 2 서버 쪽에서 Listener를 정지시킨 후 Client에서 접속 시도하는 경우

아래 화면은 Server에서 listener를 중지시키는 화면입니다.

```
[oracle@localhost ~]$
[oracle@localhost ~]$ lsnrctl

LSNRCTL for Linux: Version 11.2.0.2.0 - Production on 31-OCT-2012 16:54:33

Copyright (c) 1991, 2010, Oracle.  All rights reserved.

Welcome to LSNRCTL, type "help" for information.

LSNRCTL> stop listener
Connecting to (DESCRIPTION=(ADDRESS=(PROTOCOL=IPC)(KEY=EXTPROC1521)))
The command completed successfully
LSNRCTL>
LSNRCTL> status
Connecting to (DESCRIPTION=(ADDRESS=(PROTOCOL=IPC)(KEY=EXTPROC1521)))
TNS-12541: TNS:no listener
 TNS-12560: TNS:protocol adapter error
  TNS-00511: No listener
   Linux Error: 2: No such file or directory
Connecting to (DESCRIPTION=(ADDRESS=(PROTOCOL=TCP)(HOST=localhost.localdomai
n)(PORT=1521)))
TNS-12541: TNS:no listener
 TNS-12560: TNS:protocol adapter error
  TNS-00511: No listener
   Linux Error: 111: Connection refused
[oracle@localhost ~]$
```

listener가 중단된 것이 확인됩니다. 아래 화면은 Client에서 Server로 접속을 시도하는 화면입니다.

```
C:\Windows\system32\cmd.exe - sqlplus scott/tiger@testdb
C:\Users\jinsu>
C:\Users\jinsu>
C:\Users\jinsu>sqlplus scott/tiger@testdb

SQL*Plus: Release 11.1.0.6.0 - Production on 토 3월 2 17:27:37 2013

Copyright (c) 1982, 2007, Oracle.  All rights reserved.

ERROR:
ORA-12541: TNS:리스너가 없습니다.


사용자명 입력:
```

리스너가 없다는 메세지가 나오는 이유는 User Process가 tnsnames.ora 파일을 보고 Server의 Listener를 찾으러 갔는데 Listener가 작동하지 않아서 나오는 메시지 입니다.

Case 3 Listener가 중지될 경우 기존 연결된 세션은 어떻게 되는가를 테스트 함

Step 1 서버 쪽에서 listener를 다시 시작합니다.

```
[oracle@localhost ~]$ lsnrctl

LSNRCTL for Linux: Version 11.2.0.2.0 - Production on 31-OCT-2012 17:00:01

Copyright (c) 1991, 2010, Oracle.  All rights reserved.

Welcome to LSNRCTL, type "help" for information.

LSNRCTL> start listener
Starting /app/oracle/product/11g/bin/tnslsnr: please wait...

TNSLSNR for Linux: Version 11.2.0.2.0 - Production
System parameter file is /app/oracle/product/11g/network/admin/listener.ora
Log messages written to /app/oracle/diag/tnslsnr/localhost/listener/alert/log.xml
Listening on: (DESCRIPTION=(ADDRESS=(PROTOCOL=ipc)(KEY=EXTPROC1521)))
Listening on: (DESCRIPTION=(ADDRESS=(PROTOCOL=tcp)(HOST=localhost.localdomain)(PORT=15
21)))

Connecting to (DESCRIPTION=(ADDRESS=(PROTOCOL=IPC)(KEY=EXTPROC1521)))
STATUS of the LISTENER
------------------------
Alias                     listener
Version                   TNSLSNR for Linux: Version 11.2.0.2.0 - Production
Start Date                31-OCT-2012 17:00:06
Uptime                    0 days 0 hr. 0 min. 0 sec
Trace Level               off
Security                  ON: Local OS Authentication
SNMP                      OFF
Listener Parameter File   /app/oracle/product/11g/network/admin/listener.ora
Listener Log File         /app/oracle/diag/tnslsnr/localhost/listener/alert/log.xml
Listening Endpoints Summary...
  (DESCRIPTION=(ADDRESS=(PROTOCOL=ipc)(KEY=EXTPROC1521)))
  (DESCRIPTION=(ADDRESS=(PROTOCOL=tcp)(HOST=localhost.localdomain)(PORT=1521)))
The listener supports no services
The command completed successfully
[oracle@localhost ~]$
```

Step 2 Client에서 접속합니다.

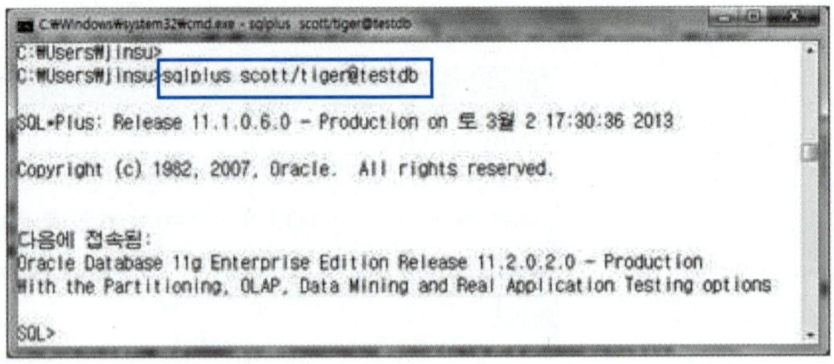

Step 3 서버 쪽에서 Listener를 중단하고 위 Step 2에서 접속해 둔 창에서 SQL을 수행해서 테스트 합니다.

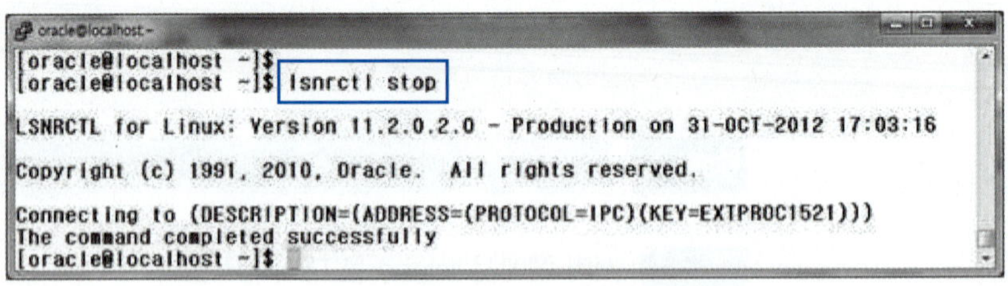

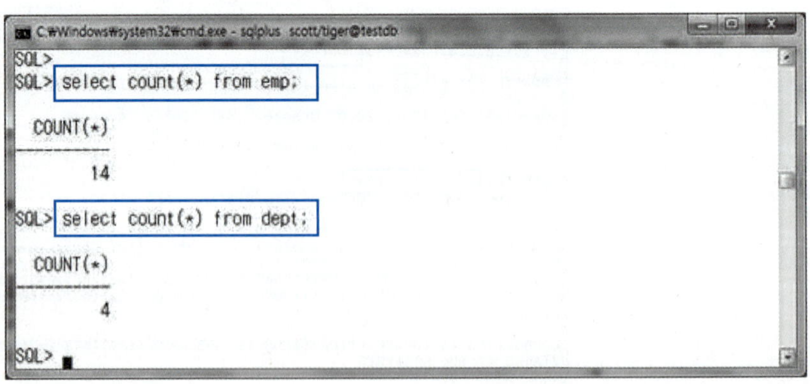

기존 접속은 아무런 이상 없이 정상적으로 작동함을 알 수 있습니다. 이 테스트 결과로 알 수 있는 것은 앞에서 살펴본 바와 같이 신규 접속 시에는 listener

를 통해서 접속하기 때문에 listener가 중단되어 있으면 접속이 되지 않지만 기존에 접속되어 있는 사용자들은 listener가 중지되어도 아무런 영향을 받지 않는다는 것입니다.

4. Oracle Net Service 설정하기

(1) Client 쪽에서의 설정

Oracle Client란 Oracle Server에 접속하기를 원하는 모든 컴퓨터나 서버들을 의미 합니다. 아래 그림으로 살펴보겠습니다.

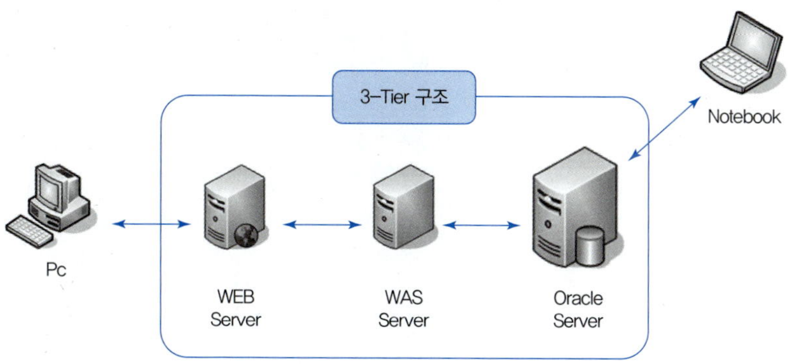

위 그림에서 Oracle Server 입장에서 보면 자신에게 접속하는 모든 컴퓨터나 서버는 Client입니다. 즉 WAS Server나 Notebook 모두 Oracle Server에 접속을 하는 Client입니다.

메신저에 접속하려면 해당 메신저의 Client 프로그램을 설치해야 하는 것처럼 Oracle 역시 DB 서버에 접속을 하기 위해서는 Oracle Client 프로그램을 설치하고 적절한 설정을 해야만 합니다. Oracle Client 프로그램은 Oracle 사의 홈페이지에 가면 각 OS 버전과 Oracle 버전 별로 다운로드가 가능하므로 OS

에 맞는 Client 프로그램을 다운로드 받아서 설치를 하면 됩니다.

여기서는 윈도 기반에서 Oracle Client가 설치되었다고 가정하고 다음 과정부터 설명하겠습니다(다양한 방법이 있지만 가장 일반적이고 쉬운 netca를 사용하는 방법으로 설명합니다.).

Step 1 시작 → 모든 프로그램 → 오라클 설치 경로에서 구성 및 이전 툴 → Net Configuration Assistant를 실행합니다.

Step 2 netca 화면에서 두 번째 항목인 이름 지정 방법 구성을 선택하고 다음을 누릅니다.

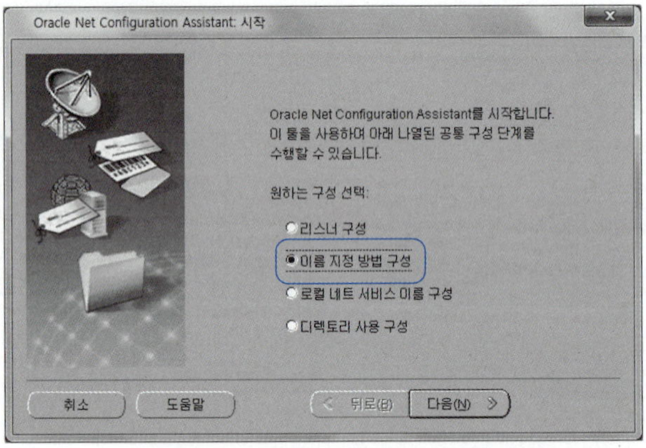

Step 3 왼쪽 항목에서 로컬 이름 지정과 쉬운 접속 이름 지정을 선택하여 오른쪽으로 보냅니다.

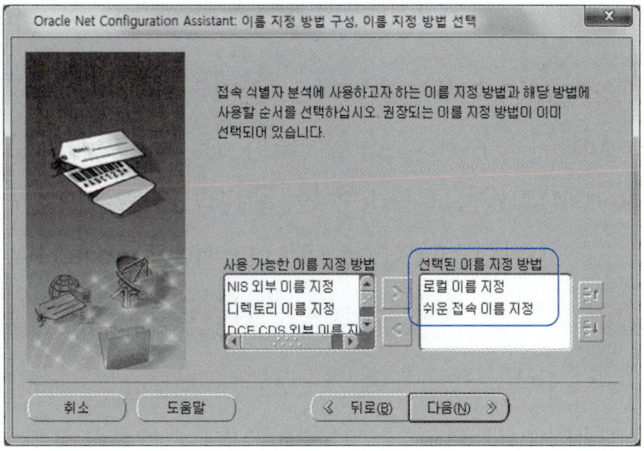

Step 4 이름 지정 방법 구성을 완료하여 초기 화면으로 돌아갑니다.

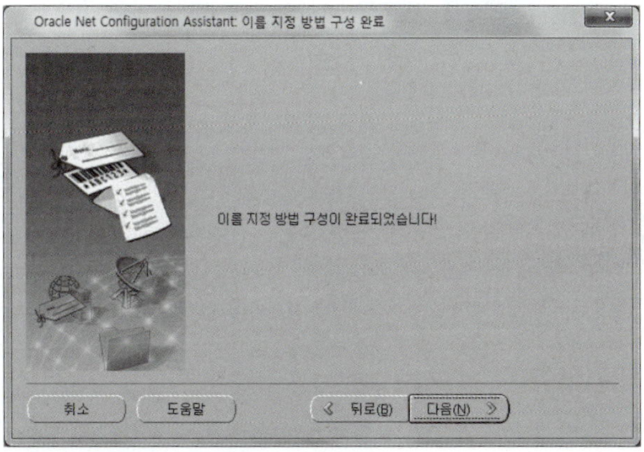

Step 5 처음 화면에서 세 번째 항목인 로컬 네트 서비스 이름 구성을 선택합니다.

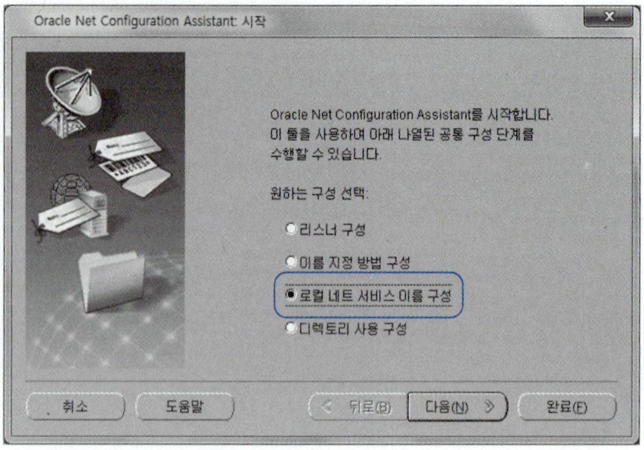

여기서부터 새로 접속할 서버의 정보를 등록하는 화면입니다.

Step 6 새로운 Net Service를 추가합니다.

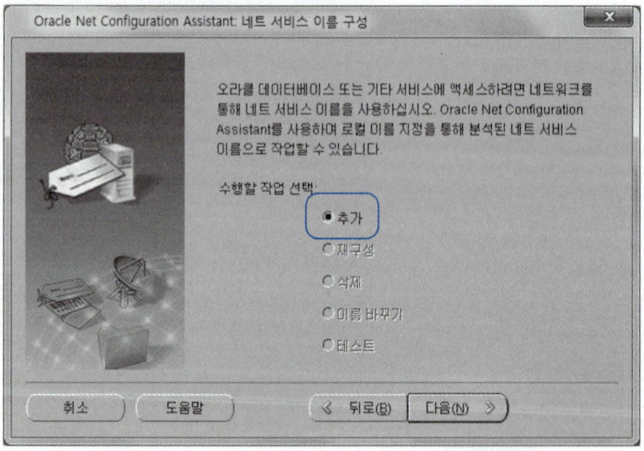

Step 7 접속하고자 하는 Database의 SID를 적어줍니다.

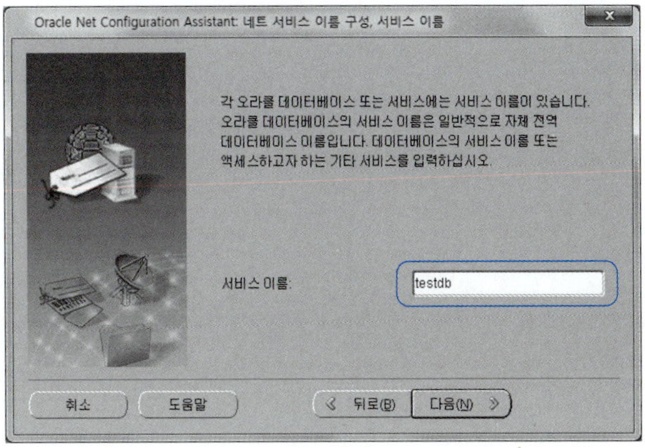

이 책에서는 연습용 DB SID를 testdb로 하였습니다.

Step 8 네트워크에 사용할 프로토콜을 선택합니다. 거의 대부분의 경우 TCP를 사용합니다.

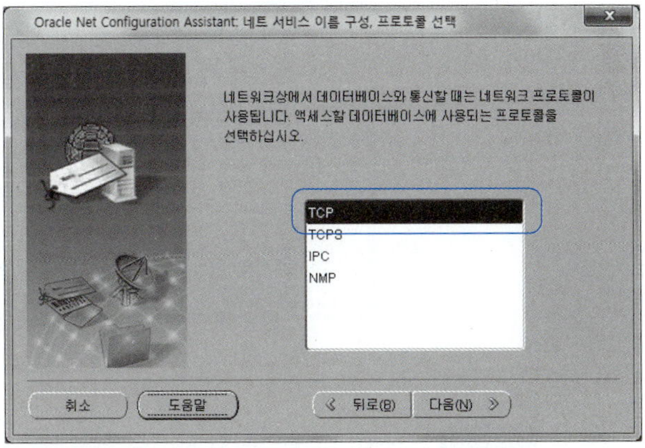

Step 9 접속할 서버의 IP 주소와 port 번호를 입력합니다. Port란 컴퓨터의 외부에서 해당 컴퓨터로 접속하기 위해 사용하는 문과 같은 개념으로 뒷부분에서 자세하게 살펴보겠습니다.

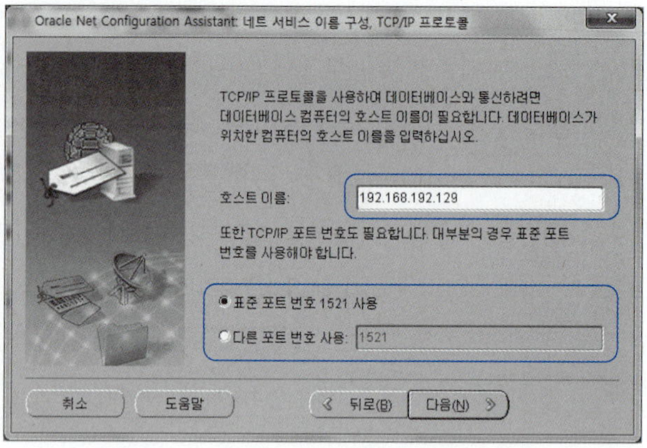

리눅스 서버에서 ip를 확인하는 방법은 아래와 같이 관리자 계정인 root 계정에서 ifconfig를 실행하면 됩니다. 아래의 검은색 음영 부분이 서버의 ip 주소입니다.

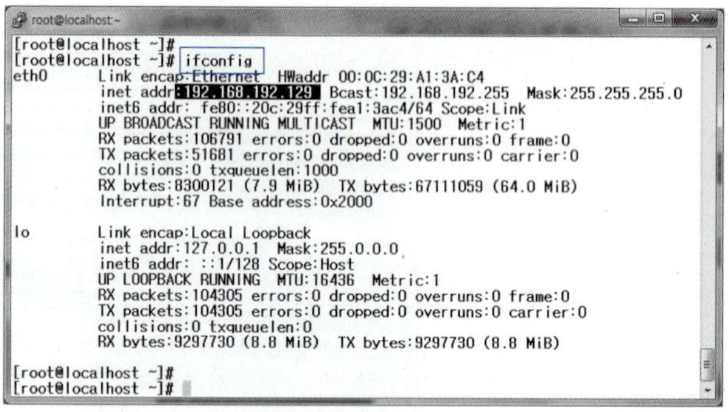

Step 10 **설정이 잘 되었는지 서버로 접속 테스트를 수행합니다.**

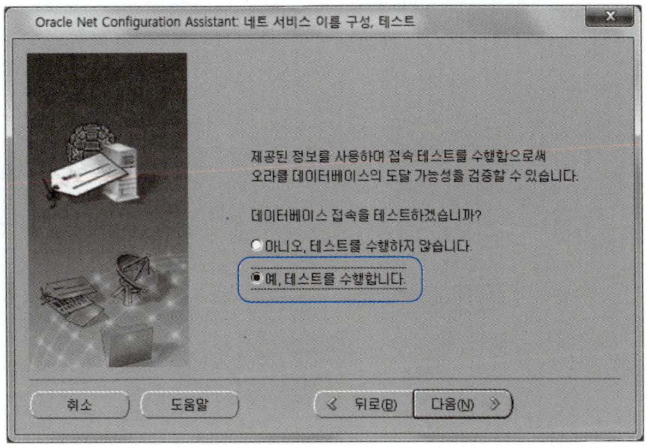

Step 11 **만약 서버쪽에 listener가 실행되어 있지 않으면 아래와 같이 에러가 발생합니다.**

이럴 경우 서버에서 `lsnrctl start listener` 명령을 수행해서 `listener`를 시작시켜 주신 후에 다시 테스트 하시면 됩니다. `listener`에 대해 자세한 것은 뒷장을 참고하세요.

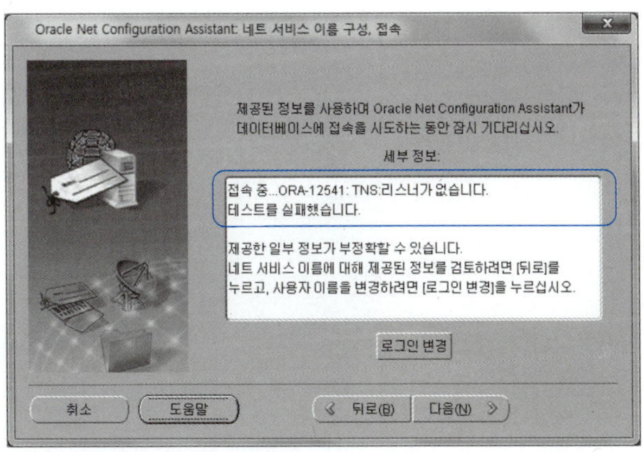

서버 쪽의 `listener`가 정상적으로 작동하고 있을 경우 아래와 같이 사용자 정보가 틀린다고 나올 수 있습니다. 이유는 최초에 오라클을 설치할 경우 관리 계정인 `system` 계정의 암호가 `manager`로 설정이 되어 있는데 이 책에서는 오라클 설치할 때 `system` 계정의 암호를 `oracle`로 설정을 했기 때문입니다. 이럴 경우 아래의 로그인 변경 버튼을 눌러서 계정과 암호를 변경한 후 다시 시도를 하면 됩니다.

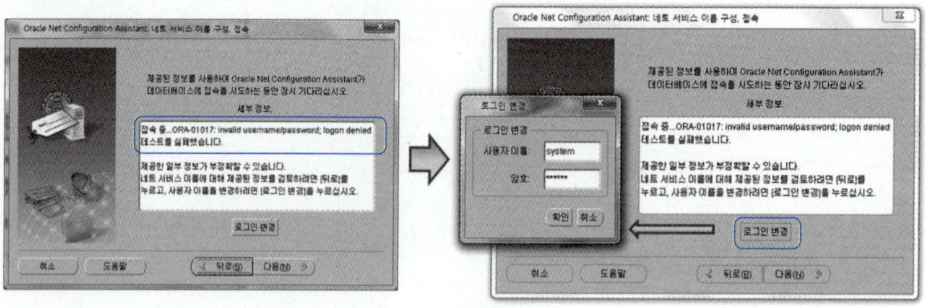

위 오른쪽 화면에서 사용자 이름에 `system`으로 암호를 `oracle`로 한 후 뒤로 버튼을 눌러서 이전 화면으로 갔다가 다시 다음 버튼을 누르면 아래와 같이 접속 완료 화면이 나옵니다.

Step 12 **접속 테스트를 성공하는 것을 확인합니다.**

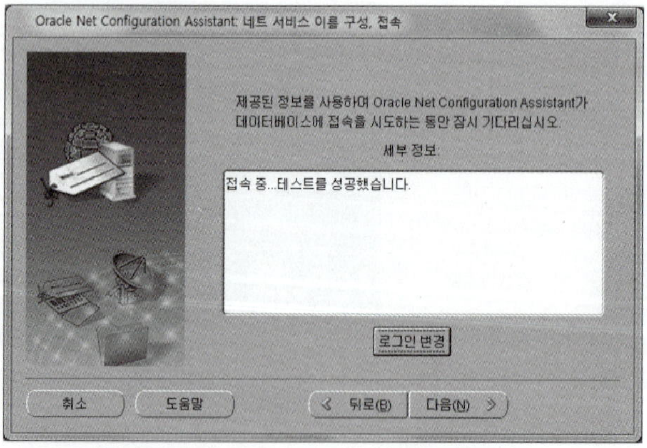

Step 13 **네트 서비스 이름을 입력합니다. 네트 서비스 이름은 client에서 서버로 접속할 때 사용하는 별명의 의미로 관리자가 임의로 지정해도 된다는 측면에서 SID와는 다릅니다. 그러나 일반적으로 SID와 동일하게 설정해서 사용하는 경우가 많습니다.**

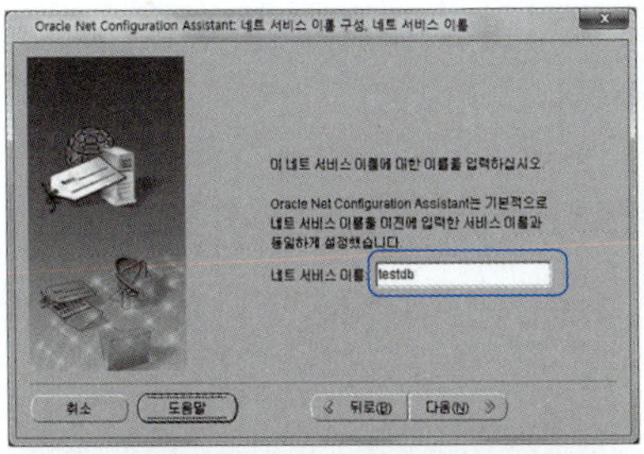

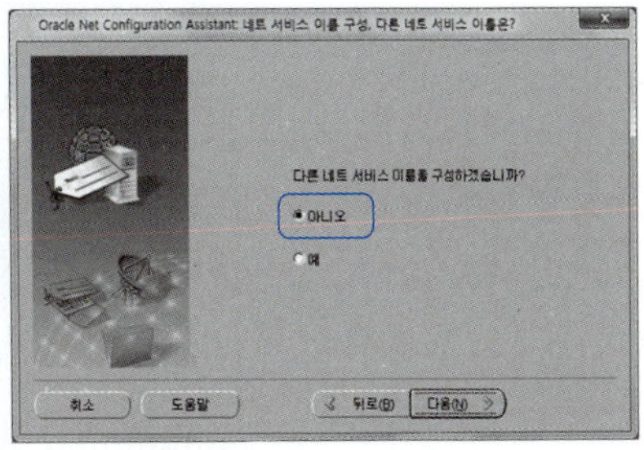

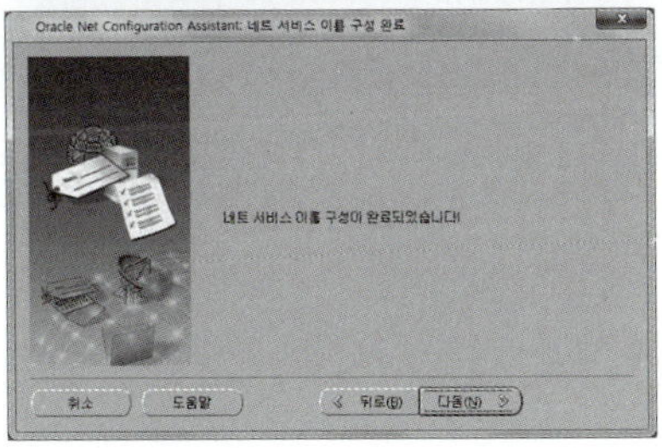

설정을 모두 마쳤으면 아래와 같이 Client의 tnsnames.ora 파일에 아래의 내용이 저장됩니다. 이 책에서 Oracle Client 프로그램은 11.1 버전으로 설치했으며 기본 경로는 c:₩app₩jinsu 디렉토리 아래입니다. c:₩app₩jinsu₩product₩11.1.0₩client_1₩network₩admin₩tnsnames.ora 파일에 아래와 같은 내용이 저장되어 있음을 확인할 수 있습니다.

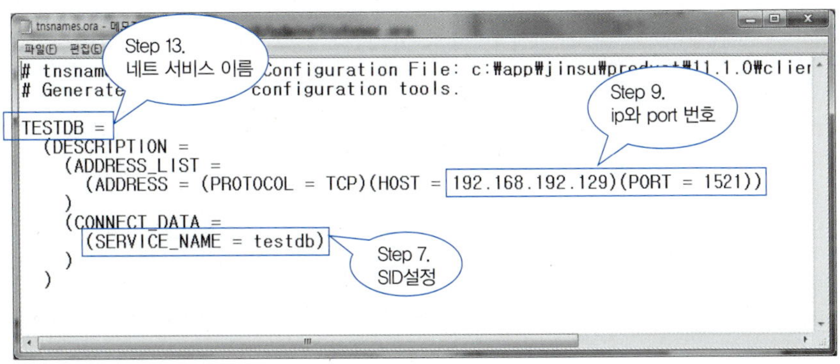

위와 같이 netca 화면을 사용해서 Client에서 Server로의 접속 설정을 할 수 있습니다. 그리고 또 다른 방법으로는 관리자가 직접 위 tnsnames.ora 파일을

OS 편집 프로그램을 사용하여 편집을 할 수 있습니다. 일반적으로는 후자의 방법을 많이 사용합니다.

위 설정이 마친 후 Client에서 Server의 listener가 정상적인지 확인하는 명령어도 있습니다. 아래와 같이 tnsping로 확인 가능합니다.

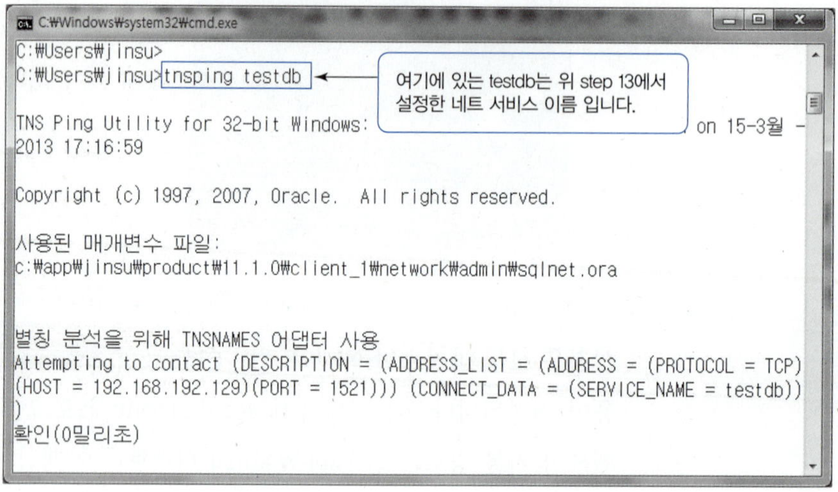

tnsping이라는 명령어는 tnsnames.ora 파일의 네트 서비스 명으로 Server 쪽의 listener가 작동하는지를 테스트 하는 명령어입니다. 이상으로 Client 쪽의 설정을 마치고 서버 쪽의 listener 설정을 하겠습니다.

(2) Server 쪽에서의 설정

앞장에서 살펴본 대로 신규 접속일 경우 Client에서 Oracle Server로 접속하기 전에 Listener를 거친다는 것을 확인했습니다. Listener란 Oracle Server 쪽에 설치되어서 외부로부터의 접속을 제어해 주는 프로그램입니다.

이 말은 Database와 별도의 독립적인 프로그램이란 뜻입니다. 만약 Database가 Open되어 있어도 Listener 프로그램이 정지되어 있으면 앞에서 살펴본 바와 같이 신규 접속일 경우는 접속이 불가 합니다. 그래서 Database를 관리하는 명령어와 방법과는 별도의 명령어를 사용해서 관리하게 됩니다.

● lsnrctl 명령어

lsnrctl 명령어는 listener를 제어하기 위해 사용하는 명령어입니다. 관리자는 이 명령어를 사용해서 listener를 시작/ 중단/ 상태확인 등의 다양한 작업을 수행할 수 있습니다.

문법 : lsnrctl command listener_name

사용 예 :

```
[oracle@localhost ~]$
[oracle@localhost ~]$ lsnrctl start listener
```

listener_name은 사용자가 listener를 생성할 때 지정할 수 있으며 별도로 지정하지 않았다면 기본값인 "LISTENER"로 지정됩니다. 위와 같이 명령을 수행해도 되고 listener prompt 상태로 들어가서 여러 가지 관련 작업을 수행해도 됩니다. listener prompt 상태는 아래와 같이 하면 변경할 수 있습니다.

```
[oracle@localhost ~]$
[oracle@localhost ~]$ lsnrctl

LSNRCTL for Linux: Version 11.2.0.2.0 - Production on 31-OCT-2012 20:04:41

Copyright (c) 1991, 2010, Oracle.  All rights reserved.

Welcome to LSNRCTL, type "help" for information.

LSNRCTL>
```

위에서 살펴본 바와 같이 listener는 Client로부터 신규 접속 요청이 있을 경우에 해당 데이터베이스와 연결해 주는 역할을 합니다. 그래서 listener는 자신이 관리하는 데이터베이스의 SID를 모두 알고 있어야 하며 관련된 설정들을 listener.ora라는 파일들에 저장해 두고 참고를 하게 됩니다.

즉 client가 자신의 tnsnames.ora 파일을 보고 특정 SID에 접속 요청을 하게 되면 listener는 listener.ora 파일을 보고 해당 SID가 존재하는지 확인한 후 연결을 성립시켜 주는 것입니다.

만약 listener.ora 파일에 Client가 요청한 SID가 존재하지 않을 경우에는 연결을 거부(refuse)하게 됩니다. 그리고 listener.ora 파일의 내용이 변경이 된다면 해당 listener를 재시작시켜서 변경된 내용을 적용시켜야 합니다. 만약 listener가 여러 개가 있을 경우 기본 listener를 set current_listener라는 명령어를 통해 설정 할 수 있습니다. 설정하지 않으면 기본 listener 이름이 "LISTENER"로 설정이 됩니다. listener 관련된 주요 명령어들을 살펴보겠습니다.

● EXIT

이 명령어는 lsnrct 상태를 종료하고 OS prompt 상태로 나가게 됩니다.

● HELP

이 명령어는 특정 명령어에 대한 도움말을 보여줍니다.

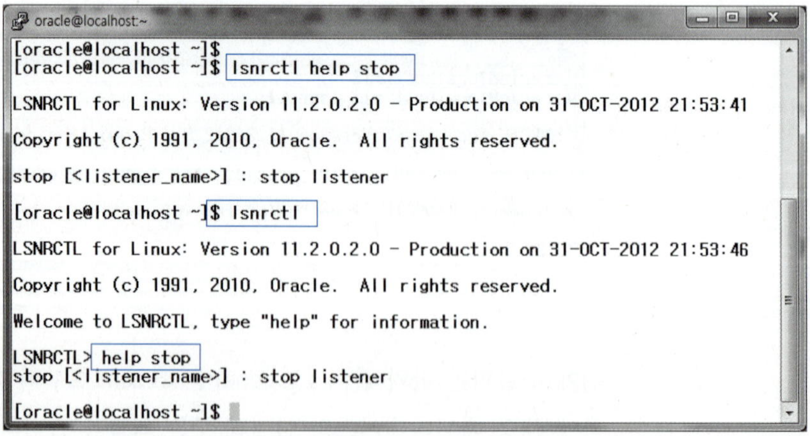

```
[oracle@localhost ~]$
[oracle@localhost ~]$ lsnrctl help stop

LSNRCTL for Linux: Version 11.2.0.2.0 - Production on 31-OCT-2012 21:53:41

Copyright (c) 1991, 2010, Oracle.  All rights reserved.

stop [<listener_name>] : stop listener

[oracle@localhost ~]$ lsnrctl

LSNRCTL for Linux: Version 11.2.0.2.0 - Production on 31-OCT-2012 21:53:46

Copyright (c) 1991, 2010, Oracle.  All rights reserved.

Welcome to LSNRCTL, type "help" for information.

LSNRCTL> help stop
stop [<listener_name>] : stop listener

[oracle@localhost ~]$
```

● QUIT

이 명령어는 listener utility 상태를 종료하고 Os prompt 상태로 돌아가는 명령어입니다.

exit와 비슷합니다.

● RELOAD

이 명령어는 listener.ora 파일의 내용이 수정되었을 경우 listener의 중단 없이 환경파일만 다시 읽어서 적용시키는 명령어 입니다.

```
oracle@localhost:~
[oracle@localhost ~]$ lsnrctl

LSNRCTL for Linux: Version 11.2.0.2.0 - Production on 31-OCT-2012 21:57:18

Copyright (c) 1991, 2010, Oracle.  All rights reserved.

Welcome to LSNRCTL, type "help" for information.

LSNRCTL> reload listener
Connecting to (DESCRIPTION=(ADDRESS=(PROTOCOL=IPC)(KEY=EXTPROC1521)))
The command completed successfully
LSNRCTL>
[oracle@localhost ~]$
```

● SAVE_CONFIG

이 명령어는 listener의 환경이 변경될 경우 그 내용을 listener.ora 파일에 저장을 하는 명령어입니다. 주로 운영 중에 set 등의 명령어로 listener의 환경을 변경한 후에 그 내용을 저장할 경우에 사용합니다.

```
oracle@localhost:~
[oracle@localhost ~]$
[oracle@localhost ~]$ lsnrctl save_config  listener

LSNRCTL for Linux: Version 11.2.0.2.0 - Production on 31-OCT-2012 22:02:51

Copyright (c) 1991, 2010, Oracle.  All rights reserved.

Connecting to (DESCRIPTION=(ADDRESS=(PROTOCOL=IPC)(KEY=EXTPROC1521)))
No changes to save for listener.
The command completed successfully
[oracle@localhost ~]$ lsnrctl

LSNRCTL for Linux: Version 11.2.0.2.0 - Production on 31-OCT-2012 22:02:56

Copyright (c) 1991, 2010, Oracle.  All rights reserved.

Welcome to LSNRCTL, type "help" for information.

LSNRCTL> save_config listener
Connecting to (DESCRIPTION=(ADDRESS=(PROTOCOL=IPC)(KEY=EXTPROC1521)))
No changes to save for listener.
The command completed successfully
[oracle@localhost ~]$
```

● SERVICES

이 명령은 현재 listener가 service 중인 목록을 확인하는 명령어입니다.

```
[oracle@localhost ~]$ lsnrctl

LSNRCTL for Linux: Version 11.2.0.2.0 - Production on 31-OCT-2012 22:06:01

Copyright (c) 1991, 2010, Oracle.  All rights reserved.

Welcome to LSNRCTL, type "help" for information.

LSNRCTL> services
Connecting to (DESCRIPTION=(ADDRESS=(PROTOCOL=IPC)(KEY=EXTPROC1521)))
Services Summary...
Service "testdb" has 1 instance(s).
  Instance "testdb", status READY, has 1 handler(s) for this service...
    Handler(s):
      "DEDICATED" established:7 refused:0 state:ready
         LOCAL SERVER
Service "testdbXDB" has 1 instance(s).
  Instance "testdb", status READY, has 1 handler(s) for this service...
    Handler(s):
      "D000" established:0 refused:0 current:0 max:1022 state:ready
         DISPATCHER <machine: localhost.localdomain, pid: 11208>
         (ADDRESS=(PROTOCOL=tcp)(HOST=localhost.localdomain)(PORT=49936))
The command completed successfully
LSNRCTL>
```

service 목록을 보는 형태를 set displaymode라는 설정을 변경해서 다양하게 볼 수 있습니다.

```
[oracle@localhost ~]$
[oracle@localhost ~]$ lsnrctl

LSNRCTL for Linux: Version 11.2.0.2.0 - Production on 31-OCT-2012 22:09:15

Copyright (c) 1991, 2010, Oracle.  All rights reserved.

Welcome to LSNRCTL, type "help" for information.

LSNRCTL> set displaymode
set displaymode RAW | COMPAT | NORMAL | VERBOSE: output mode for lsnrctl display
[oracle@localhost ~]$
```

```
[oracle@localhost ~]$
[oracle@localhost ~]$ lsnrctl

LSNRCTL for Linux: Version 11.2.0.2.0 - Production on 31-OCT-2012 22:10:33

Copyright (c) 1991, 2010, Oracle.  All rights reserved.

Welcome to LSNRCTL, type "help" for information.

LSNRCTL> set displaymode raw
Service display mode is RAW
LSNRCTL>
LSNRCTL> service listener
Connecting to (DESCRIPTION=(ADDRESS=(PROTOCOL=IPC)(KEY=EXTPROC1521)))
Services Summary...
(SERVICE=(SERVICE_NAME=testdb)(INSTANCE=(INSTANCE_NAME=testdb)(NUM=2)(HANDLER=(HANDLER_DISPLAY=DE
DICATED SERVER)(STA=ready)(HANDLER_INFO=LOCAL SERVER)(HANDLER_MAXLOAD=149)(HANDLER_LOAD=42)(ESTAB
LISHED=10)(REFUSED=0)(HANDLER_ID=CD42F389A2FA-13EC-E040-007F01002BA8)(PRE=any)(HANDLER_NAME=DEDIC
ATED)(SESSION=NS)(ADDRESS=(PROTOCOL=BEQ)(PROGRAM=/app/oracle/product/11g/bin/oracle)(ARGV0=oracle
testdb)(ARGS='(LOCAL=NO)')(ENVS='XFILESEARCHPATH=/usr/dt/app-defaults/%L/Dt,LANG=en_US.UTF-8,ORAC
LE_BASE=/app/oracle,ORACLE_SID=testdb,KDEDIR=/usr,EDITOR=vi,XMODIFIERS=@im=SCIM,G_BROKEN_FILENAME
S=1,SSH_AGENT_PID=5927,HOME=/home/oracle,LD_LIBRARY_PATH=/app/oracle/product/11g/lib:/app/oracle/
product/11g/jdk/jre/lib/i386/client:/app/oracle/product/11g/jdk/jre/lib/i386:/app/oracle/product/
11g/jdk/jre/../lib/i386:/app/oracle/product/11g/lib:/app/oracle/product/11g/network/lib:/app/orac
```

displaymode = raw 인 경우

```
LSNRCTL>
LSNRCTL> set displaymode  compat
Service display mode is COMPAT
LSNRCTL>
LSNRCTL> service listener
Connecting to (DESCRIPTION=(ADDRESS=(PROTOCOL=IPC)(KEY=EXTPROC1521)))
Services Summary...
  testdb                  has 2 service handler(s)
    DEDICATED SERVER established:12 refused:0
      LOCAL SERVER
  testdb                  has 2 service handler(s)
    DISPATCHER established:0 refused:0 current:0 max:1022 state:ready
      D000 <machine: localhost.localdomain, pid: 11208>
      (ADDRESS=(PROTOCOL=tcp)(HOST=localhost.localdomain)(PORT=49936))
The command completed successfully
[oracle@localhost ~]$
```

displaymode = compat 인 경우

```
LSNRCTL> set displaymode verbose
Service display mode is VERBOSE
LSNRCTL>
LSNRCTL> service listener
Connecting to (DESCRIPTION=(ADDRESS=(PROTOCOL=IPC)(KEY=EXTPROC1521)))
Services Summary...
Service "testdb" has 1 instance(s).
  Instance "testdb", status READY, has 1 handler(s) for this service...
    Handler(s):
      "DEDICATED" established:15 refused:0 state:ready
         LOCAL SERVER
         (ADDRESS=(PROTOCOL=BEQ)(PROGRAM=/app/oracle/product/11g/bin/oracle)(
ARGV0=oracletestdb)(ARGS='(LOCAL=NO)')(ENVS='XFILESEARCHPATH=/usr/dt/app-defa
ults/%L/Dt,LANG=en_US.UTF-8,ORACLE_BASE=/app/oracle,ORACLE_SID=testdb,KDEDIR=
/usr,EDITOR=vi,XMODIFIERS=@im=SCIM,G_BROKEN_FILENAMES=1,SSH_AGENT_PID=5927,HO
ME=/home/oracle,LD_LIBRARY_PATH=/app/oracle/product/11g/lib:/app/oracle/produ
ct/11g/jdk/jre/lib/i386/client:/app/oracle/product/11g/jdk/jre/lib/i386:/app/
oracle/product/11g/jdk/jre/../lib/i386:/app/oracle/product/11g/lib:/app/oracl
e/product/11g/network/lib:/app/oracle/product/11g/lib:/app/oracle/product/11g
/network/lib,WINDOWID=50331729,SSH_ASKPASS=/usr/libexec/openssh/gnome-ssh-ask
pass,DESKTOP_SESSION=default,SSH_AUTH_SOCK=/tmp/ssh-UFeBuc5892/agent.5892,CVS
_RSH=ssh,GNOME_KEYRING_SOCKET=/tmp/keyring-WB3i99/socket,GTK_IM_MODULE=scim-b
```

displaymode = verbose 인 경우

가장 많이 사용되는 모드는 normal이지만 용도에 따라 더 자세한 정보가 필요할 경우 모드를 변경해서 사용하시면 됩니다.

- **SET**

이 명령어는 listener의 환경설정을 변경하는 명령어입니다. 이 명령어로 환경 설정 값을 변경한 후 저장하려면 SAVE_CONFIG 명령어를 사용하면 됩니다.

- SET current_listener : 현재 기본 listener를 지정하는 명령입니다
- SET displaymode : service와 status 내용을 볼 때 display mode를 변경할 수 있습니다.
- SET inbound_connect_timeout : 이 값은 10g R2 버전부터 Dos 공격 등으로부터 데이터베이스를 보호하기 위해서 시간 설정을 하는 파라미터입니다. 계정과 암호를 넣고 접속하지 않고 단순히 접속만 요청하게 되면 오라클에서 이 파라미터에 지정된 시간까지만 대기하다가 강제로 연결을 종료시켜버리는 것입니다.
  이 기능을 구현하기 위해 아래의 두 가지 설정을 해야 합니다.
- SQLNET.INBOUND_CONNECT_TIMEOUT (sqlnet.ora 파일에 설정)
- INBOUND_CONNECT_TIMEOUT_listenername (listener.ora 파일에 설정)

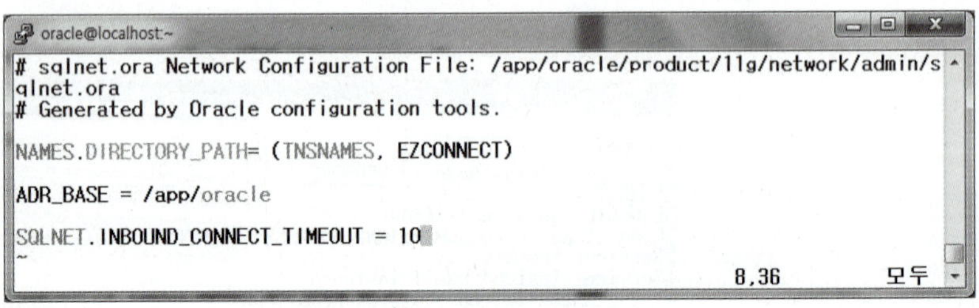

```
oracle@localhost:~
# sqlnet.ora Network Configuration File: /app/oracle/product/11g/network/admin/s
qlnet.ora
# Generated by Oracle configuration tools.

NAMES.DIRECTORY_PATH= (TNSNAMES, EZCONNECT)

ADR_BASE = /app/oracle

SQLNET.INBOUND_CONNECT_TIMEOUT = 10
~
                                                      8,36          모두
```

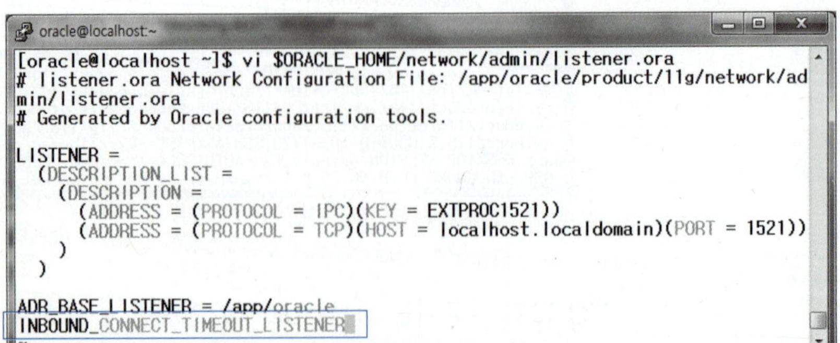

```
oracle@localhost:~
[oracle@localhost ~]$ vi $ORACLE_HOME/network/admin/listener.ora
# listener.ora Network Configuration File: /app/oracle/product/11g/network/ad
min/listener.ora
# Generated by Oracle configuration tools.

LISTENER =
  (DESCRIPTION_LIST =
    (DESCRIPTION =
      (ADDRESS = (PROTOCOL = IPC)(KEY = EXTPROC1521))
      (ADDRESS = (PROTOCOL = TCP)(HOST = localhost.localdomain)(PORT = 1521))
    )
  )

ADR_BASE_LISTENER = /app/oracle
INBOUND_CONNECT_TIMEOUT_LISTENER
~
```

위 두 파일에 설정 후 저장을 하고 listener에 들어가서 시간 설정을 set 합니다. 여기서는 테스트로 10초로 지정하겠습니다.

```
oracle@localhost:~
[oracle@localhost ~]$
[oracle@localhost ~]$ lsnrctl

LSNRCTL for Linux: Version 11.2.0.2.0 - Production on 01-NOV-2012 01:14:37

Copyright (c) 1991, 2010, Oracle.  All rights reserved.

Welcome to LSNRCTL, type "help" for information.

LSNRCTL> set inbound_connect_timeout 10
Connecting to (DESCRIPTION=(ADDRESS=(PROTOCOL=IPC)(KEY=EXTPROC1521)))
LISTENER parameter "inbound_connect_timeout" set to 10
The command completed successfully
LSNRCTL> [oracle@localhost ~]$
```

위 화면의 inbound_connect_timeout 10부분은 listener.ora 파일에 설정을 할 경우 명령 창에서 수행하지 않아도 적용됩니다. 위 설정들을 다 한 후에 Client에서 서버로 접속 시도를 하되 아래와 같이 계정과 암호를 입력하지 않고 접속합니다.

```
C:\Windows\system32\cmd.exe - sqlplus /@testdb
C:\Users\jinsu>
C:\Users\jinsu>sqlplus /@testdb

SQL*Plus: Release 11.1.0.6.0 - Production on 일 3월 3 15:01:59 2013

Copyright (c) 1982, 2007, Oracle.  All rights reserved.

ERROR:
ORA-01017: invalid username/password; logon denied


사용자명 입력:
```

위 상태로 계정을 입력하지 않고 그대로 두면 위에서 설정한 시간인 10초 후에 서버 쪽의 alert log 파일에 아래와 같이 log가 기록됩니다. alert log 파일은 서버의 $ORACLE_BASE/diag/rdbms/SID/SID/trace/alert_SID.log 파일이며 이 실습에서는 SID가 testdb로 설정되어 있어서 위 경로에서 SID 부분을

testdb로 변경하면 됩니다.

```
oracle@localhost:~

Thu Nov 01 01:19:00 2012

***********************************************************************

Fatal NI connect error 12170.

  VERSION INFORMATION:
        TNS for Linux: Version 11.2.0.2.0 - Production
        Oracle Bequeath NT Protocol Adapter for Linux: Version 11.2.0.2.0 - Production
        TCP/IP NT Protocol Adapter for Linux: Version 11.2.0.2.0 - Production
  Time: 01-NOV-2012 01:19:00
  Tracing not turned on.
  Tns error struct:
    ns main err code: 12535

TNS-12535: TNS:operation timed out
    ns secondary err code: 12606
    nt main err code: 0
    nt secondary err code: 0
    nt OS err code: 0
  Client address: (ADDRESS=(PROTOCOL=tcp)(HOST=192.168.192.1)(PORT=57943))
WARNING: inbound connection timed out (ORA-3136)
```

지정된 시간이 지난 후 Client에서 계정과 암호를 치게 되면 아래와 같이 에러가 발생하게 됩니다.

```
C:\Windows\system32\cmd.exe
C:\Users\jinsu>
C:\Users\jinsu>sqlplus /@testdb

SQL*Plus: Release 11.1.0.6.0 - Production on 일 3월 3 15:01:59 2013

Copyright (c) 1982, 2007, Oracle.  All rights reserved.

ERROR:
ORA-01017: invalid username/password; logon denied


사용자명 입력: scott
암호 입력:
ERROR:
ORA-12560: TNS:프로토콜 어댑터 오류
```

- SET log_directory

이 명령어는 Automatic Diagnostic Repository(ADR)을 사용하지 않을 경우에 listener log가 저장될 디렉터리를 지정합니다. 기본 경로는 아래와 같이 확인 가능합니다.

- 11g일 경우-

```
[oracle@localhost ~]$
[oracle@localhost ~]$ lsnrctl status listener

LSNRCTL for Linux: Version 11.2.0.2.0 - Production on 01-NOV-2012 02:05:39

Copyright (c) 1991, 2010, Oracle.  All rights reserved.

Connecting to (DESCRIPTION=(ADDRESS=(PROTOCOL=IPC)(KEY=EXTPROC1521)))
STATUS of the LISTENER
------------------------
Alias                     listener
Version                   TNSLSNR for Linux: Version 11.2.0.2.0 - Production
Start Date                31-OCT-2012 19:42:28
Uptime                    0 days 6 hr. 23 min. 10 sec
Trace Level               off
Security                  ON: Local OS Authentication
SNMP                      OFF
Listener Parameter File   /app/oracle/product/11g/network/admin/listener.ora
Listener Log File         /app/oracle/diag/tnslsnr/localhost/listener/alert/log.xml
Listening Endpoints Summary...
  (DESCRIPTION=(ADDRESS=(PROTOCOL=ipc)(KEY=EXTPROC1521)))
  (DESCRIPTION=(ADDRESS=(PROTOCOL=tcp)(HOST=localhost.localdomain)(PORT=1521)))
Services Summary...
Service "testdb" has 1 instance(s).
  Instance "testdb", status READY, has 1 handler(s) for this service...
Service "testdbXDB" has 1 instance(s).
  Instance "testdb", status READY, has 1 handler(s) for this service...
The command completed successfully
[oracle@localhost ~]$
```

-10g일 경우 -

```
[oracle@localhost ~]$
[oracle@localhost ~]$ lsnrctl status listener

LSNRCTL for Linux: Version 10.2.0.5.0 - Production on 19-OCT-2012 17:41:31

Copyright (c) 1991, 2010, Oracle.  All rights reserved.

Connecting to (DESCRIPTION=(ADDRESS=(PROTOCOL=TCP)(HOST=localhost.localdomain)(PORT=1521)))
STATUS of the LISTENER
------------------------
Alias                     listener
Version                   TNSLSNR for Linux: Version 10.2.0.5.0 - Production
Start Date                19-OCT-2012 17:41:16
Uptime                    0 days 0 hr. 0 min. 15 sec
Trace Level               off
Security                  ON: Local OS Authentication
SNMP                      OFF
Listener Parameter File   /home/oracle/product/10g/network/admin/listener.ora
Listener Log File         /home/oracle/product/10g/network/log/listener.log
Listening Endpoints Summary...
  (DESCRIPTION=(ADDRESS=(PROTOCOL=tcp)(HOST=localhost.localdomain)(PORT=1521)))
  (DESCRIPTION=(ADDRESS=(PROTOCOL=ipc)(KEY=EXTPROC0)))
Services Summary...
Service "PLSExtProc" has 1 instance(s).
  Instance "PLSExtProc", status UNKNOWN, has 1 handler(s) for this service...
The command completed successfully
[oracle@localhost ~]$
```

위에서 보는 바와 같이 log 파일의 경로와 형식이 10g와 11g가 다름을 알 수 있습니다.

- SET log_file : 이것은 저장될 log의 파일명을 지정하며 기본값은 listener.log 입니다.

- SET log_status : 이것은 listener logging 기능을 사용할지의 유무를 지정합니다.

```
LSNRCTL>
LSNRCTL> set log_status  off
Connecting to (DESCRIPTION=(ADDRESS=(PROTOCOL=IPC)(KEY=EXTPROC1521)))
LISTENER parameter "log_status" set to OFF
The command completed successfully
LSNRCTL>
LSNRCTL> set log_status on
Connecting to (DESCRIPTION=(ADDRESS=(PROTOCOL=IPC)(KEY=EXTPROC1521)))
LISTENER parameter "log_status" set to ON
The command completed successfully
[oracle@localhost alert]$
```

- SET trc_directory : 이것은 listener의 문제점 등을 기록하는 trace 파일의 생성 위치를 지정하는 설정입니다. ADR 기능을 사용할 경우 기본 경로는 $ORACLE_HOME/log/diag/ 아래로 자동 설정되고 ADR 기능을 안 쓸 경우 $ORACLE_HOME/network/trace 경로로 지정됩니다.
- SET trc_file: 이것은 위 trc_directory에 생성될 기본 파일명을 지정하는 설정입니다. 기본값은 listener.trc 입니다.
- SET trc_level : trace를 수행할 레벨을 설정합니다. 주요 레벨은 아래와 같습니다.
- off : no trace output
- user : user trace information
- admin : administration trace information
- support : Oracle Support Services trace information

● SHOW

이 명령은 현재 설정되어 있는 내용을 보여줍니다.

```
LSNRCTL>
LSNRCTL> show
The following operations are available after show
An asterisk (*) denotes a modifier or extended command:

rawmode                                 displaymode
rules                                   trc_file
trc_directory                           trc_level
log_file                                log_directory
log_status                              current_listener
inbound_connect_timeout                 startup_waittime
snmp_visible                            save_config_on_stop
dynamic_registration                    enable_global_dynamic_endpoint
oracle_home                             pid
connection_rate_limit

LSNRCTL> show oracle_home
Connecting to (DESCRIPTION=(ADDRESS=(PROTOCOL=IPC)(KEY=EXTPROC1521)))
ORACLE_HOME="/app/oracle/product/11g"
The command completed successfully
[oracle@localhost alert]$
```

- START

이 명령은 정지되어 있는 listener를 시작시키는 명령어입니다.

```
[oracle@localhost ~]$ lsnrctl

LSNRCTL for Linux: Version 11.2.0.2.0 - Production on 08-FEB-2013 08:35:27

Copyright (c) 1991, 2010, Oracle.  All rights reserved.

Welcome to LSNRCTL, type "help" for information.

LSNRCTL> start listener
Starting /app/oracle/product/11g/bin/tnslsnr: please wait...

TNSLSNR for Linux: Version 11.2.0.2.0 - Production
System parameter file is /app/oracle/product/11g/network/admin/listener.ora
Log messages written to /app/oracle/diag/tnslsnr/localhost/listener/alert/log.xml
Listening on: (DESCRIPTION=(ADDRESS=(PROTOCOL=ipc)(KEY=EXTPROC1521)))
Listening on: (DESCRIPTION=(ADDRESS=(PROTOCOL=tcp)(HOST=localhost.localdomain)(PORT=1521)))

Connecting to (DESCRIPTION=(ADDRESS=(PROTOCOL=IPC)(KEY=EXTPROC1521)))
STATUS of the LISTENER
------------------------
Alias                     listener
Version                   TNSLSNR for Linux: Version 11.2.0.2.0 - Production
Start Date                08-FEB-2013 08:35:31
Uptime                    0 days 0 hr. 0 min. 0 sec
Trace Level               off
Security                  ON: Local OS Authentication
SNMP                      OFF
Listener Parameter File   /app/oracle/product/11g/network/admin/listener.ora
Listener Log File         /app/oracle/diag/tnslsnr/localhost/listener/alert/log.xml
Listening Endpoints Summary...
  (DESCRIPTION=(ADDRESS=(PROTOCOL=ipc)(KEY=EXTPROC1521)))
  (DESCRIPTION=(ADDRESS=(PROTOCOL=tcp)(HOST=localhost.localdomain)(PORT=1521)))
The listener supports no services
The command completed successfully
LSNRCTL> [oracle@localhost ~]$
```

- STATUS

이 명령은 현재 listener의 상태를 확인하는 명령어입니다.

```
[oracle@localhost ~]$ lsnrctl

LSNRCTL for Linux: Version 11.2.0.2.0 - Production on 08-FEB-2013 08:34:00

Copyright (c) 1991, 2010, Oracle.  All rights reserved.

Welcome to LSNRCTL, type "help" for information.

LSNRCTL> status
Connecting to (DESCRIPTION=(ADDRESS=(PROTOCOL=IPC)(KEY=EXTPROC1521)))
STATUS of the LISTENER
------------------------
Alias                     LISTENER
Version                   TNSLSNR for Linux: Version 11.2.0.2.0 - Production
Start Date                07-FEB-2013 19:53:45
Uptime                    0 days 12 hr. 40 min. 16 sec
Trace Level               off
Security                  ON: Local OS Authentication
SNMP                      OFF
Listener Parameter File   /app/oracle/product/11g/network/admin/listener.ora
Listener Log File         /app/oracle/diag/tnslsnr/localhost/listener/alert/log.xml
Listening Endpoints Summary...
  (DESCRIPTION=(ADDRESS=(PROTOCOL=ipc)(KEY=EXTPROC1521)))
  (DESCRIPTION=(ADDRESS=(PROTOCOL=tcp)(HOST=localhost.localdomain)(PORT=1521)))
Services Summary...
Service "testdb" has 1 instance(s).
  Instance "testdb", status READY, has 1 handler(s) for this service...
Service "testdbXDB" has 1 instance(s).
  Instance "testdb", status READY, has 1 handler(s) for this service...
The command completed successfully
[oracle@localhost ~]$
```

● STOP

이 명령어는 Listener를 중지시키는 명령어입니다.

```
[oracle@localhost ~]$ lsnrctl

LSNRCTL for Linux: Version 11.2.0.2.0 - Production on 08-FEB-2013 08:34:45

Copyright (c) 1991, 2010, Oracle.  All rights reserved.

Welcome to LSNRCTL, type "help" for information.

LSNRCTL> stop listener
Connecting to (DESCRIPTION=(ADDRESS=(PROTOCOL=IPC)(KEY=EXTPROC1521)))
The command completed successfully
[oracle@localhost ~]$
```

● TRACE

이 명령어는 Listener를 Trace 수행하는 명령어입니다.

```
[oracle@localhost ~]$
[oracle@localhost ~]$ lsnrctl

LSNRCTL for Linux: Version 11.2.0.2.0 - Production on 08-FEB-2013 08:38:29

Copyright (c) 1991, 2010, Oracle.  All rights reserved.

Welcome to LSNRCTL, type "help" for information.

LSNRCTL> trace admin listener
Connecting to (DESCRIPTION=(ADDRESS=(PROTOCOL=IPC)(KEY=EXTPROC1521)))
Opened trace file: /app/oracle/diag/tnslsnr/localhost/listener/trace/ora_5138_3086849728.trc
The command completed successfully
[oracle@localhost ~]$
```

trace 명령어 뒤에 사용할 수 있는 옵션은 아래와 같습니다.

- off : no trace output
- user : user trace information
- admin : administration trace information
- support : Oracle Support Services trace information

위 옵션은 SET 명령의 TRC_LEVEL과 동일합니다. 위 화면을 보면 trace 파일이 어디에 저장되는지 나옵니다. 해당 파일을 확인해 보겠습니다.

```
[oracle@localhost ~]$ cd /app/oracle/diag/tnslsnr/localhost/listener/trace/
[oracle@localhost trace]$ ls
listener.log  ora_5138_3086849728.trc  ora_5138_3086849728.trm
[oracle@localhost trace]$ vi ora_5138_3086849728.trc
Trace file /app/oracle/diag/tnslsnr/localhost/listener/trace/ora_5138_3086849728.trc
2013-02-08 08:38:36.507034 : nsglrespond:entry
2013-02-08 08:38:36.677825 : nsdo:cid=6, opcode=67, *bl=134, *what=1, uflgs=0x0, cflgs=0x3
2013-02-08 08:38:36.677890 : nsdo:rank=64, nsctxrnk=0
2013-02-08 08:38:36.679116 : nsdo:nsctx: state=8, flg=0x2100400c, mvd=0
2013-02-08 08:38:36.679271 : nsdo:gtn=223, gtc=223, ptn=10, ptc=8155
2013-02-08 08:38:36.679335 : nsdo:134 bytes to NS buffer
2013-02-08 08:38:36.679369 : nsdo:nsctxrnk=0
2013-02-08 08:38:36.683895 : nsglrespond:exit
2013-02-08 08:38:36.684159 : nsgldissolve:entry
2013-02-08 08:38:36.684214 : nsvntx_dei:entry
2013-02-08 08:38:36.685179 : nsvntx_dei:exit
2013-02-08 08:38:36.685222 : nstimarmed:no timer allocated
2013-02-08 08:38:36.685260 : nsfull_cls:cid=6, opcode=65, *bl=0, *what=0, uflgs=0x0, cflgs=0x
```

● VERSION

이 명령어는 Listener의 자세한 버전 정보를 보여주는 명령어입니다.

```
[oracle@localhost ~]$
[oracle@localhost ~]$ lsnrctl

LSNRCTL for Linux: Version 11.2.0.2.0 - Production on 08-FEB-2013 08:44:16

Copyright (c) 1991, 2010, Oracle.  All rights reserved.

Welcome to LSNRCTL, type "help" for information.

LSNRCTL> version
Connecting to (DESCRIPTION=(ADDRESS=(PROTOCOL=IPC)(KEY=EXTPROC1521)))
TNSLSNR for Linux: Version 11.2.0.2.0 - Production
        TNS for Linux: Version 11.2.0.2.0 - Production
        Unix Domain Socket IPC NT Protocol Adaptor for Linux: Version 11.2.0.2.0 - Production
        Oracle Bequeath NT Protocol Adapter for Linux: Version 11.2.0.2.0 - Production
        TCP/IP NT Protocol Adapter for Linux: Version 11.2.0.2.0 - Production,,
The command completed successfully
LSNRCTL> [oracle@localhost ~]$
```

이상으로 Listener와 관련된 기본 사항을 살펴보았습니다.

위 예에서는 오라클 설치시에 기본으로 제공되는 Listener에 대해서 살펴보았으며 필요할 경우에 기본 listener말고 새로운 listener를 추가해서 사용할 수도 있습니다. 마치 회사에 방문 손님이 없을 경우에는 경비 아저씨가 1명만 있어도 되지만 방문객이 많을 경우 경비아저씨가 여러 명 근무하게 하는 것과 동일한 원리입니다. 이 부분은 뒤에서 자세하게 살펴보겠습니다.

다음으로 Oracle Net Service를 위한 환경 설정을 위한 파일들과 각 항목들을 자세하게 살펴보겠습니다.

5. Oracle Net Service 관련 파일들

Oracle Net Service와 관련된 파일은 tnsnames.ora 파일과 sqlnet.ora, listener.ora 파일이 대표적입니다. 이 파일들 내부에 Net Service와 관련된 각종 파라미터들을 설정해 두고 사용하게 됩니다. 이번 장에서는 이 파일들의 내용들이 어떤 의미가 있고 어떻게 설정해서 사용하면 되는지를 자세하게 살펴보겠습니다.

(1) 파일 설정 시 규칙 및 주의 사항

앞의 예에서 살펴본 바와 같이 이 파일들 안에는 여러 가지 파라미터들이 설정됩니다. 이 파라미터들은 parameter=(keyword=value)의 형태로 원하는 값을 설정할 수 있습니다.

만약 값이 여러 개가 있을 경우에는 아래와 같이 적으면 됩니다.

```
(keyword=
  (keyword=value)
  (keyword=value))
```

예를 들어서 tnsnames.ora 파일에 아래와 같이 적을 수 있습니다.

```
(ADDRESS=
  (PROTOCOL=tcp)
  (HOST=localhost)
  (PORT=1521))
```

위 내용에서 중요한 건 들여쓰기입니다. 들여쓰기가 가독성 부분에서도 중요하지만 설정 파일에 들여 쓰기를 하지 않을 경우 인식이 안되어서 에러를 발생시킵니다. 아래의 예를 보세요.

아래의 예는 listener.ora 파일을 사용해서 들여쓰기를 수정해서 테스트한 결과 화면 입니다.

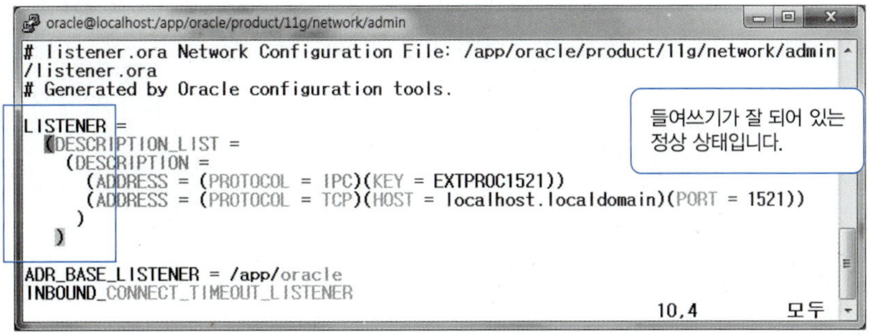

위 화면은 정상적인 listener.ora 파일입니다. 이 경우에는 아래와 같이 listener가 정상적으로 작동합니다. 그러나 아래와 같이 들여쓰기를 하지 않을 경우 에러가 발생함을 알 수 있습니다.

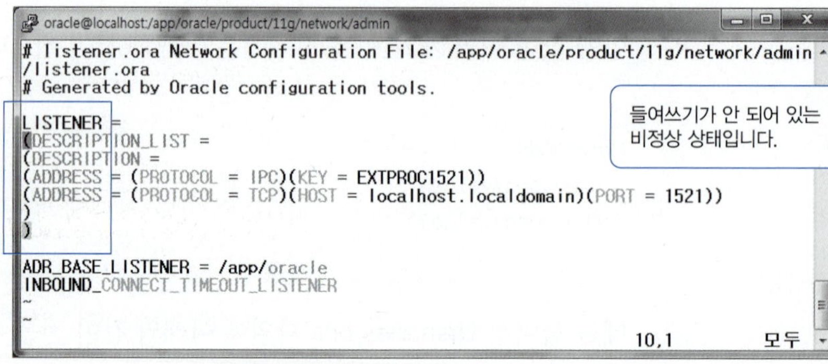

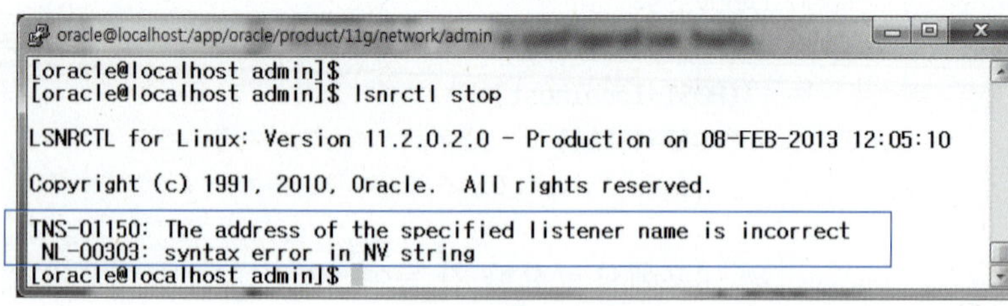

위 화면에서와 같이 에러가 발생합니다. 위에서 확인한 바와 같이 환경 파일에서 들여쓰기는 아주 중요하니 꼭 주의하세요.

그 외 주요 주의 사항은 아래와 같습니다.

- 키워드는 대소문자를 구분하지 않지만 값은 OS에 따라서 대소문자 구분을 할 수도 있습니다.
- 항목의 배치 순서는 상관없습니다. 아래의 예에서 Case 1과 Case 2는 동일합니다.

〈Case 1〉	〈Case 2〉
(ADDRESS= (PROTOCOL=TCP (HOST=localhost) (PORT=1521)	(ADDRESS= (PROTOCOL=TCP (PORT=1521) (HOST=localhost)

- 키워드에는 공백이 포함될 수 없습니다.
- 값 부분에 공백을 포함하려면 반드시 "(쌍따옴표)나 '(홑따옴표)로 감싸야 합니다.
- 주석을 사용하려면 해당 행 앞에 # 기호를 붙이면 됩니다.

(2) Network 환경 설정 시 사용 가능한 문자

위에서 살펴본 파일들에 값을 설정할 때 값에 사용될 수 있는 문자는 아래와 같습니다.

```
A-Z, a-z ,0-9 ,( ) < > / \
, . : ; ' "=- _
$ + * # & ! % ? @
```

그 중에서 ( ) = ₩ " ' # 문자들은 예약어로 오라클이 미리 사용처를 예약해 두었습니다. 만약 위 글자들을 꼭 값으로 써야 한다면 탈출문자인 ₩를 먼저 붙이고 사용해야 하지만 권장하는 방법은 아닙니다.

또한 Listener 이름에 사용될 수 있는 문자는 아래 문자뿐입니다.

```
[a - z] [A - Z] [0 - 9] _
```

Listener 이름이 위 문자 외의 문자가 들어갈 경우 에러가 발생하게 됩니다.

(3) Protocol Address List 설정하기

아래의 그림에서와 같이 tnsnames.ora나 listener.ora 파일에 address 항목이 존재합니다. 아래의 화면은 listener.ora 파일입니다

```
oracle@localhost:/app/oracle/product/11g/network/admin
[oracle@localhost admin]$ pwd
/app/oracle/product/11g/network/admin
[oracle@localhost admin]$
[oracle@localhost admin]$ vi listener.ora
# Generated by Oracle configuration tools.

LISTENER =
 (DESCRIPTION_LIST =
  (DESCRIPTION =
   (ADDRESS = (PROTOCOL = IPC)(KEY = EXTPROC1521))
   (ADDRESS = (PROTOCOL = TCP)(HOST = localhost.localdomain)(PORT = 1521))
  )
)

ADR_BASE_LISTENER = /app/oracle
~
```

아래 화면은 Client 쪽의 tnsnames.ora 파일입니다.

```
tnsnames.ora - 메모장
파일(F) 편집(E) 서식(O) 보기(V) 도움말(H)
# tnsnames.ora Network Configuration File:
#c:\app\jinsu\product\11.1.0\client_1\network\admin\tnsnames.ora
# Generated by Oracle configuration tools.

TESTDB =
  (DESCRIPTION =
    (ADDRESS_LIST =
      (ADDRESS = (PROTOCOL = TCP)(HOST = 192.168.192.129)(PORT = 1521))
    )
    (CONNECT_DATA =
      (SERVICE_NAME = testdb)
    )
  )
```

위 화면에 보면 ADDRESS라는 부분과 PROTOCOL이라는 부분이 보이는데 이 부분에 대해서 자세하게 살펴보겠습니다.

PROTOCOL(프로토콜)이란 말의 원래 의미는 통신규약으로 네트워크에서 많이 사용하는 말입니다. PROTOCOL의 의미를 아래와 같이 쉽게 설명해보겠습니다.

A 마을에 사는 홍길동이 B 마을에 사는 일지매 집에 놀러 갔습니다. B 마을의

일지매는 친구에게 맛있는 과자를 대접했는데 홍길동의 입맛에 그 과자가 너무 맛있어서 자기마을로 가져와서 팔면 아주 잘 팔릴 것 같았습니다. 그래서 홍길동은 일지매에게 그 과자를 10박스만 사달라고 부탁하고 돈을 주고 집으로 돌아갔습니다. 홍길동의 부탁을 받은 일지매는 약속대로 과자 10박스를 사서 홍길동의 마을로 택배 보냈는데 그 과자를 받은 홍길동은 사기를 당했다며 그 고을 원님에게 일지매를 고소했습니다.

고소의 발단은 홍길동 마을에서는 보통 1박스는 12개로 통용되는데 일지매의 마을에서는 1박스가 10개였던 것이었습니다. 그래서 고을의 원님은 양쪽의 말을 다 들어보고 앞으로 1박스라는 단위는 11개로 하라고 규칙을 정해 주었습니다. 이런 공통 규칙을 Protocol이라고 하는 것입니다.

컴퓨터의 네트워크에서 서로 다른 컴퓨터들끼리 데이터를 주고 받을 때 규칙이 서로 다르다면 곤란할 수 있기 때문에 모든 나라들이 ISO라는 국제 표준화 단체에서 정해 준 규칙에 따라서 통신을 하게 됩니다.

컴퓨터 통신에서 가장 많이 사용되는 프로토콜이 TCP/IP라는 규칙인데 TCP는 데이터를 전송할 때 문제가 있는지 없는지 검증할 때 사용하는 규칙이고 IP는 상대방 컴퓨터를 찾아가는 프로토콜입니다. 거의 모든 컴퓨터에서 다른 컴퓨터들과 통신을 하기 위해서 TCP/IP 프로토콜을 사용하며 오라클 역시 이 프로토콜을 사용합니다.

위 화면에서 볼 수 있듯이 Protocol Address 는 Address 와 Address_list로 구성이 되어 있습니다. 만약 Listener가 여러 ip의 서버를 연결해 주는 역할을 한다면 아래의 예와 같이 Address_list 아래에 Address 항목에 해당 서버의 Address가 모두 적혀 있어야 합니다.

```
(ADDRESS_LIST=
  (ADDRESS=
    (PROTOCOL=tcp)
    (HOST=server100)
    (PORT=1521))
  (ADDRESS=
    (PROTOCOL=tcp)
    (HOST=server101)
```

```
    (PORT=1521)))
```

위 예에서 host 부분에 접속하고자 하는 서버의 IP 주소가 있어도 되고 위 예처럼 서버 이름이 적힐 경우에는 유닉스나 리눅스의 경우에는 /etc/hosts 파일에 해당 서버명에 대한 IP 주소가 적혀 있어야 합니다.

또 위 예에서 보면 PORT라는 부분이 나오는데 그 부분을 살펴보겠습니다. 모든 컴퓨터는 외부에서 컴퓨터로 접속하기 위해 고유한 Port가 필요합니다.

원래 Port란 항구라는 뜻으로 바다의 배가 항구를 통해 육지에 접속하는 것에서 유래한 말입니다. 즉 서버 외부의 컴퓨터에서 해당 서버로 접속하려면 고유한 Port 번호를 부여 받아서 그 포트로 접속을 해야 합니다. Port는 쉽게 말해서 집으로 들어가기 위해 사용하는 문입니다. 컴퓨터에서 Port는 1번부터 65,535번까지 총 65,536개의 Port가 있습니다.

이 중에서 1번부터 1024번까지의 Port는 사용하는 프로그램이 정해져 있습니다. 예를 들어 80번 Port는 Httpd가 사용하고 23번 Port는 Telnet이 사용합니다.

53번 Port는 DNS 서버 프로그램인 BIND가 사용하고 21번 Port는 FTP 프로그램이, 22번 Port는 SSH가 사용하기로 약속이 되어 있습니다. 그래서 1번부터 1,024번 까지를 Well-Known Port(알려진 포트)라고 합니다. 만약 하나의 Port를 두 개의 프로그램이 동시에 사용할 경우 둘 다 해당 프로그램에 접속할 수 없는 Hang 상태가 될 수 있으니 주의해야 합니다.

Oracle도 네트워크를 사용하는 프로그램이므로 설치시에 사용하는 권장 Port 번호가 1521번으로 설정이 됩니다. 그래서 Oracle Listener를 설정할 때 사용할 Port 번호가 기본값이 1521로 되어 있습니다. 이 설정이 Client 측의 tnsnames.ora 파일과 Server 측의 listener.ora 파일에 동일하게 설정이 되어 있어야 합니다. 만약 Client 측의 tnsnames.ora 파일과 Server 측의 listener.ora 파일의 port 번호가 다를 경우 아래와 같은 장애가 발생합니다.

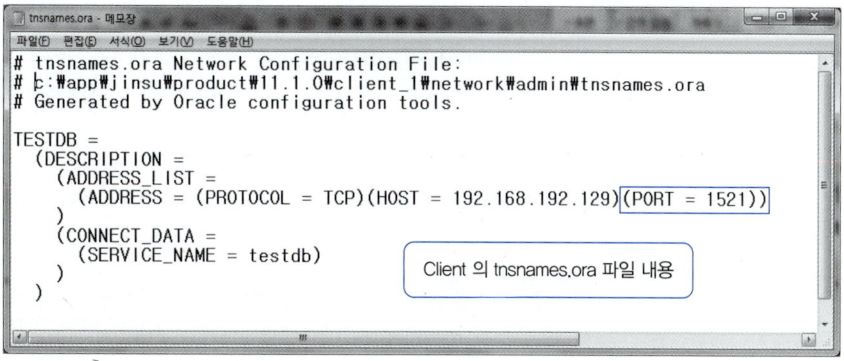


```
# tnsnames.ora Network Configuration File:
# c:\app\jinsu\product\11.1.0\client_1\network\admin\tnsnames.ora
# Generated by Oracle configuration tools.

TESTDB =
  (DESCRIPTION =
    (ADDRESS_LIST =
      (ADDRESS = (PROTOCOL = TCP)(HOST = 192.168.192.129)(PORT = 1521))
    )
    (CONNECT_DATA =
      (SERVICE_NAME = testdb)
    )
  )
```

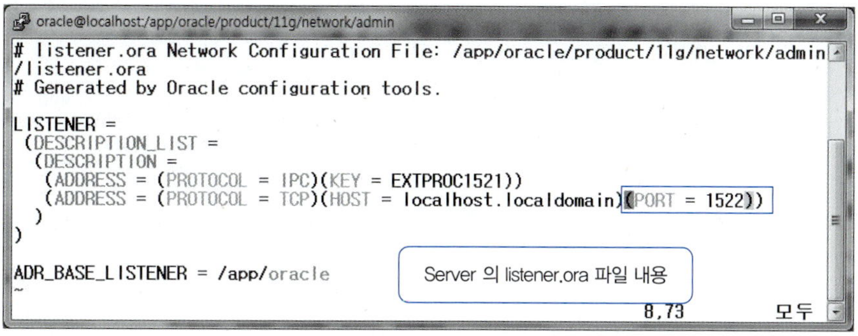


```
# listener.ora Network Configuration File: /app/oracle/product/11g/network/admin
/listener.ora
# Generated by Oracle configuration tools.

LISTENER =
  (DESCRIPTION_LIST =
    (DESCRIPTION =
      (ADDRESS = (PROTOCOL = IPC)(KEY = EXTPROC1521))
      (ADDRESS = (PROTOCOL = TCP)(HOST = localhost.localdomain)(PORT = 1522))
    )
  )

ADR_BASE_LISTENER = /app/oracle
~
```

위와 같이 listener.ora 파일을 수정한 후 Server에서 아래와 같이 listener를 재시작시킨 후 확인합니다.

```
oracle@localhost:/app/oracle/product/11g/network/admin
[oracle@localhost admin]$
[oracle@localhost admin]$ lsnrctl

LSNRCTL for Linux: Version 11.2.0.2.0 - Production on 09-FEB-2013 00:14:52

Copyright (c) 1991, 2010, Oracle.  All rights reserved.

Welcome to LSNRCTL, type "help" for information.

LSNRCTL> stop
Connecting to (DESCRIPTION=(ADDRESS=(PROTOCOL=IPC)(KEY=EXTPROC1521)))
The command completed successfully
LSNRCTL> start
Starting /app/oracle/product/11g/bin/tnslsnr: please wait...

TNSLSNR for Linux: Version 11.2.0.2.0 - Production
System parameter file is /app/oracle/product/11g/network/admin/listener.ora
Log messages written to /app/oracle/diag/tnslsnr/localhost/listener/alert/log.xml
Listening on: (DESCRIPTION=(ADDRESS=(PROTOCOL=ipc)(KEY=EXTPROC1521)))
Listening on: (DESCRIPTION=(ADDRESS=(PROTOCOL=tcp)(HOST=localhost.localdomain)(PORT=1522)))

Connecting to (DESCRIPTION=(ADDRESS=(PROTOCOL=IPC)(KEY=EXTPROC1521)))
STATUS of the LISTENER
------------------------
Alias                     LISTENER
Version                   TNSLSNR for Linux: Version 11.2.0.2.0 - Production
Start Date                09-FEB-2013 00:14:57
Uptime                    0 days 0 hr. 0 min. 0 sec
Trace Level               off
Security                  ON: Local OS Authentication
SNMP                      OFF
Listener Parameter File   /app/oracle/product/11g/network/admin/listener.ora
Listener Log File         /app/oracle/diag/tnslsnr/localhost/listener/alert/log.xml
Listening Endpoints Summary...
  (DESCRIPTION=(ADDRESS=(PROTOCOL=ipc)(KEY=EXTPROC1521)))
  (DESCRIPTION=(ADDRESS=(PROTOCOL=tcp)(HOST=localhost.localdomain)(PORT=1522)))
The listener supports no services
The command completed successfully
[oracle@localhost admin]$
```

위 그림에서 서버 쪽의 listener가 사용하는 port가 1522번으로 변경됨이 확인됩니다. 이 상황(tnsnames.ora와 listener.ora 파일의 port 번호가 다른 상황)에서 Client에서 Server로 접속 시도할 경우 아래와 같은 에러가 발생하면서 접속이 되지 않습니다.

```
C:\Windows\system32\cmd.exe - sqlplus /@testdb
Microsoft Windows [Version 6.1.7601]
Copyright (c) 2009 Microsoft Corporation. All rights reserved.

C:\Users\jinsu>sqlplus /@testdb

SQL*Plus: Release 11.1.0.6.0 - Production on 일 3월 10 17:55:14 2013

Copyright (c) 1982, 2007, Oracle.  All rights reserved.

ERROR:
ORA-12541: TNS:리스너가 없습니다.


사용자명 입력: scott/tiger
ERROR:
ORA-12560: TNS:프로토콜 어댑터 오류


사용자명 입력:
```

위와 같은 에러가 발생하는 이유는 Client쪽의 User Process가 tnsnames.ora 파일을 보고 Server의 1521번 Port로 찾아 가서 접속 요청을 했지만 Server쪽의 listener는 1522번 Port 앞에서 접속을 기다리고 있었던 것입니다. 그래서 Client쪽에서는 Listener를 찾을 수 없다는 에러가 발생하게 된 것입니다.

현업에서는 보안 등의 이유로 Port 번호를 기본값을 사용하지 않고 회사별로 독립적으로 Port 번호를 변경해서 사용하는 경우가 종종 있습니다. 아래 실습에서도 Port 번호를 변경하고(여기서는 9999번으로) 테스트를 수행하겠습니다.

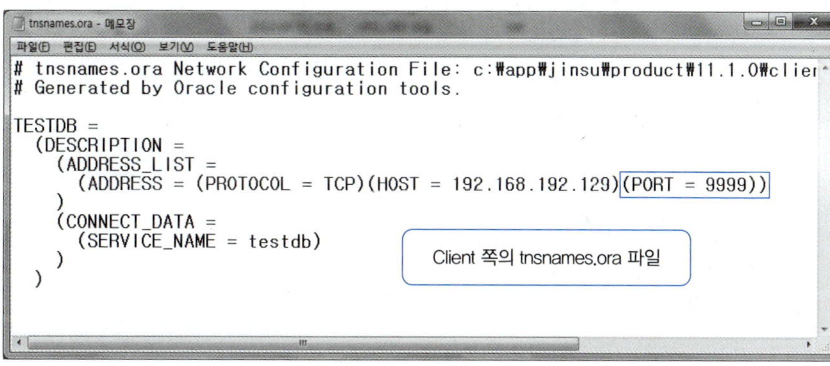

```
# tnsnames.ora Network Configuration File: c:₩app₩jinsu₩product₩11.1.0₩clie
# Generated by Oracle configuration tools.

TESTDB =
  (DESCRIPTION =
    (ADDRESS_LIST =
      (ADDRESS = (PROTOCOL = TCP)(HOST = 192.168.192.129)(PORT = 9999))
    )
    (CONNECT_DATA =
      (SERVICE_NAME = testdb)
    )
  )
```


테스트를 하기 위해 서버 쪽에 기존 listener 말고 신규로 listener2를 생성해서 테스트를 수행하겠습니다. 신규 listener 생성하는 다양한 방법이 있는데 앞의 실습에서 살펴본 바와 같이 netca를 사용하여 listener를 추가하는 방법이 있으며 또 다른 방법은 직접 listener.ora 파일을 OS에디터로 수정하여 신규 listener(여기에서는 listener2)에 대한 설정 부분을 아래의 화면과 같이 추가 해 준 후 listener를 재시작하면 적용됩니다.

아래의 예에서 사용되는 설정 방법들이나 항목의 의미들은 뒷장에서 자세하게 살펴볼 예정이니 아래의 예에서는 Port 변경하는 부분만 확인하시기 바랍니다.

```
oracle@localhost:/app/oracle/product/11g/network/admin
[oracle@localhost admin]$
[oracle@localhost admin]$ vi listener.ora
# listener.ora Network Configuration File: /app/oracle/product/11g/network/admin/listene
r.ora
# Generated by Oracle configuration tools.

LISTENER =
  (DESCRIPTION_LIST =
    (DESCRIPTION =
      (ADDRESS = (PROTOCOL = IPC)(KEY = EXTPROC1521))
      (ADDRESS = (PROTOCOL = TCP)(HOST = 192.168.192.129)(PORT = 1521))
    )
  )

LISTENER2 =
    (DESCRIPTION_LIST =
      (DESCRIPTION =
        (ADDRESS = (PROTOCOL = TCP)(HOST = 192.168.192.129)(PORT = 9999))
      )
    )
SID_LIST_LISTENER2 =
    (SID_LIST =
      (SID_DESC =
        (SID_NAME = testdb)
        (ORACLE_HOME = /app/oracle/product/11g)
      )
    )

ADR_BASE_LISTENER = /app/oracle
~
~
~
~
```

이 부분을 추가합니다

Server 쪽의 listener.ora 파일

위 설정을 저장하고 listener2를 아래와 같이 시작시켜주면 서버 쪽 설정은 마무리 됩니다.

```
oracle@localhost:/app/oracle/product/11g/network/admin
[oracle@localhost admin]$
[oracle@localhost admin]$ lsnrctl start listener2

LSNRCTL for Linux: Version 11.2.0.2.0 - Production on 09-FEB-2013 10:17:12

Copyright (c) 1991, 2010, Oracle.  All rights reserved.

Starting /app/oracle/product/11g/bin/tnslsnr: please wait...

TNSLSNR for Linux: Version 11.2.0.2.0 - Production
System parameter file is /app/oracle/product/11g/network/admin/listener.ora
Log messages written to /app/oracle/diag/tnslsnr/localhost/listener2/alert/log.xml
Listening on: (DESCRIPTION=(ADDRESS=(PROTOCOL=tcp)(HOST=192.168.192.129)(PORT=9999)))

Connecting to (DESCRIPTION=(ADDRESS=(PROTOCOL=TCP)(HOST=192.168.192.129)(PORT=9999)))
STATUS of the LISTENER
------------------------
Alias                     listener2
Version                   TNSLSNR for Linux: Version 11.2.0.2.0 - Production
Start Date                09-FEB-2013 10:17:12
Uptime                    0 days 0 hr. 0 min. 0 sec
Trace Level               off
Security                  ON: Local OS Authentication
SNMP                      OFF
Listener Parameter File   /app/oracle/product/11g/network/admin/listener.ora
Listener Log File         /app/oracle/diag/tnslsnr/localhost/listener2/alert/log.xml
Listening Endpoints Summary...
  (DESCRIPTION=(ADDRESS=(PROTOCOL=tcp)(HOST=192.168.192.129)(PORT=9999)))
Services Summary...
Service "testdb" has 1 instance(s).
  Instance "testdb", status UNKNOWN, has 1 handler(s) for this service...
The command completed successfully
[oracle@localhost admin]$
```

위와 같이 변경하고 Client에서 접속 테스트를 합니다.

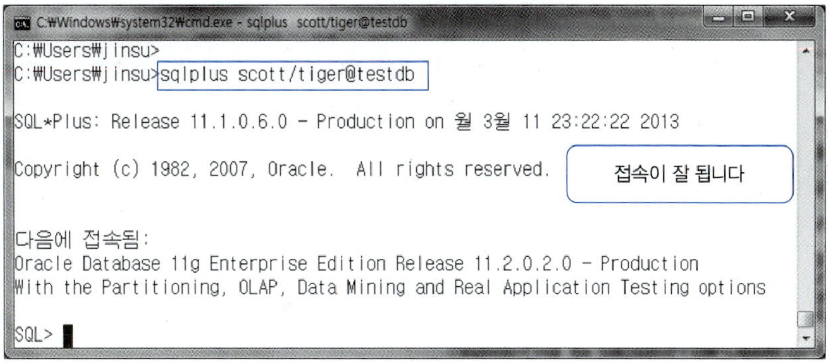

(4) Client 쪽의 tnsnames.ora 파일 살펴보기

앞에서 살펴본 바와 같이 tnsnames.ora 파일은 Client쪽의 User Process가 Server를 찾아가기 위한 정보를 담고 있는 설정 파일입니다. tnsnames.ora 파일의 기본 위치는 $ORACLE_HOME/network/admin으로 설정되어 있습니다.

그리고 이 파일은 netca등의 명령어로 설정해야 생성이 되므로 Oracle Client를 설치한 후 위에서 살펴본 대로 설정을 해야 볼 수 있습니다.

이 파일의 기본 문법은 아래와 같습니다(앞에서 살펴본 대로 들여쓰기 주의하세요).

```
net_service_name=
(DESCRIPTION=
  (ADDRESS=(protocol_address_information))
  (CONNECT_DATA=
    (SERVICE_NAME=service_name)))
```

위의 예에서는 접속하려는 Service_name을 1개만 지정했지만 RAC 등과 같이 하나의 Service name으로 여러 장비가 작동할 경우에는 아래와 같이 여러 장비의 IP를 한꺼번에 지정할 수도 있습니다. 아래의 예처럼 각 노드별로 RAC의 CTF와 TAF를 다르게 설정할 수도 있습니다.

```
rac=
 (DESCRIPTION=
  (ADDRESS_LIST=
   (LOAD_BALANCE=on)
   (FAILOVER=off)
   (ADDRESS=(192.168.0.1))
   (ADDRESS=(192.168.0.2)))
  (ADDRESS_LIST=
   (LOAD_BALANCE=off)
   (FAILOVER=on)
   (ADDRESS=(192.168.0.3))
   (ADDRESS=(192.168.0.4)))
   (CONNECT_DATA=
     (SERVICE_NAME=rac)))
```

위 예에서 DESCRIPTION과 DESCRIPTION_LIST라는 파라미터가 있습니다. 이 파라미터는 접속하고자 하는 대상 서버에 대한 정보를 상세하게 지정해주는 역할을 합니다. 만약 접속할 서비스 명이 여러 개일 경우에는 아래처럼 DESCRIPTION_LIST 파라미터를 사용합니다.

```
testdb =
(DESCRIPTION=
  (ADDRESS=............)
    (CONNECT_DATA=(SERVICE_NAME=testdb)))

testdb =
(DESCRIPTION_LIST=
  (DESCRIPTION=
    (ADDRESS=...)
    (CONNECT_DATA=(SERVICE_NAME=testdb1)))
  (DESCRIPTION=
    (ADDRESS=...)
    (CONNECT_DATA=(SERVICE_NAME=testdb2))))
```

- Procotol Section에 설정하는 파라미터들

이 항목은 listener와 통신할 때 사용할 PROTOCOL을 지정하는 파라미터입니다.

```
testdb=
(DESCRIPTION=
  (ADDRESS=(PROTOCOL=tcp)(HOST=server100)(PORT=1521))
    (CONNECT_DATA=(SERVICE_NAME=testdb))
```

만약 RAC 등과 같이 같은 서비스 명으로 여러 IP가 있다면 아래와 같이 하면 됩니다.

```
rac=
(DESCRIPTION=
  (ADDRESS_LIST=
   (ADDRESS=(PROTOCOL=tcp)(HOST=rac1)(PORT=1521))
   (ADDRESS=(PROTOCOL=tcp)(HOST=rac2)(PORT=1521)))
   (CONNECT_DATA=(SERVICE_NAME=racdb)))
```

이 외에도 ADDREST_LIST에 추가될 수 있는 여러 가지 파라미터들의 의미를 살펴보겠습니다.

- ENABLE

이 파라미터는 Client에서 Server쪽에 접속만 하고 아무런 작업을 하지 않는 Idle 상태일 경우에 Server가 Down 되었는지를 확인하기 위해 설정하는 기능입니다. 이 기능이 필요한 이유는 RAC 같은 경우 TAF 기능을 사용할 경우 하나의 Instance가 중단되었을 때 다른 Instance로 접속해야 하는데 그렇게 하기 위해서 Instance가 Down 되었는지를 알고 있어야 합니다.

이 기능을 사용하기 위해서는 TCP keepalive를 설정해야 하는데 이 기능은 기본적으로 disable되어 있어서 사용함으로 설정하려면 tnsnames.ora 파일의 DESCRIPTION절에 ENABLE=broken절을 적어주면 됩니다.

이 기능을 활성화 하면 Client는 Server에 2-3분 정도의 간격으로 Server가 up 상태인지 확인하게 됩니다. 그런데 이 간격이 너무 길어서 RAC TAF 구현시 문제가 되므로 이 시간 간격을 적당하게 짧게 설정을 해야 합니다. 그런데 너무 짧으면 이 설정이 enable된 Client에서는 수시로 Server로 확인 패킷을 보내기 때문에 네트워크 부하가 발생할 수 있으므로 주의해야 합니다. 아래와 같이 Client의 tnsnames.ora 파일에 ENABLE=broken을 설정하면 됩니다.

```
rac=
(DESCRIPTION=
  (ENABLE=broken)
  (ADDRESS=(PROTOCOL=tcp)(HOST=192.168.0.1)(PORT=1521))
  (ADDRESS=(PROTOCOL=tcp)(HOST=192.168.0.2)(PORT=1521)))
  (CONNECT_DATA=(SERVICE_NAME=racdb))
```

아래는 윈도용 Client에서 keepalive 시간을 지정하는 예 입니다.

1. 시작 → 실행 → Regedit.exe를 실행합니다.
2. 아래 항목을 찾아서 들어갑니다.
   HKEY_LOCAL_MACHINE/SYSTEM/CurrentControlSet/Services/Tcpip/Parameters
3. 편집 → 새로만들기 → DWORD값을 선택하여 10진수를 선택하고 값 데이터에 180000 입력하고 저장합니다. 이 값은 3분을 뜻합니다.

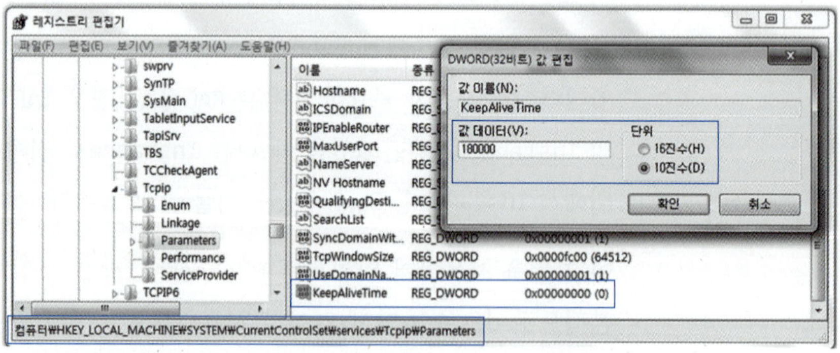

● FAILOVER

이 파라미터는 Client에서 접속할 서버가 여러 개 있어서 ADDRESS 부분에 여러 개의 Host가 적혀 있을 경우 첫 번째 접속이 실패할 경우 두 번째 접속으로 접속하는 것을 설정하는 파라미터입니다.

이 파라미터를 on, yes, true로 설정할 경우 첫 번째 protocol address로 실패할 경우 다음 protocol address로 접속을 시도하게 됩니다. 반면 이 파라미터를 off, no, false로 설정하게 될 경우 첫 번째 protocol address의 주소만 사용하게 됩니다. 이 파라미터는 DESCRIPTION_LIST, DESCRIPTION, ADDRESS_LIST 파라미터 아래 부분에 설정하면 됩니다.

```
rac=
(DESCRIPTION=
  (FAILOVER=on)
  (ADDRESS=(PROTOCOL=tcp)(HOST=192.168.0.1)(PORT=1521))
  (ADDRESS=(PROTOCOL=tcp)(HOST=192.168.0.2)(PORT=1521)))
  (CONNECT_DATA=(SERVICE_NAME=racdb)))
```

● LOAD_BALANCE

이 파라미터는 여러 개의 host가 있을 경우 각 host의 부하 분산(load balancing) 유무를 결정하는 파라미터입니다. 이 파라미터를 on, yes, true로 설정할 경우 설정된 host들에게 랜덤으로 접속해서 작업을 수행하게 되며 off, no, false로 설정할 경우 첫 번째 host만 접속하게 됩니다. 만약 failover 파라미터가 on되어 있는 상태에서 접속이 실패할 경우 두 번째 적혀있는 주소로 접근하게 되고 이것도 실패할 경우 처음 성공할 때까지 순서대로 다음 주소로 접속을 시도하게 됩니다.

```
rac=
(DESCRIPTION=
  (LOAD_BALANCE=on)
  (ADDRESS=(PROTOCOL=tcp)(HOST=192.168.0.1)(PORT=1521))
  (ADDRESS=(PROTOCOL=tcp)(HOST=192.168.0.2)(PORT=1521)))
  (CONNECT_DATA=(SERVICE_NAME=racdb))
```

● RECV_BUF_SIZE

이 파라미터는 Server로부터 데이터를 받아서 저장할 Buffer의 크기를 바이트 단위로 지정합니다. TCP/IP, TCP/IP with SSL, and SDP protocol을 지원합니다.

특정값을 지정하지 않으면 OS의 기본값을 사용하며 권장사항입니다.

```
rac=
(DESCRIPTION=
  (ADDRESS_LIST=
    (ADDRESS=(PROTOCOL=tcp)(HOST=192.168.0.1)(PORT=1521)
      (RECV_BUF_SIZE=11784))
    (ADDRESS=(PROTOCOL=tcp)(HOST=192.168.0.2)(PORT=1521)
      (RECV_BUF_SIZE=11784))
  (CONNECT_DATA=
    (SERVICE_NAME=racdb)))
```

● SDU

이 파라미터는 Session Data Unit의 약자로 Server와 Client 사이에 데이터를 주고 받을 때 사용하는 패킷의 크기를 지정하는 파라미터입니다. 기본값은 8 Kb이며 512 bytes부터 65535 bytes까지 지정할 수 있습니다. 그냥 기본값을 사용하는 것을 권장합니다.

```
rac=
(DESCRIPTION=
 (SDU=8192)
  (ADDRESS_LIST=
   (ADDRESS=(PROTOCOL=tcp)(HOST=192.168.0.1)(PORT=1521))
   (ADDRESS=(PROTOCOL=tcp)(HOST=192.168.0.2)(PORT=1521)))
  (CONNECT_DATA=
   (SERVER_NAME=racdb))
```

● SEND_BUF_SIZE

이 파라미터는 RECV_BUF_SIZE와 반대로 보낼 때 사용할 Buffer의 크기를 설정하는 파라미터입니다. 이것 역시 RECV_BUF_SIZE와 마찬가지로 TCP/IP, TCP/IP with SSL, and SDP protocol을 지원합니다. 특정값을 지정하지 않으면 OS의 기본값을 사용하며 권장사항입니다.

```
rac=
 (DESCRIPTION=
  (ADDRESS_LIST=
```

```
    (ADDRESS=(PROTOCOL=tcp)(HOST=192.168.0.1)(PORT=1521)
      (SEND_BUF_SIZE=11784))
    (ADDRESS=(PROTOCOL=tcp)(HOST=192.168.0.2)(PORT=1521)
      (SEND_BUF_SIZE=11784))
  (CONNECT_DATA=
    (SERVICE_NAME=racdb)))
```

● SOURCE_ROUTE

Source Route라는 것은 일반적으로 네트워크 용어에서 많이 사용됩니다. 일반적인 네트워크에서 상태 컴퓨터를 찾아가려면 원하는 ip를 가지고 라우터가 지정해주는 경로를 통해서 목적지를 찾아가게 됩니다. 그러나 source route라는 것은 목적지까지의 경로를 직접 지정해 주는 것을 의미합니다. 일반적으로 이 방법은 잘못된 길을 안내 할 수도 있고 보안상의 문제도 있어서 사용을 권장하지 않습니다.

– CONNETC_DATA Section 에 설정하는 파라미터

● CONNECT_DATA

이 파라미터는 접속하기 위한 SERVICE_NAME 등을 설정할 수 있는 파라미터입니다. 이 파라미터의 하위 파라미터로 아래의 파라미터들이 사용될 수 있습니다.

● FAILOVER_MODE

이 파라미터는 서비스 중인 Listener가 장애가 발생했을 경우 다른 Listener로 Failover기능을 구현하는 파라미터입니다. 여러 가지 모드가 있으며 각 모드별 설명은 아래와 같습니다.

- BACKUP: 이 모드는 장애가 발생할 경우 백업 역할을 할 노드를 지정하는 파라미터 입니다. 당연히 백업 역할을 할 노드가 별도로 구성되어 있어야 합니다.
- TYPE: 이 모드는 Failover의 타입을 지정합니다. 아래의 3가지 종류가 있습니다.
  * SESSION: 이 타입은 세션별로 Failover를 제공합니다. 예를 들어 A 사용자가 접속해서 사용 도중에 접속이 중단되었을 경우 자동으로 다른 세션

을 만들어서 연결해 줍니다. 그러나 이전 세션에서 하던 작업은 복구되지 않습니다.

* SELECT: 이 타입은 사용자가 커서를 open해서 데이터를 fetch하는 과정에서 접속 장애가 발생하더라도 그 작업을 계속 이어서 할 수 있도록 해 줍니다. 그러나 이 모드는 평소에도 Client쪽에 부하를 발생시킬 수 있으니 주의해야 합니다.
* NONE: 이 타입이 기본으로 Failover 기능을 사용하지 않도록 합니다.

● METHOD

이 파라미터는 운영중인 노드가 장애가 발생했을 경우 얼마나 빨리 다음 노드로 Failover가 되는가를 지정하는 파라미터입니다. 아래의 값들을 설정할 수 있습니다.

* BASIC: 이 모드는 장애가 발생했을 때 백업 노드로 연결을 하는 모드입니다. 백업 노드는 장애가 발생하기 전까지는 아무런 작업 없이 대기하고 있게 됩니다.
* PRECONNECT: 이 모드는 장애가 발생하기 전에 미리 연결을 해 놓고 기다리다가 장애가 발생할 경우 즉시 Failover되는 모드입니다. 전환되는 속도가 아주 빠르지만 백업 노드와 운영 노드 사이에 정보가 실시간으로 동기화 되어야 하므로 부하가 많이 발생합니다.

● RETRIES

이 모드는 failover 후 재 접속을 시도하는 횟수를 지정합니다. 만약 DELAY 항목이 설정되어 있다면 이 파라미터는 기본적으로 5번 시도를 하게 됩니다.

● DELAY

이 모드는 접속 시도를 하면서 기다리는 시간을 지정합니다. 만약 RETRIES가 설정되어 있다면 기본값으로 1초로 설정됩니다.

● GLOBAL_NAME

이 파라미터는 Oracle Rdb Database를 사용할 경우 설정합니다.

```
racdb=
(DESCRIPTION=
  (ADDRESS=...)
  (ADDRESS=...)
  (CONNECT_DATA=
    (SERVICE_NAME=public)
    (RDB_DATABASE=[.mf]mf_public.rdb)
    (GLOBAL_NAME=db1)))
```

● HS

이 파라미터는 Oracle Net Service에서 Non-Oracle system으로 접속할 때 Heterogeneous Services를 이용하도록 설정하는 파라미터입니다.

● INSTANCE_NAME

이 파라미터는 접속하려고 하는 Instance Name을 지정합니다.

```
rac=
(DESCRIPTION=
  (ADDRESS=...)
  (ADDRESS=...)
  (CONNECT_DATA=
   (SERVICE_NAME=racdb)
   (INSTANCE_NAME=rac1)))
```

● RDB_DATABASE

이 파라미터는 Oracle Rdb Database를 사용할 경우 file명을 지정합니다.

● SERVER

이 파라미터는 Listener에 접속할 때 Server 모드를 지정합니다. 아래의 값들을 지정할 수 있습니다

- dedicated : dedicated server일 경우 지정
- shared : shared server일 경우 지정
- pooled : 서버 쪽에서 connection pool을 사용하고 있을 경우 지정

```
testdb=
(DESCRIPTION=
  (ADDRESS=...)
  (ADDRESS=...)
  (CONNECT_DATA=
    (SERVER_NAME=test.seojinsu.com)
    (SERVER=dedicated)))
```

● SERVICE_NAME

이 파라미터는 접속하고자 하는 Service Name을 지정합니다. 일반적으로 SID와 동일하게 지정을 하는 경우가 많습니다.

```
testdb=
(DESCRIPTION=
  (ADDRESS=...)
  (ADDRESS=...)
  (CONNECT_DATA=
    (SERVICE_NAME=testdb)))
```

- SECURITY Section 에 설정하는 파라미터들

● SECURITY

이 파라미터는 SECURITY 기능을 사용하도록 지정하는 파라미터 입니다.

● SSL_SERVER_CERT_DN

이 파라미터는 데이터베이스의 distinguished name(DN)을 지정하는 파라미터입니다.

```
rac=
(DESCRIPTION=
  (ADDRESS=(PROTOCOL=tcp)(HOST=192.168.0.1)(PORT=1521))
  (ADDRESS=(PROTOCOL=tcp)(HOST=192.168.0.2)(PORT=1521))
  (CONNECT_DATA=
    (SERVICE_NAME=racdb))
    (SECURITY=
      (SSL_SERVER_CERT_DN="cn=sales,cn=OracleContext,dc=us,dc=acme,dc=com")))
```

– Timeout Section 에 설정하는 파라미터들

● CONNECT_TIMEOUT

이 파라미터는 Client가 Server로 접속을 시도할 때 허용하는 시간을 초 단위로 지정합니다. 즉 이 파라미터에 지정된 시간 동안 계속 접속을 시도 하다가 안될 경우 Fail 된다는 의미입니다.

이 파라미터의 기본값은 TCP_CONNECT_TIMEOUT 값과 동일하지만 권장 값은 TCP_CONNECT_TIMEOUT 값보다 크게 설정하는 것입니다. 이 파라미터는 ADDRESS 나 각 HOST에 별도로 설정 할 수 있습니다.

```
rac=
(DESCRIPTION=
  (CONNECT_TIMEOUT=10)(RETRY_COUNT=3)
  (ADDRESS_LIST=
    (ADDRESS=(PROTOCOL=tcp)(HOST=192.168.0.1)(PORT=1521))
    (ADDRESS=(PROTOCOL=tcp)(HOST=192.168.0.2)(PORT=1521)))
  (CONNECT_DATA=
    (SERVICE_NAME=racdb)))
```

● RETRY_COUNT

이 파라미터는 접속을 실패 했을 경우 재 시작하는 횟수를 지정합니다. 기본값은 0입니다.

(5) Server 쪽의 listener.ora 파일 살펴보기

앞에서 살펴본 바와 같이 외부의 Client가 접속을 요청하면 일차적으로 listener가 그 접속을 받아서 Database Instance와 연결을 해 줍니다. 따라서 잘못된 요청이 올 경우 listener에서 그 접속을 차단해야 하는 등의 중요한 역할을 하므로 listener에 대해 잘 알아야 하며 listener가 작동하기 위해 필요한 설정들이 저장되어 있는 파일이 listener.ora 파일입니다.

이 파일은 기본 경로가 $ORACLE_HOME/network/admin/listener.ora로 설정되어 있으며 OS편집기로 수정할 수 있습니다. 아래는 listener.ora 파일의 예입니다.

```
LISTENER=
(DESCRIPTION=
  (ADDRESS_LIST=
    (ADDRESS=(PROTOCOL=tcp)(HOST=localdomai.localhost)(PORT=1521))
    (ADDRESS=(PROTOCOL=ipc)(KEY=extproc))))

SID_LIST_LISTENER=
 (SID_LIST=
   (SID_DESC=
     (GLOBAL_DBNAME=sales.us.example.com)
     (ORACLE_HOME=/oracle11g)
     (SID_NAME=sales))
   (SID_DESC=
     (SID_NAME=plsextproc)
     (ORACLE_HOME=/oracle11g)
     (PROGRAM=extproc)))
```

listener.ora 파일은 아래의 항목들로 이루어져 있습니다.

- Name of the listener
- Protocol addresses that the listener is accepting connection requests on
- Database services
- Control parameters

아래에서 위 항목들에 대한 자세한 파라미터들과 의미들을 살펴보겠습니다.

– PROTOCOL Address Section 관련 파라미터들

이 Section은 listener가 client로부터 요청을 받아서 처리하는 protocol과 Address 관련 설정들을 하는 부분으로 아래의 세부 파라미터가 있습니다.

● ADDRESS

이 파라미터는 listener가 연결할 대상 DB의 protocol과 Address, port 등의 정보를 설정합니다.

```
listener=
(DESCRIPTION=
  (ADDRESS=(PROTOCOL=tcp)(HOST=192.168.0.1)(PORT=1521))
  (ADDRESS=(PROTOCOL=tcp)(HOST=192.168.0.2)(PORT=1521)))
```

● DESCRIPTION

이 파라미터는 세부 설정 사항을 지정합니다.

● QUEUESIZE

이 파라미터는 listener가 동시에 접속요청을 처리할 수 있는 수를 지정하는 역할을 합니다. 즉 이 값을 많이 주면 일반적으로는 성능이 향상됩니다. 지정을 하지 않으면 기본값은 OS 설정값을 따라갑니다.

```
listener=
(DESCRIPTION=
    (ADDRESS=(PROTOCOL=tcp)(HOST=server100)(PORT=1521)(QUEUESIZE=32)))
```

● RECV_BUF_SIZE

이 파라미터는 Client로부터 받은 데이터를 임시 저장할 Buffer 크기를 Byte 단위로 지정합니다.

```
listener=
 (DESCRIPTION=
  (ADDRESS=(PROTOCOL=tcp)(HOST=server100)(PORT=1521)
   (RECV_BUF_SIZE=11784))
 (ADDRESS=(PROTOCOL=ipc)(KEY=extproc)
   (RECV_BUF_SIZE=11784)))
```

● SEND_BUF_SIZE

이 파라미터는 Client에게 보낼 데이터를 임시 저장할 Buffer의 크기를 Byte 단위로 지정합니다.

```
listener=
 (DESCRIPTION=
```

```
(ADDRESS_LIST=
 (ADDRESS=(PROTOCOL=tcp)(HOST=server100)(PORT=1521)
  (SEND_BUF_SIZE=11280))
(ADDRESS=(PROTOCOL=ipc)(KEY=extproc)
  (SEND_BUF_SIZE=11280))))
```

– Connection Rate Limiter Section 관련 파라미터들

Client가 Server에 신규 접속하기 위해서는 반드시 listener를 통해야 한다는 것을 이미 살펴보았습니다. 이런 원리로 살펴보았을 때 만약 신규 접속이 갑자기 많이 몰린다면 이 요청을 처리하기 위해서 서버에 부하가 많이 걸릴 수 있습니다. 그래서 **11g** 버전부터 listener에서 1초당 접속할 수 있는 요청 수를 제한을 걸 수 있도록 지원을 합니다.

아래 두 가지 파라미터가 그 역할을 하는 파라미터이며 그 의미는 아래와 같습니다.

● CONNECTION_RATE_listener name

이 파라미터는 특정 Listener가 초당 처리할 수 있는 요청 수를 지정합니다. 이 파라미터를 설정 할 경우 해당 Listener가 서비스하는 모든 서버에게 동시에 적용이 됩니다.

하나의 Listener가 5개의 Server를 서비스 한다면 5개의 서비스 모두 동일하게 적용이 되는 것입니다. 그런데 만약 특정 Server는 이 파일을 적용하지 않기를 원한다면 아래의 RATE_LIMIT 라는 파라미터를 사용하여 개별적으로 적용을 하면 됩니다.

● RATE_LIMIT

이 파라미터를 사용할 경우 이 파라미터의 값이 yes인 Server만 CONNECTION_RATE의 값이 적용됩니다. 만약 Server별로 다르게 설정하고 싶을 경우 해당 값을 직접 지정하면 됩니다.

```
CONNECTION_RATE_LISTENER=10
```

```
LISTENER=
  (ADDRESS_LIST=
    (ADDRESS=(PROTOCOL=tcp)(HOST=server100)(PORT=1521)(RATE_LIMIT=yes))
    (ADDRESS=(PROTOCOL=tcp)(HOST=server101)(PORT=1522)(RATE_LIMIT=yes))
    (ADDRESS=(PROTOCOL=tcp)(HOST=server102)(PORT=1523))
  )
```

위 예는 HOST중에 server100, server101번이 동일하게 10개로 적용됩니다. server102번은 제한되지 않습니다.

```
LISTENER=
(ADDRESS_LIST=
  (ADDRESS=(PROTOCOL=tcp)(HOST=server100)(PORT=1521)(RATE_LIMIT=5))
  (ADDRESS=(PROTOCOL=tcp)(HOST=server101)(PORT=1522)(RATE_LIMIT=10))
  (ADDRESS=(PROTOCOL=tcp)(HOST=server102)(PORT=1523))
 )
```

위 예는 server100은 5개로, server101은 10개로 각각 적용됩니다.

– CONTROL Section 관련 파라미터들

이번에는 Listener를 Control하는 전반적인 파라미터들을 살펴보겠습니다. 아래 파라미터들은 listener.ora 파일에 설정하면 됩니다.

- ADMIN_RESTRICTIONS_listener_name

이 파라미터를 ADMIN_RESTRICTIONS_listener_name=on으로 설정할 경우 listener가 운영 중일 경우에는 SET 명령어로 설정을 바꿀 수 없도록 설정합니다. 만약 부득이하게 운영 중에 환경 설정 값을 변경해야 할 경우 수동으로 listener.ora 파일을 변경하신 후 reload 명령어로 변경된 내용을 재 적용시켜야 합니다. 기본값은 off로 설정되어 있습니다.

- CRS_NOTIFICATION_listener_name

이 파라미터는 RAC 환경에서 CRS가 Start / Stop 될 때 지정된 Listener에게 그 사실을 통보하는 여부를 결정합니다. 기본값은 on입니다.

- DEFAULT_SERVICE_listener_name

이 파라미터는 Client에서 서비스 이름을 지정하지 않고 서버에 접속할 경우 기본으로 연결해 줄 서비스 명을 지정하는 파라미터입니다. 1개의 listener가 여러 서비스를 연결해주는 서비스를 할 수 있는데 Client에서 서비스명을 지정하지 않고 접속할 경우 이 파라미터에 설정되어 있는 서비스로 자동으로 연결시키게 됩니다.

```
DEFAULT_SERVICE_LISTENER=testdb
```

- INBOUND_CONNECT_TIMEOUT_listener_name

이 파라미터는 Client가 접속 후 이 파라미터에 지정된 시간 동안 아무런 요청이 없을 경우 접속을 강제로 종료하도록 설정하는 파라미터입니다. 강제로 접속이 종료가 되면 listener.log 파일에 ORA-12525:TNS: listener has not received client's request in time allowed 라는 에러 메시지와 해당 IP를 기록합니다.

이 기능을 사용하기 위해서는 sqlnet.ora 파일에도 SQLNET.INBOUND_CONNECT_TIMEOUT 파라미터를 함께 지정해서 사용하기를 권장합니다. 단 INBOUND_CONNECT_TIMEOUT_listener_name 파라미터에 설정되는 값은 SQLNET.INBOUND_CONNECT_TIMEOUT보다 작은 값으로 설정할 것을 권장합니다.

기본값은 60초입니다.

- SAVE_CONFIG_ON_STOP_listener_name

이 파라미터는 운영 중인 listener를 SET 명령어로 환경을 변경했을 경우 listener를 Stop하게 되면 그 변경사항을 자동으로 저장하는 여부를 결정합니다. true로 설정했을 경우 stop 명령어로 운영중이던 listener가 중단될 경우에 자동 저장됩니다.

기본값은 false 입니다.

● SSL_CLIENT_AUTHENTICATION

이 파라미터는 Client가 Listener로 접속할 경우 Secure Sockets Layer(SSL)을 이용해 인증할 것인지를 지정하는 파라미터입니다.

– ADR Diagnostic 관련 파라미터들

Oracle 11g 부터 보다 빠르고 정확하게 문제를 해결하기 위해서 문제 진단을 하는 방식이 기존과 다르게 변경됩니다. 오라클은 이 기능을 Automatic Diagnostic Repository(ADR)이라고 명명했으며 각종 파일들이 저장되는 위치가 이전 버전(10g 버전까지)과 다르게 설정이 됩니다.

이번 장에서는 ADR과 관련된 각종 파라미터들을 살펴 보겠습니다.

● ADR_BASE_listener_name

이 파라미터는 ADR 기능이 Enable 되었을 경우에 각종 로그파일들이 저장될 경로를 지정합니다. 기본값은 ORACLE_BASE이며 만약 ORACLE_BASE가 설정이 안되어있을 경우 ORACLE_HOME/log로 지정됩니다.

● DIAG_ADR_ENABLED_listener_name

이 파라미터는 특정 listener에 ADR 기능을 Enable 할지 여부를 지정하는 파라미터입니다. 기본값은 on입니다.

● LOGGING_listener_name

이 파라미터는 Logging 여부를 결정하는 파라미터이며 기본값은 on입니다.

● TRACE_LEVEL_listener_name

이 파라미터는 trace를 할 level을 지정하는 파라미터입니다. 지정할 수 있는 값은 아래와 같습니다.

- off 또는 0 : Trace 를 수행하지 않습니다.
- user 또는 4 : User trace information

- admin 또는 10 : administration trace information
- support 또는 16 : Oracle Support Services trace information

● TRACE_TIMESTAMP_listener_name

이 파라미터는 Trace 정보에 시간 정보를 dd-mon-yyyy hh:mi:ss:mi 형태로 추가를 하는 파라미터입니다. 기본값은 on입니다.

– Non-ADR Diagnostic 관련 파라미터들

11g 부터 ADR 기능이 등장을 했지만 사용하지 않을 수도 있습니다. 만약 관리자가 이 기능을 사용하지 않고 기존 방식대로 사용할 경우 아래의 파라미터들을 설정해서 관리할 수 있습니다.

● LOG_DIRECTORY_listener_name

이 파라미터는 log 파일이 저장될 경로를 지정하는 파라미터입니다. 기본값은 $ORACLE_HOME/network/log입니다.

● LOG_FILE_listener_name

이 파라미터는 저장될 로그 파일의 이름을 지정하는 파라미터입니다.

기본값은 listener.log입니다.

● TRACE_DIRECTORY_listener_name

이 파라미터는 trace file의 경로를 지정하는 파라미터입니다. 기본값은 $ORACLE_HOME/network/trace입니다.

● TRACE_FILE_listener_name

이 파라미터는 trace로 생성된 파일의 이름을 지정하는 파라미터입니다. 기본값은 listener.trc입니다.

● TRACE_FILELEN_listener_name

이 파라미터는 trace 파일의 최대 크기를 지정하는 파라미터로 단위는 kb입니다. 기본값은 unlimited 입니다.

(6) sqlnet.ora 파일 살펴보기

sqlnet.ora 파일은 Client와 Server 쪽에 모두 존재하며 Client의 접근 제어 profile의 역할을 하는 파일입니다. 이 파일이 존재하지 않을 경우에는 netca 명령어로 설정을 해 주시면 생성됩니다(11g 최초 설치 시에는 기본적으로 이 파일이 없으므로 이 장의 앞부분에서 Client에서 tnsnames.ora 파일을 설정하는 부분에서 netca로 생성하였습니다.).

이 파일에 적용될 수 있는 주요 파라미터들과 의미는 아래와 같습니다.

● DEFAULT_SDU_SIZE

이 파라미터는 Client와 Server간의 데이터 전송시에 사용되는 Session Data Uint의 크기를 byte 단위로 지정합니다. 오라클은 이 파라미터를 Client와 Server쪽의 sqlnet.ora 파일 모두에 동일하게 설정할 것을 권장합니다. 만약 두 값의 크기가 다를 경우 작은 쪽을 사용합니다.

기본값은 8KB입니다.

● DISABLE_OOB

이 파라미터는 Out of band break check를 enable 시키거나 disable시킬 때 사용하는 파라미터입니다. 일반적인 네트워크 통신에서 보통 interrupt 신호는 데이터와 같은 채널을 사용해서 전송됩니다. 이것을 In-band Breaks라고 합니다. 그런데 특정 신호(예를 들어 CTRL + C)의 경우는 일반 데이터가 사용하는 채널과는 다른 긴급 채널을 사용하여 신속하게 전달됩니다. 이를 Out of band break라고 부릅니다. 이런 신호를 check할지 유무를 지정하는 파라미터입니다. 기본값은 off입니다.

● NAMES.DEFAULT_DOMAIN

이 파라미터에 값이 지정될 경우 tnsnames.ora 파일에 net service name이나 service name에 사용될 기본 도메인이 됩니다. 예를 들어 이 파라미터에 abc.com이라고 지정할 경우 tnsnames.ora 파일에 net service name을 testdb라고 했을 경우 testdb.abc.com으로 도메인 명이 결정되어 연결이 시도됩니다.

● NAMES.DIRECTORY_PATH

이 파라미터는 Server를 찾는 경로를 지정하는 파라미터입니다. 예를 들어 NAMES.DIRECTORY_PATH = (ONAMES,TNSNAMES)로 설정할 경우 Server를 찾아갈 때 Oracle Names를 먼저 찾은 후 못 찾을 경우 tnsnames.ora 파일을 찾아가라는 뜻입니다.

Oracle Names 설정이 안되어 있을 경우는 ONAMES를 지우길 권장합니다. 이 파라미터에 설정할 수 있는 값은 아래와 같습니다.

- tnsnames: (local naming method) - Client 쪽의 tnsnames.ora 파일을 사용하도록 설정
- ldap:(directory naming method) - 별도로 만들어진 디렉토리 서버를 사용하도록 설정
- ezconnect, hostname: (Easy Connect naming or host naming method) : Host name이나 Service name을 사용하도록 설정
- nis (Network Information Service (NIS) external naming method): 별도로 구성된 NIS 정보를 사용하도록 설정

● NAMES.LDAP_AUTHENTICATE_BIND

Client 정보를 LDAP 디렉토리에서 찾을 경우 LDAP 디렉토리에 접근할 권한 검사를 익명으로 할 것인지 아니면 특정 위치의 정보를 사용할 것인지를 지정하는 파라미터입니다. 만약 이 값을 true로 설정하게 되면 WALLET_LOCATION 파라미터에 있는 정보를 사용하여 인증을 하게 되며 false로 할 경우 익명접속으로 처리하게 됩니다.

기본값은 false입니다.

● NAMES.LDAP_PERSISTENT_SESSION

이 파라미터는 LDAP 디렉토리의 정보를 찾은 후 계속 LDAP 디렉토리와 접속을 유지할 것인지를 설정하는 파라미터입니다. 만약 이 값을 true로 설정 할 경우 필요한 서버 정보를 찾은 후에도 계속 접속을 유지하게 되고 false로 설정할 경우 LDAP 디렉토리에서 필요한 정보를 찾은 후 즉시 접속을 종료하게 됩니다. 기본값은 false입니다.

● RECV_BUF_SIZE

이 파라미터는 세션 별로 데이터를 받을 때 사용할 수 있는 버퍼의 크기를 설정하는 파라미터입니다.

● SDP.PF_INET_SDP

이 파라미터는 서버에서 Protocol family나 Address family의 상수값을 지정합니다. 기본값은 27이며 이것은 유닉스와 리눅스에서 소켓 프로그래밍과 관련되어 있는 값입니다.

● SEC_USER_AUDIT_ACTION_BANNER

이 파라미터는 사용자 인증과 관련되어 사용되어지는 파일로 사용자가 로그인 등을 할 때 사용자에게 보여지는 메세지를 적어 둔 파일의 위치를 지정하는 파라미터입니다.

이때 파일의 크기는 512 bytes 이하여야 합니다.

```
SEC_USER_AUDIT_ACTION_BANNER=/app/oracle/admin/auditdata/auditwarning.txt
```

● SEC_USER_UNAUTHORIZED_ACCESS_BANNER

이 파라미터는 인증받지 못한 사용자가 LDAP 디렉토리에 접근 할 경우 보여줄 경고 메세지를 저장하고 있는 파일의 위치를 지정합니다. 이 파일의 크기는

512 bytes를 넘지 못합니다.

```
SEC_USER_UNAUTHORIZED_ACCESS_BANNER=/app/oracle/admin/auditdata/
unauthwarning.txt
```

- SEND_BUF_SIZE

이 파라미터는 상대에게 데이터를 보낼 때 사용할 Buffer의 크기를 지정하는 파라미터입니다.

기본값은 OS 설정에 따릅니다.

- SQLNET.ALLOWED_LOGON_VERSION

이 파라미터는 데이터베이스에 접속을 허락할 Client의 최소 버전을 지정하는 파라미터입니다.

기본값은 8입니다.

- SQLNET.AUTHENTICATION_KERBEROS5_SERVICE

이 파라미터는 인증 서비스로 KERBEROS5_SERVICE를 사용할 것인지를 지정하는 파라미터입니다.

기본값은 None로 사용 안 함 입니다.

- SQLNET.AUTHENTICATION_SERVICES

이 파라미터는 Database에 접속할 때 사용할 인증 서비스를 결정하는 파라미터입니다.

아래의 값을 설정할 수 있습니다.

- none : 이 값은 별도의 인증 서비스를 사용하지 않고 Oracle의 계정과 암호를 사용해서 인증한다는 의미입니다.
- all : 이 값은 모든 인증 서비스를 사용한다는 의미입니다.
- nts : 이 값은 Microsoft 인증서비스(OS 인증)을 사용한다는 의미입니다.

위 세 가지 옵션 중에 일반적으로 none를 많이 사용합니다.

- TCP.VALIDNODE_CHECKING=yes

- TCP.INVITED_NODES=(허용할 ip 주소)

위 파라미터 설정으로 특정 ip만 접근을 허용할 수 있습니다. 위 파라미터 변경시에 reload해야 적용됩니다.

이상으로 sqlnet.ora 파일에 설정되어지는 다양한 파라미터들을 살펴보았습니다. 위에서 살펴본 파라미터 이외에도 다양한 목적으로 많은 파라미터들이 설정될 수 있습니다.

6. Test and Troubleshooting

Client에서 Database Server로 접속이 되지 않을 때 접속 테스트를 하는 일반적인 방법은 tnsping 이나 trcroute라는 명령어를 사용하여 진단하는 방법이 있습니다. 그리고 각종 로그 파일이나 trace 파일을 분석해서 원인을 찾을 수도 있습니다.

이 장에서는 오라클 Network에 장애가 발생했을 때 어떻게 테스트를 하고 원인을 찾을 수 있는지 알아보겠습니다.

(1) tnsnames.ora 와 trcroute 명령어

이 두 가지 명령어는 Client에서 tnsnames.ora 파일에 적혀있는 Net Service Name을 보고 서버 쪽의 Listener로 접속을 시도하는 명령어입니다.

아래와 같이 수행하면 됩니다.

```
C:\Windows\system32\cmd.exe
C:\Users\jinsu>
C:\Users\jinsu>tnsping testdb

TNS Ping Utility for 32-bit Windows: Version 11.1.0.6.0 - Production on 25-3월 -
2013 15:21:57

Copyright (c) 1997, 2007, Oracle.  All rights reserved.

사용된 매개변수 파일:
c:\app\jinsu\product\11.1.0\client_1\network\admin\sqlnet.ora


별칭 분석을 위해 TNSNAMES 어댑터 사용
Attempting to contact (DESCRIPTION = (ADDRESS_LIST = (ADDRESS = (PROTOCOL = TCP)
(HOST = 192.168.192.129)(PORT = 1521))) (CONNECT_DATA = (SERVICE_NAME = testdb))
)
확인(0밀리초)
```

위 화면은 정상적인 접속일 경우입니다. 만약 서버 쪽에 **listener**가 중단된 상태거나 네트워크로 접속이 안 되는 장애 상황일 경우는 아래와 같은 메시지가 나옵니다.

```
C:\Windows\system32\cmd.exe
C:\Users\jinsu>tnsping testdb

TNS Ping Utility for 32-bit Windows: Version 11.1.0.6.0 - Production on 25-3월 -
2013 16:24:57

Copyright (c) 1997, 2007, Oracle.  All rights reserved.

사용된 매개변수 파일:
c:\app\jinsu\product\11.1.0\client_1\network\admin\sqlnet.ora


별칭 분석을 위해 TNSNAMES 어댑터 사용
Attempting to contact (DESCRIPTION = (ADDRESS_LIST = (ADDRESS = (PROTOCOL = TCP)
(HOST = 192.168.192.129)(PORT = 1521))) (CONNECT_DATA = (SERVICE_NAME = testdb))
)
TNS-12541: TNS:리스너가 없습니다.

C:\Users\jinsu>
```

위와 같이 에러 메시지가 나올 경우 OS에서 제공하는 **ping**이라는 명령어로 서버 자체가 켜져 있는지를 확인하고 만약 **ping** 메시지가 정상적으로 나온다면 **listener**가 정상적으로 작동하는지를 **lsnrctl** 명령어로 확인해야 합니다.

위에서 살펴본 tnsping 명령 외에 trcroute라는 명령어도 있습니다. 이 명령어는 OS의 traceroute 명령어와 비슷한 명령어로 Client에서 Listener를 찾아가면서 tnsping 보다 조금 더 자세한 내역을 보여줍니다.

아래와 같이 수행하면 됩니다.

```
[oracle@localhost ~]$ trcroute testdb
Trace Route Utility for Linux: Version 11.2.0.2.0 - Production on 17-FEB-2013 11:28:23
Copyright (c) 1995, 2010, Oracle.  All rights reserved.
Route of TrcRoute:
------------------

Node: Client            Time and address of entry into node:
-------------------------------------------------------------
17-FEB-2013 11:28:23 ADDRESS= PROTOCOL=TCP  HOST=192.168.192.129  PORT=1521
Node: Server            Time and address of entry into node:
-------------------------------------------------------------
17-FEB-2013 11:28:24 ADDRESS= PROTOCOL=TCP  HOST=192.168.192.129  PORT=1521
```

만약 tnsnames.ora나 listener가 문제가 있어서 접속이 안될 경우 아래와 같이 에러가 발생합니다.

```
[oracle@localhost ~]$ trcroute testdb
Trace Route Utility for Linux: Version 11.2.0.2.0 - Production on 17-FEB-2013 10:32:54
Copyright (c) 1995, 2010, Oracle.  All rights reserved.
Route of TrcRoute:
------------------

Node: Client            Time and address of entry into node:
-------------------------------------------------------------
17-FEB-2013 10:32:54 ADDRESS= PROTOCOL=TCP  HOST=localhost.localdomain  PORT=1521
TNS-12224: TNS:no listener
TNS-12541: TNS:no listener
TNS-12560: TNS:protocol adapter error
TNS-03601: Failed in route information collection
[oracle@localhost ~]$
```

위 에러는 서버 쪽의 listener를 못 찾는다는 에러인데 원인은 client의 tnsnames.ora 파일에 HOST 부분 설정이 잘못되어 있어서 발생하는 에러였습니다. 위에서 살펴본 두 가지 방법 말고도 각종 로그 파일이나 trace 파일들을 분석함으로써 장애의 원인을 다양하게 찾아서 해결할 수 있습니다.

다음 장에서 각종 로그파일이나 trace 파일을 분석하는 방법을 살펴보겠습니다.

(2) log file 과 주요 에러 메시지 살펴보기

① Automatic Diagnostic Repository 살펴보기

Automatic Diagnostic Repository(ADR)이란 오라클 11g부터 등장한 기능으로 데이터베이스 서버에서 발생하는 모든 에러나 장애 로그 파일들을 특정 디렉터리에 자동으로 저장하고 관리하기 위한 방법입니다. 이 기능을 사용할 경우(Oracle 설치 시 기본적으로 사용함) 기본 경로는 $ORACLE_BASE/diag/product_type/product_id/instance_id 로 설정이 됩니다.

아래 그림은 ADR 기능의 구조도 입니다.

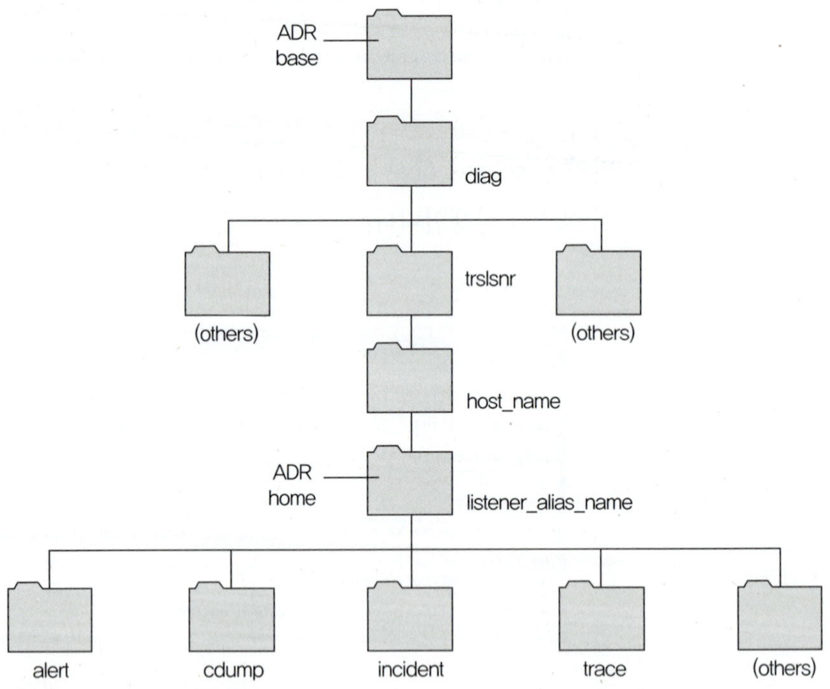

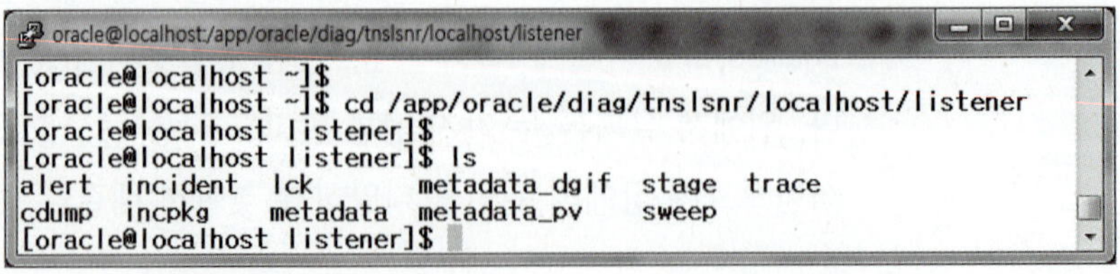

위 그림에서 보는 바와 같이 ADR이라는 기능은 모든 로그 파일이나 trace 관련 파일을 중앙집중적으로 관리를 합니다. 그 중에서 listener 관련 로그는 $ORACLE_BASE/diag/tnslsnr/SERVER명/listner/trace 디렉토리에서 관리를 합니다. 해당 디렉토리를 조회하면 확장자가 .trc인 파일들이 보일 것입니다. 그 중에서 원하는 파일들을 OS 편집기(vi 에디터) 등으로 열어서 살펴보면 됩니다.

이와는 별도로 오라클에서 ADR Command Interpreter(adrci)라는 별도의 명령어를 제공해 줍니다. 아래와 같이 사용하면 됩니다.

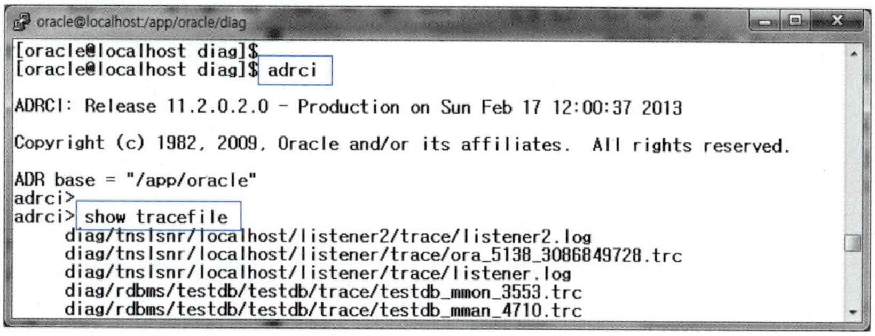

특정 파일의 내용을 조회하려면 "show trace 파일명"을 수행하면 됩니다. 그런데 위 방법 보다는 전통적으로 많이 사용되는 OS 편집기로 해당 trace 파일을 확인하는 것이 더 편리한 것 같습니다.

② 주요 Net Service 관련 에러 모음

Oracle에서는 에러의 내용을 쉽게 확인하기 위해 oerr이라는 유틸리티를 제공합니다. 아래와 같이 조회하면 해당 에러의 내용을 보다 자세히 알 수 있습니다.

```
[oracle@localhost diag]$
[oracle@localhost diag]$ oerr ora 12533
12533, 00000, "TNS:illegal ADDRESS parameters"
// *Cause: An illegal set of protocol adapter parameters was specified. In
// some cases, this error is returned when a connection cannot be made to the
// protocol transport.
// *Action: Verify that the destination can be reached using the specified
// protocol. Check the parameters within the ADDRESS section of
// TNSNAMES.ORA.  Legal ADDRESS parameter formats may be found in the
// Oracle operating system specific documentation for your platform.
// Protocols that resolve names at the transport layer (such as DECnet object
// names) are vulnerable to this error if not properly configured or names are
// misspelled.
[oracle@localhost diag]$
[oracle@localhost diag]$ oerr tns 12500
12500, 00000, "TNS:listener failed to start a dedicated server process"
// *Cause:  The process of starting up a dedicated server process failed.
// The executable could not be found or the environment may be set up
// incorrectly.
// *Action: Turn on tracing at the ADMIN level and reexecute the operation.
// Verify that the ORACLE Server executable is present and has execute
// permissions enabled. Ensure that the ORACLE environment is specified
// correctly in LISTENER.ORA. The Oracle Protocol Adapter that is being
// called may not be installed on the local hard drive.  Please check that
// the correct Protocol Adapter are successfully linked.
// If error persists, contact Oracle Customer Support.
[oracle@localhost diag]$
```

주요 에러 메시지들의 내용을 살펴보겠습니다.

■ ORA-03113: TNS: end-of-file on communication channel

이 에러 메시지는 Database와의 접속이 강제로 끊어진 경우에 발생하는 에러입니다. 즉 데이터베이스의 비정상 종료 등의 원인으로 연결이 강제로 끊어진 경우이니 해당 Database의 Alert log 파일을 살펴보고 원인을 찾아야 합니다.

■ ORA-12154: TNS: could not resolve the connect identifier specified

이 에러 메시지는 Client에서 Net Service Name을 찾지 못하는 경우, 즉 접속할 대상을 찾지 못했을 경우 발생하는 것입니다. 이런 이유는 주로 tnsnames.ora 파일의 설정이 틀리거나 sqlnet.ora 파일에서 names.directory_path의 경로값에 tnsnames값이 설정이 되어 있는지를 확인해야 합니다.

현재 이름 찾기 설정이 어떻게 되어 있는지 확인하려면 아래와 같이 adapters라는 명령어를 조회하면 됩니다.

```
oracle@localhost:~
[oracle@localhost ~]$ adapters

Installed Oracle Net transport protocols are:

    IPC
    BEQ
    TCP/IP
    SSL
    RAW
    SDP/IB

Installed Oracle Net naming methods are:

    Local Naming (tnsnames.ora)
    Oracle Directory Naming
    Oracle Host Naming
   Error!!!   Oracle Names Server Naming is not completely installed!

Installed Oracle Advanced Security options are:

    RC4 40-bit encryption
    RC4 56-bit encryption
    RC4 128-bit encryption
    RC4 256-bit encryption
    DES40 40-bit encryption
    DES 56-bit encryption
    3DES 112-bit encryption
    3DES 168-bit encryption
    AES 128-bit encryption
    AES 192-bit encryption
    AES 256-bit encryption
    MD5 crypto-checksumming
    SHA-1 crypto-checksumming
    Kerberos v5 authentication
    RADIUS authentication
[oracle@localhost ~]$
```

위의 방법으로 문제를 찾아서 수정해 주면 됩니다.

- ORA-12170: TNS: Connect timeout occurred

이 에러 메시지는 sqlnet.ora 파일에서 SQLNET.INBOUND_CONNECT_TIMEOUT 설정이 되어 있을 경우 해당 시간 동안 특정 요청이 없을 경우 서버 쪽에서 강제로 접속을 끊어서 발생합니다. 네트워크가 불안정하거나 접속이 잘 안 되는 경우에도 발생할 수 있으니 네트워크 상태를 점검해 보기를 권장합니다.

또 sqlnet.ora 파일에 설정되어 있는 SQLNET.INBOUND_CONNECT_TIMEOUT, SQLNET.SEND_TIMEOUT, SQLNET.RECV_TIMEOUT 파라미터 값을 현재 값 보다 더 크게 설정할 것을 권장합니다.

- TNS-12500/ORA-12500: TNS: listener failed to start a dedicated server process

이 에러 메시지는 아래의 여러 가지 경우로 인해 listener가 시작이 되지 않을 경우 발생합니다.

- 1명의 사용자가 수행 할 수 있는 전체 PROCESS의 개수를 초과했을 때
- listener 프로그램에 oracle 사용자의 실행권한이 없을 경우
- Micorsoft Windows 일 경우 SERVICE가 시작이 안되었을 경우

위의 경우에는 아래와 같은 에러 메시지도 함께 발생합니다.

- TNS-12549/ORA-12549
- TNS-00519
- TNS-12540/ORA-12540
- TNS-00510
- TNS-12560/ORA-12560

이 에러 메시지를 해결하는 방법은 파라미터 파일에서 PROCESSES의 개수를 증가시키거나 또는 실행권한을 주면 됩니다.

- ORA-12514: TNS: listener does not currently know of service requested in connect descriptor

이 에러 메시지는 Client가 Listener에게 접속 요청한 Service name을 listener.ora 파일에서 찾을 수 없어서 발생합니다.

Client 의 tnsnames.ora 파일과 Server의 listener.ora 파일의 SID와 SERVICE_NAME이 일치하는지 확인한 후 동일하게 설정하면 됩니다.

- ORA-12521: TNS: listener does not currently know of instance requested in connect descriptor

이 에러 메시지는 Client가 요청한 Instance name을 listener가 알지 못할 경우 발생합니다. 해결방법은 Client의 tnsnames.ora 파일과 Server의 listener.ora 파일의 Service name을 동일하게 설정하면 됩니다.

■ ORA-12525: TNS: listener has not received client's request in time allowed

이 에러 메시지는 sqlnet.ora 파일의 INBOUND_CONNECT_TIMEOUT_listener_name 파라미터에 설정된 시간 값 동안 Client의 요청을 받지 못해서 Server쪽의 listener가 발생하는 에러메시지 입니다. 해당 값을 현재 설정 값보다 크게 하거나 네트워크의 상태를 점검해서 해결해야 합니다.

■ ORA-12533: TNS: illegal ADDRESS parameters

이 파라미터는 tnsnames.ora 파일이나 listener.ora 파일에 PROTOCOL ADDRESS쪽에 잘못된 항목이나 오타가 있을 경우 발생하는 에러입니다.

■ TNS-12540/ORA-12540: TNS: internal limit restriction exceeded and TNS-00510: Internal limit restriction exceeded

이 에러 메시지는 내부적인 한계를 초과한 경우 발생하는 에러입니다. 내부적으로 지정된 한계를 초과하는 주요 경우는 아래와 같습니다.

- Oracle Net Service 에 접속할 수 있는 프로세스 개수 초과의 경우
- 사용 가능한 메모리 버퍼 개수의 초과의 경우
- 데이터베이스 전체에서 사용할 수 있는 프로세스 개수 초과의 경우

위와 같은 경우 파라미터 파일에서 PROCESSES의 개수를 현재보다 많이 지정해 주면 대부분 해결됩니다. 그러나 사용 가능한 메모리 버퍼 수의 초과 같은 경우는 해당 메모리 용량을 변경해주어야 하며 각 사항은 Alert log 파일 등을 참고해서 적절한 조치를 해 줘야 합니다.

■ TNS-12541/ORA-12541: TNS: no listener

이 에러 메시지는 Client가 Server쪽의 listener를 찾지 못해서 발생하는 에러입니다. 이 경우는 Client의 tnsnames.ora 파일과 Server쪽의 listener.ora 파일의 ip나 port 정보가 동일 한지 확인하거나 Server 쪽에 listener가

동작하고 있는지 확인해보면 됩니다.

■ TNS-12560/ORA-12560: TNS: protocol adapter error occurred

이 에러 메시지는 TNS-00510, TNS-00519, TNS-12540/ORA-12540, TNS-12549/ORA-12549 에러와 동일한 원인으로 발생하며 Microsoft Windows 에서만 발생하는 에러입니다.

ADDRESS 파라미터의 값이 잘못 지정될 경우 발생하는 경우가 많으며 또는 Windows가 시작될 때 Oracle Service가 정상적으로 시작이 안 될 경우 많이 발생합니다.

시작 → 실행 → msconfig 명령어를 수행 후 Service 탭에서 OracleService-sid 값을 enable해 준 후 재시작 하면 됩니다.

이상으로 Listener 관련해서 자주 발생하는 에러들을 살펴보았습니다. 데이터베이스 관련 장애 중에서 네트워크나 listener 관련 장애들이 아주 많이 발생하는 장애들 이므로 이번 장에서 살펴본 내용들을 잘 알고 있어야 합니다. 조금 어려워도 열심히 연습해서 꼭 본인의 실력으로 만드세요.

CHAPTER 13

FLASHBACK

1. Flashback의 종류

2. Flashback Data Archive (11g New Feature)

3. Flashback 명령어의 주의사항

CHAPTER 13 FLASHBACK

이 장의 내용은 저자의 다른 책 ≪정석! 오라클 백업과 복구≫의 내용과 일부 중복됨을 미리 알려드립니다. 이 장을 책에서 제외할까 고민했으나 이 책의 완결성과 독자를 위해서 Flashback 부분은 제외할 수 없다고 판단했기 때문에 포함시켰습니다. 다만 지면 관계상 Flashback에 대한 모든 내용을 전부 언급하지는 못했는데 이 책에서 언급되지 않은 Flashback에 대한 보다 자세한 원리와 내용은 ≪정석! 오라클 백업과 복구≫를 참고하시기 바랍니다.

오라클에서 발생하는 장애는 크게 물리적인 장애와 논리적인 장애로 분류할 수 있습니다. 물리적인 장애란 디스크 장애나 서버 장애 등으로 인한 파일 손상을 의미합니다. 파일이 지워진다든지 파일을 덮어 쓴다든지 하는 장애와 같이 여러 파일에 일어나는 장애를 물리적인 장애로 구분합니다.

반면 논리적인 장애란 사용자의 실수나 오류로 발생한 장애를 의미합니다. 예를 들어 drop table을 잘못했다든지, 잘못된 update를 수행 후 commit을 수행한 경우 등을 의미합니다. 오라클 입장에서 보면 논리적인 장애는 장애가 아닙니다. 오라클 입장에서 사용자가 drop table을 수행하는 것은 정상적인 Query 입니다.

Flashback 기능은 사용자의 논리적인 오류를 아주 빠르게 복구해 낼 수 있는 방법입니다. 물리적인 장애는 복구할 수 없다는 것을 반드시 기억하셔야 합니다. Flashback은 Oracle 9i 버전부터 등장했으나 10g 버전부터 획기적인 여러 가지 기능을 추가로 지원해서 사용자의 논리적인 실수를 복구하는데 거의 혁명적이라고 할 만큼 획기적인 기능입니다.

그러나 여러 가지 장점이 있음에도 불구하고 반드시 기억해야 할 점은 Flashback 기능은 물리적인 장애(즉 파일의 손상이나 디스크손상 등)에서는 사용할 수 없고 사용자의 실수로 테이블 삭제나 DML 오류 등의 논리적인 장애만 복구할 수 있다는 것을 꼭 기억 하셔야 합니다. 또한 논리적인 장애라 할지라도 Flashback 기능으로 복구 할 수 없는 경우도 많이 있으니 반드시 잘 알고 사용하시길 바랍니다.

1. Flashback의 종류

Flashback 명령어는 3가지 Level(방법)이 있고 아래와 같습니다.

```
Row Level Flashback
Table Level Flashback
Database Level Flashback
```

위 3가지 기술을 정리해 보겠습니다.

오라클 버전	Flashback 종류	원 리
9i	Flashback Query	Undo data 사용
10g	Flashback Version Query	Undo data 사용
	Flashback Transaction Query	Undo data 사용
	Flashback Table	Undo data 사용 / recyclebin 사용
	Flashback Database	Flashback log / Redo log 사용
11g	10g 와 동일	10g와 동일 / Flashback Data Archive 추가됨

11g에서 추가된 Flashback Data Archive에 대해서는 이 장의 뒷부분에서 자세하게 살펴보기로 하고 여기서는 Flashback의 주요 3가지에 대해서 자세히 살펴보겠습니다.

(1) Row Level Flashback

Row Level Flashback란 특정 테이블의 특정 Row만 Flashback 해주는 기능입니다. 예를 들어 위의 3개의 테이블이 있는데 다른 테이블은 복구하지 않고 오로지 회원 테이블의 홍길동 데이터만 과거의 특정 시점으로 돌리는 것을 의미합니다. 즉 회원테이블의 다른 Row조차도 변경시키지 않고 오로지 홍길동 데이터만 과거 특정 시점으로 돌리는 것을 Row Level Flashback라고 하는 것입니다. 이 기능은 Undo data의 정보를 이용해서 복구를 하게 됩니다.

즉 사용자가 Row level flashback을 요청하면 undo segment를 찾아서 해당 row를 flashback하게 됩니다. 여기서 우리가 또 한가지 알아야 하는 중요한 사실은 Flashback 기능은 commit된 데이터만 복구가 된다는 것입니다

실습 1. Row Level Flashback 실습

〈실습 개요〉

아래와 같이 회원 테이블을 생성합니다.

이 름	주 소	연락처
박동주	인천	111
김수지	가산	222
이원종	지구	333

박동주 → 홍길동으로 변경 후 커밋 합니다.
김수지 → 이율곡으로 변경 후 커밋 합니다.
홍길동의 변경전의 값을 찾아서 원래 값으로 변경합니다.

```
SQL> conn scott/tiger
Connected.
```

```
SQL> create table 회원
  2  (이름 varchar2(10) ,
  3   주소 varchar2(10) ,
  4   Tel varchar2(15));
Table created.

SQL> insert into 회원 values('박동주','인천',111);

1 row created.

SQL> insert into 회원 values('김수지','가산',222);

1 row created.

SQL> insert into 회원 values('이원종','지구',333);

1 row created.

SQL> commit;

Commit complete.


SQL> select *  from 회원 ;

이름        주소        TEL
---------- ---------- ----------
박동주      인천        111
김수지      가산        222
이원종      지구        333

SQL> update 회원
  2  set 이름='홍길동'
  3  where 이름='박동주';

 1 row updated.

SQL> commit;
Commit complete.

SQL> update 회원
  2  set 이름='이율곡'
  3  where 이름='김수지';
```

```
 1 row updated.

SQL> commit;
Commit complete.

SQL> select * from 회원;

이름         주소        TEL
---------- ---------- ---------------
홍길동        인천         111  ← 박동주가 홍길동으로 변경 된 후
이율곡        가산         222  ← 김수지가 이율곡으로 변경되었습니다
이원종        지구         333
```

여기서 홍길동 데이터를 원래 값인 박동주로 돌려보겠습니다.

이 작업을 하기 위해서 우리가 알아야 할 쿼리가 있습니다. 만약 우리가 홍길동 이전의 데이터가 박동주인지 모른다고 가정하고 고객이 홍길동을 원래 데이터로 복구해 달라고 한다면 난감할 것입니다. 이럴 경우 해당 데이터의 과거 변경 이력을 전부 찾아주는 쿼리가 있는데 이 쿼리를 Flashback Version Query라고 합니다.

9i 버전에서 Flashback Query가 지원되었는데 Flashback Query는 특정 시점의 변경 내역만 알 수 있었습니다. Oracle 10g가 되면서 Version Query가 추가되면서 특정 시점만 조회하던 것보다 발전된 구간 검색을 할 수 있게 되었습니다. 그리고 변경 사항을 취소시켜 이전 값으로 돌려 주는 쿼리를 찾아주는 쿼리를 Flashback Transaction Query라고 합니다. 이 쿼리를 이용하여 해당 Row를 이전 상태로 돌려 보겠습니다. 변경이력을 찾는 Flashback Version Query를 수행하겠습니다.

```
SQL> select versions_startscn st_scn,versions_endscn endscn,
  2  versions_xid txid,versions_operation opt,이름
  3  from 회원 versions between scn minvalue and maxvalue
  4  where tel=111 ;

   ST_SCN        ENDSCN        TXID                 O   이름
--------------- ------------ -------------------- --- ----------
  1470675                    0700200098020000     U   홍길동
  1470350       1470675      0400050097020000     I   박동주
```

위 내용은 아랫줄부터가 먼저 변경된 내역입니다. 즉 박동주가 Insert(I)되었다가 홍길동으로 Update(U)되었다는 의미입니다. 위처럼 version query를 수행해서 원하는 변경내역을 찾으면 되지만 문제는 하나의 Row에 여러 건의 변경이 있을 경우 어떤 변경사항이 현재 찾는 변경사항인지 구분을 해야 할 경우가 종종 있습니다.

즉 하나의 Row에 여러 사람이 DML을 발생 시킨 경우 위처럼 Version Query를 수행할 경우 여러 건의 변경 이력이 나올 수 있다는 것입니다. 이럴 때는 해당 변경사항이 발생한 시간으로 짐작할 수 있습니다. 해당 시간은 scn_to_timestamp( )라는 함수를 사용하여 추적할 수 있습니다.

```
SQL> select scn_to_timestamp(1470675) from dual;

SCN_TO_TIMESTAMP(1470675)
---------------------------------------------------------------------------
17-FEB-13 06.03.41.000000000 PM
```

위 내용을 보면 1470675번 SCN은 2013년 2월 17일 오전 6시 3분 41초에 발생한 것을 알 수 있습니다. 이렇게 SCN을 시간으로 변경해서 조회를 해 보면 대략적으로 원하는 SCN과 변경사항을 찾아낼 수 있을 것입니다. 이렇게 변경 사항을 찾은 뒤 transaction Query를 수행해서 원래 데이터로 돌리면 됩니다.

그런데 Transaction Query가 아주 복잡하므로 위처럼 변경내역을 찾은 후 직접 원래 데이터로 업데이트 하시면 됩니다.

(2) Table Level Flashback

Table level Flashback은 특정 테이블에 DML 에러가 발생했을 때 사용하는 방법과 특정 테이블이 drop table되었을 때 사용하는 방법이 있으며 서로 사용하는 복구 기술이 다릅니다. 이 방법은 Row Level Flashback과는 달리 장애 난 테이블 전체의 내용이 변경이 됩니다. 물론 다른 테이블의 내용은 변경되지 않습니다.

여기서는 우선 DML 에러를 발생시켜 복구하는 방법을 먼저 살펴보고 drop table을 복구하는 방법을 살펴보겠습니다.

```
SCOTT>select * from ibgo;

I_CODE     I_NAME     QTY
---------- ---------- ----------
       100 왕새우       100
       101 대왕문어       50
       102 오징어         20
       100 쭈꾸미         50

SCOTT>update ibgo set i_name='대왕오징어' where i_code=102;
1 row updated.

SCOTT>commit ;
 Commit complete.

SCOTT>select * from ibgo;

 I_CODE     I_NAME     QTY
---------- ---------- ----------
       100 왕새우       100
       101 대왕문어       50
       102 대왕오징어     20
       105 쭈꾸미         50

SCOTT>update ibgo set i_name='대왕쭈꾸미' where i_code=105;
1 row updated.

SCOTT>commit;
Commit complete.
SCOTT>select * from ibgo;

 I_CODE     I_NAME       QTY
----------- ------------ ----------
       100  왕새우         100
       101  대왕문어        50
       102  대왕오징어      20
       105  대왕쭈꾸미      50

SCOTT>delete from ibgo where i_code=105;
```

```
1 row deleted.

SCOTT>commit;
Commit complete.

SCOTT>select * from ibgo;

 I_CODE       I_NAME       QTY
----------- ------------ ----------
     100      왕새우        100
     101      대왕문어       50
     102      대왕오징어      20
```

대왕 쭈꾸미가 지워지기 전으로 복구해 보겠습니다.

```
SCOTT>flashback table ibgo to timestamp (systimestamp - interval '5' minute);
Flashback complete.

SCOTT>select * from ibgo;

 I_CODE   I_NAME      QTY
-------- ----------- ----------
    100    왕새우      100
    101    대왕문어     50
    102    대왕오징어   20
    100    쭈꾸미      50    ← 우리가 원하는 데이터가 아닙니다. 너무 이전으로 왔네요.ㅠㅠ

SCOTT>flashback table ibgo to timestamp (systimestamp - interval '4'
minute);  ← 다시 시도합니다
Flashback complete.
SCOTT>select * from ibgo;

 I_CODE       I_NAME          QTY
----------- -------------- ----------
     100      왕새우           100
     101      대왕문어          50
     102      대왕오징어         20
                              ← 이번엔 삭제 후 시점으로 돌렸네요.

SCOTT>flashback table ibgo to timestamp (systimestamp - interval '5'
```

```
minute);      ← 다시 시도 합니다.
Flashback complete.

SCOTT>select * from ibgo;

  I_CODE      I_NAME         QTY
----------- ------------- ----------
   100        왕새우          100
   101        대왕문어          50
   102        대왕오징어        20
   105        쭈꾸미            50

SCOTT>flashback table ibgo to timestamp (systimestamp - interval '5' minute);
Flashback complete.

SCOTT>select * from ibgo;

 I_CODE       I_NAME            QTY
----------- --------------- ----------
    100       왕새우            100
    101       대왕문어            50
    102       대왕오징어          20
    105       대왕쭈꾸미          50   ← 원하는 데이터를 찾았습니다.
```

Interval 뒤의 시간은 분, 초 모두 가능합니다. 초로 시간을 줄 경우에는 second를 사용하면 됩니다. 예를 들어 30초 이전으로 돌리고 싶다면 아래와 같이 하시면 됩니다.

```
SCOTT>flashback table ibgo to timestamp ( systimestamp - interval  '30' second );
```

실습 2. Drop table 복구하기 – 휴지통 기술 이용

〈 실습 개요 〉

사용자의 실수에 의해 중요한 테이블이 삭제된 경우가 흔히 발생하는데 이럴 경우 Flashback으로 간단히 복구 할 수 있는 방법을 제공하고 있습니다. 윈도우에서 파일을 삭제하면 휴지통으로 들어가서 나중에 복구할 때 간단히 복구되는 것처럼 오라클에서도 drop table하게 되면 휴지통으로 들어가서 보관되다가 flashback으로 간단히 복구가 됩니다. 이번 실습에서는 휴지통을 사용한 drop table 복구와 휴지통이 어떻게 구현이 되는지 등을 실습을 통해서 살펴보도록 하겠습니다.

실습 2-1 Drop table 복구하기

Step 1 현재 사용자의 테이블 상황 확인하기

```
SCOTT>select * from tab;

TNAME                  TABTYPE     CLUSTERID
---------------------- ------------ --------------
DEPT                   TABLE
EMP                    TABLE
BONUS                  TABLE
SALGRADE               TABLE
IBGO                   TABLE
SYS_TEMP_FBT           TABLE
회원                   TABLE

7 rows selected.

SCOTT>drop table ibgo;    ← ibgo 테이블을 삭제하겠습니다.
Table dropped.

SCOTT>select * from tab;

TNAME                              TABTYPE       CLUSTERID
---------------------------------- ------------- -------------
DEPT                               TABLE
EMP                                TABLE
BONUS                              TABLE
SALGRADE                           TABLE
SYS_TEMP_FBT                       TABLE
회원                               TABLE
BIN$hHtcCs0SMv/gQAB/AQA3HQ==$0     TABLE ← ibgo 테이블이 삭제되면서 휴지통으로 옮겨진
                                           것입니다

7 rows selected.
```

Step 2 휴지통 확인하기

```
SCOTT>show recyclebin

ORIGINAL NAME  RECYCLEBIN NAME                OBJECT TYPE  DROP TIME
-------------- ------------------------------ ------------ -------------------
IBGO           BIN$hHtcCs0SMv/gQAB/AQA3HQ==$0 TABLE        2010-04-18:12:22:51
```

마치 윈도에서 파일을 지우면 휴지통으로 옮겨지듯이 오라클에서도 **10g**부터는 휴지통 기능이 등장해서 테이블을 지우게 되면 휴지통으로 옮겨지게 됩니다.

Step 3 Ibgo 테이블 복구하기

```
SQL> flashback table ibgo to before drop;
Flashback complete.

SCOTT>select * from tab;

TNAME                     TABTYPE      CLUSTERID
------------------------- ------------ ---------------
DEPT                      TABLE
EMP                       TABLE
BONUS                     TABLE
SALGRADE                  TABLE
IBGO                      TABLE ← 복구 되었음을 알 수 있습니다.
SYS_TEMP_FBT              TABLE
회원                       TABLE

7 rows selected.

SQL> show recyclebin;
이 곳에 아무것도 조회되지 않습니다.
```

실습 2-2 recyclebin 관리하기

Oracle 10g부터 테이블이 지워지면 휴지통으로 옮겨지고 모든 데이터도 그대로 살아 있습니다. 그 휴지통은 해당 테이블 스페이스에 있습니다. 사용자가 테이블을 지우게 되면 오라클은 테이블 이름을 BIN$...로 시작하는 이름으로 변경하고 점유하고 있던 공간을 할당해제 합니다. 그러나 데이터는 지우지 않고 보관하고 있으면서 flashback table to before drop이란 명령어가 수행되면 복구를 시켜 주는 것입니다. 그러다가 만약 다른 테이블이 먼저 지워졌던 테이블이 있는 공간을 사용할 상황이 되면 그때 데이터를 지우고 신규 테이블에게 공간을 할당해 줍니다.

즉 이 말은 drop table 기능도 휴지통에 테이블을 영원히 저장하고 있다고 복구시킨다는 의미가 아니라 특정 시간이 지나 테이블이 차지하던 공간이 다른 테이블에 의해 재사용이 되는 시점이 되면 더 이상 복구 할 수 없게 된다는 의미 입니다.

휴지통을 비우려면 purge 명령어를 사용하시면 됩니다. Test1 table, test3 table을 미리 생성하신 후 drop 하신 후 아래 실습을 해 보세요.

```
SCOTT>show recyclebin;
ORIGINAL NAME  RECYCLEBIN NAME                  OBJECT TYPE  DROP TIME
------------ ---------------------------- ----------- -------------------
TEST1         BIN$hHzp1acDv0LgQAB/AQA6oA==$0  TABLE        2010-04-18:15:25:40
TEST3         BIN$hHzp1acEv0LgQAB/AQA6oA==$0  TABLE        2010-04-18:15:25:45

SCOTT>purge table test1;  ← test1 테이블만 휴지통에서 삭제하기
Table purged.

SCOTT>show recyclebin;
ORIGINAL NAME  RECYCLEBIN NAME                  OBJECT TYPE  DROP TIME
------------ ---------------------------- ----------- -------------------
TEST3         BIN$hHzp1acEv0LgQAB/AQA6oA==$0  TABLE        2010-04-18:15:25:45


SCOTT>purge  recyclebin;  <← 휴지통 전체를 비우는 방법입니다.
Recyclebin purged.

SCOTT>show recyclebin;
데이터가 없습니다.

SCOTT>drop table 회원 purge;  ← 휴지통에 넣지 않고 완전히 삭제하는 방법입니다.
Table dropped.
```

```
SCOTT>show recyclebin;

SYS> desc recyclebin;
 Name                              Null?      Type
 --------------------------------- ---------- --------------------------
 OBJECT_NAME                       NOT NULL   VARCHAR2(30)
 ORIGINAL_NAME                                VARCHAR2(32)
 OPERATION                                    VARCHAR2(9)
 TYPE                                         VARCHAR2(25)
 TS_NAME                                      VARCHAR2(30)
 CREATETIME                                   VARCHAR2(19)
 DROPTIME                                     VARCHAR2(19)
 DROPSCN                                      NUMBER
 PARTITION_NAME                               VARCHAR2(32)
 CAN_UNDROP                                   VARCHAR2(3)
 CAN_PURGE                                    VARCHAR2(3)
 RELATED                           NOT NULL   NUMBER
 BASE_OBJECT                       NOT NULL   NUMBER
 PURGE_OBJECT                      NOT NULL   NUMBER
 SPACE   NUMBER

SYS>!vi recyclebin.sql
set line 200
col name for a30

SELECT SUBSTR(object_name,1,50) as name,object_type,owner
from dba_objects
WHERE object_name LIKE '%RECYCLEBIN%'
/
:wq!
SYS>@recyclebin

NAME                     OBJECT_TYPE                 OWNER
------------------------ --------------------------- ------------------------
RECYCLEBIN$              TABLE                       SYS
RECYCLEBIN$_OBJ          INDEX                       SYS
RECYCLEBIN$_TS           INDEX                       SYS
RECYCLEBIN$_OWNER        INDEX                       SYS
USER_RECYCLEBIN          VIEW                        SYS
USER_RECYCLEBIN          SYNONYM                     PUBLIC
RECYCLEBIN               SYNONYM                     PUBLIC
DBA_RECYCLEBIN           VIEW                        SYS
DBA_RECYCLEBIN           SYNONYM                     PUBLIC
```

```
9 rows selected.
```

위에서 보는 바와 같이 recyclebin의 종류는 9개가 있습니다(10g R2 기준입니다.). 기본적으로 sys 사용자의 table은 휴지통으로 들어가지 않고 purge됩니다. 그러나 sys 사용자가 다른 사용자 소유의 테이블을 삭제할 경우는 해당 사용자의 user_recyclebin에 지워진 테이블이 저장됩니다.

아래의 예로 테스트 해 보겠습니다. 아래의 예는 sys 사용자가 scott 사용자의 테이블을 삭제하고 확인하는 예제입니다.

```
SYS>create table scott.tbl100 (no number);
Table created.

SYS>insert into scott.tbl100 values (1);
1 row created.

SYS>commit;
Commit complete.

SYS>drop table scott.tbl100; ← sys 사용자로 scott 사용자 소유의 tbl100 테이블을 drop함
Table dropped.

SYS>set line 200
SYS>col object_name for a40
SYS>col original_name for a10
SYS>col typd for a10
SYS>col droptime for a30
SYS>select object_name,original_name,type,droptime
  2  from dba_recyclebin
  3  where original_name='TBL100'  ;

OBJECT_NAME                    ORIGINAL_NAME TYPE     DROPTIME
------------------------------ ------------- -------  -------------------
BIN$nKWEDYc9ig7gQAB/AQB+BA==$0  TBL100       TABLE    2011-02-20:01:56:45


SYS>conn scott/tiger
Connected.

SCOTT>show  recyclebin;
```

```
ORIGINAL NAME   RECYCLEBIN NAME                  OBJECT TYP     DROP TIME
-------------   ----------------------------     ------------   ------------------
TBL100          BIN$nKWEDYc9ig7gQAB/AQB+BA==$0   TABLE          2011-02-20:01:56:45
```

Recyclebin 기능을 아예 쓰고 싶지 않다면(그럴 경우가 있을지 모르겠지만) 아래와 같이 하시면 됩니다. 우선 현재 설정을 조회 하겠습니다.

```
SYS>!vi rec.sql
set line 200
col ksppinm for a10
col ksppstvl for a10
col ksppstdf for a10

SELECT a.ksppinm, b.ksppstvl, b.ksppstdf
FROM x$ksppi a, x$ksppcv b
WHERE a.indx = b.indx
AND a.ksppinm like '%recyclebin%'
ORDER BY a.ksppinm
/
 :wq!

SYS>@rec

KSPPINM         KSPPSTVL       KSPPSTDF
-------------- ------------- ----------
Recyclebin      on             TRUE
```

Oracle 10g R1 버전까지는 _recyclebin이란 파라미터로 recyclebin의 사용 유무를 결정했습니다. 기본값은 true로 기본적으로 사용함으로 설정이 되었습니다.

그러나 10g R2 버전부터는 이 파라미터는 히든 파라미터로 제어되지 않고 alter session set이나 alter system set 명령어로 제어됩니다. 아래 실습에서 recyclebin을 사용함과 사용 안 함으로 각각 변경 후 drop table 실습을 해 보겠습니다.

```
SYS>select  *  from  v$version;

BANNER
----------------------------------------------------------------------------
Oracle Database 10g Enterprise Edition Release 10.2.0.5.0 - Prod
                                    ← 현재 10g R2 버전(10.2.0.5)입니다.
PL/SQL Release 10.2.0.5.0 - Production
CORE     10.2.0.5.0      Production
TNS for Linux: Version 10.2.0.5.0 - Production
NLSRTL Version 10.2.0.5.0 - Production

SYS>@rec

KSPPINM      KSPPSTVL    KSPPSTDF
----------- ---------- ----------
Recyclebin   on          TRUE   ← 현재는 사용함으로 되어 있습니다(기본값입니다.).


SYS>create table scott.tbl200 (no number);
Table created.

SYS>drop table scott.tbl200;
Table dropped.

SYS>select object_name,original_name,type,droptime  from dba_recyclebin;

OBJECT_NAME                     ORIGINAL_NAME  TYPE    DROPTIME
------------------------------ --------------- ------ --------------------
BIN$nKXhJc8e5izgQAB/AQB+ew==$0  TBL200          TABLE   2013-02-20:02:22:47
BIN$nKWEDYc9ig7gQAB/AQB+BA==$0  TBL100          TABLE   2013-02-20:01:56:45

SYS>alter  session  set  recyclebin=off ; ← 현재 세션에서만 off 시켰습니다. 전체
                                           를 off 시키려면 Alter system set
                                           으로 하시면 됩니다.
Session altered.

SYS>@rec

KSPPINM          KSPPSTVL        KSPPSTDF
-------------- -------------- ----------
recyclebin       OFF             TRUE    ← OFF 시켰습니다.

SYS>create table scott.tbl300 (no number);
```

```
Table created.

SYS>drop table scott.tbl300;
Table dropped.

SYS>select object_name,original_name,type,droptime  from dba_recyclebin;

OBJECT_NAME                    ORIGINAL_NAME  TYPE   DROPTIME
------------------------------ -------------- ------ -------------------
BIN$nKXhJc8e5izgQAB/AQB+ew==$0 TBL200         TABLE  2013-02-20:02:22:47
BIN$nKWEDYc9ig7gQAB/AQB+BA==$0 TBL100         TABLE  2013-02-20:01:56:45
```

(3) Database Level Flashback

이 방법은 Database 전체를 과거의 특정 시점으로 돌린다는 점에서 앞에서 배웠던 불완전 복구와 비슷한 개념입니다. 그러나 불완전 복구에 비해서 속도도 빠르고 복구 방법에서도 아주 간단해졌습니다.

① Flashback database의 원리

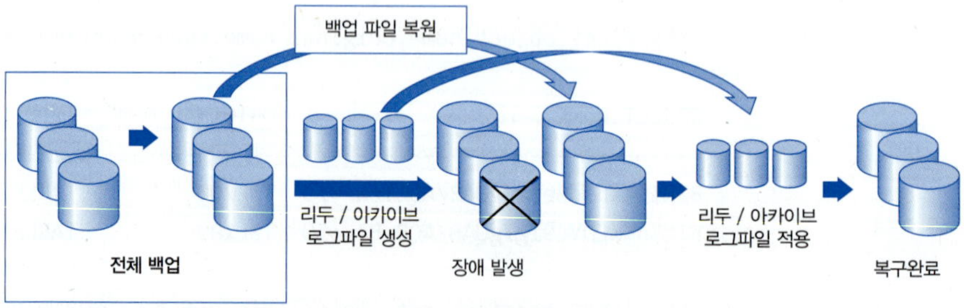

< 전통적인 복구 방식 >

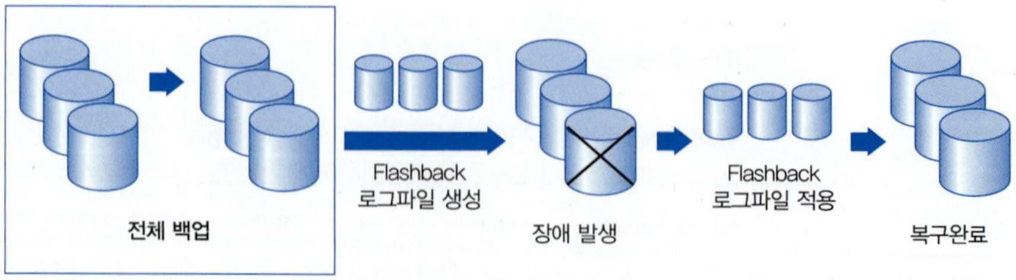

< Flashback database 복구 방식 >

위 두 가지 방식의 차이점은 전통적인 복구방식은 장애 발생시에 백업된 데이터파일을 복원해서 리두 로그와 아카이브 로그를 적용시켜 복구하는 반면 Flashback database 방식은 장애 난 데이터파일에 Flashback log라는 것을 바로 적용시켜 복구를 합니다. 위 그림에는 없지만 Flashback database 방법도 필요할 경우 Redo log를 사용하기도 합니다. 다만 백업 파일을 복원하는 데 시간이 안 걸리기 때문에 훨씬 더 빨리 복구 할 수 있는 것입니다.

위에서 본 것처럼 Flashback database라는 명령어는 기존 방식의 redo log와 archive log 대신에 Flashback log라는 것을 주로 사용하게 됩니다. 그래서 Flashback database 명령어를 사용하려면 Flashback log에 대한 설정이 먼저 되어 있어야 하고 DB도 아카이브 로그 모드 이면서 Flashback Database mode로 설정되어 있어야 합니다. 즉 앞에서 살펴본 Flashback version Query / transaction Query와 Flashback table 명령어는 별도의 설정이 없어도 오라클 10g 버전부터 사용 가능하지만 Flashback database 명령어는 특별한 설정이 있어야만 사용가능 하다는 것입니다.

② 환경 설정하기

우선 초기화 파라미터 파일에 db_recovery_file_dest와 db_recovery_file_dest_size, db_flashback_retention_target : 분단위 파라미터가 설정이 되어 있어야 합니다.

```
[oracle@localhost ~]$ vi  /app/oracle/product/11g/dbs/inittestdb.ora
( 중간 생략 )
.
###########################################
# File Configuration
###########################################
control_files=("/app/oracle/oradata/testdb/control01.ctl","/app/oracle/oradata/testdb/control02.ctl", "/app/oracle/oradata/testdb/control03.ctl")
db_recovery_file_dest=/app/oracle/fast_recovery_area
db_recovery_file_dest_size=2147483648 ← 10g 경우 사용 - 기본값이 2G입니다.
db_recovery_file_dest_size=4196401152 ← 11g 경우 사용 - 기본값이 4G입니다.
db_flashback_retention_target=30      ← 신규로 추가 했습니다.

:wq!
```

```
SYS>shutdown immediate;
Database closed.
Database dismounted.
ORACLE instance shut down.

SYS>startup mount;
ORACLE instance started.

Total System Global Area  285212672 bytes
Fixed Size                  1267044 bytes
Variable Size              88083100 bytes
Database Buffers          188743680 bytes
Redo Buffers                7118848 bytes
Database mounted.

SYS>alter database archivelog;
Database altered.

SYS>alter database flashback on;
Database altered

SYS>alter database open;
Database altered.

SYS>select flashback_on from v$database;

FLASHBACK_ON
------------------
YES
```

이제 실제 flashback log가 쌓이는 경로를 확인해보겠습니다.

```
SYS>!
[oracle@localhost ~]$ cd /app/oracle/fast_recovery_area/
[oracle@localhost fast_recovery_area]$ ls
TESTDB
[oracle@localhost fast_recovery_area]$ cd TESTDB
[oracle@localhost TESTDB]$ ls
flashback   onlinelog
[oracle@localhost TESTDB]$ cd flashback/
[oracle@localhost flashback]$ ls -lSh
```

```
합계 7.9M
-rw-r-----  1 oracle dba 7.9M  4월 18 14:53 o1_mf_5wo714xl_.flb ← 이 파일이 flashback log입니다.
```

Flash Recovery Area (Fast Recovery Area)에 대해서 잠시 살펴보겠습니다.(11g 에서는 이 디렉토리의 이름이 Fast_Recovery_Area로 변경됩니다.) Oracle 9i 까지는 백업 및 복구에 관련된 파일을 관리자가 수동으로 위치를 지정해서 관리했지만 Oracle 10g부터는 백업 및 복구에 파일을 한곳에서 관리하는 것을 지원합니다.

초기화 파라미터에 DB_RECOVERY_FILE_DEST라는 파라미터로 지정되는 위치가 그곳이며 그 곳의 크기를 DB_RECOVERY_FILE_DEST_SIZE로 설정하게 됩니다. 이 곳에 저장되는 파일은 1)flashback log file, 2)Archive redo log file, 3)RMAN Backup file 등이며 기본 크기는 2G(11g 부터는 기본 크기가 4G)로 설정이 되어 있습니다.

문제가 될 수 있는 부분은 기본 크기가 2G로 작기 때문에 위에서 언급한 3개의 파일들이 금방 가득차게 되어 DB가 Hang이 걸리는 경우가 발생할 수 있다는 것입니다.

그래서 해당 경로의 사용량을 수시로 체크하여 공간관리를 잘 해야 하며 이 곳을 쓰지 않고 싶을 경우에는 해당 작업을 설정할 때 다른 경로로 경로를 변경하면 됩니다. 예를 들어 Archived redo log File을 설정할 때 초기화 파라미터에서 log_archive_dest_1='location=/data/arc1' 이렇게 설정하면 Archived redo log file은 이곳을 flash_recovery_area를 사용하지 않고 직접 지정한 경로를 사용하게 됩니다. RMAN 역시 마찬가지로 채널 설정을 할 때 직접 경로를 지정해 주면 이곳을 사용하지 않고 직접 지정해준 경로를 쓰게 됩니다.

현재 설정되어 있는 DB_RECOVERY_FIEL_DEST와 크기를 조회해 보겠습니다.

```
SYS>  select  * from v$recovery_file_dest;

NAME                           SPACE_LIMIT  SPACE_USED  SPACE_RECLAIMABLE  NUMBER_OF_FILES
------------------------------ ----------- ----------- ------------------ ---------------
/app/oracle/fast_recovery_area  4196401152           0                  0               0
```

사용량을 조회해 보겠습니다.

```
SYS> SELECT * FROM  V$FLASH_RECOVERY_AREA_USAGE;

FILE_TYPE    PERCENT_SPACE_USED PERCENT_SPACE_RECLAIMABLE NUMBER_OF_FILES
------------ ------------------ ------------------------- ---------------
CONTROLFILE                   0                         0               0
ONLINELOG                     0                         0               0
ARCHIVELOG                    0                         0               0
BACKUPPIECE                   0                         0               0
IMAGECOPY                     0                         0               0
FLASHBACKLOG                  0                         0               0
```

운영 중에 위 경로의 크기를 변경하고자 한다면 아래와 같이 하시면 됩니다.

```
SQL> alter system set db_recovery_file_dest_size=100m;
System altered.

SQL> select * from v$recovery_file_dest;
NAME                           SPACE_LIMIT SPACE_USED SPACE_RECLAIMABLE NUMBER_OF_FILES
------------------------------ ----------- ---------- ----------------- ---------------
/app/oracle/fast_recovery_area   104857600          0                 0               0
```

위 경로의 크기가 작을 경우에는 해당 작업을 하다가 에러가 발생합니다. 아래의 예는 RMAN으로 백업 받으려고 했다가 공간이 작아서 에러가 나는 경우입니다.

```
RMAN-00571: ===========================================================
RMAN-00569: =============== ERROR MESSAGE STACK FOLLOWS ===============
RMAN-00571: ===========================================================
RMAN-03009: failure of backup command on ORA_DISK_1 channel at 01/29/2011
```

```
12:43:28
ORA-19809: limit exceeded for recovery files
ORA-19804: cannot reclaim 52428800 bytes disk space from 104857600 limit
```

이렇게 db_recovery_file_dest 관련해서 에러가 나면 아래의 쿼리를 실행해도 원인과 권장사항을 찾을 수 있습니다.

```
SQL> SELECT object_type, message_type, message_level, reason, suggested_action
2    FROM dba_outstanding_alerts;

SQL> SELECT * FROM   V$FLASH_RECOVERY_AREA_USAGE;

FILE_TYPE    PERCENT_SPACE_USED  PERCENT_SPACE_RECLAIMABLE  NUMBER_OF_FILES
----------- -------------------  -------------------------  ---------------
CONTROLFILE                   0                          0                0
ONLINELOG                     0                          0                0
ARCHIVELOG                43.26                          0                2
BACKUPPIECE                7.08                          0                1
IMAGECOPY                     0                          0                0
FLASHBACKLOG               7.81                          0                1
```

이 경우에는 크기를 증가 시킨 후 다시 작업을 하시면 됩니다(위 화면은 위 결과를 만들기 위해 archive log 경로를 fast_recovery_area로 임시변경 한 후 작업한 화면입니다. 이 화면을 만들고 나서 다시 원위치(/data/arc1, /data/arc2)로 변경하였습니다.).

```
SQL> alter system set db_recovery_file_dest_size=4G;
System altered.

SQL> select * from v$recovery_file_dest;

NAME                               SPACE_LIMIT  SPACE_USED  SPACE_RECLAIMABLE  NUMBER_OF_FILES
-------------------------------    ----------   ----------  ---------------    ------------
/app/oracle/fast_recovery_area     4294967296   60975616    0                  4
```

만약 위에서처럼 DB_RECOVERY_FILE_DEST 경로를 사용하신다면 공간 사용량 관리를 잘 해야합니다.

실습 3. truncate table 장애 복구하기(Flashback database 사용)

Flashback database 명령어로 복구해야만 하는 대표적인 장애가 drop user 와 truncate table 장애입니다. 여기서는 truncate table 장애를 flashback database로 복구해 보겠습니다.

이 실습을 하시기 위해서는 위에서 했던 작업을 다 하셔서 DB가 archive log mode이면서 flashback Database가 on이어야 합니다.

```
SCOTT>select * from tab;

TNAME                          TABTYPE     CLUSTERID
------------------------------ ----------- ----------
DEPT                           TABLE
EMP                            TABLE
BONUS                          TABLE
SALGRADE                       TABLE
과자                           TABLE
SYS_TEMP_FBT                   TABLE
회원                           TABLE
TEST3                          TABLE
TEST1                          TABLE

9 rows selected.

SCOTT>select * from 과자;

        NO NAME                PRICE
---------- -------------- --------
         1 새우짱              500
         2 감자짱              400
         3 맛큰산              800

SCOTT>truncate table 과자;
```

```
Table truncated.

SCOTT>select * from 과자;
no rows selected
```

이 장애를 앞에서 배웠던 Flashback table 명령어로 복구 시도해 보겠습니다 (flashback database 이외의 다른 명령어로는 복구가 안 된다는 것을 알기 위해서 시도하는 것입니다.).

```
SCOTT>flashback table 과자 to timestamp(systimestamp - interval '1' minute);
Flashback complete.

SCOTT>select * from 과자;
no rows selected  ← 데이터가 복구되지 않았습니다.

SCOTT>flashback table 과자 to timestamp(systimestamp - interval '2' minute);
Flashback complete.

SCOTT>select * from 과자;
no rows selected  ← 역시 데이터가 복구되지 않았습니다.

SCOTT>flashback table 과자 to timestamp(systimestamp - interval '3' minute);
flashback table 과자 to timestamp(systimestamp - interval '3' minute)
                                                    ← 자료가 없습니다.
                  *
ERROR at line 1:
ORA-01466: unable to read data - table definition has changed
```

위에서 알 수 있듯이 truncate 명령어는 flashback table 명령어로 복구할 수 없어서 flashback database 명령어를 사용해야 합니다. drop user 같은 장애도 마찬가지 입니다.

Flashback database 명령어를 수행해서 복구를 시도해보겠습니다. Flash-back database는 데이터베이스 전체를 과거 시점으로 돌리는 것이기 때문에 반드시 Mount 상태에서 해야 하며 dba 권한을 가지고 수행해야 합니다. 아래에 그와 관련된 에러 메시지를 볼 수 있습니다.

```
SCOTT>flashback database to timestamp (systimestamp - interval '5' minute);
flashback database to timestamp (systimestamp - interval '5' minute)
*
ERROR at line 1:
ORA-01031: insufficient privileges

SCOTT>conn / as sysdba;
Connected.


SYS>flashback database to timestamp (systimestamp - interval '5' minute);
flashback database to timestamp (systimestamp - interval '5' minute)
*
ERROR at line 1:
ORA-38757: Database must be mounted and not open to FLASHBACK.
                                                  ← mount 상태에서 수행해야 합니다.

SYS>shutdown immediate;
Database closed.
Database dismounted.
ORACLE instance shut down.

SYS>startup mount;
ORACLE instance started.

Total System Global Area  285212672 bytes
Fixed Size                  1267044 bytes
Variable Size              88083100 bytes
Database Buffers          188743680 bytes
Redo Buffers                7118848 bytes
Database mounted.

SYS>flashback database to timestamp (systimestamp - interval '5' minute);
Flashback complete.

SYS>alter database open ;
alter database open
*
ERROR at line 1:
ORA-01589: must use RESETLOGS or NORESETLOGS option for database open
```

Flashback database 명령어는 모든 데이터 파일을 불완전복구처럼 과거 특정 시간으로 돌리게 됩니다. 즉 데이터파일과 리두 로그 파일, 컨트롤파일의 SCN 정보가 다르게 된다는 의미입니다. 그래서 OPEN 시킬 때 반드시 Resetlogs 옵션을 주고 Open을 시켜야 합니다.

```
SYS>alter database open resetlogs;
Database altered.


SYS>select * from scott.과자; ← 데이터가 복구되었는지 확인했지만 복구가 안 되었습니다.
no rows selected

SYS>shutdown immediate;

SYS>startup mount; ← 마운트 상태에서 다시 시도합니다.
ORACLE instance started.

Total System Global Area  285212672 bytes
Fixed Size                  1267044 bytes
Variable Size              88083100 bytes
Database Buffers          188743680 bytes
Redo Buffers                7118848 bytes
Database mounted.
SYS>flashback database to timestamp (systimestamp - interval '10' minute);
Flashback complete.

SYS>alter database open resetlogs;
Database altered.

SYS>select  *  from  scott.과자;
    NO    NAME            PRICE
-------- -------------- --------
     1    새우짱            500
     2    감자짱            400
     3    맛큰산            800
```

Flashback database 명령어 역시 앞의 다른 flashback 명령어들처럼 여러 번 반복하여 원하는 데이터를 살려 낼 수 있습니다. 단, 이렇게 할 경우 데이터베이스 전체가 과거의 특정 시점으로 돌아가기 때문에 데이터가 손실될 수 있으니 주의하셔야 합니다.

2. Flashback Data Archive(11g New Feature)

위에서 살펴본 바와 같이 Row level Flashback과 Table level Flashback 중 DML 장애를 처리하는 것은 Undo data를 활용하며 만약 다른 누군가가 undo segment를 재활용해버리면 해당 Flashback 기능을 사용할 수 없다는 것을 보았습니다. 그래서 오라클 11g에서부터는 마치 Online Redo log를 Archive하듯이 undo segment에 있는 commit된 내용을 특정 테이블 스페이스에 Archive하여 영구적으로 저장하는 기능을 제공하는데 그 기능을 FlashBack Data Archive(FBDA)라고 합니다.

이를 위해 FBDA라는 백그라운드 프로세스가 새로 만들어 졌으며 FBDA 프로세스는 undo segment의 내용을 비정기적으로 특정 테이블 스페이스에 저장을 하게 됩니다.

이 장에서는 FlashBack Data Archive의 개념을 살펴 본 후 관리자가 그 기능을 사용하기 위해서 어떻게 구성하며 어떻게 운영하는지를 알아보겠습니다.

(1) Flashback Data Archive의 원리

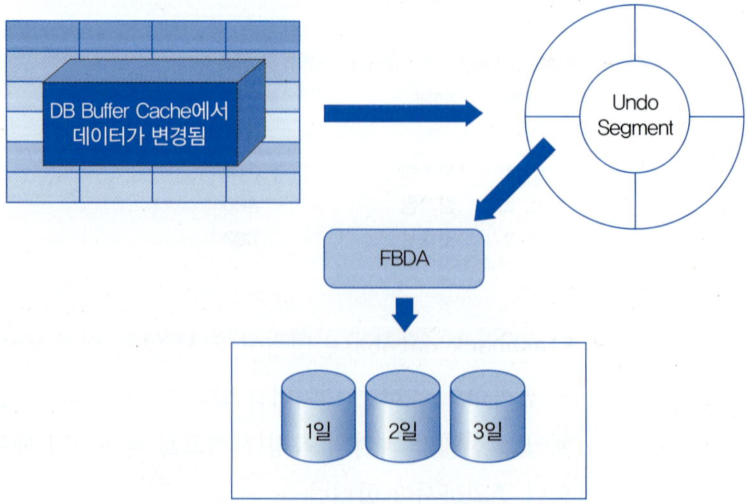

위 그림에서 보는 바와 같이 FBDA 백그라운드 프로세스가 비정기적으로 undo Segment의 내용을 파일에 Archive해서 Flashback Data Archive기능을 구현해 주고 있습니다.

Flashback Data Archive는 아래와 같은 특징을 가지고 있습니다.

- 이 기능이 활성화 되면 FBDA가 Undo segment의 내용을 모두 기록하기 전에는 해당 undo segment는 재활용되지 않습니다.
- 대량의 DML이 발생할 경우 병목현상이 생길 우려가 있어 최대 10개까지의 FBDA 백그라운드 프로세스가 동시에 작업할 수 있습니다.
- FBDA 프로세스는 늘 활성화 되어 있는 것이 아니라 sleep하고 있다가 특정 시간이 되면 자동으로 활성화되어 undo segment의 내용을 저장합니다. Undo량이 많이 발생할 경우에는 자주 내려 쓰게 되며 기본값은 5분으로 설정되어 있습니다.
- 해당 데이터는 자동으로 파티셔닝되어 저장되며 관리자라도 그 내용을 변경할 수 없습니다.
- Retention time을 설정하여 데이터를 관리하며 retention time이 지난 데이터는 자동으로 삭제됩니다.
- Insert되는 데이터는 이 기능을 사용하지 않습니다.

(2) Flashback Database Archive 활성화 하기

작업 순서는 아래와 같습니다.

1. Flashback history table을 저장할 테이블 스페이스를 생성합니다.
2. Flashback data archive를 관리할 관리자 계정을 생성합니다.
3. 관리자 계정에 권한을 할당합니다.
4. 관리자 계정으로 로그인 한 후 flashback history table을 생성합니다.

실습 4. Flashback Database Archive 활성화하기

```
SQL> create tablespace ts_fda01
 2    datafile '/app/oracle/oradata/testdb/ts_fda01.dbf' size 5M ;

SQL> select tablespace_name, bytes/10241024 MB, file_name
 2    from dba_data_files;

TABLESPACE     MB          FILE_NAME
------------- ---------- ---------------------------------------------
USERS                 5   /app/oracle/oradata/testdb/users01.dbf
UNDOTBS1             90   /app/oracle/oradata/testdb/undotbs01.dbf
SYSAUX              510   /app/oracle/oradata/testdb/sysaux01.dbf
SYSTEM              710   /app/oracle/oradata/testdb/system01.dbf
EXAMPLE         345.625   /app/oracle/oradata/testdb/example01.dbf
TS_FDA01              5   /app/oracle/oradata/testdb/ts_fda01.dbf

6 rows selected.
SQL>  create user fbadmin identified by fbpwd
  2  default tablespace ts_fda01;

User created.

SQL> grant resource,connect to fbadmin;
Grant succeeded.

SQL> grant flashback archive administer to fbadmin;  ------  1
Grant succeeded.

SQL> conn fbadmin/fbpwd;
Connected.

SQL> create flashback archive fda01 tablespace ts_fda01
  2  retention 30 day;    ---------------------------------------  2

Flashback archive created.
```

위 1번 항목에 보시면 Flashback archive administer라는 권한이 나옵니다. 이 권한은 11g부터 새로 생성된 권한인데 아래와 같은 특징을 가집니다.

- Flashback Data Archive를 관리하기 위한 특별한 시스템 권한입니다.
- Flashback History Table을 생성하고 관리할 수 있습니다.
- 테이블 스페이스를 추가하거나 삭제할 수 있습니다.
- Flashback history table Retention time을 관리할 수 있습니다.

위 2번 항목에 보시면 ts_fda01 tablespace에 history table인 fda01을 생성하면서 Retention 30 day가 나옵니다. 이것은 history table에 저장되는 undo data의 보존 기한을 의미하는 것으로 30일이 지나면 보관되어 있는 undo data를 자동으로 삭제한다는 의미입니다. 현재 만들어져 있는 Flashback history table은 아래와 같이 조회하시면 됩니다.

```
SQL> set line 200
SQL> col owner_name for a10
SQL> col flashback_archive_name for a10
SQL> col retention_in_days for 999
SQL> col status for a10


SQL> select owner_name, flashback_archive_name, retention_in_days, status
  2  from  dba_flashback_archive;

OWNER_NAME         FLASHBACK_          RETENTION_IN_DAYS          STATUS
---------------- ------------------ ------------------------- -----------
FBADMIN             FDA01                                30
```

위와 같은 방법으로 Flashback Data Archive를 활성화 한 후 해당 기능을 사용하기를 원하는 테이블을 생성할 때나 생성된 테이블에 Flashback Data Archive를 설정해 줄 수 있습니다.

(3) Flashback Database Archive 사용하기

앞에서 본 바와 같이 Flashback 기능 중 일부는 undo data를 사용하기 때문에 Flashback Data Archive를 사용하지 않게 되면 데이터 복구를 할 수 없게 됩니다. 이번 실습에서는 첫 번째로 해당 기능을 사용하지 않아서 데이터가 복구 안 되는 실습을 해 본 후 두 번째로 해당 기능을 사용해서 데이터를 복구해 보도록 하겠습니다.

이 실습을 하기 위해서 먼저 기존에 사용하던 undo tablespace를 용량이 작은 undo tablespace를 생성해서 변경하고 시작하겠습니다.

실습 3-1 Flashback data archive 사용 안하고 복구 시도하기

```
SYS> show parameter undo;

NAME                                 TYPE        VALUE
------------------------------------ ----------- ------------------
undo_management                      string      AUTO
undo_retention                       integer     900
undo_tablespace                      string      UNDOTBS1

SYS> create undo tablespace undo_fda
  2  datafile '/app/oracle/oradata/testdb/undo_fda01.dbf' size 256k;

Tablespace created.

SYS> alter system set undo_tablespace=undo_fda;
System altered.

SYS>alter system set undo_retention=3;

SYS> show parameter undo;
NAME                                 TYPE        VALUE
------------------------------------ ----------- ------------------
undo_management                      string      AUTO
undo_retention                       integer     3
undo_tablespace                      string      UNDO_FDA

SYS> conn scott/tiger
Connected.

SCOTT> create table test01 (no number,name varchar2(10));
Table created.

SCOTT> insert into test01 values (1,'AAA');
1 row created.
```

```
SCOTT> insert into test01 values (2,'BBB');
1 row created.

SCOTT> insert into test01 values (3,'CCC');
1 row created.

SCOTT> commit;
Commit complete.

SCOTT> select * from test01;

    NO         NAME
------------ ----------
       1       AAA
       2       BBB
       3       CCC

SCOTT>update test01 set name='DDD'; ← 잘못된 DML을 수행했습니다.

3 rows updated.

SCOTT>select * from test01;

      NO       NAME
------------ ----------
       1       DDD
       2       DDD
       3       DDD
```

** 다른 세션에서 로그인 해서 현재 잘못된 update를 수행한 트랜잭션이 사용중인 undo segment를 확인 하겠습니다.

```
SCOTT> conn / as sysdba;
Connected.

SYS>select segment_name,owner,tablespace_name,status from dba_rollback_segs;

SEGMENT_NAME               OWNER        TABLESPACE        STATUS
-------------------------- ------------ ----------------- ----------------
SYSTEM                     SYS          SYSTEM            ONLINE
_SYSSMU10_2606106477$      PUBLIC       UNDOTBS1          OFFLINE
```

```
_SYSSMU9_3975004876$         PUBLIC       UNDOTBS1         OFFLINE
_SYSSMU8_286634474$          PUBLIC       UNDOTBS1         OFFLINE
_SYSSMU7_574775315$          PUBLIC       UNDOTBS1         OFFLINE
_SYSSMU6_3013749843$         PUBLIC       UNDOTBS1         OFFLINE
_SYSSMU5_3147209834$         PUBLIC       UNDOTBS1         OFFLINE
_SYSSMU4_562970181$          PUBLIC       UNDOTBS1         OFFLINE
_SYSSMU3_1483640053$         PUBLIC       UNDOTBS1         OFFLINE
_SYSSMU2_3037561007$         PUBLIC       UNDOTBS1         OFFLINE
_SYSSMU1_2081786551$         PUBLIC       UNDOTBS1         OFFLINE
_SYSSMU13_3939341484$        PUBLIC       UNDO_FDA         ONLINE
_SYSSMU11_484445380$         PUBLIC       UNDO_FDA         ONLINE

SQL> select s.sid, s.serial#, s.username, r.name "ROLLBACK SEG"
  2  from v$session s , v$transaction t, v$rollname r
  3  where s.taddr=t.addr  and t.xidusn=r.usn;

   SID     SERIAL#    USERNAME                  ROLLBACK SEG
---------- ---------- ------------------------- ---------------------------
     1     17         SCOTT                      _SYSSMU13_3939341484$
```

위 내용으로 조회해 본 결과 scott 사용자가 사용하는 undo segment는 _SYSSMU13_3939341484$ 임을 알 수 있습니다.

```
SCOTT>commit;  ← 잘못된 업데이트 수행 후 commit합니다.
Commit complete.
```

이제 다른 사용자(userb)로 로그인 해서 대량의 DML을 발생시켜 위 undo segment를 덮어 쓰도록 하겠습니다. (userb가 있으면 바로 userb로 로그인해서 작업하시면 됩니다)

```
SYS> create user userb identified by userb
  2  default tablespace example;

User created.

SYS> grant connect ,resource to userb;
Grant succeeded.
```

```
SYS> conn userb/userb;
Connected.

USERB> create table test02 (no number, name varchar2(10));
Table created.

USERB>begin
  2  for i in 1..1000 loop
  3   insert into test02 values (i,'NO Name~!');
  4  end loop;
  5  end;

PL/SQL procedure successfully completed.

USERB> select count(*) from test02;

  COUNT(*)
--------------
      1000
```

** 다른 터미널에서 sys로 로그인해서 undo segment의 사용내역 조회해봅니다.

```
SCOTT> conn / as sysdba;
Connected.

SYS> !vi roll.sql
set line 200
select s.sid, s.serial#, s.username, r.name "ROLLBACK SEG"
  from v$session s , v$transaction t, v$rollname r
  where s.taddr=t.addr  and t.xidusn=r.usn
/
:wq!

SYS> @roll

    SID     SERIAL#   USERNAME                   ROLLBACK SEG
---------- ------------ --------------------- --------------------------
      1          15   USERB                      _SYSSMU13_3939341484$
```

위에서 확인한 것처럼 scott 사용자가 사용했던 _SYSSMU13_3939341484$

segment를 사용 중입니다.

** 다시 userb 터미널로 돌아가서 데이터를 더 입력합니다.

```
USERB>  begin
  2  for i in 1..2000 loop
  3    insert into test02 values (i,'No name~!');
  4  end loop;
  5  end;

PL/SQL procedure successfully completed.

USERB>/
PL/SQL procedure successfully completed.

USERB>select count(*) from test02;

  COUNT(*)
-------------
      4000
```

다른 창에서 userb 사용자의 undo segment 사용량을 확인합니다.

```
SCOTT> conn / as sysdba;
Connected.

SYS> @roll

       SID    SERIAL#    USERNAME                    ROLLBACK SEG
---------- ----------- ------------------------- -------------------------
         1          21    USERB                       _SYSSMU11_484445380$
```

위에서 확인 했을 때에는 _SYSSMU13_3939341484$이었는데 그 세그먼트를 다 사용하고 _SYSSMU11_484445380$를 사용 중임이 확인 됩니다. 이제 scott으로 로그인 해서 flashback table을 시도하겠습니다.

```
USERB>conn scott/tiger
Connected.
```

```
SCOTT>flashback table test01 to timestamp (systimestamp -interval '5' minute);
flashback table test01 to timestamp (systimestamp -interval '5' minute)
                  *
ERROR at line 1:
ORA-00604: error occurred at recursive SQL level 1
ORA-12801: error signaled in parallel query server P000
ORA-01555: snapshot too old: rollback segment number 11 with name "_
SYSSMU11_1301031496$" too small
```

위 에러처럼 scott의 undo segment를 userb가 덮어 써서 scott 사용자의 데이터는 flashback를 할 수 없게 됩니다.

실습 3-2 Flashback data archive 사용하고 복구 시도하기

위 실습에서 복구가 안 되는 것을 확인했습니다. 이번에는 FBDA 기능을 사용하게 설정한 후 동일한 내용의 실습으로 복구되는 것을 확인하겠습니다.

Step 1 현재 undo 상태를 확인하겠습니다.

```
SYS>show parameter undo;

NAME                                 TYPE        VALUE
------------------------------------ ----------- ------------------------------
undo_management                      string      AUTO
undo_retention                       integer     3
undo_tablespace                      string      UNDO_FDA
```

현재 flashback data archive 상태를 확인해보겠습니다.

```
SYS>col owner_name for a10
SYS>col flashback_archive_name for a10
SYS>col retention_in_days for 999
SYS>col status for a10
SYS>set line 200
SYS>select owner_name, flashback_archive_name, retention_in_days, status
  2  from  dba_flashback_archive;
```

```
OWNER_NAME          FLASHBACK_          RETENTION_IN_DAYS      STATUS
------------------ ------------------ ---------------------- ----------
FBADMIN             FDA01                              30
```

Step 2 Scott 사용자로 test3 테이블을 생성하며 FDA를 FDA01을 사용하도록 설정합니다.

```
SYS> conn scott/tiger
Connected.

SCOTT> create table test3 (no number,name varchar2(10))  flashback archive fda01;
create table test3 (no number,name varchar2(10))  flashback archive fda01
*
ERROR at line 1:
ORA-55620: No privilege to use Flashback Archive
```

위와 같이 일반 계정으로 flashback history table을 사용하려면 권한이 있어야 합니다.

```
SCOTT> conn / as sysdba;
Connected.

SYS> grant flashback archive on fda01 to scott;
Grant succeeded.

SYS> conn scott/tiger
Connected.

SCOTT> create table test3  (no number, name varchar2(10)) flashback archive fda01;
Table created.

SCOTT> insert into test3 values (1,'AAA');
1 row created.

SCOTT> insert into test3 values (2,'BBB');
1 row created.

SCOTT> insert into test3 values (3,'CCC');
 1 row created.
```

```
SCOTT> commit;
Commit complete.

SCOTT> select * from test3;

        NO      NAME
----------  ----------
         1      AAA
         2      BBB
         3      CCC
```

Step 3 Update 장애 발생 시킵니다.

```
 SCOTT> update test3 set name='DDD';
3 rows updated.

SCOTT> select * from test3;

        NO    NAME
----------  ----------
         1    DDD
         2    DDD
         3    DDD
```

Step 4 다른 창에서 sys로 로그인 하여 scott 사용자의 undo segment 사용을 확인합니다.

```
SYS> @roll

      SID    SERIAL#        USERNAME                    ROLLBACK SEG
---------  -------------  ------------------------  ------------------------
        1          23     SCOTT                       _SYSSMU13_3939341484$

SCOTT> commit;
```

Step 5 Userb 계정으로 test04 생성 후 undo segment 를 덮어쓰게 만듭니다.

```
USERB> create table test04 (no number , name varchar2(10));
Table created.
```

```
USERB> begin
  2  for i in 1..1000 loop
  3    insert into test04 values (i,'No name~!');
  4  end loop;
  5  end ;
  6  /

PL/SQL procedure successfully completed.
```

Step 6 다른 창에서 userb 사용자가 사용중인 undo segment를 조회하고 덮어쓰게 만듭니다.

```
SYS> @roll

      SID    SERIAL#        USERNAME                   ROLLBACK SEG
--------- ------------ ------------------------ ------------------------
        1         25        USERB                      _SYSSMU13_3939341484$
```

위에서 확인한 scott 사용자가 사용했던 세그먼트를 재활용해서 사용하는 것을 확인 할 수 있습니다. 확실하게 덮어쓰게 하기 위해 userb로 로그인해서 데이터를 더 넣겠습니다.

```
USERB>/
PL/SQL procedure successfully completed.

USERB>/
PL/SQL procedure successfully completed.

USERB>select count(*) from test04;

  COUNT(*)
--------------
      4000
```

Step 7 Scott 계정에서 flashback table 명령어로 test3 테이블을 복구합니다.

```
SCOTT>alter table test3 enable row movement;
Table altered.
```

```
SCOTT>flashback table test3 to timestamp (systimestamp - interval '5'
minute);
Flashback complete.

SCOTT>select * from test3;

        NO    NAME
------------ ----------
         1    DDD
         2    DDD
         3    DDD

SCOTT>flashback table test3 to timestamp (systimestamp - interval '10'
minute);
flashback table test3 to timestamp (systimestamp - interval '10' minute)
                *
ERROR at line 1:
ORA-01466: unable to read data - table definition has changed

SCOTT>flashback table test3 to timestamp (systimestamp - interval '7' minute);
Flashback complete.
SCOTT>select * from test3;

      NO      NAME
---------- ----------
       1      AAA
       2      BBB
       3      CCC
```

위의 예처럼 flashback data archive 기능을 사용하니까 이전버전에서는 복구가 되지 않았던 undo segment를 덮어 쓴 내용까지 모두 복구가 되는 것을 확인 할 수 있습니다.

Flashback data archive 기능을 사용하는 테이블을 삭제 할 경우는 flashback data archive 기능 때문에 정상적으로 지워지지 않게 됩니다. 아래와 같이 조치 한 후 삭제하시면 됩니다.

실습 3-3 FDA를 사용하는 테이블 삭제하기

```
SCOTT>drop table test3;
drop table test3
           *
ERROR at line 1:
ORA-55610: Invalid DDL statement on history-tracked table

SCOTT>alter table test3 no flashback archive;
Table altered.

SCOTT>drop table test3;
Table dropped.
```

실습 3-4 flash back history table 조회하기

```
SYS>col table_name for a10
SYS>col flashback_archive_name for a10
SYS>col archive_table_name for a20
SYS>col staus for a10
SYS>select  *  from dba_flashback_archive_tables;

TABLE_NAME  OWNER_NA    FLASHBACK_   ARCHIVE_TABLE_NAME        STATUS
----------- ----------- -----------  ------------------------- ---------
TEST01       SCOTT      FDA01         SYS_FBA_HIST_76957        ENABLED
```

3. Flashback 명령어의 주의사항

아래의 경우에는 Flashback 명령어를 사용할 수 없으니 주의해야 합니다.

- 물리적인 장애 – 파일(data file , redo log file , control file)이 삭제된 경우
- System tablespace에 있던 테이블이 삭제되면 flashback table to before drop 안됨.
- Control file을 재생성하면 Flashback database 명령어 사용할 수 없음.

- Tablespace가 drop 되면 Flashback 명령어로 복구 안됨.
- Data file이 shrunk 되면 Flashback database 명령어로 복구 안됨.
- Alter table로 테이블 구조가 변경되면 Version query로 복구 안됨.
- System tables과 통계정보는 Flashback 명령어로 복구 안됨.
- Purge된 테이블은 flashback 명령어로 복구 안됨.
- 테이블과 별도로 삭제된 인덱스는 복구 안됨.
- Mview 복구 안됨.

이상으로 Flashback 기능을 자세하게 살펴보았습니다. 지면 관계상 이 책에서 다 언급하지는 못했지만 Flashback 관련 다양한 기술과 주의사항들이 있습니다. Flashback 기능이 아주 획기적이고 강력한 복구 도구인 것은 사실이지만 복구 불가한 경우도 많이 있기 때문에 꼭 전통적인 방법들과 병행해서 데이터를 안전하게 지켜내시길 바랍니다.

CHAPTER 14

Datapump와 Migration

CHAPTER 14

Datapump와 Migration

Oracle datapump는 oracle 10g 버전부터 등장한 export/import의 향상된 유틸리티 입니다. Export / import는 사용하기 편하고 성능도 뛰어나지만 속도가 느리고 작업시간을 예측하기도 어려운 등의 여러 가지 단점을 가지고 있었으나 이런 여러 가지 문제점들을 획기적으로 해결하여 매우 뛰어난 속도 향상과 사용자의 편의성을 가지고 있습니다(export/import에 대해서는 저자의 다른 책 ≪정석! 오라클 백업과 복구≫를 참고하세요.).

이번 장에서는 아주 중요한 데이터 마이그레이션툴인 Datapump의 특징과 사용법 등을 먼저 살펴본 후 뒷부분에서 마이그레이션을 할 때 주의해야 할 사항들에 대해서 자세하게 살펴보겠습니다.

1. Datapump의 장점

(1) 작업 관리의 편의성

Datapump 이전의 exp/imp 방법은 작업이 일단 시작되면 끝날 때까지 제어할 수 없었습니다. 예를 들어 어떤 필요성에 의해 일시 중단시켰다가 다시 시작한다든지 하는 작업을 할 수 없었지만 datapump는 job의 제어가 가능해 훨씬 편리해졌습니다.

(2) 필요한 디스크 공간의 예측

이전 버전의 exp/imp 작업은 작업중에 디스크 공간이 부족해서 몇 시간 동안 했던 작업을 취소하고 디스크를 추가 후(또는 파일 삭제 등으로 공간 확보 후) 다시 작업을 수행하는 경우가 종종 있었으나 datapump는 ESTIMATE 파라미터를 사용하여 해당 작업시 필요한 디스크 공간을 미리 알 수 있습니다.

(3) 원격지 DB에 작업 수행 가능

DB Link라는 기능을 통해 원격지에 있는 데이터베이스에 expdp / impdp 작업을 수행할 수 있습니다.

(4) remapping 기능 지원

스키마 변경이나 테이블 스페이스 변경, 데이터 파일 변경까지 가능합니다.

(5) dump 작업하면서 압축을 동시에 진행

용량이 큰 데이터의 경우 압축을 동시에 진행하므로 dump file 용량을 획기적으로 줄일 수 있습니다.

(6) 아주 빨라진 작업 속도

서버의 환경에 따라 다르지만 일반적으로 이전 버전의 exp/imp와 비교해서 평균적으로 약 20배 이상의 성능 향상을 가져와서 대량의 작업도 아주 빨리 수행할 수 있게 되었습니다.

2. 사용 전 환경 설정하기

Datapump는 export / import와 다르게 유틸리티가 직접 OS파일에 I/O를 할

수 없고 오라클에 directory라는 객체를 통해서 간접으로 접근이 가능합니다. 그래서 datapump를 사용하려면 미리 directory가 만들어져 있어야 하며 datapump를 수행하는 사용자는 그 directory에 접근할 수 있는 권한이 있어야 합니다.

이 기능을 통해 DBA는 datapump의 보안관리까지 가능하게 되었습니다. Datapump를 사용하기 위해서 디렉토리를 생성하고 권한 설정을 하도록 하겠습니다.

```
[oracle@localhost ~]$ mkdir  /data/datapump
[oracle@localhost ~]$ sqlplus / as sysdba

SQL*Plus: Release 11.2.0.2.0 Production on Mon Feb 18 08:02:38 2013

Copyright (c) 1982, 2010, Oracle.  All rights reserved.

Connected to:
Oracle Database 11g Enterprise Edition Release 11.2.0.2.0 - Production
With the Partitioning, OLAP, Data Mining and Real Application Testing options

SQL> create  or  replace  directory  datapump  as  '/data/datapump';

Directory created.

SQL> grant  read , write  on  directory  datapump to scott;

Grant succeeded.

SQL> grant  create  any  directory  to  scott;
Grant succeeded.
```

Datapump는 기존 export와 구분하기 위해 expdp로, import와 구분하기 위해 impdp라는 명령을 사용합니다.

3. expdp 실행 모드

(1) Full 모드

Full이란 파라미터를 사용하며 데이터베이스 전체를 export 받을 수 있습니다. DBA 권한을 가지고 있거나 export_full_database 권한을 가지고 있어야 수행할 수 있습니다.

(2) schema 모드

Schemas 파라미터를 사용하며 특정 스키마의 전체를 export 받을 수 있습니다.

(3) Tablespace 모드

Tablespaces 파라미터를 사용하며 해당 테이블스페이스에 속한 모든 테이블을 받을 수 있습니다. 만약 transport_tablespace 파라미터를 사용한다면 테이블과 테이블스페이스의 메타 데이터까지 export 받게 되어 다른 서버로 테이블스페이스 전체를 이동시킬 때 아주 유용하게 사용할 수 있습니다. 단, transport_tablespace를 사용하려면 양쪽 데이터베이스의 OS가 같아야 하고 block size 와 characterset도 같아야 한다는 단점이 있습니다.

(4) table 모드

Tables 파라미터를 사용하며 여러 개의 테이블을 export 받으려면 ,(콤마)로 구분해주면 됩니다.

4. expdp 파라미터 정리

11g expdp 관련 파라미터들의 종류와 의미는 아래 표와 같습니다(abc 순서입니다). 파라미터가 아주 많아서 우선 아래 표로 요약해서 보고 많이 사용되는 중요한 파라미터들은 별도로 자세한 사용법을 설명하겠습니다.

파라미터명	의 미
access_method	데이터 접근 방법 - 기본값은 Automatic 입니다
attach	일시 정지된 job에 접속하는 명령어입니다.
compression	Export 받으면서 압축할 데이터 지정:기본값은 METADATA_ONLY입니다.
content	Export 받을 데이터 종류를 지정 : 기본값은 ALL입니다.
directory	파일을 저장할 디렉토리명을 지정합니다.(파일명 아님)
dumpfile	저장될 파일명을 지정합니다. 기본값은 expdat.dmp입니다.
encryption	저장될 파일의 암호화 여부를 지정합니다. 기본값은 varies입니다.
encryption_algorithm	암호화에 사용될 알고리즘을 지정합니다. 기본값은 AES128입니다.
encryption_mode	암호화에 사용될 모드를 지정합니다. 기본값은 varies입니다.
encryption_password	암호화에 사용될 암호를 지정합니다.
estimate	용량을 계산할 때 사용할 단위를 지정합니다. 기본값은 BLOCKS 입니다.
estimate_only	용량만 계산하도록 설정합니다. 기본값은 N입니다.
exclude	Export 수행시 제외할 항목을 지정합니다.
filesize	분할 export 받을 때 1개 파일의 크기를 지정합니다.
flashback_time	flashback export에 사용될 database time을 지정합니다.
flashback_scn	flashback export에 사용될 SCN 번호를 지정합니다
full	데이터베이스 전체를 export 받습니다.
include	Export 할 때 포함 될 항목을 지정합니다.
ip_address	PLSQL debugger의 IP 주소를 지정합니다.
help	도움말을 보여줍니다.
job_name	Export 받을 때 job name을 지정합니다.
logfile	Export 받을 때 작업 내용을 저장할 log file명을 지정합니다.

mp_enable	현재 세션에서 multi-processing 사용 유무를 enable /disable합니다.
network_link	Db_link 등으로 export 받을 때 사용합니다.
nologfile	Export 받을 때 log file 을 생성하지 않도록 합니다.
parallel	병렬처리 개수를 지정합니다. 기본값은 1 입니다.
parallel_threshold	DML 병렬처리 개수를 지정합니다.
parfile	Export 수행 시 각종 파라미터들을 저장해 두는 파일명을 지정합니다.
query	Export 수행 시 특정 조건을 주고 받을 수 있습니다.
reuse_dumpfiles	기존에 존재하던 덤프파일명을 덮어 씁니다. 기본값은 N 입니다.
sample	샘플로 사용할 퍼센트를 지정합니다.
schemas	Export 받을 schema를 지정합니다. exp 의 owner 옵션과 동일합니다.
silent	Export 수행시 정보를 화면에 보여줍니다. 기본값은 none 입니다.
status	Export 수행 진행내역을 화면에 보여줍니다.
tables	Export를 수행할 table 이름을 지정합니다.
tablespaces	Export를 수행할 tablespace 이름을 지정합니다.
userid	Export를 수행하기 위해 사용할 계정과 암호를 지정합니다.

위에서 살펴본 옵션 중에서 많이 사용되는 주요 옵션들을 자세하게 살펴보겠습니다.

- **directory**

Expdp를 수행할 때 디렉토리 오브젝트를 지정하여 덤프 파일의 위치로 로그 파일의 위치를 지정할 수 있습니다.

Directory=directory_object_name 형식으로 지정하여 사용합니다.

- **dumpfile**

Expdp를 수행하여 파일시스템에 저장될 덤프파일의 이름을 지정해주는 파라미터입니다. 파일이 여러 개로 나누어질 때 %U(대문자)로 파일 이름을 고유하게 구분해 줄 수 있습니다.

Dumpfile=dumpfile_%U와 같은 형식으로 사용할 수 있으며 이렇게 지정할 경우 %U 부분이 자동으로 증가되며 %U는 01-99까지 증가될 수 있습니다. 만약 사용자가 dumpfile을 지정하지 않으면 expdat.dmp라는 파일명으로 자동으로 지정됩니다.

● filesize

Expdp 받을 때 한 개 파일의 최대 크기를 지정하는 파라미터입니다. Filesize=N [bytes | kilobytes | megabytes | gigabytes]으로 쓸 수 있습니다.

● parfile

Expdp 작업할 때 사용하는 각종 파라미터들을 파일에 저장해놓고 expdp 작업할 때마다 참조해서 사용할 때 이 파라미터를 사용할 수 있습니다.

Parfile=file.par 형식으로 사용할 수 있으며 파일 확장자는 상관없습니다.

● logfile / nologfile

Expdp 작업내용을 저장 할 로그파일명을 지정하는 파라미터입니다. Logfile=logfile 형식으로 사용하면 됩니다. 파라미터를 지정하지 않으면 expdp를 저장하는 곳에 export.log라는 파일명으로 남기게 됩니다. 로그파일을 남기고 싶지 않을 경우 Nologfile을 사용하면 됩니다.

● compression

Export시에 해당 테이블에 대한 메타데이터는 압축을 해서 덤프 파일 내에 저장하게 됩니다. Compression 파라미터에는 metadata_only, none 두 개의 옵션이 있으며 기본값이 metadata_only입니다. Compression 파라미터를 사용하지 않으면 기본값이 적용됩니다.

11g에서는 ALL이란 파라미터가 지원되는데 그 의미는 모든 것을 압축을 하게 됩니다. 압축률이 아주 좋으므로 이 파라미터를 꼭 all로 사용하기를 권장합니다.

예) expdp scott/tiger dumpfile=scott00.dmp directory=datapump
  compression=all

● transport_full_check

Expdp 작업을 수행할 때 테이블 스페이스 내에 존재하는 테이블과 인덱스의 의존성의 검사 유무를 결정합니다. 이 옵션은 transport_tablespaces 옵션과 함께 사용됩니다.

Y일 경우에는 반드시 테이블과 인덱스가 같은 테이블 스페이스에 존재해야 작업에 성공하며 N일 경우에는 테이블과 인덱스는 다른 테이블 스페이스에 존재해야 작업이 성공합니다.

● content

Expdp 작업 시에 어떤 내용을 포함시킬 것인가를 결정하는 파라미터입니다.

- All : 테이블과 메타데이터를 포함한 모든 것을 포함시킨다는 의미
- Data_only : 테이블 데이터만 포함시킨다는 의미
- Metadata_only : 메타데이터만 포함시키겠다는 의미.

예) expdp scott/tiger dumpfile=scott01.dmp directory=datapump
  content=data_only

● Exclude / Include

Expdp 작업 수행 시에 원하는 오브젝트만 선택해서 작업할 수 있습니다.

예 1) scott schema의 모든 것을 expdp 받되 emp 테이블만 제외하고 싶을 경우

```
$ expdp  scott/tiger  directory=datapump  dumpfile=scott02.dmp  schemas=scott  \
>                      exclude=table:"\='EMP'"
```

예 2) scott schema의 모든 것을 expdp 받되 emp, dept 테이블만 제외하고 싶은 경우

```
$ expdp  scott/tiger  directory=datapump  dumpfile=scott03.dmp  schemas=scott  \
  exclude=table:\"IN \(\'EMP\',\'DEPT\'\)\"
```

예 3) scott schema의 모든 것을 expdp 받되 emp 테이블의 인덱스 idx_emp_ename 만 제외하고 싶은 경우

```
$ expdp  scott/tiger  directory=datapump  dumpfile=scott05.dmp  schemas=scott  \
>                    exclude=index:"\=\'idx_emp_ename\'\"
```

● Query

특정 조건에 맞는 데이터만 expdp를 수행할 경우에 사용합니다.

예 1) emp 테이블에서 sal이 1000 보다 많은 사람만 expdp 받기

```
$ expdp  scott/tiger  directory=datapump  dumpfile=scott07.dmp  tables=emp  \
>                    query=emp:\"'WHERE sal>1000'\"
```

예 2) emp 테이블에서 job=CLERK이면서 sal > 1000 이상인 사람만 expdp 받기

```
$ expdp  scott/tiger  directory=datapump  dumpfile=scott08.dmp  tables=emp \
>                    query=emp:\"WHERE sal\> 1000 and job\=\'CLERK\'\"
```

● sample

데이터를 export할 때 데이터가 너무 많을 경우 특정 퍼센트를 지정해서 추출할 수 있습니다. 입력 가능한 % 범위는 0.000001 ~ 100% 입니다.

예) $ expdp scott/tiger directory=datapump dumpfile=scott09.dmp
sample=scott.emp:20

● Network_link

원격지에 있는 데이터베이스에 접근하여 데이터를 expdp 작업을 할 경우에 사용합니다. 이 기능은 DB Link 기능을 이용하여 작동하기 때문에 미리 원격지 DB로 DB Link가 생성되어 있어야 합니다(DB Link 기능은 저자의 다른 책 ≪정석! 오라클 백업과 복구≫를 참고하세요.).

```
예) $ expdp  scott/tiger  directory=datapump  dumpfile=scott10.dmp  \
  >                    network_link=emp@second_db
```

위에서 second_db는 DB에 만들어진 원격지 DB의 DB Link 명 입니다.

● encryption_password

Expdp 받은 테이블중에 특정 컬럼에 encryption되어 있을 경우 expdp 작업 시에 암호를 설정할 수 있습니다(단 이 옵션을 사용하려면 Advanced Security Option라는 추가 라이선스를 구입하셔야 합니다.).

```
예) $ expdp  scott/tiger  directory=datapump  dumpfile=scott11.dmp  \
    >                     encryption_password=a1234
```

● Job_name

Expdp 작업을 수행할 때 해당 job에 name을 설정할 수 있습니다. 이렇게 설정한 job_name으로 향후에 해당 job을 관리하게 됩니다. 이 job_name을 설정하지 않게 되면 오라클이 자동으로 설정하게 됩니다.

● status

이 파라미터는 expdp 작업시에 갱신된 내용을 status에 설정된 시간 간격으로 진행상태를 보여주게 됩니다. 예를 들어 status=20이라면 20초 간격으로 진행 결과를 갱신해서 보여줍니다. 기본값은 0초로 실시간으로 작업 갱신내용을 보여줍니다.

● parallel

Expdp 작업 수행 시에 프로세스를 몇 개를 사용할 것인가를 지정하는 파라미터입니다. 예를 들어 parallel=4로 하면 4개의 프로세스가 동시에 expdp 작업을 수행함으로써 작업 속도를 획기적으로 향상시킬 수 있으므로 대량의 데이터를 expdp해야 할 경우 이 옵션을 꼭 사용할 것을 권장합니다. 주의할 점은 parallel에 지정된 개수만큼의 데이터 파일을 만들어 주어야 합니다. 이것은 앞에서 배운 %U 옵션을 주면 자동으로 만들게 됩니다.

```
예) $ expdp  scott/tiger  directory=datapump  dumpfile=datapump_%U.dmp \
    >                     Parallel=4
```

● Attach

일시 중단된 작업에 다시 접속할 때 사용하는 파라미터 입니다.

예) attach scott/tiger job_name=dp1

아래는 Attach 명령에서 사용할 수 있는 옵션들 입니다.

- Add_file : 덤프파일을 추가할 때 사용합니다
- Exit : job의 작업에서 빠져나갑니다
- Kill_job : 해당 작업을 완전히 삭제합니다. 만약 이 명령어가 작동 안 하면 sqlplus로 해당 사용자로 로그인해서 해당 job_name의 이름을 가진 테이블을 drop하면 됩니다.
- Parallel : 현재 작업중인 프로세스의 개수를 조정합니다
- Start_job : 중단된 작업을 다시 시작할 때 사용합니다
- Status : 현재 작업상태를 모니터링하는 갱신 시간을 지정합니다.
- Stop_job : 현재 작업을 중단시킵니다. 삭제가 아니라 일시 중단을 의미합니다.

● reuse_dumpfiles

이 파라미터는 저장하고자하는 덤프파일명이 있을 경우 해당 파일의 내용을 덮어쓰게 만드는 옵션입니다.

```
예) $ expdp  scott/tiger  directory=datapump  dumpfile=datapump_01.dmp \
  >                     reuse_dumpfiles=Y
```

이상으로 expdp 명령의 주요 파라미터를 살펴보았습니다. 이 파라미터들을 사용하여 실제로 expdp에 작업을 수행하겠습니다.

아래의 실습을 하기 위해서는 위의 '2. 사용 전 환경설정하기' 작업이 먼저 되어 있어야만 합니다. 그리고 temporary tablespace 설정이 올바로 되어 있어야만 합니다. 만약 temporary tablespace 가 없거나 크기가 작을 경우 Temporary tablespace is empty.라는 경고가 나오게 됩니다. 이런 경고가 나올 경우 즉시 temporary tablespace를 크게 만든 후 아래와 같이 해당 사용자가

사용하도록 설정해 주면 됩니다. 아니면 default temporary tablespace로 지정해도 됩니다.

```
SYS> create temporary tablespace temp100
 2  tempfile  '/app/oracle/oradata/testdb/temp100.dbf' size 100M ;

SYS> alter user scott temporary tablespace temp100 ;
또는
SYS> alter database default temporary tablespace temp100 ;
```

Temporary tablespace 지정까지 마치면 실습을 시작하겠습니다.

실습 1. scott 계정의 emp,dept 테이블만 백업 받기 (datapump)

```
[oracle@localhost ~]$ expdp scott/tiger  tables=emp,dept directory=datapump  job_name=t1 \
>                                  dumpfile=emp_dept.dmp

Export: Release 11.2.0.2.0 - Production on Mon Feb 18 08:07:00 2013
Copyright (c) 1982, 2009, Oracle and/or its affiliates.  All rights reserved.
Connected to: Oracle Database 11g Enterprise Edition Release 11.2.0.2.0 - Production

With the Partitioning, OLAP, Data Mining and Real Application Testing options
Starting "SCOTT"."T1":   scott/******** tables=emp,dept directory=datapump
job_name=t1 dumpfile=emp_dept.dmp
Estimate in progress using BLOCKS method...
Processing object type TABLE_EXPORT/TABLE/TABLE_DATA
Total estimation using BLOCKS method: 128 KB
Processing object type TABLE_EXPORT/TABLE/TABLE
Processing object type TABLE_EXPORT/TABLE/INDEX/INDEX
Processing object type TABLE_EXPORT/TABLE/CONSTRAINT/CONSTRAINT
Processing object type TABLE_EXPORT/TABLE/CONSTRAINT/REF_CONSTRAINT
. . exported "SCOTT"."DEPT"                          5.656 KB       4 rows
. . exported "SCOTT"."EMP"                           7.820 KB      14 rows
Master table "SCOTT"."T1" successfully loaded/unloaded
******************************************************************************
Dump file set for SCOTT.T1 is:
  /data/datapump/emp_dept.dmp
Job "SCOTT"."TEST1" successfully completed at 20:20:41
```

실습 2. scott schema 전부 백업 받기

datapump

```
[oracle@localhost ~]$ expdp scott/tiger  schemas=scott  directory=datapump \
 >                                       dumpfile=scott01.dmp

Export: Release 11.2.0.2.0 - Production on Mon Feb 18 08:07:00 2013
Copyright (c) 1982, 2009, Oracle and/or its affiliates. All rights reserved.
Connected to: Oracle Database 11g Enterprise Edition Release 11.2.0.2.0 - Production
With the Partitioning, OLAP, Data Mining and Real Application Testing options

Starting "SCOTT"."SYS_EXPORT_SCHEMA_01":  scott/******** schemas=scott
directory=datapump dumpfile=scott01.dmp
Estimate in progress using BLOCKS method...
Processing object type SCHEMA_EXPORT/TABLE/TABLE_DATA
Total estimation using BLOCKS method: 192 KB
Processing object type SCHEMA_EXPORT/PRE_SCHEMA/PROCACT_SCHEMA
Processing object type SCHEMA_EXPORT/TABLE/TABLE
Processing object type SCHEMA_EXPORT/TABLE/INDEX/INDEX
Processing object type SCHEMA_EXPORT/TABLE/CONSTRAINT/CONSTRAINT
Processing object type SCHEMA_EXPORT/TABLE/INDEX/STATISTICS/INDEX_STATISTICS
Processing object type SCHEMA_EXPORT/TABLE/COMMENT
Processing object type SCHEMA_EXPORT/TABLE/CONSTRAINT/REF_CONSTRAINT
. . exported "SCOTT"."DEPT"                          5.656 KB       4 rows
. . exported "SCOTT"."EMP"                           7.820 KB      14 rows
. . exported "SCOTT"."SALGRADE"                      5.585 KB       5 rows
. . exported "SCOTT"."BONUS"                             0 KB       0 rows
Master table "SCOTT"."SYS_EXPORT_SCHEMA_01" successfully loaded/unloaded
******************************************************************************
Dump file set for SCOTT.SYS_EXPORT_SCHEMA_01 is:
  /data/datapump/scott01.dmp
Job "SCOTT"."SYS_EXPORT_SCHEMA_01" successfully completed at 20:24:34
```

실습 3. DB 전체를 백업 받기

datapump

```
[oracle@localhost~]$ expdp system/oracle  full=y directory=datapump dumpfile=full01.dmp  \
>                                         job_name=a

Export: Release 11.2.0.2.0 - Production on Mon Feb 18 08:07:00 2013
Copyright (c) 1982, 2009, Oracle and/or its affiliates.  All rights
```

```
reserved.
Connected to: Oracle Database 11g Enterprise Edition Release 11.2.0.2.0 - Production
With the Partitioning, OLAP, Data Mining and Real Application Testing options

Starting "SYSTEM"."SYS_EXPORT_FULL_01":  system/******** full=y
directory=datapump dumpfile=full01.dmp
Estimate in progress using BLOCKS method...
Processing object type DATABASE_EXPORT/SCHEMA/TABLE/TABLE_DATA
..............................
. . exported "SYSTEM"."REPCAT$_USER_AUTHORIZATIONS"      0 KB      0 rows
. . exported "SYSTEM"."REPCAT$_USER_PARM_VALUES"         0 KB      0 rows
. . exported "SYSTEM"."SQLPLUS_PRODUCT_PROFILE"          0 KB      0 rows
. . exported "TSMSYS"."SRS$"                             0 KB      0 rows
Master table "SYSTEM"."A" successfully loaded/unloaded
******************************************************************************
Dump file set for SYSTEM.A is:
  /data/datapump/full01.dmp
Job "SYSTEM"."A" completed with 1 error(s) at 20:30:12
```

실습 4. 일시 중단 후 다시 작업하기

datapump

Expdp를 수행하다 보면 서버에 부하를 많이 줘서 일시 중단했다가 나중에 이어서 다시 작업 할 때가 있습니다. 그런 상황일 때 어떻게 하는지 살펴보겠습니다.

DB 전체를 백업 받다가 중간에 Ctrl+c를 눌러 취소하겠습니다.

```
[oracle@localhost ~]$ expdp  system/oracle  full=y  directory=datapump  \
>                            dumpfile=full02.dmp  job_name=a

Export: Release 11.2.0.2.0 - Production on Mon Feb 18 08:07:00 2013
Copyright (c) 1982, 2009, Oracle and/or its affiliates.  All rights reserved.
Connected to: Oracle Database 11g Enterprise Edition Release 11.2.0.2.0 - Production
With the Partitioning, OLAP, Data Mining and Real Application Testing options

Starting "SYSTEM"."A":  system/******** full=y directory=datapump
dumpfile=full02.dmp job_name=a
Estimate in progress using BLOCKS method...
Processing object type DATABASE_EXPORT/SCHEMA/TABLE/TABLE_DATA
 ← Ctrl + C 를 눌러서 취소했습니다.
```

```
Export> status

Job: A
 Operation: EXPORT
 Mode: FULL
 State: EXECUTING
 Bytes Processed: 0
 Current Parallelism: 1
 Job Error Count: 0
 Dump File: /data/datapump/full02.dmp
 bytes written: 4,096
Worker 1 Status:
State: EXECUTING
Object Schema: SYSMAN
Object Name: MGMT_SQL_REUSE
Object Type: DATABASE_EXPORT/SCHEMA/TABLE/TABLE_DATA
Completed Objects: 480
Worker Parallelism: 1

Export> stop_job  ← 일시 중단 시킴
Are you sure you wish to stop this job ([yes]/no): 엔터치세요

[oracle@localhost ~]$ sqlplus / as sysdba;

SQL*Plus: Release 11.2.0.2.0 Production on Mon Feb 18 08:09:13 2013
Copyright (c) 1982, 2010, Oracle.  All rights reserved.
Connected to:
Oracle Database 11g Enterprise Edition Release 11.2.0.2.0 - Production
With the Partitioning, OLAP, Data Mining and Real Application Testing options
SQL> col owner_name for a10
SQL> col job_name for a10
SQL> col operation for a10
SQL> col job_mode for a10
SQL> SELECT owner_name , job_name,operation,job_mode,state
  2 FROM dba_datapump_jobs;

OWNER_NAME  JOB_NAME   OPERATION  JOB_MODE   STATE
----------- ---------- ---------- ---------- --------
SYSTEM      A          EXPORT     FULL       NOT RUNNING

[oracle@localhost ~]$ expdp  system/oracle  attach=system.a  ← 일시 중단된 작
업에 재 접속
```

```
Export: Release 11.2.0.2.0 - Production on Mon Feb 18 08:07:00 2013
Copyright (c) 1982, 2009, Oracle and/or its affiliates. All rights reserved.
Connected to: Oracle Database 11g Enterprise Edition Release 11.2.0.2.0 - Production
With the Partitioning, OLAP, Data Mining and Real Application Testing options

Job: A
  Owner: SYSTEM
  Operation: EXPORT
  Creator Privs: FALSE
  GUID: 846E1836D9AD4309E040007F0100696A
  Start Time: Saturday, 17 April, 2013 20:40:18
  Mode: FULL
  Instance: testdb
  Max Parallelism: 1
  EXPORT Job Parameters:
  Parameter Name      Parameter Value:
    CLIENT_COMMAND   system/******** full=y directory=datapump
dumpfile=full02.dmp job_name=a
  State: IDLING
  Bytes Processed: 0
  Current Parallelism: 1
  Job Error Count: 0
  Dump File: /data/datapump/full02.dmp
    bytes written: 1,626,112

Worker 1 Status:
  State: UNDEFINED

Export> start_job
Export> exit
[oracle@localhost ~]$ sqlplus / as sysdba;

SQL*Plus: Release 11.2.0.2.0 Production on Mon Feb 18 08:09:13 2013
Copyright (c) 1982, 2010, Oracle.  All rights reserved.
Connected to:
Oracle Database 11g Enterprise Edition Release 11.2.0.2.0 - Production
With the Partitioning, OLAP, Data Mining and Real Application Testing options

SQL> col owner_name for a10
SQL> col job_name for a10
SQL> col operation for a10
SQL> col job_mode for a10
```

```
SQL> SELECT owner_name , job_name,operation,job_mode,state
  2 FROM dba_datapump_jobs ;
OWNER_NAME   JOB_NAME   OPERATION  JOB_MODE   STATE
------------ ---------- ---------- ---------- ------
SYSTEM       A          EXPORT     FULL       EXECUTING
```

Export > 상태에서 만약 해당 작업을 완전히 취소하고 싶으면 **kill_job**을 입력하시면 됩니다.

실습 5. 비정상적으로 종료된 job 취소하기

datapump

Step 1 사전 환경 설정하기

```
[oracle@localhost ~]$ mkdir  /data/dp1
[oracle@localhost ~]$ mkdir  /data/dp2
[oracle@localhost ~]$ mkdir  /data/dp3
[oracle@localhost ~]$ mkdir  /data/dp4
```

데이터가 저장될 디렉터리를 미리 생성합니다

```
[oracle@localhost ~]$ sqlplus / as sysdba;

SQL*Plus: Release 11.2.0.2.0 Production on Mon Feb 18 08:09:13 2013

Copyright (c) 1982, 2010, Oracle.  All rights reserved.

Connected to:
Oracle Database 11g Enterprise Edition Release 11.2.0.2.0 - Production
With the Partitioning, OLAP, Data Mining and Real Application Testing options

SQL> startup
ORACLE instance started.

Total System Global Area  184549376 bytes
Fixed Size                  1266464 bytes
Variable Size              75500768 bytes
Database Buffers          100663296 bytes
Redo Buffers                7118848 bytes
Database mounted.
Database opened.
```

```
SQL> create  directory  dp1  as  '/data/dp1';
Directory created.

SQL> create  directory  dp2  as  '/data/dp2';
Directory created.

SQL> create  directory  dp3  as  '/data/dp3';
Directory created.

SQL> create  directory  dp4  as  '/data/dp4';
Directory created.

SQL> grant  read,write  on  directory  dp1  to  scott;
Grant succeeded.

SQL> grant  read,write  on  directory  dp2  to  scott;
Grant succeeded.

SQL> grant  read,write  on  directory  dp3  to  scott;
Grant succeeded.

SQL> grant  read,write  on  directory  dp4  to  scott;
Grant succeeded.
```

Step 2 Datapump 수행 중 비정상 종료

```
SQL> exit
Disconnected FROM Oracle Database 11g Enterprise Edition Release 11.2.0.2.0 - Production
With the Partitioning, OLAP, Data Mining and Real Application Testing options
[oracle@localhost~]$ expdp system/oracle  full=y  directory=dp1  dumpfile=full01.dmp \
>                                   job_name=dp1

Export: Release 11.2.0.2.0 - Production on Mon Feb 18 08:07:00 2013
Copyright (c) 1982, 2009, Oracle and/or its affiliates.  All rights reserved.
Connected to: Oracle Database 11g Enterprise Edition Release 11.2.0.2.0 - Production
With the Partitioning, OLAP, Data Mining and Real Application Testing options

Starting "SYSTEM"."DP1":  system/******** full=y directory=dp1
dumpfile=full01.dmp job_name=dp1
Estimate in progress using BLOCKS method...
Processing object type DATABASE_EXPORT/SCHEMA/TABLE/TABLE_DATA
Ctrl+c 눌러서 작업 정지 시킴.
```

```
Export> stop
Are you sure you wish to stop this job ([yes]/no): yes

[oracle@localhost ~]$ expdp system/oracle  full=y  directory=dp2  dumpfile=full02.dmp \
>                                         job_name=dp2

Export: Release 11.2.0.2.0 - Production on Mon Feb 18 08:07:00 2013
Copyright (c) 1982, 2009, Oracle and/or its affiliates.  All rights reserved.
Connected to: Oracle Database 11g Enterprise Edition Release 11.2.0.2.0 - Production
With the Partitioning, OLAP, Data Mining and Real Application Testing options

Starting "SYSTEM"."DP2":  system/******** full=y directory=dp2
dumpfile=full02.dmp job_name=dp2
Estimate in progress using BLOCKS method...
Processing object type DATABASE_EXPORT/SCHEMA/TABLE/TABLE_DATA

Export> stop
Are you sure you wish to stop this job ([yes]/no): yes

[oracle@localhost ~]$ expdp  system/oracle  full=y  directory=dp3  dumpfile=full03.dmp \
>                                         job_name=dp3

Export: Release 10.2.0.4.0 - Production on Tuesday, 19 October, 2013 7:46:30

Copyright (c) 2003, 2007, Oracle.  All rights reserved.

Connected to: Oracle Database 10g Enterprise Edition Release 10.2.0.4.0 - Production
With the Partitioning, OLAP, Data Mining and Real Application Testing options
Starting "SYSTEM"."DP3":  system/******** full=y directory=dp3
dumpfile=full03.dmp job_name=dp3
Estimate in progress using BLOCKS method...
Processing object type DATABASE_EXPORT/SCHEMA/TABLE/TABLE_DATA

Export> stop
Are you sure you wish to stop this job ([yes]/no): yes

[oracle@localhost ~]$ sqlplus / as sysdba;

SQL*Plus: Release 11.2.0.2.0 Production on Mon Feb 18 08:09:13 2013
Copyright (c) 1982, 2010, Oracle.  All rights reserved.
Connected to:
Oracle Database 11g Enterprise Edition Release 11.2.0.2.0 - Production
With the Partitioning, OLAP, Data Mining and Real Application Testing options
```

```
SQL> col owner_name  for  a10
SQL> col job_name    for  a10
SQL> col operation   for  a10
SQL> col job_mode    for  a10

SQL> SELECT  owner_name , job_name, operation, job_mode, state
  2  FROM dba_datapump_jobs ;

OWNER_NAME    JOB_NAME   OPERATION    JOB_MODE    STATE
-----------  ----------  -----------  ----------  ------------------
SYSTEM        DP3        EXPORT        FULL       NOT RUNNING
SYSTEM        DP2        EXPORT        FULL       NOT RUNNING
SYSTEM        DP1        EXPORT        FULL       NOT RUNNING
```

3개의 작업이 not running이라는 상태로 조회 됩니다.

Step 3 파일을 수동으로 삭제하는 장애 발생

```
SQL> !rm -fr /data/dp1/*
SQL> !rm -fr /data/dp2/*
SQL> !rm -fr /data/dp3/*

SQL> exit
Disconnected FROM Oracle Database 11g Enterprise Edition Release 11.2.0.2.0 - Production
With the Partitioning, OLAP, Data Mining and Real Application Testing options
```

Step 4 중지되었던 job에 다시 접속 시도 – 에러 발생함

```
[oracle@localhost ~]$ expdp  system/oracle  attach=dp1
Export: Release 11.2.0.2.0 - Production on Mon Feb 18 08:07:00 2013
Copyright (c) 1982, 2009, Oracle and/or its affiliates.  All rights reserved.
Connected to: Oracle Database 11g Enterprise Edition Release 11.2.0.2.0 - Production

With the Partitioning, OLAP, Data Mining and Real Application Testing
optionsORA-39002: invalid operation
ORA-39000: bad dump file specification
ORA-31640: unable to open dump file "/data/dp1/full01.dmp" for read
ORA-27037: unable to obtain file status
Linux Error: 2: No such file or directory
Additional information: 3

[oracle@localhost ~]$ expdp  system/oracle  attach=dp2
Export: Release 11.2.0.2.0 - Production on Mon Feb 18 08:07:00 2013
Copyright (c) 1982, 2009, Oracle and/or its affiliates.  All rights reserved.
```

```
Connected to: Oracle Database 11g Enterprise Edition Release 11.2.0.2.0 - Production
With the Partitioning, OLAP, Data Mining and Real Application Testing options

ORA-39002: invalid operation
ORA-39000: bad dump file specification
ORA-31640: unable to open dump file "/data/dp2/full02.dmp" for read
ORA-27037: unable to obtain file status
Linux Error: 2: No such file or directory
Additional information: 3

[oracle@localhost ~]$ expdp system/oracle  attach=dp3
Export: Release 11.2.0.2.0 - Production on Mon Feb 18 08:07:00 2013
Copyright (c) 1982, 2009, Oracle and/or its affiliates.  All rights reserved.
Connected to: Oracle Database 11g Enterprise Edition Release 11.2.0.2.0 - Production
With the Partitioning, OLAP, Data Mining and Real Application Testing options

ORA-39002: invalid operation
ORA-39000: bad dump file specification
ORA-31640: unable to open dump file "/data/dp3/full03.dmp" for read
ORA-27037: unable to obtain file status
Linux Error: 2: No such file or directory
Additional information: 3
```

Step 5 위 문제의 정보를 가진 마스터 테이블 확인 후 삭제

```
SYS> set line 200
SYS> col owner.object for a15
SYS> SELECT o.status, o.object_id, o.object_type, o.owner||'.'||object_name "OWNER.OBJECT"
  2  FROM  dba_objects o, dba_datapump_jobs j
  3  WHERE  o.owner=j.owner_name
  4  AND  o.object_name=j.job_name
  5  AND  j.job_name  NOT  LIKE  'BIN$%'
  6  ORDER  BY  4,2;

STATUS    OBJECT_ID  OBJECT_TYPE    OWNER.OBJECT
--------- ---------- -------------- --------------------
VALID         52932  TABLE           SYSTEM.DP1
VALID         52984  TABLE           SYSTEM.DP2
VALID         53004  TABLE           SYSTEM.DP3

SYS> drop  table  system.dp1;
Table dropped.
```

```
SYS> drop  table  system.dp2;
Table dropped.

SYS> drop  table  system.dp3;
Table dropped.

SYS> SELECT owner_name , job_name, operation, job_mode, state
  2  FROM dba_datapump_jobs ;

no rows SELECTed  ← 모두 삭제된 것을 확인할 수 있습니다.
```

실습 6. 여러 사용자의 테이블 한꺼번에 expdp 받기

datapump

```
[oracle@localhost ~]$ expdp system/oracle directory=datapump dumpfile=scott16.dmp  \
>                      tables=scott.emp ,hr.departments

Export: Release 11.2.0.2.0 - Production on Mon Feb 18 08:17:11 2013
Copyright (c) 1982, 2009, Oracle and/or its affiliates.  All rights reserved.
Connected to: Oracle Database 11g Enterprise Edition Release 11.2.0.2.0 - Production
With the Partitioning, OLAP, Data Mining and Real Application Testing options

Starting "SYSTEM"."SYS_EXPORT_TABLE_01":  system/********
directory=datapump dumpfile=scott16.dmp tables=scott.emp ,hr.departments
Estimate in progress using BLOCKS method...
Processing object type TABLE_EXPORT/TABLE/TABLE_DATA
Total estimation using BLOCKS method: 128 KB
Processing object type TABLE_EXPORT/TABLE/TABLE
Processing object type TABLE_EXPORT/TABLE/GRANT/OWNER_GRANT/OBJECT_GRANT
Processing object type TABLE_EXPORT/TABLE/INDEX/INDEX
Processing object type TABLE_EXPORT/TABLE/CONSTRAINT/CONSTRAINT
Processing object type TABLE_EXPORT/TABLE/INDEX/STATISTICS/INDEX_STATISTICS
Processing object type TABLE_EXPORT/TABLE/COMMENT
Processing object type TABLE_EXPORT/TABLE/CONSTRAINT/REF_CONSTRAINT
Processing object type TABLE_EXPORT/TABLE/STATISTICS/TABLE_STATISTICS
. . exported "HR"."DEPARTMENTS"                          7.007 KB      27 rows
. . exported "SCOTT"."EMP"                               8.570 KB      14 rows
Master table "SYSTEM"."SYS_EXPORT_TABLE_01" successfully loaded/unloaded
******************************************************************************
Dump file set for SYSTEM.SYS_EXPORT_TABLE_01 is:
  /data/datapump/scott16.dmp
Job "SYSTEM"."SYS_EXPORT_TABLE_01" successfully completed at 08:17:18
```

실습 7. 병렬로 expdp 작업 하기

datapump

```
[oracle@localhost ~]$ expdp system/oracle full=y directory=datapump dumpfile=full04.dmp  \
>                  job_name=a    parallel=4
```

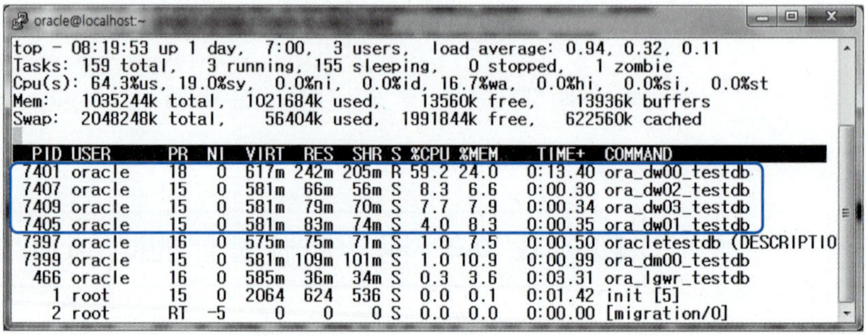

위 그림은 expdp를 수행 한 후 리눅스에서 top -c라는 명령어로 실제 수행중인 프로세스 목록을 조회한 화면입니다. 병렬로 4개의 프로세스가 작동하면서 작업이 되는 것을 확인 할 수 있습니다.

실습 8. 파일 위치 다르게 병렬로 expdp 작업하기

datapump

```
[oracle@localhost ~]$ expdp   system/oracle   full=y   parallel=4 \
>              dumpfile=DATADIR1:full1%U.dat,  \
>                     DATADIR2:full2%U.dat,  \
>                     DATADIR3:full3%U.dat,  \
>                     DATADIR4:full4%U.dat   \
>                     filesize=100M
```

위 실습을 하기 위해서는 당연히 DATADIR1-4까지는 미리 만들어져 있어야 합니다.

실습 9. 파라미터 파일 사용해서 expdp 수행 – 여러 개의 파일로 분할 expdp

datapump

```
[oracle@testdb ~]$ vi expdp_pump.par
userid=system/oracle
directory=datapump
job_name=datapump
logfile=expdp.log
dumpfile=expdp_%U.dmp
filesize=100M
full=y
:wq!

[oracle@localhost ~]$ expdp parfile=expdp_pump.par

Export: Release 11.2.0.2.0 - Production on Mon Feb 18 08:27:02 2013
Copyright (c) 1982, 2009, Oracle and/or its affiliates.  All rights reserved.
Connected to: Oracle Database 11g Enterprise Edition Release 11.2.0.2.0 - Production
With the Partitioning, OLAP, Data Mining and Real Application Testing options

Starting "SYSTEM"."DATAPUMP":  parfile=expdp_pump.par
Estimate in progress using BLOCKS method...
Processing object type DATABASE_EXPORT/SCHEMA/TABLE/TABLE_DATA
..................................
```

이상으로 데이터를 추출해 내는 expdp 관련 작업들을 살펴보았습니다. 이 방법들 외에도 다양한 방법들이 있으니 꼭 위 실습들을 숙지하기 바랍니다.

5. impdp 관련 파라미터

impdp는 expdp로 추출한 데이터를 데이터베이스로 입력을 하는 프로그램입니다. impdp 관련 파라미터는 거의 대부분 expdp 파라미터와 비슷한 것이 많이 있습니다. expdp처럼 다양한 파라미터를 표로 정리한 후에 많이 사용하는 주요 파라미터를 자세하게 살펴보겠습니다.(abc 순서입니다)

파라미터명	의 미
attach	작업중인 job에 접근하는 방식을 지정합니다.
content	Import할 contents 를 지정합니다. 기본값은 ALL입니다
directory	Import할 파일이 저장되어 있는 디렉터리를 지정합니다.
dumpfile	Import할 파일명을 지정합니다.
encryption_password	Import할 때 사용할 Encryption key를 입력합니다.
exclude	Import할 때 제외할 항목을 지정합니다.
flashback_scn	flashback import시에 사용할 SCN을 지정합니다.
flashback_time	flashback import시에 사용할 시간을 지정합니다.
full	전체 데이터를 import할 때 사용합니다.
help	도움말을 출력합니다.
include	Import할 때 포함될 항목을 지정합니다.
ip_address	PLSQL debugger ip 주소를 입력합니다.
job_name	Job name을 지정합니다.
logfile	Import 작업 내용을 저장할 log file 이름을 지정합니다.
mp_enable	현재 세션의 multi-processing 여부를 지정합니다.
network_link	Import할 때 사용할 DB Link명을 지정합니다.
nologfile	Import할 작업내용을 log file로 남기지 않을 경우 사용합니다.
parallel	병렬 import할 개수를 지정합니다. 기본값은 1입니다.
parallel_threshold	DML Parallelism의 개수를 지정합니다.
parfile	Import할 때 사용할 파라미터를 적은 파라미터 파일을 지정합니다.
partition_options	파티션 테이블을 import할 때 사용하는 파라미터입니다.
query	특정 조건만 import할 때 사용하는 파라미터입니다.
remap_data	패키지나 트리거 등의 소유자를 변경할 때 사용합니다.
remap_datafile	데이터파일의 경로를 변경할 때 사용합니다.
remap_schema	소유자의 스키마를 변경할 때 사용합니다.
remap_table	테이블 이름을 변경할 때 사용합니다.
remap_tablespace	오브젝트의 테이블스페이스를 변경할 경우 사용합니다.
schemas	Import할 특정 스키마 명을 지정합니다.
skip_unusable_indexes	Import시 index가 unusable 상태일 경우 그냥 skip합니다.
sqlfile	DDL 문장을 특정 파일에 추출해서 저장해줍니다.

status	Import 진행 상태를 화면에 보여줍니다.
table_exists_action	대상 테이블이 존재할 경우 어떻게 할 것인지를 지정합니다.
tables	Import할 테이블 이름을 지정합니다.
tablespaces	Import할 테이블스페이스 이름을 지정합니다.
transportable	Transportable data movement 를 사용합니다.기본값은 never입니다.
transport_tablespaces	Transportable tablespace option으로 기본값은 N입니다.
userid	Import시에 접속할 사용자 계정과 암호를 지정합니다.

위 옵션 중에서 중요한 옵션들을 자세히 살펴보겠습니다. impdp 명령어는 아래와 같이 expdp 명령어와 거의 유사한 방식으로 사용이 됩니다.

```
$ impdp  scott/tiger  directory=datapump  dumpfile=scott01.dmp  schemas=scott
```

위 명령어에서 모든 파라미터는 expdp때 사용했던 파라미터와 동일한 의미입니다. 아래에서는 expdp와 다른 부분만 살펴 보도록 하겠습니다.

● Content

Data_only, All , Metadata_only 3가지 값을 가지고 있으며 expdp 의 옵션과 같습니다.

● Include

Include=object_name:₩"₩=₩'조건₩' ₩" 형식으로 사용할 수 있습니다.

예 1)
```
$ impdp scott/tiger directory=datapump dumpfile=scott05.dmp   \
   >                 include=table:\"\=\'emp\'\"
```

위 예는 scott user가 여러개의 테이블을 scott05.dmp 파일에 expdp 받았을 때 그 중에서 emp 테이블만 impdp하라는 의미입니다.

예 2)
```
$ expdp scott/tiger directory=datapump  dumpfile=scott13.dmp  tables=emp,dept,bonus
```

위 문장으로 scott13.dmp에 emp, dept, bonus 3개의 테이블이 expdp되어 있

습니다. 이 파일에서 emp , dept만 impdp 하겠습니다.

```
$ impdp  scott/tiger  directory=datapump  dumpfile=scott13.dmp   \
  >                   include=table:\"\in\(\'emp\',\'dept\'\)\"
```

● Exclude

특정 테이블만 빼고 impdp하려고 할 때 사용하며 방법은 include와 동일합니다.

● Table_exists_action

impdp에만 있는 옵션으로 동일한 이름의 테이블이 존재할 때 테이블의 데이터가 다를 경우가 있습니다. 즉 테이블명은 같지만 데이터는 다를 경우입니다.

이 파라미터는 아래처럼 여러가지 옵션을 가지고 있으며 적절히 사용하시면 됩니다.

- skip : 같은 테이블을 만나면 건너뛰고 다음 테이블을 impdp합니다
- append : 같은 테이블을 만나면 기존내용에 데이터를 추가합니다.
- truncate : 같은 테이블을 만나면 기존 테이블을 truncate하고 새로 impdp 합니다.
- drop : 기존 테이블을 drop하고 테이블을 새로 만들어서 새로운 내용을 impdp합니다.

● Remap_schema

Scott user로 expdp 받은 테이블을 다른 유저로 impdp 할때 사용합니다.

예) $ impdp system/oracle directory=datapump dumpfile=scott13.dmp schemas=scott \

```
  >                include=table:\"\=\'emp\'\"  remap_schema=scott:hr
```

● Remap_datafile

기존 서버의 데이터파일 정보를 이전 후 서버의 데이터파일로 매핑해주는 파라미터입니다. Expdp된 덤프 파일 안에 데이터 파일 정보를 가지고 있는 경우에

만 사용할 수 있습니다.

```
예) $ impdp system/oracle  full=y  directory=datapump  dumpfile=full01.dmp  \
   >   Remap_datafile='/data1/users01.dbf':'/data2/users01.dbf' ,  \
   >                 '/data1/test.dbf':'/data2/test.dbf'
```

● Remap_tablespace

기존 테이블스페이스에서 다른 테이블스페이스로 테이블을 impdp시킬 때 사용하는 파라미터입니다.

```
예) $ impdp  system/oracle   directory=datapump  dumpfile=scott.dmp  \
  >                     Remap_tablespace='users':'example'  schemas=scott
```

● remap_table

이 파라미터는 기존 테이블 이름을 impdp 하면서 변경할 때 사용하는 파라미터입니다. 이 실습을 하기 위해서 먼저 scott.emp 테이블을 아래와 같이 expdp 받겠습니다.

```
$ expdp scott/tiger directory=datapump tables=emp dumpfile=emp.dmp
```

이번에는 remap_table 파라미터를 사용하여 emp -> emp100으로 변경하면서 impdp를 수행합니다.

```
$ impdp scott/tiger directory=datapump dumpfile=emp.dmp tables=emp  \
>                  remap_table=emp:emp100
```

● Network_link

Expdp와 마찬가지로 원격지 db에 impdp할 수 있습니다.

● partition_options

이 파라미터는 파티션 되어 있던 테이블을 단일 테이블로 impdp할 때 사용하는 파라미터입니다.

```
[oracle@localhost ~]$ impdp scott/tiger directory=datapump dumpfile=panmae.dmp  \
>                              tables=panmae100  partition_options=merge
```

위 예에서 panmae.dmp 파일에는 파티션 테이블인 panmae 테이블이 저장되어 있다고 가정하고 테스트를 수행했습니다.

● Data_Options= skip_constraint_errors

이 파라미터는 impdp시 테이블에 설정되어 있는 제약조건이 위배되는 에러가 발생 했을 경우 그 에러를 무시하고 계속 진행하라는 옵션입니다. 아래의 그림으로 이 파라미터를 살펴보겠습니다.

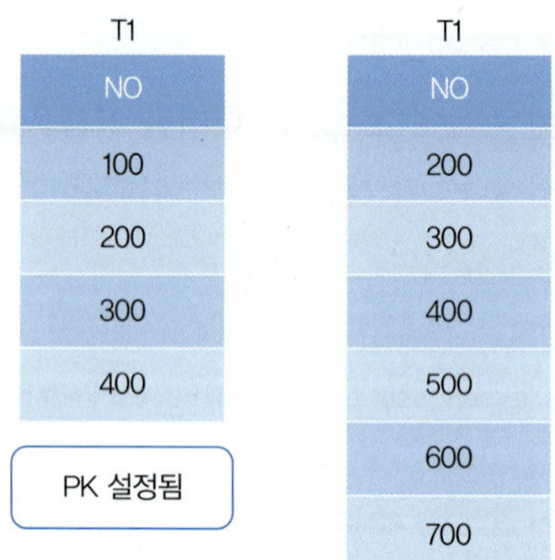

위 그림에서 왼쪽 T1 테이블에 PK가 설정되어 있는데 오른쪽 T1 테이블의 데이터를 왼쪽 T1 테이블에 추가를 하려고 합니다. 이때 왼쪽 T1 테이블에 PK가 설정되어 있기 때문에 분명히 에러가 발생하고 작업이 취소가 될 것입니다. Table_exists_action=append 옵션은 테이블 이름이 동일할 경우 데이터를 추가하는 옵션이지만 추가할 때 제약조건이 문제가 되면 추가를 할 수 없습니다. 이럴 경우에 사용하는 것이 Data_Options=skip_constraint_errors 파라미터입니다. 이름처럼 Constraints에서 에러가 발생해도 skip하고 계속 진행하라는 뜻입니다.

아래의 실습으로 테스트하겠습니다. 먼저 오른쪽 t1 테이블을 생성 -> 데이터를 입력 -> expdp 수행 -> 테이블을 삭제합니다.

```
SCOTT>SELECT * FROM t1;

        NO
--------------
       200
       300
       400
       500
       600
       700

6 rows SELECTed.

SCOTT>!expdp  scott/tiger directory=datapump dumpfile=t1.dmp tables=t1

Export: Release 11.2.0.2.0 - Production on Mon Feb 18 10:13:59 2013

Copyright (c) 1982, 2009, Oracle and/or its affiliates.  All rights reserved.

Connected to: Oracle Database 11g Enterprise Edition Release 11.2.0.2.0 - Production
With the Partitioning, OLAP, Data Mining and Real Application Testing options
Starting "SCOTT"."SYS_EXPORT_TABLE_01":  scott/******** directory=datapump
dumpfile=t1.dmp tables=t1
Estimate in progress using BLOCKS method...
Processing object type TABLE_EXPORT/TABLE/TABLE_DATA
Total estimation using BLOCKS method: 64 KB
Processing object type TABLE_EXPORT/TABLE/TABLE
. . exported "SCOTT"."T1"                              5.046 KB       6 rows
Master table "SCOTT"."SYS_EXPORT_TABLE_01" successfully loaded/unloaded
******************************************************************************
Dump file set for SCOTT.SYS_EXPORT_TABLE_01 is:
  /data/datapump/t1.dmp
Job "SCOTT"."SYS_EXPORT_TABLE_01" successfully completed at 10:14:05

SCOTT>drop table t1 ;

Table dropped.
```

위 그림에서 왼쪽 T1 테이블을 생성하고 데이터를 입력합니다.

```
SCOTT>create table t1 (no number primary key);
Table created.

SCOTT>insert into t1 values (100);
1 row created.

SCOTT>insert into t1 values (200);
1 row created.

SCOTT>insert into t1 values (300);
1 row created.

SCOTT>insert into t1 values (400);
1 row created.

SCOTT>commit;
Commit complete.

SCOTT>SELECT * FROM t1 ;

        NO
---------------
       100
       200
       300
       400
```

impdp를 수행하되 이 옵션 설정 없이 수행해서 에러가 발생하는 것을 확인하겠습니다.

```
SCOTT>!impdp scott/tiger directory=datapump file=t1.dmp table_exists_action=append

Import: Release 11.2.0.2.0 - Production on Mon Feb 18 10:18:02 2013
Copyright (c) 1982, 2009, Oracle and/or its affiliates.  All rights reserved.
Connected to: Oracle Database 11g Enterprise Edition Release 11.2.0.2.0 - Production
With the Partitioning, OLAP, Data Mining and Real Application Testing options
Legacy Mode Active due to the following parameters:
Legacy Mode Parameter: "file=t1.dmp" Location: Command Line, Replaced with:
"dumpfile=t1.dmp"
Master table "SCOTT"."SYS_IMPORT_FULL_01" successfully loaded/unloaded
Starting "SCOTT"."SYS_IMPORT_FULL_01":   scott/******** directory=datapump
dumpfile=t1.dmp table_exists_action=append
```

```
Processing object type TABLE_EXPORT/TABLE/TABLE
Table "SCOTT"."T1" exists. Data will be appended to existing table but all
dependent metadata will be skipped due to table_exists_action of append
Processing object type TABLE_EXPORT/TABLE/TABLE_DATA
ORA-31693: Table data object "SCOTT"."T1" failed to load/unload and is
being skipped due to error:
ORA-00001: unique constraint (SCOTT.SYS_C0011559) violated
Job "SCOTT"."SYS_IMPORT_FULL_01" completed with 1 error(s) at 10:18:05
```

윗줄에 **ORA-00001**번 에러가 발생하면서 작업이 실패한 것이 보입니다. 이번에는 이 옵션을 사용하고 다시 작업하겠습니다.

```
[oracle@localhost ~]$ impdp scott/tiger directory=datapump file=t1.dmp  \
>              table_exists_action=append   data_options= skip_constraint_
errors

Import: Release 11.2.0.2.0 - Production on Mon Feb 18 10:20:15 2013
Copyright (c) 1982, 2009, Oracle and/or its affiliates.  All rights reserved.
Connected to: Oracle Database 11g Enterprise Edition Release 11.2.0.2.0 - Production
With the Partitioning, OLAP, Data Mining and Real Application Testing options
Legacy Mode Active due to the following parameters:
Legacy Mode Parameter: "file=t1.dmp" Location: Command Line, Replaced with:
"dumpfile=t1.dmp"
Master table "SCOTT"."SYS_IMPORT_FULL_01" successfully loaded/unloaded
Starting "SCOTT"."SYS_IMPORT_FULL_01":  scott/******** directory=datapump
dumpfile=t1.dmp table_exists_action=append Data_Options= skip_constraint_errors
Processing object type TABLE_EXPORT/TABLE/TABLE
Table "SCOTT"."T1" exists. Data will be appended to existing table but all
dependent metadata will be skipped due to table_exists_action of append
Processing object type TABLE_EXPORT/TABLE/TABLE_DATA
. . imported "SCOTT"."T1"                          5.046 KB     3 out of 6 rows
3 row(s) were rejected with the following error:
ORA-00001: unique constraint (SCOTT.SYS_C0011559) violated

Rejected rows with the primary keys are:
 Rejected row #1:
   column NO: 200
 Rejected row #2:
   column NO: 300
 Rejected row #3:
   column NO: 400
Job "SCOTT"."SYS_IMPORT_FULL_01" successfully completed at 10:20:19
```

위 에러 메시지를 보면 3건은 제약조건 위반으로 입력이 안되고 나머지만 되었다고 나옵니다. 실제 입력된 내용을 조회하여 확인합니다.

```
[oracle@localhost ~]$ exit
exit

SCOTT>SELECT * FROM t1 ;

        NO
--------------
       100
       200
       300
       400
       500
       600
       700

7 rows selected.
```

데이터가 정상적으로 입력된 것이 확인됩니다. 이상으로 impdp의 다양한 옵션을 살펴보았습니다. 다양한 실습으로 지금까지 살펴본 impdp를 익히겠습니다.

실습 10. parameter 파일 이용해서 impdp 작업하기

datapump

```
[oracle@localhost ~]$ vi impdp.par
userid=system/manager
directory=datapump
job_name=datapump
logfile=impdp_pump.log
dumpfile=expdp_%U.dmp
full=y
table_exists_action=append

[oracle@localhost ~]$ impdp parfile=impdp.par
```

실습 11. Impdp 병렬 작업하기

datapump

```
[oracle@localhost ~]$impdp   system/manager    parallel=4   \
>                        dumpfile= DATADIR1:full1%U.dat,   \
>                                  DATADIR2:full2%U.dat,   \
>                                  DATADIR3:full3%U.dat,   \
>                                  DATADIR4:full4%U.dat    \
>                                  Table_exists_action=append
```

실습 12. Import 수행하지 않고 DDL 문장만 추출하기

datapump

```
[oracle@localhost ~]$ impdp    system/manager    directory=datapump        \
>                             dumpfile=expdp_%U.dmp  sqlfile=datapump.dat
```

실습 13. 작업 예상시간 추출하기

datapump

```
[oracle@localhost ~]$ sqlplus / as sysdba
SQL> SELECT sid,serial#,sofar,totalwork
2    FROM v$session_longops
3    WHERE opname='DATAPUMP2' ← job_name을 대문자로 입력하세요.
4    and sofar != totalwork ;
    SID     SERIAL#     SOFAR     TOTALWORK
---------- ---------- -------- -------------
    159          69         0           52
```

실습 14. 데이터 펌프 재 설치하기 (10.2 이상 버전)

datapump

```
1)SQL>@$ORACLE_HOME/rdbms/admin/catdph.sql
2)SQL>@$ORACLE_HOME/rdbms/admin/prvtdtde.plb
3)SQL>@$ORACLE_HOME/rdbms/admin/catdpb.sql
4)SQL>@$ORACLE_HOME/rdbms/admin/dbmspump.
5)SQL>@$ORACLE_HOME/rdbms/admin/utlrp.sql
```

실습 15. 데이터 펌프 수행 시 암호화 작업 - 11g New Featrue

datapump

(단 이 기능은 추가적인 라이선스를 구입해야만 사용할 수 있습니다)

```
[oracle@localhost ~]$ expdp system/oracle full=y directory=datapump
dumpfile=full04.dmp  \
>          job_name=abc ENCRYPTION=data_only  ENCRYPTION_PASSWORD=epasswd
```

위 예에서 encryption 뒤에 올 수 있는 값들은 ALL, DATA_ONLY, ENCRYPTED_COLUMNS_ONLY, METADATA_ONLY, NONE이 있습니다.

각각의 의미는 아래와 같습니다.

- ALL : 모든 데이터와 메타 데이터를 암호화 합니다.
- DATA_ONLY : 덤프 파일에 저장될 데이터만 암호화 합니다.
- ENCRYPTED_COLUMNS_ONLY : 특정 컬럼만 암호화 합니다.
- METADATA_ONLY : 메타 데이터만 암호화 합니다.
- NONE : 암호화를 사용하지 않습니다. 기본값입니다.

실습 16. 설정된 Directory 경로 확인하기

datapump

```
SQL> set line 200
SQL> col owner for a10
SQL> col directory_name for a25
SQL> col directory_path for a60
SQL>

SQL> select * from dba_directories ;

OWNER   DIRECTORY_NAME   DIRECTORY_PATH
------ ---------------- ------------------------------------------------------
SYS     SUBDIR           /app/oracle/product/11g/demo/schema/order_entry/2002/Sep
SYS     SS_OE_XMLDIR     /app/oracle/product/11g/demo/schema/order_entry/
SYS     DATAPUMP         /data/datapump
SYS     LOG_FILE_DIR     /app/oracle/product/11g/demo/schema/log/
```

```
SYS     MEDIA_DIR          /app/oracle/product/11g/demo/schema/product_media/
SYS     XMLDIR             /app/oracle/product/11g/rdbms/xml
SYS     DATA_FILE_DIR      /app/oracle/product/11g/demo/schema/sales_history/
SYS     DATA_PUMP_DIR      /app/oracle/admin/testdb/dpdump/
SYS     ORACLE_OCM_CONFIG_DIR    /app/oracle/product/11g/ccr/state
```

실습 17. 일자 별 schema 별로 자동 백업 받는 스크립트

datapump

이번 실습은 현업에서 많이 사용하는 것으로 마이그레이션 작업과 같은 일을 할 때 AS-IS서버(원본서버)에서 모든 schema별로 datapump를 수행해서 To-Be(신규서버)로 옮기게 됩니다. 그때 AS-IS서버에 schema가 너무 많을 경우 일일이 수동으로 찾아서 하기는 너무 힘들기 때문에 아래에서 소개하는 스크립트를 사용하면 작업이 많이 수월해 질 것입니다.

아래 스크립트는 특정 백업 디렉토리(여기서는 /data/backup/expdp) 아래에 백업을 수행하는 년-월-일-시간 형식으로 디렉토리를 자동으로 만들고 그 아래에 Schema별로 dmp 파일과 log 파일을 생성하게 만들어져 있습니다. Expdp에 많은 옵션이 있어서 기본적인 옵션만 주고 만들었지만 원하는 옵션이 있으시다면 스크립트를 조금만 수정해서 사용하시면 될 것입니다.

```
[oracle@localhost ~]$ vi expdp_script.sh

export LANG=C
export ORACLE_BASE=/home/oracle
export ORACLE_HOME=$ORACLE_BASE/product/10g
export PATH=$ORACLE_HOME/bin:$PATH
export ORACLE_SID=testdb

sqlplus /nolog << EOF3
conn / as sysdba
set head off
set time off
set timing off
set feedback off
set echo off
set line 200
```

```
col name for a100
spool /home/oracle/expdp.tmp
SELECT '!mkdir -p /data/backup/expdp/'||to_char(sysdate,'YYYY_MM_DD_HH24')
FROM dual;
-- 아래 줄은 화면상 줄 바꿈 했지만 실제로는 ; 까지 한 줄로 이어서 쓰세요
SELECT 'create or replace directory datapump_'||to_char(sysdate,'YYYY_MM_DD_HH24')||
' as '||''''||'/data/backup/expdp/'||to_char(sysdate,'YYYY_MM_DD_HH24')||''''||';' FROM dual;
-- 아래 줄은 화면상 줄 바꿈 했지만 실제로는 ; 까지 한 줄로 이어서 쓰세요
SELECT distinct 'grant read , write on directory '||' datapump_'||to_
char(sysdate,'YYYY_MM_DD_HH24')||' to '||
 lower(owner) FROM dba_tables  WHERE owner not
in('SYS','DBSNMP','WMSYS','IX','SYSTEM','OE','PM','EXFSYS','CTXSYS','OLAPS
YS','MDSYS','SYSMAN','LOADER','XDB','ORDSYS','OUTLN','TSMSYS','DMSYS');

-- 아래 줄은 화면상 줄 바꿈 했지만 실제로는 ; 까지 한 줄로 이어서 쓰세요
SELECT distinct '!expdp system/oracle'||' schemas='||lower(owner)||
 job_name='||lower(owner)||'_datapump_'||to_char(sysdate,'YYYY_MM_DD_
HH24')||' directory = datapump_'||to_char(sysdate,'YYYY_MM_DD_HH24')||'
dumpfile='||lower(owner)||'_%U.dmp'||' logfile='||
lower(owner)||'.log'||' filesize=100m ' FROM dba_tables WHERE owner not
in('SYS','DBSNMP','WMSYS','IX','SYSTEM','OE','PM','EXFSYS','CTXSYS','OLAPS
YS','MDSYS','SYSMAN','LOADER','XDB','ORDSYS','OUTLN','TSMSYS','DMSYS');
spool off

!cat /home/oracle/expdp.tmp | grep -v SQL | grep -v SYS > /home/oracle/expdp.sh
@/home/oracle/expdp.sh
exit
EOF3

:wq!
[oracle@localhost ~]$ sh expdp_script.sh

SQL*Plus: Release 10.2.0.5.0 - Production on Sun Feb 20 16:45:51 2011
Copyright (c) 1982, 2013, Oracle.  All Rights Reserved.

SQL> Connected.
SQL> SQL> SQL> SQL> SQL> SQL> SQL> SQL> SQL>
!mkdir -p /data/backup/expdp/2011_02_20_16
SQL>
create or replace directory datapump_2011_02_20_16 as '/data/backup/expdp/2011_02_20_16';
SQL>
grant read , write on directory  datapump_2011_02_20_16 to scott
grant read , write on directory  datapump_2011_02_20_16 to sh
```

```
grant read , write on directory  datapump_2011_02_20_16 to hr
SQL>
!expdp system/oracle schemas=hr job_name=hr_datapump_2011_02_20_16 directory =
datapump_2011_02_20_16 dumpfile=hr_%U.dmp logfile=hr.log filesize=100m
!expdp system/oracle schemas=scott job_name=scott_datapump_2011_02_20_16 directory =
 datapump_2011_02_20_16 dumpfile=scott_%U.dmp logfile=scott.log filesize=100m
!expdp system/oracle schemas=sh job_name=sh_datapump_2011_02_20_16 directory =
datapump_2011_02_20_16 dumpfile=sh_%U.dmp logfile=sh.log filesize=100m
SQL>
SQL>

Export: Release 10.2.0.5.0 - Production on Sunday, 20 February, 2011 16:45:52

Copyright (c) 2003, 2007, Oracle.  All rights reserved.

Connected to: Oracle Database 10g Enterprise Edition Release 10.2.0.5.0 - Production
With the Partitioning, OLAP, Data Mining and Real Application Testing options
Starting "SYSTEM"."HR_DATAPUMP_2011_02_20_16":  system/******** schemas=hr
job_name=hr_datapump_2011_02_20_16 directory = datapump_2011_02_20_16
dumpfile=hr_%U.dmp logfile=hr.log filesize=100m
Estimate in progress using BLOCKS method...
Processing object type SCHEMA_EXPORT/TABLE/TABLE_DATA
Total estimation using BLOCKS method: 448 KB
Processing object type SCHEMA_EXPORT/USER
Processing object type SCHEMA_EXPORT/SYSTEM_GRANT
Processing object type SCHEMA_EXPORT/ROLE_GRANT
Processing object type SCHEMA_EXPORT/DEFAULT_ROLE
Processing object type SCHEMA_EXPORT/PRE_SCHEMA/PROCACT_SCHEMA
Processing object type SCHEMA_EXPORT/SEQUENCE/SEQUENCE
Processing object type SCHEMA_EXPORT/TABLE/TABLE
Processing object type SCHEMA_EXPORT/TABLE/GRANT/OWNER_GRANT/OBJECT_GRANT
Processing object type SCHEMA_EXPORT/TABLE/INDEX/INDEX
Processing object type SCHEMA_EXPORT/TABLE/CONSTRAINT/CONSTRAINT
Processing object type SCHEMA_EXPORT/TABLE/INDEX/STATISTICS/INDEX_STATISTICS
Processing object type SCHEMA_EXPORT/TABLE/COMMENT
Processing object type SCHEMA_EXPORT/PROCEDURE/PROCEDURE
Processing object type SCHEMA_EXPORT/PROCEDURE/ALTER_PROCEDURE
Processing object type SCHEMA_EXPORT/VIEW/VIEW
Processing object type SCHEMA_EXPORT/TABLE/CONSTRAINT/REF_CONSTRAINT
Processing object type SCHEMA_EXPORT/TABLE/TRIGGER
Processing object type SCHEMA_EXPORT/TABLE/STATISTICS/TABLE_STATISTICS
. . exported "HR"."COUNTRIES"                           6.085 KB      25 rows
. . exported "HR"."DEPARTMENTS"                         6.632 KB      27 rows
```

```
. . exported "HR"."EMPLOYEES"                          15.77 KB     107 rows
. . exported "HR"."JOBS"                               6.609 KB      19 rows
. . exported "HR"."JOB_HISTORY"                        6.585 KB      10 rows
. . exported "HR"."LOCATIONS"                          7.710 KB      23 rows
. . exported "HR"."REGIONS"                            5.296 KB       4 rows
Master table "SYSTEM"."HR_DATAPUMP_2011_02_20_16" successfully loaded/unloaded
******************************************************************************
Dump file set for SYSTEM.HR_DATAPUMP_2011_02_20_16 is:
  /data/backup/expdp/2011_02_20_16/hr_01.dmp
Job "SYSTEM"."HR_DATAPUMP_2011_02_20_16" successfully completed at 16:46:17

Export: Release 10.2.0.5.0 - Production on Sunday, 20 February, 2011 16:46:18

Copyright (c) 2003, 2007, Oracle.  All rights reserved.

Connected to: Oracle Database 10g Enterprise Edition Release 10.2.0.5.0 - Production
With the Partitioning, OLAP, Data Mining and Real Application Testing options
Starting  "SYSTEM"."SCOTT_DATAPUMP_2011_02_20_16":   system/********
schemas=scott
job_name=scott_datapump_2011_02_20_16 directory = datapump_2011_02_20_16
dumpfile=scott_%U.dmp logfile=scott.log filesize=100m
Estimate in progress using BLOCKS method...
Processing object type SCHEMA_EXPORT/TABLE/TABLE_DATA
Total estimation using BLOCKS method: 960 KB
Processing object type SCHEMA_EXPORT/USER
Processing object type SCHEMA_EXPORT/SYSTEM_GRANT
Processing object type SCHEMA_EXPORT/ROLE_GRANT
Processing object type SCHEMA_EXPORT/DEFAULT_ROLE
Processing object type SCHEMA_EXPORT/PRE_SCHEMA/PROCACT_SCHEMA
Processing object type SCHEMA_EXPORT/TABLE/TABLE
Processing object type SCHEMA_EXPORT/TABLE/INDEX/INDEX
Processing object type SCHEMA_EXPORT/TABLE/CONSTRAINT/CONSTRAINT
Processing object type SCHEMA_EXPORT/TABLE/INDEX/STATISTICS/INDEX_STATISTICS
Processing object type SCHEMA_EXPORT/VIEW/VIEW
Processing object type SCHEMA_EXPORT/TABLE/CONSTRAINT/REF_CONSTRAINT
Processing object type SCHEMA_EXPORT/TABLE/STATISTICS/TABLE_STATISTICS
. . exported "SCOTT"."DEPT"                            5.656 KB       4 rows
. . exported "SCOTT"."DEPT2"                           5.632 KB       3 rows
. . exported "SCOTT"."IBGO"                            5.679 KB       4 rows
. . exported "SCOTT"."SALGRADE"                        5.585 KB       5 rows
. . exported "SCOTT"."TBL600"                          4.921 KB       2 rows
. . exported "SCOTT"."TBL700"                          4.914 KB       1 rows
. . exported "SCOTT"."TEST01"                          4.914 KB       1 rows
```

```
. . exported "SCOTT"."TEST04"                          5.257 KB       4 rows
. . exported "SCOTT"."TEST2"                            5.25 KB       3 rows
. . exported "SCOTT"."TEST3"                           6.531 KB       4 rows
. . exported "SCOTT"."TEST4"                           6.031 KB       4 rows
. . exported "SCOTT"."TT01"                             5.25 KB       3 rows
. . exported "SCOTT"."TT300"                           4.921 KB       2 rows
. . exported "SCOTT"."TT3000"                          4.914 KB       1 rows
. . exported "SCOTT"."고객"                            5.609 KB       3 rows
. . exported "SCOTT"."BONUS"                               0 KB       0 rows
. . exported "SCOTT"."EMP"                                 0 KB       0 rows
Master table "SYSTEM"."SCOTT_DATAPUMP_2011_02_20_16" successfully loaded/unloaded
**************************************************************************
Dump file set for SYSTEM.SCOTT_DATAPUMP_2011_02_20_16 is:
  /data/backup/expdp/2011_02_20_16/scott_01.dmp
Job "SYSTEM"."SCOTT_DATAPUMP_2011_02_20_16" successfully completed at 16:46:36

Export: Release 10.2.0.5.0 - Production on Sunday, 20 February, 2011 16:46:37

Copyright (c) 2003, 2007, Oracle.  All rights reserved.

Connected to: Oracle Database 10g Enterprise Edition Release 10.2.0.5.0 - Production
With the Partitioning, OLAP, Data Mining and Real Application Testing options
Starting "SYSTEM"."SH_DATAPUMP_2011_02_20_16":  system/******** schemas=sh
job_name=sh_datapump_2011_02_20_16 directory = datapump_2011_02_20_16
dumpfile=sh_%U.dmp logfile=sh.log filesize=100m
Estimate in progress using BLOCKS method...
Processing object type SCHEMA_EXPORT/TABLE/TABLE_DATA
Total estimation using BLOCKS method: 35.31 MB
Processing object type SCHEMA_EXPORT/USER
Processing object type SCHEMA_EXPORT/SYSTEM_GRANT
Processing object type SCHEMA_EXPORT/ROLE_GRANT
Processing object type SCHEMA_EXPORT/DEFAULT_ROLE
Processing object type SCHEMA_EXPORT/PRE_SCHEMA/PROCACT_SCHEMA
Processing object type SCHEMA_EXPORT/TABLE/TABLE
Processing object type SCHEMA_EXPORT/TABLE/GRANT/OWNER_GRANT/OBJECT_GRANT
Processing object type SCHEMA_EXPORT/TABLE/INDEX/INDEX
Processing object type SCHEMA_EXPORT/TABLE/CONSTRAINT/CONSTRAINT
Processing object type SCHEMA_EXPORT/TABLE/INDEX/STATISTICS/INDEX_STATISTICS
Processing object type SCHEMA_EXPORT/TABLE/COMMENT
Processing object type SCHEMA_EXPORT/VIEW/VIEW
Processing object type SCHEMA_EXPORT/TABLE/CONSTRAINT/REF_CONSTRAINT
Processing object type SCHEMA_EXPORT/TABLE/INDEX/FUNCTIONAL_AND_BITMAP/INDEX
Processing object type
```

```
 SCHEMA_EXPORT/TABLE/INDEX/STATISTICS/FUNCTIONAL_AND_BITMAP/INDEX_STATISTICS
Processing object type SCHEMA_EXPORT/TABLE/STATISTICS/TABLE_STATISTICS
Processing object type SCHEMA_EXPORT/TABLE/INDEX/DOMAIN_INDEX/INDEX
Processing object type SCHEMA_EXPORT/MATERIALIZED_VIEW
Processing object type SCHEMA_EXPORT/DIMENSION
. . exported "SH"."CUSTOMERS"                         9.850 MB   55500 rows
. . exported "SH"."SUPPLEMENTARY_DEMOGRAPHICS"        695.9 KB    4500 rows
. . exported "SH"."SALES":"SALES_Q4_2001"             2.257 MB   69749 rows
. . exported "SH"."SALES":"SALES_Q1_1999"             2.070 MB   64186 rows
. . exported "SH"."SALES":"SALES_Q3_2001"             2.129 MB   65769 rows
. . exported "SH"."SALES":"SALES_Q1_2000"             2.011 MB   62197 rows
. . exported "SH"."SALES":"SALES_Q1_2001"             1.964 MB   60608 rows
. . exported "SH"."SALES":"SALES_Q2_2001"             2.050 MB   63292 rows
. . exported "SH"."SALES":"SALES_Q3_1999"             2.166 MB   67138 rows
. . exported "SH"."SALES":"SALES_Q4_1999"             2.014 MB   62388 rows
. . exported "SH"."SALES":"SALES_Q2_2000"             1.801 MB   55515 rows
. . exported "SH"."SALES":"SALES_Q3_2000"             1.909 MB   58950 rows
. . exported "SH"."SALES":"SALES_Q4_1998"             1.581 MB   48874 rows
. . exported "SH"."SALES":"SALES_Q4_2000"             1.813 MB   55984 rows
. . exported "SH"."SALES":"SALES_Q2_1999"             1.753 MB   54233 rows
. . exported "SH"."SALES":"SALES_Q1_1998"             1.412 MB   43687 rows
. . exported "SH"."SALES":"SALES_Q3_1998"             1.633 MB   50515 rows
. . exported "SH"."SALES":"SALES_Q2_1998"             1.159 MB   35758 rows
. . exported "SH"."FWEEK_PSCAT_SALES_MV"              419.3 KB   11266 rows
. . exported "SH"."PROMOTIONS"                        57.85 KB     503 rows
. . exported "SH"."TIMES"                             377.2 KB    1826 rows
. . exported "SH"."COSTS":"COSTS_Q4_2001"             277.8 KB    9011 rows
. . exported "SH"."COSTS":"COSTS_Q1_1999"             183.0 KB    5884 rows
. . exported "SH"."COSTS":"COSTS_Q1_2001"             227.3 KB    7328 rows
. . exported "SH"."COSTS":"COSTS_Q2_2001"             184.0 KB    5882 rows
. . exported "SH"."COSTS":"COSTS_Q3_2001"             233.9 KB    7545 rows
. . exported "SH"."COSTS":"COSTS_Q1_1998"             138.9 KB    4411 rows
. . exported "SH"."COSTS":"COSTS_Q1_2000"             120.0 KB    3772 rows
. . exported "SH"."COSTS":"COSTS_Q2_1998"             78.96 KB    2397 rows
. . exported "SH"."COSTS":"COSTS_Q2_1999"             132.0 KB    4179 rows
. . exported "SH"."COSTS":"COSTS_Q2_2000"             118.4 KB    3715 rows
. . exported "SH"."COSTS":"COSTS_Q3_1998"             130.5 KB    4129 rows
. . exported "SH"."COSTS":"COSTS_Q3_1999"             136.8 KB    4336 rows
. . exported "SH"."COSTS":"COSTS_Q3_2000"             150.9 KB    4798 rows
. . exported "SH"."COSTS":"COSTS_Q4_1998"             144.1 KB    4577 rows
. . exported "SH"."COSTS":"COSTS_Q4_1999"             158.5 KB    5060 rows
. . exported "SH"."COSTS":"COSTS_Q4_2000"             159.7 KB    5088 rows
. . exported "SH"."CAL_MONTH_SALES_MV"                6.125 KB      48 rows
```

```
. . exported "SH"."CHANNELS"                          6.687 KB       5 rows
. . exported "SH"."COUNTRIES"                         9.265 KB      23 rows
. . exported "SH"."PRODUCTS"                          24.10 KB      72 rows
. . exported "SH"."COSTS":"COSTS_1995"                    0 KB       0 rows
. . exported "SH"."COSTS":"COSTS_1996"                    0 KB       0 rows
. . exported "SH"."COSTS":"COSTS_H1_1997"                 0 KB       0 rows
. . exported "SH"."COSTS":"COSTS_H2_1997"                 0 KB       0 rows
. . exported "SH"."COSTS":"COSTS_Q1_2002"                 0 KB       0 rows
. . exported "SH"."COSTS":"COSTS_Q1_2003"                 0 KB       0 rows
. . exported "SH"."COSTS":"COSTS_Q2_2002"                 0 KB       0 rows
. . exported "SH"."COSTS":"COSTS_Q2_2003"                 0 KB       0 rows
. . exported "SH"."COSTS":"COSTS_Q3_2002"                 0 KB       0 rows
. . exported "SH"."COSTS":"COSTS_Q3_2003"                 0 KB       0 rows
. . exported "SH"."COSTS":"COSTS_Q4_2002"                 0 KB       0 rows
. . exported "SH"."COSTS":"COSTS_Q4_2003"                 0 KB       0 rows
. . exported "SH"."MVIEW$_EXCEPTIONS"                     0 KB       0 rows
. . exported "SH"."SALES":"SALES_1995"                    0 KB       0 rows
. . exported "SH"."SALES":"SALES_1996"                    0 KB       0 rows
. . exported "SH"."SALES":"SALES_H1_1997"                 0 KB       0 rows
. . exported "SH"."SALES":"SALES_H2_1997"                 0 KB       0 rows
. . exported "SH"."SALES":"SALES_Q1_2002"                 0 KB       0 rows
Master table "SYSTEM"."SH_DATAPUMP_2011_02_20_16" successfully loaded/unloaded
******************************************************************************
Dump file set for SYSTEM.SH_DATAPUMP_2011_02_20_16 is:
  /data/backup/expdp/2011_02_20_16/sh_01.dmp
Job "SYSTEM"."SH_DATAPUMP_2011_02_20_16" successfully completed at 16:47:09

SQL> Disconnected FROM Oracle Database 10g Enterprise Edition Release
10.2.0.5.0 - Production
With the Partitioning, OLAP, Data Mining and Real Application Testing options
[oracle@localhost ~]$ cd /data/backup/expdp
[oracle@localhost expdp]$ ls
2011_02_20_16
[oracle@localhost expdp]$ cd 2011_02_20_16/
[oracle@localhost 2011_02_20_16]$ ls
hr.log  hr_01.dmp  scott.log  scott_01.dmp  sh.log  sh_01.dmp
```

이상으로 다양한 **impdp** 실습들을 살펴 보았습니다. **Datapump**는 이번 장에서 살펴본 다양한 예제 외에도 실무에서는 여러 가지 유형의 작업들을 할 때 아주 많이 사용되는 마이그레이션 툴이므로 꼭 반복 실습해서 스스로의 기술로 만드시길 바랍니다.

6. Datapump 작업 관리 및 모니터링 하기

- dba_datapump_jobs

이 딕셔너리를 조회하여 현재 작업중인 작업들의 내용을 확인할 수 있습니다.

- owner_name : 작업 계정
- job_name : 작업 명칭
- job_mode : full, table, index, tablespace 등
- state : executing (수행중), defining, undefined, not running 등이 있습니다.

7. 통계정보 이동하기

통계정보라는 것은 특정 세그먼트에 대한 자세한 정보로 딕셔너리에 저장되어 있으면서 여러 가지 튜닝이나 실행계획 생성 등에 영향을 주는 아주 중요한 정보를 의미합니다.

그래서 실무에서 테이블 등의 데이터를 이전하면서 통계정보까지 함께 이전할 경우가 종종 발생합니다. 그러나 exp/imp에서 직접적으로 통계정보를 이동시킬 수 있는 방법은 없고 통계정보를 저장할 임시 테이블을 생성 한 후 그 곳에 통계정보를 저장하고 해당 테이블을 exp/imp하는 방법을 사용하면 됩니다. 아래에서 실습으로 익히도록 하겠습니다.

본 실습은 scott 사용자가 만든 전체 통계정보를 이전하는 방법을 실습하며 나머지 방법들은 설명으로 대체하겠습니다. 통계정보를 수집하기 위해서는 DBMS_STATS 패키지를 사용하며 아래와 같은 종류가 있습니다.

DBMS_STATS.GATHER_TABLE_STATS : 특정 테이블의 통계정보를 수집합니다.
DBMS_STATS.GATHER_SCHEMA_STATS : 특정 스키마의 통계정보를 수집합니다.

DBMS_STATS.GATHER_INDEX_STATS : 특정 인덱스의 통계정보를 수집합니다.
DBMS_STATS.GATHER_DATABASE_STATS : 데이터베이스 전체의 통계정보를 수집합니다.
DBMS_STATS.GENERATE_STATS : B*TREE 인덱스, BITMAP 인덱스의 통계정보를 수집합니다.

이 방법 말고도 이전부터 사용해 오던 ANALYZE라는 명령어도 통계정보를 생성할 때 많이 사용했으나 ANALYZE 명령어는 특정 테이블이나 인덱스만 지정해서 하나씩 통계정보를 생성해야 하는 단점이 있습니다. 즉 SCOTT 사용자가 TABLE을 1,000개 만들었다면 1,000번 명령을 수행해야 한다는 것입니다. 그래서 8i 이후 버전부터는 DBMS_STATS 패키지를 더 편리하게 많이 사용합니다.

Step 1 **통계정보를 생성합니다.**

```
SCOTT>EXEC  DBMS_STATS.GATHER_SCHEMA_STATS('SCOTT');
PL/SQL procedure successfully completed.
```

Step 2 **통계정보를 저장할 테이블을 생성합니다.**

```
SCOTT>EXEC DBMS_STATS.CREATE_STAT_TABLE('SCOTT','SCOTT_STATS');
PL/SQL procedure successfully completed.
```

Step 3 **통계정보를 위 STEP 2에서 만든 테이블로 EXP 수행합니다.**

```
SCOTT>EXEC DBMS_STATS.EXPORT_SCHEMA_STATS('SCOTT','SCOTT_STATS');
PL/SQL procedure successfully completed.
```

Step 4 **위 STEP 3에서 통계정보를 저장하고 있는 테이블을 EXP 합니다.**

```
SCOTT>! exp scott/tiger tables=scott_stats file=scott_stats.dmp
Export: Release 11.2.0.2.0 - Production on Sat Nov 19 03:10:17 2011

Copyright (c) 1982, 2009, Oracle and/or its affiliates.  All rights
reserved.

Connected to: Oracle Database 11g Enterprise Edition Release 11.2.0.2.0 - Production
With the Partitioning, OLAP, Data Mining and Real Application Testing options
Export done in KO16MSWIN949 character set and AL16UTF16 NCHAR character set
```

```
About to export specified tables via Conventional Path ...
. . exporting table                        SCOTT_STATS        101 rows exported
Export terminated successfully without warnings.
```

Step 5 위 STEP 4에서 EXP 수행한 scott_stats.dmp 파일을 신규 서버로 이동시킵니다.

Step 6 STEP 5에서 이동한 파일을 IMP 수행합니다.

(이 실습에서는 동일한 서버에서 수행하므로 기존 테이블을 DROP한 후 IMP하겠습니다. 새로운 서버로 하실 경우 DROP TABLE은 하실 필요 없습니다.)

```
SCOTT>DROP TABLE SCOTT_STATS;
Table dropped.

SCOTT>!imp  scott/tiger   file=scott_stats.dmp  ignore=y

Import: Release 11.2.0.2.0 - Production on Sat Nov 19 03:13:27 2011
Copyright (c) 1982, 2009, Oracle and/or its affiliates.  All rights reserved.
Connected to: Oracle Database 11g Enterprise Edition Release 11.2.0.2.0 - Production
With the Partitioning, OLAP, Data Mining and Real Application Testing options

Export file created by EXPORT:V11.02.00 via conventional path
import done in KO16MSWIN949 character set and AL16UTF16 NCHAR character set
. importing SCOTT's objects into SCOTT
. importing SCOTT's objects into SCOTT
. . importing table                    "SCOTT_STATS"        101 rows imported
Import terminated successfully without warnings.
```

Step 7 STEP 6 단계에서 imp 된 통계정보를 딕셔너리로 입력하겠습니다.

```
SCOTT>EXEC DBMS_STATS.IMPORT_SCHEMA_STATS('SCOTT','SCOTT_STATS');
PL/SQL procedure successfully completed.
```

위 예제에서는 특정 스키마의 모든 통계정보를 넘기는 방법을 언급했지만 만약 특정 테이블만 넘기고 싶다면 DBMS_STATS.GATHER_TABLE_STATS와 DBMS_STATS.EXPORT_TABLE_STATS, DBMS_STATS.IMPORT_TABLE_STATS를 사용하시면 됩니다. 위에서 언급한 방법으로 중요 통계정보를 백업 받아 두시는 것도 당연히 가능합니다.

8. Migration와 Character Set에 대해서

데이터를 AS-IS → To-Be로 이전하면서 가장 많이 발생하는 문제 중 하나가 데이터의 변경과 손실입니다. 사실 많은 시간과 노력을 들여서 데이터를 이관했는데 이관 후 조회했을 때 글자가 다 깨져서 알아볼 수 없는 상태라면 정말 허무하고도 힘 빠질 일이지요.

이런 일이 생기는 이유는 서로의 Character Set이 일치하지 않아서가 거의 대부분의 이유입니다. 이번 장에서는 Character Set이란 무엇인가를 살펴보고 어떻게 사용해야 하며 주의사항이 어떤 것이 있는지 자세하게 살펴 보겠습니다.

(1) Character Set 종류와 NLS_LANG 변수

Character Set이란 데이터베이스 내부에 데이터가 저장될 때 참조되는 글자의 종류를 적어 놓은 일종의 사전 입니다. 즉 사용자가 어떤 데이터를 Insert하게 되면 Server Process가 Insert할 때 Character Set을 보고 글자를 확인하고 입력을 해 주는 원리입니다. 만약 사용자가 입력한 글자가 Character Set에 없는 글자라면 Server Process는 무슨 글자인지 몰라서 그냥 ?로 저장하게 됩니다.

예를 들어서 예전에 한글을 입력하기 위한 데이터베이스라면 일반적으로 KO16KSC5601이라는 Character Set을 많이 사용했었습니다. 그런데 이 Character Set에는 "샾"이라는 글자가 들어있지 않습니다. 그런데 만약 고객이 회원 가입을 하면서 집주소를 "더 샾 아파트 101동 505호"로 입력했다면 Server Process는 DB에 입력할 때 "더 ? 아파트 101동 505호"로 입력하게 됩니다. 그래서 데이터를 입력하기 전에 양쪽 서버의 Character Set을 확인해서 동일하게 설정하는 것이 아주 중요합니다. 이렇게 중요한 Character Set은 데이터베이스를 생성할 때 지정하게 됩니다.

아래 화면은 dbca할 때 CharacterSet을 지정하는 화면입니다.

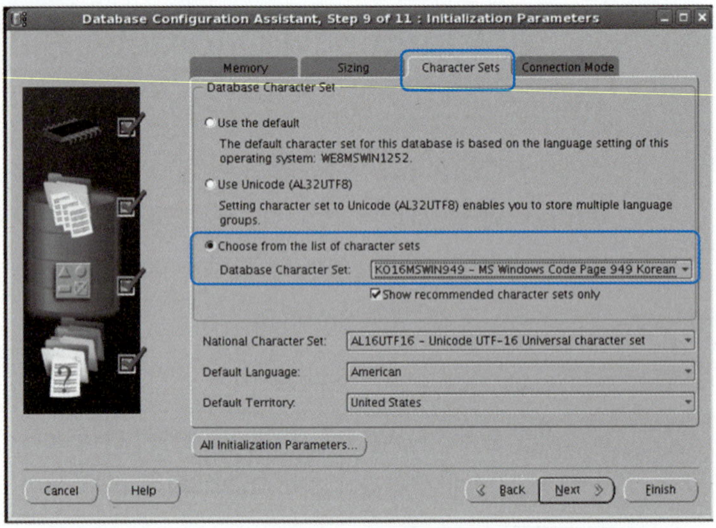

만약 이 부분을 잘못 설정할 경우 데이터베이스를 다시 만들어야 할 수도 있으므로 아주 주의해야 합니다. 한글을 사용할 경우에 일반적으로 많이 선택하는 Character Set은 KO16KSC5601과 KO16MSWIN949, UTF8/AL32UTF8입니다. KO는 KOREA의 약자입니다. 위 Character Set의 차이점을 자세히 살펴보겠습니다.

- KO16KSC5601

이 Character Set은 한글 완성형 코드와 일치하며 가장 많이 사용되는 2350자의 한글, 4888자의 한자와 일본어인 히라카나, 카타카나, 그리고 영문 및 각종 기호들을 포함하고 있습니다. 이 Character가 제작된지 오래 되어서 최신 네티즌 용어 같은 것은 포함하고 있지 않습니다.

- KO16MSWIN949

이 Character Set은 Windows-949 Character Set이라고 하며 마이크로소프트사의 Windows Codepage 949번, 즉 한글 코드 페이지를 따른 Character Set입니다. 이는 완성형(KO16KSC5601)을 모두 포함하고 있으며, 추가로 현대 한글 조합으로 표현할 수 있는 모든 글자수에 해당하는 8822자의 한글이 추가되었습니다. 즉 최신 네티즌 용어들까지 전부 다 표현하고 있는 Character Set

입니다. 이 Character Set을 사용하길 권장합니다.

● UTF8/AL32UTF8

UTF8은 유니코드를 구현한 Character Set 중에 가변길이 인코딩 방식을 택하고 있는 Character Set입니다. 가변 길이를 위해 일종의 플래그 비트를 각 바이트마다 포함시켜야 하다보니, 한 글자를 표현할 때 필요한 바이트의 길이가 최대 3바이트(AL32UTF8의 경우 6바이트)까지 늘어날 수 있습니다. 중요한 것은 위의 두 가지는 한글 1글자를 표현하는데 2바이트면 되지만 UTF-8은 3바이트가 필요하다는 점입니다. 유니코드에 대해서는 뒤에서 자세히 살펴봅니다.

Character Set을 이야기할 때 Subset과 Superset이라는 표현을 많이 하는데 글자를 더 많이 가지고 있는 것을 Superset이라고 합니다.

KO16KSC5601이 Subset이고 KO16MSWIN949가 Superset입니다. KO16MSWIN949는KO16KSC5601의 모든 글자를 다 포함하고 추가로 글자를 더 포함하고 있습니다. 그래서 마이그레이션 할 때 KO16KSC5601 -> KO16MSWIN949로 데이터를 이전하면 문제가 없는데 반대일 경우는 문제가 발생할 확률이 있습니다. 즉 KO16MSWIN949에서는 "샾"이라는 글자가 보였는데 KO16KSC5601에서는 이 글자가 없어서 그냥 ?로 입력되는 현상이 생기게 됩니다.

만약 한글을 입력하고 조회를 했는데 한글 부분이 ?로 보인다면 Character Set에서 지원하지 않는 한글일 확률이 많으며 특히 KO16KSC5601로 DB를 생성할 경우에 이런 경우가 많습니다. 원칙적으로는 Character Set은 DB를 생성할 때 결정되면 변경할 수 없지만 한글이 ?로 보일 경우 아래의 순서로 다른 Character Set으로(여기서는 KO16MSWIN949로) 변경할 수 있습니다.

단 ?로 보이는 경우가 DB Character Set의 문제가 아닌 현재 사용중인 터미널의 문제일 수도 있습니다. 즉 DB에는 문제가 없는데 현재 사용중인 터미널 프로그램에서 해당 한글을 지원하지 않아서 ?로 보이는 경우도 있기 때문에 아래의 작업을 수행하기 전에 터미널의 Character Set을 먼저 확인해 봐야 한다는 것을 꼭 기억하세요!

```
SYS>conn / as sysdba;

SYS> update sys.props$
     set value$='KO16MSWIN949'
     WHERE name='NLS_CHARACTERSET';


SYS> update sys.props$
     set value$='KO16MSWIN949'
     WHERE name='NLS_NCHAR_CHARACTERSET';

SYS> update sys.props$
     set value$='AMERICAN_AMERICA.KO16MSWIN949'
     WHERE name='NLS_LANGUAGE';

SYS> commit;
```

위 작업을 마치신 후 DB를 재시작한 후 문제가 되는 데이터를 다시 입력하면 됩니다. 위 방법은 실제 저장된 데이터를 변경하는 것이 아니고 딕셔너리 정보만 변경하는 것이므로 만약 위와 같이 변경한 후 데이터를 다시 입력했는데 한글이 여전히 ?로 조회가 된다면 DB를 다시 생성해야만 합니다.

현재 서버에 설정되어 있는 Character Set 정보는 아래와 같이 조회할 수 있습니다.

```
SYS>set  line 200
SYS>set pagesize 30
SYS>col parameter for a30
SYS>col value for a30
SYS>
SYS>SELECT * FROM v$nls_parameters ;

PARAMETER                      VALUE
------------------------------ ------------------------------
NLS_LANGUAGE                   AMERICAN
NLS_TERRITORY                  AMERICA
NLS_CURRENCY                   $
NLS_ISO_CURRENCY               AMERICA
NLS_NUMERIC_CHARACTERS         .,
NLS_CALENDAR                   GREGORIAN
```

```
NLS_DATE_FORMAT                DD-MON-RR
NLS_DATE_LANGUAGE              AMERICAN
NLS_CHARACTERSET               KO16MSWIN949
NLS_SORT                       BINARY
NLS_TIME_FORMAT                HH.MI.SSXFF AM
NLS_TIMESTAMP_FORMAT           DD-MON-RR HH.MI.SSXFF AM
NLS_TIME_TZ_FORMAT             HH.MI.SSXFF AM TZR
NLS_TIMESTAMP_TZ_FORMAT        DD-MON-RR HH.MI.SSXFF AM TZR
NLS_DUAL_CURRENCY              $
NLS_NCHAR_CHARACTERSET         AL16UTF16
NLS_COMP                       BINARY
NLS_LENGTH_SEMANTICS           BYTE
NLS_NCHAR_CONV_EXCP            FALSE

19 rows selected.
```

위에서 보이는 주요 파라미터의 의미는 아래와 같습니다.

- NLS_TERRITORY

영역 설정 - NLS_LANG 변수 값에 의해 자동 설정됩니다.

설정 예 : ALTER SESSION SET NLS_TERRITORY = 'KOREA'

- NLS_LANGUAGE

언어 설정- NLS_LANG 변수 값에 의해 자동 설정됩니다.

설정 예 : ALTER SESSION SET NLS_LANGUAGE = 'KOREAN'

- NLS_LANG

언어, 영역, Character Set 설정 - 기본값은 'AMERICAN_AMERICA.US7ASCII'

설정 예 : OS 환경 설정파일에 export NLS_LANG=American_America.KO16MSWIN949

자세한 설명은 아래에 있습니다.

- NLS_COMP

SQL에서의 비교 방식(<,>,=) 설정 - BINARY값으로 비교합니다.

설정 예 : ALTER SESSION SET NLS_COMP = ''

● NLS_SORT

문자열의 정렬방법 설정 - NLS_LANGUAGE값에 따라 결정됩니다.

설정 예 : ALTER SESSION SET NLS_SORT = 'KOREAN_M'

자세한 설명은 아래에 있습니다.

Character Set과 비슷한 설정 중에 National Character Set이라는 것이 있습니다. 이것은 DB를 설치할 때 Character Set을 지정했는데 운영하다가 상황이 변해서 추가적인 Character Set을 추가해야 할 경우가 생길 때 유용하게 사용할 수 있습니다. 단 National Character Set은 UTF8과 AL16UTF16(기본값)로만 선택할 수 있습니다.

약간 복잡하지만 정리를 하면 대부분의 문자 데이터가 한글이나 영어라면 DB를 생성할 때 KO16MSWIN949를 선택하면 되고 다양한 나라의 언어가 입력되는 글로벌 환경이라면 UTF-8을 선택하면 됩니다. 다만 UTF-8은 한글을 저장할 경우 유니코드의 변환작업을 해야 해서 속도가 조금 저하된다고 알려져 있으니 참고하세요.

● NLS_LANG 파라미터

마이그레이션과 관련되어 중요한 파라미터가 환경변수에 설정하는 **NLS_LANG** 입니다. 이 파라미터는 데이터베이스 내부에 데이터를 입력할 때 입력될 데이터의 유형을 알려주는 역할을 하게 됩니다. 즉 데이터베이스에게 지금 자료를 입력하는 Client의 Character Set의 유형을 알려주는 역할을 합니다.

예를 들어 현재 데이터베이스내부의 Character Set이 KO16MSWIN949로 설치되어 있고 NLS_LANG 파라미터에는 UTF-8로 설정이 되어 있다면 데이터를 입력할 때 데이터베이스는 현재 새로 DB에 입력될 데이터가 UTF-8이라는 형태라고 생각합니다. 그래서 그 UTF-8 형태의 데이터를 KO16MSWIN949의 형태로 변환을 한 후에 입력을 하게 됩니다. 그런데 이 때 문제가 발생하는 것이 UTF-8에서는 한글 1글자를 3바이트를 사용하여 저장하게 됩니다. 그러나 KO16MSWIN949

에서는 한글 1글자를 2바이트로 계산하게 됩니다.

이렇게 될 경우 UTF-8 형태에서 만들어진 "서진수"를 저장하기 위해 총 9바이트가 필요한데 KO16MSWIN949에서는 6바이트만 필요하므로 데이터가 다 들어가지 못하거나 에러가 발생하게 됩니다. 그래서 마이그레이션 할 때는 반드시 AS-IS(구 서버)와 TO-BE(신규 서버)간의 Character Set을 잘 확인해야 합니다. 일반적으로는 DB 설치시 설정되는 내부 사용 Character Set과 Client의 NLS_LANG 파라미터에서 설정하는 Character Set을 동일하게 설정합니다. 참고로 마이그레이션시 변환 가능한 Character Set을 정리하면 아래와 같습니다.

원래 사용 Character Set	새롭게 변경될 Character Set	변경 가능 여부
US7ASCII	KO16KSC5601 / KO16MSWIN949 UTF8 / AL32UTF8	가능
KO16KSC5601	KO16MSWIN949	가능
KO16MSWIN949	UTF8	불가능
UTF8	AL32UTF8	가능

위 표에서 원래 사용하던 Character Set을 Subset이라고도 하고 새롭게 변경될 Character Set을 Superset이라고도 합니다. 위의 예에서 KO16MSWIN949 → UTF-8로는 변경이 안 된다는 것을 주의 깊게 보세요.

● NLS_SORT 파라미터

데이터베이스를 조회할 때 정렬을 많이 하게 됩니다. 한글 완성형일 경우 정렬 순서가 미리 정해져 있기 때문에 크게 문제가 되지는 않지만 만약에 한문이 들어가 있을 경우에는 예상대로 정렬이 이루어지지 않는 경우가 있습니다.

KO16KSC5601 Character Set에서는 한글 2350자의 바이너리 정렬 순서가 한글의 언어적 정렬 방식과 똑같습니다. 그래서 ORDER BY 명령어만으로 정렬이 가능합니다. 만약 한자가 있을 경우 한글 뒤에 한자의 음에 맞게 정렬이 됩니다. 그러나 이것은 Character Set에서 지원하는 한글 2350자들과 한자

4888자의 정렬일 뿐이며 이 외의 글자는 아예 출력이 ????로 나오게 됩니다. **KO16MSWIN949** Character Set에서는 KO16KSC5601에서 지원되지 않는 8822자의 한글을 추가적으로 지원하기 때문에 KO16KSC5601을 대신해서 많이 사용되는 Character Set입니다. 하지만, 총 11172자의 한글의 바이트 코드가 한글의 언어적 정렬 순서와 달라서 정렬시 문제가 됩니다.

UTF-8 Character Set에서는 한글만을 고려하면 별다른 정렬 문제가 없습니다. 왜냐하면 한글 11172자의 정렬 순서와 바이트 코드 정렬 순서가 일치하기 때문입니다. 그러나 한자를 포함한다면 한자->한글 식으로 정렬이 됩니다.

앞에서 각 Character Set별로 정렬의 특징에서 살펴봤듯이 UTF8과 KO16MSWIN949에서는 기본적으로 원하는 형태의 정렬이 되지 않습니다. 이 때 NLS_SORT 값을 활용하면 원하는 형태의 정렬을 할 수 있습니다.

- NLS_SORT='KOREAN_M'

이 설정을 하게 되면 한글 정렬시 단순히 유니코드 바이트 정렬 방식이 사용됩니다. 모든 한글은 한자에 우선하며 한자는 발음 순서대로 정렬됩니다. 이 방식이 KSC5601에서 사용되던 방식입니다. 만약 정렬해야 할 데이터에 한글과 한자가 같이 있을 경우 이 방식으로 설정하기를 권장합니다.

- NLS_SORT='UNICODE_BINARY'

이 방법을 사용하면 각각에 문자에 대응하는 Binary 코드값을 기준으로 정렬되며 이 방식은 위와는 다르게 한자->한글 순으로 정렬됩니다.

(2) Unicode에 대해서

앞에서 살펴본 대로 Character Set마다 각각의 독특한 특징이 있습니다. 그래서 Character Set을 잘못 설정할 경우에 여러 가지 문제들을 많이 만나게 됩니다. 아주 까다로운 문제가 Character Set 관련 문제이지요. 그래서 이런 문제들을 최대한 쉽게 처리하기 위해 만들어 놓은 코드가 유니코드(Unicode) 입니다. 하지만 유니코드(Unicode)가 전혀 문제없는 완벽한 코드가 아니므로 특징과 주의사항을 잘 알고 사용해야 합니다.

Unicode를 이야기하기 전에 새로운 용어 두 가지를 먼저 알아보겠습니다. **Coded Character Set(CCS)**는 각각에 문자에 대하여 비트로 표현 할 수 있는 정수 값에 각각의 문자 하나 하나씩을 할당하는 방식을 말하며 한국에서는 KSC-XXXX 또는 ISO-XXXX로 표현하는 Character Set이 대표적인 예입니다. 즉 모든 문자에 고유한 정수 값이 할당되어 있다는 뜻입니다.

Character Encoding Schema(CES)는 각각에 문자에 대하여 16진수(Octet)에 하나씩 할당하는 방식으로 CCS 방식보다 보다 많은 문자를 표현 할 수 있다는 장점이 있습니다. 대표적인 CES는 우리가 앞에서 살펴본 UTF-8 입니다.

Unicode란 플랫폼, 프로그램, 언어에 상관 없이 모든 문자에 대하여 고유 번호(Code)를 할당해서 만들어 놓은 코드를 말합니다. 이 방식은 모든 나라의 언어를 하나의 CCS로 정의해 놓고 이러한 CCS를 표현하는 여러 개의 CES가 존재하는 형태입니다. 모든 나라와 모든 언어를 고유번호로 할당 해 놓았기 때문에 영역을 미리 지정해 놓았습니다.

- **General Scripts Area (0000~1FFF)** : 라틴계열 문자와 중동, 태국 문자 등의 구간
- **Symbols Area (2000~27BF)** : 마침표, 느낌표와 같은 문자 기호와 숫자 등의 구간
- **CJK Phonetics and Symbols Area(3000~33FF)** : 한국, 중국, 일본(CJK)에서 사용하는 음성 / 기호문자 구간
- **CJK Ideographs Area (4E00~9FFF)** : 한국,중국,일본(CJK)에서 사용하는 한자를 할당하는 구간
- **Hangul Syllables Area (AC00~D7A3)** : 한글 11172자를 할당하는 구간
- **Surrogates Area (D800~DFFF)** : 차후 사용목적으로 비어 있는 구간
- **Private Use Area (E000~F8FF)** : 사용자 및 공급자가 마음대로 사용 할 수 있는 영역
- **Compatibility Area and Specials (F900~FFFF)** : 기존 Unicode 안에 존재하는 값과 또 다른 값을 가지는 글자들을 할당하는 영역

위와 같이 각 나라별, 언어별로 구간을 정해 놓고 모든 글자들을 그에 대응하는 코드로 만들어 놓은 것을 유니코드 (Unicode)라고 부릅니다.

다양한 언어가 있지만 우리에게 중요한 것은 한글인데 Unicode에서는 한글 자모음은 1100~11FF에 240글자가 정의 되어 있으며 이는 훈민정음 이후 없어진 모든 글자들을 포함 하고 있습니다. 그리고 이 부분에는 한글의 초성/중성/종성이 모두 포함되어 있습니다.

Unicode에서 한글 음절은 한글영역인 AC00~D7A3에 한글자모음으로 정의된 조합형 코드인 초성(19개) X 중성(21개) X 종성(27개 + 1개(받침 없는것)) = 11172개의 완성형 한글이 가나다 순으로 정의되어 있으며 이 방식은 자모 조합과 자모 분리가 용이하여 모든 현대 한글 및 한글 고어까지 모든 한글을 표현할 수 있습니다.

Unicode에서 한자는 CJK 상형문자 영역인 4E00~9FFF에 중국 → 일본 → 중국 → 한국 순으로 발음 기준으로 정의 되어 있으며 CJK 상형문자 영역에 없는 한자는 CJK Compatibility Area and Specials (F900~FA2D)에 별도 정의 되어 있습니다.

데이터베이스에 문자나 숫자를 입력하기 위해서 아주 중요한 역할을 하는 Character Set에 대해서 자세하게 살펴보았습니다. Character Set을 잘못 설정할 경우 데이터가 전부 손실될 수도 있으므로 아주 조심해야 합니다.

다음 장에서 마이그레이션 전에 미리 데이터의 손실을 테스트해 볼 수 있는 방법인 CSSCAN을 살펴보겠습니다.

9. Character Set Scan (CSSCAN) Utility

CSSCAN이라는 툴은 현재 사용하고 있는 Character Set을 기준으로 변경하려는 Character Set으로 변경했을 경우를 가정하여 Data 손실 여부를 미리 테스트 할 수 있는 툴입니다.

Oracle Database 10g R1 이상부터는 $ORACLE_HOME/bin/csscan이 존재하지만 9i R2 이하 버전은 Oracle Site에서 CSSCAN을 다운로드 해서 설치해야 사용할 수 있습니다.

csscan을 실행하기 전에 먼저 csscan이 수행될 때 필요한 정보들을 미리 생성해 주어야 합니다. 이런 작업을 해 주는 스크립트가 $ORACLE_HOME/rdbms/admin/csminst.sql이며 이 스크립트를 sys 계정으로 아래와 같이 수행해야 준비 작업이 됩니다.

```
[oracle@localhost ~]$ sqlplus / as sysdba

SQL*Plus: Release 11.2.0.2.0 Production on Mon Feb 18 21:56:24 2013
Copyright (c) 1982, 2010, Oracle.  All rights reserved.

Connected to:
Oracle Database 11g Enterprise Edition Release 11.2.0.2.0 - Production
With the Partitioning, OLAP, Data Mining and Real Application Testing options

SQL> @$ORACLE_HOME/rdbms/admin/csminst.sql
(결과 생략)
```

위와 같이 준비가 끝이 나면 아래와 같이 csscan을 수행하면 됩니다. 아래 예는 현재 **KO16MSWIN949 → UTF8**로 테스트 한 내용입니다.

```
[oracle@localhost ~]$ csscan  system/oracle  full=y  tochar=UTF8

Character Set Scanner v2.2 : Release 11.2.0.2.0 - Production on Mon Feb 18 21:58:29 2013
Copyright (c) 1982, 2009, Oracle and/or its affiliates.  All rights reserved.

Connected to:
Oracle Database 11g Enterprise Edition Release 11.2.0.2.0 - Production
With the Partitioning, OLAP, Data Mining and Real Application Testing options

Enter array fetch buffer size: 1024000 > 엔터
Enter number of scan processes to utilize(1..64): 1 > 엔터 또는 프로세스 개수 입력
Enumerating tables to scan...
. process 1 scanning SYS.SOURCE$[AAAADgAABAAAAXgAAA]
(중간 생략)
```

```
. process 1 scanning CTXSYS.DR$INDEX_CDI_COLUMN
. process 1 scanning CTXSYS.DR$SDATA_UPDATE
. process 1 scanning EXFSYS.RLM$ERRCODE
. process 1 scanning EXFSYS.RLM$EVENTSTRUCT
. process 1 scanning EXFSYS.RLM$RULESETPRIVS

Creating Database Scan Summary Report...
Creating Individual Exception Report...
Scanner terminated successfully.
```

이렇게 작업을 수행하면 그 결과들을 파일로 저장해 둡니다. 보통 아래와 같이 3개의 파일이 생성됩니다.

```
[oracle@localhost ~]$ ls  scan*
scan.err  scan.out  scan.txt
```

이 파일들은 csscan 명령어를 수행한 디렉터리에 자동으로 생성됩니다. 위 3가지 파일 중에 가장 일반적인 정보가 들어있는 파일이 scan.txt 입니다. 분량이 너무 많아서 전부 다 살펴 볼 수는 없지만 중요한 부분만 살펴보겠습니다.

맨 처음 내용은 SCAN한 내용을 요약 한 부분입니다. 각 테이블 스페이스 별로 사용량과 크기 정보들을 모두 볼 수 있고 작업 소요 시간 등을 볼 수 있습니다.

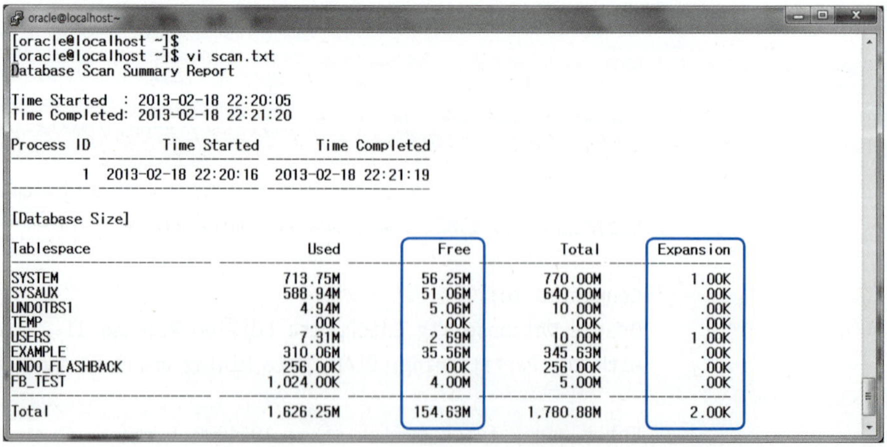

```
[oracle@localhost ~]$
[oracle@localhost ~]$ vi scan.txt
Database Scan Summary Report

Time Started  : 2013-02-18 22:20:05
Time Completed: 2013-02-18 22:21:20

Process ID          Time Started         Time Completed
----------  -------------------  -------------------
         1  2013-02-18 22:20:16  2013-02-18 22:21:19

[Database Size]

Tablespace                      Used         Free        Total    Expansion
-------------------    -------------  -----------  -----------  -----------
SYSTEM                       713.75M       56.25M      770.00M        1.00K
SYSAUX                       588.94M       51.06M      640.00M         .00K
UNDOTBS1                       4.94M        5.06M       10.00M         .00K
TEMP                            .00K         .00K         .00K         .00K
USERS                          7.31M        2.69M       10.00M        1.00K
EXAMPLE                      310.06M       35.56M      345.63M         .00K
UNDO_FLASHBACK               256.00K         .00K      256.00K         .00K
FB_TEST                    1,024.00K        4.00M        5.00M         .00K
-------------------    -------------  -----------  -----------  -----------
Total                      1,626.25M      154.63M    1,780.88M        2.00K
```

위 화면에서 주의깊게 볼 부분은 Expansion 부분입니다. 지금 상황이 KO16MSWIN949 → UTF8 로 변경이 되는 건데 이 말은 2바이트 문자가 3바이트 문자로 변경될 수 있다는 뜻입니다.

그래서 기존 사이즈보다 변경 후 사이즈가 늘어날 수가 있는데 Expansion 부분이 추가로 늘어나는 용량을 계산해서 보여 주는 항목입니다. 만약 Expansion값 보다 Free값이 많으면 Free값 범위에서 자동으로 늘어나므로 상관없지만 Expansion값보다 Free값이 작을 경우는 관리자가 수동으로 Tablespace의 Data file의 크기를 늘여줘야 에러가 나지 않습니다.

아래 화면은 Scan 관련 주요 설정 값을 보여 주고 있습니다. 현재 데이터베이스의 Character Set과 SID, Database Version 등을 볼 수 있습니다.

```
oracle@localhost:~
[Database Scan Parameters]

Parameter                                Value
---------------------------------------- ------------------------------------------------
CSSCAN Version                           v2.1
Instance Name                            testdb
Database Version                         11.2.0.2.0
Scan type                                Full database
Scan CHAR data?                          YES
Database character set                   KO16MSWIN949
FROMCHAR                                 KO16MSWIN949
TOCHAR                                   UTF8
Scan NCHAR data?                         NO
Array fetch buffer size                  1024000
Number of processes                      1
Capture convertible data?                NO
---------------------------------------- ------------------------------------------------
                                                                 25,0-1        11%
```

아래 화면은 각 데이터 타입별로 변경이 필요없는 수, 변경가능 수, 손실(Lossy) 등의 값을 보여줍니다. 당연히 Lossy가 0이 되어야 하겠죠?

```
oracle@localhost:~
[Scan Summary]

Some character type data in the data dictionary are not convertible to the new character set
Some character type application data are not convertible to the new character set

[Data Dictionary Conversion Summary]

Data Dictionary Tables:

Datatype                    Changeless      Convertible       Truncation            Lossy
--------------------- ---------------- ---------------- ---------------- ----------------
VARCHAR2                     5,172,151              212               71                0
CHAR                             3,382                0                0                0
LONG                           249,476                0                0                0
VARRAY                          50,812                0                0                0
--------------------- ---------------- ---------------- ---------------- ----------------
Total                        5,475,821              212               71                0
Total in percentage            99.995%           0.004%           0.001%           0.000%

The data dictionary can not be safely migrated using the CSALTER script
                                                                 45,0-1        19%
```

```
XML CSX Dictionary Tables:

Datatype                  Changeless      Convertible       Truncation            Lossy
-------------------- ---------------- ---------------- ---------------- ----------------
VARCHAR2                         732                0                0                0
CHAR                               0                0                0                0
LONG                               0                0                0                0
VARRAY                             0                0                0                0
-------------------- ---------------- ---------------- ---------------- ----------------
Total                            732                0                0                0
Total in percentage         100.000%           0.000%           0.000%           0.000%

[Application Data Conversion Summary]

Datatype                  Changeless      Convertible       Truncation            Lossy
-------------------- ---------------- ---------------- ---------------- ----------------
VARCHAR2                   3,266,164              192               73                0
CHAR                          59,639                0                0                0
LONG                               0                0                0                0
VARRAY                           319                0                0                0
-------------------- ---------------- ---------------- ---------------- ----------------
Total                      3,326,122              192               73                0
Total in percentage          99.992%           0.006%           0.002%           0.000%
                                                                            86,1          30%
```

```
[Distribution of Convertible, Truncated and Lossy Data by Table]

Data Dictionary Tables:

USER.TABLE                                         Convertible       Truncation            Lossy
-------------------------------------------------- ---------------- ---------------- ----------------
SYS.CAL                                                          0               31                0
SYS.COL$                                                        26                0                0
SYS.DEPARTMENT                                                  10                9                0
SYS.DEPT2                                                       26                0                0
SYS.EMP2                                                        48               21                0
SYS.GIFT                                                         6                4                0
SYS.GOGAK                                                       20                0                0
SYS.HISTGRM$                                                     2                0                0
SYS.MEMBER                                                      11                1                0
SYS.OBJ$                                                         1                0                0
SYS.PRODUCT                                                      6                0                0
SYS.PROFESSOR                                                   27                5                0
SYS.P_GRADE                                                      6                0                0
SYS.STUDENT                                                     20                0                0
SYS.WRH$_SEG_STAT_OBJ                                            1                0                0
SYS.WRI$_OPTSTAT_HISTGRM_HISTORY                                 2                0                0
-------------------------------------------------- ---------------- ---------------- ----------------
                                                                            89,1          41%
```

```
XML CSX Dictionary Tables:

USER.TABLE                                         Convertible       Truncation            Lossy
-------------------------------------------------- ---------------- ---------------- ----------------
-------------------------------------------------- ---------------- ---------------- ----------------

Application Data:

USER.TABLE                                         Convertible       Truncation            Lossy
-------------------------------------------------- ---------------- ---------------- ----------------
SCOTT.CAL                                                        0               31                0
SCOTT.DEPARTMENT                                                10                9                0
SCOTT.DEPT2                                                     26                0                0
SCOTT.EMP2                                                      48               21                0
SCOTT.FRUTS                                                      4                2                0
SCOTT.GIFT                                                       6                4                0
SCOTT.GOGAK                                                     20                0                0
SCOTT.MEMBER                                                    11                1                0
SCOTT.PRODUCT                                                    6                0                0
SCOTT.PROFESSOR                                                 27                5                0
SCOTT.P_GRADE                                                    6                0                0
SCOTT.STUDENT                                                   20                0                0
SCOTT.회원                                                       8                0                0
-------------------------------------------------- ---------------- ---------------- ----------------
                                                                           113,1          53%
```

결과 화면이 너무 길어서 이하 내용은 생략하겠습니다. 이 파일 말고도 추가로 몇 가지 파일이 더 생성됩니다. 각 파일들에 대한 설명은 아래와 같습니다.

- scan.out

Csscan을 실하는 동안에 output 파일이며 Csscan에 Error내용을 포함하고 있습니다.

- scan.err

Csscan를 실행 하면서 발생한 상세한 Error정보를 확인 할 수 있습니다.

- preconv.sql

관리자의 확인이 필요한 index, trigger, constraints를 disable 또는 삭제하는 SQL문입니다. 이 스크립트를 실행하기 전에 삭제 대상이 정말 맞는지 꼭 확인하고 실행해야 합니다.

- postconv.sql

preconv.sql에서 disable된 trigger, constraints을 enable하는 SQL문 입니다. 단 preconv.sql를 실행하여 삭제된 index는 postconv.sql을 통해서 재생성할 수 없다는 점을 꼭 기억해야 합니다. 따라서 반드시 preconv.sql을 확인 하고 실행 해야 하며 만약 삭제된 인덱스를 다시 생성해야 할 경우도 있으므로 필요할 경우 index 생성 Script를 미리 Backup 받아 두는 것도 좋은 방법입니다.

10. Migration 작업 순서 및 스크립트 파일 예제

아래 스크립트 파일은 실제로 현업에서 사용중인 Migration 작업 순서와 각 작업에 필요한 스크립트입니다. Migration을 수행하는 사람마다 작업순서나 방법은 다양하지만 이 내용을 참고하여 작업을 진행하시면 도움이 될 것입니다.

Step 1 **이전 대상인 원본 (AS-IS) DB Object 개수 확인합니다.**

아래 내용을 적당한 경로와 이름으로 스크립트 파일을 만들고 수행하면 됩니다.

```
set line 200
set long 2000
set pagesize 2000
SELECT owner ow,
sum(decode(object_type,'TABLE', 1, 0)) ta ,
sum(decode(object_type,'INDEX', 1, 0)) ind ,
sum(decode(object_type,'SYNONYM', 1, 0)) sy ,
sum(decode(object_type,'SEQUENCE', 1, 0)) se ,
sum(decode(object_type,'VIEW', 1, 0)) ve ,
sum(decode(object_type,'CLUSTER', 1, 0)) clu
FROM dba_objects
GROUP BY owner
HAVING owner not in ('SYS','SYSTEM',
'SCOTT','DBSNMP','OUTLN','WKPROXY','WMSYS','ORDSYS','ORDPLUGINS','MDSYS',
'CTXSYS','XDB','ANONYMOUS','OWNER','WKSYS','ODM_MTR','ODM','OLAPSYS',
'HR','OE','PM','SH','QS_ADM','QS','QS_WS','QS_ES','QS_OS','QS_CBADM',
'QS_CB','QS_CS','PERFSTAT','EXFSYS')
ORDER BY 1;
-- 위의 'SYS' 부터 마지막 'EXFSYS' 부분까지는 줄 바꾸지 말고 모두 한 줄로 이어서 쓰세요.

col dbl format 999,999 heading 'Database|Links'
col pkg format 999,999 heading 'Packages'
col pkb format 999,999 heading 'Package|Bodies'
col pro format 999,999 heading 'Procedures'
col fun format 999,999 heading 'Functions'
set verify off
compute sum of dbl on report
compute sum of ow on report
compute sum of pkg on report
compute sum of pkb on report
compute sum of pro on report
compute sum of fun on report
break on report
SELECT owner ow,
sum(decode(object_type,'DATABASE LINK', 1, 0)) dbl,
sum(decode(object_type,'PACKAGE', 1, 0)) pkg,
sum(decode(object_type,'PACKAGE BODY', 1, 0)) pkb,
sum(decode(object_type,'PROCEDURE', 1, 0)) pro,
sum(decode(object_type,'FUNCTION',1,0)) fun
```

```
FROM dba_objects
GROUP BY owner
HAVING owner not in ('SYS','SYSTEM',
'SCOTT','DBSNMP','OUTLN','WKPROXY','WMSYS','ORDSYS','ORDPLUGINS','MDSYS',
'CTXSYS','XDB','ANONYMOUS','OWNER','WKSYS','ODM_MTR','ODM','OLAPSYS',
'HR','OE','PM','SH','QS_ADM','QS','QS_WS','QS_ES','QS_OS','QS_CBADM',
'QS_CB','QS_CS','PERFSTAT','EXFSYS')
ORDER BY 1;
-- 위의 'SYS' 부터 마지막 'EXFSYS' 부분까지는 줄 바꾸지 말고 모두 한 줄로 이어서 쓰세요.

=========================================================================
```

Step 2 **원본 DB 에서 현재 invalid 상태인 Object 개수 확인합니다.**

(이 과정은 이전 후에 Invalid 상태와 비교해서 원래 그런 것인지 아니면 이전이 잘못되어서 그런 것인지를 판단하기 위해서 하는 작업입니다)

아래의 내용을 적당한 파일에 입력하여 저장한 후 실행하세요.

```
SELECT owner, object_name, object_type, status
FROM dba_objects
WHERE status='INVALID'
AND owner NOT  IN ('SYS','SYSTEM',
'SCOTT','DBSNMP','OUTLN','WKPROXY','WMSYS','ORDSYS','ORDPLUGINS','MDSYS',
'CTXSYS','XDB','ANONYMOUS','OWNER','WKSYS','ODM_MTR','ODM','OLAPSYS',
'HR','OE','PM','SH','QS_ADM','QS','QS_WS','QS_ES','QS_OS','QS_CBADM',
'QS_CB','QS_CS','PERFSTAT','EXFSYS');
-- 위의 'SYS'부터 마지막 'EXFSYS' 부분까지는 줄 바꾸지 말고 모두 한 줄로 이어서 쓰세요.

=========================================================================
```

Step 3 **tablespace, user, role, system ,synonym스크립트를 생성합니다.**

아래의 내용을 적당한 파일에 입력하여 저장한 후 실행하세요.

```
SET trimspool ON
SET heading off;
SET feedback off;
SET linesize 300
SET echo off;
SET pages 10000;
```

```
SET long 90000;
COL DDL FORMAT A10000
execute DBMS_METADATA.SET_TRANSFORM_PARAM(DBMS_METADATA.SESSION_TRANSFORM,'
SQLTERMINATOR',true);
EXECUTE DBMS_METADATA.SET_TRANSFORM_PARAM(DBMS_METADATA.SESSION_
TRANSFORM,'STORAGE',false);
EXECUTE DBMS_METADATA.SET_TRANSFORM_PARAM(DBMS_METADATA.SESSION_
TRANSFORM,'CONSTRAINTS',false);
EXECUTE DBMS_METADATA.SET_TRANSFORM_PARAM(DBMS_METADATA.SESSION_
TRANSFORM,'REF_CONSTRAINTS',false);

SPOOL tablespace.sql
SELECT DBMS_METADATA.GET_DDL('TABLESPACE', TABLESPACE_NAME) AS DDL
FROM DBA_TABLESPACES
WHERE TABLESPACE_NAME NOT IN ('SYS', 'SYSAUX', 'SYSTEM','TEMP', 'USERS',
'TOOLS', (SELECT value FROM v$parameter WHERE name='undo_tablespace'));
SPOOL OFF
HOST perl -e's/^//g' tablespace.sql
HOST perl -e's/$//g' tablespace.sql

SPOOL user.sql
SELECT DBMS_METADATA.GET_DDL('USER', USERNAME) AS DDL
FROM DBA_USERS
WHERE USERNAME NOT IN ('SYS','SYSTEM',
'SCOTT','DBSNMP','OUTLN','WKPROXY','WMSYS','ORDSYS','ORDPLUGINS','MDSYS',
'CTXSYS','XDB','ANONYMOUS','OWNER','WKSYS','ODM_MTR','ODM','OLAPSYS',
'HR','OE','PM','SH','QS_ADM','QS','QS_WS','QS_ES','QS_OS','QS_CBADM',
'QS_CB','QS_CS','PERFSTAT','ORACLE_OCM','APPQOSSYS','DIP');
-- 위의 'SYS'부터 마지막 'DIP' 부분까지는 줄 바꾸지 말고 모두 한 줄로 이어서 쓰세요.
SPOOL OFF
HOST perl -e's/^//g' user.sql
HOST perl -e's/$//g' user.sql

SPOOL role.sql
SELECT DBMS_METADATA.GET_GRANTED_DDL('ROLE_GRANT',USERNAME)
FROM DBA_USERS
WHERE USERNAME NOT IN ('SYS','SYSTEM',
'SCOTT','DBSNMP','OUTLN','WKPROXY','WMSYS','ORDSYS','ORDPLUGINS','MDSYS',
'CTXSYS','XDB','ANONYMOUS','OWNER','WKSYS','ODM_MTR','ODM','OLAPSYS',
'HR','OE','PM','SH','QS_ADM','QS','QS_WS','QS_ES','QS_OS','QS_CBADM',
'QS_CB','QS_CS','PERFSTAT','ORACLE_OCM','APPQOSSYS','DIP');
-- 위의 'SYS'부터 마지막 'DIP' 부분까지는 줄 바꾸지 말고 모두 한 줄로 이어서 쓰세요.
SPOOL OFF
```

```
HOST perl -e's/^//g' role.sql
HOST perl -e's/$//g' role.sql

SPOOL system.sql
SELECT DBMS_METADATA.GET_GRANTED_DDL('SYSTEM_GRANT',USERNAME)
FROM DBA_USERS
WHERE USERNAME NOT IN ('SYS','SYSTEM',
'SCOTT','DBSNMP','OUTLN','WKPROXY','WMSYS','ORDSYS','ORDPLUGINS','MDSYS',
'CTXSYS','XDB','ANONYMOUS','OWNER','WKSYS','ODM_MTR','ODM','OLAPSYS',
'HR','OE','PM','SH','QS_ADM','QS','QS_WS','QS_ES','QS_OS','QS_CBADM',
'QS_CB','QS_CS','PERFSTAT','ORACLE_OCM','APPQOSSYS','DIP');
-- 위의 'SYS'부터 마지막 'DIP' 부분까지는 줄 바꾸지 말고 모두 한 줄로 이어서 쓰세요.
SPOOL OFF
HOST perl -e's/^//g' system.sql
HOST perl -e's/$//g' system.sql

SPOOL synonym.sql
SELECT 'create public synonym ' || synonym_name || ' for ' || table_owner
|| '.' || table_name || ';'
FROM dba_synonyms
WHERE owner = 'PUBLIC'
AND table_owner not in ('SYS','SYSTEM',
'SCOTT','DBSNMP','OUTLN','WKPROXY','WMSYS','ORDSYS','ORDPLUGINS','MDSYS',
'CTXSYS','XDB','ANONYMOUS','OWNER','WKSYS','ODM_MTR','ODM','OLAPSYS',
'HR','OE','PM','SH','QS_ADM','QS','QS_WS','QS_ES','QS_OS','QS_CBADM',
'QS_CB','QS_CS','PERFSTAT','EXFSYS');
-- 위의 'SYS' 부터 마지막 'EXFSYS' 부분까지는 모두 한 줄로 이어서 쓰세요.

SELECT 'create synonym ' || synonym_name || ' for ' || table_owner || '.'
|| table_name || ';'
FROM user_synonyms
WHERE table_owner not in ('SYS','SYSTEM',
'SCOTT','DBSNMP','OUTLN','WKPROXY','WMSYS','ORDSYS','ORDPLUGINS','MDSYS',
'CTXSYS','XDB','ANONYMOUS','OWNER','WKSYS','ODM_MTR','ODM','OLAPSYS',
'HR','OE','PM','SH','QS_ADM','QS','QS_WS','QS_ES','QS_OS','QS_CBADM',
'QS_CB','QS_CS','PERFSTAT','EXFSYS');
-- 위의 'SYS'부터 마지막 'EXFSYS' 부분까지는 모두 한 줄로 이어서 쓰세요.

SPOOL OFF
HOST perl -e's/^//g' synonym.sql
HOST perl -e's/$//g' synonym.sql

==========================================================================
```

Step 4 **현재 데이터베이스의 CharacterSet 확인합니다.**

```
SELECT * FROM nls_database_parameters;
```

==

Step 5 **export 또는 expdp로 이전할 데이터 백업을 받습니다.**

```
exp system/manager file=full_exp01.dmp log=full_exp01.log full=y
buffer=408200000 recordlength=65535 statistics=none
```

==

Step 6 **신규 데이터베이스를 생성합니다.**

아래는 신규로 DB를 생성할 때 유의해야 할 사항을 정리한 것입니다.

1. 신규 DB의 Character Set 설정 시에는 위의 Step 4.에서 확인한 Character Set이나 부득이할 경우에는 가급적 SuperSet에 해당되는 Character Set으로 설정해야만 합니다.

2. Standard Edition과 Enterprise Edition 확인해야 합니다. SE에서 EE로 넘어가는 부분은 문제가 발생하지 않지만 EE에서 SE로 넘어갈 경우에는 EE 옵션을 사용하는지 확인이 필요합니다. 이는 EE 버전은 비싼 가격만큼이나 다양한 기능이 제공이 되지만 SE 버전에서 지원을 하지 않는 기능이 있기 때문입니다.

==

Step 7 **신규DB에 Tablespace, user, role, system 딕셔너리 정보를 생성합니다.**

이 작업은 위의 Step 3에서 생성한 스크립트를 사용하여 생성하면 됩니다. 그리고 이 단계에서 신규 DB의 Tablespace 생성 후 반드시 기존 DB의 원본 Datafile 크기와 신규 DB의 Data file 크기를 비교해서 확인해야 합니다.

==

Step 8 import

위의 Step 5에서 exp /expdp 받은 데이터를 imp / impdp 작업을 수행합니다.

```
imp system/manager file=full_exp01.dmp FROMuser=username touser=username
buffer=408200000  recordlength=65535  statistics=none  log=import.log
```

꼭 위의 옵션을 사용해야 하는 것은 아닙니다. 더 빠른 방법이 있다면 해당 파라미터를 사용해서 import하면 됩니다.

==

Step 9 utlrp 스크립트 실행합니다.

utlrp.sql이라는 스크립트는 Object 중에서 상태가 사용 못함(Invalid) 상태인 것을 찾아서 재 컴파일 해서 사용 가능함(Valid) 상태로 만들어 주는 역할을 합니다.

```
SQL> @?/rdbms/admin/utlrp.sql
```

==

Step 10 신규 DB Object 개수 확인합니다.

```
set line 200
set long 2000
set pagesize 2000
SELECT owner ow,
sum(decode(object_type,'TABLE', 1, 0)) ta ,
sum(decode(object_type,'INDEX', 1, 0)) ind ,
sum(decode(object_type,'SYNONYM', 1, 0)) sy ,
sum(decode(object_type,'SEQUENCE', 1, 0)) se ,
sum(decode(object_type,'VIEW', 1, 0)) ve ,
sum(decode(object_type,'CLUSTER', 1, 0)) clu
FROM dba_objects
GROUP BY owner
HAVING owner not in ('SYS','SYSTEM',
'SCOTT','DBSNMP','OUTLN','WKPROXY','WMSYS','ORDSYS','ORDPLUGINS','MDSYS',
'CTXSYS','XDB','ANONYMOUS','OWNER','WKSYS','ODM_MTR','ODM','OLAPSYS',
```

```
'HR','OE','PM','SH','QS_ADM','QS','QS_WS','QS_ES','QS_OS','QS_CBADM',
'QS_CB','QS_CS','PERFSTAT','EXFSYS')
ORDER BY 1;
-- 위의 'SYS' 부터 마지막 'EXFSYS' 부분까지는 줄 바꾸지 말고 모두 한 줄로 이어서 쓰세요.

col dbl format 999,999 heading 'Database|Links'
col pkg format 999,999 heading 'Packages'
col pkb format 999,999 heading 'Package|Bodies'
col pro format 999,999 heading 'Procedures'
col fun format 999,999 heading 'Functions'
set verify off
compute sum of dbl on report
compute sum of ow on report
compute sum of pkg on report
compute sum of pkb on report
compute sum of pro on report
compute sum of fun on report
break on report
SELECT owner ow,
sum(decode(object_type,'DATABASE LINK', 1, 0)) dbl,
sum(decode(object_type,'PACKAGE', 1, 0)) pkg,
sum(decode(object_type,'PACKAGE BODY', 1, 0)) pkb,
sum(decode(object_type,'PROCEDURE', 1, 0)) pro,
sum(decode(object_type,'FUNCTION',1,0)) fun
FROM dba_objects
GROUP BY owner
HAVING owner not in ('SYS','SYSTEM',
'SCOTT','DBSNMP','OUTLN','WKPROXY','WMSYS','ORDSYS','ORDPLUGINS','MDSYS',
'CTXSYS','XDB','ANONYMOUS','OWNER','WKSYS','ODM_MTR','ODM','OLAPSYS',
'HR','OE','PM','SH','QS_ADM','QS','QS_WS','QS_ES','QS_OS','QS_CBADM',
'QS_CB','QS_CS','PERFSTAT','EXFSYS')
ORDER BY 1;
-- 위의 'SYS' 부터 마지막 'EXFSYS' 부분까지는 줄 바꾸지 말고 모두 한 줄로 이어서 쓰세요.

==========================================================================
```

Step 11 마지막으로 신규 DB에서 invalid 개수 확인합니다.

마무리 검사로 신규로 생성한 DB에서 사용못함(Invalid) 상태의 Object를 모두 찾아서 확인해야 합니다. 가끔 높은 버전으로 버전업 될 경우 낮은 버전에서 잘 되던 프로시져나 함수 등이 사용못함 상태로 변경되는 경우도 있으니 반드시 확인한 후 만약 Invalid 상태로 나올 경우 재컴파일을 하든지 아니면 해당

Object를 다시 생성해야 할 경우도 있습니다.

```
SELECT owner, object_name, object_type, status
FROM dba_objects
WHERE status='INVALID'
AND owner not IN
('SYS','SYSTEM', 'SCOTT','DBSNMP','OUTLN','WKPROXY','WMSYS','ORDSYS','ORDPL
UGINS','MDSYS',
'CTXSYS','XDB','ANONYMOUS','OWNER','WKSYS','ODM_MTR','ODM','OLAPSYS',
'HR','OE','PM','SH','QS_ADM','QS','QS_WS','QS_ES','QS_OS','QS_CBADM',
'QS_CB','QS_CS','PERFSTAT','EXFSYS');

-- 위의 'SYS' 부터 마지막 'EXFSYS' 부분까지는 줄 바꾸지 말고 모두 한 줄로 이어서 쓰세요.

==========================================================================
```

이상으로 데이터 마이그레이션 관련된 사항들을 살펴보았습니다. 마이그레이션 작업이 오라클 관련 작업 중에서 아주 어려운 작업에 속하므로 사소한 부분까지도 꼼꼼하게 신경써서 작업해야만 합니다.

CHAPTER 15

Oracle ASM

15 CHAPTER

Oracle ASM

Oracle 10g 이전 버전에서 데이터를 저장하고 관리하는 방식은 크게 OS를 통하여 관리하는 File System 방식과 Oracle에서 직접 스토리지에 데이터를 저장하는 Raw Device 방식이 대표적이었습니다.

파일 시스템 방식은 사용자가 관리하기 쉽다는 장점이 있는 반면에 OS의 영향을 많이 받는다는 단점이 있고 이와는 대조적으로 Raw device 방식은 파일시스템에 비해 성능은 좋으나 관리하기가 어렵고 불편하다는 단점이 있습니다. 그래서 Oracle이 위 두 가지 방식의 장점을 최대한 살릴 수 있는 별도의 관리 방법을 개발하여 10g 부터 소개하고 있는데 그 방식이 이번 장에서 우리가 살펴 볼 ASM이라는 기능입니다. 아래 그림으로 File system, Raw device, ASM의 구조를 간단히 비교해 보겠습니다.

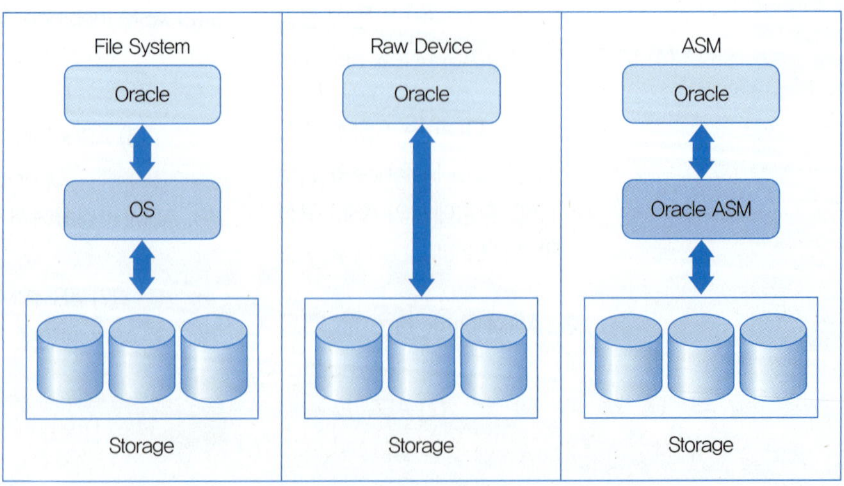

위 그림에서 알 수 있듯이 File System 방식과 ASM 방식은 구조가 거의 비슷합니다. 그러나 OS보다 ASM이 Oracle 환경에서 훨씬 더 좋은 성능을 발휘하기 때문에 ASM 방식이 File System 방식보다 권장되는 방식입니다. 다만 Oracle ASM을 운영하기 위한 별도의 방식을 배워야 하기 때문에 어려운 부분이 있는 것이 현실입니다.

이번 장에서는 11g R2 버전을 기준으로 Oracle ASM에 대해서 원리와 관리방법 등을 자세히 살펴보겠습니다.

1. Oracle ASM의 주요 특징

위 그림에서 살펴본 바와 같이 Automatic Storage Management(이하 ASM) 기능은 오라클에서 직접 파일들이 저장되는 스토리지를 관리하는 방식입니다. 기존방식이던 File System과 Raw device의 장점만을 결합하여 스토리지를 관리하기 때문에 성능이나 편리성이 많이 향상되었습니다.

(1) 효율적인 디스크 관리

디스크를 추가하고 삭제하는 작업을 보다 쉽게 할 수 있습니다. 사실 디스크를 추가하고 삭제하는 것이 힘든 게 아니라 후속작업(디스크 추가 후 파일 이동이나 재배치 작업)들이 더 힘든데 기존 방식은 디스크 추가 후 관리자가 수동으로 이 작업을 해야 하지만 ASM 방식은 오라클이 DB의 중단 없이 자동으로 해 줍니다. 즉 관리자가 ASM Disk Group에 새로운 디스크를 추가하거나 제거하기만 하면 나머지 후속 작업은 ASM에서 자동으로 Rebalancing 작업을 해 준다는 뜻입니다. 이것은 Disk Group을 생성할 때 rebalance power n(숫자)으로 설정할 수 있습니다.

(2) 디스크 I/O의 효과적 분산

기존 방식은 RAID로 구현이 되어 있어도 디스크가 교체가 되거나 추가가 되면 기존 디스크와 신규 디스크 사이에 데이터가 균등하게 분산되지 못하고 한쪽으로 쏠리는 현상이 발생하는 경우가 많았습니다. 그러나 ASM은 AU(Allocation Unit)라는 단위로 나누어서 서로 다른 디스크에 균등하게 분산시켜 저장을 하게 됩니다. 그래서 I/O가 효율적으로 분산되어 저장되므로 성능이 많이 향상되게 됩니다. 기존 RAID 방식의 Striping은 디스크 튜닝이 아주 중요했으나 ASM 방식은 ASM에서 AU 단위로 자동으로 관리해 주기 때문에 디스크 I/O 성능이 아주 많이 향상되었고 디스크 튜닝이 거의 필요가 없을 정도입니다.

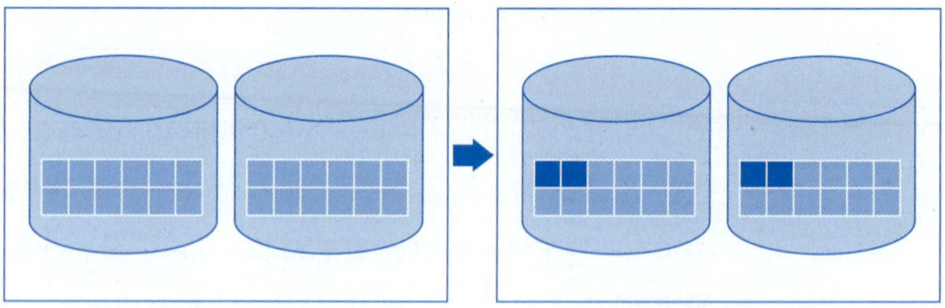

데이터 입력 전

데이터 입력 후
(분산 저장됨)

(3) 비용의 절감

기존 방법은 고가의 RAID 장비를 별도로 구매를 해서 설치를 하고 운영을 해야 하지만 ASM을 도입하면 오라클에서 Software적으로 위 기능들을 구현하기 때문에 별도의 하드웨어나 소프트웨어 구입 비용 없이 디스크 장애 대비나 I/O 분산을 통한 성능향상을 도모할 수 있습니다. 그렇지만 이 특징을 현업에 적용할 지의 여부는 충분한 검토 후에 결정하시기 바랍니다. 즉 H/W RAID의 기능과 Oracle ASM의 RAID 기능을 충분히 비교 검토하신 후 적용하시기를 권장합니다.

(4) VLDB 지원 (11g ASM New Feature)

- 140Peta Byte까지 지원합니다(단 ASM Mirroring을 사용하지 않을 경우 입

니다.).

그리고 2-Way Mirroring일 경우엔 42Peta Byte까지 지원하며 3-Way mirroring을 지원할 경우에는 15Peta Byte까지 지원합니다.

- 각 ASM disk 별로 4Peta Byte까지 지원합니다.
- 1개의 Disk Group당 1백만 개의 파일을 지원합니다.
- 최대 10,000개의 ASM 디스크를 생성할 수 있습니다.
- 1개의 ASM Instance당 63개의 disk group을 생성할 수 있습니다.

이런 특징들 이외에도 좋은 특징들이 매우 많이 있습니다.

2. Oracle ASM 구조

(1) Single-Instance의 경우

Single-Instance의 경우 ASM 구성

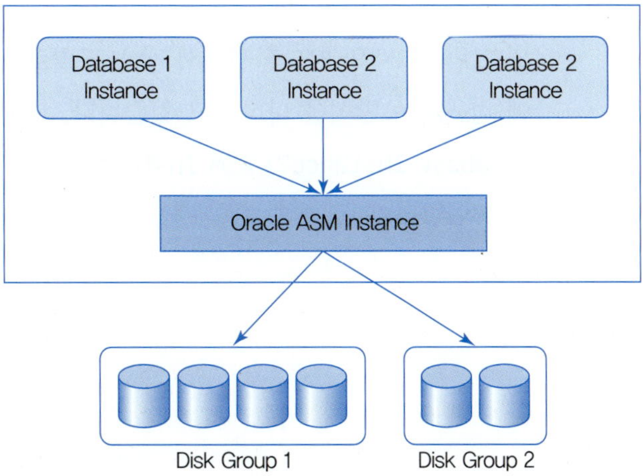

위 그림은 단일 인스턴스로 구성되어 있는 여러 개의 데이터베이스들이 ASM 인스턴스를 통해 Storage에 접속해서 데이터를 관리하는 구성도입니다. 위와 같은 경우를 Multi-instance 라고도 하는데 위와 같이 구성되어질 수도 있습니

다. Disk Group이라는 부분은 뒷장에서 별도로 자세하게 살펴보겠습니다.

(2) RAC 환경에서의 ASM 구성

RAC의 경우 ASM 구성

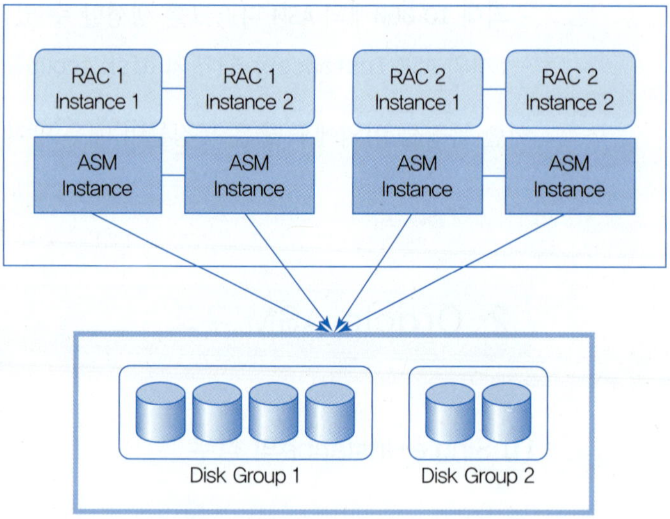

위 그림은 2개의 RAC 환경에서 각 노드별로 ASM 인스턴스를 구성해서 Storage에 접근하는 방식을 나타내고 있습니다. 어떤 방식으로 구현을 하던지 Oracle Database Instance가 ASM Instance를 통해서 Storage에 엑세스 하는 방식은 동일합니다.

(3) ASM Instance 내부 구조

위 그림은 ASM Instance의 내부구조를 나타낸 그림입니다. 데이터베이스 인스턴스와 별개로 ASM Instance가 있고 각종 백그라운드 프로세스가 있는 것이 확인이 됩니다. 이 부분에 대해서는 뒷부분에서 자세히 살펴보겠습니다.

3. ASM Disk Group 개요

ASM에서는 디스크를 여러 개 묶어서 Disk Group으로 관리합니다. 1개의 그룹에는 최소 2개의 디스크가 있어야 합니다. 그래서 데이터가 들어 올 때 AU라는 단위로 나누어서 각 Disk Group별로 분산시켜서 저장하게 됩니다. AU(Allocation Unit)는 COARSE-grained 방식과 FINE grained의 두 가지 옵션을 가질 수 있습니다. AU의 속성이 COARSE일 경우는 1Mega Byte의 크기로 기록되고(AU의 사이즈와 동일합니다.) 주로 데이터 파일과 아카이브 로그파일에 사용하며, FINE GRAINED일 경우는 128KB의 크기로 redo log file, control file, flashback log file을 디스크에 기록할 때 사용됩니다. 이 부분에 대해서는 뒤에서 자세히 살펴보겠습니다.

11g ASM 부터는 이 AU의 종류가 1/2/4/8/16/32/64MB로 다양하게 지원되며 disk group을 생성할 때 지정 할 수 있게 되어 성능 향상이 이루어집니다.

(1) Redundancy

ASM Disk Group에서는 여러 개의 Disk를 하나 또는 여러 개의 Disk Group으로 묶어서 사용을 하게 됩니다. 그런데 만약의 경우 그 중 하나 이상의 디스크가 장애가 날 경우 전체 Disk Group내의 데이터를 모두 손실할 수 있기 때문에 안정성을 위해서 아래의 3가지 방법으로 안정성(redundancy)을 설정할 수 있습니다.

- Normal : 2-way mirroring 기능입니다. 이 기능을 사용하여 ASM Redundancy를 구성하려면 디스크가 2배가 있어야 합니다. 즉 실제 데이터가 저장되는 공간을 100GB 이면 100GB 디스크가 2개가 있어야 한다는 뜻입니다.
- High : 3-way mirroring 기능입니다. 위의 Normal과 비슷하지만 보다 안정적으로 운영이 가능한 방식입니다. 단 이 기능을 사용하려면 3배의 디스크가 있어야 합니다.
- External : ASM mirroring 기능을 사용하지 않습니다. 단 이 경우는 반드시 Hardware RAID 기능으로 디스크를 보호하고 있을 경우에만 사용하시길 권장합니다.

이 Redundancy level은 Disk Group을 생성할 때 설정할 수 있습니다. 뒷부분에서 Disk Group을 생성하고 관리하는 실습에서 자세하게 살펴보겠습니다.

일반 디스크를 ASM Disk Group으로 구성하여 사용하기 위해서는 물리적 디스크를 논리적으로 ASM Disk로 구성해야 합니다. 이것은 마치 일반 디스크를 OS

에서 사용하기 위해서 OS 명령어로 Format을 하는 것과 동일한 원리입니다. 즉 ASM이 사용하기 위해서 ASM용으로 Format을 하는 과정이 필요합니다.

11g R2 버전의 ASM Disk에 저장되고 관리될 수 있는 파일의 목록은 아래와 같습니다.

- Control files
- Data files, temporary data files, and data file copies
- SPFILEs
- Online redo logs, archive logs, and Flashback logs
- RMAN backups
- Disaster recovery configurations
- Change tracking bitmaps
- Data Pump dumpsets

뒷부분에서 보다 자세히 살펴보겠지만 ASM을 사용할 경우 파일의 이름과 크기들은 Oracle이 자동으로 결정하고 관리를 하게 됩니다. 즉 관리자가 힘들게 파일의 용량을 관리를 하지 않아도 된다는 뜻입니다.

(2) ASM Extents

File System 환경에서 오라클이 디스크에 데이터를 저장할 때 Block -> Extent 단위로 저장하는 것과 마찬가지로 ASM 환경에서도 Block에 해당되는 AU(Allocation Unit)와 AU가 여러 개 모인 Extent를 사용하여 ASM Disk에 데이터를 저장하게 됩니다.

이 Extent의 종류는 여러 가지가 있으며 이로 인해 대용량의 데이터파일을 관리할 수 있습니다. Oracle은 ASM 내부에서 데이터를 효과적으로 관리하기 위해서 다양한 Extent Size를 제공하는데 요약하면 아래와 같습니다.

- 최초 2만개 : 해당 Disk Group의 AU 사이즈와 동일합니다. (0 - 19999)
- 다음 2만개 : AU 사이즈*4의 크기입니다. (20000 - 39999)

- 그 다음 나머지들 : AU 사이즈*16 (40000+)

이렇게 관리되는 이유는 데이터의 양이 많아 지면서 할당 횟수를 최대한 줄이면서 I/O를 줄이기 위해서입니다. 이런 설정들을 사용하여 Disk Group을 생성하고 관리하는 부분은 뒷부분의 ASM 관리하기 부분에서 자세하게 살펴보겠습니다.

4. ASM 관리하기

앞에서 살펴본 바와 같이 ASM 구조도 Instance와 Disk 부분으로 나누어져 있습니다. 이렇게 되어 있는 이유는 Oracle이 ASM에게 특정 데이터를 요청했을 때 메모리 부분인 ASM 인스턴스에 캐싱을 해 두었다가 전달하는 것이 성능에 훨씬 좋기 때문입니다. 여기서 주의해야 할 부분은 ASM Instance와 Database Instance를 혼동해서는 안 된다는 것입니다.

ASM Instance를 생성하기 위해서는 Database Instance와 마찬가지로 파라미터 파일이 필요하고 여러 가지 항목들이 필요합니다. 아래에서 자세히 살펴보겠습니다.

아래에서 ASM 관련된 여러 가지 실습과 테스트들이 나옵니다. 지면 관계상 이 책에는 ASM 기반으로 설치하는 방법을 담지 못했지만 생능출판사 사이트(http://www.booksr.co.kr)에서 ASM 기반으로 11g Database를 설치하는 매뉴얼을 제공하고 있으므로 해당 매뉴얼을 다운로드 하여 설치한 후 꼭 테스트를 해 보기를 권합니다.

(1) ASM Instance initialized Parameter File

Oracle ASM을 설치하게 되면 Oracle이 Disk group 내부에 ASM Instance 용 Parameter file과 Passwd file을 생성하게 됩니다. ASM Instance 용 parameter file은 SPFILE을 공유된 장소에 생성을 해서 여러 노드에서 사용 할 수 있도록 하는 구성하는 것이 권장사항입니다.

그러나 만약 각 노드의 로컬에 Pfile을 사용하길 원할 경우 Pfile 내부에 Spfile의 경로를 적어주면 그 값을 사용하여 Spfile을 찾아가서 ASM Instance를 시작시킬 수도 있습니다. 기본경로는 아래와 같이 확인하면 됩니다. 11g 부터는 ASM Instance에 접속할 때 권한을 sysasm으로 접속해야 합니다.

```
[ora_asm@localhost ~]$
[ora_asm@localhost ~]$ sqlplus / as sysasm

SQL*Plus: Release 11.2.0.2.0 Production on Sat Feb 23 12:27:06 2013

Copyright (c) 1982, 2010, Oracle.  All rights reserved.


Connected to:
Oracle Database 11g Enterprise Edition Release 11.2.0.2.0 - Production
With the Automatic Storage Management option

SQL> set line 200
SQL> show parameter spfile;

NAME                                 TYPE        VALUE
------------------------------------ ----------- ------------------------------
spfile                               string      +DATA/asm/asmparameterfile/reg
                                                 istry.253.807251401
SQL>
```

위에서 확인된 바와 같이 ASM용 파라미터 파일은 10g 까지는 $ORACLE_HOME/dbs/init+ASM.ora로 생성이 되었지만 11g에서는 ASM 스토리지 내부에 저장이 되어 있습니다. 그래서 초기 설치 시에는 $ORACLE_HOME/dbs 디렉토리에 가면 ASM용 파라미터 파일이 없습니다. 만약 관리자가 $ORACLE_HOME/dbs 아래에 초기화 파일을 두기를 원한다면 ASM Instance에 접속해서 아래와 같이 수동으로 생성해야 합니다.

```
SYS>create pfile='$ORACLE_HOME/dbs/init+ASM.ora'
  2  from spfile ;

File created.

SYS>!ls $ORACLE_HOME/dbs
ab_+ASM.dat  hc_+ASM.dat  init+ASM.ora  init.ora  orapw+ASM  spfileASM.ora

SYS>
```

ASM 초기화 파일에 어떤 내용이 들어 있는지 살펴보겠습니다.

```
ora_asm@localhost:/app/ora_asm/product/11g/grid/dbs

SYS>!
[ora_asm@localhost ~]$ cd $ORACLE_HOME/dbs
[ora_asm@localhost dbs]$ vi init+ASM.ora
+ASM.asm_diskgroups='FRA','DATA3'#Manual Mount
*.asm_power_limit=1
*.diagnostic_dest='/app/ora_asm'
*.instance_type='asm'
*.large_pool_size=12M
*.remote_login_passwordfile='EXCLUSIVE'
~
~
```

데이터베이스 인스턴스용 파라미터 파일보다 단순한 내용들이 저장되어 있습니다. ASM 인스턴스용 초기화 파라미터들에 대해 살펴보겠습니다.

- **MEMORY_TARGET**

이 파라미터는 오라클 11g에서 사용하는 전체 메모리를 자동으로 관리하는 파라미터입니다. 이전 장에서 살펴본 대로 이 파라미터가 SGA와 PGA의 총량을 결정하는데 만약 ASM 환경이라면 ASM Instance가 사용하는 메모리 용량까지 포함하게 된다는 사실도 기억해야 합니다.

- **ASM_DISKGROUPS**

이 파라미터는 ASM Instance가 시작될 때 자동으로 마운트 될 Disk Group명을 지정하는 파라미터입니다. 특정 값을 지정하지 않으면 기본값은 NULL이고 이 파라미터는 Dynamic이라서 운영중에 변경하고 적용할 수 있습니다. 그리고 spfile을 사용할 경우에는 운영 중에 새로운 ASM Disk Group이 생성될 경우나 삭제될 경우 서버 프로세스가 변경된 내용을 자동으로 spfile에 반영을 시키게 됩니다.

운영 중에 alter system set 명령을 아래와 같이 사용하면 됩니다.

```
SYS> alter system set asm_diskgroups = data,fra1;
```

위 명령어를 수행하면 서버 프로세스가 자동으로 초기화 파라미터 파일에 저 내용을 반영합니다.

● ASM_DISKSTRING

이 파라미터는 ASM Instance가 사용할(발견할) 디스크 명단을 지정해 주는 파라미터입니다. 즉 ASM Instance가 사용할 ASM Disk들의 명단의 물리적인 명칭을 직접 적어 주는 용도인데 위에서 살펴본 파라미터로 Disk Group을 지정해서 사용하기 때문에 설정을 하지 않아도 됩니다. 특정 값을 설정하지 않을 경우 기본값은 NULL로 지정됩니다. 이 값을 NULL로 지정할 경우 ASM Instance가 시작될 때 기본 설정경로에서 모든 ASM Disk를 찾아서 사용하게 됩니다.

● ASM_POWER_LIMIT

이 파라미터는 Disk Group 내에서 Rebalancing 성능을 결정하는 파라미터입니다. 11g R2 버전(11.2.0.2) 기준으로 0 - 1024까지 지정할 수 있으며 기본값은 1입니다. (11.2.0.2버전 이전까지는 이 값을 0-11까지의 값으로 설정을 했습니다.)

0은 Rebalancing 기능을 사용하지 않는다는 뜻이고 숫자가 높을수록 Rebalancing 속도가 빨라진다는 의미입니다. 단 숫자가 높을수록 Rebalancing을 하기 위해 Disk I/O가 많이 발생해서 다른 업무 속도에 영향을 줄 수 있다는 것을 기억해야 합니다. 이 값은 운영 중에 변경이 가능합니다.

● ASM_PREFERRED_READ_FAILURE_GROUPS

이 파라미터는 ASM Disk Group의 미러링 기능과 관련된 설정 파라미터입니다. 이 파라미터를 이해하기 위해서 아래 그림으로 설명을 하겠습니다.

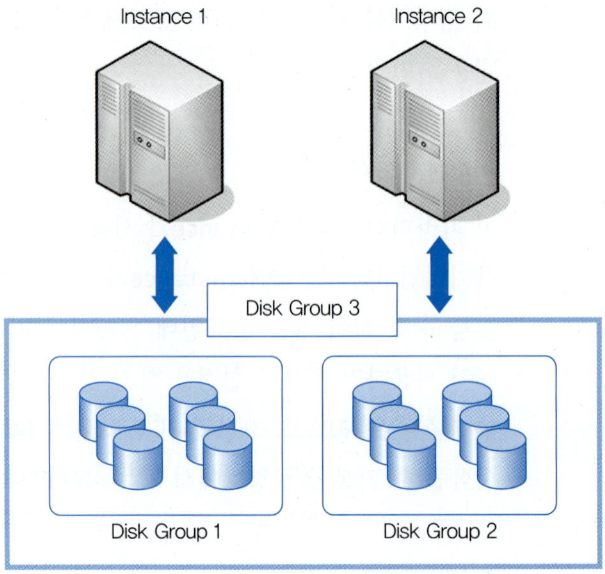

위 그림을 보면 여러 개의 디스크로 이루어진 Disk Group 1번과 Disk Group 2번이 있습니다. 위 그림은 데이터의 안정성을 위해 미러링으로 구성한 그림인데 ASM에서 Disk Group을 생성할 때 이렇게 미러링을 구현하면 라운드로빈 방식으로 데이터를 저장하게 됩니다. 즉 인스턴스 1에서 데이터를 저장한다고 가정하면 원본은 Disk Group 1에 저장하고 사본은 Disk Group 2에 저장합니다. 그리고 또 한번 더 저장을 하면 이번에는 원본은 Disk Group 2에 저장하고 사본은 Disk Group 1번에 저장을 하는 방식입니다.

그런데 데이터를 액세스할 때(예를 들어 Select 할 때) 늘 Disk Group 1에 있는 것을 우선적으로 찾게 됩니다. Disk Group 2는 Disk Group 1이 장애가 생겨 액세스가 안 될 경우에만 사용됩니다. 이런 경우 하나의 Disk Group에 액세스가 몰리게 되어 성능 저하가 될 수 있습니다. 그래서 11g ASM에서는 각 노드별로 우선적으로 액세스할 Disk Group을 지정해 줄 수 있도록 이 파라미터가 등장을 했습니다.

```
SQL> alter system set asm_preferred_read_failure_groups = 'DG1.DG01','DG2.DG02';
```

위 명령어를 수행한 노드는 DG1 그룹의 DG01 디스크를 최우선적으로 액세스하게 됩니다. 현재 설정되어 있는 디스크 별 우선순위는 아래와 같이 확인할 수 있습니다.

```
SQL> col instname for a10
SQL> col dbname for a8
SQL> col failgroup for a10
SQL> set line 200
SQL>  select instname,dbname,group_number,failgroup,disk_number,reads,writes
  2  from v$asm_disk_iostat
  3  order by 1,2,3,4,5,6 ;

INSTNAME   DBNAME   GROUP_NUMBER FAILGROUP  DISK_NUMBER      READS     WRITES
---------- -------- ------------ ---------- ----------- ---------- ----------
testdb     testdb              1 ASM1                 0      20754      14263
testdb     testdb              1 ASM2                 1      10615       8651
testdb     testdb              2 FRA1                 0        332      16088

SQL>
```

● DB_CACHE_SIZE

이 파라미터는 ASM Instance에서 메타 데이터 블록을 관리할 메모리 용량을 지정하는 파라미터 입니다. Automatic Memory Management 기능을 사용하고 있을 경우에는 이 파라미터를 지정할 필요는 없습니다. 대부분의 경우 최적화 된 값이 자동으로 설정됩니다.

● DIAGNOSTIC_DEST

이 파라미터는 ASM의 각종 로그 파일을 저장할 경로를 지정하는 파라미터입니다.

● INSTANCE_TYPE

이 파라미터는 선택적인 파라미터로 Oracle Grid 환경하에서 현재 인스턴스의 타입을 지정해 주는 파라미터입니다. ASM 환경일 경우 ASM으로 지정하시면 됩니다.

● LARGE_POOL_SIZE

이 파라미터는 ASM 저장공간의 Extent들의 Map 정보를 저장하는 파라미터입니다. AMM 기능을 사용할 경우 이 파라미터를 별도로 지정할 필요가 없습니다. 만약 AMM 기능을 사용하지 않더라도 거의 대부분의 환경에서 최적인 값을 스스로 설정합니다.

● PROCESSES

이 파라미터는 ASM Instance에 접속 할 수 있는 Process들의 개수를 지정하는 파라미터입니다. 권장값은 50+(50*ASM 접속 인스턴스 수)입니다.

● REMOTE_LOGIN_PASSWORDFILE

이 파라미터는 ASM 에서 접속 시에 사용될 패스워드 파일 사용여부를 지정합니다. 이 파라미터는 데이터베이스 설정과 동일합니다.

● SHARED_POOL_SIZE

이 파라미터는 ASM Instance에서 데이터들을 관리하기 위해 필요한 메모리의 총량을 지정합니다. AMM 기능을 사용할 경우 이 파라미터를 지정할 필요가 없습니다. 데이터베이스 인스턴트에서 DB_CACHE_SIZE 와 비슷한 역할을 합니다.

이 파일이 없으면 ASM Instance가 시작이 되지 않기 때문에 잘 관리를 하셔야 합니다.

ASM Instance 를 종료하신 후 관리자가 수동으로 백업을 수행해도 되지만 ASM Instance를 종료할 수 없는 상황도 많기 때문에 ASMCMD 명령어 중에서 spbackup 명령이나 spcopy, spmove 등의 명령어를 이용해서 Spfile을 백업하시기를 권장합니다.

(2) ASM Instance 시작하기와 종료하기

● startup 옵션

- FORCE : ASM Instance를 재 시작할 경우 이전 인스턴스를 shutdown abort 하고 다시 시작합니다.
- MOUNT, OPEN : ASM Instance를 시작시킨 후 Disk Group을 마운트 합니다.
- NOMOUNT : ASM Instance를 시작하지만 Disk Group은 마운트 하지 않습니다.
- RESTRICT : RESTRICTED SESSION 권한을 가진 사용자만 접속 가능한 모드입니다. 단 이 모드로 ASM Instance를 시작시킬 경우 데이터베이스가 ASM에 있는 각종 파일들에 접근을 할 수 없게 됩니다. ASM 내부에서는 Disk Group이 마운트 되지만 이 것은 디스크 그룹을 고칠 때 주로 사용하는 모드입니다.

● shutdown 옵션

- NORMAL : 현재 진행중인 세션이 종료될 때 까지 기다렸다가 ASM Instance를 종료합니다.
- TRANSACTIONAL : 현재 진행중인 트랜잭션이 끝날 때 까지 기다렸다가 Instance를 종료합니다.
- IMMEDIATE : 현재 세션이 있어도 강제 종료합니다. 단 ASM Instance에 저장될 데이터가 있으면 전부 저장한 후 종료합니다.
- ABORT : 현재 세션이 있어도 강제 종료하며 저장하지 않고 강제로 종료됩니다.

ASM Instance와 Database Instance를 종종 혼동하는 경우가 많이 있습니다. ASM 기반의 저장방식을 사용할 경우 앞에서 살펴본 바와 같이 Database Instance에서 데이터를 저장하거나 가져올 때 ASM Instance를 사용하므로 ASM 기반 환경의 서버의 메모리에는 Instance 가 2개가 만들어집니다. 그래서 시작을 할 때는 ASM Instance → Database Instance 순서로 시작을 해야 하고 종료할 경우는 반대로 Database Instance → ASM Instance 순서로 종료가 되어야 합니다. 이 순서를 지키지 않을 경우 아래와 같은 에러가 발생하게 됩니다.

```
oracle@localhost:~
[oracle@localhost ~]$ sqlplus / as sysdba

SQL*Plus: Release 11.2.0.2.0 Production on Wed Feb 13 11:52:58 2013

Copyright (c) 1982, 2010, Oracle.  All rights reserved.

Connected to an idle instance.

SQL> startup
ORA-01078: failure in processing system parameters
ORA-01565: error in identifying file '+DATA/testdb/spfiletestdb.ora'
ORA-17503: ksfdopn:2 Failed to open file +DATA/testdb/spfiletestdb.ora
ORA-15077: could not locate ASM instance serving a required diskgroup
SQL>
```

위 화면은 ASM 인스턴스가 종료되어 있는 상태에서 Database Instance를 시작하려고 startup 명령을 수행한 화면입니다. 에러가 발생하는 것을 확인할 수 있습니다.

아래 화면은 데이터베이스 인스턴스가 시작되어 있는 상태에서 ASM 인스턴스를 종료하려고 시도한 화면입니다.

```
ora_asm@localhost:~
SQL>
SQL> shutdown immediate;
ORA-15097: cannot SHUTDOWN ASM instance with connected client (process 6963)
SQL>
SQL> shutdown abort;
ASM instance shutdown
SQL>
```

첫 번째 시도에서 shutdown immediate 명령을 수행하니까 접속된 Client가 있어서 Shutdown을 할 수 없다고 에러가 납니다. 그래서 두 번째 시도에서 강제로 종료하는 Shutdown abort; 명령을 수행했습니다.

그 후에 데이터베이스 상태를 보니 강제 종료가 되어 아래와 같이 에러가 발생합니다.

```
oracle@localhost:~
SYS>
SYS>select * from tab ;
select * from tab
*
ERROR at line 1:
ORA-03135: connection lost contact
Process ID: 8016
Session ID: 39 Serial number: 209

SYS>
```

시작과 종료의 순서가 아주 중요하니
꼭 순서를 기억하세요~!!

(3) ASM Disk Group 관리하기

ASM에서는 Disk Group을 관리하기 위해 아래의 표와 같이 여러 가지 뷰를 제공합니다. 이 뷰 들을 활용해서 Disk Group 관리하는 방법을 살펴보겠습니다.

VIEW 이름	설 명
V$ASM_DISKGROUP	Disk Group에 관련된 정보를 알려줍니다
V$ASM_DISK	디스크에 대한 정보를 알려줍니다
V$ASM_FILE	ASM 내부에 생성된 파일에 대한 정보를 알려줍니다
V$ASM_TEMPLATE	ASM 내 모든 Disk Group에 설정된 템플릿정보를 알려줍니다
V$ASM_ALIAS	ASM Disk Group의 alias 정보를 알려줍니다.
V$ASM_OPERATION	ASM 인스턴스상에서 실행되는 작업들의 현황을 알려줍니다.

먼저 Disk Group을 조회하는 방법부터 살펴보겠습니다.

① Database Instance에서 현재 연결되어 있는 Disk Group 정보 확인하기

```
SYS>set line 200
SYS>col disk_group for a10
SYS>col label for a10
SYS>col stat for a10
SYS>select a.name disk_group , d.name "Label" , a.state
  2  from v$asm_disk d , v$asm_diskgroup a
  3  where d.group_number=a.group_number
  4  order by 2 ;

DISK_GROUP Label      STATE
---------- ---------- ----------
DATA       ASM1       CONNECTED
DATA       ASM2       CONNECTED
FRA1       FRA1       CONNECTED

SYS>select instance_name
  2  from v$instance;

INSTANCE_NAME
----------------
testdb

SYS>
```

위 쿼리는 Database Instance인 testdb에 접속해서 조회한 화면입니다. ASM Disk Group 관련된 작업은 거의 ASM Instance에서 작업을 많이 하게 됩니다.

② ASM Instance에서 현재 연결되어 있는 disk group 확인하기

```
SYS>
SYS>select instance_name from v$instance;

INSTANCE_NAME
----------------
+ASM

SYS>set line 200
SYS>col group_number for 99
SYS>col name for a10
SYS>col type for a10
SYS>col state for a10
SYS>
SYS>select group_number , name , type , state
  2  from v$asm_diskgroup ;

GROUP_NUMBER NAME       TYPE       STATE
------------ ---------- ---------- ----------
           1 DATA       EXTERN     MOUNTED
           2 FRA1       EXTERN     MOUNTED

SYS>
```

③ 각 Disk Group의 세부 정보 확인하기

```
ora_asm@localhost:~
SYS>
SYS>col group_number for 999
SYS>col disk_number for 999
SYS>col name for a10
SYS>col mount_status for a10
SYS>col path for a15
SYS>
SYS>select group_number , disk_number , name, mount_status , path , total_mb
  2  from v$asm_disk ;

GROUP_NUMBER DISK_NUMBER NAME       MOUNT_STAT PATH              TOTAL_MB
------------ ----------- ---------- ---------- --------------- ----------
           1           0 ASM1       CACHED     ORCL:ASM1             5114
           1           1 ASM2       CACHED     ORCL:ASM2             5114
           2           0 FRA1       CACHED     ORCL:FRA1             5114

SYS>
```

④ 각 Disk Group별로 저장되어 있는 파일 내역 확인하기

```
ora_asm@localhost:~

SYS>set pagesize 50
SYS>col group_number for 99
SYS>col file_number for 999
SYS>col type for a20
SYS>
SYS>select group_number, file_number , round((bytes/1024/1024),1) MB,
  2         redundancy , type
  3  from v$asm_file ;
```

```
ora_asm@localhost:~

GROUP_NUMBER FILE_NUMBER         MB REDUND TYPE
------------ ----------- ---------- ------ --------------------
           1         253          0 UNPROT ASMPARAMETERFILE
           1         256        9.3 UNPROT CONTROLFILE
           1         257         50 UNPROT ONLINELOG
           1         258         50 UNPROT ONLINELOG
           1         259         50 UNPROT ONLINELOG
           1         260        700 UNPROT DATAFILE
           1         261        600 UNPROT DATAFILE
           1         262        585 UNPROT DATAFILE
           1         263         60 UNPROT TEMPFILE
           1         264          5 UNPROT DATAFILE
           1         265          0 UNPROT PARAMETERFILE
           2         256        9.3 UNPROT CONTROLFILE
           2         257         50 UNPROT ONLINELOG
           2         258         50 UNPROT ONLINELOG
           2         259         50 UNPROT ONLINELOG

15 rows selected.

SYS>
```

위 조회 화면에 보면 각 파일들이 어떤 Disk Group에 들어가 있는지 알 수 있습니다. 위에서 살펴본 여러 가지 방법들로 ASM 관련 내역을 조회할 수 있습니다.

⑤ 새로운 Disk Group 생성 및 관리하기

이 실습을 하기 위해서 새로운 ASM 디스크가 생성되어 있어야 합니다. 실습을 위해서 5GB 용량의 디스크 2개를 추가한 후 ASM3, ASM4로 생성한 후에 Disk Group을 추가하겠습니다. 실습환경이 VMware라서 ① 서버 종료 → ② 디스크 추가 후 리눅스 재부팅 → ③ 파티션작업 → ④ ASM Disk 생성 → ⑤ Disk Group 생성의 순서로 진행하겠습니다.

실제 운영환경에서는 장비 종료 없이 3번 과정부터 가능하므로 여기서도 3번 과정부터 살펴보겠습니다. 만약 VMware로 실습하시는 독자시라면 1번 단계에서 Database Instance 종료 후 ASM Instance를 종료 하시고 리눅스를 종료하시기 바랍니다.

새로 추가한 하드디스크가 /dev/sdg, /dev/sdh라고 가정하고 OS에서 파티션 작업을 수행합니다.

```
[root@localhost ~]# fdisk /dev/sdg
Device contains neither a valid DOS partition table, nor Sun, SGI or OSF
disklabel
Building a new DOS disklabel. Changes will remain in memory only,
until you decide to write them. After that, of course, the previous
content won't be recoverable.

Warning: invalid flag 0x0000 of partition table 4 will be corrected by
w(rite)
Command (m for help): n
Command action
   e   extended
   p   primary partition (1-4)
p
Partition number (1-4): 1
First cylinder (1-652, default 1):  Enter Key를 칩니다.
Using default value 1
Last cylinder or +size or +sizeM or +sizeK (1-652, default 652): Enter Key를 칩니다.
```

```
Using default value 652

Command (m for help): w
The partition table has been altered!

Calling ioctl() to re-read partition table.
Syncing disks.

[root@localhost ~]# fdisk /dev/sdh
Device contains neither a valid DOS partition table, nor Sun, SGI or OSF
disklabel
Building a new DOS disklabel. Changes will remain in memory only,
until you decide to write them. After that, of course, the previous
content won't be recoverable.

Warning: invalid flag 0x0000 of partition table 4 will be corrected by
w(rite)

Command (m for help): n
Command action
   e   extended
   p   primary partition (1-4)
p
Partition number (1-4): 1
First cylinder (1-652, default 1): Enter Key를 칩니다.
Using default value 1
Last cylinder or +size or +sizeM or +sizeK (1-652, default 652): Enter Key를 칩니다.
Using default value 652

Command (m for help): w
The partition table has been altered!

Calling ioctl() to re-read partition table.
Syncing disks.
```

파티션 작업이 끝난 디스크를 ASM 디스크로 생성한 후 확인합니다.

```
[root@localhost ~]#
[root@localhost ~]# /etc/init.d/oracleasm  createdisk asm3 /dev/sdg1
Marking disk "asm3" as an ASM disk:                        [  OK  ]
[root@localhost ~]#
[root@localhost ~]# /etc/init.d/oracleasm createdisk asm4 /dev/sdh1
Marking disk "asm4" as an ASM disk:                        [  OK  ]
[root@localhost ~]#
[root@localhost ~]# oracleasm listdisks
ASM1
ASM2
ASM3
ASM4
FRA1
[root@localhost ~]#
```

위 작업까지 마친 후 ASM Instance에 접속해서 신규 Disk Group을 생성하겠습니다. 현재 ASM Instance에서 ASM 디스크 상태를 먼저 확인합니다.

```
SYS>set line 200
SYS>col path for a15
SYS>
SYS>select group_number , mount_status , path , total_mb
  2  from v$asm_disk ;

GROUP_NUMBER MOUNT_S PATH                    TOTAL_MB
------------ ------- --------------- ----------
           0 CLOSED  ORCL:ASM3                    0
           0 CLOSED  ORCL:ASM4                    0
           1 CACHED  ORCL:ASM1                 5114
           1 CACHED  ORCL:ASM2                 5114
           2 CACHED  ORCL:FRA1                 5114

SYS>
```

위 그림에서 사용되지 않고 있는 디스크가 점선 안에 보입니다. 위 디스크에서 ORCL:ASM3번 디스크를 사용해서 새로운 Disk Group을 생성하겠습니다.

Disk Group 이름은 new_asm으로 합니다.

```
SYS> select group_number,name,state from v$asm_diskgroup ;

GROUP_NUMBER NAME         STATE
------------ ------------ -----------
           1 DATA         MOUNTED
           2 FRA1         MOUNTED

SYS>
```

현재 Disk Group 내역 조회하기

new_asm이라는 신규 Disk Group을 생성합니다.

```
SYS>create diskgroup new_asm external redundancy
  2  disk 'ORCL:ASM3' ;

Diskgroup created.
```

```
SYS>select group_number , name , state
  2  from v$asm_diskgroup ;

GROUP_NUMBER NAME                           STATE
------------ ------------------------------ -----------
           1 DATA                           MOUNTED
           2 FRA                            MOUNTED
           3 NEW_ASM                        MOUNTED

SYS>
```

위 화면에서 새로운 그룹이 추가가 된 것을 확인할 수 있습니다. 각 Disk Group별이 어떤 디스크로 구성되어 있는 지 확인해 보겠습니다.

```
SQL> set lin 200
SQL> col group_name for a10
SQL> col disk_name for a10
SQL>
SQL> select b.name group_name, a.name disk_name,a.header_status ,a.state , a.free_mb
  2  from v$asm_disk a, v$asm_diskgroup b
  3  where a.group_number=b.group_number ;

GROUP_NAME DISK_NAME  HEADER_STATU STATE       FREE_MB
---------- ---------- ------------ -------- ----------
DATA       ASM1       MEMBER       NORMAL         3244
DATA       ASM2       MEMBER       NORMAL         3244
NEW_ASM    ASM3       MEMBER       NORMAL         5063
FRA        FRA1       MEMBER       NORMAL         3515

SQL>
```

위 조회 화면을 보면 각 Disk Group별로 세부 디스크 내역을 알 수 있습니다.

⑥ Disk Group에 새로운 member disk 추가하기

위에서 추가했던 ORCL:ASM4번 디스크를 new_asm 그룹에 추가하고 삭제합니다.

```
SYS>alter diskgroup new_asm
  2  add disk 'ORCL:ASM4' rebalance power 5 ;

Diskgroup altered.

SYS>select b.name as group_name ,a.name as disk_name, a.header_status, a.state, a.free_mb
  2  from v$asm_disk a , v$asm_diskgroup b
  3  where a.group_number=b.group_number ;

GROUP_NAME DISK_NAME  HEADER_STATU STATE       FREE_MB
---------- ---------- ------------ -------- ----------
DATA       ASM1       MEMBER       NORMAL         2901
DATA       ASM2       MEMBER       NORMAL         2901
FRA        FRA1       MEMBER       NORMAL         4886
NEW_ASM    ASM3       MEMBER       NORMAL         5088
NEW_ASM    ASM4       MEMBER       NORMAL         5088

SYS>
```

신규 디스크 추가하기

```
SYS>alter diskgroup new_asm drop disk asm4 ;

Diskgroup altered.

SYS>select b.name as group_name ,a.name as disk_name, a.header_status, a.state, a.free_mb
  2  from v$asm_disk a , v$asm_diskgroup b
  3  where a.group_number=b.group_number ;

GROUP_NAME DISK_NAME  HEADER_STATU STATE       FREE_MB
---------- ---------- ------------ -------- ----------
DATA       ASM1       MEMBER       NORMAL         2901
DATA       ASM2       MEMBER       NORMAL         2901
FRA        FRA1       MEMBER       NORMAL         4886
NEW_ASM    ASM3       MEMBER       NORMAL         5064

SYS>
```

기존 디스크 삭제하기

⑦ Disk Group 연결 해제(Dismount)하기

```
SYS>alter diskgroup new_asm dismount ;

Diskgroup altered.

SYS>select group_number , name , state
  2  from v$asm_diskgroup ;

GROUP_NUMBER NAME                           STATE
------------ ------------------------------ -----------
           1 DATA                           MOUNTED
           2 FRA                            MOUNTED
           0 NEW_ASM                        DISMOUNTED
```

⑧ Disk Group 연결(mount)하기

```
SYS>alter diskgroup new_asm mount ;

Diskgroup altered.

SYS>select group_number , name , state
  2  from v$asm_diskgroup ;

GROUP_NUMBER NAME                           STATE
------------ ------------------------------ -----------
           1 DATA                           MOUNTED
           2 FRA                            MOUNTED
           3 NEW_ASM                        MOUNTED
```

⑨ Disk Group 점검하기

```
SYS>alter diskgroup data check all repair ;

Diskgroup altered.

SYS>
```

위 명령어로 특정 Disk Group의 문제점을 확인할 수 있습니다. 이 명령을 수행하면 ASM 이 아래의 항목들을 체크하게 됩니다.

- Disk Group을 구성하는 디스크의 문제 여부 확인
- 파일을 구성하는 Extent Map 정보와 공간 사용량 정보 등 확인
- 파일과 디렉터리의 링크 정보와 메타데이터 정보 확인
- 디렉터리 트리의 별칭 정보 확인

명령의 마지막 부분에 repair 옵션이 있는데 norepair 옵션을 사용할 수도 있습니다. 위 명령처럼 repair 옵션을 사용할 경우 문제가 발견되면 자동으로 repair를 수행하고 norepair 옵션을 사용할 경우에는 점검 중 발견된 문제점에 대한 경고 메시지만 보이고 자동으로 Repair하는 것을 막게 됩니다. 기본값은 norepair로 설정되어 있습니다. Disk Group을 점검할 때 문제가 발견 될

경우 작업을 저장하고 안전하게 점검하는 것을 권장합니다.

⑩ Disk Group 삭제하기

이번 테스트를 하기 위해서 신규로 추가한 new_asm Disk Group에 테이블 스페이스를 생성합니다

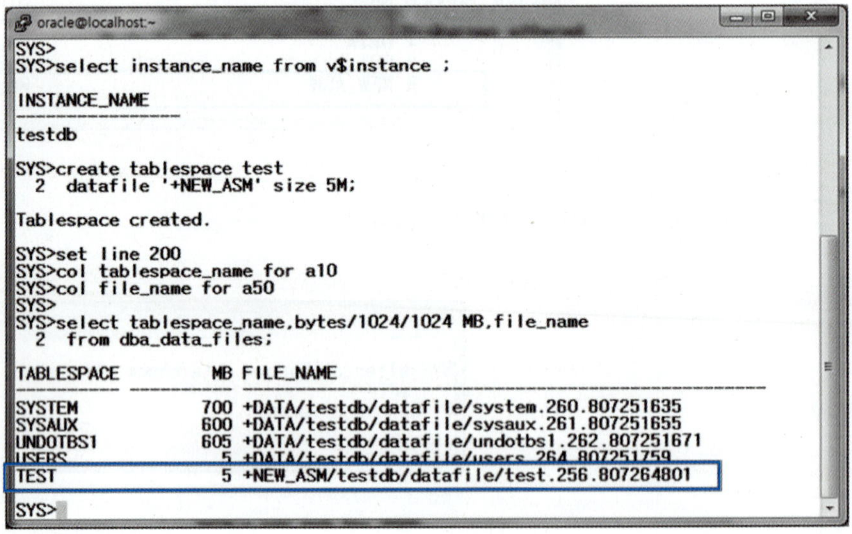

```
SYS>
SYS>select instance_name from v$instance ;

INSTANCE_NAME
----------------
testdb

SYS>create tablespace test
  2  datafile '+NEW_ASM' size 5M;

Tablespace created.

SYS>set line 200
SYS>col tablespace_name for a10
SYS>col file_name for a50
SYS>
SYS>select tablespace_name,bytes/1024/1024 MB,file_name
  2  from dba_data_files;

TABLESPACE         MB FILE_NAME
---------- ---------- --------------------------------------------------
SYSTEM            700 +DATA/testdb/datafile/system.260.807251635
SYSAUX            600 +DATA/testdb/datafile/sysaux.261.807251655
UNDOTBS1          605 +DATA/testdb/datafile/undotbs1.262.807251671
USERS               5 +DATA/testdb/datafile/users.264.807251759
TEST                5 +NEW_ASM/testdb/datafile/test.256.807264801

SYS>
```

Disk Group을 삭제하기 위해서 Drop diskgroup이라는 명령어를 사용하면 됩니다.

그러나 만약 해당 Disk Group에 데이터 파일이 있을 경우에는 삭제가 되지 않고 에러가 발생합니다. 그럴 경우 해당 데이터파일을 전부 지운 후에 삭제하면 되지만 데이터 파일이 많을 경우에는 아주 번거로운 작업이 됩니다. 그래서 오라클에서 including contents라는 옵션을 제공하고 있습니다. 이 옵션은 포함되어 있는 데이터파일까지 함께 지우라는 의미입니다. 그러나 마운트 되어 있는 Disk Group은 아래와 같이 지워지지 않습니다.

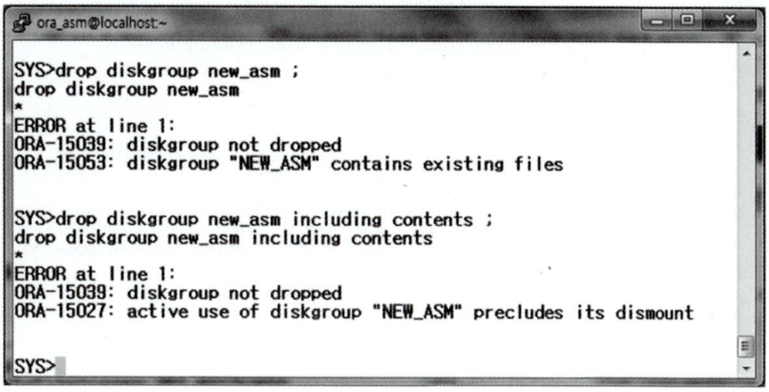

```
SYS>drop diskgroup new_asm ;
drop diskgroup new_asm
*
ERROR at line 1:
ORA-15039: diskgroup not dropped
ORA-15053: diskgroup "NEW_ASM" contains existing files


SYS>drop diskgroup new_asm including contents ;
drop diskgroup new_asm including contents
*
ERROR at line 1:
ORA-15039: diskgroup not dropped
ORA-15027: active use of diskgroup "NEW_ASM" precludes its dismount


SYS>
```

위 화면의 마지막 부분에 Active인 Diskgroup은 안 지워지니까 Dismount 후 지우라고 권장하고 있습니다. 아래와 같이 강제로 Dismount한 후 삭제하면 삭제는 할 수 있습니다.

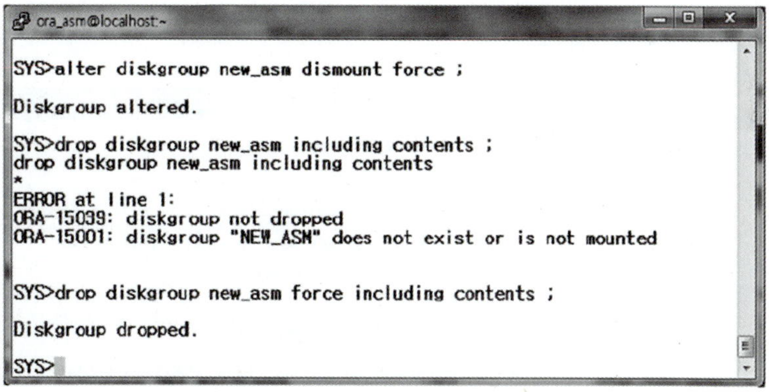

```
SYS>alter diskgroup new_asm dismount force ;

Diskgroup altered.

SYS>drop diskgroup new_asm including contents ;
drop diskgroup new_asm including contents
*
ERROR at line 1:
ORA-15039: diskgroup not dropped
ORA-15001: diskgroup "NEW_ASM" does not exist or is not mounted


SYS>drop diskgroup new_asm force including contents ;

Diskgroup dropped.

SYS>
```

이렇게 Disk Group을 강제로 삭제한 후 Database Instance에서 해당 테이블스페이스의 상태를 확인하면 심각한 장애가 발생한 것을 확인할 수 있습니다.

```
SYS>select instance_name from v$instance;

INSTANCE_NAME
----------------
testdb

SYS>select tablespace_name,bytes/1024/1024 MB,file_name
  2  from dba_data_files;
ERROR:
ORA-01115: IO error reading block from file  (block # )
ORA-01110: data file 5: '+NEW_ASM/testdb/datafile/test.256.807264801'
ORA-15078: ASM diskgroup was forcibly dismounted


no rows selected

SYS>
```

위의 화면에서처럼 해당 Disk Group에 있던 Test Tablespace가 장애가 난 것이 확인됩니다. 즉 Disk Group을 삭제할 경우 아주 조심을 해야 합니다.

위의 경우는 장애가 발생한 테이블스페이스를 삭제하면 나머지 테이블 스페이스들이 조회됩니다.

```
SYS>drop tablespace test ;
drop tablespace test
*
ERROR at line 1:
ORA-01115: IO error reading block from file 5 (block # 1)
ORA-01110: data file 5: '+NEW_ASM/testdb/datafile/test.256.807264801'
ORA-15078: ASM diskgroup was forcibly dismounted
```

테이블스페이스가 삭제가 안되어서 데이터 파일을 먼저 offline 처리 한 후 테이블스페이스를 삭제하면 됩니다.

```
SYS>
SYS>alter database datafile '+NEW_ASM/testdb/datafile/test.256.807264801
' offline drop;

Database altered.

SYS>drop tablespace test;

Tablespace dropped.

SYS>select tablespace_name, bytes/1024/1024 MB, file_name
  2  from dba_data_files;

TABLESPACE              MB FILE_NAME
--------------- ---------- ------------------------------------------------
SYSTEM                 700 +DATA/testdb/datafile/system.260.807251635
SYSAUX                 600 +DATA/testdb/datafile/sysaux.261.807251655
UNDOTBS1               605 +DATA/testdb/datafile/undotbs1.262.807251671
USERS                    5 +DATA/testdb/datafile/users.264.807251759

SYS>
```

⑪ 데이터가 없는 Disk Group 이름 변경하기

Disk Group 이름을 변경하기 위해서 다시 new_asm이라는 Disk Group을 생성하겠습니다.

```
SYS>
SYS>create diskgroup new_asm external redundancy
  2  disk 'ORCL:ASM3' ;

Diskgroup created.

SYS>select group_number, name , state
  2  from v$asm_diskgroup ;

GROUP_NUMBER NAME                           STATE
------------ ------------------------------ -----------
           1 DATA                           MOUNTED
           2 FRA                            MOUNTED
           3 NEW_ASM                        MOUNTED

SYS>
```

new_asm이라는 Disk Group 명칭을 'DATA2'로 변경하겠습니다.

Step 1 해당 Disk Group을 Dismount

```
SQL> alter diskgroup new_asm dismount ;

Diskgroup altered.
```

Step 2 ASM 관리계정 OS 프롬프트 상태에서 renamedg 명령어로 rename 수행
(이 책에서는 ASM을 ora_asm이라는 계정으로 설치했습니다)

```
[ora_asm@localhost ~]$ renamedg dgname=new_asm newdgname=data2 verbose=true

Parsing parameters..

Parameters in effect:

         Old DG name       : NEW_ASM
         New DG name          : DATA2
         Phases               :
                 Phase 1
                 Phase 2
         Discovery str        : (null)
         Clean              : TRUE
         Raw only           : TRUE
renamedg operation: dgname=new_asm newdgname=data2 verbose=true
Executing phase 1
Discovering the group
Performing discovery with string:
Identified disk ASM:/opt/oracle/extapi/32/asm/orcl/1/libasm.so:ORCL:ASM3 with disk number:0 and time
stamp (32983465 1997457408)
Checking for hearbeat...
Re-discovering the group
Performing discovery with string:
Identified disk ASM:/opt/oracle/extapi/32/asm/orcl/1/libasm.so:ORCL:ASM3 with disk number:0 and time
stamp (32983465 1997457408)
Checking if the diskgroup is mounted or used by CSS
Checking disk number:0
Generating configuration file..
Completed phase 1
Executing phase 2
Looking for ORCL:ASM3
Modifying the header
Completed phase 2
Terminating kgfd context 0xb7f1a050
[ora_asm@localhost ~]$
```

Step 3 ASM Instance에 접속하여 해당 Disk Group Mount

```
[ora_asm@localhost ~]$ sqlplus / as sysasm

SQL*Plus: Release 11.2.0.2.0 Production on Wed Feb 13 09:45:17 2013

Copyright (c) 1982, 2010, Oracle.  All rights reserved.

Connected to:
Oracle Database 11g Enterprise Edition Release 11.2.0.2.0 - Production
With the Automatic Storage Management option

SQL> select group_number, name , state
  2  from v$asm_diskgroup ;

GROUP_NUMBER NAME                           STATE
------------ ------------------------------ -----------
           1 DATA                           MOUNTED
           2 FRA                            MOUNTED
           0 DATA2                          DISMOUNTED

SQL> alter diskgroup data2 mount;

Diskgroup altered.
```

```
SQL> select group_number, name , state
  2  from v$asm_diskgroup ;

GROUP_NUMBER NAME                           STATE
------------ ------------------------------ -----------
           1 DATA                           MOUNTED
           2 FRA                            MOUNTED
           3 DATA2                          MOUNTED

SQL>
```

정상적으로 rename된 것이 확인됩니다.

⑫ 데이터가 존재하는 Disk Group Rename 수행하기

이번에는 테이블 스페이스가 존재하는 Disk Group을 Rename 해보겠습니다. 테스트를 위해 DATA2 그룹에 테이블스페이스를 생성하고 조회합니다.

```
SYS>
SYS>create tablespace test
  2  datafile '+DATA2' ;

Tablespace created.

SYS>select tablespace_name, bytes/1024/1024 MB, file_name
  2  from dba_data_files;

TABLESPACE          MB FILE_NAME
----------- ---------- ----------------------------------------------------
SYSTEM             700 +DATA/testdb/datafile/system.260.807251635
SYSAUX             600 +DATA/testdb/datafile/sysaux.261.807251655
UNDOTBS1           605 +DATA/testdb/datafile/undotbs1.262.807251671
USERS                5 +DATA/testdb/datafile/users.264.807251759
TEST               100 +DATA2/testdb/datafile/test.256.807271557

SYS>
```

Step 1 해당 테이블 스페이스를 "사용 안 함" 상태로 변경

Offline이 되는 테이블스페이스는 offline하고 안되면 Shutdown한 후 작업을 해야 합니다. 위 test 테이블스페이스는 offline이 되므로 offline하고 진행하겠습니다.

```
SYS>
SYS>alter tablespace test offline;

Tablespace altered.
```

Step 2 ASM Instance에 접속하여 해당 Disk Group을 Dismount

```
SQL> alter diskgroup data2 dismount ;

Diskgroup altered.
```

Step 3 ASM용 계정의 OS 프롬프트에서 renamedg 명령어로 rename 수행

(여기에서는 DATA2를 DATA3로 변경하겠습니다.)

```
ora_asm@localhost:~
[ora_asm@localhost ~]$ renamedg dgname=data2 newdgname=data3

Parsing parameters..
renamedg operation: dgname=data2 newdgname=data3
Executing phase 1
Discovering the group
Checking for hearbeat...
Re-discovering the group
Generating configuration file..
Completed phase 1
Executing phase 2
Completed phase 2
```

Step 4 ASM Instance에 접속하여 해당 Disk Group Mount

```
ora_asm@localhost:~

SQL> alter diskgroup data3 mount;

Diskgroup altered.

SQL> select group_number, name, state
  2  from v$asm_diskgroup;

GROUP_NUMBER NAME
------------ ------------------------------
           1 DATA
           2 FRA
           3 DATA3

SQL>
```

Step 5 Database Instance에 접속해서 테이블 스페이스 online

Disk Group의 Rename을 위해서 Offline을 시켰던 테이블스페이스의 파일 이름이 ASM Disk group의 이름이 변경되어서 테이블 스페이스를 online을 시도할 경우 아래와 같이 에러가 발생합니다. 그래서 해당 데이터파일의 이름을 Rename한 후 online 시켜야 합니다.

```
SYS>alter tablespace test online;
alter tablespace test online
*
ERROR at line 1:
ORA-01157: cannot identify/lock data file 5 - see DBWR trace file
ORA-01110: data file 5: '+DATA2/testdb/datafile/test.256.807271557'

SYS>alter tablespace test rename datafile
  2  '+DATA2/testdb/datafile/test.256.807271557'
  3  to '+DATA3/testdb/datafile/test.256.807271557' ;

Tablespace altered.

SYS>alter tablespace test online;

Tablespace altered.
```

정확하게 변경되었는지 확인합니다.

```
SYS>select tablespace_name, bytes/1024/1024 MB, file_name
  2  from dba_data_files;

TABLESPACE          MB FILE_NAME
---------- ---------- ------------------------------------------------
SYSTEM             700 +DATA/testdb/datafile/system.260.807251635
SYSAUX             600 +DATA/testdb/datafile/sysaux.261.807251655
UNDOTBS1           605 +DATA/testdb/datafile/undotbs1.262.807251671
USERS                5 +DATA/testdb/datafile/users.264.807251759
TEST               100 +DATA3/testdb/datafile/test.256.807271557

SYS>
```

만약 offline이 안 되는 SYSTEM Tablespace 같은 경우는 Database Instance를 종료 하신 후 동일하게 변경하시면 됩니다. 이와는 별도로 데이터파일을 다른 Disk Group으로 이동하는 방법은 뒷장에서 살펴보겠습니다.

(4) ASM Disk Group 속성

앞에서 ASM Storage는 여러 개의 디스크들을 묶어서 그룹으로 만들어서 안정성과 성능향상을 구현한다는 것을 살펴보았습니다. 11g ASM에서는 이렇게 중요한 Disk Group을 보다 안정적으로 유지하고 관리하기 위해서 Disk Group에 여러 가지 속성들을 사용할 수 있도록 제공하고 있습니다.

11g ASM 스토리지는 보안을 위해서 특정 사용자나 그룹의 접근을 제한 할 수 있는 기능을 제공합니다. 이 기능은 Disk Group의 속성을 제어하거나 ASMCMD의 setattr이라는 명령을 사용해서 제어할 수 있습니다. 이 장에서는 먼저 Disk Group의 속성을 사용하여 제어하는 방법을 먼저 살펴보겠습니다.

- ACCESS_CONTROL.ENABLED

이 속성은 ASM Disk Group에 접근제어를 활성화 할 것인지를 결정하는 속성입니다. 즉 ASM 스토리지에 누구나 다 접근 가능하게 할 것인지 아니면 특정 유저만 접근하게 할 것인지를 결정해 주는 속성으로 true와 false의 값을 사용할 수 있습니다. 기본값은 false로 접근제어 기능을 사용하지 않도록 되어 있습니다. 이 속성을 사용하기 위해서는 compatible.rdbms 속성과 compatible.asm 속성이 11.2 이상 버전으로 설정이 되어 있어야만 합니다.

아래의 방법으로 활성화 또는 비활성화 할 수 있습니다.

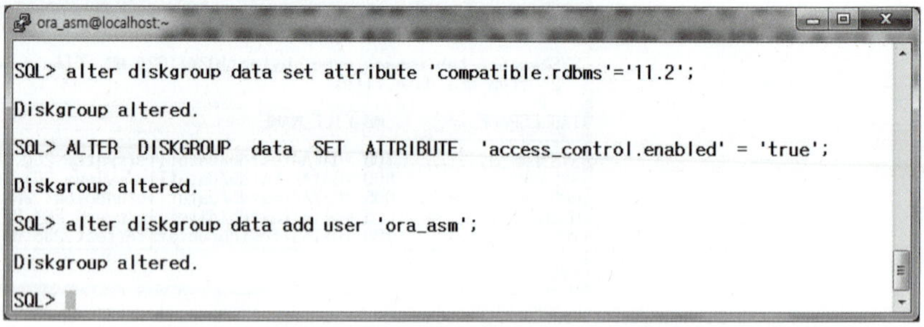

위 화면에서 나오는 user명은 OS에서 생성한 user명입니다.

- ACCESS_CONTROL.UMASK

이 속성은 유닉스환경에서의 UMASK와 비슷한 성격으로 숫자 3자리를 조합 사용하여 접근 권한을 설정하게 됩니다. 형태는 {소유자|소유자가 속한그룹|나머지}이며 각 자리마다 0,2,6 의 숫자를 사용하여 설정할 수 있습니다. 기본값은 066입니다. 0은 모든 권한을 가지는 것이며 2는 쓰기 권한을 막는 것이며 6은 읽기와 쓰기 권한을 막는 것입니다. 이 속성을 사용하려면 먼저 앞에서 살펴본 ACCESS_CONTROL.ENABLED 속성이 true로 설정되어 있어야 하며 ASM User가 생성되어 있어야 합니다. 이 기능을 쓰는 이유는 유닉스의 umask의 역할과 동일합니다.

유닉스에서 파일을 생성하면 기본 권한이 777이고 디렉토리를 생성하면 666

입니다. 이 권한에 umask의 기본값인 022 을 빼면 파일의 최종 권한은 755 가 되고 디렉터리는 644가 됩니다. ASM에서도 ASM 파일이나 디렉터리를 생성할 경우 기본적으로 설정되는 권한을 설정하기 위해 이 기능을 사용하는 것입니다. 이 권한 부분에 대한 자세한 내용은 뒷부분에서 살펴보겠습니다.

아래의 방법으로 활성화 또는 비활성화 할 수 있습니다.

```
SYS> ALTER DISKGROUP data SET ATTRIBUTE 'access_control.umask' = '026';
```

이 기능은 별도의 설정 변경 없이 권장 값을 사용하셔도 됩니다.

- **AU_SIZE**

이 속성은 Disk Group을 생성할 때만 설정할 수 있는 속성으로 해당 Disk Group에서 사용할 저장단위인 Allocation Unit (AU)의 크기를 지정하는 속성입니다.

파일시스템에서 데이터를 저장하고 이동하는 가장 작은 단위를 Block이라고 하고 ASM Disk에서는 Block과 비슷한 개념으로 AU라는 것을 사용합니다. 파일 시스템에서 Block을 여러 개 모아서 Extent로 관리하는 것처럼 ASM 환경에서는 AU를 여러 개 모아서 Extent로 관리합니다. ASM 파일은 여러 개의 AU가 모인 Extent로 구성됩니다.

Disk Group을 생성할 때 AU_SIZE 속성을 사용해서 AU의 크기를 지정할 수 있습니다. ASM에서는 1 · 2 · 4 · 8 · 16 · 32 · 64MB의 다양한 크기의 AU 크기를 지원합니다. 일반적으로는 AU가 클수록 I/O 횟수도 줄고 성능에 긍정적인 부분이 많으나 데이터의 변경 시 Lock과 Wait가 많이 발생하고 공간 낭비도 심해질 수 있으므로 신중하게 고려해서 생성해야 합니다. 참고로 오라클 권장 값은 4MB입니다.

- **CELL.SMART_SCAN_CAPABLE**

이 속성은 Oracle Exadata를 위한 속성입니다.

● COMPATIBLE.ASM

이 속성은 ASM Disk Group을 사용할 최소한의 ASM software version을 지정합니다. 이 속성은 ASM Disk Group의 메타데이터를 저장할 포맷을 결정하기도 합니다. 11g 버전일 경우 asmcmd 명령어나 Enterprise Manager로 Disk Group을 생성할 경우 이 속성은 기본적으로 10.1로 설정이 됩니다. 이것은 최소한 10.1 버전 이상만 현재 ASM Disk Group을 사용할 수 있다는 의미가 됩니다. ASMCA로 Disk Group을 설정할 경우 기본값은 11.2입니다.

● COMPATIBLE.ADVM

이 속성은 ASM Disk Group에 ASM 볼륨을 포함할 수 있는지의 여부를 결정합니다. 이 값은 반드시 11.2이상이 지정되어야 하며 만약 이 값이 지정되지 않으면 COMPATIBLE.ASM 속성이 11.2으로 지정되어야 합니다. 이 속성의 기본값은 null로 설정되어 있습니다.

● CONTENT.TYPE

이 속성은 ASM Disk Group의 Type이 data인지 recovery인지 또는 system인지를 결정하는 속성입니다. 기본값은 data입니다. 이 속성은 Disk Group을 생성할 때 지정할 수 있으며 생성 후에 alter 명령어로 변경할 수도 있습니다. 만약 alter 명령어로 변경한 경우에는 Disk Group을 Rebalance해 줘야 적용됩니다. 또한 Disk Group의 redundancy가 normal, high일 경우에만 적용됩니다. 이 속성은 Exadata를 위해 만들어진 속성입니다.

● DISK_REPAIR_TIME

이 속성은 alter 명령어로 적용할 수 있습니다. 앞에서 살펴본 바와 같이 ASM Disk Group은 여러 개의 디스크로 그룹화되어 관리됩니다. 그리고 만약의 디스크 장애가 발생할 경우를 위해 redundancy 기능을 지정할 수 있도록 되어 있습니다. redundancy 기능이 적용될 경우에 디스크에 장애가 날 경우 해당 디스크에 있던 내용이 주변의 다른 디스크로 rebalance 되었다가 장애 디스크가 복구되면 다시 원위치로 rebalance되는데 데이터 양이 많을 경우 상당한 부하가 걸릴 수 있습니다. 그래서 ASM에서는 Disk_repair_time라는 속성을 사용해서 이 속성에 지정된 시간 동안에는 rebalance를 하지 못하도록 설정할 수 있습니다. 기본시간은 3.6시간이며 이 시간 안에 디스크가 복구가 되면 rebalance를 하지 않고 데이터를 사용할 수 있습니다.

- SECTOR_SIZE

이 속성은 해당 Disk Group을 설정할 때 그 Disk Group내의 Sector size를 지정할 수 있는 속성입니다. 관리자가 선택할 수 있는 크기는 512, 4096, 4k의 값이 있으며 기본값은 플랫폼에 따라 다릅니다. 이 속성은 선택적이라서 기본 설정 값을 사용하시길 권장합니다.

(5) ASM Disk Group 관리를 위한 User Group 생성 및 관리

ASM 스토리지를 사용하는 사용자가 많을 경우 개별적으로 접근 제어를 하기 불편하기 때문에 ASM에서도 유닉스처럼 그룹을 만들어서 그룹별로 Disk에 접근을 제어할 수 있도록 하고 있습니다. 여기서 말하는 user는 OS에서 디스크를 사용하는 사용자처럼 ASM 스토리지를 저장공간으로 사용할 사용자를 의미합니다. 이 정보는 V$ASM_USER 뷰를 통해서 조회 가능합니다. 아래 작업은 ASM Instance에 접속해서 수행하시면 됩니다.

```
ora_asm@localhost:~
SQL>
SQL> select group_number, os_name from v$asm_user;

GROUP_NUMBER OS_NAME
------------ ------------------------------------------------
           1 ora_asm

SQL> alter diskgroup data add usergroup 't_group_1'
  2  with member 'ora_asm','oracle';

Diskgroup altered.

SQL>
```

위 예는 data라는 Disk Group에 접근제어를 하기 위해서 't_group_1'이라는 그룹을 생성하고 그룹 구성원을 ora_asm과 oracle이라는 OS 계정으로 설정하는 화면입니다. 그 밖에 주요 명령어들은 아래와 같습니다.

① Disk Group에 속한 ASM User Group 삭제하기

```
SQL> ALTER DISKGROUP data DROP USERGROUP 't_group_1';
```

위 명령어는 data라는 Disk Group에 데이터를 저장하고 사용하는 그룹 중에서 t_group1 이라는 그룹을 삭제하는 명령어입니다.

② ASM User Group 에 사용자 추가하기

```
SQL> ALTER DISKGROUP data MODIFY USERGROUP 't_group_1' ADD MEMBER 'oracle2';
```

이 명령어로 추가되는 사용자는 반드시 OS 계정이 존재해야 합니다.

아래 그림에서 보면 OS 계정이 존재하지 않는 oracle2 사용자를 ASM User Group에 추가하려고 시도해서 에러가 발생했습니다. 그래서 OS 관리자 계정으로 oracle2 사용자를 생성하고 그 후에 다시 oracle2 사용자를 ASM User Group에 추가를 하니까 에러 없이 잘 수행되는 것을 확인 할 수 있습니다.

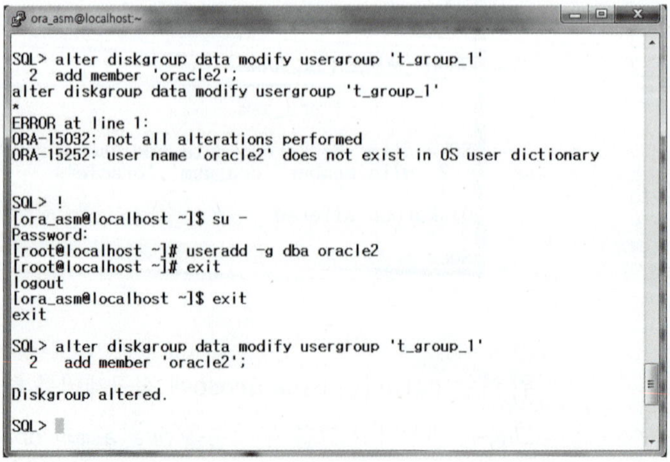

③ ASM User Group에서 특정 멤버 삭제하기

```
SQL> ALTER DISKGROUP data MODIFY USERGROUP 't_group_1'
  2    DROP MEMBER 'oracle2';
```

④ 특정 OS 계정을(ASM User Group에 속하지 않고) 직접 Disk Group 사용자로 등록하기

```
ora_asm@localhost:~
SQL>
SQL> alter diskgroup data add user 'oracle';
alter diskgroup data add user 'oracle'
*
ERROR at line 1:
ORA-15032: not all alterations performed
ORA-15261: user 'oracle' already exists in disk group 'DATA'


SQL> !
[ora_asm@localhost ~]$ su -
Password:
[root@localhost ~]# useradd -g dba oracle3
[root@localhost ~]# exit
logout
[ora_asm@localhost ~]$ exit
exit

SQL> alter diskgroup data add user 'oracle3';

Diskgroup altered.

SQL>
```

ASM User Group에 속한 사용자(oracle)는 개별적으로 다시 Disk Group에 등록될 수 없습니다. 그래서 OS 관리자 계정으로 oracle3 계정을 생성한 후 등록 했습니다.

⑤ 특정 OS 계정을 직접 Disk Group 사용자에서 삭제하기

```
SQL> ALTER DISKGROUP data DROP USER 'oracle3';
```

⑥ 특정 파일에 권한을 설정하기

```
SQL> ALTER DISKGROUP
  2    SET PERMISSION OWNER=read write, GROUP=read only, OTHER=none
  3    FOR FILE '+DATA/restdb/datafile/users.264.807251759';
```

특정 파일에 권한을 설정하려면 해당 파일이 open 상태가 아니어야 합니다. 그리고 이 명령은 아주 신중하게 사용해야 합니다. 권한을 잘못 설정할 경우에 Database Instance가 Open이 되지 않게 됩니다.

아래의 화면을 보겠습니다.

```
oracle@localhost:~
SQL>
SQL> select status from v$instance;

STATUS
------------
OPEN

SQL> select instance_name from v$instance;

INSTANCE_NAME
----------------
testdb

SQL> select tablespace_name,bytes/1024/1024 MB,file_name
  2  from dba_data_files;

TABLESPACE          MB FILE_NAME
---------- ---------- ------------------------------------------------
SYSTEM             700 +DATA/testdb/datafile/system.260.807251635
SYSAUX             600 +DATA/testdb/datafile/sysaux.261.807251655
UNDOTBS1           605 +DATA/testdb/datafile/undotbs1.262.807251671
USERS                5 +DATA/testdb/datafile/users.264.807251759
TEST               100 +DATA3/testdb/datafile/test.256.807271557

SQL>
```

위 화면은 Database Instance에서 모든 파일이 Open된 상태임을 조회한 화면입니다. 이 상태에서 USERS 테이블스페이스의 데이터파일에 권한을 설정하겠습니다.

아래 화면은 ASM Instance에서 작업한 화면입니다.

```
ora_asm@localhost:~

SQL> alter diskgroup data
  2  set permission owner=read only, group=none, other=none
  3  for file '+DATA/testdb/datafile/users.264.807251759';
alter diskgroup data
*
ERROR at line 1:
ORA-15032: not all alterations performed
ORA-15301: cannot change permission of the open file
'+DATA/testdb/datafile/users.264.807251759'

SQL>
```

파일이 Open되어 있어서 권한 설정을 할 수 없다고 나옵니다. 해당 테이블 스페이스를 Offline 시킨 후 다시 시도하겠습니다.

```
SQL> alter diskgroup data
  2  set permission owner=read only, group=none, other=none
  3  for file '+DATA/testdb/datafile/users.264.807251759';

Diskgroup altered.

SQL>
```

권한 설정이 성공적으로 수행되었습니다. 위 권한은 DATA Disk Group에 속한 사용자에게는 Read only 권한을 주고 ASM User Group에 속한 사용자들과 나머지 사람들에게는 아무런 권한도 주지 않습니다.

문제는 이렇게 권한을 설정 한 후 테이블스페이스를 online으로 설정할 때 에러가 나면서 online이 안 된다는 부분입니다. 아래의 실습으로 확인해 보겠습니다.

```
SQL> alter tablespace users online;
alter tablespace users online
*
ERROR at line 1:
ORA-01157: cannot identify/lock data file 4 - see DBWR trace file
ORA-01110: data file 4: '+DATA/testdb/datafile/users.264.807251759'

SQL>
```

권한을 변경하면서 online이 되는지 테스트 하겠습니다.

```
SQL>  alter diskgroup data
  2  set permission owner=read write , group=read write, other=none
  3  for file '+DATA/testdb/datafile/users.264.807251759';

Diskgroup altered.

SQL>
```

```
SQL> alter tablespace users online;
alter tablespace users online
*
ERROR at line 1:
ORA-01157: cannot identify/lock data file 4 - see DBWR trace file
ORA-01110: data file 4: '+DATA/testdb/datafile/users.264.807251759'

SQL>
```

```
SQL> alter diskgroup data
  2  set permission owner=read write , group=read write, other=read write
  3  for file '+DATA/testdb/datafile/users.264.807251759';

Diskgroup altered.

SQL>
```

```
SQL> alter tablespace users online;

Tablespace altered.

SQL>
```

⑦ 특정 데이터파일의 소유권 설정하기

```
SQL> ALTER DISKGROUP data SET OWNERSHIP OWNER='oracle3', GROUP 't_group_1'
  2    FOR FILE '+DATA/testdb/datafile/users.264.807251759';
```

⑧ 특정 Disk Group과 관련된 ASM User와 Group 확인하기

```
SQL> set line 200
SQL> col os_name for a10
SQL> col diskgroup for a10
SQL> col name for a10
SQL>
SQL> SELECT dg.name AS diskgroup, um.group_number, um.member_number, u.os_name,
  2         um.usergroup_number, ug.name
  3  FROM V$ASM_DISKGROUP dg, V$ASM_USER u, V$ASM_USERGROUP_MEMBER um,V$ASM_USERGROUP ug
  4  WHERE dg.group_number = um.group_number
  5  AND dg.group_number = ug.group_number
  6  AND dg.group_number = u.group_number
  7  AND dg.name = 'DATA'
  8  AND um.member_number = u.user_number
  9  AND um.usergroup_number = ug.usergroup_number ;

DISKGROUP  GROUP_NUMBER MEMBER_NUMBER OS_NAME    USERGROUP_NUMBER NAME
---------- ------------ ------------- ---------- ---------------- ----------
DATA                  1             1 ora_asm                   1 t_group_1
DATA                  1             2 oracle                    1 t_group_1
DATA                  1             3 oracle2                   1 t_group_1

SQL>
```

이상으로 ASM Storage에 저장되어 있는 Disk Group의 접근 제어 기술을 살펴보았습니다.

이 접근 제어는 잘못 설정될 경우 살펴본 바와 같이 데이터베이스에 치명적인 문제를 야기시킬 수 있으므로 정말 신중하게 고려하시기 바랍니다.

(6) ASM 환경하에서의 파일 및 디렉터리 관리하기

ASM 스토리지에 저장될 수 있는 파일의 종류는 아래와 같습니다.

파일 종류	기본값
Control files	CONTROLFILE
Data files	DATAFILE
Redo log files	ONLINELOG
Archive log files	ARCHIVELOG
Temporary files	TEMPFILE
Data file backup pieces	BACKUPSET
Data file incremental backup pieces	BACKUPSET
Archive log backup piece	BACKUPSET
Data file copy	DATAFILE
Persistent initialization parameter file (SPFILE)	PARAMETERFILE
Flashback logs	FLASHBACK
Change tracking file	CHANGETRACKING
Data Pump dumpset	DUMPSET
Automatically generated control file backup	AUTOBACKUP
Cross-platform transportable data files	XTRANSPORT
Flash file	FLASHFILE
Oracle ASM Persistent initialization parameter file (SPFILE)	ASMPARAMETERFILE
Oracle ASM Persistent initialization parameter file (SPFILE) backup	ASMPARAMETERFILEBACKUP
Oracle Cluster Registry file	OCRFILE
Oracle ASM Dynamic Volume Manager volumes	n/a

ASM 스토지리에 파일을 저장하게 되면 OMF 기능을 사용하여 파일의 이름이나 위치나 크기가 결정됩니다.

현재 테스트 서버에서 각 파일들의 이름과 경로를 확인합니다.

● Data File

```
oracle@localhost:~

SQL> select tablespace_name, bytes/1024/1024 MB, file_name
  2  from dba_data_files ;

TABLESPACE          MB FILE_NAME
----------- ---------- ------------------------------------------------
SYSTEM             700 +DATA/testdb/datafile/system.260.807251635
SYSAUX             600 +DATA/testdb/datafile/sysaux.261.807251655
UNDOTBS1           605 +DATA/testdb/datafile/undotbs1.262.807251671
USERS                5 +DATA/testdb/datafile/users.264.807251759
TEST               100 +DATA3/testdb/datafile/test.256.807271557

SQL>
```

● Contro file과 Redo log file

```
oracle@localhost:~

SQL> col name for a60
SQL> select name from v$controlfile;

NAME
------------------------------------------------------------
+DATA/testdb/controlfile/current.256.807251619
+FRA/testdb/controlfile/current.256.807251621

SQL> col member for a60
SQL> select member from v$logfile;

MEMBER
------------------------------------------------------------
+DATA/testdb/onlinelog/group_1.257.807251623
+FRA/testdb/onlinelog/group_1.257.807251625
+DATA/testdb/onlinelog/group_2.258.807251625
+FRA/testdb/onlinelog/group_2.258.807251627
+DATA/testdb/onlinelog/group_3.259.807251629
+FRA/testdb/onlinelog/group_3.259.807251631

6 rows selected.

SQL>
```

11g ASM 에서 위 파일들의 이름을 지정하는 방식은 아래와 같습니다.

```
+diskgroup/dbname/filetype/filetypetag.file.incarnation
```

- +diskgroup : Disk Group 이름을 +기호와 함께 표시합니다. 여기서 +기호란 유닉스에서 최상위 디렉토리를 의미하는 / (루트 디렉토리)와 같은 개념으로 이해하면 됩니다.
- dbname : 이 값은 DB_UNIQUE_NAME 파라미터에 설정된 값을 가져옵니다.
- filetype : 저장되는 파일의 종류를 나타냅니다.
- filetypetag : 각 파일타입에 대한 요약정보가 기록됩니다.
- file.incarnation : 파일과 incarnation 번호를 세트로 구성해서 Unique한 파일이름을 생성합니다.

(7) ASMCMD로 ASM 관리하기

asmcmd란 ASM 스토리지를 관리하는 명령행 기반의 유틸리티입니다. 이 유틸리티를 사용하여 마치 유닉스나 도스 시스템처럼 ASM 내부를 관리할 수 있습니다. asmcmd는 ASM Instance가 설치된 서버에서 OS 계정 상태에서 실행해야 합니다. 아래의 그림을 보세요.

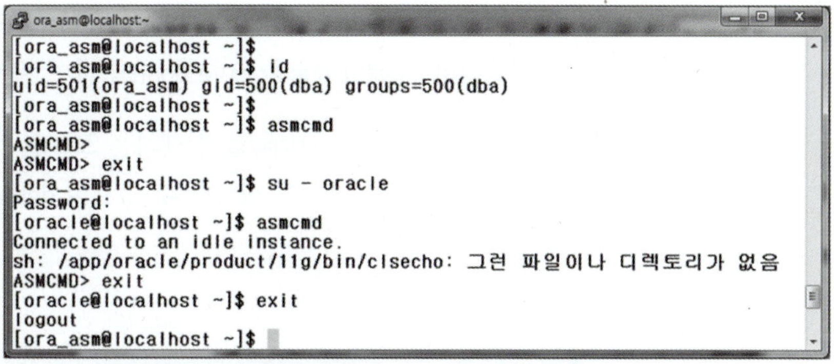

위 그림은 ASM Instance를 설치한 ora_asm 계정으로 asmcmd를 수행해서 성공한 내용과 ASM Instance를 설치하지 않은 oracle 계정으로 asmcmd를 실행해서 에러가 발생한 내용을 보여주고 있습니다. 이 에러가 발생하는 이유는 해당

명령을 실행한 계정의 $ORACLE_HOME 디렉터리와 $ORACLE_SID 변수 값을 사용하기 때문에 그렇습니다.

asmcmd 명령어는 ASM Instance를 설치한 계정의 홈디렉토리 아래의 bin 디렉토리에 위치하고 있습니다.

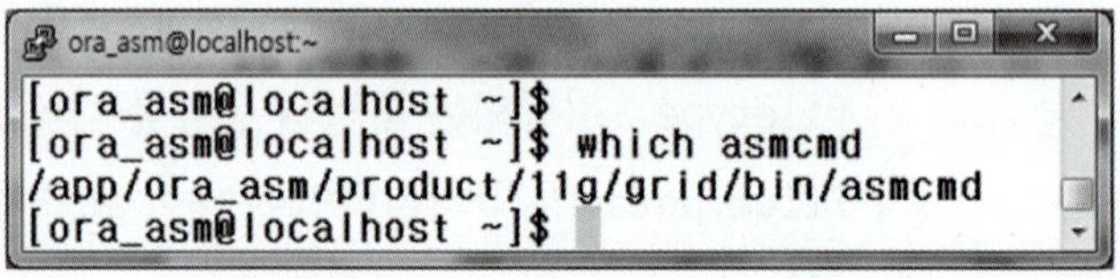

asmcmd 명령어는 ASM Instance가 Open되어 있을 경우와 Shutdown일 경우 실행 할 수 있는 명령어가 다릅니다. Open되었을 경우에는 제공되는 모든 명령어들을 다 실행할 수 있지만 Shutdown되어 있을 경우에는 startup, shutdown, lsdsk, help, exit 명령어만 실행 할 수 있습니다.

① asmcmd 실행하기

asmcmd를 실행하는 방법은 Interactive mode가 있고 non-interactive mode가 있습니다. interactive mode는 asmcmd> 프롬프트 상태에서 계속해서 명령을 입력할 수 있는 모드이고 non-interactive mode는 1회만 명령을 수행하는 방식입니다. 주로 interactive mode를 많이 사용합니다.

interactive mode에서 asmcmd를 실행하는 모드는 일반 모드가 있고 관리자 권한인 sysasm 권한을 가지고 실행할 수 있으며 debug 등의 모드로 실행할 수 있습니다.

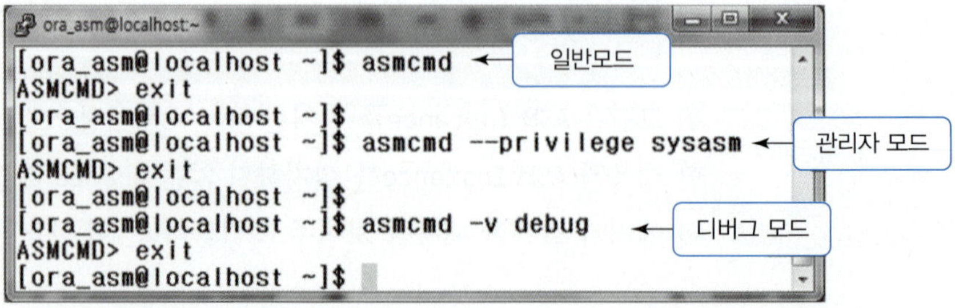

일반 모드와 관리자 모드는 당연히 할 수 있는 작업이 차이가 있습니다. asmcmd 명령을 수행하면서 생기는 여러 가지 에러나 경고성 메세지들은 alert.log 파일이나 trace.trc 파일에 저장되어서 향후에 분석할 때 중요하게 사용될 수 있습니다. 기본적으로 alert.log 파일은 -v errors, -v warning, -v normal (기본값)의 옵션으로 실행될 경우 기록됩니다. 저장 경로는 $ORACLE_HOME/log/diag/asmcmd/user_username/hostname/alert/입니다.

trace.trc 파일은 -v info, -v debug 옵션으로 실행할 경우 내용을 기록하며 저장 경로는 $ORACLE_HOME/log/diag/asmcmd/user_username/hostname/trace/입니다.

asmcmd를 사용해서 ASM 스토리지를 사용하다 보면 현재 위치나 현재 경로가 프롬프트에 표시되는 것이 편합니다. 아래와 같이 실행하면 됩니다.

```
[ora_asm@localhost ~]$
[ora_asm@localhost ~]$ asmcmd -p
ASMCMD [+] > cd DATA
ASMCMD [+DATA] > cd testdb
ASMCMD [+DATA/testdb] >
```

아래는 non-interactive mode로 실행하는 예입니다.

```
[ora_asm@localhost ~]$
[ora_asm@localhost ~]$ asmcmd ls +DATA
ASM/
TESTDB/
[ora_asm@localhost ~]$
```

② ASM Instance 관리용 명령어들

Command	Description
dsget	Retrieves the discovery diskstring value that is used by the Oracle ASM instance and its clients.
dsset	Sets the disk discovery diskstring value that is used by the Oracle ASM instance and its clients.

lsct	Lists information about current Oracle ASM clients.
lsop	Lists the current operations on a disk group or Oracle ASM instance.
lspwusr	Lists the users from an Oracle ASM password file.
orapwusr	Adds, drops, or changes an Oracle ASM password user.
shutdown	Shuts down an Oracle ASM instance.
spbackup	Backs up an Oracle ASM SPFILE.
spcopy	Copies an Oracle ASM SPFILE.
spget	Retrieves the location of the Oracle ASM SPFILE.
spmove	Moves an Oracle ASM SPFILE.
spset	Sets the location of the Oracle ASM SPFILE.
startup	Starts up an Oracle ASM instance.

- dsget

의미 : 이 명령어는 현재 사용중인 ASM Disk String 값을 출력해 줍니다. 이 값은 ASM 파라미터중에 ASM_DISKSTRING 값에 설정되어 있는 값을 출력합니다.

문법 : dsget [--normal | --parameter | --profile [-f]]

사용 가능한 옵션 :

Option	Description
--normal	Retrieves the discovery string from the Grid Plug and Play (GPnP) profile and the one that is set in the Oracle ASM instance. It returns one row each for the profile and parameter setting. This is the default setting.
--parameter	Retrieves the ASM_DISKSTRING parameter setting of the Oracle ASM instance.
--profile [-f]	Retrieves the discovery string from the GPnP profile. If -f is specified with --profile, dsget retrieves the discovery string from the local GPnP profile.

사용 예 : ASM_DISKSTRING 파라미터에 /devices/disk* 로 설정되어 있을 경우

```
ASMCMD [+] > dsget
profile: /devices/disk*
parameter: /devices/disk*
```

● `dsset`

의미 : 명령은 사용할 disk string 값을 설정하는 명령어입니다. ASM_DISKSTRING 값을 설정하면 ASM Instance를 재시작해야 하지만 이 명령을 사용하면 즉시 적용할 수 있습니다.

문법 : `dsset [ --normal | --parameter | --profile [-f] ] disk-string`

사용 가능한 옵션 :

Option	Description
--normal	Sets the discovery string in the Grid Plug and Play (GPnP) profile and in the Oracle ASM instance. The update occurs after the Oracle ASM instance has successfully validated that the specified discovery string has discovered all the necessary disk groups and voting files. This command fails if the instance is not using a server parameter file (SPFILE). This is the default setting.
--parameter	Specifies that the diskstring is updated in memory after validating that the discovery diskstring discovers all the current mounted disk groups and voting files. The diskstring is not persistently recorded in either the SPFILE or the GPnP profile.
--profile [-f]	Specifies the discovery diskstring that is pushed to the GPnP profile without any validation by the Oracle ASM instance, ensuring that the instance can discover all the required disk groups. The update is guaranteed to be propagated to all the nodes that are part of the cluster. If -f is specified with --profile, the specified diskstring is pushed to the local GPnP profile without any synchronization with other nodes in the cluster. This command option updates only the local profile file. This option should only be used for recovery. The command fails if the Oracle Clusterware stack is running.
diskstring	Specifies the value for the discovery diskstring.

사용 예 : `ASMCMD [+] > dsset /devices/disk*`

● `lsct`

의미 : 현재 ASM Instance에 접속되어 있는 Client 내역을 출력합니다.

문법: `lsct [--suppressheader] [-g] [diskgroup]`

사용 가능한 옵션 :

Option	Description
(none)	V$ASM_CLIENT view의 내용을 조회하여 현재 접속된 Client를 보여줍니다.
-g	GV$ASM_CLIENT 뷰의 내용을 출력합니다. GV$ASM_CLIENT.INST_ID 뷰의 내용도 포함합니다.
--suppressheader	출력결과화면에서 컬럼 헤더명을 보이지 않습니다.
Diskgroup	Disk Group명을 지정합니다.

사용 예 :

```
ASMCMD> lsct
DB_Name  Status     Software_Version  Compatible_version  Instance_Name  Disk_Group
testdb   CONNECTED        11.2.0.2.0          11.2.0.0.0  testdb         DATA
testdb   CONNECTED        11.2.0.2.0          11.2.0.0.0  testdb         FRA
testdb   CONNECTED        11.2.0.2.0          11.2.0.0.0  testdb         DATA3
ASMCMD> lsct -g
Instance_ID  DB_Name  Status     Software_Version  Compatible_version  Instance_Name  Disk_Group
          1  testdb   CONNECTED        11.2.0.2.0          11.2.0.0.0  testdb         DATA
          1  testdb   CONNECTED        11.2.0.2.0          11.2.0.0.0  testdb         FRA
          1  testdb   CONNECTED        11.2.0.2.0          11.2.0.0.0  testdb         DATA3
ASMCMD> lsct DATA
DB_Name  Status     Software_Version  Compatible_version  Instance_Name  Disk_Group
testdb   CONNECTED        11.2.0.2.0          11.2.0.0.0  testdb         DATA
ASMCMD>
```

- lsop

의미 : 이 명령은 현재 ASM Instance의 Disk Group에서 발생하고 있는 내역을 보여줍니다. 예를 들어 디스크 교체 후 Rebalance 작업 같은 내역들을 확인 할 수 있습니다.

문법 : lsop

사용 예 :

```
ASMCMD [+] > lsop
Group_Name Dsk_Num State Power
DATA      REBAL    WAIT    2
```

- lspwusr

의미 : 이 명령어는 현재 ASM Instance의 password file에 등록되어 있는 사용자의 정보를 보여줍니다.

문법 : lspwusr

사용 예 :

- orapwusr

의미 : 이 명령어는 ASM Instance에 새로운 사용자를 등록, 수정, 삭제하는 명령어입니다. 이 명령어를 사용하려면 asmcmd에 sysasm 권한으로 실행되어야 합니다.

문법 : orapwusr { { { --add | --modify [--password] } [--privilege {sysasm|sysdba|sysoper}] } | --delete } user

사용 가능한 옵션 :

Option	Description
--add	Adds a user to the password file. Also prompts for a password.
--modify	Changes a user in the password file.
--password	Prompts for and then changes the password of a user.
--privilege role	Sets the role for the user. The options are sysasm, sysdba, and sysoper.
--delete	Drops a user from the password file.
user	Name of the user to add, drop, or modify.

사용 예 : ASMCMD [+] > orapwusr --add --privilege sysdba asmuser

- shutdown

의미 : 이 명령어는 ASM Instance를 종료시키는 명령어입니다.

문법 : shutdown [--normal | --abort|--immediate]

사용 가능한 옵션 :

Option	Description
--normal	Shut down normal. – 기본모드입니다
--abort	Shut down aborting all existing operations.
--immediate	Shut down immediately.

사용 예 :

```
ASMCMD [+] > shutdown --normal
ASMCMD [+] > shutdown --immediate
ASMCMD [+] > shutdown --abort
```

- spbackup

의미 : 이 명령어는 ASM용 Spfile을 백업 받는 명령어입니다.

문법 : spbackup source destination

사용 가능한 옵션 :

Option	Description
Source	원본파일 경로와 이름을 지정합니다.
Destination	백업을 저장할 경로와 이름을 지정합니다.

이 명령어로 spfile을 ASM Disk Group에서 OS 디렉터리로 복사를 할 수 있으며 반대로 OS 디렉터리에 있는 백업파일을 ASM Disk Group으로 복사를 할 수도 있습니다. 그리고 ASM Instance 가 Open일 경우에도 백업을 받을 수 있습니다.

사용 예 :

```
ora_asm@localhost:~
ASMCMD>
ASMCMD> spbackup +DATA/asm/asmparameterfile/REGISTRY.253.807251401 +DATA/asm_spfile_20130330.bak
ASMCMD>
ASMCMD> spbackup +DATA/asm/asmparameterfile/REGISTRY.253.807251401 /app/ora_asm/asm_spfile_20130301.bak
ASMCMD>
ASMCMD>
```

- spcopy

의미 : 이 명령어는 spfile을 Source에서 Destination으로 복사하는 명령어입니다.

문법 : spcopy [-u] source destination

사용 가능한 옵션 :

Option	Description
-u	Updates the Grid Plug and Play (GPnP) profile.

Source	원본 spfile 의 경로입니다.
Destination	복사할 장소와 파일명입니다.

사용 예 :

```
ASMCMD>
ASMCMD> spcopy +DATA/asm/asmparameterfile/REGISTRY.253.807251401 +FRA/spfileASM.ora
ASMCMD>
ASMCMD> spcopy +DATA/asm/asmparameterfile/REGISTRY.253.807251401 $ORACLE_HOME/dbs/spfileASM.ora
ASMCMD>
```

● spget

이 명령어는 ASM Instance의 Spfile의 위치를 찾는 명령어입니다.

문법 : spget

사용 예 :

```
ASMCMD [+] >
ASMCMD [+] > spget
+DATA/asm/asmparameterfile/registry.253.807251401
ASMCMD [+] >
```

● spmove

의미 : 이 명령어는 ASM Instance의 Spfile의 위치를 이동시키는 명령어입니다.

이 명령어는 ASM Instance가 Open된 상태에서는 사용할 수 없으며 사용할 경우라도 아주 조심해야 합니다.

문법 : spmove source destination

사용 가능한 옵션 :

Option	Description
Source	원본 spfile의 이름과 경로를 의미합니다
Destination	이동할 경로와 이름을 의미합니다

사용 예 :

```
ASMCMD> spmove +DATA/spfileASM.ora $ORACLE_HOME/dbs/spfileMoveASM.ora
```

- spset

의미 : 이 명령은 Grid Plug and Play(GPnP) profile에서 ASM용 spfile의 위치를 지정해 주는 역할을 합니다. 즉 ASM Instance를 시작할 때 자동으로 찾아가는 spfile의 경로를 지정하는 것입니다.

문법 : spset 경로

사용 예 :

```
ora_asm@localhost:~
ASMCMD>
ASMCMD> spset +DATA/asm/asmparameterfile/registry.253.807251401
ASMCMD>
```

- startup

의미 : 이 명령은 ASM Instance를 시작하는 명령어입니다.

문법 : startup [--nomount] [--restrict] [--pfile pfile]

사용 가능한 옵션 :

Option	Description
--nomount	Nomount 단계까지 시작합니다
--restrict	ASM 유지관리를 목적으로 한 제한적인 모드입니다
--pfile pfile	ASM Instance 용 parameter file 의 위치를 지정합니다

③ ASM File 관리 명령어들

Command	Description
cd	디렉터리를 변경하는 명령
cp	Disk Group간이나 디스크그룹과 OS 디렉터리 사이에 파일을 복사하는 명령
du	ASM 디렉터리의 실제 사용량과 남은 용량을 보여주는 명령
find	주어진 조건을 찾아주는 명령
ls	Disk Group내의 파일이나 디렉터리의 목록과 설정권한들을 보여주는 명령
lsof	Open 되어 있는 파일들의 목록을 보여주는 명령
mkalias	파일 별명을 만들어 주는 명령
mkdir	ASM 디렉터리를 만들어 주는 명령

pwd	현재 작업중인 디렉터리를 출력해주는 명령
rm	ASM 파일이나 디렉터리를 삭제하는 명령
rmalias	파일 별명을 삭제하는 명령

- cd

의미 : 이 명령은 ASM 구조에서 다른 디렉터리로 이동을 해 주는 명령어입니다.

문법 : cd dir

사용 예 :

cd 명령어 뒤에 이동하고 싶은 경로를 쓰는데 경로를 표시할 때는 절대경로와 상대경로를 사용할 수 있습니다. 절대 경로는 디렉터리명을 루트(+) 디렉터리부터 적어주는 것이고 상대경로는 현재 있는 디렉터리를 기준으로 적어주는 것입니다.

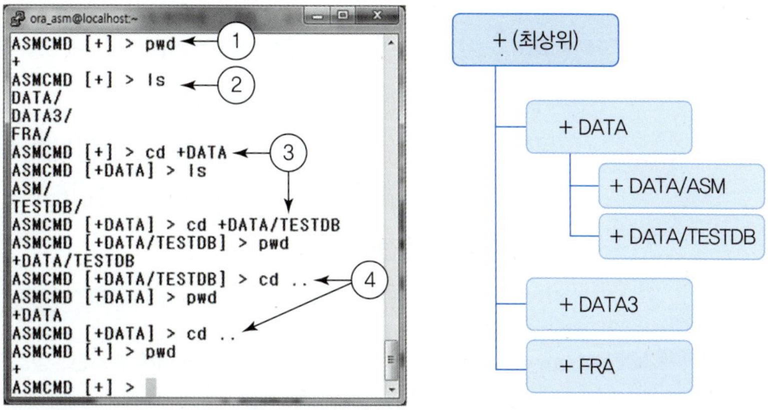

아래의 예로 절대 경로와 상대경로를 비교해 보겠습니다.

위 화면에서 1번 명령은 현재 위치를 표시하는 명령입니다. 현재 위치는 ASM

구조에서 최상위 디렉터리인 루트(+)입니다(유닉스의 /의 의미입니다.).

2번 명령어는 현재 디렉터리 내에 있는 파일이나 디렉터리 구조를 보여주는 명령입니다. 2번 명령어로 조회해 보니 현재 디렉터리 내에 DATA /, DATA3/, FRA/ 디렉터리가 있음이 조회됩니다.

3번 명령어는 디렉터리를 이동하는 명령입니다. 화면에서는 루트(+) 디렉터리 아래에 있는 DATA 라는 디렉터리로 이동하고 있습니다. 이렇게 이동을 할 때 대상 경로를 표시하는 방법이 어디로 가든 루트(+) 디렉터리부터 시작을 하는 것이 절대경로입니다. 예를 들어 cd +DATA/TESTDB/ 이렇게 사용하는 것입니다. 절대경로 방법과는 다르게 상대경로는 현재 있는 위치가 기준이 되어 이동 위치를 지정해 주는 방법입니다.

상대경로로 표시할 때 사용하는 방법이 .. (점 두 개)가 있는데 이는 현재 디렉터리 위를 의미합니다. 상대경로의 예는 위 4번 입니다. 현재 디렉터리가 +DATA 인데 cd .. 으로 상위 디렉터리인 + 로 이동하고 있습니다. 절대 경로와 상대경로는 cd 명령 뿐만 아니라 모든 파일과 디렉터리 관련 명령에 모두 사용되는 개념이므로 반드시 이해해야 합니다.

- cp

의미 : 이 명령어는 ASM Disk Group 끼리나 OS 디렉터리와 ASM Disk Group 사이의 파일을 복사하는 명령어입니다.

문법 : cp src_file [rem_connect_str:]tgt_file
cp [rem_connect_str:]src_file tgt_file

사용 가능한 옵션 :

Option	Description
rem_connect_str	현재 인스턴스가 아닌 다른 인스턴스명을 적습니다
src_file	원본 파일명을 적습니다
tgt_file	복사하려고 하는 대상 디렉터리나 파일명을 적습니다

위 명령어로 ASM의 거의 대부분의 파일을 복사할 수 있지만 OCR 파일과 Spfile은 복사할 수 없습니다. Spfile을 복사해야 할 경우는 앞에서 살펴본 sp-backup, spcopy, spmove 명령어를 이용해야 합니다. 그리고 원본과 대상 인스턴스 모두가 원격 인스턴스일 경우에도 복사가 불가합니다.

사용 예 :

```
ASMCMD [+] > cd +DATA/TESTDB/CONTROLFILE
ASMCMD [+DATA/TESTDB/CONTROLFILE] >
ASMCMD [+DATA/TESTDB/CONTROLFILE] > pwd
+DATA/TESTDB/CONTROLFILE
ASMCMD [+DATA/TESTDB/CONTROLFILE] > ls
Current.256.807251619
ASMCMD [+DATA/TESTDB/CONTROLFILE] > cp Current.256.807251619 /home/ora_asm/control.bak
copying +DATA/TESTDB/CONTROLFILE/Current.256.807251619 -> /home/ora_asm/control.bak
ASMCMD [+DATA/TESTDB/CONTROLFILE] >
ASMCMD [+DATA/TESTDB/CONTROLFILE] > cp Current.256.807251619 +DATA/control.bak
copying +DATA/TESTDB/CONTROLFILE/Current.256.807251619 -> +DATA/control.bak
ASMCMD [+DATA/TESTDB/CONTROLFILE] >
```

- du

의미 : 이 명령어는 각 디렉터리별 사용량을 보여주는 명령어입니다.

문법 : du dir

사용 예 :

```
ASMCMD [+] >
ASMCMD [+] > du
Used_MB      Mirror_used_MB
   2457                4697
ASMCMD [+] >
ASMCMD [+] > du +DATA
Used_MB      Mirror_used_MB
   2185                4425
ASMCMD [+] >
ASMCMD [+] > du +DATA/TESTDB
Used_MB      Mirror_used_MB
   2152                4327
```

```
ASMCMD [+] > du
Used_MB      Mirror_used_MB
   2457                4697
ASMCMD [+] > du +DATA
Used_MB      Mirror_used_MB
   2185                4425
ASMCMD [+] > du +DATA3
Used_MB      Mirror_used_MB
    102                 102
ASMCMD [+] > du +FRA
Used_MB      Mirror_used_MB
    170                 170
ASMCMD [+] >
```

위 화면에서 Used_MB는 미러링된 값을 포함하지 않은 용량이며 Mirror_used_MB는 미러링된 값을 포함한 크기입니다. 오른쪽 그림에서 각 디렉터리별 사용량을 알 수 있습니다.

- find

의미 : 이 명령어는 ASM 디렉터리 내부에서 특정 파일이나 디렉터리 위치를 찾아주는 명령어입니다.

문법 : find [--type type] dir pattern

사용 가능한 옵션 :

Option	Description
—type type	찾기를 원하는 타입 명
dir	검색을 시작할 디렉터리 명
pattern	찾기를 원하는 파일이나 디렉터리 명

사용 예 :

```
ASMCMD [+] >
ASMCMD [+] > find --type DATAFILE +DATA/TESTDB  system*
+DATA/TESTDB/DATAFILE/SYSTEM.260.807251635
ASMCMD [+] >
ASMCMD [+] > find +DATA CONTROL*
+DATA/ASM/CONTROLFILE/
+DATA/ASM/CONTROLFILE/control.bak.267.807456335
+DATA/ASM/CONTROLFILE/controlfile.bak.268.807456005
+DATA/TESTDB/CONTROLFILE/
+DATA/control.bak
+DATA/controlfile.bak
ASMCMD [+] >
```

위 예에서 알 수 있듯이 검색어는 대 · 소문자 구분을 하지 않습니다.

- **ls**

의미 : 이 명령어는 특정 디렉터리나 파일의 목록을 보여줍니다.

문법 : ls [--suppressheader] [-lsdtLg][--absolutepath][--reverse]
[--permission][pattern]

사용 가능한 옵션 :

Option	Description
(none)	파일명이나 디렉터리 명만 보여줍니다.
–l	확장된 파일 정보들을 보여줍니다.
–s	파일 크기를 보여줍니다.
–d	디렉터리만 보여줍니다.
––reverse	정렬 순서를 역순으로 변경합니다.
–t	이름대신 시간으로 정렬합니다.
–L	파일 별칭이 사용될 경우 별칭 정보까지 보여줍니다.

--absolutepath	파일의 절대경로를 보여줍니다.
-g	GV$ASM_DISKGROUP.INST_ID를 보여줍니다.
--suppressheader	출력화면의 칼럼 헤더 부분을 숨기고 결과값만 보여줍니다.
--permission	V$ASM_FILE.permission, V$ASM_FILE.owner, V$ASM_FILE.usergroup, V$ASM_ALIAS.name을 참고해 파일의 권한을 보여줍니다.
pattern	보고 싶은 파일이나 디렉터리를 적습니다.

사용 예 :

```
ASMCMD [+] > ls +data/testdb/datafile
EXAMPLE.265.691577295
SYSAUX.257.691577149
SYSTEM.256.691577149
UNDOTBS1.258.691577151
USERS.259.691577151

ASMCMD [+] > ls -lt +data/testdb/datafile
Type Redund Striped Time Sys Name
DATAFILE MIRROR COARSE JUL 13 08:00:00 Y EXAMPLE.265.691577295
DATAFILE MIRROR COARSE JUL 13 05:00:00 Y SYSAUX.257.691577149
DATAFILE MIRROR COARSE JUL 13 02:00:00 Y USERS.259.691577151
DATAFILE MIRROR COARSE JUL 13 02:00:00 Y UNDOTBS1.258.691577151
DATAFILE MIRROR COARSE JUL 13 02:00:00 Y SYSTEM.256.691577149

ASMCMD [+] > ls -l +data/testdb/datafile/sy*
Type Redund Striped Time Sys Name
DATAFILE MIRROR COARSE JUL 13 05:00:00 Y SYSAUX.257.691577149
DATAFILE MIRROR COARSE JUL 13 02:00:00 Y SYSTEM.256.691577149

ASMCMD [+] > ls -s +data/testdb/datafile
Block_Size Blocks Bytes Space Name
8192 12801 104865792 214958080 EXAMPLE.265.691577295
8192 88321 723525632 1452277760 SYSAUX.257.691577149
8192 88321 723525632 1452277760 SYSTEM.256.691577149
8192 7681 62922752 131072000 UNDOTBS1.258.691577151
8192 641 5251072 12582912 USERS.259.691577151
ASMCMD [+] > ls --permission +data/testdb/datafile
User Group Permission Name
rw-rw-rw- EXAMPLE.265.691577295
rw-rw-rw- SYSAUX.257.691577149
```

```
rw-rw-rw-  SYSTEM.256.691577149
rw-rw-rw-  UNDOTBS1.258.691577151
rw-rw-rw-  USERS.259.691577151
```

- **lsof**

의미 : ASM을 사용하는 클라이언트가 Open시킨 파일들의 목록을 보여줍니다.

문법 : lsof [--suppressheader] {-G diskgroup|--dbname db| -C instance}

사용 가능한 옵션 :

Option	Description
--suppressheader	화면출력시 칼럼 헤더명을 생략합니다.
-G diskgroup	해당 Disk Group의 내용만 출력합니다.
--dbname db	해당 Database의 내용만 출력합니다.
-C instance	해당 Instance의 내용만 출력합니다.

사용 예 :

```
ASMCMD [+DATA3] > lsof
DB_Name  Instance_Name  Path
testdb   testdb         +data/testdb/controlfile/current.256.807251619
testdb   testdb         +data/testdb/datafile/sysaux.261.807251655
testdb   testdb         +data/testdb/datafile/system.260.807251635
testdb   testdb         +data/testdb/datafile/undotbs1.262.807251671
testdb   testdb         +data/testdb/datafile/users.264.807251759
testdb   testdb         +data/testdb/onlinelog/group_1.257.807251623
testdb   testdb         +data/testdb/onlinelog/group_2.258.807251625
testdb   testdb         +data/testdb/onlinelog/group_3.259.807251629
testdb   testdb         +data/testdb/tempfile/temp.263.807251677
testdb   testdb         +data3/testdb/datafile/test.256.807271557
testdb   testdb         +fra/testdb/controlfile/current.256.807251621
testdb   testdb         +fra/testdb/onlinelog/group_1.257.807251625
testdb   testdb         +fra/testdb/onlinelog/group_2.258.807251627
testdb   testdb         +fra/testdb/onlinelog/group_3.259.807251631
ASMCMD [+DATA3] >
```

```
ASMCMD [+DATA3] > lsof -G DATA
DB_Name  Instance_Name  Path
testdb   testdb         +data/testdb/controlfile/current.256.807251619
testdb   testdb         +data/testdb/datafile/sysaux.261.807251655
testdb   testdb         +data/testdb/datafile/system.260.807251635
testdb   testdb         +data/testdb/datafile/undotbs1.262.807251671
testdb   testdb         +data/testdb/datafile/users.264.807251759
testdb   testdb         +data/testdb/onlinelog/group_1.257.807251623
testdb   testdb         +data/testdb/onlinelog/group_2.258.807251625
testdb   testdb         +data/testdb/onlinelog/group_3.259.807251629
testdb   testdb         +data/testdb/tempfile/temp.263.807251677
ASMCMD [+DATA3] >
```

```
ASMCMD [+DATA3] > lsof -C testdb
DB_Name   Instance_Name   Path
testdb    testdb          +data/testdb/controlfile/current.256.807251619
testdb    testdb          +data/testdb/datafile/sysaux.261.807251655
testdb    testdb          +data/testdb/datafile/system.260.807251635
testdb    testdb          +data/testdb/datafile/undotbs1.262.807251671
testdb    testdb          +data/testdb/datafile/users.264.807251759
testdb    testdb          +data/testdb/onlinelog/group_1.257.807251623
testdb    testdb          +data/testdb/onlinelog/group_2.258.807251625
testdb    testdb          +data/testdb/onlinelog/group_3.259.807251629
testdb    testdb          +data/testdb/tempfile/temp.263.807251677
testdb    testdb          +data3/testdb/datafile/test.256.807271557
testdb    testdb          +fra/testdb/controlfile/current.256.807251621
testdb    testdb          +fra/testdb/onlinelog/group_1.257.807251625
testdb    testdb          +fra/testdb/onlinelog/group_2.258.807251627
testdb    testdb          +fra/testdb/onlinelog/group_3.259.807251631
ASMCMD [+DATA3] >
```

```
ASMCMD [+DATA3] > lsof --dbname testdb
DB_Name   Instance_Name   Path
testdb    testdb          +data/testdb/controlfile/current.256.807251619
testdb    testdb          +data/testdb/datafile/sysaux.261.807251655
testdb    testdb          +data/testdb/datafile/system.260.807251635
testdb    testdb          +data/testdb/datafile/undotbs1.262.807251671
testdb    testdb          +data/testdb/datafile/users.264.807251759
testdb    testdb          +data/testdb/onlinelog/group_1.257.807251623
testdb    testdb          +data/testdb/onlinelog/group_2.258.807251625
testdb    testdb          +data/testdb/onlinelog/group_3.259.807251629
testdb    testdb          +data/testdb/tempfile/temp.263.807251677
testdb    testdb          +data3/testdb/datafile/test.256.807271557
testdb    testdb          +fra/testdb/controlfile/current.256.807251621
testdb    testdb          +fra/testdb/onlinelog/group_1.257.807251625
testdb    testdb          +fra/testdb/onlinelog/group_2.258.807251627
testdb    testdb          +fra/testdb/onlinelog/group_3.259.807251631
ASMCMD [+DATA3] >
```

- mkalias

의미 : 이 명령어는 윈도의 단축 아이콘이나 유닉스의 소프트링크를 만드는 기능처럼 특정 파일이나 디렉터리의 별칭을 만드는 명령입니다.

문법 : mkalias 원본파일명 별명

사용 예 :

```
ASMCMD [+data/orcl/datafile] > mkalias SYSAUX.257.721811945 sysaux.f
ASMCMD [+data/orcl/datafile] > ls --absolutepath
none => EXAMPLE.265.721812093
+DATA/TESTDB/DATAFILE/sysaux.f => SYSAUX.257.721811945
none => SYSTEM.256.721811945
none => UNDOTBS1.258.721811945
none => USERS.259.721811947
sysaux.f
```

● mkdir

의미 : 이 명령어는 ASM 저장공간 내에 디렉터리를 생성하는 명령어입니다.

문법 : mkdir dir1 dir2 .....

사용 예 :

```
ASMCMD [+] > cd +DATA3
ASMCMD [+DATA3] > ls
ASM/
TESTDB/
control.bak
ASMCMD [+DATA3] > mkdir dir1  dir2
ASMCMD [+DATA3] > ls
ASM/
TESTDB/
control.bak
dir1/
dir2/
ASMCMD [+DATA3] > mkdir +DATA/dir3
ASMCMD [+DATA3] > ls +DATA
ASM/
TESTDB/
control.bak
controlfile.bak
dir3/
ASMCMD [+DATA3] >
```

위 화면에서 절대경로와 상대경로를 사용해서 디렉터리를 생성하는 것을 볼 수 있습니다.

● pwd

의미 : 이 명령어는 현재 작업중인 디렉터리를 보여달라는 뜻입니다.

문법 : pwd

● rm

의미 : 이 명령어는 ASM 파일이나 디렉터리를 지우는 명령어입니다.

문법 : rm -f | r 파일이나 디렉터리

사용 가능한 옵션 :

Option	Description
–r	디렉터리를 삭제시키는 옵션입니다
f	파일이나 디렉터리를 강제로 삭제시키는 옵션입니다
pattern	삭제하려는 파일이나 디렉터리명을 적습니다

사용 예 :

```
ASMCMD [+] > cd +DATA
ASMCMD [+DATA] > ls
ASM/
TESTDB/
control.bak
controlfile.bak
data/
dir3/
dir4/
ASMCMD [+DATA] > cp control.bak  dir4/
copying +DATA/control.bak -> +DATA/dir4/control.bak
ASMCMD [+DATA] > rm control.bak  -----------------------------------1
ASMCMD [+DATA] > rm dir4 -------------------------------------------2
ORA-15032: not all alterations performed
ORA-15178: directory ‘dir4’ is not empty; cannot drop this directory (DBD
ERROR: OCIStmtExecute)
ASMCMD [+DATA] > rm -r dir4 ----------------------------------------3
You may delete multiple files and/or directories.
Are you sure? (y/n) y ----------------------------------------------4
ASMCMD [+DATA] > mkdir dir5
ASMCMD [+DATA] > cp controlfile.bak dir5/
copying +DATA/controlfile.bak -> +DATA/dir5/controlfile.bak
ASMCMD [+DATA] > rm -fr dir5 ---------------------------------------5
```

위 테스트 결과에서 rm 명령어로 파일을 삭제할 경우는 그냥 지워지지만(1번) 내용이 있는 디렉터리는 에러가 발생합니다(2번). 그래서 3번에서 rm 명령에 -r옵션을 주고 지우면 4번 부분에서 지울지 여부를 물어봅니다. 이때 y를 입력하면 한꺼번에 삭제를 해 주는데 y옵션과 달리 즉시 지우는 명령이 5번 줄의 f 옵션입니다.

● rmalias

의미 : 이 명령어는 별명이 설정되어 있는 파일에서 별명만 삭제하는 명령어입니다.

문법 : rmalias [-r] alias [alias...]

사용 예 : ASMCMD [+data/orcl/datafile] > rmalias sysaux.f

④ ASM Disk Group 관련 주요 명령어들

Command	Description
Chdg	Changes a disk group (add, drop, or rebalance).
Chkdg	Checks or repairs a disk group.
Dropdg	Drops a disk group.
Iostat	Displays I/O statistics for disks.
Lsattr	Lists the attributes of a disk group.
Lsdg	Lists disk groups and their information.
Lsdsk	Lists disks Oracle ASM disks.
Lsod	Lists open devices.
md_backup	Creates a backup of the metadata of mounted disk groups.
md_restore	Restores disk groups from a backup of the metadata.
Mkdg	Creates a disk group.
Mount	Mounts a disk group.
Offline	Offlines a disk or a failure group.
Online	Onlines a disk or a failure group.
Rebal	Rebalances a disk group.
Remap	Relocates data in a range of physical blocks on a disk.
Setattr	Sets attributes in a disk group.
Umount	Dismounts a disk group.

● chdg

의미 : 이 명령어는 XML 환경 기반에서 Disk Group에 디스크를 추가하고 삭제하고 사이즈를 수정하고 Rebalance하는 명령어입니다.

문법 : chdg { config_file.xml | 'contents_of_xml_file' }

사용 예 :

아래의 내용을 가진 xml 파일을 먼저 생성합니다.

```
<chdg name="data" power="3">
  <drop>
    <fg name="fg1"></fg>
    <dsk name="data_0001"/>
  </drop>
<add>
  <fg name="fg2">
    <dsk string="/dev/disk5"/>
  </fg>
 </add>
</chdg>

ASMCMD [+] > chdg data_config.xml
```

- chkdg

의미 : 이 명령어는 Disk Group을 점검하는 명령어입니다.

문법 : chkdg [--repair] diskgroup

사용 예 :

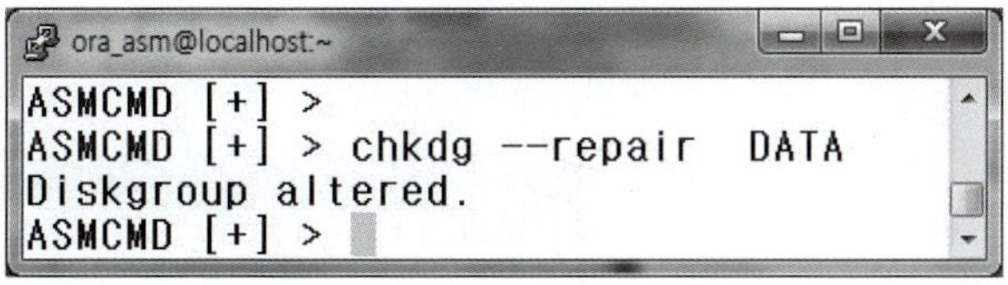

- dropdg

의미 : 이 명령어는 Disk Group을 삭제하는 명령어입니다.

문법 : dropdg [-r -f] [-r] diskgroup

사용 가능한 옵션 :

Option	Description
-f	Disk Group이 마운트 되지 않았을 때 강제로 삭제하는 옵션입니다.
-r	Disk Group에 데이터가 있을 경우에도 모두 삭제하라는 옵션입니다.
diskgroup	삭제하기를 원하는 Disk Group명을 지정합니다

사용 예 : 아래 실습은 실제 Disk Group을 삭제하오니 주의하세요!

```
ASMCMD [+] > dropdg -r -f data
```

● iostat

의미 : 이 명령어는 마운트 되어 있는 Disk Group의 I/O 상황을 보여줍니다.

문법 : iostat [--suppressheader] [-et] [--io] [--region]
[-G diskgroup] [interval]

사용 가능한 옵션 :

Option	Description
-e	에러 현황을 보여줍니다(Read_Err, Write_Err).
-G diskgroup	지정된 Disk Group의 통계를 보여줍니다.
--suppressheader	컬럼 헤더명을 출력하지 않습니다
--io	i/o 현황을 바이트 단위가 아닌 숫자단위로 보여줍니다
-t	시간 단위로 결과를 보여줍니다 (Read_Time, Write_Time).
--region	Cold 영역/Hot 영역으로 나누어서 결과를 보여줍니다. (Cold_Reads, Cold_Writes, Hot_Reads, Hot_Writes).
interval	지정된 초 단위로 계속 정보를 갱신해서 보여줍니다. 중단하려면 Ctrl-C 를 누르면 됩니다.

사용 예 :

```
ASMCMD [+] > iostat -G DATA
Group_Name  Dsk_Name  Reads       Writes
DATA        ASM1      1225004544  757014016
DATA        ASM2      632927744   757014016
ASMCMD [+] >
ASMCMD [+] > iostat --io -G data
Group_Name  Dsk_Name  Reads  Writes
DATA        ASM1      74704  70072
DATA        ASM2      39366  70072
ASMCMD [+] >
```

```
ASMCMD [+] >  iostat -t -G DATA
Group_Name  Dsk_Name  Reads       Writes     Read_Time  Write_Time
DATA        ASM1      1226028544  758141440  194.671    3671.086
DATA        ASM2      633492992   758141440  250.08     3545.504
ASMCMD [+] >  iostat --region -G DATA
Group_Name  Dsk_Name  Reads       Writes     Cold_Reads  Cold_Writes  Hot_Reads  Hot_Writes
DATA        ASM1      1226028544  758161920  1180595712  616309248    0          0
DATA        ASM2      633492992   758161920  589317632   616309248    0          0
ASMCMD [+] >
```

결과 설명 :

Attribute Name	Description
Group_Name	Disk Group 이름 입니다.
Dsk_Name	디스크 이름 입니다.
Reads	디스크로부터 읽은 바이트 수입니다. 만약 —io 옵션으로 수행되었다면 i/o 횟수입니다.
Writes	디스크로 기록한 바이트 수입니다. 만약 —io 옵션으로 수행되었다면 i/o 횟수입니다.
Cold_Reads	cold disk 영역에서 읽은 바이트 수입니다. 만약 —io 옵션으로 수행되었다면 i/o 횟수입니다.
Cold_Writes	cold disk 영역에 기록한 바이트 수입니다. 만약 —io 옵션으로 수행되었다면 i/o 횟수입니다.
Hot_Reads	cold disk 영역에서 읽은 바이트 수입니다. 만약 —io 옵션으로 수행되었다면 i/o 횟수입니다.
Hot_Writes	cold disk 영역에 기록한 바이트 수입니다. 만약 —io 옵션으로 수행되었다면 i/o 횟수입니다.
Read_Err	디스크로부터 읽기 실패한 I/O 횟수입니다.
Write_Err	디스크로부터 쓰기 실패한 I/O 횟수입니다.
Read_Time	TIMED_STATISTICS 가 TRUE 로 설정되어 있을 경우에 읽기에 소요된 시간입니다. 단위는 1/100 초 입니다.
Write_Time	TIMED_STATISTICS 가 TRUE 로 설정되어 있을 경우에 쓰기에 소요된 시간입니다. 단위는 1/100 초 입니다.

- **lsattr**

의미 : 이 명령어는 Disk Group의 속성을 보여주는 명령어입니다.

문법 : lsattr [--suppressheader][-G diskgroup] [-lm] [pattern]

사용 가능한 옵션 :

Option	Description
–G diskgroup	Disk Group 명을 적습니다.
––suppressheader	출력결과에서 컬럼 헤더명을 표시하지 않습니다.
–l	출력결과에 이름과 값을 같이 출력합니다.
–m	RO 와 Sys column들 같은 자세한 값 까지 출력합니다.
pattern	표시한 패턴 값까지 결과값으로 출력합니다.

이 명령은 V$ASM_ATTRIBUTE 뷰에서 정보를 찾아서 출력합니다. 이 속성들을 변경하고 싶으면 setattr 명령을 사용해서 변경하면 됩니다.

사용 예 :

```
ASMCMD [+] > lsattr -G DATA -l
Name                     Value
access_control.enabled   true
access_control.umask     066
au_size                  1048576
cell.smart_scan_capable  FALSE
compatible.asm           11.2.0.0.0
compatible.rdbms         11.2
disk_repair_time         3.6h
sector_size              512
ASMCMD [+] > lsattr -G DATA -l %compat%
Name               Value
compatible.asm     11.2.0.0.0
compatible.rdbms   11.2
ASMCMD [+] >
```

- **lsdg**

의미 : 이 명령어는 V$ASM_DISKGROUP_STAT 뷰에서 현재 마운트 되어 있는 Disk Group의 정보를 보여줍니다. 만약 --discovery 옵션을 사용하게 되면 V$ASM_DISKGROUP 뷰에서 정보를 가져옵니다.

문법: lsdg [--suppressheader] [-g] [--discovery] [pattern]

사용 가능한 옵션 :

Option	Description
(none)	Disk Group의 속성을 보여줍니다
--discovery	V$ASM_DISKGROUP이나 -g 옵션일 경우 GV$ASM_DISKGROUP 을 조회해서 결과를 보여줍니다.
-g	Selects from GV$ASM_DISKGROUP_STAT, or from GV$ASM_DISKGROUP if the --discovery flag is also specified. GV$ASM_DISKGROUP.INST_ID is included in the output. The REBAL column of the GV$ASM_OPERATION view is also included in the output.
--suppressheader	결과화면에서 컬럼 헤더를 제외하고 출력합니다
pattern	Returns only information about the specified disk group or disk groups that match the supplied pattern. See "Wildcard Characters" on page 12-5.

출력 결과 값 내용 :

Attribute Name	Description
State	Disk Group의 상태를 BROKEN, CONNECTED, DISMOUNTED, MOUNTED, QUIESCING, UNKNOWN로 표시합니다
Type	Disk group의 redundancy (NORMAL, HIGH, EXTERNAL)를 표시합니다
Rebal	rebalance 작업이 진행 중일 경우 Y 로 표시됩니다
Block	Block 크기를 Byte로 표시합니다
AU	AU 크기를 Byte로 표시합니다
Total_MB	Disk Group의 크기를 MB 로 표시합니다
Free_MB	Redundancy 용량을 제외한 Free한 공간을 MB 단위로 표시합니다. 이 정보는 V$ASM_DISKGROUP view에서 조회됩니다.
Req_mir_free_MB	Disk Group이 장애가 났을 때 전체를 복구하기 위해 필요한 Disk Group의 필요한 가용공간을 표시합니다. 이 정보는 V$ASM_DISKGROUP view의 REQUIRED_MIRROR_FREE_MB 컬럼에서 조회됩니다.
Usable_file_MB	V$ASM_DISKGROUP view에서 mirroring을 위해 조정된 사용가능한 공간을 표시합니다.
Offline_disks	Disk Group에서 offline된 디스크 명단을 보여줍니다.
Voting_files	voting file을 포함하는지 아닌지를 표시합니다 (Y or N).
Name	Disk Group 이름을 표시합니다.

사용 예 :

```
ora_asm@localhost:~
ASMCMD [+] > lsdg
State    Type    Rebal  Sector  Block       AU  Total_MB  Free_MB  Req_mir_free_MB
 Usable_file_MB  Offline_disks  Voting_files  Name
MOUNTED  NORMAL  N         512   4096  1048576     10228     5766                0
           2883              0                 N  DATA/
MOUNTED  EXTERN  N         512   4096  1048576      5114     4961                0
           4961              0                 N  DATA3/
MOUNTED  EXTERN  N         512   4096  1048576      5114     4885                0
           4885              0                 N  FRA/
ASMCMD [+] > lsdg --discovery
State    Type    Rebal  Sector  Block       AU  Total_MB  Free_MB  Req_mir_free_MB
 Usable_file_MB  Offline_disks  Voting_files  Name
MOUNTED  NORMAL  N         512   4096  1048576     10228     5766                0
           2883              0                 N  DATA/
MOUNTED  EXTERN  N         512   4096  1048576      5114     4961                0
           4961              0                 N  DATA3/
MOUNTED  EXTERN  N         512   4096  1048576      5114     4885                0
           4885              0                 N  FRA/
ASMCMD [+] >
```

- **lsdsk**

의미 : 이 명령어는 ASM Disk 명단을 출력합니다.

문법 : `lsdsk [--suppressheader] [-kptgMI] [-G diskgroup ]`
`[ --member|--candidate]`
`[--discovery][--statistics][pattern]`

사용 가능한 옵션 :

Option	Description
(none)	V$ASM_DISK_STAT view의 PATH 컬럼값을 출력합니다
-k	V$ASM_DISK view 에서 TOTAL_MB, FREE_MB, OS_MB,NAME, FAILGROUP, LIBRARY, LABEL, UDID, PRODUCT, REDUNDANCY, PATH 값을 출력합니다
--statistics	V$ASM_DISK view 에서 READS, WRITES, READ_ERRS, WRITE_ERRS, READ_TIME, WRITE_TIME, BYTES_READ, BYTES_WRITTEN, PATH 값을 출력합니다.
-p	V$ASM_DISK 뷰에서 GROUP_NUMBER, DISK_NUMBER, INCARNATION, MOUNT_STATUS, HEADER_STATUS, MODE_STATUS, STATE, PATH 값을 출력합니다.
-t	V$ASM_DISK view 에서 CREATE_DATE, MOUNT_DATE, REPAIR_TIMER, PATH 값을 출력합니다.
-g	GV$ASM_DISK_STAT 또는 --discovery 옵션을 사용하면 GV$ASM_DISK 값을 출력합니다. GV$ASM_DISK.INST_ID 값이 포함됩니다.
--discovery	V$ASM_DISK 또는 --g 옵션을 사용하면 GV$ASM_DISK 값이 출력됩니다.
--suppressheader	결과화면에서 컬럼 헤더를 제외하고 출력합니다
-I	ASM 디스크의 헤더부분을 스캔해서 정보를 추출합니다. 이 명령어는 non-connected mode 에서만 수행 가능합니다.
-G	지정된 Disk Group 에 대한 정보만 출력합니다..
-M	Displays the disks that are visible to some but not all active instances. These are disks that, if included in a disk group, cause the mount of that disk group to fail on the instances where the disks are not visible.
--candidate	Restricts results to only disks having membership status equal to CANDIDATE.
--member	Restricts results to only disks having membership status equal to MEMBER.
pattern	Returns only information about the specified disks that match the supplied pattern.

사용 예 :

```
ASMCMD [+] > lsdsk --candidate -p
Group_Num  Disk_Num      Incarn  Mount_Stat  Header_Stat  Mode_Stat  State   Path
        0         3  3915944112  CLOSED      FORMER       ONLINE     NORMAL  ORCL:ASM4
ASMCMD [+] >
ASMCMD [+] > lsdsk -t -G DATA
Create_Date  Mount_Date  Repair_Timer  Path
13-FEB-13    23-FEB-13   0             ORCL:ASM1
13-FEB-13    23-FEB-13   0             ORCL:ASM2
ASMCMD [+] >
```

● lsod

의미 : 이 명령어는 현재 Open되어 있는 ASM Disk의 목록과 사용중인 프로세스를 출력합니다.

문법 : lsod [--suppressheader] [-G diskgroup] [--process process] [pattern]

사용 가능한 옵션 :

Option	Description
--suppressheader	출력결과에서 컬럼 헤더명을 출력하지 않습니다.
-G diskgroup	지정된 디스크 그룹을 사용하는 프로세스들을 보여줍니다
--process process	지정된 프로세스가 사용하는 내용을 보여줍니다
pattern	지정된 패턴이 사용하는 디스크 목록을 보여줍니다.

사용 예 :

```
ASMCMD [+] > lsod -G DATA
Instance Process                                  OSPID Path
1        oracle@localhost.localdomain (DBW0)      4314  ORCL:ASM1
1        oracle@localhost.localdomain (DBW0)      4314  ORCL:ASM2
1        oracle@localhost.localdomain (GMON)      4324  ORCL:ASM1
1        oracle@localhost.localdomain (GMON)      4324  ORCL:ASM2
1        oracle@localhost.localdomain (LGWR)      4316  ORCL:ASM1
1        oracle@localhost.localdomain (LGWR)      4316  ORCL:ASM2
1        oracle@localhost.localdomain (RBAL)      4322  ORCL:ASM1
1        oracle@localhost.localdomain (RBAL)      4322  ORCL:ASM1
1        oracle@localhost.localdomain (RBAL)      4322  ORCL:ASM2
1        oracle@localhost.localdomain (RBAL)      4322  ORCL:ASM2
1        oracle@localhost.localdomain (TNS V1-V3) 22698 ORCL:ASM1
1        oracle@localhost.localdomain (TNS V1-V3) 24088 ORCL:ASM1
1        oracle@localhost.localdomain (TNS V1-V3) 4337  ORCL:ASM1
1        oracle@localhost.localdomain (TNS V1-V3) 4339  ORCL:ASM1
1        oracle@localhost.localdomain (TNS V1-V3) 4348  ORCL:ASM1
1        oracle@localhost.localdomain (TNS V1-V3) 22698 ORCL:ASM2
1        oracle@localhost.localdomain (TNS V1-V3) 24088 ORCL:ASM2
1        oracle@localhost.localdomain (TNS V1-V3) 4337  ORCL:ASM2
1        oracle@localhost.localdomain (TNS V1-V3) 4339  ORCL:ASM2
1        oracle@localhost.localdomain (TNS V1-V3) 4348  ORCL:ASM2
ASMCMD [+] >
```

● md_backup

이 명령어는 하나 또는 여러개의 디스크그룹에 대한 메타데이터를 백업합니다.

문법 : md_backup backup_file [-G 'diskgroup [,diskgroup,...]']

사용 가능한 옵션 :

Option	Description
backup_file	메타데이터를 저장할 백업파일 이름을 지정합니다.
-G diskgroup	백업되어질 Disk Group 이름을 지정합니다

백업경로를 지정하지 않으면 현재 작업 디렉토리(asmcmd를 실행한 디렉토리)에 저장됩니다.

사용 예 :

```
ora_asm@localhost:~
ASMCMD [+] > md_backup mdbackup.bak -G DATA
Disk group metadata to be backed up: DATA
Current alias directory path: TESTDB/DATAFILE
Current alias directory path: ASM/CONTROLFILE
Current alias directory path: data
Current alias directory path: TESTDB/PARAMETERFILE
Current alias directory path: TESTDB/ONLINELOG
Current alias directory path: dir3
Current alias directory path: TESTDB/CONTROLFILE
Current alias directory path: ASM/ASMPARAMETERFILE
Current alias directory path: TESTDB
Current alias directory path: TESTDB/TEMPFILE
Current alias directory path: ASM
ASMCMD [+] >
```

● md_restore

이 명령어는 md_backup 명령어로 백업 받은 파일에서 정보를 복원합니다.

문법 : md_restore backup_file [--silent]

[--full|--nodg|--newdg -o 'old_diskgroup:new_diskgroup [,...]']

[-S sql_script_file] [-G 'diskgroup [,diskgroup...]']

사용 가능한 옵션 :

Option	Description
backup_file	복원정보가 있는 백업파일 이름을 지정합니다.
--silent	복원을 수행하는 도중 에러가 발생해도 무시하고 진행하며 이 옵션이 없을 경우 에러가 발생시 작업이 중단됩니다.
--full	Disk Group을 생성하고 메타 정보를 전부 복원합니다.
--nodg	메타 데이터만 복원합니다.
--newdg -o old_diskgroup:new_diskgroup]	다른 이름으로 Disk Group을 생성하고 정보를 복원합니다. -o 옵션은 --newdg 옵션과 함께 사용되어야 합니다.
-S sql_script_file	각종 옵션을 스크립트 파일에 적어 놓고 사용하게 합니다.
-G diskgroup	복원할 Disk Group을 지정합니다. 지정되지 않을 경우 모든 Disk Group이 대상이 됩니다.

사용 예 :

```
ASMCMD [+] > md_restore --full -G data --silent /data/backup/allbackup20130222
ASMCMD [+] > md_restore --nodg -G data --silent /data/backup/alldgs20130222
ASMCMD [+] > md_restore -S conf.sql --silent /data/backup/data20130222
```

- mkdg

이 명령은 XML 기반에서 새로운 디스크 그룹을 생성하는 명령어입니다.

문법 : mkdg { config_file.xml | 'contents_of_xml_file' }

사용 예 :

우선 XML 환경파일을 생성합니다.

```
<dg name="data" redundancy="normal">
  <fg name="fg1">
   <dsk string="/dev/disk1"/>
   <dsk string="/dev/disk2"/>
  </fg>
  <fg name="fg2">
   <dsk string="/dev/disk3"/>
   <dsk string="/dev/disk4"/>
  </fg>
   <a name="compatible.asm" value="11.2"/>
   <a name="compatible.rdbms" value="11.2"/>
   <a name="compatible.advm" value="11.2"/>
</dg>
```

```
ASMCMD [+] > mkdg data_config.xml
ASMCMD [+] > mkdg '<dg name="data"><dsk string="/dev/disk*"/></dg>'
```

- mount :

의미 : 이 명령어는 Disk Group을 마운트하는 명령어입니다.

문법 : mount [--restrict] { [-a] | [-f] diskgroup[diskgroup ...] }

사용 가능한 옵션 :

Option	Description
Diskgroup	마운트할 Disk Group 명을 적어줍니다
-a	모든 Disk Group 을 마운트 합니다.
--restrict	restricted mode 로 마운트 합니다.
-f	강제로 마운트 합니다.

사용 예 :

```
ASMCMD [+] > mount -f data
ASMCMD [+] > mount --restrict data
ASMCMD [+] > mount -a
```

- offline

의미 : 이 명령어는 특정 디스크를 Offline시키는 명령어입니다.

문법 : offline -G diskgroup { -F failgroup |-D disk} [-t {minutes | hours}]

사용 가능한 옵션 :

Option	Description
-G diskgroup	Disk Group명을 지정합니다.
-F failgroup	Failure group명을 지정합니다.
-D disk	특정 디스크 명을 지정합니다.
-t minutes | hours	Offline 되기 전 시간을 분 또는 시간 단위로 지정합니다. 기본값은 1시간입니다.

사용 예 :

```
ASMCMD [+] > offline -G data -F fg1
ASMCMD [+] > offline -G data -D data_disk1 -t 1.5h
```

- online

의미 : 이 명령어는 offline되어 있던 Disk나 Disk Group을 online시키는 명령어입니다.

문법 : online -G diskgroup { -a | -F failgroup |-D disk} [-w]

사용 가능한 옵션 :

Option	Description
–a	Offline되어 있는 모든 디스크나 그룹을 online합니다
–G diskgroup	Disk group 이름을 지정합니다.
–F failgroup	Failure group 이름을 지정합니다.
–D disk	Disk name을 지정합니다.
–w	Rebalancing 작업등이 진행되고 있을 경우 기다린 후에 online하는 옵션입니다. 기본값은 not waiting입니다.

사용 예 :

```
ASMCMD [+] > online -G data -F fg1 -w
ASMCMD [+] > online -G data -D data_disk1
```

- rebal

의미 : 이 명령어는 Disk Group을 rebalance 하는 명령어입니다

문법 : rebal [--power power] [-w] diskgroup

위 옵션에 있는 --power은 rebalance되는 속도를 의미합니다. 11g R2 버전의 경우 0-1024까지 지정할 수 있는데 0일 경우 rebalance를 사용 안 한다는 뜻이며 숫자가 높을 수록 rebalance 속도가 빨라집니다. 단 rebalance 작업으로 인하여 부하가 많이 걸릴 수 있습니다. 특정값을 지정하지 않으면 초기화 파라미터인 ASM_POWER_LIMIT 값에 지정된 값이 적용이 됩니다.

사용 예 :

```
ASMCMD [+] > rebal --power 5 DATA
Rebal on progress.
ASMCMD [+] > lsop
Group_Name  Dsk_Num  State  Power
DATA        REBAL    WAIT   5
ASMCMD [+] >
```

- remap

의미 : 이 명령어는 디스크에서 특정 범위의 데이터 블록을 검사해서 사용할 수 없는 블록들의 위치를 재 배치하는 명령어입니다.

문법 : remap diskgroup disk block_range

사용 예 :

```
ASMCMD [+] > remap DATA ASM1 5000-5999
Remap requests submitted
ASMCMD [+] >
ASMCMD [+] > remap DATA3 ASM3 5000-5999
Remap requests submitted
ASMCMD [+] >
```

- setattr

의미 : 이 명령어는 ASM Disk Group의 속성을 지정하는 명령어입니다.

문법 : setattr -G diskgroup attribute_name attribute_value

사용 가능한 옵션 :

Option	Description
-G diskgroup	Disk group 이름을 지정합니다.
attribute_name	Attribute 종류를 지정합니다.
attribute_value	Attribute 값을 지정합니다.

설정 가능한 디스크 속성들은 앞 장을 참고하시기 바랍니다.

● umount

의미 : 이 명령어는 Disk Group을 언마운트(연결해제)하는 명령어입니다.

문법 : umount { -a | [-f] diskgroup }

사용 가능한 옵션 :

Option	Description
diskgroup	Disk Group 명을 지정합니다.
–a	현재 연결되어 있는 모든 Disk Group을 umount 합니다.
–f	강제로 umount를 합니다.

⑤ ASM File Access 및 user 관련 명령어들

Command	Description
chgrp	파일의 소유자 그룹을 변경합니다.
chmod	파일의 권한을 변경합니다.
chown	파일의 소유자를 변경합니다.
groups	특정 유저가 속한 그룹 정보를 출력합니다.
grpmod	기존 그룹에 사용자를 추가하거나 삭제합니다.
lsgrp	User group들의 목록을 보여줍니다
lsusr	Disk group에 속한 user들의 목록을 출력합니다
mkgrp	새로운 User Group을 생성합니다.
mkusr	Disk group에 새로운 사용자를 추가합니다.
passwd	사용자의 암호를 변경합니다.
rmgrp	User Group을 삭제합니다.
rmusr	Disk Group으로부터 특정 User를 삭제합니다.

● chgrp

의미 : 이 명령은 ASM 파일의 소유자 그룹을 변경합니다.

문법 : chgrp usergroup file [file ...]

사용 예 :

```
ASMCMD [+] > chgrp asm_grp1 +data/testdb/controlfile/Current.260.684924747
```

- chmod

의미 : 이 명령어는 ASM 파일의 권한을 변경하는 명령어입니다.

문법 : `chmod mode file [file ...]`

위 mode 부분에는 아래와 같은 형식으로 지정될 수 있습니다.

사용법 1 :

{ ugo | ug | uo | go | u | g | o | a } {+|- } {r|w |rw}

a - 모든 사용자, u - 파일 소유자, g - 소유자가 속한 그룹, o - 나머지 사용자들.

사용법 2 :

{ 0|4|6} {0|4|6} {0|4|6}

{소유자}{소유자그룹}{나머지} 입니다.

각 모드 설명 :

Option	Description
6	Read write permissions
4	Read only permissions
0	No permissions
u	Owner permissions, used with r or w
g	Group permissions, used with r or w
o	Other user permissions, used with r or w
a	All user permissions, used with r or w
+	Add a permission, used with r or w
–	Removes a permission, used with r or w
r	Read permission
w	Write permission
file	Name of a file

● chown

의미 : 이 명령어는 ASM 파일의 소유자를 변경하는 명령어입니다.

문법 : chown user[:group] file [file ...]

사용 가능한 옵션 :

Option	Description
user	새로운 소유자 이름을 의미합니다
group	새로운 소유 그룹의 이름을 의미합니다
file	파일명을 의미합니다.

● groups

의미 : 이 명령어는 특정 사용자가 소속된 그룹내역을 보여주는 명령어입니다.

문법 : groups diskgroup user

사용 예 :

```
ASMCMD [+] > groups data oracle
t_group_1
ASMCMD [+] >
```

● grpmod :

의미 : 이 명령어는 OS 사용자를 Oracle ASM group에 추가하거나 삭제하는 명령어입니다.

문법 : grpmod { --add | --delete } diskgroup usergroup user [user...]

사용 가능한 옵션 :

Option	Description
--add	user group에 추가할 경우 사용합니다.
--delete	user group에서 삭제할 경우 사용합니다.
diskgroup	User group이 속할 Disk Group명을 적어줍니다
usergroup	user group 이름을 적어줍니다.
user	User group에 추가하거나 삭제할 user명을 적어줍니다.

사용 예 :

```
ASMCMD [+] > grpmod --add fra asm_fra oracle1 oracle2
ASMCMD [+] > grpmod --delete data asm_data oracle2
```

- **lsgrp**

의미 : 이 명령어는 ASM Disk Group과 소속된 User Group명과 소속멤버를 보여줍니다.

문법 : lsgrp [--suppressheader][-a] [-G diskgroup] [pattern]

사용 예 :

```
ASMCMD [+] > lsgrp
DG_Name  Grp_Name   Owner
DATA     t_group_1  ora_asm
ASMCMD [+] >
ASMCMD [+] > lsgrp -a
DG_Name  Grp_Name   Owner    Members
DATA     t_group_1  ora_asm  ora_asm oracle oracle2
ASMCMD [+] > lsgrp -G DATA
DG_Name  Grp_Name   Owner
DATA     t_group_1  ora_asm
ASMCMD [+] >
```

- **lsusr**

의미 : 이 명령어는 특정 Disk Group에 속한 user들의 목록을 보여줍니다.

문법 : lsusr [--suppressheader][-a] [-G diskgroup] [pattern]

사용 예 :

```
ASMCMD [+] >
ASMCMD [+] > lsusr -a
DG_Name User_Num OS_ID OS_Name
DATA    1        501   ora_asm
DATA    2        500   oracle
DATA    3        502   oracle2
DATA    4        503   oracle3
ASMCMD [+] > lsusr -G DATA
User_Num OS_ID OS_Name
1        501   ora_asm
2        500   oracle
3        502   oracle2
4        503   oracle3
ASMCMD [+] >
```

● mkgrp

의미 : 이 명령어는 ASM Disk Group을 사용하는 User Group을 생성하는 명령어입니다.

문법 : mkgrp diskgroup usergroup [user] [user...]

사용 가능한 옵션 :

Option	Description
diskgroup	User Group이 사용할 Disk Group 명 지정합니다.
usergroup	새로 생성할 user group명을 30bytes 이하로 지정합니다.
user	User group에 속할 사용자 계정을 지정합니다.

사용 예 :

```
ASMCMD [+] >
ASMCMD [+] > mkgrp DATA t_group_2  oracle oracle2
ASMCMD [+] >
```

● mkusr

의미 : 이 명령은 OS user 계정을 ASM User Group으로 등록시키는 명령어입니다.

문법 : mkusr diskgroup user

● passwd

의미 : 이 명령어는 사용자의 비밀번호를 변경하는 명령어입니다.

문법 : passwd user

● rmgrp

의미 : 이 명령어는 Disk Group에 속한 User Group을 삭제하는 명령어입니다.

문법 : rmgrp diskgroup usergroup

사용 예 :

```
ora_asm@localhost:~
ASMCMD [+] >
ASMCMD [+] > rmgrp DATA t_group_2
ASMCMD [+] >
```

- rmusr

  의미 : 이 명령어는 Disk Group으로부터 특정 User를 삭제하는 명령어입니다.

  문법 : rmusr [-r] diskgroup user

  사용 가능한 옵션 :

Option	Description
-r	사용자를 지울 때 해당 Disk Group 에 해당 사용자소유의 파일과 디렉토리를 함께 지웁니다
diskgroup	지워질 Disk Group 명을 지정합니다.
user	삭제할 사용자명을 지정합니다.

이상으로 많이 사용되는 ASM 관련 주요 명령어들을 살펴보았습니다.

(8) ASM 환경에서의 테이블스페이스 관리하기

(아래 작업은 ASM Instance가 아닌 Database Instance에 접속해서 수행합니다)

① Tablespace 관리하기

작업 1. 현재 상황 확인하기

```
SYS>set line 200
SYS>col tablespace_name for a10
SYS>col file_name for a45
SYS>
SYS>select tablespace_name,bytes/1024/1024 MB, file_name
  2  from dba_data_files;

TABLESPACE         MB FILE_NAME
---------- ---------- ---------------------------------------------
SYSTEM            700 +DATA/testdb/datafile/system.260.807251635
SYSAUX            600 +DATA/testdb/datafile/sysaux.261.807251655
UNDOTBS1          605 +DATA/testdb/datafile/undotbs1.262.807251671
USERS               5 +DATA/testdb/datafile/users.264.807251759

SYS>
```

작업 2. 신규 테이블스페이스를 생성합니다.

이 때 데이터파일이 생성될 경로를 오라클이 자동으로 지정하게 하는 기능인 OMF라는 기능을 사용하게 됩니다. OMF란 Oracle Managed File의 약자로 파일의 경로와 이름과 크기를 오라클이 자동으로 관리하게 하는 기능을 의미합니다. 경로를 지정하지 않으면 아래와 같이 db_create_file_dest 파라미터에 지정된 곳에 생성이 됩니다.

```
SYS>show parameter db_create ;

NAME                                 TYPE        VALUE
------------------------------------ ----------- ------------------
------------
db_create_file_dest                  string      +DATA
db_create_online_log_dest_1          string
db_create_online_log_dest_2          string
db_create_online_log_dest_3          string
db_create_online_log_dest_4          string
db_create_online_log_dest_5          string
SYS>
```

위 화면에서 db_create_file_dest은 data file이 생성되는 경로이며 db_

create_online_log_dest_n 경로는 online redo log file과 control file이 생성되는 기본 경로입니다. 아래에서 몇 가지 테스트를 하겠습니다. 우선 먼저 ts_new라는 이름으로 기본 경로에 생성하겠습니다.

```
SYS>create tablespace ts_new ;

Tablespace created.

SYS>select tablespace_name,bytes/1024/1024 Mb, file_name
  2  from dba_data_files ;

TABLESPACE          MB FILE_NAME
---------- ---------- ------------------------------------------------
SYSTEM             700 +DATA/testdb/datafile/system.260.807251635
SYSAUX             600 +DATA/testdb/datafile/sysaux.261.807251655
UNDOTBS1           605 +DATA/testdb/datafile/undotbs1.262.807251671
USERS                5 +DATA/testdb/datafile/users.264.807251759
TS_NEW             100 +DATA/testdb/datafile/ts_new.266.807862211

SYS>
```

위 화면에서 볼 수 있듯이 기본 경로를 지정하지 않으면 위에서 살펴본 db_create_file_dest에 저장이 되며 기본 크기는 100MB로 설정이 되고 파일 이름도 Oracle이 자동으로 지정하게 됩니다.

이번에는 경로와 크기를 지정하고 생성하겠습니다. 이 테스트를 하기 위해 아래와 같이 asm 설치 계정으로 로그인해서(여기선 ora_asm입니다.) asmcmd를 사용해서 +FRA/TESTDB/DATAFILE이란 디렉터리를 먼저 생성하세요.

```
[ora_asm@localhost ~]$ asmcmd -p
ASMCMD [+] > ls
DATA/
DATA3/
FRA/
ASMCMD [+] > mkdir +FRA/TESTDB/DATAFILE
ASMCMD [+] > cd +FRA/TESTDB/DATAFILE
ASMCMD [+FRA/TESTDB/DATAFILE] >
ASMCMD [+FRA/TESTDB/DATAFILE] > pwd
+FRA/TESTDB/DATAFILE
ASMCMD [+FRA/TESTDB/DATAFILE] >
```

아래와 같이 Database Instacne에서 ts_new2 Tablespace를 이름과 경로를 지정하고 생성합니다. 아래의 화면에서처럼 정상적으로 생성되는 것을 확인할 수 있습니다.

```
SYS>create tablespace ts_new2
  2  datafile '+FRA/TESTDB/DATAFILE/test01.dbf' size 10M;

Tablespace created.

SYS>select tablespace_name,bytes/1024/1024 MB,file_name
  2  from dba_data_files;

TABLESPACE          MB FILE_NAME
---------- ---------- ---------------------------------------------
SYSTEM             700 +DATA/testdb/datafile/system.260.807251635
SYSAUX             600 +DATA/testdb/datafile/sysaux.261.807251655
UNDOTBS1           605 +DATA/testdb/datafile/undotbs1.262.807251671
USERS                5 +DATA/testdb/datafile/users.264.807251759
TS_NEW             100 +DATA/testdb/datafile/ts_new.266.807862211
TS_NEW2             10 +FRA/testdb/datafile/test01.dbf

6 rows selected.

SYS>
```

위에서 살펴본 것처럼 ASM 환경에서도 OS File System 환경처럼 Tablespace를 생성할 때 파일의 경로와 이름이나 크기를 직접 지정해서 생성할 수도 있습니다.

작업 3. ts_new Tablespace에 새로운 data file을 추가합니다.

```
SYS>alter tablespace ts_new add datafile;

Tablespace altered.

SYS>select tablespace_name,bytes/1024/1024 MB,file_name
  2  from dba_data_files;

TABLESPACE          MB FILE_NAME
---------- ---------- ---------------------------------------------
SYSTEM             700 +DATA/testdb/datafile/system.260.807251635
SYSAUX             600 +DATA/testdb/datafile/sysaux.261.807251655
UNDOTBS1           605 +DATA/testdb/datafile/undotbs1.262.807251671
USERS                5 +DATA/testdb/datafile/users.264.807251759
TS_NEW             100 +DATA/testdb/datafile/ts_new.266.807862211
TS_NEW2             10 +FRA/testdb/datafile/test01.dbf
TS_NEW             100 +DATA/testdb/datafile/ts_new.269.807865139

7 rows selected.

SYS>
```

기본 경로에 추가되는 것을 확인할 수 있습니다. 당연히 아래 화면처럼 경로명과 이름, 크기를 추가 할 수도 있습니다.

```
SYS>alter tablespace ts_new2
  2  add datafile '+FRA/TESTDB/DATAFILE/test02.dbf' size 5M;

Tablespace altered.

SYS>select tablespace_name,bytes/1024/1024 MB,file_name
  2  from dba_data_files
  3  order by 1;

TABLESPACE          MB FILE_NAME
---------- ---------- ---------------------------------------------
SYSAUX            600 +DATA/testdb/datafile/sysaux.261.807251655
SYSTEM            700 +DATA/testdb/datafile/system.260.807251635
TS_NEW            100 +DATA/testdb/datafile/ts_new.266.807862211
TS_NEW            100 +DATA/testdb/datafile/ts_new.269.807865139
TS_NEW2             5 +FRA/testdb/datafile/test02.dbf
TS_NEW2            10 +FRA/testdb/datafile/test01.dbf
UNDOTBS1          605 +DATA/testdb/datafile/undotbs1.262.807251671
USERS               5 +DATA/testdb/datafile/users.264.807251759

8 rows selected.

SYS>
```

작 업 4. ASM 기반에서의 각종 파일 관리하기

Case 1 Offline이 가능한 ts_new2 Tablespace를 +FRA → +DATA 그룹으로 이동

〈작업 순서 요약〉

1. 해당 Tablespace Offline합니다.
2. Data file을 Copy합니다.
3. Control file의 위치 값을 변경합니다.
4. Online합니다.

Step 1 해당 Tablespace를 Offline합니다.

```
SYS>alter tablespace ts_new2  offline;

Tablespace altered.

SYS>
```

Step 2 RMAN을 사용하여 데이터파일을 복사합니다.

```
[oracle@localhost ~]$
[oracle@localhost ~]$ rman target /

Recovery Manager: Release 11.2.0.2.0 - Production on Wed Feb 20 08:58:07 2013

Copyright (c) 1982, 2009, Oracle and/or its affiliates.  All rights reserved.

connected to target database: TESTDB (DBID=2590579743)

RMAN> run {
2> copy datafile '+FRA/testdb/datafile/test01.dbf' to '+DATA/testdb/datafile/test01.dbf';
3> copy datafile '+FRA/testdb/datafile/test02.dbf' to '+DATA/testdb/datafile/test02.dbf';
4> }

Starting backup at 20-FEB-13
using target database control file instead of recovery catalog
allocated channel: ORA_DISK_1
channel ORA_DISK_1: SID=22 device type=DISK
channel ORA_DISK_1: starting datafile copy
input datafile file number=00006 name=+FRA/testdb/datafile/test01.dbf
output file name=+DATA/testdb/datafile/test01.dbf tag=TAG20130220T085842 RECID=3 STAMP=807872323
channel ORA_DISK_1: datafile copy complete, elapsed time: 00:00:01
Finished backup at 20-FEB-13

Starting backup at 20-FEB-13
using channel ORA_DISK_1
channel ORA_DISK_1: starting datafile copy
input datafile file number=00008 name=+FRA/testdb/datafile/test02.dbf
output file name=+DATA/testdb/datafile/test02.dbf tag=TAG20130220T085843 RECID=4 STAMP=807872324
channel ORA_DISK_1: datafile copy complete, elapsed time: 00:00:01
Finished backup at 20-FEB-13

RMAN>
```

위 화면은 Database Instance에서 RMAN(Recovery Manager)을 사용해서 ASM 내부의 파일을 대상 위치로 복사하는 화면입니다(RMAN에 대해서는 이 책의 Recovery Manager 부분을 참조하세요.).

Step 3 Control file 안에 있는 경로를 변경합니다.

```
SYS>alter tablespace ts_new2 rename datafile
  2  '+FRA/testdb/datafile/test01.dbf'
  3  to '+DATA/testdb/datafile/test01.dbf';

Tablespace altered.

SYS>alter tablespace ts_new2 rename datafile
  2  '+FRA/testdb/datafile/test02.dbf'
  3  to '+DATA/testdb/datafile/test02.dbf';

Tablespace altered.

SYS>
```

Step 4 Online 후 확인합니다.

```
SYS>
SYS>alter tablespace ts_new2 online;

Tablespace altered.

SYS>select tablespace_name,bytes/1024/1024 MB, file_name
  2  from dba_data_files;

TABLESPACE              MB FILE_NAME
---------- ---------- ------------------------------------------------

SYSTEM                700 +DATA/testdb/datafile/system.260.807251635
SYSAUX                600 +DATA/testdb/datafile/sysaux.261.807251655
UNDOTBS1              605 +DATA/testdb/datafile/undotbs1.262.807251671
USERS                   5 +DATA/testdb/datafile/users.264.807251759
TS_NEW                100 +DATA/testdb/datafile/ts_new.266.807862211
TS_NEW2                10 +DATA/testdb/datafile/test01.dbf
TS_NEW                100 +DATA/testdb/datafile/ts_new.269.807865139
TS_NEW2                 5 +DATA/testdb/datafile/test02.dbf

8 rows selected.

SYS>
```

잘 변경된 것을 확인할 수 있습니다.

Case 2 Offline이 안되는 SYSTEM Tablespace를 +DATA → +FRA로 이동하기

〈 작업 순서 요약〉

1. Database Instance를 종료한 후 mount 단계로 시작합니다.
2. SYSTEM Tablespace의 Data file을 복사합니다.

3. alter database rename file 명령을 사용하여 위치정보를 변경합니다.

4. Database Instance를 open합니다.

Step 1 Database Instance를 종료한 후 mount 단계로 시작합니다.

```
SYS>shutdown immediate;
Database closed.
Database dismounted.
ORACLE instance shut down.
SYS>
SYS>startup mount;
ORACLE instance started.

Total System Global Area  318046208 bytes
Fixed Size                  1343916 bytes
Variable Size             197135956 bytes
Database Buffers          113246208 bytes
Redo Buffers                6320128 bytes
Database mounted.
SYS>
```

Step 2 RMAN으로 SYSTEM Tablespace의 Data file을 복사합니다.

```
SYS>!
[oracle@localhost ~]$ rman target /

Recovery Manager: Release 11.2.0.2.0 - Production on Wed Feb 20 10:18:28 2013

Copyright (c) 1982, 2009, Oracle and/or its affiliates.  All rights reserved.

connected to target database: TESTDB (DBID=2590579743, not open)

RMAN> report schema;

using target database control file instead of recovery catalog
Report of database schema for database with db_unique_name TESTDB

List of Permanent Datafiles
===========================
File Size(MB) Tablespace           RB segs Datafile Name
---- -------- -------------------- ------- ------------------------
1    700      SYSTEM               ***     +DATA/testdb/datafile/system.260.807251635
2    600      SYSAUX               ***     +DATA/testdb/datafile/sysaux.261.807251655
3    605      UNDOTBS1             ***     +DATA/testdb/datafile/undotbs1.262.807251671
4    5        USERS                ***     +DATA/testdb/datafile/users.264.807251759
5    100      TS_NEW               ***     +DATA/testdb/datafile/ts_new.266.807862211
6    10       TS_NEW2              ***     +DATA/testdb/datafile/test01.dbf
7    100      TS_NEW               ***     +DATA/testdb/datafile/ts_new.269.807865139
8    5        TS_NEW2              ***     +DATA/testdb/datafile/test02.dbf

List of Temporary Files
=======================
File Size(MB) Tablespace           Maxsize(MB) Tempfile Name
---- -------- -------------------- ----------- --------------------
1    60       TEMP                 32767       +DATA/testdb/tempfile/temp.263.807251677

RMAN>
```

위 report schema는 RMAN에서 각 Tablespace와 Data file의 정보를 보는 명령어입니다.

우선 각 Data file의 위치를 확인한 후 복사를 수행합니다. 복사를 할 때 주의 사항은 파일 이름이 변경된다는 점입니다. 그래서 Disk Group명만 적어줘야 에러 없이 작업이 수행됩니다. 아래의 예를 비교해 보면 알 수 있습니다.

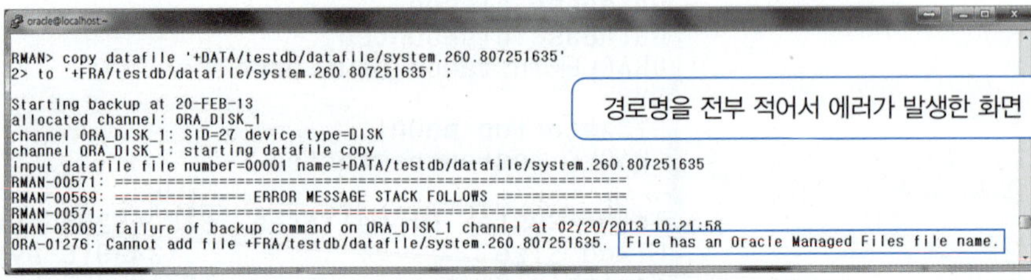

Step 3 **Control file 내에 등록된 System Data file의 경로를 변경합니다.**

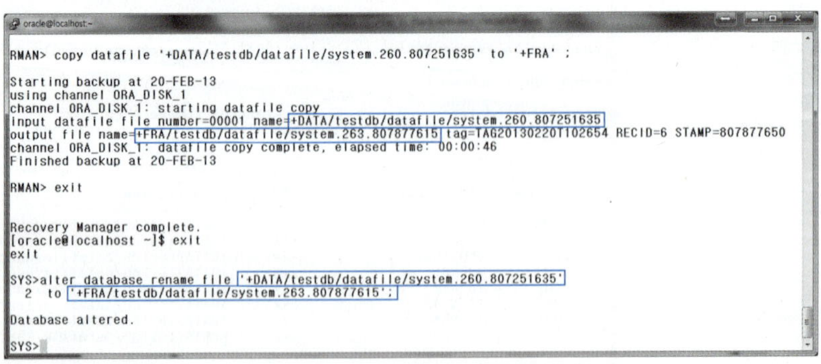

정상적으로 변경이 되었습니다.

Step 4 **Open하여 파일을 확인합니다.**

Case 3 Redo Log File 관리하기

Redo Log File은 복사가 안되므로 이동하고자 하는 그룹이나 멤버를 삭제 한 후 대상 디렉토리로 다시 생성해야 합니다.

Step 1 **현재 상태를 조회합니다.**

```
SQL> set line 200
SQL> col group# for 999
SQL> col member for a50
SQL> col MB for 999
SQL> col SEQ# for 999
SQL> col status for a8
SQL> col archived for a4
SQL>
SQL> select a.group#,a.member, b.bytes/1024/1024 MB,b.sequence# "SEQ#",b.status,b.archived
  2  from v$logfile a, v$log b
  3  where a.group#=b.group#
  4  order by 1,2 ;

GROUP# MEMBER                                              MB SEQ# STATUS   ARCH
------ -------------------------------------------------- ---- ---- -------- ----
     1 +DATA/testdb/onlinelog/group_1.257.807251623         50   67 INACTIVE NO
     1 +FRA/testdb/onlinelog/group_1.257.807251625          50   67 INACTIVE NO
     2 +DATA/testdb/onlinelog/group_2.258.807251625         50   68 CURRENT  NO
     2 +FRA/testdb/onlinelog/group_2.258.807251627          50   68 CURRENT  NO
     3 +DATA/testdb/onlinelog/group_3.259.807251629         50   66 INACTIVE NO
     3 +FRA/testdb/onlinelog/group_3.259.807251631          50   66 INACTIVE NO

6 rows selected.

SQL>
```

위 조회 결과에서 1번 그룹 Redo log file을 +DATA/testdb/onlinelog/ 아래로 재생성 하겠습니다. 나머지 그룹이나 멤버들도 같은 방법으로 작업하면 됩니다.

Step 2 삭제 후 재생성합니다.

```
SQL>
SQL> alter database drop logfile
  2  member '+FRA/testdb/onlinelog/group_1.257.807251625' ;

Database altered.

SQL> alter database add logfile
  2  member '+DATA' to group 1;

Database altered.

SQL> select a.group#,a.member, b.bytes/1024/1024 MB,b.sequence# "SEQ#",b.status,b.archived
  2  from v$logfile a, v$log b
  3  where a.group#=b.group#
  4  order by 1,2 ;

GROUP# MEMBER                                                       MB  SEQ# STATUS    ARCH
------ ------------------------------------------------------------ ---- ---- --------- ----
     1 +DATA/testdb/onlinelog/group_1.257.807251623                   50   67 INACTIVE  NO
     1 +DATA/testdb/onlinelog/group_1.271.808133335                   50   67 INACTIVE  NO
     2 +DATA/testdb/onlinelog/group_2.258.807251625                   50   68 CURRENT   NO
     2 +FRA/testdb/onlinelog/group_2.258.807251627                    50   68 CURRENT   NO
     3 +DATA/testdb/onlinelog/group_3.259.807251629                   50   66 INACTIVE  NO
     3 +FRA/testdb/onlinelog/group_3.259.807251631                    50   66 INACTIVE  NO

6 rows selected.
```

Case 4 Control File 관리하기

Step 1 현재 Control File의 내역을 확인합니다.

```
SYS>col name for a50
SYS>select name from v$controlfile;

NAME
--------------------------------------------------
+DATA/testdb/controlfile/current.256.807251619
+FRA/testdb/controlfile/current.256.807251621

SYS>
```

Step 2 Spfile의 내용을 아래와 같이 변경합니다.

```
SYS>alter system set control_files='+DATA/testdb/controlfile/current.256.807251619','+DATA'
  2  scope=spfile ;

System altered.

SYS>shutdown immediate;
Database closed.
Database dismounted.
ORACLE instance shut down.
SYS>!
```

Step 3 RMAN으로 Control File을 복사합니다.

```
[oracle@localhost ~]$ rman target /

Recovery Manager: Release 11.2.0.2.0 - Production on Sat Feb 23 11:40:25 2013

Copyright (c) 1982, 2009, Oracle and/or its affiliates.  All rights reserved.

connected to target database (not started)

RMAN> startup nomount;

Oracle instance started

Total System Global Area     318046208 bytes

Fixed Size                     1343916 bytes
Variable Size                197135956 bytes
Database Buffers             113246208 bytes
Redo Buffers                   6320128 bytes

RMAN> restore controlfile from '+DATA/testdb/controlfile/current.256.807251619' ;

Starting restore at 23-FEB-13
using target database control file instead of recovery catalog
allocated channel: ORA_DISK_1
channel ORA_DISK_1: SID=25 device type=DISK

channel ORA_DISK_1: copied control file copy
output file name=+DATA/testdb/controlfile/current.256.807251619
output file name=+DATA/testdb/controlfile/current.272.808141263
Finished restore at 23-FEB-13

RMAN> exit
```

Step 4 변경 후 내용을 확인합니다.

```
SQL> select status from v$instance;

STATUS
------------
STARTED

SQL> alter database mount;

Database altered.

SQL> alter database open;

Database altered.

SQL> select name from v$controlfile;

NAME
--------------------------------------------------------------
+DATA/testdb/controlfile/current.256.807251619
+DATA/testdb/controlfile/current.272.808141263

SQL>
```

만약 재생성해야 할 경우는 아래의 스크립트를 shutdown 상태에서 실행하면 됩니다.

당연히 디비명, 파일명, 경로명, Resetlogs 유무, Archivelog mode 유무는 각자의 환경에 맞도록 수정해서 사용해야 합니다

- Control File 재생성 스크립트 예 -

```
CREATE CONTROLFILE REUSE DATABASE "TESTDB" RESETLOGS ARCHIVELOG
MAXLOGFILES 16
MAXLOGMEMBERS 3
MAXDATAFILES 100
MAXINSTANCES 8
MAXLOGHISTORY 292
LOGFILE
   GROUP 1 (
            '+DATA/testdb/onlinelog/group_1.261.685366203',
            '+FRA/testdb/onlinelog/group_1.257.685366205'
             ) SIZE 50M BLOCKSIZE 512,
    GROUP 2 (
            '+DATA/testdb/onlinelog/group_2.262.685366207',
            '+FRA/testdb/onlinelog/group_2.258.685366211'
             ) SIZE 50M BLOCKSIZE 512,
    GROUP 3 (
            '+DATA/testdb/onlinelog/group_3.263.685366213',
            '+FRA/testdb/onlinelog/group_3.259.685366215'
             ) SIZE 50M BLOCKSIZE 512
-- STANDBY LOGFILE
DATAFILE
     '+DATA/testdb/datafile/system.256.685366089',
     '+DATA/testdb/datafile/sysaux.257.685366089',
     '+DATA/testdb/datafile/undotbs1.258.685366091',
     '+DATA/testdb/datafile/users.259.685366091'
CHARACTER SET KO16MSWIN949
;
```

앞에서 살펴본 Control File 재생성 부분은 아주 위험한 부분이므로 미리 사전지식을 공부하신 후에 작업하실 것을 반드시 권합니다.

이상으로 Oracle에서 개발된 Storage 관리 기술인 ASM을 살펴보았습니다. 여러 가지 좋은 기능이 있기는 하지만 가장 중요한 안정성 부분에서 실무에서 아직은 많이 사용하지 못하는 현실입니다. 이 방식을 적용하기 전에 반드시 다양한 테스트를 한 후 사용하기를 거듭 당부 드립니다.

CHAPTER 16

Recovery Manager

16 CHAPTER Recovery Manager

이번 장에서는 오라클에서 백업과 복구를 보다 쉽고 빠르게 할 수 있도록 도와주는 Recovery Manager 유틸리티에 대해서 알아보겠습니다. 이 책에 없는 오라클 백업과 복구의 다양한 방법과 핵심원리들은 ≪정석! 오라클 백업과 복구 1, 2≫에 자세하게 나와 있으니 참고하세요. 특히 아카이브 로그 모드와 백업과 복구의 원리를 먼저 공부하신 후 이 부분을 보시길 권장합니다.

1. Recovery Manager란?

오라클 데이터베이스를 백업하고 복구하는 방법은 크게 두 가지로 나눌 수 있습니다. 한가지는 예전부터 해 오던 전통적인 방식으로 관리자가 직접 백업을 하고 장애 발생시에 적절한 백업 파일을 찾아서 복원 한 후 복구를 하는 방식입니다. 전통적인 방식은 아주 다양한 경우의 복구를 수행할 수 있는 장점이 있는 반면 능숙한 관리자들도 파일 관리를 잘못하거나 파일 복원을 잘못하게 되면 복구를 할 수 없는 등 어려운 방식입니다. (이 방식에 대한 내용은 ≪정석! 오라클 백업과 복구 1,2≫에 다양한 장애와 복구내용이 자세하게 언급되어 있습니다.)

그래서 오라클은 8 버전부터 Recovery Manager(이하 RMAN)라는 유틸리티를 선보였습니다. RMAN을 활용하여 백업하고 복구하는 기본 개념은 전통적인 방식과 같지만 기존 방식은 백업과 복구를 수행하는 주체가 사람이었다면 RMAN

부터는 사람이 RMAN에게 명령을 하고 실제 작업을 수행하는 주체가 RMAN으로 바뀌게 됩니다.

자동차로 예를 들면 서울에서 부산까지 운전을 해서 가야 할 경우 전통적인 방식은 본인이 직접 피곤한 몸을 이끌고 운전을 해서 가야 하는 것이고 RMAN을 사용하는 것은 운전 기사에게 부산에 가자고 명령을 하는 것입니다. 관리자가 해야 할 일은 RMAN에게 명령만 할 수 있으면 됩니다. 이처럼 RMAN은 아주 편리한 백업과 복구 전용 유틸리티이지만 현실적으로 여러 가지 문제점이나 새로 배워야만 쓸 수 있는 등의 어려운 점이 있어서 아직까지는 널리 사용되지 못하고 있습니다. 하지만 Oracle 11g 버전부터 본격적으로 사용되고 있는 ASM(Automatic Storage Management) 기반의 백업 및 복구는 RMAN 밖에 할 수 없기 때문에 반드시 RMAN을 알아야만 합니다.

이 장에서는 RMAN의 주요 기능과 원리, RMAN을 이용한 백업과 복구방법, 그리고 각종 데이터 관리 및 주요 파라미터 설정 등을 살펴보도록 하겠습니다. RMAN 백업과 복구방법의 장점은 아래와 같습니다.

- 자주 실행하는 작업을 스크립트로 저장(Recovery Catalog를 사용할 경우에만 지원됩니다)

  큰 데이터베이스의 경우 백업 작업을 수행할 때 많은 양의 코딩을 해야 하는 경우가 많습니다. 그 때 마다 모든 명령을 반복해서 친다면 아주 귀찮을 것입니다. RMAN Recovery Catalog를 사용할 경우 자주 사용하는 백업 명령어들을 스크립트로 저장한 후 불러서 사용할 수 있습니다.

- 증분 블록 레벨 백업 기능 지원

  이전에 백업 받은 내역을 조사해 변경된 블록만 찾아서 백업을 수행할 수 있습니다. 기존의 전통적인 백업 방식은 예를 들어 100M 파일에서 10M만 변경되었다고 해도 100M 전체를 반복해서 백업해야 하지만 RMAN에서는 변경된 10M만 백업 받을 수 있기 때문에 백업 공간의 절약과 백업 시간을 단축할 수 있습니다. 이 방법은 차등 증분 백업과 누적 증분 백업으로 나누어서 백업을 수행할 수 있습니다.

- 사용되지 않은 블록 건너뛰고 백업 수행

전체 Data file이 100M라 하더라도 실제 사용하는 용량은 아주 작을 수 있습니다. 기존 전통적인 방법은 100M 모두를 백업 받아야 하지만 RMAN을 사용할 경우 총 100M 중에서 현재 사용하고 있는 블록만 찾아서 백업을 수행합니다. 이 기능은 Backupset으로 백업을 수행할 경우 자동으로 지원됩니다.

- 백업 수행 중 훼손된 블록 감지

일반적인 백업에서는 파일을 백업하던 도중에 훼손된 블록이 있을 경우 장애가 발생하고 백업이 중단됩니다. 그러나 RMAN을 사용하면 백업 수행도중 훼손된 블록을 감지해서 마킹해 두고 계속 백업을 진행합니다.

- 백업을 수행하면서 압축 가능

백업을 수행하면서 가장 문제가 되는 부분 중 한가지는 백업 용량입니다. RMAN에서는 백업을 수행하면서 동시에 압축까지 진행할 수 있기 때문에 용량을 획기적으로 줄일 수 있습니다.

- 백업 시간의 단축

대용량의 데이터를 백업할 경우 백업 수행 시간이 심각한 문제가 될 수 있습니다. RMAN은 Parallel 옵션을 사용하여 백업 시간을 획기적으로 단축시킬 수 있으므로 아주 좋은 대안이 될 수 있습니다.

- 초보자를 위한 배려(11g New Feature)

백업과 복구의 원리를 몰라도 데이터베이스의 장애를 진단하고 해결방법까지 제공을 해 주는 초보자를 위한 배려가 잘 되어 있습니다. 다만 이런 특징이 있다고 하더라도 백업과 복구의 원리는 꼭 숙지해야 합니다.

2. Recovery Manager 구성도

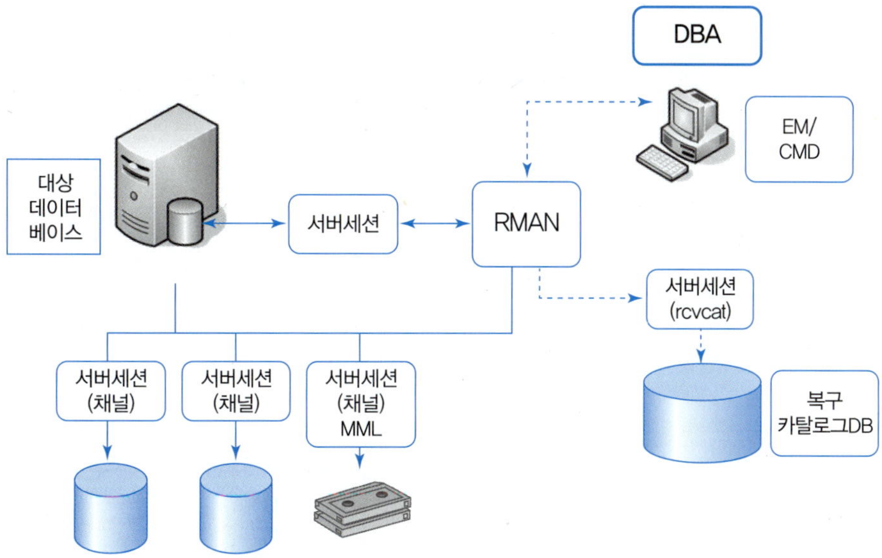

<RMAN 구성도>

위 그림에서 관리자가 RMAN 유틸리티에게 백업이나 복구를 명령하면 RMAN 유틸리티는 관리자를 대신하여 대상 서버(target database)에 접속하여 Server Process에게 백업을 수행하게 합니다. 그리고 관련 정보를 Recovery Catalog Server가 있으면 Catalog Database에 저장을 하고 만약 없다면 Target Database의 Control file에 기록을 하게 됩니다. 여기서 중요한 점은 기존에 전통적인 방법은 관리자가 직접 백업을 하고(즉 백업상태로 설정하고, 파일을 복사하고, 백업상태 해제하는 등의 작업을 하고) 복구가 필요한 경우가 생기면 필요한 파일을 찾아서 복원하고 복구를 했지만 RMAN을 이용할 경우 관리자는 RMAN에게 명령을 내리고 세부적인 사항은 RMAN이 찾아서 적절하게 수행해 준다는 것입니다. 사실 백업과 복구의 원리를 몰라도 RMAN 사용법만 익히면 얼마든지 백업복구를 수행할 수 있을 만큼 쉽다는 장점이 있습니다.

그렇지만 백업과 복구의 원리를 모르고서는 사용하는 것에 한계도 많고 문제가 생겼을 때 대처를 할 수 없기 때문에 꼭 백업 및 복구의 원리를 잘 알고 계셔야만 합니다(오라클에서의 백업과 복구의 다양한 방법과 자세한 원리는 정석-오라클 백업과 복구를 참고하세요.).

3. RMAN Memory 구조

RMAN은 백업 및 복구를 수행할 때 기본적으로 PGA를 사용하며 PGA 공간이 부족할 경우 SGA(Large Pool, Shared pool)를 사용하여 백업을 수행하게 됩니다. RMAN은 백업 받을 때 사용하는 Input Buffer가 있고 백업 세트에(백업 파일) 저장하기 위해서 사용하는 Output Buffer가 있습니다. (아래 그림 참조)

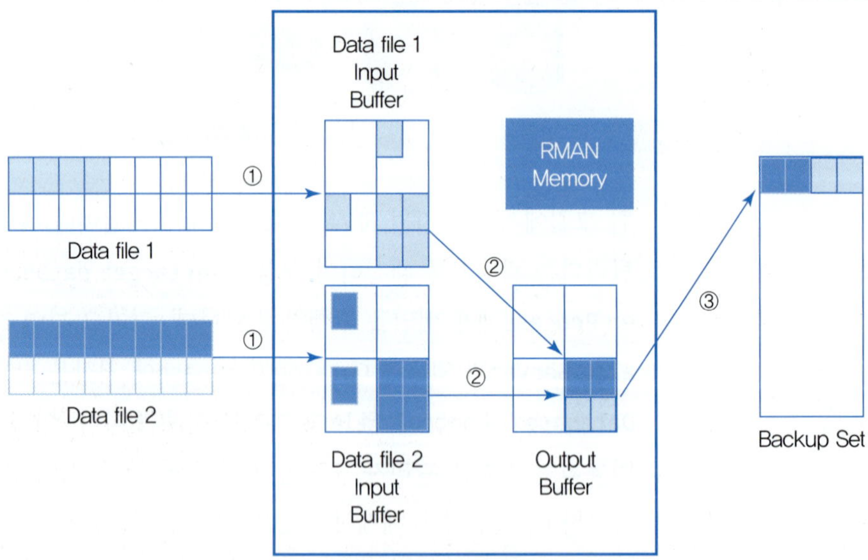

<RMAN Memory 구조>

위 그림을 보면 메모리에 각 Data file별로 input buffer가 생성이 됩니다. 이 input buffer에 Data file에서 백업 받아야 할 블록을 가져 오는데(1번 과정) 여러 개의 input buffer 중 하나가 가득 차면 output buffer로 블록을 복사하게 됩니다(2번 과정). 이렇게 되면 output buffer에는 여러 Data file

의 블록이 혼재하게 되며 output buffer 역시 가득 차게 되면 backup set에 내려쓰게 됩니다(3번 과정). 위 과정을 아래에서 자세히 살펴 보겠습니다.

(1) Input Buffer

Input Buffer는 현재 수행하고 있는 백업작업의 파일의 개수와 용량에 따라 개수가 달라지며 각 개수는 아래와 같습니다. 기준은 하나의 백업 (셋)피스에 들어가는 파일의 개수입니다.

- 4개 이하의 파일이 들어가는 경우는 4개의 버퍼를 할당하고 파일 하나당 1M의 메모리를 할당합니다. 1m X 4개 파일 X 4개 버퍼 = 총 16 m 할당
- 5개에서 8개의 파일이 들어가는 경우 4개의 버퍼를 할당하고 파일 하나당 512kb의 메모리를 할당합니다. 512k X 8개 파일 X 4개 버퍼 = 총 16 m 할당
- 9개 이상의 파일이 들어가는 경우 4개의 버퍼를 할당하고 파일 하나당 128kb의 메모리를 할당합니다.

위 메모리들은 Channel 단위로 할당이 됩니다. 이 말의 뜻은 위 메모리는 하나의 Channel별로 할당 된다는 의미이며 만약 여러 Channel에서 위와 같은 작업을 한다면 메모리는 각 Channel별로 할당된다는 의미입니다.

각 백업파일별로 Input Buffer의 사용내역과 크기는 아래의 SQL 문으로 조회할 수 있습니다.

```
SQL> set  line  200;
SQL> set  pagesize  50
SQL> col filename for a50
SQL> SELECT set_count, device_type, type, filename, buffer_size, buffer_count,
  2          open_time, close_time
  3   FROM  v$backup_async_io
  4   ORDER BY set_count,type, open_time, close_time;

SET_COUNT DEVICE_TYPE   TYPE     FILENAME                                   BUFFER_SIZE BUFFER_COUNT OPEN_TIME CLOSE_TIM
--------- ------------ --------- ---------------------------------------- ----------- ------------ --------- ---------
    3     DISK        AGGREGATE                                                     0            0  11-JAN-11  11-JAN-11
    3     DISK        INPUT      +DATA/orcl/datafile/example.269.740095331     524288            6  11-JAN-11  11-JAN-11
```

```
 3  DISK  INPUT      +DATA/orcl/datafile/sysaux.257.740095191     524288   6  11-JAN-11  11-JAN-11
 3  DISK  INPUT      +DATA/orcl/datafile/system.256.740095191     524288   6  11-JAN-11  11-JAN-11
 3  DISK  INPUT      +DATA/orcl/datafile/users.259.740095193      524288   6  11-JAN-11  11-JAN-11
 3  DISK  INPUT      +DATA/orcl/datafile/undotbs1.258.740095193   524288   6  11-JAN-11  11-JAN-11
 3  DISK  OUTPUT     /data/backup/rman/03m1qesi_1_1              1048576   4  11-JAN-11  11-JAN-11
 4  DISK  AGGREGATE                                                    0   0  11-JAN-11  11-JAN-11
 4  DISK  INPUT      /data/oracle/product/11g/db/dbs/snapcf_testdb.f 1048576  16  11-JAN-11  11-JAN-11
 4  DISK  OUTPUT     /data/backup/rman/04m1qev0_1_1              1048576   4  11-JAN-11  11-JAN-11
 5  DISK  AGGREGATE                                                    0   0  11-JAN-11  11-JAN-11
 5  DISK  INPUT      +DATA/orcl/datafile/system.256.740095191     524288   6  11-JAN-11  11-JAN-11
 5  DISK  INPUT      +DATA/orcl/datafile/users.259.740095193      524288   6  11-JAN-11  11-JAN-11
 5  DISK  INPUT      +DATA/orcl/datafile/undotbs1.258.740095193   524288   6  11-JAN-11  11-JAN-11
( 이하 중략 )
```

(2) Output Buffer

Output Buffer는 백업 셋에 내려 쓰이기 전에 사용되는 버퍼입니다. 이 Output Buffer는 출력 장치가 무엇이냐에 따라 작동 방식이 달라집니다. 출력 장치가 디스크일 경우에는 Channel당 4개의 버퍼가 할당되며 각 버퍼의 크기는 1m입니다. 출력 장치가 테이프일 경우에는 테이프 디바이스의 속도에 따라 달라지게 됩니다. 테이프로부터 데이터를 복원할 경우에는 Channel당 4개의 버퍼를 할당하게 되며 각 버퍼의 크기는 256kb입니다.

4. RMAN Packages

RMAN은 백업작업과 Channel을 관리하기 위해서 sys 스키마 소유의 두 개의 패키지를 사용하게 됩니다.

(1) SYS. DBMS_RCVMAN

이 패키지는 백업과 복구 작업을 수행하기 위해서 Control file에 접근해서 관련 정보를 RMAN에게 전달해 주기 위해서 사용되는 패키지입니다. 이 패키지를 통해 Control file안의 시간정보와 체크포인트 정보를 확인하게 됩니다. 그리고 파일의 위치와 파일의 크기 등을 확인합니다.

여기서 확인한 정보들을 가지고 RMAN은 작업의 부하와 스케줄 등을 Channel 별로 조정하게 되는 것입니다.

(2) SYS. DBMS_BACKUP_RESTORE

이 패키지는 Control file에 접근해서 필요한 모든 정보들을 검증하는 역할을 합니다. 그 후에 검증된 정보를 RMAN Server Process에게 넘겨주면 RMAN Server Process는 recover.bsq를 기반으로 해서 백업과 복구에 필요한 PL/SQL block을 생성하게 됩니다.

이렇게 생성된 PL/SQL block이 우리가 사용하게 되는 DBMS_ BACKUP_RESTORE 패키지가 되는 것입니다. DBMS_BACKUP_RESTORE 패키지가 실제 Data file, Archive log file, Control file을 백업을 수행하는 실제 패키지입니다.

정리를 하면 RMAN은 DBMS_RCVMAN 에서 받은 정보를 가지고 로드 밸런싱이나 Channel별 작업을 조정한 후 DBMS_BACK_RESTORE 패키지를 호출해서 실제 백업 작업을 수행하게 됩니다.

5. RMAN 작동 원리 설명

SID가 testdb이며 20개의 Data file을 가지고 있고, archive mode로 운영하는 데이터베이스를 RMAN 으로 전체 디스크 백업 한다고 가정하고 RMAN 백업 작업이 어떤 순서로 이루어 지는지 정리해보겠습니다.

(1) rman target / 로 대상 데이터베이스에 접속

이 과정에서 RMAN은 서버쪽의 SID를 체크하고 sys 사용자로 로그인하게 됩니다. 그리고 인스턴스에 접속하기 위해 Channel Server Process를 생성하게 됩니다(spawn).

Channel Server Process는 기본값은 1개 입니다. 이 Server Process의 메모리인 PGA가 할당됩니다.

(2) SYS.DBMS_RCVMAN 패키지 호출

이 과정에서 대상 데이터베이스의 버전과 전체적인 물리적 구조를 알기 위해 SYS.DBMS_RCVMAN 패키지를 호출합니다. 이 패키지는 Control file의 정보를 읽어서 데이터베이스 전체의 파일들에 관한 정보와 체크포인트 정보, 생성 시간 정보, 각 Data file의 온라인/오프라인 정보 및 위치 정보들을 모으게 됩니다.

이렇게 정보를 모은 후 본격적인 백업작업을 수행하기 전에 백업되는 동안 변경되는 정보들로부터 현재 시점의 정보를 지키기 위해 Control file을 스냅샷해서 보관하게 됩니다.

(3) DBMS_BACKUP_RESTORE 패키지 호출

이 과정에서 RMAN은 정해진 위치에 백업셋을 만들고 백업파일을 읽어 들이기 위한 입력 버퍼를 생성합니다. 20개의 파일이므로 128kb의 입력버퍼를 만들게 됩니다. 하나의 파일당 4개의 버퍼가 생성되므로 하나의 파일당 512kb의 메모리가 할당되고 파일이 총 20개이므로 총 10MB의 메모리가 사용되게 됩니다.

출력버퍼는 디스크에 백업셋을 생성했으므로 1M 버퍼 4개가 생성될 것입니다. 따라서 총 사용메모리는 14MB가 됩니다. 위 단계에서 메모리 할당 작업이 끝난 후 RMAN은 백업 셋을 초기화 합니다. 그리고 백업셋을 저장하기 위해 디스크의 백업 저장 위치에 기본값인 50MB의 공간을 우선 할당합니다.(9.2, 10.1, 10.2, 11g 버전 공통적용)

그리고 출력버퍼가 가득 차면 출력버퍼의 내용을 백업셋에 기록합니다. 만약 백업량이 많아서 디스크에 할당한 50M를 다 사용하게 되면 추가로 50MB를 더 확보하게 되고 백업이 끝나게 되면 추가로 확보된 50MB 중 남은 공간은 할당 해제가 되어 다른 용도로 사용하게 됩니다.

위에서 알 수 있는 것은 RMAN은 백업이 시작되기 전에 백업에 충분한 공간이 있는지 미리 확인하지 않고 필요할 때마다 공간을 재 할당 하는 방식입니다. 즉 이 것은 미리 검사를 하지 않기 때문에 속도는 빠르지만 백업량이 디스크 여유 공간을 초과 할 만큼 많다면 백업을 하다가 공간 부족으로 에러가 나고 백업이 실패 할 수도 있다는 점입니다.

모든 백업 파일이 백업 셋에 저장 완료되면 RMAN은 다시 DBMS_BACKUP_RESTORE 패키지를 호출해서 백업셋의 이름과 시간, 마지막 체크포인트 정보 등을 Control file에 기록합니다. 이 과정까지 끝나게 되면 백업이 완료됩니다.

6. Recovery Catalog(복구 카탈로그)란?

Recovery catalog란 RMAN 사용시에 RMAN으로 백업 복구 작업을 하고 관련 정보를 저장해 두는 저장소입니다. Recovery Catalog Server가 없을 경우 RMAN은 백업 서버의 control file에 해당 정보를 저장하게 되고 Recovery catalog Server가 있을 경우 Recovery catalog에 정보를 저장합니다. Recovery Catalog에 저장되는 정보는 다음과 같습니다.

1. Data file 및 아카이브 리두 로그 파일의 백업 셋과 copy된 이미지에 대한 정보
2. 백업 대상서버의 물리적인 구조
3. 자주 사용하는 백업스크립트(Recovery Catalog Server를 사용할 경우만 해당)

- Catalog Server 사용시 접속 방법: rman target / catalog rcuser/rcuser@rcserver
- Catalog Server 사용 안 할 경우 접속 방법: rman target /

Oracle 10g의 경우 윈도계열에서는 문제없지만 유닉스 계열에서는 RMAN을 실행시키면 에러가 나고 실행이 안 되는 경우가 있습니다.

그 이유는 원래 실행되는 RMAN 실행화일은 $ORACLE_HOME/bin/rman인데 리눅스의 경우 oracle을 설치한 후 RMAN 파일을 조회해 보면 다른 경로를 보는 경우가 있습니다. 아래의 예처럼 조치하시면 잘 됩니다.

```
[oracle@rcclient ~]$ which  rman
[oracle@rcclient ~]$ su -   ← root 계정으로 변신
Password:                   ← root 암호 입력하세요
[root@rcclient ~]# cp /app/oracle/product/11g/bin/rman   /usr/X11R6/bin/
cp: overwrite `/usr/X11R6/bin/rman'? y
[root@rcclient ~]# exit
logout
[oracle@rcclient ~]$ rman target /
Recovery Manager: Release 11.2.0.1.0 - Production on Wed Apr 21 16:38:15 2010
Copyright (c) 1982, 2007, Oracle.  All rights reserved.
connected to target database: TESTDB (DBID=2499898020)
RMAN>
```

7. RMAN 백업 종류

(1) backupset으로 백업 수행(default)

Backupset이란 RMAN이 백업파일을 만들 때 RMAN만이 알 수 있는 형태로 백업파일을 생성하는데 이것을 backupset이라고 하며 기본값입니다. 이 방법으로 백업을 수행해야 RMAN 백업의 장점들을 모두 사용할 수 있습니다. 앞의 예에서 백업을 받을 때 사용했던 방법들이 모두 Backupset으로 백업을 한 경우였습니

다. Backup set과 함께 나오는 용어 중에 backup piece라는 용어도 있습니다.

Backup piece란 backupset의 크기가 너무 클 경우 분할해서 여러 개의 파일로 나누어서 백업 받을 수 있는데 분할되는 하나의 백업 파일을 backup piece 라고 부릅니다.

(2) Image copy로 백업 수행

Image copy란 OS 명령어로 Begin backup하는 것과 가장 유사한 방법입니다. 이 방법을 사용할 경우 RMAN 백업의 장점인 사용중인 블록만 백업 받는다거나 증분 백업 받는 기능 등 좋은 장점을 사용할 수 없습니다.

```
RMAN> copy
2> datafile '/app/oracle/oradata/testdb/users01.dbf'
3> to '/data/backup/rman/users01.dbf';

Starting backup at 20-APR-10
using channel ORA_DISK_1
using channel ORA_DISK_2
channel ORA_DISK_1: starting datafile copy
input datafile fno=00004 name=/app/oracle/oradata/testdb/users01.dbf
output filename=/data/backup/rman/users01.dbf tag=TAG20100420T035743
recid=5
stamp=716788664
channel ORA_DISK_1: datafile copy complete, elapsed time: 00:00:01
Finished backup at 20-APR-10
Starting Control File Autobackup at 20-APR-10
piece handle=/data/backup/rman/cf_c-2499898020-20100420-06 comment=NONE
Finished Control File Autobackup at 20-APR-10
```

주) 이 책에서 RMAN 실습은 Archive log mode일 경우라고 가정하고 진행한 것입니다. 혹시 독자의 DB가 Archive log mode가 아닐 경우 Archive log mode로 변경한 후 이후의 실습을 진행해야 합니다. Archive log mode에 대한 자세한 내용은 저자의 ≪정석! 오라클 백업과 복구 1≫을 참고하세요.

8. 백업 및 복구를 위한 Channel 할당하기

RMAN에서 Channel이란 쉽게 말하면 백업과 복구를 하는 경로를 의미합니다. 백업을 수행하기 전에 Channel을 할당 해 줘야 RMAN이 백업 / 복구를 수행할 수 있습니다. 복구를 할 때는 Channel을 할당하지 않아도 되지만 백업을 할 경우는 반드시 Channel을 할당해 주어야 합니다. Channel을 할당하는 방법은 자동 Channel 설정과 수동 Channel 설정이 있습니다.

(1) 자동 Channel 할당하기

자동 Channel이란 백업을 수행할 때 별도의 경로를 주지 않아도 정해진 위치로 백업을 받는 것을 말하며 DEFAULT CHANNEL이라고도 합니다.

아래와 같이 설정합니다.

```
[oracle@rcclient ~]$ rman target /
Recovery Manager: Release 11.2.0.1.0 - Production on Tue Apr 20 01:58:51 2010
Copyright (c) 1982, 2007, Oracle.  All rights reserved.

connected to target database: TESTDB (DBID=2499898020)
connected to recovery catalog database

RMAN> configure default device type to disk;  ← 자동Channel을 설정하는 명령어입니다.

new RMAN configuration parameters:
CONFIGURE DEFAULT DEVICE TYPE TO DISK;
new RMAN configuration parameters are successfully stored
starting full resync of recovery catalog
full resync complete
```

이렇게 설정하면 default device가 파라미터 파일의 db_recovery_file_dest 파라미터의 경로로 설정이 됩니다.

특정한 경로를 default device로 설정해 보겠습니다.

```
[oracle@rcclient ~]$ mkdir /data/backup/rman
[oracle@rcclient ~]$ rman target /

Recovery Manager: Release 11.2.0.1.0 - Production on Tue Apr 20 02:01:44 2010
Copyright (c) 1982, 2007, Oracle.  All rights reserved.

connected to target database: TESTDB (DBID=2499898020)
connected to recovery catalog database

RMAN> configure channel device type disk
2> format '/data/backup/rman/%U_%T';  ← 이 경로를 default device로 설정했습니다.
```

즉 앞으로 특별한 경로 없이 백업을 수행하면 이곳에 백업이 생성될 것입니다. %U(대문자 U)는 파일명이 중복되지 않도록 RMAN이 Unique한 번호로 파일 이름을 생성하면서 백업을 수행하라는 의미이며 %T는 백업 날짜를 표시하라는 뜻입니다.

```
new RMAN configuration parameters:
CONFIGURE CHANNEL DEVICE TYPE DISK FORMAT   '/data/backup/rman';
new RMAN configuration parameters are successfully stored
starting full resync of recovery catalog
full resync complete
```

자동 Channel이 잘 설정되었는지 테스트해보겠습니다.

```
[oracle@rcclient ~]$ ls /data/backup/rman
[oracle@rcclient ~]$   ← 현재 아무것도 없습니다.

[oracle@rcclient ~]$ rman target /

Recovery Manager: Release 11.2.0.1.0 - Production on Tue Apr 20 02:06:32 2010
Copyright (c) 1982, 2007, Oracle.  All rights reserved.

connected to target database: TESTDB (DBID=2499898020)
connected to recovery catalog database

RMAN> backup tablespace users;  ← 경로 지정 없이 백업을 수행시켰습니다.

Starting backup at 20-APR-10
```

```
allocated channel: ORA_DISK_1
channel ORA_DISK_1: sid=140 devtype=DISK
channel ORA_DISK_1: starting full datafile backupset
channel ORA_DISK_1: specifying datafile(s) in backupset
input datafile fno=00004 name=/app/oracle/oradata/testdb/users01.dbf
channel ORA_DISK_1: starting piece 1 at 20-APR-10
channel ORA_DISK_1: finished piece 1 at 20-APR-10
piece handle=/data/backup/rman/0albdf_1_1_20110216 tag=TAG20100420T020639
comment=NONE
channel ORA_DISK_1: backup set complete, elapsed time: 00:00:01
Finished backup at 20-APR-10
RMAN> exit
Recovery Manager complete.

[oracle@rcclient ~]$ ls -lSh /data/backup/rman/
합계 7.9M
-rw-r-----  1 oracle dba 7.9M  4월 20 02:06 0albiedf_1_1_20110216 ← 백업파일이
                                                                   생성됨
```

(2) 수동 Channel 할당하기

수동 Channel이란 백업을 수행할 때 백업 받을 경로를 직접 지정해 주는 것입니다. 아래 방법은 작업형 명령어를 사용하여 수동 Channel을 할당 하는 방법입니다.

```
RMAN> run {
2> allocate channel c1 type disk
3> format '/data/backup/close/%U_%T';
4> backup tablespace example;
5> }

allocated channel: c1
channel c1: sid=137 devtype=DISK
Starting backup at 20-APR-10
channel c1: starting full datafile backupset
channel c1: specifying datafile(s) in backupset
input datafile fno=00005 name=/app/oracle/oradata/testdb/example01.dbf
......
piece handle=/data/backup/close/0blbiemg_1_1 tag=TAG20100420T021128 comment=NONE
channel c1: backup set complete, elapsed time: 00:00:03
Finished backup at 20-APR-10
```

```
released channel: c1
```

또는 아래와 같이 독립형 명령어로도 가능합니다.

```
RMAN> backup tablespace users format '/data/backup/rman/%U_%T';

Starting backup at 08-FEB-11
using target database control file instead of recovery catalog
allocated channel: ORA_DISK_1
channel ORA_DISK_1: sid=159 devtype=DISK
channel ORA_DISK_1: starting full datafile backupset
channel ORA_DISK_1: specifying datafile(s) in backupset
input datafile fno=00004 name=/app/oracle/oradata/testdb/users01.dbf
channel ORA_DISK_1: starting piece 1 at 08-FEB-11
channel ORA_DISK_1: finished piece 1 at 08-FEB-11
piece handle=/data/backup/rman/1lm4432b_1_1 tag=TAG20110208T011347 comment=NONE
channel ORA_DISK_1: backup set complete, elapsed time: 00:00:01
Finished backup at 08-FEB-11
```

자동 Channel 할당 보다 수동 Channel 할당이 더 우선적으로 적용됩니다. 그리고 수동 Channel을 사용하게 되면 RMAN은 해당 경로에 받는 백업 파일을 관리하지 않습니다. 이 말의 의미는 Retention Policy 등이 설정이 되어 있더라도 format 파라미터를 사용해서 경로를 변경하게 되면 해당 정책들이 적용이 안 된다는 것을 의미합니다. FRA에 저장한다 하더라도 format 파라미터로 경로가 정해지면 관리자가 수동으로 백업파일을 관리해 주어야만 합니다.

9. RMAN으로 백업 수행하기

(1) 명령어 종류

① 독립형 명령 (stand alone)으로 백업 받기

이 명령방식은 RMAN> prompt 에 1개의 명령어만 들어가는 방식입니다. 아래의 예를 보겠습니다.

```
RMAN> backup tablespace users; ← 1개의 명령어가 수행됩니다.

Starting backup at 20-APR-10
using channel ORA_DISK_1
using channel ORA_DISK_2
channel ORA_DISK_1: starting full datafile backupset
channel ORA_DISK_1: specifying datafile(s) in backupset
input datafile fno=00004 name=/app/oracle/oradata/testdb/users01.dbf
channel ORA_DISK_1: starting piece 1 at 20-APR-10
channel ORA_DISK_1: finished piece 1 at 20-APR-10
piece handle=/data/backup/rman/0nlbij1r_1_1 tag=TAG20100420T032547
comment=NONE
channel ORA_DISK_1: backup set complete, elapsed time: 00:00:01
Finished backup at 20-APR-10
Starting Control File Autobackup at 20-APR-10
piece handle=/data/backup/rman/cf_c-2499898020-20100420-02 comment=NONE
Finished Control File Autobackup at 20-APR-10

RMAN> backup     ← 이 부분을 여러 줄로 쓴다 해도 ; 이 한 개이므로 1개의 명령입니다
2> tablespace      마치 SQL문장을 여러 줄에 써도 ; 이 한 개이면 한 개의 명령어
3> example;        인 것과 마찬가지 입니다.

Starting backup at 20-APR-10
using channel ORA_DISK_1
using channel ORA_DISK_2
channel ORA_DISK_1: specifying datafile(s) in backupset
input datafile fno=00005 name=/app/oracle/oradata/testdb/example01.dbf
channel ORA_DISK_1: starting piece 1 at 20-APR-10
channel ORA_DISK_1: finished piece 1 at 20-APR-10
piece handle=/data/backup/rman/0plbij2d_1_1 tag=TAG20100420T032605
 comment=NONE
channel ORA_DISK_1: backup set complete, elapsed time: 00:00:03
Finished backup at 20-APR-10
```

② 작업형 명령으로 백업 받기

작업형 명령어는 마치 프로그램의 스크립트처럼 여러 개의 명령어를 한꺼번에 사용할 수 있는 방법입니다.

```
RMAN> run {
2> allocate channel c1 type disk maxpiecesize 100M;
3> backup tablespace system
```

```
4> format '/data/backup/rman/%U_%T' ;
5> }

allocated channel: c1
channel c1: sid=158 devtype=DISK

Starting backup at 20-APR-10
using channel ORA_DISK_1
using channel ORA_DISK_2
channel ORA_DISK_1: starting full datafile backupset
channel ORA_DISK_1: specifying datafile(s) in backupset
input datafile fno=00001 name=/app/oracle/oradata/testdb/system01.dbf
channel ORA_DISK_1: starting piece 1 at 20-APR-10
channel ORA_DISK_1: finished piece 1 at 20-APR-10
piece handle=/data/backup/rman/0rlbijbh_1_1 tag=TAG20100420T033057
comment=NONE
channel ORA_DISK_1: backup set complete, elapsed time: 00:00:15
Finished backup at 20-APR-10
Starting Control File Autobackup at 20-APR-10
piece handle=/data/backup/rman/cf_c-2499898020-20100420-04 comment=NONE
Finished Control File Autobackup at 20-APR-10
```

위의 예처럼 작업형 명령어는 run { 수행할 명령들; } 의 형식으로 구성이 됩니다. 아래에 또 다른 유형의 작업형 명령어 예제가 있습니다.

```
RMAN> run {
2> allocate channel c1 type disk maxpiecesize 10M;
3> allocate channel c2 type disk maxpiecesize 50M;
4> backup
5> tablespace users channel c1
6> format '/data/backup/close/%U_%T'
7> tablespace example channel c2
8> format '/data/backup/rman/%U_%T';
9> }
```

위 작업형 명령은 users tablespace 와 example tablespace를 다른 Channel을 할당해서 다른 경로로 백업 받는 방법을 보여줍니다.

10. 증분 백업 (Incremental backup)

증분 백업이란 이전에 백업 받았던 백업파일과 비교해서 변경된 부분만 골라서 백업을 수행하는 것을 말합니다. 차등 증분 백업과 누적 증분 백업이 있습니다. 참고로 이 기능은 Enterprise Edition 에서만 지원됩니다. 그리고 10g 버전부터는 Block change tracking 이라는 기능이 지원이 되어 더 빠른 incremental backup이 지원됩니다.

(1) 그림으로 보는 차등 증분 백업과 누적 증분 백업

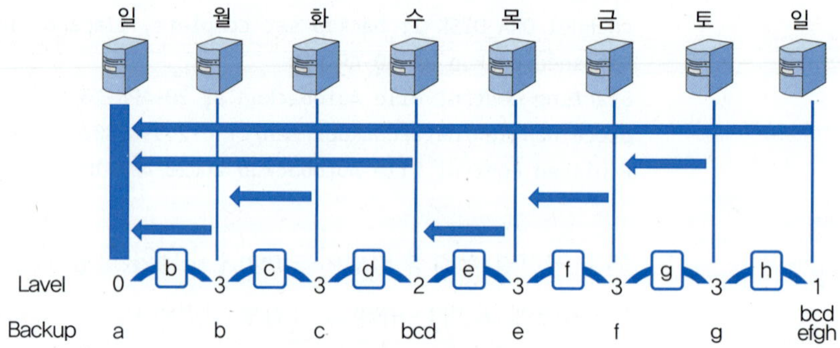

<차등 증분 백업>

차등 증분 백업은 백업 받을 때 설정했던 숫자가 자기보다 작거나 같으면 그 날짜를 기준으로 지금까지 모든 데이터를 백업을 받는 것을 말합니다.

차등 증분 백업을 수행하는 명령어 예를 보겠습니다.

```
RMAN> run {
2> allocate channel c1 type disk;
3> backup
4>     incremental level 0   ← 차등 증분 백업을 의미합니다.
5> database
6>   format '/data/backup/rman/%U_%T';
7> }
```

위 그림으로 예를 들어 설명하겠습니다.

위 그림에서 일요일에 `level 0`으로 a라는 데이터를 백업 받았고 일요일 백업을 수행 한 뒤부터 월요일까지 b라는 데이터가 추가되었다고 가정하겠습니다.

- 이때 월요일에 level 3으로 백업을 수행하면 RMAN은 복구 카탈로그의 백업 내역을 참고해서 월요일 이전에 백업한 내역 중에서 월요일에 수행한 level 3보다 숫자가 같거나 작은 날을 찾게 됩니다. 차등 증분 백업이란 백업 수행시의 숫자가 지정된 숫자보다 작거나 같은 날짜를 찾아서 그 날짜 이후로 변경된 것만 백업을 받는 원리이므로 위 그림에서 월요일 이전에 백업한 내역 중에서 월요일의 숫자인 3보다 숫자가 작거나 같은 날은 숫자가 0인 일요일이니까 월요일에는 일요일을 기준으로 일요일 백업 이후부터 월요일 사이에 변경된 b라는 데이터만 백업 받게 됩니다.
- 화요일에 level 3으로 받게 되면 화요일 이전에 백업 받았던 날짜의 level을 순서대로 찾아서 화요일의 level 3과 같거나 작은 날을 찾게 되는데 월요일도 화요일과 같은 level 3이므로 월요일과 화요일 사이에 변경된 데이터 c만 백업 받게 되는 것입니다.
- 수요일에 level 2로 백업 받게 되면 이전 날짜들의 백업을 조사해서 화요일은 3으로 수요일보다 크니까 더 이전 날짜를 찾아가고, 월요일도 3이니까 더 이전 날짜를 찾아가서 결국 level 숫자가 0 인 일요일 까지 오게 됩니다. 그리고 일요일 이후부터 수요일까지 변경된 데이터 b,c,d 모두를 백업 받게 됩니다.
- 목요일에 level 3으로 백업을 수행하면 하루 전인 수요일이 level 2이므로 수요일 이후에 변경된 e만 백업을 받게 됩니다.
- 금요일에 level 3으로 백업을 수행하면 하루 전인 목요일이 level 3이므로 목요일 이후에 변경된 f만 백업을 받게 됩니다.
- 토요일에 level 3으로 백업을 수행하면 하루 전인 금요일이 level 3이므로 금요일 이후에 변경된 g만 백업을 받게 됩니다.
- 그리고 마지막 일요일에 level 1로 백업을 수행하면 1과 같거나 작은 숫자가 있는 과거 날짜로 돌아가서 지난 주 일요일부터 지금 일요일 사이에 변경된 모든 데이터를 다 받게 되는 것입니다.

그리고 만약 목요일 백업 전에 장애가 발생했다고 가정하면 일요일 전체 백업 받은 파일 복원하고 수요일 백업 파일만 복구하면 전체 데이터를 다 복구 할 수 있습니다. 만약 수요일 백업 전에 장애가 발생했다고 하면 일요일 전체 백업파일과 월요일 백업파일과 화요일 백업파일 모두를 복구해야 데이터가 정상적으로 복구가 됩니다.

차등 증분 백업은 현재 날짜와 이전 날짜의 `level` 숫자가 작거나 또는 같으면 그 이전 날짜와 지금 날짜 사이의 변경된 모든 데이터를 백업 받았지만 누적 증분 백업은 방식은 차등 증분 백업과 동일하지만 기준되는 날짜를 찾기 위해 작은 날짜가 와야 한다는 점이 차이점 입니다.

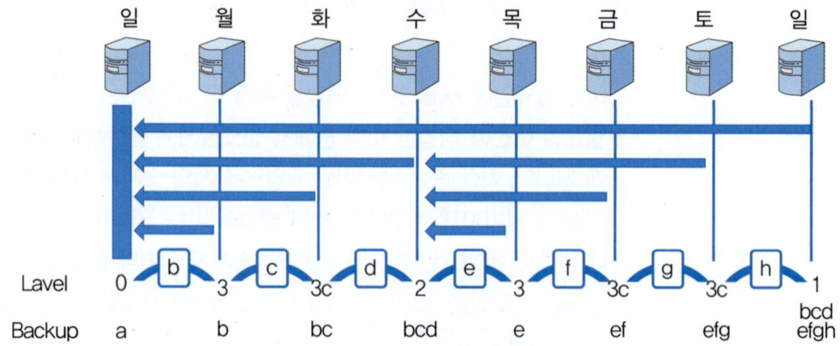

<누적 증분 백업>

```
RMAN> run {
2> allocate channel c2 type disk;
3> backup
4>     incremental level 3 cumulative  ← 누적 증분 백업 옵션입니다
5> tablespace example;
6> }
```

위 그림에서 화요일 과 금요일, 토요일에 level에 C가 붙은 것이 누적 증분 백업입니다. 나머지 내용들은 다 동일하고 화요일에 누적 증분 백업을 받는다면 화요일의 3보다 작은 숫자를 가진 날짜인 일요일 이후에 변경된 모든 내용을 백업 받아야 하기 때문에 화요일은 월, 화요일 사이에 변경된 b, c 데이터를 모두 백업 받게 됩니다. 금요일과 토요일도 동일한 내용입니다.
이 경우에 만약 수요일 백업 전에 장애가 발생했다면 일요일 전체 백업 파일과 화요일 백업 파일 하나만 복구하면 전체 데이터를 다 복구 할 수 있습니다.

실습 1. 차등 증분 백업 실습 (RMAN)

1. 일요일에 level 0으로 데이터베이스를 전체 백업 받기

```
RMAN> run {
```

```
2> allocate channel c1 type disk;
3> allocate channel c2 type disk;
4> backup
5>   incremental level 0
6> database
7>   format '/data/backup/rman/%U_%T';
8> }
allocated channel: c1
channel c1: sid=131 devtype=DISK

allocated channel: c2
channel c2: sid=128 devtype=DISK

Starting backup at 20-APR-10
using channel ORA_DISK_1
using channel ORA_DISK_2
channel ORA_DISK_1: starting incremental level 0 datafile backupset
channel ORA_DISK_1: specifying datafile(s) in backupset
input datafile fno=00003 name=/app/oracle/oradata/testdb/sysaux01.dbf
input datafile fno=00002 name=/app/oracle/oradata/testdb/undotbs01.dbf
input datafile fno=00007 name=/app/oracle/oradata/testdb/undo_fastback.dbf
input datafile fno=00005 name=/app/oracle/oradata/testdb/example01.dbf
channel ORA_DISK_1: starting piece 1 at 20-APR-10
channel ORA_DISK_2: starting incremental level 0 datafile backupset
channel ORA_DISK_2: specifying datafile(s) in backupset
input datafile fno=00001 name=/app/oracle/oradata/testdb/system01.dbf
input datafile fno=00004 name=/app/oracle/oradata/testdb/users01.dbf
input datafile fno=00006 name=/app/oracle/oradata/testdb/test01.dbf
channel ORA_DISK_2: starting piece 1 at 20-APR-10
channel ORA_DISK_1: finished piece 1 at 20-APR-10
piece handle=/data/backup/rman/15lbios2_1_1 tag=TAG20100420T050505
comment=NONE
channel ORA_DISK_1: backup set complete, elapsed time: 00:00:45
channel ORA_DISK_2: finished piece 1 at 20-APR-10
piece handle=/data/backup/rman/16lbios2_1_1 tag=TAG20100420T050505
comment=NONE
channel ORA_DISK_2: backup set complete, elapsed time: 00:00:45
Finished backup at 20-APR-10
```

2. 월요일에 level 3으로 users tablespace만 차등 증분 백업 받기

```
RMAN> run {
2> allocate channel c1 type disk;
3> backup
4>    incremental level 3
5> tablespace users;
6> }
```

```
allocated channel: c1
channel c1: sid=127 devtype=DISK

Starting backup at 20-APR-10
using channel ORA_DISK_1
using channel ORA_DISK_2
channel ORA_DISK_1: starting incremental level 3 datafile backupset
channel ORA_DISK_1: specifying datafile(s) in backupset
input datafile fno=00004 name=/app/oracle/oradata/testdb/users01.dbf
channel ORA_DISK_1: starting piece 1 at 20-APR-10
channel ORA_DISK_1: finished piece 1 at 20-APR-10
piece handle=/data/backup/rman/02o1tanv_1_1_20130213 tag=TAG20130213T223023
comment=NONE
channel ORA_DISK_1: backup set complete, elapsed time: 00:00:02
Finished backup at 20-APR-10
```

실습 2. 수요일에 level 3으로 누적 증분 백업 받기

RMAN

```
RMAN> run {
 2> allocate channel c2 type disk;
 3> backup
 4>   incremental level 3 cumulative
 5> tablespace example;
 6> }

 allocated channel: c2
 channel c2: sid=124 devtype=DISK
 Starting backup at 20-APR-10
 using channel ORA_DISK_1
 using channel ORA_DISK_2
 channel ORA_DISK_1: starting incremental level 3 datafile backupset
 channel ORA_DISK_1: specifying datafile(s) in backupset
 input datafile fno=00005 name=/app/oracle/oradata/testdb/example01.dbf
 channel ORA_DISK_1: starting piece 1 at 20-APR-10
 channel ORA_DISK_1: finished piece 1 at 20-APR-10
 piece handle=/data/backup/rman/03o9bgnv_1_120130213 tag=TAG20130213T223023
 comment=NONE
 channel ORA_DISK_1: backup set complete, elapsed time: 00:00:03
 Finished backup at 20-APR-10
```

(2) Block change tracking 기능 활성화 후 증분 백업 수행

Block change tracking 기능이란 데이터 블록들의 변경된 블록만 추적하는 기능을 의미합니다. 블록들의 변경사항은 특정 파일에 저장되어 관리됩니다. 이 기능은 oracle 11g Enterprise Edition에서부터 지원됩니다. 그런데 이 기능을 사용할 경우 여러 블록의 데이터가 변경될 경우 그 내역을 모두 기록을 하는 추가 작업이 생기므로 전체적인 성능이 저하될 수 있으므로 사용하기 전에 충분한 테스트가 필요하오니 실제 적용은 주의해야 합니다.

```
[oracle@rcclient rman]$ sqlplus / as sysdba;

SQL*Plus: Release 11.2.0.1.0 - Production on Tue Apr 20 05:27:18 2010
Copyright (c) 1982, 2007, Oracle.  All Rights Reserved.
Connected to:
Oracle Database 11g Enterprise Edition Release 11.2.0.1.0 - Production
With the Partitioning, OLAP, Data Mining and Real Application Testing options

SQL> alter database enable block change tracking
2  using file '/data/backup/rman/block_tracking.txt';

 Database altered.

 SQL> !
 [oracle@rcclient rman]$ pwd
 /data/backup/rman
 [oracle@rcclient rman]$ ls -lSh *.txt
 -rw-r-----  1 oracle dba 12M  4월 20 05:31 block_tracking.txt
 [oracle@rcclient rman]$ vi block_tracking.txt
^@"^@^@^@^@Àÿ^@^@^@^@^@^@^@^@æ^@^@^@^@^B^@^@<80>X^@^@}|{z  <81>^@^@^@^@^@^@
^@^@^@^@^@^@^@^@^@^@^@^@^@^@^@^@^@^@^@^@^@^@^@^@^@^@^@^@^@^@^@^@^@^@^@^@^@
^@^@^@^@^@^@^@^@^@^@^@^@^@^@^@^@^@^@^@^@^@^@^@^@^@^@^@^@^@^@^@^@^@^@^@^@@^
@^@^@^@^@^@^@^@^@^@^@^@^@^@^@^@^@^@^@^@^@^@^@^@^@^@^@^@^@^@^@^@^@^@^@^@^@^
@^@^@^@^@^@^@^@^@^@^@^@^@^@^@^@^@^@^@^@^@^@^@^@^@^@^@^@^@^@^@^@^@^@^@^@^@^
@^@^@^@^@.....
```

이 파일의 내용을 확인해 보니까 바이너리 파일이라는 것을 알 수 있습니다.

이 기능을 비활성화 하려면 **SQL> alter database disable block change tracking ;** 하시면 됩니다.

Block change tracking 기능을 확인하려면 control file을 조회하시면 됩니다.

```
SQL> set line 200
SQL> col status for a10
SQL> col filename for a50
SQL> col MB for 999999
```

```
SQL> select status , filename , bytes/1024/1024 MB
2  from v$block_change_tracking;

STATUS     FILENAME                                         MB
--------- --------------------------------------------- -------
ENABLED    /data/backup/rman/block_tracking.txt             11
```

실제 RMAN이 이 기능을 사용했는지 여부를 조회해 보겠습니다.

v$backup_datafile을 보면 used_change_tracking 컬럼이 있는데 그 값을 조회하면 됩니다.

```
SQL> select file#,
2  avg(datafile_blocks) "blocks",
3  avg(blocks_read) "reads",
4  round(avg(blocks_read/datafile_blocks) * 100,3)|| '%'  as "Read for Backup"
5  from v$backup_datafile
6  where incremental_level > 0
7  and used_change_tracking = 'YES'
8  group by file#
9  order by file# ;

no rows selected  ← 아직 사용하지 않았다는 의미입니다.

SQL> save bt.sql
```

다시 백업을 하고 조회해 보겠습니다.

```
[oracle@rcclient rman]$ rman target /
recovery Manager: Release 11.2.0.1.0 - Production on Tue Apr 20 05:44:34 2010
Copyright (c) 1982, 2007, Oracle.  All rights reserved.

connected to target database: TESTDB (DBID=2499898020)
connected to recovery catalog database

RMAN> run {
2> allocate channel c1 type disk format '/data/backup/rman/%U_%T';
3> backup
4>   incremental level 3
5> tablespace users;
6> }

using target database control file instead of recovery catalog
allocated channel: c1
```

```
channel c1: sid=140 devtype=DISK

Starting backup at 2011-02-16:06:15:5
channel c1: starting incremental level 3 datafile backupset
channel c1: specifying datafile(s) in backupset
input datafile fno=00004 name=/app/oracle/oradata/testdb/users01.dbf
channel c1: starting piece 1 at 2011-02-16:06:15:52
channel c1: finished piece 1 at 2011-02-16:06:15:53
piece handle=/data/backup/rman/1rm4pnoq_1_1_20110216 tag=TAG20110216T061552
comment=NONE
channel c1: backup set complete, elapsed time: -01:59:59
Finished backup at 2011-02-16:06:15:53

RMAN> exit
Recovery Manager complete.

[oracle@rcclient rman]$ sqlplus / as sysdba;

SQL*Plus: Release 11.2.0.1.0 - Production on Tue Apr 20 05:46:06 2010

Copyright (c) 1982, 2007, Oracle.  All Rights Reserved.
Connected to:
Oracle Database 11g Enterprise Edition Release 11.2.0.1.0 - Production
ith the Partitioning, OLAP, Data Mining and Real Application Testing options

SQL> @bt.sql

FILE#     blocks     reads      Read for Backup
--------- ---------- ---------- --------------------------
  4       1440         1        .069%
```

위 내용은 Data file 4번에 총 1440개의 블록이 있는데 그 중에서 1개를 block tracking을 사용했다는 의미입니다. 이 기능을 사용하면 incremental backup이 더 빨리 수행 될 수 있습니다.

11. 압축하면서 백업 수행하기 (10g, 11g 공통)

Oracle 11g RMAN부터 백업을 수행할 때 압축을 할 수 있습니다. RMAN에서 지원하는 압축은 기본값은 BZip2이고 ZLIB는 옵션으로 선택할 수 있습니다.

BZip2 방법은 압축 효율은 가장 좋지만 CPU 부하가 많이 걸릴수 있고 속도도 느립니다. 그래서 11g R1부터는 Zlib 압축이 추가가 되었는데 CPU 부하는 적고 속도는 빠르지만 압축 효율이 Bzip2에 비해 상대적으로 좋지 못합니다. 그리고 ZLIB를 사용하려면 11g 버전부터 Advanced Compression Option 이 설치되어야 합니다.

아래 실습으로 어떻게 백업할 때 압축 하는지와 압축전과 압축 후의 용량차이를 비교해 보도록 하겠습니다. 여기서는 RMAN의 기본압축인 BZip2 방식을 이용하여 압축하겠습니다.

(1) 압축하지 않고 기본 모드로 전체 Data file 백업 수행

```
RMAN> backup database format '/data/backup/rman/%U_%T';

Starting backup at 07-APR-11
using target database control file instead of recovery catalog
allocated channel: ORA_DISK_1
channel ORA_DISK_1: SID=33 device type=DISK
channel ORA_DISK_1: starting full datafile backup set
channel ORA_DISK_1: specifying datafile(s) in backup set
input datafile file number=00001 name=/app/oracle/oradata/testdb/system01.dbf
input datafile file number=00002 name=/app/oracle/oradata/testdb/sysaux01.dbf
input datafile file number=00005 name=/app/oracle/oradata/testdb/example01.dbf
input datafile file number=00003 name=/app/oracle/oradata/testdb/undotbs01.dbf
input datafile file number=00004 name=/app/oracle/oradata/testdb/users01.dbf
channel ORA_DISK_1: starting piece 1 at 07-APR-11
channel ORA_DISK_1: finished piece 1 at 07-APR-11
piece handle=/data/backup/rman/03m96ag8_1_1_20110407 tag=TAG20110407T135416
comment=NONE
channel ORA_DISK_1: backup set complete, elapsed time: 00:01:36
channel ORA_DISK_1: starting full datafile backup set
channel ORA_DISK_1: specifying datafile(s) in backup set
including current control file in backup set
including current SPFILE in backup set
channel ORA_DISK_1: starting piece 1 at 07-APR-11
channel ORA_DISK_1: finished piece 1 at 07-APR-11
piece handle=/data/backup/rman/04m96aj9_1_1_20110407 tag=TAG20110407T135416
comment=NONE
channel ORA_DISK_1: backup set complete, elapsed time: 00:00:01
Finished backup at 07-APR-11
```

```
RMAN> exit

Recovery Manager complete.

 [oracle@localhost ~]$ ls -lSh /data/backup/rman
합계 1.1G
-rw-r----- 1 oracle oinstall 1.1G  4월  7 13:55  03m96ag8_1_1_20110407
                                                              ← 전체 백업
-rw-r----- 1 oracle oinstall 9.4M  4월  7 13:55  04m96aj9_1_1_20110407
                                                      ← control file 백업
```

(2) 압축하면서 전체 Data file 백업 수행

```
RMAN> backup as compressed backupset database
2> format '/data/backup/rman/%U_%T';

Starting backup at 07-APR-11
using target database control file instead of recovery catalog
allocated channel: ORA_DISK_1
channel ORA_DISK_1: SID=38 device type=DISK
channel ORA_DISK_1: starting compressed full datafile backup set
channel ORA_DISK_1: specifying datafile(s) in backup set
input datafile file number=00001 name=/app/oracle/oradata/testdb/system01.dbf
input datafile file number=00002 name=/app/oracle/oradata/testdb/sysaux01.dbf
input datafile file number=00005 name=/app/oracle/oradata/testdb/example01.dbf
input datafile file number=00003 name=/app/oracle/oradata/testdb/undotbs01.dbf
input datafile file number=00004 name=/app/oracle/oradata/testdb/users01.dbf
channel ORA_DISK_1: starting piece 1 at 07-APR-11
channel ORA_DISK_1: finished piece 1 at 07-APR-11
piece handle=/data/backup/rman/07m96b90_1_1 tag=TAG20110407T140728
comment=NONE
channel ORA_DISK_1: backup set complete, elapsed time: 00:01:45
channel ORA_DISK_1: starting compressed full datafile backup set
channel ORA_DISK_1: specifying datafile(s) in backup set
including current control file in backup set
including current SPFILE in backup set
channel ORA_DISK_1: starting piece 1 at 07-APR-11
channel ORA_DISK_1: finished piece 1 at 07-APR-11
piece handle=/data/backup/rman/08m96bcb_1_1 tag=TAG20110407T140728
comment=NONE
channel ORA_DISK_1: backup set complete, elapsed time: 00:00:01
Finished backup at 07-APR-11
```

```
RMAN> exit

Recovery Manager complete.
[oracle@localhost ~]$
[oracle@localhost ~]$ ls -lSh /data/backup/rman
합계 1.4G
-rw-r----- 1 oracle oinstall 1.1G  4월  7 13:55 03m96ag8_1_1_20110407 ← 압축 안 된 백업 셋
-rw-r----- 1 oracle oinstall 278M  4월  7 14:09 07m96b90_1_1_20110407 ← 압축 된 백업 셋
-rw-r----- 1 oracle oinstall 9.4M  4월  7 13:55 04m96aj9_1_1_20110407 ← 압축 안 된 백업 셋
-rw-r----- 1 oracle oinstall 1.1M  4월  7 14:09 08m96bcb_1_1_20110407 ← 압축 된 백업 셋
```

위에서 보는 바와 같이 압축을 하기 전 전체 데이터베이스 백업셋 크기는 약 1.1G 정도였지만 압축을 한 후 용량을 보면 278MB로 줄어 있음을 알 수 있습니다.

(3) 압축하면서 전체 Archive log file 파일 백업

```
RMAN> backup as compressed backupset archivelog all
2> format '/data/backup/rman/%U_%T';

Starting backup at 07-APR-11
current log archived
using channel ORA_DISK_1
channel ORA_DISK_1: starting compressed archived log backup set
channel ORA_DISK_1: specifying archived log(s) in backup set
input archived log thread=1 sequence=6 RECID=1 STAMP=747843674
input archived log thread=1 sequence=7 RECID=2 STAMP=747843713
channel ORA_DISK_1: starting piece 1 at 07-APR-11
channel ORA_DISK_1: finished piece 1 at 07-APR-11
piece handle=/data/backup/rman/0am96c41_1_1_20110407 tag=TAG20110407T142153
comment=NONE
channel ORA_DISK_1: backup set complete, elapsed time: 00:00:01
Finished backup at 07-APR-11
```

위 방법으로 archived redo log file도 한꺼번에 압축해서 백업을 받을 수 있습니다.

12. MultiSection Backup(11g New Feature)

우리는 앞에서 여러 개의 파일을 백업할 경우 Channel별로 설정해서 백업 받는 방법을 살펴 보았습니다. 그러나 만약 한 개의 파일이 아주 크다면 이것은 Channel별로 분할해서 받을 수 없습니다. 그래서 등장한 기능이 MultiSection Backup 기능입니다. 즉 하나의 큰 파일을 여러 개의 프로세스가 동시에 백업을 받을 수 있는 아주 유용한 기능입니다.

아래의 실습으로 익히도록 하겠습니다.

```
RMAN> report schema;

Report of database schema for database with db_unique_name TESTDB

List of Permanent Datafiles
===========================
File Size(MB) Tablespace    RB segs Datafile Name
---- -------- ------------ ------- ----------------------------------------
1    700      SYSTEM        ***    /app/oracle/oradata/testdb/system01.dbf
2    520      SYSAUX        ***    /app/oracle/oradata/testdb/sysaux01.dbf
3    90       UNDOTBS1      ***    /app/oracle/oradata/testdb/undotbs01.dbf
4    5        USERS         ***    /app/oracle/oradata/testdb/users01.dbf
5    345      EXAMPLE       ***    /app/oracle/oradata/testdb/example01.dbf

List of Temporary Files
=======================
File Size(MB) Tablespace   Maxsize(MB)  Tempfile Name
---- -------- ----------- ------------ --------------------------------
1    29       TEMP              32767   /app/oracle/oradata/testdb/temp01.dbf
```

위에서 확인되는 테이블 스페이스 중 system tablespace를 multisection 으로 백업을 수행하겠습니다.

```
[oracle@localhost ~]$ rman target /

Recovery Manager: Release 11.2.0.2.0 - Production on Tue Apr 12 08:51:12 2011
```

```
Copyright (c) 1982, 2009, Oracle and/or its affiliates.  All rights reserved.

connected to target database: TESTDB (DBID=2531124449)
RMAN> backup as compressed backupset
2> section size 100m
3> format '/data/backup/rman/%U_%T'
4> datafile 1;

Starting backup at 12-APR-11
using target database control file instead of recovery catalog
allocated channel: ORA_DISK_1
channel ORA_DISK_1: SID=70 device type=DISK
channel ORA_DISK_1: starting compressed full datafile backup set
channel ORA_DISK_1: specifying datafile(s) in backup set
input datafile file number=00001 name=/app/oracle/oradata/testdb/system01.
dbf
backing up blocks 1 through 12800
channel ORA_DISK_1: starting piece 1 at 12-APR-11
channel ORA_DISK_1: finished piece 1 at 12-APR-11
piece handle=/data/backup/rman/0jm9ium8_1_1_20110412 tag=TAG20110412T085224
comment=NONE
channel ORA_DISK_1: backup set complete, elapsed time: 00:00:07
channel ORA_DISK_1: starting compressed full datafile backup set
channel ORA_DISK_1: specifying datafile(s) in backup set
input datafile file number=00001 name=/app/oracle/oradata/testdb/system01.dbf
backing up blocks 12801 through 25600
channel ORA_DISK_1: starting piece 2 at 12-APR-11
channel ORA_DISK_1: finished piece 2 at 12-APR-11
piece handle=/data/backup/rman/0jm9ium8_2_1_20110412 tag=TAG20110412T085224
comment=NONE
channel ORA_DISK_1: backup set complete, elapsed time: 00:00:07
channel ORA_DISK_1: starting compressed full datafile backup set
channel ORA_DISK_1: specifying datafile(s) in backup set
input datafile file number=00001 name=/app/oracle/oradata/testdb/system01.dbf
backing up blocks 25601 through 38400
channel ORA_DISK_1: starting piece 3 at 12-APR-11
channel ORA_DISK_1: finished piece 3 at 12-APR-11
piece handle=/data/backup/rman/0jm9ium8_3_1_20110412 tag=TAG20110412T085224
comment=NONE
channel ORA_DISK_1: backup set complete, elapsed time: 00:00:15
channel ORA_DISK_1: starting compressed full datafile backup set
channel ORA_DISK_1: specifying datafile(s) in backup set
input datafile file number=00001 name=/app/oracle/oradata/testdb/system01.dbf
```

```
backing up blocks 38401 through 51200
channel ORA_DISK_1: starting piece 4 at 12-APR-11
channel ORA_DISK_1: finished piece 4 at 12-APR-11
piece handle=/data/backup/rman/0jm9ium8_4_1_20110412 tag=TAG20110412T085224
comment=NONE
channel ORA_DISK_1: backup set complete, elapsed time: 00:00:15
Channel ORA_DISK_1: specifying datafile(s) in backup set
input datafile file number=00001 name=/app/oracle/oradata/testdb/system01.dbf
backing up blocks 51201 through 64000
channel ORA_DISK_1: starting piece 5 at 12-APR-11
channel ORA_DISK_1: finished piece 5 at 12-APR-11
…..
input datafile file number=00001 name=/app/oracle/oradata/testdb/system01.dbf
backing up blocks 64001 through 76800
channel ORA_DISK_1: starting piece 6 at 12-APR-11
channel ORA_DISK_1: finished piece 6 at 12-APR-11
piece handle=/data/backup/rman/0jm9ium8_6_1_20110412 tag=TAG20110412T085224
comment=NONE
channel ORA_DISK_1: backup set complete, elapsed time: 00:00:07
channel ORA_DISK_1: starting compressed full datafile backup set
channel ORA_DISK_1: specifying datafile(s) in backup set
input datafile file number=00001 name=/app/oracle/oradata/testdb/system01.dbf
backing up blocks 76801 through 89600
channel ORA_DISK_1: starting piece 7 at 12-APR-11
channel ORA_DISK_1: finished piece 7 at 12-APR-11
piece handle=/data/backup/rman/0jm9ium8_7_1_20110412 tag=TAG20110412T085224
comment=NONE
channel ORA_DISK_1: backup set complete, elapsed time: 00:00:07
channel ORA_DISK_1: starting compressed full datafile backup set
channel ORA_DISK_1: specifying datafile(s) in backup set
including current control file in backup set
including current SPFILE in backup set
channel ORA_DISK_1: starting piece 1 at 12-APR-11
channel ORA_DISK_1: finished piece 1 at 12-APR-11
piece handle=/data/backup/rman/0qm9iuoa_1_1_20110412 tag=TAG20110412T085224
comment=NONE
channel ORA_DISK_1: backup set complete, elapsed time: 00:00:02
Finished backup at 12-APR-11
```

13. RMAN 백업 작업 진행사항 확인하기

RMAN 작업을 하다보면 얼마나 진행되었고 얼마나 남았는지 궁금할 경우가 있습니다. 이럴 때는 아래의 방법으로 조회하시면 결과를 아실 수 있습니다.

```
SQL> SELECT SID, SERIAL#, CONTEXT, SOFAR, TOTALWORK,
  2  ROUND(SOFAR/TOTALWORK*100,2) "%_COMPLETE"
  3  FROM V$SESSION_LONGOPS
  4  WHERE OPNAME LIKE 'RMAN%'
  5  AND OPNAME NOT LIKE '%aggregate%'
  6  AND TOTALWORK != 0
  7  AND SOFAR <> TOTALWORK ;

   SID    SERIAL#  CONTEXT      SOFAR  TOTALWORK %_COMPLETE
------- --------- ---------- ------- ---------- ------------
    15      18683        1     64890     202640    32.02

..................

SQL> /

no rows selected  ← 작업이 완료되면 이렇게 나옵니다.
```

이상으로 RMAN으로 백업을 하는 다양한 방법들과 백업관련 사항을 살펴보았습니다.

RMAN을 활용한 백업 연습 문제
(백업경로는 /data/backup/rman/입니다)

연습문제 1

전체 데이터베이스를 백업 받으세요.(독립형, 작업형 각각 수행하세요)

연습문제 2

Channel 3개를 할당해서 Example, users, system, control file만 백업 받

으세요.

연습문제 3

Data file로 백업 받으세요.(tablespace 이름이 아닌 Data file명으로)

연습문제 4

현재 Control file만 백업 받으세요.

연습문제 5

아래의 조건으로 RMAN 백업 받으세요

* RMAN 을 사용하여 sysaux, example ,system 테이블 스페이스를 한번에 백업하세요.
* 백업 경로는 sysaux -> /data/backup/open/
example -> /data/backup/rman/
system -> /data/backup/close/
* 작업형 명령어로 한번에 백업하세요.
* Channel은 3개로 병렬작업 하세요. (Channel 이름은 각자 알아서 정하세요)
* 각 Channel은 백업 파일 하나의 크기가 최대 10M를 넘지 않도록 설정하세요

뒷장에 정답이 있습니다. 그러나 정답을 보지 마시고 꼭 혼자 힘으로 풀어 보세요~

< RMAN 백업 받기 연습문제 정답 >

```
1. RMAN> run {
    2> allocate channel c1 device type disk
    3> format  '/data/backup/rman/%U_%T';
    4> backup database;
    5> }

2. RMAN> run {
    2> allocate channel c1 device type disk;
    3> allocate channel c2 device type disk;
    4> allocate channel c3 device type disk;
    5> backup
    6> tablespace example , users, system
    7> include current controlfile;
    8> }

3. RMAN> report schema ;

      Report of database schema

        List of Permanent Datafiles
        ===========================
        File  Size(MB)  Tablespace      RB segs  Datafile Name
        ---- -------- --------------- -------- ------------------------------------------
        1    500       SYSTEM          YES      /app/oracle/oradata/testdb/system01.dbf
        2    40        UNDOTBS1        YES      /app/oracle/oradata/testdb/undotbs01.dbf
        3    480       SYSAUX           NO      /app/oracle/oradata/testdb/sysaux01.dbf
        4    11        USERS            NO      /app/oracle/oradata/testdb/users01.dbf
        5    100       EXAMPLE          NO      /app/oracle/oradata/testdb/example01.dbf
        6    10        TEST01           NO      /app/oracle/oradata/testdb/test01.dbf
        7    0         UNDO_FASTBACK   YES      /app/oracle/oradata/testdb/undo_fastback.dbf

        List of Temporary Files
        =======================
        File Size(MB)  Tablespace     Maxsize(MB)    Tempfile Name
        ---- -------- -------------- ------------  ----------------------------------------
        1    20        TEMP           32767         /app/oracle/oradata/testdb/temp01.dbf

        RMAN> run {
        2> allocate channel c1 type disk;
        3> backup datafile 1,2,3,4,5,6,7;
```

```
        4> }
4.  RMAN> run {
2> allocate channel c1 type disk;
3> backup current controlfile;
4> }

5. RMAN> run {
2> allocate channel c1 type disk maxpiecesize 10M ;
3> allocate channel c2 type disk maxpiecesize 10M ;
4> allocate channel c3 type disk maxpiecesize 10M ;
5> backup
6>  tablespace example channel c1
7>     format '/data/backup/rman/%U_%T'
8>  tablespace system channel c2
9>     format '/data/backup/close/%U_%T'
10> tablespace sysaux channel c3
11>    format '/data/backup/open/%U_%T' ;
12> }
```

14. RMAN으로 복구하기

RMAN 복구 방법 역시 전통적인 방법과 동일하게 Restore와 Recovery라는 개념으로 나뉘게 됩니다. Restore는 백업 파일로부터의 복원이고 Recovery는 Redo log / archive log를 적용시켜 복구 하는 것입니다. 전통적인 방법과의 차이라면 순서와 원리는 동일하지만 전통적인 방법은 이 과정을 관리자가 수동으로 수행했던 것을 RMAN 유틸리티가 수행한다는 것입니다. 아래에서 자세히 각 CASE별로 어떻게 복구하는지 살펴 보겠습니다.

실습 3. Data file 삭제 후 DB Open 상태에서 복구하기 RMAN

예제로 offline되는 users 테이블스페이스의 Data file을 삭제 한 후 복구하겠습니다.

```
SYS>select tablespace_name , bytes/1024/1024 MB , file_name
2  from dba_data_files;

TABLESPACE            MB   FILE_NAME
-------------- -------- --------------------------------------------------
USERS              11.25   /app/oracle/oradata/testdb/users01.dbf
SYSAUX               480   /app/oracle/oradata/testdb/sysaux01.dbf
UNDOTBS1              40   /app/oracle/oradata/testdb/undotbs01.dbf
SYSTEM               500   /app/oracle/oradata/testdb/system01.dbf
EXAMPLE              100   /app/oracle/oradata/testdb/example01.dbf

5 rows selected.

SYS>!rm -fr /app/oracle/oradata/testdb/users01.dbf

SYS>!ls /app/oracle/oradata/testdb/users01.dbf
ls: /app/oracle/oradata/testdb/users01.dbf: 그런 파일이나 디렉토리가 없음
```

- 위 상황을 독립형 명령어로 복구해 보겠습니다.

```
RMAN> sql 'alter tablespace users offline immediate' ;

      starting full resync of recovery catalog
      full resync complete
      sql statement: alter tablespace users offline immediate

RMAN> restore tablespace users;

      Starting restore at 20-APR-10
      allocated channel: ORA_DISK_1
      channel ORA_DISK_1: sid=137 devtype=DISK
      allocated channel: ORA_DISK_2
      channel ORA_DISK_2: sid=135 devtype=DISK

      channel ORA_DISK_1: starting datafile backupset restore
      channel ORA_DISK_1: specifying datafile(s) to restore from backup set
      restoring datafile 00004 to /app/oracle/oradata/testdb/users01.dbf
      channel ORA_DISK_1: reading from backup piece /data/backup/rman/16lbios2_1_1
      channel ORA_DISK_1: restored backup piece 1
      piece handle=/data/backup/rman/16lbios2_1_1 tag=TAG20100420T050505
      channel ORA_DISK_1: restore complete, elapsed time: 00:00:04
      Finished restore at 20-APR-10
```

```
RMAN> recover tablespace users;

      Starting recover at 20-APR-10
      using channel ORA_DISK_1
      using channel ORA_DISK_2
      channel ORA_DISK_1: starting incremental datafile backupset restore
      channel ORA_DISK_1: specifying datafile(s) to restore from backup set
      destination for restore of datafile 00004: /app/oracle/oradata/testdb/users01.dbf

     ( 지면 관계상 중간 과정은 생략합니다 )

      starting media recovery
      media recovery complete, elapsed time: 00:00:03

      Finished recover at 20-APR-10

RMAN> sql 'alter tablespace users online' ;

      sql statement: alter tablespace users online
```

복구가 완료되었습니다.

이번엔 같은 장애를 한번 더 발생시켜서 작업형 명령어로 복구해 보겠습니다.

```
RMAN> exit
 Recovery Manager complete.
 [oracle@rcclient ~]$ rm -fr /app/oracle/oradata/testdb/users01.dbf
 [oracle@rcclient ~]$ ls /app/oracle/oradata/testdb/users01.dbf
 ls: /app/oracle/oradata/testdb/users01.dbf: 그런 파일이나 디렉토리가 없음
 [oracle@rcclient ~]$ rman target /

RMAN> run {
 2> sql 'alter tablespace users offline immediate' ;
 3>      restore tablespace users;
 4>      recover tablespace users;
 5> sql 'alter tablespace users online' ;
 6> }

   sql statement: alter tablespace users offline immediate

    Starting restore at 20-APR-10
    allocated channel: ORA_DISK_1
```

```
channel ORA_DISK_1: sid=139 devtype=DISK
allocated channel: ORA_DISK_2
channel ORA_DISK_2: sid=141 devtype=DISK

( 지면 관계상 중간 과정은 생략합니다 )

starting media recovery
media recovery complete, elapsed time: 00:00:03

Finished recover at 20-APR-10

sql statement: alter tablespace users online
```

복구가 완료되었습니다.

위의 예에서 보듯이 독립형 명령어는 하나의 과정이 끝나면 관리자가 다음 명령어를 계속 입력해야 하지만 작업형 명령어는 명령어 여러 개를 한꺼번에 적어주면 RMAN이 순서대로 알아서 수행합니다. 그래서 작업형 명령어를 더 많이 사용합니다. 여기서도 앞으로의 실습은 작업형 명령어를 사용하도록 하겠습니다.

실습 4. Offline 안 되는 테이블 스페이스 삭제 후 복구하기 RMAN

System 테이블 스페이스는 offline이 안되므로 삭제 후 복구해 보겠습니다.

```
[oracle@rcclient ~]$ rm -fr /app/oracle/oradata/testdb/system01.dbf
[oracle@rcclient ~]$ ls /app/oracle/oradata/testdb/system01.dbf
ls: /app/oracle/oradata/testdb/system01.dbf: 그런 파일이나 디렉토리가 없음
[oracle@rcclient ~]$rman target / catalog  rcuser/rcuser@rcserver
또는
[oracle@rcclient ~]$rman target / (복구 카탈로그 서버 사용 안할 경우)

RMAN> shutdown abort;
Oracle instance shut down

RMAN> run {
```

```
2> startup mount;
3> restore database;
4> recover database;
5> alter database open;
6> }

connected to target database (not started)
Oracle instance started
database mounted

Total System Global Area     285212672 bytes

Fixed Size                     1267044 bytes
Variable Size                 88083100 bytes
Database Buffers             188743680 bytes
Redo Buffers                   7118848 bytes

Starting restore at 20-APR-10
allocated channel: ORA_DISK_1
channel ORA_DISK_1: sid=157 devtype=DISK
allocated channel: ORA_DISK_2
channel ORA_DISK_2: sid=154 devtype=DISK

( 지면 관계상 중간 과정은 생략합니다 )

piece handle=/app/oracle/fast_recovery_area/TESTDB/backupset/2010_04_20/o1_mf_nnnd3_
TAG20100420T054551_5wsj7zhh_.bkp tag=TAG20100420T054551
channel ORA_DISK_1: restore complete, elapsed time: 00:00:02
starting media recovery
media recovery complete, elapsed time: 00:00:09
Finished recover at 20-APR-10
database opened    ← 복구 완료 되었습니다.
```

실습 5. 임시 경로에서 복구하기 RMAN

Users 테이블 스페이스를 삭제 한 후 기존 파일 경로 말고 다른 위치에 restore하고 recover하는 실습을 해보겠습니다. 복원 경로를 다른 위치로 지정하는 명령어는 set new name for datafile <번호 또는 경로> to <새 위치 경로 및 파일명>입니다.

그리고 복원 한 후 반드시 Control file의 내용을 switch datafile <파일번호> 명령어로 변경해야 합니다. 여기서 임시 복원 장소를 /data/temp 디렉토리로 하겠습니다.

```
[oracle@rcclient ~]$ rm -fr /app/oracle/oradata/testdb/users01.dbf
[oracle@rcclient ~]$ ls /app/oracle/oradata/testdb/users01.dbf
ls: /app/oracle/oradata/testdb/users01.dbf: 그런 파일이나 디렉토리가 없음

RMAN> report schema;  ← 현재 데이터 파일 확인하기

Report of database schema
List of Permanent Datafiles
===========================================================================
File  Size(MB)  Tablespace  RB segs   Datafile Name
---- --------- ----------- --------- ------------------------------------
1     500       SYSTEM       YES     /app/oracle/oradata/testdb/system01.dbf
2      40       UNDOTBS1     YES     /app/oracle/oradata/testdb/undotbs01.dbf
3     480       SYSAUX        NO     /app/oracle/oradata/testdb/sysaux01.dbf
4     11        USERS         NO     /home/oracle/oradata/testdb/users01.dbf
5     100       EXAMPLE       NO     /app/oracle/oradata/testdb/example01.dbf
6     10        TEST01        NO     /app/oracle/oradata/testdb/test01.dbf

List of Temporary Files
===========================================================================
File Size(MB) Tablespace   Maxsize(MB) Tempfile Name
---- --------- ----------- --------- ------------------------------------
1    20        TEMP         32767      /app/oracle/oradata/testdb/temp01.dbf

복구를 시작합니다.

[oracle@rcclient ~]$ mkdir /data/temp  ← 새 복원 경로를 생성합니다.
[oracle@rcclient ~]$ rman target / catalog rcuser/rcuser@rcserver
또는
[oracle@rcclient ~]$ rman target /  ( 복구 카탈로그 서버 사용 안 할 경우 )

Recovery Manager: Release 11.2.0.1.0 - Production on Tue Apr 20 08:00:09 2010
Copyright (c) 1982, 2007, Oracle.  All rights reserved.

connected to target database: TESTDB (DBID=2499898020)
connected to recovery catalog database

RMAN> run {
```

```
2> sql 'alter tablespace users offline immediate' ;
3> set newname for datafile '/app/oracle/oradata/testdb/users01.dbf'
4> to '/data/temp/users01.dbf';
5> restore tablespace users;
6> switch datafile 4;   ← 이 파일번호는 report schema 에서 확인했습니다.
7> recover tablespace users;
8> sql 'alter tablespace users online';
9> }

sql statement: alter tablespace users offline immediate

executing command: SET NEWNAME

( 지면 관계상 중간 과정은 생략합니다 )

starting media recovery
media recovery complete, elapsed time: 00:00:02

Finished recover at 20-APR-10

sql statement: alter tablespace users online
복구 완료되었습니다.
```

실습 6. Datafile 복구하기 – 필요한 파일만 복원 후 복구하기 RMAN

이번 실습은 RMAN으로 삭제된 data file을 복구를 하는데 모든 데이터 파일을 복원하는 것이 아니라 반드시 복구에 필요한 데이터파일만 복원하여 복구하는 방법을 익힙니다. 그리고 복구해야 하는 데이터파일 중 일부가 rm으로 삭제되어 데이터 파일 백업없는 테이블스페이스를 RMAN으로 임시경로(/data/temp)를 사용하여 복구를 해 보겠습니다.

Step 1 RMAN으로 현재 데이터베이스를 Full 백업합니다.

```
[oracle@localhost ~]$ rman target /

Recovery Manager: Release 11.2.0.1.0 - Production on Thu Mar 10 15:37:14 2011

Copyright (c) 1982, 2007, Oracle.  All rights reserved.
```

```
connected to target database: TESTDB (DBID=2524217755)

RMAN> backup database format '/data/backup/rman/%U_%T';

Starting backup at 2011-03-10:15:37:33
using target database control file instead of recovery catalog
allocated channel: ORA_DISK_1

(지면 관계상 중간 과정은 생략합니다)

channel ORA_DISK_1: starting piece 1 at 2011-03-10:15:38:31
channel ORA_DISK_1: finished piece 1 at 2011-03-10:15:38:32
piece handle=/data/backup/rman/02m6sm3m_1_1 tag=TAG20110310T153734
comment=NONE
channel ORA_DISK_1: backup set complete, elapsed time: 00:00:02
Finished backup at 2011-03-10:15:38:32

RMAN> exit

Recovery Manager complete.
```

Step 2 Test01 테이블 스페이스를 생성 후 삭제하여 장애 발생시킵니다.

```
[oracle@localhost ~]$ sqlplus / as sysdba

SQL> set line 200
SQL> col tablespace_name for a10
SQL> col file_name for a50
SQL> select tablespace_name,bytes/1024/1024 MB,file_name
  2  from dba_data_files;

TABLESPACE        MB          FILE_NAME
--------------- ---------- ------------------------------------------------
EXAMPLE          100          /app/oracle/oradata/testdb/example01.dbf
USERS              5          /app/oracle/oradata/testdb/users01.dbf
SYSAUX           340          /app/oracle/oradata/testdb/sysaux01.dbf
UNDOTBS1          50          /app/oracle/oradata/testdb/undotbs01.dbf
SYSTEM           480          /app/oracle/oradata/testdb/system01.dbf

SQL> create tablespace test01
  2  datafile '/app/oracle/oradata/testdb/test01.dbf' size 10M;

Tablespace created.
```

```
SQL> create table scott.tt500
  2  (no number,name varchar2(10)) tablespace test01;

Table created.

SQL> insert into scott.tt500 values (1,'AAA');

1 row created.
SQL> insert into scott.tt500 values (2,'BBB');

1 row created.

SQL> commit;

Commit complete.

SQL> select * from scott.tt500;

     NO     NAME
---------- --------------------
      1       AAA
      2       BBB


SQL> !rm -fr /app/oracle/oradata/testdb/test01.dbf ← OS 명령어로 강제로 삭제합니다.

SQL> !ls  /app/oracle/oradata/testdb/test01.dbf
ls: /app/oracle/oradata/testdb/test01.dbf: 그런 파일이나 디렉토리가 없음

SQL> alter tablespace test01 offline immediate;

Tablespace altered.

SQL> alter tablespace test01 online;
alter tablespace test01 online
*
ERROR at line 1:
ORA-01157: cannot identify/lock data file 6 - see DBWR trace file
ORA-01110: data file 6: '/app/oracle/oradata/testdb/test01.dbf'


SQL> select * from scott.tt500;
select * from scott.tt500
```

```
                  *
ERROR at line 1:
ORA-00376: file 6 cannot be read at this time
ORA-01110: data file 6: '/app/oracle/oradata/testdb/test01.dbf'
```

Step 3 임시경로로 아래 파일들을 복원합니다.

Control file / redo log file : 가장 최근에 쓰던 것을 임시경로로 복사

Data file : RMAN 백업본 복원합니다.

```
SQL> select name from v$controlfile;

NAME
--------------------------------------------------------------------------
/app/oracle/oradata/testdb/control01.ctl  ← 현재 사용중인 control file 입니다.

SQL> shutdown immediate;
Database closed.
Database dismounted.
ORACLE instance shut down.
SQL> !
[oracle@localhost ~]$ cp  /app/oracle/oradata/testdb/control01.ctl  /data/temp/
[oracle@localhost ~]$ cp  /app/oracle/oradata/testdb/redo*.log  /data/temp/
[oracle@localhost ~]$ vi  /app/oracle/product/11g/dbs/inittestdb.ora
(중간생략)
#*.control_files='/app/oracle/oradata/testdb/control01.ctl' ← 기존내용 주석처리

*.control_files='/data/temp/control01.ctl' ← 복구경로로 컨트롤 파일 위치 변경함

:wq!

[oracle@localhost ~]$ rman target /

Recovery Manager: Release 11.2.0.1.0 - Production on Thu Mar 10 16:25:10 2011

Copyright (c) 1982, 2007, Oracle.  All rights reserved.

connected to target database: TESTDB (DBID=2524217755)

RMAN> startup mount;
```

```
RMAN> report schema;

using target database control file instead of recovery catalog
Report of database schema
List of Permanent Datafiles
===========================
File Size(MB) Tablespace   RB segs   Datafile Name
---- -------- ------------ ------- ----------------------------------------
1    480      SYSTEM       ***     /app/oracle/oradata/testdb/system01.dbf
2    50       UNDOTBS1     ***     /app/oracle/oradata/testdb/undotbs01.dbf
3    340      SYSAUX       ***     /app/oracle/oradata/testdb/sysaux01.dbf
4    5        USERS        ***     /app/oracle/oradata/testdb/users01.dbf
5    100      EXAMPLE      ***     /app/oracle/oradata/testdb/example01.dbf
6    10       TEST01       ***     /app/oracle/oradata/testdb/test01.dbf

RMAN> run {
##Redo log file위치부터 먼저 변경합니다
## 아래 2-13  번 줄에서 ''/app 부분과 "/data , log "는 single Quote를 두 번 쓰셔야 합니다.
2> sql "alter database rename file ''/app/oracle/oradata/testdb/redo01_a.log''
3>      to ''/data/temp/redo01_a.log'' ";
4> sql "alter database rename file ''/app/oracle/oradata/testdb/redo01_b.log''
5>      to ''/data/temp/redo01_b.log'' ";
6> sql "alter database rename file ''/app/oracle/oradata/testdb/redo02_a.log''
7>      to ''/data/temp/redo02_a.log'' ";
8> sql "alter database rename file ''/app/oracle/oradata/testdb/redo02_b.log''
9>      to ''/data/temp/redo02_b.log'' ";
10> sql "alter database rename file ''/app/oracle/oradata/testdb/redo03_a.log''
11>     to ''/data/temp/redo03_a.log'' ";
12> sql "alter database rename file ''/app/oracle/oradata/testdb/redo03_b.log''
13>     to ''/data/temp/redo03_b.log'' ";
14> ## datafile 위치변경 및 안 쓰는 데이터파일 offline 처리 합니다
15> set newname for datafile 1 to '/data/temp/system01.dbf';
16> set newname for datafile 2 to '/data/temp/undotbs01.dbf';
17> set newname for datafile 3 to '/data/temp/sysaux01.dbf';
## 주 : 아래 18-21  번 줄에서 ''/app 부분과  dbf " 는 single Quote 를 두번 써야 합니다.
18> sql " alter database datafile ''/app/oracle/oradata/testdb/users01.dbf'' offline drop";
19> sql " alter database datafile ''/app/oracle/oradata/testdb/example01.dbf'' offline drop";
20> sql " alter database create datafile ''/app/oracle/oradata/testdb/test01.dbf''
21>       as ''/data/temp/test01.dbf'' ";
22> restore database skip tablespace 'users','example' ;
23> switch datafile all;
24> recover database skip tablespace 'users','example' ;
25> alter database open;
26> }
```

```
using target database control file instead of recovery catalog
sql statement: alter database rename file ''/app/oracle/oradata/testdb/
redo01_a.log''to ''/data/temp/redo01_a.log''

( 지면 관계상 중간 과정은 생략합니다)

starting media recovery

archive log thread 1 sequence 804 is already on disk as file /data/arc1/804_1_744986642.arc
archive log thread 1 sequence 805 is already on disk as file /data/arc2/805_1_744986642.arc
archive log thread 1 sequence 806 is already on disk as file /data/arc1/806_1_744986642.arc
archive log thread 1 sequence 807 is already on disk as file /data/arc1/807_1_744986642.arc
archive log filename=/data/arc1/804_1_744986642.arc thread=1 sequence=804
archive log filename=/data/arc2/805_1_744986642.arc thread=1 sequence=805
media recovery complete, elapsed time: 00:00:08
Finished recover at 2011-03-13:10:34:49

database opened

RMAN> exit

Recovery Manager complete.

[oracle@localhost ~]$ sqlplus / as sysdba;
SQL*Plus: Release 11.2.0.1.0 - Production on Thu Mar 10 20:12:46 2011
Copyright (c) 1982, 2010, Oracle.  All Rights Reserved.
Connected to:
Oracle Database 11g Enterprise Edition Release 11.2.0.1.0 - Production
With the Partitioning, OLAP, Data Mining and Real Application Testing options

SQL> @dd
Connected.

TABLESPACE    MB   FILE_NAME
------------ ---- ------------------------------------------------------
EXAMPLE            /app/oracle/oradata/testdb/example01.dbf
USERS              /app/oracle/oradata/testdb/users01.dbf
SYSAUX       340   /data/temp/sysaux01.dbf
UNDOTBS1      50   /data/temp/undotbs01.dbf
SYSTEM       480   /data/temp/system01.dbf

5 rows selected.
```

```
SQL> alter tablespace test01 online;

Tablespace altered.

SQL> select * from scott.tt500;

      NO   NAME
-------- --------------------
       1   AAA
       2   BBB
```

위의 실습에서와 같이 백업 데이터파일이 없는 경우에도 RMAN에서도 새로 생성해서 복구가 가능하며 복구에서 필요하지 않는 파일은 RMAN에서 offline 처리한 후 restore 및 recover 과정에서 skip 옵션을 사용하여 복원 및 복구를 하지 않도록 설정하여 복구 시간을 많이 줄일 수 있습니다. 특히 single quote를 두 번 연속으로 쓰는 부분에서 많이 실수를 하니 주의하시기 바랍니다.

실습 7. Drop table후 복구하기 – 원래 경로 사용

RMAN

Drop table이나 drop user, update, delete 장애 등이 이 경우에 해당되며 모두 복구하는 원리는 동일합니다. 이 방법에서 가장 중요한 것은 장애 난 시점의 시간인데 그 시간을 확인 한 후 복구를 진행하도록 하겠습니다. 예제로 rtest01 table을 생성하고 drop한 뒤 복구 하겠습니다.

- Test table 생성

```
[oracle@rcclient ~]$ sqlplus / as sysdba;
SQL*Plus: Release 11.2.0.1.0 - Production on Tue Apr 20 08:35:25 2010
Copyright (c) 1982, 2007, Oracle.  All Rights Reserved.
Connected to:
Oracle Database 11g Enterprise Edition Release 11.2.0.1.0 - Production
With the Partitioning, OLAP, Data Mining and Real Application Testing options

SYS>set line 200
SYS>col tablespace_name for a10
```

```
SYS>col file_name for a50
SYS>
SYS>select tablespace_name,bytes/1024/1024 MB, file_name
  2  from dba_data_files;

TABLESPACE       MB         FILE_NAME
--------------- ---------- --------------------------------------------------
USERS           11.25      /data/temp/users01.dbf
SYSAUX            480      /app/oracle/oradata/testdb/sysaux01.dbf
UNDOTBS1           40      /app/oracle/oradata/testdb/undotbs01.dbf
SYSTEM            500      /app/oracle/oradata/testdb/system01.dbf
EXAMPLE           100      /app/oracle/oradata/testdb/example01.dbf

5 rows selected.

SYS>create table rtest01 (no number) tablespace example;
Table created.

SYS>insert into rtest01 values (1);
1 row created.

SYS>insert into rtest01 values (2);
1 row created.

SYS>commit;
Commit complete.

SYS>select * from rtest01;
      NO
----------
       1
       2

SYS>select to_char(sysdate,'YYYY-MM-DD:HH24:MI:SS')
  2  from dual;

TO_CHAR(SYSDATE,'YY
---------------------------
2013-03-20:08:38:50  ← 이 시간까지는 테이블이 존재합니다

SYS>save time.sql
Created file time.sql
```

```
SYS>drop table rtest01 purge;
Table dropped.

SYS>select * from rtest01;    ← 지워져서 조회가 안됩니다
select * from rtest01
              *
ERROR at line 1:
ORA-00942: table or view does not exist
위에서 확인한 시간으로 DB 전체를 돌려서 테이블을 복구하도록 하겠습니다.

[oracle@rcclient ~]$ rman target / catalog rcuser/rcuser@rcserver
또는
[oracle@rcclient ~]$ rman target /  ( 복구 카탈로그 서버 사용 안 할 경우 )
Recovery Manager: Release 11.2.0.1.0 - Production on Tue Apr 20 08:42:08
2010

Copyright (c) 1982, 2007, Oracle.  All rights reserved.
connected to target database: TESTDB (DBID=2499898020)
connected to recovery catalog database
RMAN> shutdown immediate;

database closed
database dismounted
Oracle instance shut down

RMAN> run{
2> startup mount;
3> sql 'alter session set nls_date_format="YYYY-MM-DD:HH24:MI:SS"'; ← 매우 중요!!
4> set until time='2013-03-20:08:38:50';  ← 시간 설정
5> restore database;
6> recover database;
7> alter database open resetlogs;
8> }

connected to target database (not started)
Oracle instance started
database mounted

Total System Global Area     285212672 bytes
Fixed Size                     1267044 bytes
Variable Size                 88083100 bytes
Database Buffers             188743680 bytes
Redo Buffers                   7118848 bytes
```

```
sql statement: alter session set nls_date_format="YYYY-MM-DD:HH24:MI:SS"

executing command: SET until clause

( 지면 관계상 중간 과정은 생략합니다 )

starting media recovery
media recovery complete, elapsed time: 00:00:07
Finished recover at 20-APR-10
database opened
new incarnation of database registered in recovery catalog
starting full resync of recovery catalog
full resync complete
exit

[oracle@rcclient ~]$ sqlplus / as sysdba;
SQL*Plus: Release 11.2.0.1.0 - Production on Tue Apr 20 08:51:42 2010
Copyright (c) 1982, 2007, Oracle.  All Rights Reserved.
Connected to:
Oracle Database 11g Enterprise Edition Release 11.2.0.1.0 - Production
With the Partitioning, OLAP, Data Mining and Real Application Testing options

SYS>select  *  from  rtest01;

      NO
----------
       1
       2
복구 완료되었습니다.
```

이 방법에서 가장 핵심은 set until time 부분과 그 윗부분에 NLS_DATE_FORMAT 설정하는 부분입니다. Drop table만 예제로 했지만 drop user나 DML 장애시에도 똑같은 방법으로 복구하면 됩니다. 매번 NLS_DATE_FORMAT를 입력하시기 귀찮으면 사용자 초기화 파일(.bash_profile 등)에 export NLS_DATE_FORMAT='YYYY-MM-DD:HH24:MI:SS'를 입력해 두면 됩니다.

실습 8. Drop table후 복구하기 - 임시 경로 사용

RMAN

이번 실습은 drop table 장애가 발생한 경우에 원래 경로가 아닌 임시경로를 이용해서 복구하는 방법입니다.

이번 실습의 핵심은 기존 경로가 아닌 다른경로(여기서는 /data/temp)의 control file, redo log file, data file을 사용하여 장애가 난 테이블을 복구해 내는 것입니다. 또한 신속한 복구를 수행하기 위해 복구에 반드시 필요한 필수 파일만 복원하고 나머지 파일들은 복원하지 않는 방법 또한 실습내용에 포함되니 꼭 숙지하기 바랍니다.

Step 1 전체 데이터베이스를 백업합니다.

```
[oracle@localhost ~]$ rman target /

Recovery Manager: Release 11.2.0.1.0 - Production on Sat Mar 12 15:54:18
2011
Copyright (c) 1982, 2007, Oracle.  All rights reserved.
connected to target database: TESTDB (DBID=2524217755)

RMAN> backup as compressed backupset database
2> format '/data/backup/rman/%U_%T';

Starting backup at 2011-03-12:15:55:11
using target database control file instead of recovery catalog

( 지면 관계상 중간 과정은 생략합니다)

channel ORA_DISK_1: backup set complete, elapsed time: 00:00:03
Finished backup at 2011-03-12:15:56:11
```

Step 2 예제 테이블(rtest2)생성 후 drop 장애 발생

```
RMAN> exit
Recovery Manager complete.

[oracle@localhost ~]$ sqlplus / as sysdba;
```

```
SQL*Plus: Release 11.2.0.1.0 - Production on Sat Mar 12 15:58:26 2011
Copyright (c) 1982, 2010, Oracle.  All Rights Reserved.
Connected to:
Oracle Database 11g Enterprise Edition Release 11.2.0.1.0 - Production
With the Partitioning, OLAP, Data Mining and Real Application Testing options

SQL> create table scott.rtest2 (no number) tablespace example;
Table created.

SQL> insert into scott.rtest2 values (1);
1 row created.

SQL> commit;
Commit complete.

SQL> insert into scott.rtest2 values (2);
1 row created.


SQL> commit;
Commit complete.

SQL> select * from scott.rtest2;

        NO
----------------
         1
         2

SQL> select to_char(sysdate,'YYYY-MM-DD:HH24:MI:SS') from dual;

TO_CHAR(SYSDATE,'YYYY-MM-DD:HH24:MI:SS
--------------------------------------
2013-03-20:04:40:13<-    scott.rtest2 테이블이 존재하며 복구에 필요한 시간입니다.

SQL> drop table scott.rtest2 purge;
Table dropped.

SQL> select * from scott.rtest2;
select * from scott.rtest2
                    *
ERROR at line 1:
ORA-00942: table or view does not exist
```

Step 3 DB 종료 후 임시경로(/data/temp)에서 복구합니다.

```
SQL> shutdown immediate;
Database closed.
Database dismounted.
ORACLE instance shut down.
```

3.1 사용중이던 control file을 임시경로로 복사한 후 파라미터 파일에서 위치를 변경합니다.

```
SQL> !cp /app/oracle/oradata/testdb/*.ctl   /data/temp/
SQL> !cp /app/oracle/oradata/testdb/*.log   /data/temp/
SQL> !
[oracle@localhost ~]$ vi /app/oracle/product/11g/dbs/inittestdb.ora
(중간 생략)
#*.control_files='/app/oracle/oradata/testdb/control01.ctl'  ← 기존 파일 주석처리
*.control_files='/data/temp/control01.ctl'  ← 새 경로로 지정함
(이하 생략)
:wq!
```

3.2 RMAN을 사용하여 파일을 새 경로로 복원

```
[oracle@localhost ~]$ rman target /
Recovery Manager: Release 11.2.0.1.0 - Production on Sat Mar 12 16:08:23 2011
Copyright (c) 1982, 2007, Oracle.  All rights reserved.
connected to target database (not started)

RMAN> startup mount;
Oracle instance started
database mounted

Total System Global Area     402653184 bytes

Fixed Size                     1273924 bytes
Variable Size                117444540 bytes
Database Buffers             276824064 bytes
Redo Buffers                   7110656 bytes

RMAN> report schema;
Report of database schema

List of Permanent Datafiles
==============================================================
File  Size(MB) Tablespace  RB segs  Datafile Name
---- -------- ------------ -------- ------------------------------------
```

```
1    480    SYSTEM      ***    /app/oracle/oradata/testdb/system01.dbf
2    50     UNDOTBS1    ***    /app/oracle/oradata/testdb/undotbs01.dbf
3    340    SYSAUX      ***    /app/oracle/oradata/testdb/sysaux01.dbf
4    5      USERS       ***    /app/oracle/oradata/testdb/users01.dbf
5    100    EXAMPLE     ***    /app/oracle/oradata/testdb/example01.dbf


RMAN> run {
## Single Quote 와 Double Quote 를 주의하세요
2> sql "alter database rename file ''/app/oracle/oradata/testdb/redo01_a.log''
3>     to ''/data/temp/redo01_a.log'' ";
4> sql "alter database rename file ''/app/oracle/oradata/testdb/redo01_b.log''
5>     to ''/data/temp/redo01_b.log'' ";
6> sql "alter database rename file ''/app/oracle/oradata/testdb/redo02_a.log''
7>     to ''/data/temp/redo02_a.log'' ";
8> sql "alter database rename file ''/app/oracle/oradata/testdb/redo02_b.log''
9>     to ''/data/temp/redo02_b.log'' ";
10> sql "alter database rename file ''/app/oracle/oradata/testdb/redo03_a.log''
11>     to ''/data/temp/redo03_a.log'' ";
12> sql "alter database rename file ''/app/oracle/oradata/testdb/redo03_b.log''
13>     to ''/data/temp/redo03_b.log'' ";
14>
15> set  newname  for  datafile  1  to  '/data/temp/system01.dbf';
16> set  newname  for  datafile  2  to  '/data/temp/undotbs01.dbf';
17> set  newname  for  datafile  3  to  '/data/temp/sysaux01.dbf';
18> set  newname  for  datafile  5  to  '/data/temp/example01.dbf';
19>
20> restore  database skip tablespace 'users';
21> switch  datafile  all;
22> sql 'alter session set nls_date_format="YYYY-MM-DD:HH24:MI:SS"';
23> set until time='2013-03-20:04:40:13';
24> recover  database skip tablespace 'users';
25> sql "alter database datafile ''/app/oracle/oradata/testdb/users01.dbf'' offline drop";
26> alter database open resetlogs;
27> }

using target database control file instead of recovery catalog
sql statement: alter database rename file ''/app/oracle/oradata/testdb/
redo01_a.log''to ''/data/temp/redo01_a.log''

( 지면 관계상 중간 과정은 생략합니다 )

Executing: alter database datafile 4 offline
```

```
starting media recovery
Oracle Error:
ORA-01547: warning: RECOVER succeeded but OPEN RESETLOGS would get error below
ORA-01245: offline file 4 will be lost if RESETLOGS is done
ORA-01110: data file 4: '/app/oracle/oradata/testdb/users01.dbf'

media recovery complete, elapsed time: 00:00:04
Finished recover at 2013-03-20:04:56:27
sql statement: alter database datafile ''/app/oracle/oradata/testdb/
users01.dbf'' offline drop
database opened

RMAN> exit

Recovery Manager complete.

[oracle@localhost ~]$ sqlplus / as sysdba;
SQL*Plus: Release 11.2.0.1.0 - Production on Sat Mar 12 16:33:22 2011
Copyright (c) 1982, 2010, Oracle.  All Rights Reserved.

Connected to:
Oracle Database 11g Enterprise Edition Release 11.2.0.1.0 - Production
With the Partitioning, OLAP, Data Mining and Real Application Testing options

SQL> select * from scott.rtest2;

        NO
---------------
         1
         2
```

무사히 복구 완료 되었습니다.

실습 9. 증분 백업파일을 활용한 drop table 복구하기

RMAN

이번 실습의 목표는 증분백업을 수행하는 연습을 함과 동시에 증분 백업 파일을 이용한 drop table 장애를 복구해 내는 능력을 학습하는 것입니다.

- 실습 순서 요약

1. 전체 데이터베이스를 incremental level 0으로 백업 수행합니다.
2. 실습용 테이블(scott.rtest3)을 생성 후 차등 증분 백업(level 2)합니다.
3. 실습용 테이블에 1을 입력 후 차등 증분 백업(level 2)합니다.
4. 실습용 테이블에 2를 입력 후 차등 증분 백업(level 2)합니다.
5. 실습용 테이블에 3을 입력 후 차등 증분 백업(level 2)합니다.
6. 실습용 테이블을 drop 한 후 차등 증분 백업(level 1)합니다.

위 6가지 단계를 수행한 후 증분 백업 파일을 이용하여 임시 경로에 연습용 테이블을 복구하겠습니다. 작업 터미널을 2개 만들어 놓고 시작하겠습니다.

Step 1 전체 데이터베이스를 incremental level 0으로 백업합니다.

```
SQL> !ls -lSh /data/backup/rman
합계 0

[oracle@localhost ~]$ rman target /

Recovery Manager: Release 11.2.0.1.0 - Production on Sat Mar 12 19:31:30 2011
Copyright (c) 1982, 2007, Oracle.  All rights reserved.
connected to target database: TESTDB (DBID=2524217755)

RMAN> backup as compressed backupset
2> incremental level 0
3> database
4> format '/data/backup/rman/%U_%T';

Starting backup at 2011-03-12:19:32:04
using target database control file instead of recovery catalog
( 지면 관계상 중간 과정은 생략합니다 )
channel ORA_DISK_1: backup set complete, elapsed time: 00:00:02
Finished backup at 2011-03-12:19:33:04

-- 백업 파일을 확인해 보겠습니다.
[oracle@localhost ~]$ ls -lSh /data/backup/rman
합계 128M
-rw-r-----  1 oracle dba 126M  3월 12 19:32 01m72chm_1_1_20110312 ← data file 백업
-rw-r-----  1 oracle dba 1.2M  3월 12 19:33 02m72cje_1_1_20110312 ← control file 백업
```

Step 2 실습용 테이블(scott.rtest3)을 생성 후 차등 증분 백업(level 2)합니다.

```
-- sqlplus 창에서 --

SQL> create table scott.rtest3 (no number) tablespace example;
Table created.

-- RMAN 창에서 -

RMAN> backup
2> incremental level 2
3> tablespace example
4> format '/data/backup/rman/%U_%T';

Starting backup at 2011-03-12:19:40:43
using channel ORA_DISK_1
channel ORA_DISK_1: starting incremental level 2 datafile backupset
channel ORA_DISK_1: specifying datafile(s) in backupset
input datafile fno=00005 name=/app/oracle/oradata/testdb/example01.dbf
channel ORA_DISK_1: starting piece 1 at 2011-03-12:19:40:43
channel ORA_DISK_1: finished piece 1 at 2011-03-12:19:40:46
piece handle=/data/backup/rman/03m72d1r_1_1_20110312 tag=TAG20110312T194043
comment=NONE
channel ORA_DISK_1: backup set complete, elapsed time: 00:00:03
Finished backup at 2011-03-12:19:40:46

-- sqlplus 창에서 백업 파일 크기 확인

SQL> !ls -lSh /data/backup/rman
합계 128M
-rw-r-----  1 oracle dba 126M  3월 12 19:32 01m72chm_1_1_20110312
-rw-r-----  1 oracle dba 1.2M  3월 12 19:33 02m72cje_1_1_20110312
-rw-r-----  1 oracle dba  80K  3월 12 19:40 03m72d1r_1_1_20110312 ← 증분백업파일
```

Step 3 실습용 테이블에 1을 입력 후 차등 증분 백업(level 2)합니다.

```
-- sqlplus 창에서

SQL> insert into scott.rtest3 values (1);
1 row created.

SQL> commit;
Commit complete.
```

```
-- RMAN 창에서

RMAN> backup
2> incremental level 2
3> tablespace example
4> format '/data/backup/rman/%U_%T';

Starting backup at 2011-03-12:19:45:12
using channel ORA_DISK_1
channel ORA_DISK_1: starting incremental level 2 datafile backupset
channel ORA_DISK_1: specifying datafile(s) in backupset
input datafile fno=00005 name=/app/oracle/oradata/testdb/example01.dbf
channel ORA_DISK_1: starting piece 1 at 2011-03-12:19:45:12
channel ORA_DISK_1: finished piece 1 at 2011-03-12:19:45:13
piece handle=/data/backup/rman/04m72da8_1_1_20110312 tag=TAG20110312T194512
comment=NONE
channel ORA_DISK_1: backup set complete, elapsed time: 00:00:01
Finished backup at 2011-03-12:19:45:13

--sqlplus 창에서 백업파일 확인

SQL> !ls -lSh /data/backup/rman
합계 128M
-rw-r-----  1 oracle dba 126M  3월 12 19:32 01m72chm_1_1_20110312
-rw-r-----  1 oracle dba 1.2M  3월 12 19:33 02m72cje_1_1_20110312
-rw-r-----  1 oracle dba  96K  3? 12 19:45 04m72da8_1_1_20110312 ← 증분백업파일
-rw-r-----  1 oracle dba  80K  3월 12 19:40 03m72d1r_1_1_20110312
```

Step 4 실습용 테이블에 2를 입력 후 차등 증분 백업(level 2)합니다.

```
-- sqlplus 창에서

SQL> insert into scott.rtest3 values (2);
1 row created.

SQL> commit;
Commit complete.

-- RMAN 창에서

RMAN> backup
2> incremental level 2
3> tablespace example
```

```
4> format '/data/backup/rman/%U_%T';

Starting backup at 2011-03-12:19:49:22
using channel ORA_DISK_1
channel ORA_DISK_1: starting incremental level 2 datafile backupset
channel ORA_DISK_1: specifying datafile(s) in backupset
input datafile fno=00005 name=/app/oracle/oradata/testdb/example01.dbf
channel ORA_DISK_1: starting piece 1 at 2011-03-12:19:49:23
channel ORA_DISK_1: finished piece 1 at 2011-03-12:19:49:24
piece handle=/data/backup/rman/05m72di3_1_1_20110312 tag=TAG20110312T194922
comment=NONE
channel ORA_DISK_1: backup set complete, elapsed time: 00:00:01
Finished backup at 2011-03-12:19:49:24

--sqlplus 창에서 백업파일 확인

SQL>  !ls -lSh /data/backup/rman
합계 128M
-rw-r-----  1 oracle dba 126M  3월 12 19:32 01m72chm_1_1_20110312
-rw-r-----  1 oracle dba 1.2M  3월 12 19:33 02m72cje_1_1_20110312
-rw-r-----  1 oracle dba  96K  3월 12 19:45 04m72da8_1_1_20110312
-rw-r-----  1 oracle dba  80K  3월 12 19:40 03m72d1r_1_1_20110312
-rw-r-----  1 oracle dba  48K  3월 12 19:49 05m72di3_1_1_20110312 ← 증분백업파일
```

Step 5 실습용 테이블에 3을 입력 후 차등 증분 백업(level 2)합니다.

```
-- sqlplus 창에서

SQL> insert into scott.rtest3 values (3);
1 row created.

SQL> commit;
Commit complete.

-- RMAN 창에서

RMAN> backup
2> incremental level 2
3> tablespace example
4> format '/data/backup/rman/%U_%T';

Starting backup at 2011-03-12:20:16:15
using channel ORA_DISK_1
```

```
channel ORA_DISK_1: starting incremental level 2 datafile backupset
channel ORA_DISK_1: specifying datafile(s) in backupset
input datafile fno=00005 name=/app/oracle/oradata/testdb/example01.dbf
channel ORA_DISK_1: starting piece 1 at 2011-03-12:20:16:15
channel ORA_DISK_1: finished piece 1 at 2011-03-12:20:16:18
piece handle=/data/backup/rman/06m72f4f_1_1_20110312 tag=TAG20110312T201615
comment=NONE
channel ORA_DISK_1: backup set complete, elapsed time: 00:00:03
Finished backup at 2011-03-12:20:16:18    ← 마지막 증분백업 수행 시간으로 복구합니다
```

-- sqlplus 창에서 백업 파일 확인

```
SQL> !ls -lSh /data/backup/rman/
합계 128M
-rw-r-----   1 oracle dba 126M  3월 12 19:32 01m72chm_1_1_20110312
-rw-r-----   1 oracle dba 1.2M  3월 12 19:33 02m72cje_1_1_20110312
-rw-r-----   1 oracle dba  96K  3월 12 19:45 04m72da8_1_1_20110312
-rw-r-----   1 oracle dba  80K  3월 12 19:40 03m72d1r_1_1_20110312
-rw-r-----   1 oracle dba  48K  3월 12 19:49 05m72di3_1_1_20110312
-rw-r-----   1 oracle dba  48K  3월 12 20:16 06m72f4f_1_1_20110312 ← 증분백업파일
```

Step 6 실습용 테이블을 drop한 후 차등 증분 백업(level 1)합니다.

-- sqlplus 창에서

```
SQL> select * from scott.rtest3;

        NO
----------------
         1
         2
         3

SQL> drop table scott.rtest3 purge;
Table dropped.

SQL> select * from scott.rtest3;
select * from scott.rtest3
                    *
ERROR at line 1:
ORA-00942: table or view does not exist
```

-- RMAN 창에서

```
RMAN> backup
2> incremental level 1
3> tablespace example
4> format '/data/backup/rman/%U_%T';

Starting backup at 2011-03-12:20:18:45
using channel ORA_DISK_1
channel ORA_DISK_1: starting incremental level 1 datafile backupset
channel ORA_DISK_1: specifying datafile(s) in backupset
input datafile fno=00005 name=/app/oracle/oradata/testdb/example01.dbf
channel ORA_DISK_1: starting piece 1 at 2011-03-12:20:18:45
channel ORA_DISK_1: finished piece 1 at 2011-03-12:20:18:46
piece handle=/data/backup/rman/07m72f95_1_1_20110312 tag=TAG20110312T201845
comment=NONE
channel ORA_DISK_1: backup set complete, elapsed time: 00:00:01
Finished backup at 2011-03-12:20:18:46
```

Step 7 DB 종료 후 임시경로(/data/temp/)에서 복구합니다.

```
SQL> shutdown immediate;
Database closed.
Database dismounted.
ORACLE instance shut down.
```

7.1 운영중이던 control file과 Redo log file을 임시경로로 복사합니다.

```
SQL> !cp /app/oracle/oradata/testdb/*.ctl  /data/temp/
SQL> !cp /app/oracle/oradata/testdb/*.log /data/temp/
```

7.2 파라미터 파일에서 control file 경로 변경 후 mount까지 시작합니다.

```
SQL> !
[oracle@localhost ~]$ vi /app/oracle/product/11g/dbs/inittestdb.ora
(중간 생략)
#*.control_files='/app/oracle/oradata/testdb/control01.ctl'  ← 기존파일 주석처리
*.control_files='/data/temp/control01.ctl' ← 복구경로로 변경
(이하 생략)

:wq!

[oracle@localhost ~]$ exit
exit
SQL> startup mount;
```

```
ORACLE instance started.

Total System Global Area  402653184 bytes
Fixed Size                  1273924 bytes
Variable Size             117444540 bytes
Database Buffers          276824064 bytes
Redo Buffers                7110656 bytes
Database mounted.
```

7.3 RMAN에서 필요한 파일 복원 후 복구를 시작합니다.

```
-- sqlplus 터미널에서 현재 파일 경로 확인

SQL> select name from v$datafile;

NAME
--------------------------------------------------------------------------------
/app/oracle/oradata/testdb/system01.dbf
/app/oracle/oradata/testdb/undotbs01.dbf
/app/oracle/oradata/testdb/sysaux01.dbf
/app/oracle/oradata/testdb/users01.dbf
/app/oracle/oradata/testdb/example01.dbf

SQL> select member from v$logfile;

MEMBER
--------------------------------------------------------------------------------
/app/oracle/oradata/testdb/redo03_a.log
/app/oracle/oradata/testdb/redo03_b.log
/app/oracle/oradata/testdb/redo02_a.log
/app/oracle/oradata/testdb/redo02_b.log
/app/oracle/oradata/testdb/redo01_a.log
/app/oracle/oradata/testdb/redo01_b.log

6 rows selected.

-- RMAN 터미널에서 파일 경로 변경하기

[oracle@localhost ~]$ rman target /

Recovery Manager: Release 11.2.0.1.0 - Production on Sat Mar 12 22:21:09 2011
Copyright (c) 1982, 2007, Oracle.  All rights reserved.
```

```
connected to target database: TESTDB (DBID=2524217755, not open)
## 아래 문장에서 2번줄부터 13번 줄까지 "alter 부분에서 "는 Double Quote 이고
## ''/app 부분과 .log '' , ''/data 부분과 .log'' 부분의 '' 는 Single Quote 두개입니다
RMAN> run {
2> sql "alter database rename file ''/app/oracle/oradata/testdb/redo03_a.log''
3>      to ''/data/temp/redo03_a.log'' ";
4> sql "alter database rename file ''/app/oracle/oradata/testdb/redo03_b.log''
5>      to ''/data/temp/redo03_b.log'' ";
6> sql "alter database rename file ''/app/oracle/oradata/testdb/redo02_a.log''
7>      to ''/data/temp/redo02_a.log'' ";
8> sql "alter database rename file ''/app/oracle/oradata/testdb/redo02_b.log''
9>      to ''/data/temp/redo02_b.log'' ";
10> sql "alter database rename file ''/app/oracle/oradata/testdb/redo01_a.log''
11>     to ''/data/temp/redo01_a.log'' ";
12> sql "alter database rename file ''/app/oracle/oradata/testdb/redo01_b.log''
13>     to ''/data/temp/redo01_b.log'' ";
14>
15> set newname for datafile 1 to '/data/temp/system01.dbf';
16> set newname for datafile 2 to '/data/temp/undotbs01.dbf';
17> set newname for datafile 3 to '/data/temp/sysaux01.dbf';
18> set newname for datafile 5 to '/data/temp/example01.dbf';
19>
20> restore database skip tablespace 'users' ;
21> switch datafile all;
22>
23> sql 'alter session set nls_date_format="YYYY-MM-DD:HH24:MI:SS"';
24> set until time='2011-03-12:20:16:18';
25> recover database skip tablespace 'users' ;
## 아래 26번 줄에서 "alter 와 drop " 부분의 " 은 Double Quote 이고
## ''/app 와 .dbf'' 부분의 ''는 Single Quote 두개입니다
26> sql "alter database datafile ''/app/oracle/oradata/testdb/users01.dbf'' offline drop";
27> alter database open resetlogs;
28> }

using target database control file instead of recovery catalog
sql statement: alter database rename file ''/app/oracle/oradata/testdb/
redo03_a.log''to ''/data/temp/redo03_a.log''

( 지면 관계상 중간 과정은 생략합니다 )

Oracle Error:
ORA-01547: warning: RECOVER succeeded but OPEN RESETLOGS would get error below
ORA-01245: offline file 4 will be lost if RESETLOGS is done
```

```
ORA-01110: data file 4: '/app/oracle/oradata/testdb/users01.dbf'
database opened

RMAN> exit
Recovery Manager complete.

[oracle@localhost ~]$ sqlplus / as sysdba;
SQL*Plus: Release 11.2.0.1.0 - Production on Sat Mar 12 22:32:37 2011
Copyright (c) 1982, 2010, Oracle.  All Rights Reserved.

Connected to:
Oracle Database 11g Enterprise Edition Release 11.2.0.1.0 - Production
With the Partitioning, OLAP, Data Mining and Real Application Testing options

SQL> select * from scott.rtest3;

        NO
----------------
         1
         2
         3
복구완료 되었습니다.
```

실습 10. RMAN backup을 이용한 다른 서버에서의 DB 응급복구

RMAN

박동주 오라클 엔지니어는 평소 담당하던 사이트에서 운영 중이던 DB서버가 디스크 장애로 서버가 중단되는 장애가 발생했다는 긴급 연락을 받았습니다. 해당 사이트는 평소에 RMAN으로 백업을 수행하던 사이트였습니다. 운영 중이었던 서버는 부품 교체까지 시간이 많이 걸려 임시로 다른 서버로 RMAN 백업 파일을 옮겨서 긴급으로 Open시켜야 하는 상황입니다. 다행히 백업은 잘 되어 있습니다. 일부 데이터가 손상되더라도 RMAN 백업 파일을 이용해서 당장 DB를 Open해야 하는 긴급 상황입니다.

위 장애는 가상 상황이지만 모든 사이트에서 언제든 발생할 수 있는 장애입니다. 이 실습의 핵심은 RMAN 백업을 사용해서 기존 운영 서버가 아닌 다른 서버에서 DB를 Open하는가입니다.

실습의 순서는 아래와 같습니다.

Step 1. 현재 database를 RMAN Backup 수행합니다.
(data file / archive redo log file / control file)

Step 2. Test용 table을 생성합니다. 여기서는 scott.tt30으로 하겠습니다.
이 작업을 하는 이유는 위 1번 과정에서 백업 받은 백업 파일로 복구했을 때 백업 이후에 생성된 이 테이블이 복구되는지 테스트하기 위함입니다.

Step 3. 현재 운영중인 data file, redo log file, control file을 전부 삭제합니다
(디스크 장애상황을 만듭니다)

Step 4. 새로운 경로로 가정하고 파라미터 파일을 수정합니다(/data/new 에서 복구합니다)
- control file 위치 변경

Step 5. 백업 받은 control file을 새 경로로 복원합니다.

Step 6. 마운트로 시작 후 백업 파일을 새 경로로 복원합니다.

Step 7. Recover한 후 Resetlogs로 Open 시킵니다.

Step 8. 위 단계 2에서 생성한 scott.tt30 테이블이 복구되었는지 확인합니다.

Step 1 RMAN을 사용하여 전체 백업 수행합니다.

```
[oracle@localhost ~]$ sqlplus / as sysdba;

SQL*Plus: Release 11.2.0.1.0 - Production on Thu Feb 17 05:37:03 2011
Copyright (c) 1982, 2010, Oracle.  All Rights Reserved.
Connected to:
Oracle Database 11g Enterprise Edition Release 11.2.0.1.0 - Production
With the Partitioning, OLAP, Data Mining and Real Application Testing options

SQL> archive log list;
Database log mode              Archive Mode
Automatic archival             Enabled
Archive destination            /data/arc2
Oldest online log sequence     3
Next log sequence to archive   5
```

```
Current log sequence           5

SQL> set line 200
SQL> col tablespace_name for a10
SQL> col file_name for a45
SQL> select tablespace_name,bytes/1024/1024 MB,file_name
  2  from dba_data_files;

TABLESPACE   MB      FILE_NAME
---------- ------  ---------------------------------------------------
EXAMPLE       100    /app/oracle/oradata/testdb/example01.dbf
UNDOTBS1       50    /app/oracle/oradata/testdb/undotbs01.dbf
USERS           5    /app/oracle/oradata/testdb/users01.dbf
SYSAUX        340    /app/oracle/oradata/testdb/sysaux01.dbf
SYSTEM        460    /app/oracle/oradata/testdb/system01.dbf

SQL> exit
Disconnected from Oracle Database 11g Enterprise Edition Release 11.2.0.1.0 - Production
With the Partitioning, OLAP, Data Mining and Real Application Testing options

-- 전체 백업을 수행합니다.

[oracle@localhost ~]$ rman target /

Recovery Manager: Release 11.2.0.1.0 - Production on Thu Feb 17 03:30:08 2011
Copyright (c) 1982, 2007, Oracle.  All rights reserved.
connected to target database: TESTDB (DBID=2524217755)

RMAN> run {
2> allocate channel c1 device type disk;
3> allocate channel c2 device type disk;
4> allocate channel c3 device type disk;
5>
6> ## data file backup
7> backup as compressed backupset
8> format '/data/backup/rman/data_%U_%T'
9> database;
10>
11> ## archive log backup
12> backup as compressed backupset
13> format '/data/backup/rman/arch_%U_%T'
14> archivelog all;
15>
```

```
16> ## control file backup
17> backup current controlfile
18> format '/data/backup/rman/ctl_%U_%T';
19> }

using target database control file instead of recovery catalog
allocated channel: c1
channel c1: sid=159 devtype=DISK

( 지면 관계상 중간 과정은 생략합니다 )
released channel: c1
released channel: c2
released channel: c3
```

Step 2 테스트용 테이블 scott.tt30을 생성합니다

```
RMAN> exit
Recovery Manager complete.

[oracle@localhost ~]$ sqlplus / as sysdba;

SQL*Plus: Release 11.2.0.1.0 - Production on Thu Feb 17 03:31:33 2011
Copyright (c) 1982, 2010, Oracle.  All Rights Reserved.
Connected to:
Oracle Database 11g Enterprise Edition Release 11.2.0.1.0 - Production
With the Partitioning, OLAP, Data Mining and Real Application Testing options

SQL> create table scott.tt30 (no number) tablespace users;
Table created.

SQL> insert into scott.tt30 values (1);
1 row created.

SQL> commit;
Commit complete.

SQL> insert into scott.tt30 values (2);
1 row created.

SQL> commit;
Commit complete.

SQL> insert into scott.tt30 values (3);
```

```
1 row created.

SQL> commit;
Commit complete.

SQL> select * from scott.tt30 ;

        NO
---------------
         1
         2
         3

SQL> select to_char(sysdate,'YYYY-MM-DD:HH24:MI:SS') from dual;

TO_CHAR(SYSDATE,'YYYY-MM-DD:HH24:MI:SS
--------------------------------------
2011-02-17:03:35:37
```

Step 3 장애 상황을 가정하여 운영중인 모든 파일을 삭제합니다.

```
SQL> select name from v$datafile;

NAME
----------------------------------------------------------------------------
/app/oracle/oradata/testdb/system01.dbf
/app/oracle/oradata/testdb/undotbs01.dbf
/app/oracle/oradata/testdb/sysaux01.dbf
/app/oracle/oradata/testdb/users01.dbf
/app/oracle/oradata/testdb/example01.dbf

SQL> !rm -fr /app/oracle/oradata/testdb/*.dbf

SQL> select member from v$logfile;

MEMBER
----------------------------------------------------------------------------
/app/oracle/oradata/testdb/redo03.log
/app/oracle/oradata/testdb/redo02.log
/app/oracle/oradata/testdb/redo01.log
/app/oracle/oradata/testdb/redo01_b.log
/app/oracle/oradata/testdb/redo02_b.log
/app/oracle/oradata/testdb/redo03_b.log
```

```
6 rows selected.

SQL> !rm -fr /app/oracle/oradata/testdb/*.log

SQL> select name from v$controlfile;

NAME
--------------------------------------------------------------------------
/app/oracle/oradata/testdb/control01.ctl
/app/oracle/oradata/testdb/control02.ctl
/app/oracle/oradata/testdb/control03.ctl

SQL> !rm -fr /app/oracle/oradata/testdb/*.ctl

SQL> shutdown abort;  ← 강제 종료 시킵니다.
ORACLE instance shut down.
```

Step 4 Parameter file을 수정하여 control file의 경로를 변경한 후 백업 받았던 control file을 신규 경로로 복원합니다.

```
SQL> !
[oracle@localhost ~]$ mkdir  /data/new
[oracle@localhost ~]$ vi /app/oracle/product/11g/dbs/inittestdb.ora
........
*.audit_file_dest='/app/oracle/admin/testdb/adump'
*.background_dump_dest='/app/oracle/admin/testdb/bdump'
*.compatible='11.2.0.1.0'
*.control_files='/data/new/control01.ctl'  ← 신규 경로로 수정합니다.
(이하 생략)

:wq!

[oracle@localhost ~]$ exit
exit
SQL> exit
Disconnected from Oracle Database 11g Enterprise Edition Release 11.2.0.1.0 - Production
With the Partitioning, OLAP, Data Mining and Real Application Testing options
```

Step 5 백업파일에서 controlfile을 새 경로에 복원 한 후 마운트까지 시작합니다

```
[oracle@localhost ~]$ rman target /

Recovery Manager: Release 11.2.0.1.0 - Production on Thu Feb 17 05:44:54 2011
Copyright (c) 1982, 2007, Oracle.  All rights reserved.
```

```
connected to target database (not started)

RMAN> startup  nomount;

Oracle instance started
Total System Global Area     402653184 bytes
Fixed Size                     1273924 bytes
Variable Size                117444540 bytes
Database Buffers             276824064 bytes
Redo Buffers                   7110656 bytes

[oracle@localhost rman]$ ls /data/backup/rman/ctl*
/data/backup/rman/ctl_27m4sa2u_1_1_20110217

RMAN> restore  controlfile  from  '/data/backup/rman/ctl_27m4sa2u_1_1_20110217' ;

Starting restore at 2011-02-17:05:47:10
using target database control file instead of recovery catalog
allocated channel: ORA_DISK_1
channel ORA_DISK_1: sid=156 devtype=DISK

channel ORA_DISK_1: restoring control file
channel ORA_DISK_1: restore complete, elapsed time: 00:00:03
output filename=/data/new/control01.ctl
Finished restore at 2011-02-17:05:47:14

RMAN> alter database mount;
database mounted
released channel: ORA_DISK_1
```

Step 6 새 경로에 백업 Data file을 복원합니다.

```
RMAN> report schema;

Starting implicit crosscheck backup at 2011-02-17:05:48:11
allocated channel: ORA_DISK_1
channel ORA_DISK_1: sid=156 devtype=DISK
Crosschecked 28 objects
Finished implicit crosscheck backup at 2011-02-17:05:48:13

Starting implicit crosscheck copy at 2011-02-17:05:48:13
using channel ORA_DISK_1
Finished implicit crosscheck copy at 2011-02-17:05:48:13
```

```
searching for all files in the recovery area
cataloging files...
cataloging done

List of Cataloged Files
=======================
File Name:
/app/oracle/fast_recovery_area/TESTDB/backupset/2011_02_16/o1_mf_annnn_
TAG20110216T201331_6oqdbwo4_.bkp

( 지면 관계상 중간 과정은 생략합니다 )

File Name:
/app/oracle/fast_recovery_area/TESTDB/autobackup/2011_02_17/o1_mf_
n_743315959_6or9z7k4_.bkp

RMAN-06139: WARNING: control file is not current for REPORT SCHEMA
Report of database schema

List of Permanent Datafiles
===========================
File Size(MB) Tablespace   RB segs   Datafile Name
---- -------- ------------ -------- ------------------------------------
1    0        SYSTEM        ***    /app/oracle/oradata/testdb/system01.dbf
2    0        UNDOTBS1      ***    /app/oracle/oradata/testdb/undotbs01.dbf
3    0        SYSAUX        ***    /app/oracle/oradata/testdb/sysaux01.dbf
4    0        USERS         ***    /app/oracle/oradata/testdb/users01.dbf
5    0        EXAMPLE       ***    /app/oracle/oradata/testdb/example01.dbf

List of Temporary Files
=======================
File Size(MB) Tablespace     Maxsize(MB) Tempfile Name
---- -------- -------------- ---------- ---------------------------------
1    0        TEMP3           0        /app/oracle/oradata/testdb/temp3.dbf

RMAN> run {
2> allocate channel ch1 device type disk;
3> allocate channel ch2 device type disk;
4>
5> set newname for datafile 1 to '/data/new/system01.dbf';
6> set newname for datafile 2 to '/data/new/undotbs01.dbf';
7> set newname for datafile 3 to '/data/new/sysaux01.dbf';
8> set newname for datafile 4 to '/data/new/users01.dbf';
```

```
9> set newname for datafile 5 to '/data/new/example01.dbf';
10>
11> restore database;
12>
13> switch datafile all;
14> }

allocated channel: ch1
channel ch1: sid=155 devtype=DISK

( 지면 관계상 중간 과정은 생략합니다 )

datafile 5 switched to datafile copy
input datafile copy recid=10 stamp=743320631 filename=/data/new/example01.dbf

RMAN> exit

Recovery Manager complete.
```

Step 7 복구합니다.

```
[oracle@localhost ~]$ sqlplus / as sysdba;

SQL*Plus: Release 11.2.0.1.0 - Production on Thu Feb 17 05:58:26 2011
Copyright (c) 1982, 2010, Oracle.  All Rights Reserved.
Connected to:
Oracle Database 11g Enterprise Edition Release 11.2.0.1.0 - Production
With the Partitioning, OLAP, Data Mining and Real Application Testing options

SQL> recover database until cancel using backup controlfile;
ORA-00279: change 1327092 generated at 02/17/2011 05:39:49 needed for thread 1
ORA-00289: suggestion : /data/arc2/5_1_743319324.arc
ORA-00280: change 1327092 for thread 1 is in sequence #5

Specify log: {<RET>=suggested | filename | AUTO | CANCEL}
auto
ORA-00279: change 1327121 generated at 02/17/2011 05:40:38 needed for thread 1
ORA-00289: suggestion : /data/arc2/6_1_743319324.arc

( 지면 관계상 중간 과정은 생략합니다 )

ORA-00308: cannot open archived log '/data/arc2/10_1_743319324.arc'
ORA-27037: unable to obtain file status
```

```
Linux Error: 2: No such file or directory  ← 마지막에 지워진 리두로그 시퀀스 번호입니다.
Additional information: 3

SQL> alter database open resetlogs;

Database altered.
```

Step 8 데이터 확인합니다.

```
SQL> select * from scott.tt30;
select * from scott.tt30
                    *
ERROR at line 1:
ORA-00942: table or view does not exist

SQL> select name from v$datafile;

NAME
--------------------------------------------------------------------------
/data/new/system01.dbf
/data/new/undotbs01.dbf
/data/new/sysaux01.dbf
/data/new/users01.dbf
/data/new/example01.dbf
```

위에서 확인한 바와 같이 RMAN 백업 파일을 사용하여 다른 서버(위치)에서도 DB를 Open시킬 수는 있지만 데이터의 손실이 발생할 수 있으니 평소에 백업을 철저히 하시길 바랍니다.

실습 11. RMAN 으로 무정지 긴급 복구 진행하기 RMAN

이번 장에서는 drop table 장애가 발생했을 때 RMAN을 사용하여 무정지 상태로 응급복구하는 방법을 살펴보겠습니다. 이 내용은 오라클 전문가과정 수업을 들었던 김범준님이 찾아낸 방법으로 김범준님의 동의를 얻어서 모든 사람들과 공유하고 싶어서 소개합니다.

아래 실습은 10g RMAN 기반과 11g RMAN 기반으로 나누어서 테스트가 되었으니 실습 도중 경로를 보고 11g RMAN으로 실습할 경우 파일 경로만 11g로 변경하면 됩니다.

(1) Drop Table 장애 복구하기 – 10g RMAN에서 테스트 되었습니다.

RMAN의 DUPLICATE기능을 이용하면 손쉽게 Clone DB를 생성하여 삭제된 테이블을 복구할 수 있습니다. 복구시 사용하는 시점의 기준은 시간, SCN, Sequence를 사용하여 특정시점으로 복원하려면 Archive log모드로 운영되는 DB 여야 합니다.

- 장애상황

김범준 엔지니어는 고객사에서 gogak 테이블이 삭제되었다는 연락을 받고 긴급 복구작업을 위해 고객사에 방문했습니다. 운영서버를 정지할 수 없는 상황이며 DB는 아카이브로그 모드로 운영되고 있습니다. 백업파일은 전날 저녁에 RMAN으로 받아둔 파일이 존재합니다. gogak 테이블이 삭제된 시간은 2013-03-28-21:54:58 입니다.

Step 1 RMAN으로 전체 데이터베이스 백업

```
[oracle@oraserver ~]$ rman target /

Recovery Manager: Release 10.2.0.5.0 - Production on Thu Mar 28 21:49:23 2013
Copyright (c) 1982, 2007, Oracle.  All rights reserved.

connected to target database: TESTDB (DBID=2594599265)
RMAN> backup as compressed backupset database;

Starting backup at 28-MAR-13
using target database control file instead of recovery catalog
allocated channel: ORA_DISK_1

( 지면 관계상 중간 과정은 생략합니다 )

channel ORA_DISK_1: backup set complete, elapsed time: 00:00:03
Finished backup at 28-MAR-13
```

Step 2 gogak테이블 생성 및 drop

```
[oracle@oraserver ~]$ sqlplus / as sysdba
SQL*Plus: Release 10.2.0.5.0 - Production on Thu Mar 28 21:51:30 2013
Copyright (c) 1982, 2010, Oracle.  All Rights Reserved.

Connected to:
Oracle Database 10g Enterprise Edition Release 10.2.0.5.0 - Production
With the Partitioning, OLAP, Data Mining and Real Application Testing options

SQL> create table scott.gogak
  2  (no number,
  3  name varchar2(10),
  4  addr varchar2(20));
Table created.

SQL> insert into scott.gogak values (1,'서진수','서울 강남구');
1 row created.

SQL> insert into scott.gogak values (2,'김범석','경기도 부천시');
1 row created.

SQL> insert into scott.gogak values (3,'김범준','경기도 부천시');
1 row created.

SQL> commit;
Commit complete.

SQL> select * from scott.gogak;

NO         NAME       ADDR
--------- ---------- --------------------
        1 서진수     서울 강남구
        2 김범석     경기도 부천시
        3 김범준     경기도 부천시

SQL> alter system switch logfile;
System altered.

SQL> /
System altered.

SQL> /
System altered.
```

```
SQL> select to_char(sysdate,'YYYY-MM-DD-HH24:MI:SS') from dual;

TO_CHAR(SYSDATE,'YY
-------------------
2013-03-28-21:54:58   ← 복구에 사용될 시간입니다.

SQL> drop table scott.gogak purge;

Table dropped.

SQL> select * from scott.gogak;
select * from scott.gogak
                    *
ERROR at line 1:
ORA-00942: table or view does not exist
```

Step 3 Clone DB용 Parameter File 생성 및 수정

Clone DB에서 사용된 Parameter 파일을 생성하여 환경에 맞게 수정해줍니다.

```
Spfile을 사용할 경우
SQL>  create pfile='/home/oracle/product/10g/dbs/initclone.ora' from spfile;
File created.

Pfile을 사용할 경우
SQL> !cp /home/oracle/product/10g/dbs/inittestdb.ora  -
/home/oracle/product/10g/dbs/initclone.ora

SQL> !vi /home/oracle/product/10g/dbs/initclone.ora
================================================================================
clone.__db_cache_size=306184192
clone.__java_pool_size=4194304
clone.__large_pool_size=4194304
clone.__shared_pool_size=117440512
clone.__streams_pool_size=0
*.audit_file_dest='/home/oracle/admin/testdb/adump'
*.background_dump_dest='/home/oracle/admin/testdb/bdump'
*.compatible='10.2.0.5.0'
*.core_dump_dest='/home/oracle/admin/testdb/cdump'
*.db_block_size=8192
*.db_domain=''
*.db_file_multiblock_read_count=16
*.job_queue_processes=10
```

```
*.log_archive_dest_1='LOCATION=/home/oracle/arc1'
*.log_archive_format='%t_%s_%r.dbf'
*.nls_language='KOREAN'
*.nls_territory='KOREA'
*.open_cursors=300
*.pga_aggregate_target=144703488
*.processes=150
*.remote_login_passwordfile='EXCLUSIVE'
*.sga_target=434110464
*.undo_management='AUTO'
*.undo_tablespace='UNDOTBS1'
*.user_dump_dest='/home/oracle/admin/testdb/udump'
control_files='/home/oracle/db/clone/control01.ctl'
db_name='clone'
#아래 두줄 꼭 추가
#('운영DB파일경로,'클론DB파일경로')의 형식입니다.
db_file_name_convert=(/home/oracle/db/testdb/,/home/oracle/db/clone/)
log_file_name_convert=(/home/oracle/db/testdb/,/home/oracle/db/clone/)
==========================================================================
```

Step 4 Clone DB 구성용 디렉터리 생성

Clone DB에서 사용될 디렉토리 구조를 만들어 줍니다.

```
[oracle@oraserver ~]$ mkdir -p /home/oracle/db/clone
[oracle@oraserver ~]$ mkdir -p /home/oracle/admin/clone
[oracle@oraserver ~]$ cd admin/clone/
[oracle@oraserver clone]$ mkdir adump bdump cdump dpdump udump
```

Step 5 Listener 설정

Target 데이터베이스(운영DB)쪽의 listener와 tnsnames.ora 파일을 수정해줍니다.

```
[oracle@oraserver ~]$ vi /home/oracle/product/10g/network/admin/listener.ora
==========================================================================
# listener.ora Network Configuration File: /home/oracle/product/10g/
network/admin/listener.ora
# Generated by Oracle configuration tools.

SID_LIST_LISTENER =
  (SID_LIST =
    (SID_DESC =
      (SID_NAME = PLSExtProc)
      (ORACLE_HOME = /home/oracle/product/10g)
```

```
      (PROGRAM = extproc)
    )
  )

LISTENER =
  (DESCRIPTION_LIST =
    (DESCRIPTION =
      (ADDRESS = (PROTOCOL = TCP)(HOST = oraserver)(PORT = 1521))
      (ADDRESS = (PROTOCOL = IPC)(KEY = EXTPROC0))
    )
  )

==============================================================================
[oracle@oraserver ~]$ vi /home/oracle/product/10g/network/admin/tnsnames.ora
==============================================================================

# tnsnames.ora Network Configuration File:
/home/oracle/product/10g/network/admin/tnsnames.ora
# Generated by Oracle configuration tools.
TESTDB =
  (DESCRIPTION =
    (ADDRESS_LIST =
      (ADDRESS = (PROTOCOL = TCP)(HOST = oraserver)(PORT = 1521))
    )
    (CONNECT_DATA =
      (SERVICE_NAME = testdb)
    )
  )
==============================================================================
```

Step 6 RMAN의 DUPLICATE를 이용하여 시간기반 무정지 복구

```
[oracle@oraserver ~]$ export ORACLE_SID=clone
[oracle@oraserver ~]$ export NLS_DATE_FORMAT='YYYY-MM-DD-HH24:MI:SS'
[oracle@oraserver ~]$ sqlplus / as sysdba

SQL*Plus: Release 10.2.0.5.0 - Production on Thu Mar 28 22:15:51 2013
Copyright (c) 1982, 2010, Oracle.  All Rights Reserved.
Connected to an idle instance.

SQL> startup nomount
ORACLE instance started.
```

```
Total System Global Area  436207616 bytes
Fixed Size                  1274140 bytes
Variable Size             125832932 bytes
Database Buffers          306184192 bytes
Redo Buffers                2916352 bytes
SQL> exit
Disconnected from Oracle Database 10g Enterprise Edition Release 10.2.0.5.0 - Production
With the Partitioning, OLAP, Data Mining and Real Application Testing options
[oracle@oraserver ~]$ rman nocatalog

Recovery Manager: Release 10.2.0.5.0 - Production on Thu Mar 28 22:16:47 2013
Copyright (c) 1982, 2007, Oracle.  All rights reserved.

RMAN> connect target sys/oracle@testdb #운영DB로 접속

connected to target database: TESTDB (DBID=2594599265)
using target database control file instead of recovery catalog

RMAN> connect auxiliary sys/oracle #보조DB (SID=clone)로 접속

connected to auxiliary database: CLONE (not mounted)

RMAN> duplicate target database to 'clone'
2> until time '2013-03-28-21:54:58';

Starting Duplicate Db at 2013-03-28-22:51:18
allocated channel: ORA_AUX_DISK_1
channel ORA_AUX_DISK_1: sid=156 devtype=DISK

contents of Memory Script:
{
   set until scn  155823;
   set newname for datafile  1 to
 "/home/oracle/db/clone/system01.dbf";
   set newname for datafile  2 to
 "/home/oracle/db/clone/undotbs01.dbf";
   set newname for datafile  3 to
 "/home/oracle/db/clone/sysaux01.dbf";
   set newname for datafile  4 to
 "/home/oracle/db/clone/users01.dbf";
   restore
   check readonly
   clone database
```

```
   ;
}
executing Memory Script

executing command: SET until clause
executing command: SET NEWNAME
executing command: SET NEWNAME
executing command: SET NEWNAME
executing command: SET NEWNAME
Starting restore at 2013-03-28-22:51:19
using channel ORA_AUX_DISK_1

channel ORA_AUX_DISK_1: starting datafile backupset restore
channel ORA_AUX_DISK_1: specifying datafile(s) to restore from backup set
restoring datafile 00001 to /home/oracle/db/clone/system01.dbf
restoring datafile 00002 to /home/oracle/db/clone/undotbs01.dbf
restoring datafile 00003 to /home/oracle/db/clone/sysaux01.dbf
restoring datafile 00004 to /home/oracle/db/clone/users01.dbf
channel ORA_AUX_DISK_1: reading from backup piece
/home/oracle/product/10g/dbs/03o5mhjj_1_1
channel ORA_AUX_DISK_1: restored backup piece 1
piece handle=/home/oracle/product/10g/dbs/03o5mhjj_1_1
tag=TAG20130328T214939
channel ORA_AUX_DISK_1: restore complete, elapsed time: 00:00:46
Finished restore at 2013-03-28-22:52:06
sql statement: CREATE CONTROLFILE REUSE SET DATABASE "CLONE" RESETLOGS
ARCHIVELOG
  MAXLOGFILES     16
  MAXLOGMEMBERS      3
  MAXDATAFILES      100
  MAXINSTANCES     8
  MAXLOGHISTORY      292
 LOGFILE
  GROUP  1 ( '/home/oracle/db/clone/redo01.log' ) SIZE 50 M  REUSE,
  GROUP  2 ( '/home/oracle/db/clone/redo02.log' ) SIZE 50 M  REUSE,
  GROUP  3 ( '/home/oracle/db/clone/redo03.log' ) SIZE 50 M  REUSE
 DATAFILE
  '/home/oracle/db/clone/system01.dbf'
 CHARACTER SET KO16MSWIN949

contents of Memory Script:
{
   switch clone datafile all;
```

```
}
executing Memory Script

datafile 2 switched to datafile copy
input datafile copy recid=1 stamp=811291928 filename=/home/oracle/db/clone/undotbs01.
dbf
datafile 3 switched to datafile copy
input datafile copy recid=2 stamp=811291928 filename=/home/oracle/db/clone/sysaux01.
dbf
datafile 4 switched to datafile copy
input datafile copy recid=3 stamp=811291928 filename=/home/oracle/db/clone/users01.
dbf

contents of Memory Script:
{
   set until time  "2013-03-28-21:54:58";
   recover
   clone database
    delete archivelog
   ;
}
executing Memory Script
executing command: SET until clause
Starting recover at 2013-03-28-22:52:07
using channel ORA_AUX_DISK_1
starting media recovery
archive log thread 1 sequence 7 is already on disk as file /home/oracle/arc1/1_7_811287880.
dbf
archive log filename=/home/oracle/arc1/1_7_811287880.dbf thread=1
sequence=7
media recovery complete, elapsed time: 00:00:03
Finished recover at 2013-03-28-22:52:10

contents of Memory Script:
{
   shutdown clone;
   startup clone nomount ;
}
executing Memory Script

database dismounted
Oracle instance shut down
```

```
connected to auxiliary database (not started)
Oracle instance started

Total System Global Area     436207616 bytes

Fixed Size                     1274140 bytes
Variable Size                125832932 bytes
Database Buffers             306184192 bytes
Redo Buffers                   2916352 bytes
sql statement: CREATE CONTROLFILE REUSE SET DATABASE "CLONE" RESETLOGS ARCHIVELOG
  MAXLOGFILES     16
  MAXLOGMEMBERS      3
  MAXDATAFILES      100
  MAXINSTANCES     8
  MAXLOGHISTORY      292
 LOGFILE
  GROUP  1 ( '/home/oracle/db/clone/redo01.log' ) SIZE 50 M  REUSE,
  GROUP  2 ( '/home/oracle/db/clone/redo02.log' ) SIZE 50 M  REUSE,
  GROUP  3 ( '/home/oracle/db/clone/redo03.log' ) SIZE 50 M  REUSE
 DATAFILE
  '/home/oracle/db/clone/system01.dbf'
 CHARACTER SET KO16MSWIN949

contents of Memory Script:
{
   set newname for tempfile  1 to
 "/home/oracle/db/clone/temp01.dbf";
   switch clone tempfile all;
   catalog clone datafilecopy  "/home/oracle/db/clone/undotbs01.dbf";
   catalog clone datafilecopy  "/home/oracle/db/clone/sysaux01.dbf";
   catalog clone datafilecopy  "/home/oracle/db/clone/users01.dbf";
   switch clone datafile all;
}
executing Memory Script
executing command: SET NEWNAME
renamed temporary file 1 to /home/oracle/db/clone/temp01.dbf in control file
cataloged datafile copy
datafile copy filename=/home/oracle/db/clone/undotbs01.dbf recid=1 stamp=811291935
cataloged datafile copy
datafile copy filename=/home/oracle/db/clone/sysaux01.dbf recid=2 stamp=811291935
cataloged datafile copy
datafile copy filename=/home/oracle/db/clone/users01.dbf recid=3 stamp=811291935
```

```
datafile 2 switched to datafile copy
input datafile copy recid=1 stamp=811291935 filename=/home/oracle/db/clone/undotbs01.dbf
datafile 3 switched to datafile copy
input datafile copy recid=2 stamp=811291935 filename=/home/oracle/db/clone/sysaux01.dbf
datafile 4 switched to datafile copy
input datafile copy recid=3 stamp=811291935 filename=/home/oracle/db/clone/users01.dbf

contents of Memory Script:
{
   Alter clone database open resetlogs;
}
executing Memory Script

database opened
Finished Duplicate Db at 2013-03-28-22:52:24

RMAN> exit
Recovery Manager complete.

[oracle@oraserver ~]$ sqlplus / as sysdba

SQL*Plus: Release 10.2.0.5.0 - Production on Thu Mar 28 22:53:28 2013
Copyright (c) 1982, 2010, Oracle.  All Rights Reserved.
Connected to:
Oracle Database 10g Enterprise Edition Release 10.2.0.5.0 - Production
With the Partitioning, OLAP, Data Mining and Real Application Testing options

SQL> select * from scott.gogak;

        NO NAME       ADDR
---------- ---------- --------------------
         1 서진수     서울 강남구
         2 김범석     경기도 부천시
         3 김범준     경기도 부천시

SQL>exit
```

Step 7 Export / Import로 복구한 테이블 운영DB에 입력

```
[oracle@oraserver ~]$ exp scott/tiger file=/home/oracle/gogak.dmp
tables=gogak

Export: Release 10.2.0.5.0 - Production on Thu Mar 28 22:54:45 2013
Copyright (c) 1982, 2007, Oracle.  All rights reserved.
```

```
Connected to: Oracle Database 10g Enterprise Edition Release 10.2.0.5.0 - Production
With the Partitioning, OLAP, Data Mining and Real Application Testing options
Export done in KO16MSWIN949 character set and AL16UTF16 NCHAR character set

About to export specified tables via Conventional Path ...
. . exporting table                         GOGAK          3 rows exported
Export terminated successfully without warnings.
[oracle@oraserver ~]$
[oracle@oraserver ~]$ export ORACLE_SID=testdb
[oracle@oraserver ~]$ imp scott/tiger file=/home/oracle/gogak.dmp ignore=y

Import: Release 10.2.0.5.0 - Production on Thu Mar 28 22:57:18 2013
Copyright (c) 1982, 2007, Oracle.  All rights reserved.

Connected to: Oracle Database 10g Enterprise Edition Release 10.2.0.5.0 - Production
With the Partitioning, OLAP, Data Mining and Real Application Testing options

Export file created by EXPORT:V10.02.01 via conventional path
import done in KO16MSWIN949 character set and AL16UTF16 NCHAR character set
. importing SCOTT's objects into SCOTT
. importing SCOTT's objects into SCOTT
. . importing table                       "GOGAK"          3 rows imported
Import terminated successfully without warnings.
[oracle@oraserver ~]$ sqlplus / as sysdba

SQL*Plus: Release 10.2.0.5.0 - Production on Thu Mar 28 22:57:27 2013
Copyright (c) 1982, 2010, Oracle.  All Rights Reserved.

Connected to:
Oracle Database 10g Enterprise Edition Release 10.2.0.5.0 - Production
With the Partitioning, OLAP, Data Mining and Real Application Testing options

SQL> select instance_name from v$instance;

INSTANCE_NAME
----------------
testdb

SQL> select * from scott.gogak;

NO         NAME       ADDR
--------  ---------- --------------------
       1  서진수      서울 강남구
```

```
2  김범석      경기도 부천시
3  김범준      경기도 부천시
```

복구가 완료되었습니다.

(2) 11g New Features 'Targetless DUPLICATE'

기존의 Duplicate 방식으로 Clone DB를 구성하려면 Target DB에 접속하기 위해 Listener와 tnsnames를 수정해야만 했습니다. 11g에서 새롭게 추가된 Targetless Duplicate기능으로 target DB에 접속하지 않고 Backupset과 Archive log파일만을 이용해 손쉽게 Clone DB를 구성할 수 있습니다.

- 장애상황

김범준 엔지니어는 고객사에서 gogak 테이블이 삭제되었다는 연락을 받고 긴급 복구작업을 위해 고객사에 방문했습니다. 운영서버를 정지할 수 없는 상황이며 DB는 아카이브로그 모드로 운영되고 있습니다. 백업파일은 전날 저녁에 RMAN으로 받아둔 파일이 존재합니다. 리스너를 재시작 할 수 없는 상황이라 target DB에 네임서비스를 구성하기 어려운 상황입니다. gogak 테이블이 삭제된 시간은 2013-03-14-23:43:06입니다.

Step 1 **RMAN으로 전체 데이터베이스 백업**

```
[oracle@oraserver ~]$ rman target /
Recovery Manager: Release 11.2.0.2.0 - Production on Thu Mar 14 23:38:23 2013
Copyright (c) 1982, 2009, Oracle and/or its affiliates.  All rights
reserved.
connected to target database: TESTDB (DBID=2591935070)

RMAN> backup as compressed backupset format '/data/rman/data_%U_%T'
2> database;

Starting backup at 14-MAR-13
using target database control file instead of recovery catalog
( 지면 관계상 중간 과정은 생략하였습니다 )

channel ORA_DISK_1: backup set complete, elapsed time: 00:00:01
Finished backup at 14-MAR-13
```

```
RMAN> exit
Recovery Manager complete.
[oracle@oraserver rman]$
```

Step 2 gogak테이블 생성 및 drop

```
[oracle@oraserver ~]$ sqlplus / as sysdba
SQL*Plus: Release 11.2.0.2.0 Production on Thu Mar 14 23:41:37 2013
Copyright (c) 1982, 2010, Oracle.  All rights reserved.
Connected to:

Oracle Database 11g Enterprise Edition Release 11.2.0.2.0 - Production
With the Partitioning option

SQL> create table scott.gogak
  2  (no number,
  3  name varchar2(10),
  4  addr varchar2(20));
Table created.

SQL> insert into scott.gogak values (1,'서진수','서울 강남구');
1 row created.

SQL> insert into scott.gogak values (2,'김범석','경기도 부천시');
1 row created.

SQL> insert into scott.gogak values (3,'김범준','경기도 부천시');
1 row created.

SQL> commit;
Commit complete.

SQL> select * from scott.gogak;

        NO NAME       ADDR
---------- ---------- --------------------
         1 서진수     서울 강남구
         2 김범석     경기도 부천시
         3 김범준     경기도 부천시

SQL> alter system switch logfile;
System altered.
```

```
SQL> /
System altered.

SQL> /
System altered.

SQL> /
System altered.

SQL> select to_char(sysdate,'YYYY-MM-DD-HH24:MI:SS') from dual;

TO_CHAR(SYSDATE,'YY
-------------------
2013-03-14-23:43:06

SQL> drop table scott.gogak purge;

Table dropped.

SQL> select * from scott.gogak;
select * from scott.gogak
                    *
ERROR at line 1:
ORA-00942: table or view does not exist

SQL> alter system switch logfile;
System altered.

SQL> /
System altered.

SQL> /
System altered.

SQL> /
System altered.

SQL>
```

Step 3 Clone DB용 Parameter File 생성 및 수정

Clone DB에서 사용된 Parameter 파일을 생성하여 환경에 맞게 수정해줍니다.

Spfile을 사용할 경우

```
SQL>  create pfile='/app/oracle/product/11g/dbs/initclone.ora' from
spfile;
File created.

Pfile을 사용할 경우
SQL> !cp /app/oracle/product/11g/dbs/inittestdb.ora  /app/oracle/product/11g/
dbs/initclone.ora

SQL> !vi /app/oracle/product/11g/dbs/initclone.ora
============================================================================

clone.__db_cache_size=331350016
clone.__java_pool_size=4194304
clone.__large_pool_size=4194304
clone.__oracle_base='/app/oracle'#ORACLE_BASE set from environment
clone.__pga_aggregate_target=331350016
clone.__sga_target=494927872
clone.__shared_io_pool_size=0
clone.__shared_pool_size=146800640
clone.__streams_pool_size=0
*.audit_file_dest='/app/oracle/admin/clone/adump'
*.audit_trail='db'
*.compatible='11.2.0.0.0'
*.control_files='/data/db/clone/control01.ctl'
*.db_block_size=8192
*.db_domain=''
*.db_name='clone'
*.diagnostic_dest='/app/oracle'
*.log_archive_dest_1='LOCATION=/data/arc1'
*.log_archive_dest_2='LOCATION=/data/arc2'
*.log_archive_format='%t_%s_%r.dbf'
#*.memory_target=823132160 # memory_target Parameter는 꼭 주석처리 합니다.
*.open_cursors=300
*.processes=150
*.remote_login_passwordfile='EXCLUSIVE'
*.undo_tablespace='UNDOTBS1'
db_file_name_convert=('/data/db/testdb/','/data/db/clone/')
log_file_name_convert=('/data/db/testdb/','/data/db/clone/')
============================================================================
```

Step 4 Clone DB 구성용 디렉토리 생성

Clone DB에서 사용될 디렉토리 구조를 만들어 줍니다.

```
[oracle@oraserver ~]$ mkdir -p /data/db/clone
[oracle@oraserver ~]$ mkdir -p /app/oracle/admin/clone
[oracle@oraserver ~]$ mkdir -p /app/oracle/admin/clone/adump
[oracle@oraserver ~]$ mkdir -p /app/oracle/admin/clone/dpdump
[oracle@oraserver ~]$
```

Step 5 Archive log 파일을 backupset 파일이 있는 디렉토리로 복사

```
[oracle@oraserver ~]$ cd /data/arc1
[oracle@oraserver arc1]$ cp -av * /data/rman/
`1_1_810085029.dbf' -> `/data/rman/1_1_810085029.dbf'
`1_2_810085029.dbf' -> `/data/rman/1_2_810085029.dbf'
`1_3_810085029.dbf' -> `/data/rman/1_3_810085029.dbf'
`1_4_810085029.dbf' -> `/data/rman/1_4_810085029.dbf'
`1_5_810085029.dbf' -> `/data/rman/1_5_810085029.dbf'
`1_6_810085029.dbf' -> `/data/rman/1_6_810085029.dbf'
`1_7_810085029.dbf' -> `/data/rman/1_7_810085029.dbf'

[oracle@oraserver arc1]$ cd /data/rman
[oracle@oraserver rman]$ ll
total 91584
-rw-r----- 1 oracle dba   148992 Mar 14 23:42 1_1_810085029.dbf
-rw-r----- 1 oracle dba     1024 Mar 14 23:42 1_2_810085029.dbf
-rw-r----- 1 oracle dba     2560 Mar 14 23:42 1_3_810085029.dbf
-rw-r----- 1 oracle dba     1024 Mar 14 23:42 1_4_810085029.dbf
-rw-r----- 1 oracle dba  3956224 Mar 15 00:00 1_5_810085029.dbf
-rw-r----- 1 oracle dba     1024 Mar 15 00:00 1_6_810085029.dbf
-rw-r----- 1 oracle dba     1536 Mar 15 00:00 1_7_810085029.dbf
-rw-r----- 1 oracle dba 88449024 Mar 14 23:39 data_01o4hqof_1_1_20130314
-rw-r----- 1 oracle dba  1097728 Mar 14 23:39 data_02o4hqp8_1_1_20130314
[oracle@oraserver rman]$
```

Step 6 RMAN의 Targetless DUPLICATE를 이용하여 시간기반 무정지 복구

```
[oracle@oraserver ~]$ export ORACLE_SID=clone
[oracle@oraserver ~]$ export NLS_DATE_FORMAT='YYYY-MM-DD-HH24:MI:SS'
[oracle@oraserver ~]$ sqlplus / as sysdba
SQL*Plus: Release 11.2.0.2.0 Production on Thu Mar 14 23:55:55 2013

Copyright (c) 1982, 2010, Oracle.  All rights reserved.

Connected to an idle instance.
```

```
SQL> startup nomount
ORACLE instance started.

Total System Global Area  146472960 bytes
Fixed Size                  1342736 bytes
Variable Size              92275440 bytes
Database Buffers           50331648 bytes
Redo Buffers                2523136 bytes
SQL> exit
Disconnected from Oracle Database 11g Enterprise Edition Release 11.2.0.2.0 - Production
With the Partitioning option
[oracle@oraserver ~]$

[oracle@oraserver ~]$ rman auxiliary /

Recovery Manager: Release 11.2.0.2.0 - Production on Fri Mar 15 00:04:34 2013
Copyright (c) 1982, 2009, Oracle and/or its affiliates.  All rights reserved.

connected to auxiliary database: CLONE (not mounted)

RMAN> duplicate database to 'clone'
2> pfile='/app/oracle/product/11g/dbs/initclone.ora'
3> nofilenamecheck
4> backup location '/data/rman'
5> until time '2013-03-14-23:43:06';

Starting Duplicate Db at 2013-03-15-00:04:49

(중간 생략)

contents of Memory Script:
{
   Alter clone database open resetlogs;
}
executing Memory Script

database opened
Finished Duplicate Db at 2013-03-15-00:06:54

RMAN> exit

Recovery Manager complete.
```

```
[oracle@oraserver ~]$ sqlplus / as sysdba

SQL*Plus: Release 11.2.0.2.0 Production on Fri Mar 15 00:08:25 2013
Copyright (c) 1982, 2010, Oracle.  All rights reserved.

Connected to:
Oracle Database 11g Enterprise Edition Release 11.2.0.2.0 - Production
With the Partitioning option

SQL> select * from scott.gogak;

        NO NAME       ADDR
---------- ---------- --------------------
         1 서진수     서울 강남구
         2 김범석     경기도 부천시
         3 김범준     경기도 부천시

SQL> exit
Disconnected from Oracle Database 11g Enterprise Edition Release 11.2.0.2.0 - Production
With the Partitioning option
[oracle@oraserver ~]$
```

Step 7 Export / Import로 복구한 테이블 운영DB에 입력

```
[oracle@oraserver ~]$ exp scott/tiger file=/home/oracle/gogak.dmp
tables=gogak

Export: Release 11.2.0.2.0 - Production on Fri Mar 15 00:09:58 2013
Copyright (c) 1982, 2009, Oracle and/or its affiliates.  All rights reserved.

Connected to: Oracle Database 11g Enterprise Edition Release 11.2.0.2.0 - Production
With the Partitioning option
Export done in KO16MSWIN949 character set and AL16UTF16 NCHAR character set

About to export specified tables via Conventional Path ...
. . exporting table                          GOGAK          3 rows exported
Export terminated successfully without warnings.
[oracle@oraserver ~]$ export ORACLE_SID=testdb
[oracle@oraserver ~]$ imp scott/tiger file=/home/oracle/gogak.dmp ignore=y

Import: Release 11.2.0.2.0 - Production on Fri Mar 15 00:10:41 2013
Copyright (c) 1982, 2009, Oracle and/or its affiliates.  All rights reserved.
Connected to: Oracle Database 11g Enterprise Edition Release 11.2.0.2.0 - Production
```

```
With the Partitioning option
Export file created by EXPORT:V11.02.00 via conventional path
import done in KO16MSWIN949 character set and AL16UTF16 NCHAR character set
. importing SCOTT's objects into SCOTT
. importing SCOTT's objects into SCOTT
. . importing table                        "GOGAK"          3 rows imported
Import terminated successfully without warnings.
[oracle@oraserver ~]$ sqlplus / as sysdba

SQL*Plus: Release 11.2.0.2.0 Production on Fri Mar 15 00:10:49 2013
Copyright (c) 1982, 2010, Oracle.  All rights reserved.

Connected to:
Oracle Database 11g Enterprise Edition Release 11.2.0.2.0 - Production
With the Partitioning option

SQL> select instance_name from v$instance;

INSTANCE_NAME
----------------
testdb

SQL> select * from scott.gogak;

        NO NAME       ADDR
---------- ---------- --------------------
         1 서진수      서울 강남구
         2 김범석      경기도 부천시
         3 김범준      경기도 부천시
```

복구가 정상적으로 완료되었습니다.

실습 12. Drop tablespace 복구하기 RMAN

Step 1 현재 상태 확인하기

```
SYS>!vi dd.sql
set line 200
col tablespace_name for a10
col file_name for a50
```

```
select tablespace_name, bytes/1024/1024 MB , file_name  from dba_data_files
/
SYS>@dd

TABLESPACE              MB   FILE_NAME
---------------- --------  ---------------------------------------------
USERS               11.25  /app/oracle/oradata/testdb/users01.dbf
SYSAUX                480  /app/oracle/oradata/testdb/sysaux01.dbf
UNDOTBS1               40  /app/oracle/oradata/testdb/undotbs01.dbf
SYSTEM                500  /app/oracle/oradata/testdb/system01.dbf
EXAMPLE               100  /app/oracle/oradata/testdb/example01.dbf
```

Step 2 테스트용 테이블 스페이스 생성하기

```
SYS>create tablespace test
  2  datafile '/app/oracle/oradata/testdb/test01.dbf' size 5M;
Tablespace created.

SYS>@dd

TABLESPACE                MB   FILE_NAME
----------------- ----------  ---------------------------------------------
USERS                  11.25  /app/oracle/oradata/testdb/users01.dbf
SYSAUX                   480  /app/oracle/oradata/testdb/sysaux01.dbf
UNDOTBS1                  40  /app/oracle/oradata/testdb/undotbs01.dbf
SYSTEM                   500  /app/oracle/oradata/testdb/system01.dbf
EXAMPLE                  100  /app/oracle/oradata/testdb/example01.dbf
TEST                       5  /app/oracle/oradata/testdb/test01.dbf
6 rows selected.
```

Step 3 전체 데이터베이스 백업 합니다.

```
[oracle@rcclient ~]$ rman target / catalog rcuser/rcuser@rcserver
또는
[oracle@rcclient ~]$ rman target /  ( 복구 카탈로그 서버 사용 안 할 경우 )
Recovery Manager: Release 11.2.0.1.0 - Production on Tue Apr 20 08:42:08 2010

Copyright (c) 1982, 2007, Oracle.  All rights reserved.
connected to target database: TESTDB (DBID=2499898020)
connected to recovery catalog database

RMAN> configure controlfile autobackup on ;
```

```
RMAN> backup as compressed backup set database ;

Starting backup at 20-APR-10
using channel ORA_DISK_1
using channel ORA_DISK_2

(중간 생략)

Starting Control File Autobackup at 20-APR-10
piece handle=/data/backup/rman/cf_c-2499898020-20100420-2d comment=NONE
Finished Control File Autobackup at 20-APR-10
RMAN>exit
```

Step 4 실습용 테이블 생성 후 데이터 입력합니다.

```
[oracle@rcclient ~]$ sqlplus / as sysdba;
SQL*Plus: Release 11.2.0.1.0 - Production on Tue Apr 20 18:04:20 2010
Copyright (c) 1982, 2007, Oracle.  All Rights Reserved.

Connected to:
Oracle Database 11g Enterprise Edition Release 11.2.0.1.0 - Production
With the Partitioning, OLAP, Data Mining and Real Application Testing options

SYS>create table rtest2 (no number) tablespace test;
Table created.

SYS>insert into rtest2 values (1);
1 row created.

SYS>insert into rtest2 values (2);
1 row created.

SYS>commit;
Commit complete.

SYS>@time

TO_CHAR(SYSDATE,'YY
---------------------------
2010-04-20:18:06:53    ← 이 시간까지는 테이블스페이스가 존재합니다
```

Step 5 테이블 스페이스를 삭제하는 장애를 발생시킨 후 시간 확인합니다.

```
SYS>drop tablespace test including contents and datafiles;  ← 테이블 스페이스 삭제합니다

Tablespace dropped.

SYS>!

[oracle@rcclient ~]$ vi /home/oracle/admin/testdb/bdump/alert_testdb.log
                                                                    ← 10g 경우.
[oracle@rcclient ~]$ vi /app/oracle/diag/rdbms/testdb/testdb/trace/alert_
testdb.log ← 11g 경우

Completed: create tablespace test
datafile '/app/oracle/oradata/testdb/test01.dbf' size 5M
Tue Apr 20 18:03:52 2010
Starting control autobackup
Control autobackup written to DISK device
        handle '/data/backup/rman/cf_c-2499898020-20100420-2d'

Tue Apr 20 18:07:34 2010  ← 명령어가 시작된 시간으로 복구 시간입니다.
drop tablespace test including contents and datafiles
Tue Apr 20 18:07:37 2010
Deleted file /app/oracle/oradata/testdb/test01.dbf

Starting control autobackup
Control autobackup written to DISK device
        handle '/data/backup/rman/cf_c-2499898020-20100420-2e'
Completed: drop tablespace test including contents and datafiles
```

Step 6 복구 시작합니다.

```
SYS>exit
Disconnected from Oracle Database 11g Enterprise Edition Release 11.2.0.1.0 - Production
With the Partitioning, OLAP, Data Mining and Real Application Testing options

[oracle@rcclient ~]$ rman  target  /

Recovery Manager: Release 11.2.0.1.0 - Production on Tue Apr 20 18:09:10 2010
Copyright (c) 1982, 2007, Oracle.  All rights reserved.

connected to target database: TESTDB (DBID=2499898020)
```

```
connected to recovery catalog database

RMAN> shutdown immediate;
starting full resync of recovery catalog
full resync complete
database closed
database dismounted
Oracle instance shut down

RMAN> startup nomount;

connected to target database (not started)
Oracle instance started

Total System Global Area     285212672 bytes

Fixed Size                     1267044 bytes
Variable Size                 88083100 bytes
Database Buffers             188743680 bytes
Redo Buffers                   7118848 bytes

RMAN> sql 'alter session set  nls_date_format="YYYY-MM-DD:HH24:MI:SS"';

sql statement: alter session set  nls_date_format="YYYY-MM-DD:HH24:MI:SS"

RMAN> run {
2> restore  controlfile  from '/data/backup/rman/ cf_c-2499898020-20100420-2d';
3> }       ← 백업 Control file을 복원함. 이 파일은 앞에서 미리 백업 받아 둔 파일입니다.

Starting restore at 20-APR-10
allocated channel: ORA_DISK_1
channel ORA_DISK_1: sid=156 devtype=DISK
allocated channel: ORA_DISK_2
channel ORA_DISK_2: sid=155 devtype=DISK
channel ORA_DISK_1: starting datafile backupset restore
channel ORA_DISK_1: restoring control file
channel ORA_DISK_1: reading from backup piece /data/backup/rman/cf_c-2499898020-
20100420-2d
channel ORA_DISK_1: restored backup piece 1
piece handle=/data/backup/rman/cf_c-2499898020-20100420-2d tag=TAG20100420T180352
channel ORA_DISK_1: restore complete, elapsed time: 00:00:02
output filename=/app/oracle/oradata/testdb/control01.ctl
output filename=/app/oracle/oradata/testdb/control02.ctl
```

```
output filename=/app/oracle/oradata/testdb/control03.ctl
Finished restore at 20-APR-10

RMAN> alter database mount;
RMAN> sql 'alter session set nls_date_format="YYYY-MM-DD:HH24:MI:SS"';

sql statement: alter session set nls_date_format="YYYY-MM-DD:HH24:MI:SS"

RMAN> run {
2> set until time '2010-04-20:18:06:53';
3> restore database;
4> recover database;
5> }

executing command: SET until clause

Starting restore at 20-APR-10
(중간 생략)

Starting recover at 20-APR-10
using channel ORA_DISK_1
using channel ORA_DISK_2

starting media recovery

archive log thread 1 sequence 1 is already on disk as file /app/oracle/
oradata/testdb/redo01.log
archive log filename=/app/oracle/oradata/testdb/redo01.log thread=1
sequence=1
media recovery complete, elapsed time: 00:00:04
Finished recover at 20-APR-10

RMAN> alter database open resetlogs;

database opened
new incarnation of database registered in recovery catalog
starting full resync of recovery catalog
full resync complete

복구 완료되었습니다.
데이터를 확인해 보겠습니다.

RMAN> exit
```

```
Recovery Manager complete.

[oracle@rcclient ~]$ sqlplus / as sysdba;

SQL*Plus: Release 11.2.0.1.0 - Production on Tue Apr 20 18:24:46 2010
Copyright (c) 1982, 2007, Oracle.  All Rights Reserved.
Connected to:
Oracle Database 11g Enterprise Edition Release 11.2.0.1.0 - Production
With the Partitioning, OLAP, Data Mining and Real Application Testing options

SYS>select * from rtest2;

        NO
--------------
         1
         2  ← 복구가 완료되었습니다.
```

15. RMAN으로 Block Corruption Recovery 수행하기

```
SQL> select * from emp;
select * from emp
*
ERROR at line 1:
ORA-01578: ORACLE data block corrupted (file # 4, block # 24165)
ORA-01110: data file 4: '/app/oracle/oradata/testdb/example01.dbf'
```

위와 같이 쿼리를 수행했는데 ORA-01578 에러가 발생하면서 Block corruption이 발생한 경우를 가끔씩 접할 수 있습니다. 이럴 경우 RMAN의 Block Recovery 기능을 이용하여 복구할 수 있습니다. 거의 대부분의 경우에 블록에서 에러가 발견되면 발견한 시점에 해당 블록에 에러가 났다는 표시를 해 둡니다. 그리고 다음부터 그 블록이 완전히 복구가 될 때까지는 사용하지 않게 됩니다. 모든 block corruption recovery는 정상적인 백업 파일을 복원한 후 복구를 하는 것입니다. 즉 Block Corruption이 발생했을 경우에도 정상적인 백업이 없으면 복구가 불가하는 것을 꼭 기억하셔야 합니다.

이번 장에서는 Block Corruption이 발생했을 때 정상적인 백업을 가지고 RMAN으로 Recovery하는 방법을 먼저 살펴본 후 SQLPLUS의 Recover 명령을 이용해서 복구하는 방법도 살펴보겠습니다. 그리고 11g의 신기능인 recover… block 명령어를 활용하는 방법도 살펴보겠습니다.

먼저 Block Corruption 장애를 일으킨 후 정상적인 백업 파일을 사용하여 RMAN으로 복구를 해 보겠습니다.

(1) Block Recovery 실습 1 - sqlplus의 recover 명령어로 안되는 경우를 RMAN으로 복구하기

```
[oracle@localhost ~]$ dd if=/dev/zero of=/app/oracle/oradata/testdb/example01.dbf bs=8k
438024+0개의 레코드를 입력하였습니다
438023+0개의 레코드를 출력하였습니다

[oracle@localhost ~]$ sqlplus / as sysdba;

SQL*Plus: Release 11.2.0.1.0 - Production on Mon Feb 21 16:05:19 2011
Copyright (c) 1982, 2010, Oracle.  All Rights Reserved.
Connected to:
Oracle Database 11g Enterprise Edition Release 11.2.0.1.0 - Production
With the Partitioning, OLAP, Data Mining and Real Application Testing options

SQL> alter tablespace example offline;
alter tablespace example offline
*
ERROR at line 1:
ORA-01122: database file 5 failed verification check
ORA-01110: data file 5: '/app/oracle/oradata/testdb/example01.dbf'
ORA-01210: data file header is media corrupt

SQL> @dd
Connected.

TABLESPACE      MB    FILE_NAME
------------- ----- ------------------------------------------------
EXAMPLE        177   /app/oracle/oradata/testdb/example01.dbf
USERS            5   /app/oracle/oradata/testdb/users01.dbf
SYSAUX         340   /app/oracle/oradata/testdb/sysaux01.dbf
UNDOTBS1        50   /app/oracle/oradata/testdb/undotbs01.dbf
```

```
SYSTEM          460   /app/oracle/oradata/testdb/system01.dbf

SQL> alter tablespace example offline immediate;
Tablespace altered.

SQL> alter tablespace example online;
alter tablespace example online
*
ERROR at line 1:
ORA-01122: database file 5 failed verification check
ORA-01110: data file 5: '/app/oracle/oradata/testdb/example01.dbf'
ORA-01210: data file header is media corrupt

SQL> recover tablespace example;
ORA-00283: recovery session canceled due to errors
ORA-01110: data file 5: '/app/oracle/oradata/testdb/example01.dbf'
ORA-01122: database file 5 failed verification check
ORA-01110: data file 5: '/app/oracle/oradata/testdb/example01.dbf'
ORA-01210: data file header is media corrupt

SQL> recover datafile '/app/oracle/oradata/testdb/example01.dbf';
ORA-00283: recovery session canceled due to errors
ORA-01110: data file 5: '/app/oracle/oradata/testdb/example01.dbf'
ORA-01122: database file 5 failed verification check
ORA-01110: data file 5: '/app/oracle/oradata/testdb/example01.dbf'
ORA-01210: data file header is media corrupt
```

이 방법은 기존 Recover 명령어로 복구가 불가합니다.

11g RMAN으로 복구해 보겠습니다.

```
SQL> exit
Disconnected from Oracle Database 11g Enterprise Edition Release 11.2.0.1.0 - Production
With the Partitioning, OLAP, Data Mining and Real Application Testing options

[oracle@localhost ~]$ rman target /

Recovery Manager: Release 11.2.0.1.0 - Production on Mon Feb 21 16:24:15 2011
Copyright (c) 1982, 2007, Oracle.  All rights reserved.
connected to target database: TESTDB (DBID=2524217755)

RMAN> run {
2> restore tablespace example;
```

```
3> recover tablespace example;
4> sql 'alter tablespace example online';
5> }

Starting restore at 2011-02-21:16:24:49
using target database control file instead of recovery catalog
allocated channel: ORA_DISK_1
channel ORA_DISK_1: sid=136 devtype=DISK

channel ORA_DISK_1: starting datafile backupset restore
channel ORA_DISK_1: specifying datafile(s) to restore from backup set
restoring datafile 00005 to /app/oracle/oradata/testdb/example01.dbf
channel ORA_DISK_1: reading from backup piece /data/backup/rman/01m544si_1_1_20110220
channel ORA_DISK_1: restored backup piece 1
piece handle=/data/backup/rman/01m544si_1_1_20110220 tag=TAG20110220T050106
channel ORA_DISK_1: restore complete, elapsed time: 00:00:17
Finished restore at 2011-02-21:16:25:09

Starting recover at 2011-02-21:16:25:11
using channel ORA_DISK_1

starting media recovery

rchive log thread 1 sequence 89 is already on disk as file /data/arc1/89_1_742507483.arc
archive log thread 1 sequence 90 is already on disk as file /data/arc1/90_1_742507483.arc
archive log thread 1 sequence 91 is already on disk as file /data/arc1/91_1_742507483.arc
archive log thread 1 sequence 92 is already on disk as file /data/arc1/92_1_742507483.arc
archive log thread 1 sequence 93 is already on disk as file /data/arc1/93_1_742507483.arc
archive log thread 1 sequence 94 is already on disk as file /data/arc1/94_1_742507483.arc
archive log thread 1 sequence 95 is already on disk as file /data/arc1/95_1_742507483.arc
archive log thread 1 sequence 96 is already on disk as file /data/arc1/96_1_742507483.arc
archive log thread 1 sequence 97 is already on disk as file /data/arc1/97_1_742507483.arc
(이하 생략)
archive log filename=/data/arc1/260_1_742507483.arc thread=1 sequence=260
archive log filename=/data/arc1/261_1_742507483.arc thread=1 sequence=261
media recovery complete, elapsed time: 00:00:48
Finished recover at 2011-02-21:16:26:56
sql statement: alter tablespace example online

RMAN> report schema;

Report of database schema
List of Permanent Datafiles
```

```
=====================================================================================
File Size(MB) Tablespace   RB segs Datafile Name
---- -------- ------------ ------- ----------------------------------------
1    460      SYSTEM       ***     /app/oracle/oradata/testdb/system01.dbf
2    50       UNDOTBS1     ***     /app/oracle/oradata/testdb/undotbs01.dbf
3    340      SYSAUX       ***     /app/oracle/oradata/testdb/sysaux01.dbf
4    5        USERS        ***     /app/oracle/oradata/testdb/users01.dbf
5    176      EXAMPLE      ***     /app/oracle/oradata/testdb/example01.dbf
```

5번 파일이 정상 복구되어서 size 부분이 보입니다.

```
List of Temporary Files
=====================================================================================
File Size(MB) Tablespace  Maxsize(MB) Tempfile Name
---- -------- ----------- ----------- ------------------------------------
1    10       TEMP01      10          /app/oracle/oradata/testdb/temp001.dbf
```

위와 같이 recover 명령을 수행하면 RMAN은 기본적으로 flashback log에서 완전한 블록 복사본을 찾게 되고 실패하면 RMAN backup file에서 완전한 블록을 찾게 됩니다. 완전한 블록을 찾게 되면 당연히 해당 블록에 대한 정보를 찾아와서 복구를 하게 되는데 이때 Redo log의 정보를 가지고 해당 블록에 일어났던 변경사항을 다시 읽어서 적용하게 됩니다. 만약 RMAN 백업 파일이 증분 백업 파일이라면 level 0번 파일만 사용될 수 있습니다.

백업 파일이 문제가 있는지 없는지를 점검하시려면 아래과 같이 수행하시면 됩니다.

```
RMAN> run {
2> allocate channel c1 type disk;
3> backup validate database;
4> }

released channel: ORA_DISK_1
allocated channel: c1
channel c1: sid=136 devtype=DISK

Starting backup at 2011-02-21:16:35:38
channel c1: starting full datafile backupset
channel c1: specifying datafile(s) in backupset
```

```
input datafile fno=00001 name=/app/oracle/oradata/testdb/system01.dbf
input datafile fno=00003 name=/app/oracle/oradata/testdb/sysaux01.dbf
input datafile fno=00005 name=/app/oracle/oradata/testdb/example01.dbf
input datafile fno=00002 name=/app/oracle/oradata/testdb/undotbs01.dbf
input datafile fno=00004 name=/app/oracle/oradata/testdb/users01.dbf
channel c1: backup set complete, elapsed time: 00:00:45
channel c1: starting full datafile backupset
channel c1: specifying datafile(s) in backupset
including current control file in backupset
channel c1: backup set complete, elapsed time: 00:00:02
Finished backup at 2011-02-21:16:36:25
released channel: c1
```

만약 위에서 점검했을 때 백업에 문제가 있다면 v$backup_corruption이나 v$database_block_corruption 뷰를 조회하면 장애난 블록의 내용을 조회할 수 있습니다. 일반적으로 Block 장애는 물리적인 장애와 논리적인 장애로 나눌 수 있습니다.

- 물리적 장애 (Physical corruption / media corruption)

Database에서 해당 블록을 인식할 수 없는 경우입니다. 이런 장애는 발생 즉시 자동으로 체크하도록 설정되어 있습니다. 주로 백업에 대한 checksum값이 틀리거나 없을 경우(zero)나 블록 헤더 부분이 손상되었을 때 발생합니다. 운영 중에 파일을 복사한다든지 해당 데이터 블록이 손상될 경우에 많이 발생합니다.

- 논리적 장애 (Logical corruption)

논리적 장애란 물리적인 문제는 없지만 들어있는 데이터에 문제가 있는 경우를 말합니다. 예를 들어서 트랜잭션이 진행되던 도중에 중단되어서 여전히 lock이 설정되어 있다던지 또는 블록의 총 사용량이 블록 크기와 다르다던지 하는 것들입니다. 논리적 장애보다 물리적인 장애가 치명적이기 때문에 여기서는 물리적 장애를 발생시켜서 Recovery하는 방법을 살펴보도록 하겠습니다.

이번 장이 RMAN을 활용하는 장이라 여기서는 RMAN으로 block corruption이 발생했을 경우 어떻게 하는지를 살펴보지만 Block Corruption에 대해서 보다 자세한 내용을 원하시는 경우 저자의 ≪정석! 오라클 백업과 복구 2≫ 17장 Block Corruption을 참고하여 Block Corruption이 어떻게 해결되는지 확인하시기 바랍니다.

이번장의 실습들은 11g 버전과 11g 버전에서 나누어서 진행합니다. 10g RMAN 에서는 지금 소개하려는 block recovery가 지원이 안 되는 것을 보여드리기 위함이니 10g RMAN 실습 부분은 눈으로만 보시고 11g RMAN 실습 부분부터 같이 진행하면 됩니다.

(2) Block Corruption Recovery 실습 2 – sqlplus의 recover 명령어로 복구되는 경우

Step 0 테스트용 테이블 스페이스 TS_B를 begin backup 받으세요.

```
SQL> create tablespace  ts_b
2  datafile '/app/oracle/oradata/testdb/ts_b01.dbf' size 10M ;

SQL> alter tablespace ts_b begin backup;

Tablespace altered.

SQL> !cp /app/oracle/oradata/testdb/ts_b01.dbf  /data/backup/open/

SQL> alter tablespace ts_b end backup;

Tablespace altered.
```

Step 1 현재 상태를 RMAN으로 전체 백업을 수행합니다.

```
[oracle@localhost ~]$ rman target /

Recovery Manager: Release 11.2.0.1.0 - Production on Sun Feb 20 05:00:41 2011

Copyright (c) 1982, 2007, Oracle.  All rights reserved.

connected to target database: TESTDB (DBID=2524217755)

RMAN> backup as compressed backupset
2> format '/data/backup/rman/%U_%T'
```

```
3> database;

Starting backup at 2011-02-20:05:01:03
using target database control file instead of recovery catalog
allocated channel: ORA_DISK_1
channel ORA_DISK_1: sid=145 devtype=DISK
channel ORA_DISK_1: starting compressed full datafile backupset
channel ORA_DISK_1: specifying datafile(s) in backupset
input datafile fno=00001 name=/app/oracle/oradata/testdb/system01.dbf
input datafile fno=00003 name=/app/oracle/oradata/testdb/sysaux01.dbf
input datafile fno=00005 name=/app/oracle/oradata/testdb/example01.dbf
input datafile fno=00002 name=/app/oracle/oradata/testdb/undotbs01.dbf
input datafile fno=00006 name=/app/oracle/oradata/testdb/ts_b01.dbf
input datafile fno=00004 name=/app/oracle/oradata/testdb/users01.dbf
channel ORA_DISK_1: starting piece 1 at 2011-02-20:05:01:06
channel ORA_DISK_1: finished piece 1 at 2011-02-20:05:01:52
piece handle=/data/backup/rman/01m544si_1_1_20110220 tag=TAG20110220T050106
comment=NONE
channel ORA_DISK_1: backup set complete, elapsed time: 00:00:46
channel ORA_DISK_1: starting compressed full datafile backupset
channel ORA_DISK_1: specifying datafile(s) in backupset
including current control file in backupset
channel ORA_DISK_1: finished piece 1 at 2011-02-20:05:01:54
piece handle=/data/backup/rman/02m544u0_1_1_20110220 tag=TAG20110220T050106
comment=NONE
channel ORA_DISK_1: backup set complete, elapsed time: 00:00:02
Finished backup at 2011-02-20:05:01:54

RMAN> exit
Recovery Manager complete
```

Step 2 테스트용 장애를 발생시킵니다.

```
[oracle@localhost ~]$ sqlplus / as sysdba;

SQL*Plus: Release 11.2.0.1.0 - Production on Sun Feb 20 05:02:06 2011
Copyright (c) 1982, 2010, Oracle.  All Rights Reserved.

Connected to:
Oracle Database 11g Enterprise Edition Release 11.2.0.1.0 - Production
With the Partitioning, OLAP, Data Mining and Real Application Testing options

SQL> !vi dd.sql
```

```
conn / as sysdba
set line 200
col tablespace_name for a10
col file_name for a50
col mb for 9999
select tablespace_name , bytes/1024/1024 MB , file_name
from dba_data_files
/
:wq!

SQL> @dd
Connected.

TABLESPACE        MB   FILE_NAME
-------------- -------- ---------------------------------------------
EXAMPLE          100   /app/oracle/oradata/testdb/example01.dbf
USERS              5   /app/oracle/oradata/testdb/users01.dbf
SYSAUX           340   /app/oracle/oradata/testdb/sysaux01.dbf
UNDOTBS1          50   /app/oracle/oradata/testdb/undotbs01.dbf
SYSTEM           460   /app/oracle/oradata/testdb/system01.dbf
TS_B              10   /app/oracle/oradata/testdb/ts_b01.dbf

6 rows selected.
```

위에서 TS_B 테이블 스페이스에 연습용 테이블 scott.tbl500을 생성한 후 대량의 데이터를 입력하겠습니다. 그리고 다른 창에서 위 입력 작업 중에 다른 곳에 백업되어 있던 다른 백업 파일을 복사로 덮어 쓰겠습니다.

-- 1번 터미널 --

```
SQL> alter database datafile '/app/oracle/oradata/testdb/ts_b01.dbf' autoextend on;
Database altered.

SQL> create table scott.tbl500(no number, name varchar2(20)) tablespace ts_b;
Table created.

SQL> begin
  2  for i in 1..100000 loop
  3   insert into scott.tbl500 values (i,dbms_random.string('A',19));
  4  end loop;
  5  commit;
  6  end;
```

```
  7  /
```

-- 2번 터미널 -

```
[oracle@localhost ]$ cd  /data/backup/open/
[oracle@localhost ]$ cp ts_b01.dbf /app/oracle/oradata/testdb/
```
← 이전 백업 파일을 복사로 덮어씁니다.

2번 터미널에서 한 복사 작업 때문에 먼저 시작한 1번 터미널에서 아래와 같은 에러 메시지가 나오고 작업은 취소됩니다.

```
begin
*
ERROR at line 1:
ORA-00603: ORACLE server session terminated by fatal error
```

Step 3 장애 내용 확인

Alert log를 확인해 보겠습니다.

```
[oracle@localhost clone]$ vi /app/oracle/diag/rdbms/testdb/testdb/trace/
alert_testdb.log
Thread 1 cannot allocate new log, sequence 92
Checkpoint not complete
  Current log# 1 seq# 91 mem# 0: /app/oracle/oradata/testdb/redo01.log
  Current log# 1 seq# 91 mem# 1: /app/oracle/oradata/testdb/redo01_b.log
Sun Feb 20 05:04:00 KST 2011
Read of rdba: 0x01800001 (file 6, block 1) failed with ORA-01209.
Trying reread from disk.
Reread of rdba: 0x01800001 (file 6, block 1) failed with ORA-01209
Sun Feb 20 05:04:00 KST 2011
Errors in file /app/oracle/rdbms/testdb/testdb/trace/testdb_ckpt_31513.trc
ORA-01171: datafile 6 going offline due to error advancing checkpoint
ORA-01122: database file 6 failed verification check
ORA-01110: data file 6: '/app/oracle/oradata/testdb/ts_b01.dbf'
ORA-01209: data file is from before the last RESETLOGS
Sun Feb 20 05:04:00 KST 2011
Thread 1 advanced to log sequence 92 (LGWR switch)
  Current log# 2 seq# 92 mem# 0: /app/oracle/oradata/testdb/redo02.log
  Current log# 2 seq# 92 mem# 1: /app/oracle/oradata/testdb/redo02_b.log
Sun Feb 20 05:04:01 KST 2011
```

```
Errors in file /app/oracle/rdbms/testdb/testdb/trace/testdb_ckpt_31513.trc:
(이하 생략)
```

위 alert log를 보면 block 에러가 났다고 메시지가 나옵니다.

```
-- 1번 터미널 -
SQL> select * from v$database_block_corruption;
ERROR:
ORA-03114: not connected to ORACLE  ← DB에서 세션이 종료 되어 버렸습니다.

SQL> exit ← 다시 접속했습니다.
Disconnected from Oracle Database 11g Enterprise Edition Release 11.2.0.1.0 - Production
With the Partitioning, OLAP, Data Mining and Real Application Testing options

[oracle@localhost ~]$ vi /app/oracle/rdbms/testdb/testdb/trace/testdb_ckpt_31513.trc
/app/oracle/admin/testdb/bdump/testdb_ckpt_31513.trc
Oracle Database 11g Enterprise Edition Release 11.2.0.1.0 - Production
With the Partitioning, OLAP, Data Mining and Real Application Testing options
ORACLE_HOME = /app/oracle/product/11g
System name:    Linux
Node name:      localhost.localdomain
Release:        2.6.9-34.ELsmp
Version:        #1 SMP Fri Feb 24 16:54:53 EST 2006
Machine:        i686
Instance name: testdb
Redo thread mounted by this instance: 1
Oracle process number: 7
Unix process pid: 31513, image: oracle@localhost.localdomain (CKPT)

*** 2011-02-20 05:04:00.734
*** SERVICE NAME:(SYS$BACKGROUND) 2011-02-20 05:04:00.703
*** SESSION ID:(165.1) 2011-02-20 05:04:00.703
*** 2011-02-20 05:04:00.734
Read of rdba: 0x01800001 (file 6, block 1) failed with ORA-01209.
Trying reread from disk.
Reread of rdba: 0x01800001 (file 6, block 1) failed with ORA-01209
 V10 STYLE FILE HEADER:
        Compatibility Vsn = 169870592=0xa200500
        Db ID=2524217755=0x9674819b, Db Name='TESTDB2'
        Activation ID=0=0x0
        Control Seq=5695=0x163f, File size=1280=0x500
```

```
        File Number=6, Blksiz=8192, File Type=3 DATA
Tablespace #15 - TS_B  rel_fn:6
Creation   at   scn: 0x0000.001460a0 02/18/2011 07:13:32
Backup taken at scn: 0x0000.0014cb27 02/20/2011 01:17:33 thread:1
 reset logs count:0x2c51e1ef scn: 0x0000.0014cb6c reset logs terminal rcv
data:0x0 scn: 0x0000.00000000
 prev reset logs count:0x2c41c3db scn: 0x0000.00131f18 prev reset logs
terminal rcv data:0x0 scn: 0x0000.00000000
 recovered at 02/20/2011 01:29:00
 status:0x4 root dba:0x00400179 chkpt cnt: 18 ctl cnt:17
begin-hot-backup file size: 1280
Checkpointed at scn:  0x0000.0014cb6f 02/20/2011 01:29:19
 thread:1 rba:(0x1.2.10)
 enabled  threads:  01000000 00000000 00000000 00000000 00000000 00000000
  00000000 00000000 00000000 00000000 00000000 00000000 00000000 00000000
  00000000 00000000 00000000 00000000 00000000 00000000 00000000 00000000
  00000000 00000000 00000000 00000000 00000000 00000000 00000000 00000000
  00000000 00000000 00000000 00000000 00000000 00000000 00000000 00000000
  00000000 00000000 00000000 00000000 00000000 00000000 00000000 00000000
( 이하 생략 )
….
…
…
```

Step 4 Block Recovery 시도

```
[oracle@localhost ~]$ sqlplus / as sysdba;  ← 재접속합니다.

SQL*Plus: Release 11.2.0.1.0 - Production on Sun Feb 20 05:16:31 2011
Copyright (c) 1982, 2010, Oracle.  All Rights Reserved.
Connected to:
Oracle Database 11g Enterprise Edition Release 11.2.0.1.0 - Production
With the Partitioning, OLAP, Data Mining and Real Application Testing options

SQL> @dd

Connected.

TABLESPACE         MB    FILE_NAME
--------------- ------ --------------------------------------------------
EXAMPLE           100    /app/oracle/oradata/testdb/example01.dbf
USERS               5    /app/oracle/oradata/testdb/users01.dbf
SYSAUX            340    /app/oracle/oradata/testdb/sysaux01.dbf
```

```
UNDOTBS1           50   /app/oracle/oradata/testdb/undotbs01.dbf
SYSTEM            460   /app/oracle/oradata/testdb/system01.dbf
TS_B                   /app/oracle/oradata/testdb/ts_b01.dbf ← 강제로 offline 됨

6 rows selected.

SQL> select name,status from v$datafile;

NAME                                        STATUS
------------------------------------------- -----------------------------
/app/oracle/oradata/testdb/system01.dbf     SYSTEM
/app/oracle/oradata/testdb/undotbs01.dbf    ONLINE
/app/oracle/oradata/testdb/sysaux01.dbf     ONLINE
/app/oracle/oradata/testdb/users01.dbf      ONLINE
/app/oracle/oradata/testdb/example01.dbf    ONLINE
/app/oracle/oradata/testdb/ts_b01.dbf       RECOVER

6 rows selected.

SQL> @dd

Connected.

TABLESPACE         MB     FILE_NAME
-------------- ------- ---------------------------------------------------
EXAMPLE           100    /app/oracle/oradata/testdb/example01.dbf
USERS               5    /app/oracle/oradata/testdb/users01.dbf
SYSAUX            340    /app/oracle/oradata/testdb/sysaux01.dbf
UNDOTBS1           50    /app/oracle/oradata/testdb/undotbs01.dbf
SYSTEM            460    /app/oracle/oradata/testdb/system01.dbf
TS_B                     /app/oracle/oradata/testdb/ts_b01.dbf

6 rows selected.

SQL> recover datafile '/app/oracle/oradata/testdb/ts_b01.dbf';
Media recovery complete.

SQL> alter tablespace ts_b online;
Tablespace altered.

복구가 완료되었습니다.
```

Recover datafile이란 명령어는 block recovery의 기능도 일부 포함하고 있

어서 block corruption이 발생할 때 사용하면 유용한 경우가 많습니다. 만약 recover datafile 명령어로 복구가 불가능할 경우는 RMAM의 recover… block 명령어를 사용해야 하며 11g부터는 corruption된 블록을 RMAN이 list로 확인해서 한꺼번에 전부 recover할 수 있습니다. 이 기능은 11g에서는 사용할 수 없습니다.

먼저 10g RMAN으로 테스트 해 보겠습니다.

```
[oracle@localhost ~]$ rman target /

Recovery Manager: Release 10.2.0.5.0 - Production on Sun Feb 20 05:35:27 2011

Copyright (c) 1982, 2007, Oracle.  All rights reserved.

connected to target database: TESTDB (DBID=2524217755)

RMAN> recover corruption list;

RMAN-00571: ===========================================================
RMAN-00569: =============== ERROR MESSAGE STACK FOLLOWS ===============
RMAN-00571: ===========================================================
RMAN-00558: error encountered while parsing input commands
RMAN-01009: syntax error: found "corruption": expecting one of: "copy,
clone, database, datafile, datafilecopy, device,
standby, tablespace"
RMAN-01007: at line 1 column 9 file: standard input
```

앞에서 언급한 대로 역시 10g RMAN에서는 복구 불가입니다. 11g RMAN에서 다시 해 보겠습니다.

```
[oracle@localhost ~]$ rman target /

Recovery Manager: Release 11.2.0.2.0 - Production on Fri Apr 22 18:54:48 2011

Copyright (c) 1982, 2009, Oracle and/or its affiliates.  All rights reserved.

connected to target database: TESTDB (DBID=2531124449)

RMAN> recover corruption list;
```

```
Starting recover at 22-APR-11
using target database control file instead of recovery catalog
allocated channel: ORA_DISK_1
channel ORA_DISK_1: SID=11 device type=DISK

starting media recovery
media recovery complete, elapsed time: 00:00:00

Finished recover at 22-APR-11

11g RMAN에서는 잘 수행됩니다.
```

(3) Block Recovery 실습 3 - recover …. Block 명령을 사용하여 복구

일반적으로 Block Corruption이 발생하면 해결 방법은 백업된 정상적인 백업 파일을 복원한 후 해당 데이터 파일을 recover하는 것입니다. 그러나 정상적으로 백업된 백업 파일이 없을 경우에는 복구를 할 수 없는데 RMAN의 block Recovery 기능을 활용해서 복구해 보겠습니다. 이 실습은 10g RMAN에서와 11g RMAN에서 각각 실행해서 비교하겠습니다.

Step 1 **만약의 경우를 위해 현재 상태를 RMAN으로 전체 백업을 수행합니다.**

```
[oracle@localhost ~]$ rman target /

Recovery Manager: Release 11.2.0.2.0 - Production on Fri Apr 22 17:25:28 2011
Copyright (c) 1982, 2009, Oracle and/or its affiliates.  All rights reserved.
connected to target database: TESTDB (DBID=2531124449)

RMAN> backup as compressed backupset
2> format '/data/backup/rman/%U_%T'
3> database;

Starting backup at 22-APR-11
using target database control file instead of recovery catalog
allocated channel: ORA_DISK_1
channel ORA_DISK_1: SID=5 device type=DISK
channel ORA_DISK_1: starting compressed full datafile backup set
channel ORA_DISK_1: specifying datafile(s) in backup set
input datafile file number=00001 name=/app/oracle/oradata/testdb/system01.dbf
input datafile file number=00002 name=/app/oracle/oradata/testdb/sysaux01.dbf
```

```
input datafile file number=00005 name=/app/oracle/oradata/testdb/example01.dbf
input datafile file number=00003 name=/app/oracle/oradata/testdb/undotbs01.dbf
input datafile file number=00006 name=/app/oracle/oradata/testdb/ts_b01.dbf
input datafile file number=00004 name=/app/oracle/oradata/testdb/users01.dbf
channel ORA_DISK_1: starting piece 1 at 22-APR-11
channel ORA_DISK_1: finished piece 1 at 22-APR-11
piece handle=/data/backup/rman/0tmae8h2_1_1_20110422 tag=TAG20110422T172554
comment=NONE
channel ORA_DISK_1: backup set complete, elapsed time: 00:01:46
channel ORA_DISK_1: starting compressed full datafile backup set
channel ORA_DISK_1: specifying datafile(s) in backup set
including current control file in backup set
including current SPFILE in backup set
channel ORA_DISK_1: starting piece 1 at 22-APR-11
channel ORA_DISK_1: finished piece 1 at 22-APR-11
piece handle=/data/backup/rman/0umae8kd_1_1_20110422 tag=TAG20110422T172554
channel ORA_DISK_1: backup set complete, elapsed time: 00:00:01
Finished backup at 22-APR-11

RMAN> exit
Recovery Manager complete.
```

Step 2 테스트용 장애를 발생시킵니다.

```
SQL> @dd

TABLESPACE              MB      FILE_NAME
--------------- ---------- ---------------------------------------------
USERS                    5      /app/oracle/oradata/testdb/users01.dbf
UNDOTBS1                90      /app/oracle/oradata/testdb/undotbs01.dbf
SYSAUX                 530      /app/oracle/oradata/testdb/sysaux01.dbf
SYSTEM                 710      /app/oracle/oradata/testdb/system01.dbf
EXAMPLE            345.625      /app/oracle/oradata/testdb/example01.dbf
TS_B                            /app/oracle/oradata/testdb/ts_b01.dbf

6 rows selected.

SQL> !dd if=/dev/zero  of=/app/oracle/oradata/testdb/ts_b01.dbf bs=8k
69164+0 records in
69164+0 records out
566591488 bytes (567 MB) copied, 5.93875 seconds, 95.4 MB/s

SQL> alter tablespace ts_b online;
```

```
alter tablespace ts_b online
*
ERROR at line 1:
ORA-01122: database file 6 failed verification check
ORA-01110: data file 6: '/app/oracle/oradata/testdb/ts_b01.dbf'
ORA-01210: data file header is media corrupt
```

Step 3 **에러 내용을 확인합니다.**

Alert log를 확인하여 보다 자세한 내용을 살펴보겠습니다.

```
SQL> !
[oracle@localhost ~]$ cd /app/oracle/diag/rdbms/testdb/testdb/trace
[oracle@localhost trace]$ vi alert_testdb.log
Read of datafile '/app/oracle/oradata/testdb/ts_b01.dbf' (fno 6) header
failed with ORA-01210
Hex dump of (file 6, block 1) in trace file
 /app/oracle/diag/rdbms/testdb/testdb/trace/testdb_ora_4438.trc
Corrupt block relative dba: 0x01800001 (file 6, block 1)
Completely zero block found during datafile header read
Rereading datafile 6 header failed with ORA-01210
Hex dump of (file 6, block 1) in trace file
/app/oracle/diag/rdbms/testdb/testdb/trace/testdb_ora_4438.trc
Corrupt block relative dba: 0x01800001 (file 6, block 1)
Completely zero block found during datafile header read
ORA-1122 signalled during: alter tablespace ts_b online...
Mon Apr 25 08:33:35 2011
Checker run found 1 new persistent data failures
```

위 에러를 보면 6번 파일 1번 블록에서 에러가 발생했다는 내용을 알 수 있습니다.

```
SQL> @dd

TABLESPACE         MB   FILE_NAME
------------ -------- ------------------------------------------------
USERS               5   /app/oracle/oradata/testdb/users01.dbf
UNDOTBS1           90   /app/oracle/oradata/testdb/undotbs01.dbf
SYSAUX            530   /app/oracle/oradata/testdb/sysaux01.dbf
SYSTEM            710   /app/oracle/oradata/testdb/system01.dbf
EXAMPLE       345.625   /app/oracle/oradata/testdb/example01.dbf
TS_B                  /app/oracle/oradata/testdb/ts_b01.dbf ←Offline 입니다
```

```
6 rows selected.

[oracle@localhost ~]$ rman target /

Recovery Manager: Release 11.2.0.2.0 - Production on Fri Apr 22 18:46:59 2011
Copyright (c) 1982, 2009, Oracle and/or its affiliates.  All rights reserved.
connected to target database: TESTDB (DBID=2531124449)

RMAN> report schema;

using target database control file instead of recovery catalog
Report of database schema for database with db_unique_name TESTDB

List of Permanent Datafiles
===========================
File  Size(MB) Tablespace RB segs  Datafile Name
---- -------- ----------- ------- ----------------------------------------
1    700      SYSTEM      ***     /app/oracle/oradata/testdb/system01.dbf
2    520      SYSAUX      ***     /app/oracle/oradata/testdb/sysaux01.dbf
3    90       UNDOTBS1    ***     /app/oracle/oradata/testdb/undotbs01.dbf
4    5        USERS       ***     /app/oracle/oradata/testdb/users01.dbf
5    345      EXAMPLE     ***     /app/oracle/oradata/testdb/example01.dbf
6    10       TS_B        ***     /app/oracle/oradata/testdb/ts_b01.dbf

List of Temporary Files
=======================
File  Size(MB) Tablespace  Maxsize(MB)  Tempfile Name
---- --------- ----------- ----------- ------------------------------------
1    29        TEMP        32767  /app/oracle/oradata/testdb/temp01.dbf
2    20        TEMP_SCOTT1    20  /app/oracle/oradata/testdb/temp_scott01.dbf
3    10        TEMP_SCOTT2    10  /app/oracle/oradata/testdb/temp_scott2.dbf

RMAN> recover datafile 6 block 1;

Starting recover at 25-APR-11
using target database control file instead of recovery catalog
allocated channel: ORA_DISK_1
channel ORA_DISK_1: SID=131 device type=DISK

starting media recovery
media recovery complete, elapsed time: 00:00:00

Finished recover at 25-APR-11
```

복구가 완료되었습니다.

이 기능은 10g RMAN에서는 아래 내용처럼 지원되지 않습니다.

```
[oracle@localhost ~]$ rman target /

Recovery Manager: Release 10.2.0.5.0 - Production on Sun Feb 20 07:22:55 2011

Copyright (c) 1982, 2007, Oracle.  All rights reserved.

connected to target database: TESTDB (DBID=2524217755)

RMAN> report schema;

using target database control file instead of recovery catalog
Report of database schema

List of Permanent Datafiles
===========================
File  Size(MB)  Tablespace   RB segs  Datafile Name
---- -------- ------------ --------- -----------------------------------
1    460       SYSTEM        ***      /app/oracle/oradata/testdb/system01.dbf
2    50        UNDOTBS1      ***      /app/oracle/oradata/testdb/undotbs01.dbf
3    340       SYSAUX        ***      /app/oracle/oradata/testdb/sysaux01.dbf
4    5         USERS         ***      /app/oracle/oradata/testdb/users01.dbf
5    100       EXAMPLE       ***      /app/oracle/oradata/testdb/example01.dbf
6    5         TS_B          ***      /app/oracle/oradata/testdb/ts_b01.dbf

List of Temporary Files
=======================

File Size(MB) Tablespace  Maxsize(MB)  Tempfile Name
---- --------- --------- ------------ -----------------------------------
1    10        TEMP01     10          /app/oracle/oradata/testdb/temp001.dbf

RMAN> recover datafile 5 block 10;

RMAN-00571: ===========================================================
RMAN-00569: =============== ERROR MESSAGE STACK FOLLOWS ===============
RMAN-00571: ===========================================================
RMAN-00558: error encountered while parsing input commands
RMAN-01009: syntax error: found "block": expecting one of: "archivelog, auxiliary,
allow, check, comma,
```

```
delete, from, high, noredo, noparallel, parallel, ;, skip, test, until, undo"
RMAN-01007: at line 1 column 20 file: standard input
```

RMAN Block Recovery 기능이 막강하긴 하지만 이 기능이 가능한 이유는 항상 정상적인 백업 파일에서 장애난 블록을 가져와서 Redo log 정보를 이용해서 Recovery한다는 사실을 반드시 기억해야 합니다. 즉 정상적인 백업 없이는 Block Recover 기능을 사용할 수 없습니다!

16. RMAN 관련 환경 변수 정리

(1) CONFIGURE RETENTION POLICY TO RECOVERY WINDOW OF 1 DAYS ;

이 파라미터는 복구에 사용할 백업 파일의 보존기간을 설정하는 것으로 1DAYS 하면 1일치만 복구하기 위해 보존한다는 의미입니다. 이 정책을 넘어선 즉 1일이 지난 백업 파일을 모두 지우려면 DELETE OBSOLETE 명령어를 사용하면 됩니다.

```
RMAN> CONFIGURE RETENTION POLICY TO RECOVERY WINDOW OF 1 DAYS;
new RMAN configuration parameters:
CONFIGURE RETENTION POLICY TO RECOVERY WINDOW OF 1 DAYS;
new RMAN configuration parameters are successfully stored
starting full resync of recovery catalog
full resync complete
```

(2) CONFIGURE RETENTION POLICY TO REDUNDANCY 1 ;

이 명령어는 백업본의 개수를 지정합니다. 만일의 경우 백업파일이 손상될 수 있기 때문에 Redundancy 숫자만큼 백업파일을 다중화해서 생성하라는 의미이며 여기서는 1개로 했습니다.

```
RMAN> CONFIGURE RETENTION POLICY TO REDUNDANCY 1;
old RMAN configuration parameters:
CONFIGURE RETENTION POLICY TO RECOVERY WINDOW OF 1 DAYS;
new RMAN configuration parameters:
CONFIGURE RETENTION POLICY TO REDUNDANCY 1;
new RMAN configuration parameters are successfully stored
starting full resync of recovery catalog
full resync complete
```

(3) CONFIGURE DEVICE TYPE DISK PARALLELISM 2 ;

이 설정은 기본 Channel에 백업을 받을 때 백업 수행 프로세스의 병렬도를 설정하는 것입니다. 이 예제처럼 설정하면 기본 Channel로 백업 받을 때 백업 프로세스가 2개 생성이 되어 백업을 동시에 진행할 것입니다.

```
RMAN> CONFIGURE DEVICE TYPE disk parallelism 2;
new RMAN configuration parameters:
CONFIGURE DEVICE TYPE DISK PARALLELISM 2 BACKUP TYPE TO BACKUPSET;
new RMAN configuration parameters are successfully stored
starting full resync of recovery catalog
full resync complete
```

(4) CONFIGURE CONTROLFILE AUTOBACKUP ON ;

이 설정은 다른 파일을 백업 받을 때 Control file까지 자동으로 백업을 수행하라는 의미입니다. 이렇게 설정할 경우 기본 Channel에 백업이 수행되어서 불편한 점이 있으므로 아래의 방법을 더 많이 사용합니다.

```
RMAN> configure  controlfile  autobackup  on; ← 기본경로로 자동백업됨

RMAN> configure  controlfile  autobackup
2> format  for  device  type  disk  to  '/data/backup/rman/cf_%F'; ←특정경로 지정

new RMAN configuration parameters:
CONFIGURE CONTROLFILE AUTOBACKUP FORMAT FOR DEVICE TYPE DISK TO '/data/backup/
rman/cf_%F';
new RMAN configuration parameters are successfully stored
starting full resync of recovery catalog
full resync complete
```

```
RMAN> backup tablespace example;

Starting backup at 20-APR-10
allocated channel: ORA_DISK_1
channel ORA_DISK_1: sid=137 devtype=DISK
allocated channel: ORA_DISK_2
channel ORA_DISK_2: sid=141 devtype=DISK
channel ORA_DISK_1: starting full datafile backupset
channel ORA_DISK_1: specifying datafile(s) in backupset
input datafile fno=00005 name=/app/oracle/oradata/testdb/example01.dbf
channel ORA_DISK_1: starting piece 1 at 20-APR-10
channel ORA_DISK_1: finished piece 1 at 20-APR-10
piece handle=/data/backup/rman/0llbiikc_1_1 tag=TAG20100420T031836 comment=NONE
channel ORA_DISK_1: backup set complete, elapsed time: 00:00:03
Finished backup at 20-APR-10

Starting Control File Autobackup at 20-APR-10
piece handle=/data/backup/rman/cf_c-2499898020-20100420-01 comment=NONE
Finished Control File Autobackup at 20-APR-10
```

실제로 control file이 /data/backup/rman 디렉토리에 자동백업 받아졌는지 확인해 보겠습니다.

```
RMAN> exit
Recovery Manager complete.
[oracle@rcclient rman]$ cd /data/backup/rman
[oracle@rcclient rman]$ ls -lsh
합계 7.9M
7.9M -rw-r-----  1 oracle dba 7.9M  4월 20 02:37 cf_c-2499898020-20100420-0
```

(5) CONFIGURE MAXSETSIZE TO UNLIMITED ;

해당 Channel에서 백업 받아지는 백업셋의 최대 크기를 unlimited로 설정하는 명령어입니다.

```
RMAN> CONFIGURE MAXSETSIZE TO UNLIMITED;
new RMAN configuration parameters:
CONFIGURE MAXSETSIZE TO UNLIMITED;
new RMAN configuration parameters are successfully stored
starting full resync of recovery catalog
```

```
full resync complete
```

(6) CONFIGURE SNAPSHOT CONTROLFILE NAME TO '/data/backup/open/%F' ;

이 설정은 만약 RMAN이 control file을 백업하고 있는 도중에 control file의 내용이 변경된다면 백업 전의 control file과 백업 후의 control file의 내용이 달라서 에러가 발생할 것입니다. 그래서 그런 상황이 되면 백업 받던 control file의 스냅샷을 위 경로에 생성하고 백업 후에 control file을 재동기화 시켜서 에러를 막아줍니다.

```
RMAN> CONFIGURE SNAPSHOT CONTROLFILE NAME TO '/data/backup/rman/%F' ;
snapshot control file name set to: /data/backup/open/%F
new RMAN configuration parameters are successfully stored
```

(7) CONFIGURE BACKUP OPTIMIZATION ON ;

이 설정은 만약 백업 받는 경로에 같은 백업 파일이 존재하면 그 파일은 백업 받지 말고 넘어가라는 의미입니다. RMAN이 해당 백업 파일이 같은 파일인지 어떻게 구별하느냐면 백업되어 있는 파일과 지금 백업하려는 파일의 DBID, Checkpoint SCN, Creation SCN, Resetlogs SCN and time을 서로 비교해서 모든 것이 완벽하게 맞으면 동일 파일로 인정하게 Skip하게 됩니다. 기본값은 OFF입니다.

```
RMAN> CONFIGURE BACKUP OPTIMIZATION ON;
new RMAN configuration parameters
CONFIGURE BACKUP OPTIMIZATION ON
new RMAN configuration parameters are successfully store
starting full resync of recovery catalog
full resync complete
```

(8) CONFIGURE CHANNEL DEVICE TYPE DISK MAXPIECESIZE 50M ;

이 설정은 해당 Channel로 백업 받을 때 백업 파일 하나의 최대 크기를 지정하는 명령입니다. 백업 파일 하나가 너무 크면 이동할 때나 관리하기 힘들기 때문에 최대값을 2G이하로 설정하는 것이 좋습니다.

```
RMAN> CONFIGURE CHANNEL DEVICE TYPE DISK MAXPIECESIZE 50M;
old RMAN configuration parameters:
CONFIGURE CHANNEL DEVICE TYPE DISK FORMAT   '/data/backup/rman/%U';
new RMAN configuration parameters:
CONFIGURE CHANNEL DEVICE TYPE DISK MAXPIECESIZE 50 M;
…….
starting full resync of recovery catalog
full resync complete
```

(9) Show all ; <- 현재까지의 모든 설정 내역을 확인하는 명령어입니다.

```
RMAN> show all;
RMAN configuration parameters are
CONFIGURE RETENTION POLICY TO REDUNDANCY 1
CONFIGURE BACKUP OPTIMIZATION ON
CONFIGURE DEFAULT DEVICE TYPE TO DISK
CONFIGURE CONTROLFILE AUTOBACKUP ON; # default
CONFIGURE CONTROLFILE AUTOBACKUP FORMAT FOR DEVICE TYPE DISK TO
 '/data/backup/rman/cf_%F'
CONFIGURE DEVICE TYPE DISK PARALLELISM 2 BACKUP TYPE TO BACKUPSET
CONFIGURE DATAFILE BACKUP COPIES FOR DEVICE TYPE DISK TO 1; # default
CONFIGURE ARCHIVELOG BACKUP COPIES FOR DEVICE TYPE DISK TO 1; # default
CONFIGURE CHANNEL DEVICE TYPE DISK MAXPIECESIZE 50 M
CONFIGURE MAXSETSIZE TO UNLIMITED
CONFIGURE ENCRYPTION FOR DATABASE OFF; # default
CONFIGURE ENCRYPTION ALGORITHM 'AES128'; # default
CONFIGURE ARCHIVELOG DELETION POLICY TO NONE; # default
CONFIGURE SNAPSHOT CONTROLFILE NAME TO '/data/backup/open/%F';
```

17. Data Recovery Advisor(11g New Feature)

11g부터 추가된 기능으로 장애가 발생했을 경우 장애를 해결하는 데 도움을 주는 기능입니다. OEM을 이용해서 사용할 수 있고 command line을 사용할 수도 있는데 여기서는 command line 을 사용해서 작업하겠습니다.

Step 1 장애 발생 (ts_b 테이블 스페이스 Offline후 삭제함)

```
SQL> @dd

TABLESPACE     MB  FILE_NAME
----------- ----- -----------------------------------------------------
USERS          5   /app/oracle/oradata/testdb/users01.dbf
UNDOTBS1      90   /app/oracle/oradata/testdb/undotbs01.dbf
SYSAUX       520   /app/oracle/oradata/testdb/sysaux01.dbf
SYSTEM       710   /app/oracle/oradata/testdb/system01.dbf
EXAMPLE      345   /app/oracle/oradata/testdb/example01.dbf
TS_B              /app/oracle/oradata/testdb/ts_b01.dbf  ← offline 되어 있음.

6 rows selected.
SQL> !rm -fr /app/oracle/oradata/testdb/ts_b01.dbf  ← 장애 발생함

SQL> !ls /app/oracle/oradata/testdb/ts_b01.dbf
ls: /app/oracle/oradata/testdb/ts_b01.dbf: 그런 파일이나 디렉토리가 없음

SQL> exit
Disconnected from Oracle Database 11g Enterprise Edition Release 11.2.0.2.0 - Production
With the Partitioning, OLAP, Data Mining and Real Application Testing options
[oracle@localhost ~]$ rman target /

Recovery Manager: Release 11.2.0.2.0 - Production on Fri Apr 22 22:38:50 2011
Copyright (c) 1982, 2009, Oracle and/or its affiliates.  All rights reserved.
connected to target database: TESTDB (DBID=2531124449)

RMAN> list failure;

using target database control file instead of recovery catalog
List of Database Failures
=========================

Failure ID Priority  Status   Time Detected   Summary
---------- --------- -------- --------------- ---------------------
768         HIGH      OPEN      22-APR-11      Tablespace 10: 'TS_B' is offline
622
HIGH       OPEN      22-APR-11  One or more non-system datafiles need media recovery
```

Step 2 상세한 에러 내용 확인

위 에러의 정확한 내용을 확인하겠습니다.

```
RMAN> list failure 622 detail;

List of Database Failures
=========================

Failure ID  Priority  Status  Time Detected  Summary
---------- --------- -------- ------------- -------------------------------
622         HIGH      OPEN    22-APR-11      One or more non-system datafiles
                                             need media recovery
  Impact: See impact for individual child failures
  List of child failures for parent failure ID 622

Failure ID  Priority  Status  Time Detected  Summary
---------- --------- -------- ------------- -------------------------------
625         HIGH      OPEN    22-APR-11     Datafile 6: '/app/oracle/oradata/
                                            testdb/ts_b01.dbf' needs media
                                            recovery
    Impact: Some objects in tablespace TS_B might be unavailable
```

Step 3 해결 방법을 찾습니다.

이 부분이 Data recovery Advisor의 놀라운 기능입니다.

```
RMAN> advise failure;

List of Database Failures
=========================

Failure ID  Priority   Status  Time Detected  Summary
---------- ---------- -------- ------------- ---------------------------
622          HIGH       OPEN    22-APR-11      One or more non-system
                                               datafiles need media recovery
  Impact: See impact for individual child failures
  List of child failures for parent failure ID 622

  Failure ID Priority Status  Time Detected  Summary
  ---------- -------- ------- -------------- ----------------------------
  625         HIGH     OPEN    22-APR-11      Datafile 6: '/app/oracle/oradata/
                                               testdb/ts_b01.dbf'
  needs media recovery
    Impact: Some objects in tablespace TS_B might be unavailable
```

```
analyzing automatic repair options; this may take some time
allocated channel: ORA_DISK_1
channel ORA_DISK_1: SID=70 device type=DISK
analyzing automatic repair options complete

Mandatory Manual Actions
========================
no manual actions available

Optional Manual Actions
=======================
1. If you restored the wrong version of data file /app/oracle/oradata/
testdb/ts_b01.dbf, then replace it with the correct one

Automated Repair Options
========================
Option Repair Description
------ ------------------
1      Restore and recover datafile 6
  Strategy: The repair includes complete media recovery with no data loss
  Repair script: /app/oracle/diag/rdbms/testdb/testdb/hm/reco_909812309.hm
```

위 내용을 보면 Data Recovery Advisor가 원인을 찾고 가장 마지막 부분에 보면 완전 복구가 가능하고 데이터 손상이 없다고 조언하고 있습니다. 다른 터미널을 하나 더 열어서 여기서 제시하는 가장 마지막 부분의 Repair script를 살펴보겠습니다.

```
[oracle@localhost ~]$ vi /app/oracle/diag/rdbms/testdb/testdb/hm/
reco_909812309.hm

   # restore and recover datafile
   sql 'alter database datafile 6 offline';
   restore datafile 6;
   recover datafile 6;
   sql 'alter database datafile 6 online';
```

또는 아래 명령어를 수행해도 동일한 결과를 볼 수 있습니다.

```
RMAN> repair failure preview;
```

```
Strategy: The repair includes complete media recovery with no data loss
Repair script: /app/oracle/diag/rdbms/testdb/testdb/hm/reco_909812309.hm

contents of repair script:
   # restore and recover datafile
   sql 'alter database datafile 6 offline';
   restore datafile 6;
   recover datafile 6;
   sql 'alter database datafile 6 online';
```

RMAN에서 DB가 Open 상태일 때 Tablespace를 Offline시킨 후 Recover하는 방법이 정확하게 제시되고 있습니다. 제시하는 방법대로 복구해 보겠습니다.

```
RMAN> repair failure;

Strategy: The repair includes complete media recovery with no data loss
Repair script: /app/oracle/diag/rdbms/testdb/testdb/hm/reco_909812309.hm

contents of repair script:
   # restore and recover datafile
   sql 'alter database datafile 6 offline';
   restore datafile 6;
   recover datafile 6;
   sql 'alter database datafile 6 online';

Do you really want to execute the above repair (enter YES or NO)? YES
                                                     ← 대문자로 입력하세요.
executing repair script
sql statement: alter database datafile 6 offline

Starting restore at 22-APR-11
allocated channel: ORA_DISK_1
channel ORA_DISK_1: SID=70 device type=DISK

channel ORA_DISK_1: starting datafile backup set restore
channel ORA_DISK_1: specifying datafile(s) to restore from backup set
channel ORA_DISK_1: restoring datafile 00006 to /app/oracle/oradata/testdb/
ts_b01.dbf
channel ORA_DISK_1: reading from backup piece /data/backup/
rman/0tmae8h2_1_1_20110422
channel ORA_DISK_1: piece handle=/data/backup/rman/0tmae8h2_1_1_20110422
tag=TAG20110422T172554
```

```
channel ORA_DISK_1: restored backup piece 1
channel ORA_DISK_1: restore complete, elapsed time: 00:00:01
Finished restore at 22-APR-11
Starting recover at 22-APR-11
using channel ORA_DISK_1
starting media recovery
archived log for thread 1 with sequence 13 is already on disk as file
/app/oracle/fast_recovery_area/TESTDB/archivelog/2011_04_22/o1_
mf_1_13_6v2hnbn8_.arc
archived log for thread 1 with sequence 14 is already on disk as file
 /app/oracle/fast_recovery_area/TESTDB/archivelog/2011_04_22/o1_
mf_1_14_6v2jj8gg_.arc
archived log for thread 1 with sequence 15 is already on disk as file
/app/oracle/fast_recovery_area/TESTDB/archivelog/2011_04_22/o1_
mf_1_15_6v2klc0d_.arc
archived log for thread 1 with sequence 16 is already on disk as file
/app/oracle/fast_recovery_area/TESTDB/archivelog/2011_04_22/o1_
mf_1_16_6v2yzt98_.arc
archived log file
 name=/app/oracle/fast_recovery_area/TESTDB/archivelog/2011_04_22/o1_
mf_1_13_6v2hnbn8_.arc
thread=1 sequence=13
archived log file
name=/app/oracle/fast_recovery_area/TESTDB/archivelog/2011_04_22/o1_
mf_1_14_6v2jj8gg_.arc thread=1 sequence=14
media recovery complete, elapsed time: 00:00:05
Finished recover at 22-APR-11

sql statement: alter database datafile 6 online
```

복구되었습니다. 복구 원리나 방법을 잘 몰라도 Data Recovery Advisor가 시키는 대로 하니 복구를 할 수 있게 되었습니다. 아주 획기적인 방법입니다. 그러나 이 방법은 물리적인 장애만 복구 가능하고 논리적인 장애는 복구할 수 없다는 점을 꼭 기억하기 바랍니다.

18. Database 사전 예방 점검 기능(11g New Feature)

데이터베이스가 장애가 발생하기 전에(Bad Block 등) 사전에 미리 점검할 수 있다면 좋을 것입니다. 11g RMAN부터는 사전 예방 점검 기능을 제공합니다. 방법은 아래와 같습니다.

```
RMAN> validate database;

Starting validate at 22-APR-11
using channel ORA_DISK_1
channel ORA_DISK_1: starting validation of datafile
channel ORA_DISK_1: specifying datafile(s) for validation
input datafile file number=00001 name=/app/oracle/oradata/testdb/system01.dbf
input datafile file number=00002 name=/app/oracle/oradata/testdb/sysaux01.dbf
input datafile file number=00005 name=/app/oracle/oradata/testdb/example01.dbf
input datafile file number=00003 name=/app/oracle/oradata/testdb/undotbs01.dbf
input datafile file number=00006 name=/app/oracle/oradata/testdb/ts_b01.dbf
input datafile file number=00004 name=/app/oracle/oradata/testdb/users01.dbf
channel ORA_DISK_1: validation complete, elapsed time: 00:01:05

(중간 생략)

================================
File Type    Status   Blocks Failing Blocks Examined
------------ -------- ------- -------- ------- ---------
SPFILE       OK       0                2
Control File OK       0                594
Finished validate at 22-APR-11
```

위 결과를 보면 모든 파일을 전부 자세히 검사하는 것을 알 수 있습니다. 그리고 가장 마지막 부분처럼 spfile하고 control file까지 함께 검사하는 것을 알 수 있습니다. 특정 테이블 스페이스만 지정할 수도 있습니다.

```
RMAN> validate tablespace ts_b;

Starting validate at 22-APR-11
using channel ORA_DISK_1
```

```
RMAN-06554: WARNING: file 6 is in backup mode
channel ORA_DISK_1: starting validation of datafile
channel ORA_DISK_1: specifying datafile(s) for validation
input datafile file number=00006 name=/app/oracle/oradata/testdb/ts_b01.dbf
channel ORA_DISK_1: validation complete, elapsed time: 00:00:01
List of Datafiles
=================
File Status Marked Corrupt Empty Blocks Blocks Examined High SCN
---- ------ -------------- ------------ --------------- ----------
6    OK     0              1153         1280            991891
  File Name: /app/oracle/oradata/testdb/ts_b01.dbf
  Block Type Blocks Failing Blocks Processed
  ---------- -------------- ----------------
  Data       0              0
  Index      0              0
  Other      0              127

Finished validate at 22-APR-11
```

특정 데이터 파일만 지정할 수도 있습니다.

```
RMAN> validate datafile 6;

Starting validate at 22-APR-11
using channel ORA_DISK_1
RMAN-06554: WARNING: file 6 is in backup mode
channel ORA_DISK_1: starting validation of datafile
channel ORA_DISK_1: specifying datafile(s) for validation
input datafile file number=00006 name=/app/oracle/oradata/testdb/ts_b01.dbf
channel ORA_DISK_1: validation complete, elapsed time: 00:00:01
List of Datafiles
=================
File Status Marked Corrupt Empty Blocks Blocks Examined High SCN
---- ------ -------------- ------------ --------------- ----------
6    OK     0              1153         1280            991891
  File Name: /app/oracle/oradata/testdb/ts_b01.dbf
  Block Type Blocks Failing Blocks Processed
  ---------- -------------- ----------------
  Data       0              0
  Index      0              0
  Other      0              127
```

```
Finished validate at 22-APR-11
```

데이터 파일의 블록만 지정해서 검사할 수도 있습니다.

```
RMAN> validate datafile 6 block 1;

Starting validate at 22-APR-11
using channel ORA_DISK_1
RMAN-06554: WARNING: file 6 is in backup mode
channel ORA_DISK_1: starting validation of datafile
channel ORA_DISK_1: specifying datafile(s) for validation
input datafile file number=00006 name=/app/oracle/oradata/testdb/ts_b01.dbf
channel ORA_DISK_1: validation complete, elapsed time: 00:00:01
List of Datafiles
=================
File Status Marked Corrupt Empty Blocks Blocks Examined High SCN
---- ------ -------------- ------------ --------------- ----------
6    OK     0              0            1               0
  File Name: /app/oracle/oradata/testdb/ts_b01.dbf
  Block Type Blocks Failing Blocks Processed
  ---------- -------------- ----------------
  Data       0              0
  Index      0              0
  Other      0              1

Finished validate at 22-APR-11
```

19. RMAN으로 Raw Device 백업과 복구하기

이 장에서는 Raw device로 운영되는 database 환경에서 RMAN을 활용한 백업과 복구를 수행하는 것을 아래의 3가지 시나리오를 가지고 살펴보겠습니다. (아래 실습은 11g R2(11.2.0.1) 버전의 single instance를 raw device로 구성한 환경입니다. 만약 적용 대상이 RAC일 경우 ≪정석-오라클 백업과 복구≫ 16장 RAC 백업 복구 부분을 참조하세요.)

시나리오 1 : Raw device 상태의 데이터 파일을 RMAN의 backupset으로 백업 받은 후 정상적으로 복구되는지 확인

Step 1 현재상태 확인

```
[oracle@localhost ~]$ sqlplus / as sysdba

SQL*Plus: Release 11.2.0.1.0 - Production on Wed Feb 1 11:05:19 2012

Copyright (c) 1982, 2010, Oracle.  All Rights Reserved.

Connected to:
Oracle Database 11g Enterprise Edition Release 11.2.0.1.0 - Production
With the Partitioning, OLAP, Data Mining and Real Application Testing options

SQL> !vi dd.sql
set line 200
col tablespace_name for a10
col file_name for a45

select tablespace_name,bytes/1024/1024 MB,file_name from dba_data_files
/
:wq!

SQL> @dd  <- Data file 상태 확인

TABLESPACE          MB      FILE_NAME
----------------- ------- -------------------------------------------
USERS                5      /dev/raw/raw4
SYSAUX             250      /dev/raw/raw2
UNDOTBS1            30      /dev/raw/raw3
SYSTEM             440      /dev/raw/raw1
EXAMPLE            100      /dev/raw/raw5

SQL> !vi log.sql  ← Redo log file 상태 확인
set line 200
col group# for 999
col member for a20
col mb for 999
col seq# for 999
col archived for a4
col status for a8
```

```
select a.group#,a.member,b.bytes/1024/1024 MB,b.sequence# "SEQ#" ,b.archived,b.status
from v$logfile a, v$log b
where a.group#=b.group#
order by 1,2
/
:wq!

SQL> @log

GROUP#   MEMBER              MB    SEQ#    ARCH     STATUS
------- ----------------- ------ ------- -------- -----------
      1  /dev/raw/raw10     50    4       NO       CURRENT
      1  /dev/raw/raw9      50    4       NO       CURRENT
      2  /dev/raw/raw11     50    2       YES      INACTIVE
      2  /dev/raw/raw12     50    2       YES      INACTIVE
      3  /dev/raw/raw13     50    3       YES      INACTIVE
      3  /dev/raw/raw14     50    3       YES      INACTIVE

6 rows selected.

SQL> select name from v$controlfile;

NAME
---------------------------------
/dev/raw/raw6
/dev/raw/raw7
/dev/raw/raw8

SQL> archive log list;
Database log mode              Archive Mode
Automatic archival             Enabled
Archive destination            /data/arc2
Oldest online log sequence     2
Next log sequence to archive   4
Current log sequence           4
```

Step 2 RMAN을 사용하여 전체 백업(백업 경로는 /data/backup/rman/으로 하겠습니다.)

```
[oracle@localhost ~]$ rman target /

Recovery Manager: Release 11.2.0.1.0 - Production on Wed Feb 1 10:47:50 2012
Copyright (c) 1982, 2007, Oracle.  All rights reserved.
connected to target database: TESTDB (DBID=2557423915)
```

```
RMAN> backup as compressed backupset
2> format '/data/backup/rman/%U_%T'
3> database;

Starting backup at 01-FEB-12
using target database control file instead of recovery catalog

(중간 생략)

channel ORA_DISK_1: backup set complete, elapsed time: 00:00:03
Finished backup at 01-FEB-12

[oracle@localhost ~]$ ls -lSh /data/backup/rman/
합계 112M
-rw-r-----  1 oracle dba 111M  2월  1 10:49 01n27hl4_1_1_20120201
                                                      ← 전체 backupset
-rw-r-----  1 oracle dba 1.1M  2월  1 10:49 02n27hm8_1_1_20120201
                                                 ← controlfile backupset
```

Step 3 테스트용 테이블 scott.gogak 테이블 생성 후 장애 발생시킴

```
[oracle@localhost ~]$ sqlplus scott/tiger
SQL*Plus: Release 11.2.0.1.0 - Production on Wed Feb 1 11:14:21 2012
Copyright (c) 1982, 2010, Oracle.  All Rights Reserved.
Connected to:
Oracle Database 11g Enterprise Edition Release 11.2.0.1.0 - Production
With the Partitioning, OLAP, Data Mining and Real Application Testing options

SQL> create table gogak (no number, name varchar2(10)) tablespace users;
Table created.

SQL> insert into gogak values (1,'AAA');
1 row created.

SQL> insert into gogak values (2,'BBB');
1 row created.

SQL> commit;
Commit complete.

SQL> select * from gogak;
```

```
      NO  NAME
------- ----------
       1  AAA
       2  BBB

SQL> conn / as sysdba
Connected.

SQL> @dd

TABLESPACE            MB    FILE_NAME
-------------- --------  ------------------------------------------
USERS                  5    /dev/raw/raw4 ← 이 파일에 장애 발생시킴
SYSAUX               250    /dev/raw/raw2
UNDOTBS1              30    /dev/raw/raw3
SYSTEM               440    /dev/raw/raw1
EXAMPLE              100    /dev/raw/raw5

SQL> !dd if=/dev/zero of=/dev/raw/raw4 bs=8k
dd: writing `/dev/raw/raw4': 장치에 남은 공간이 없음
12801+0개의 레코드를 입력하였습니다
12800+0개의 레코드를 출력하였습니다

SQL> alter tablespace users offline immediate;
Tablespace altered.

SQL> alter tablespace users online;
alter tablespace users online
*
ERROR at line 1:
ORA-01122: database file 4 failed verification check
ORA-01110: data file 4: '/dev/raw/raw4'
ORA-01210: data file header is media corrupt

SQL> select * from scott.gogak;
select * from scott.gogak
                    *
ERROR at line 1:
ORA-00376: file 4 cannot be read at this time
ORA-01110: data file 4: '/dev/raw/raw4'
```

Step 4 RMAN으로 해당 장애 복구하기

```
[oracle@localhost ~]$ rman target /
Recovery Manager: Release 11.2.0.1.0 - Production on Wed Feb 1 11:19:20 2012
Copyright (c) 1982, 2007, Oracle.  All rights reserved.
connected to target database: TESTDB (DBID=2557423915)

RMAN> run {
2> sql "alter tablespace users offline immediate";
3> restore tablespace users;
4> recover tablespace users;
5> sql "alter tablespace users online";
6> }

sql statement: alter tablespace users offline immediate

Starting restore at 01-FEB-12
using channel ORA_DISK_1
channel ORA_DISK_1: starting datafile backupset restore
channel ORA_DISK_1: specifying datafile(s) to restore from backup set
restoring datafile 00004 to /dev/raw/raw4
channel ORA_DISK_1: reading from backup piece /data/backup/rman/01n27hl4_1_1_20120201
channel ORA_DISK_1: restored backup piece 1
piece handle=/data/backup/rman/01n27hl4_1_1_20120201 tag=TAG20120201T104907
channel ORA_DISK_1: restore complete, elapsed time: 00:00:02
Finished restore at 01-FEB-12

Starting recover at 01-FEB-12
using channel ORA_DISK_1
starting media recovery
media recovery complete, elapsed time: 00:00:01
Finished recover at 01-FEB-12
sql statement: alter tablespace users online

RMAN> exit
Recovery Manager complete.

[oracle@localhost ~]$ sqlplus scott/tiger
SQL*Plus: Release 11.2.0.1.0 - Production on Wed Feb 1 11:21:53 2012
Copyright (c) 1982, 2010, Oracle.  All Rights Reserved.
Connected to:
Oracle Database 11g Enterprise Edition Release 11.2.0.1.0 - Production
With the Partitioning, OLAP, Data Mining and Real Application Testing options
```

```
SQL> select * from gogak;

       NO     NAME
--------- ----------
        1     AAA
        2     BBB
```

위에서 테스트 해본 바와 같이 Raw device도 RMAN으로 백업 및 복구가 가능합니다.

시나리오 2. Raw device 상태의 데이터 파일을 backupset으로 증분 백업 가능한지와 복구가 가능한지 테스트

Step 1 현재 상태 확인

```
[oracle@localhost ~]$ sqlplus / as sysdba

SQL*Plus: Release 11.2.0.1.0 - Production on Wed Feb 1 11:24:25 2012
Copyright (c) 1982, 2010, Oracle.  All Rights Reserved.
Connected to:
Oracle Database 11g Enterprise Edition Release 11.2.0.1.0 - Production
With the Partitioning, OLAP, Data Mining and Real Application Testing options

SQL> @dd

TABLESPACE            MB       FILE_NAME
--------------- --------- ---------------------------------------------
USERS                  5       /dev/raw/raw4
SYSAUX               250       /dev/raw/raw2
UNDOTBS1              30       /dev/raw/raw3
SYSTEM               440       /dev/raw/raw1
EXAMPLE              100       /dev/raw/raw5

SQL> @log

GROUP#  MEMBER                 MB    SEQ#    ARCH    STATUS
------- ----------------- ------ ------- ------- ----------
      1  /dev/raw/raw10    50       4    NO      CURRENT
      1  /dev/raw/raw9     50       4    NO      CURRENT
      2  /dev/raw/raw11    50       2    YES     INACTIVE
      2  /dev/raw/raw12    50       2    YES     INACTIVE
```

```
    3    /dev/raw/raw13    50    3    YES    INACTIVE
    3    /dev/raw/raw14    50    3    YES    INACTIVE

SQL> select name from v$controlfile;

NAME
----------------------------------------
/dev/raw/raw6
/dev/raw/raw7
/dev/raw/raw8

6 rows selected.
```

Step 2 RMAN을 사용하여 증분 백업을 여러 차례 수행합니다.

```
[oracle@localhost ~]$ rman target /
Recovery Manager: Release 11.2.0.1.0 - Production on Wed Feb 1 11:28:05 2012
Copyright (c) 1982, 2007, Oracle.  All rights reserved.
connected to target database: TESTDB (DBID=2557423915)

RMAN> backup as compressed backupset
2> incremental  level  0
3> format '/data/backup/rman/%U_%T'
4> database;

Starting backup at 01-FEB-12
using target database control file instead of recovery catalog
allocated channel: ORA_DISK_1
channel ORA_DISK_1: sid=145 devtype=DISK
channel ORA_DISK_1: starting compressed full datafile backupset
channel ORA_DISK_1: specifying datafile(s) in backupset
input datafile fno=00001 name=/dev/raw/raw1
input datafile fno=00003 name=/dev/raw/raw2
input datafile fno=00005 name=/dev/raw/raw5
input datafile fno=00002 name=/dev/raw/raw3
input datafile fno=00004 name=/dev/raw/raw4
channel ORA_DISK_1: starting piece 1 at 01-FEB-12
channel ORA_DISK_1: finished piece 1 at 01-FEB-12
piece handle=/data/backup/rman/03n27jur_1_1_20120201 tag=TAG20120201T112827
comment=NONE
channel ORA_DISK_1: backup set complete, elapsed time: 00:00:35
channel ORA_DISK_1: starting compressed full datafile backupset
channel ORA_DISK_1: specifying datafile(s) in backupset
```

```
including current control file in backupset
including current SPFILE in backupset
channel ORA_DISK_1: starting piece 1 at 01-FEB-12
channel ORA_DISK_1: finished piece 1 at 01-FEB-12
piece handle=/data/backup/rman/04n27jvu_1_1_20120201 tag=TAG20120201T112827
comment=NONE
channel ORA_DISK_1: backup set complete, elapsed time: 00:00:03
Finished backup at 01-FEB-12
```

-- 다른 터미널에서 데이터 변경을 위해 테이블 생성하고 데이터 입력합니다.

```
SQL> create table scott.gogak2 (no number,name varchar2(10)) tablespace users;
Table created.

SQL> insert into scott.gogak2 values (1,'CCC');
1 row created.

SQL> insert into scott.gogak2 values (2,'DDD');
1 row created.

SQL> commit;
Commit complete.
```

-- RMAN 터미널에서 증분 백업을 수행합니다.

```
RMAN> backup as compressed backupset
2> incremental level 2
3> format '/data/backup/rman/%U_%T'
4> tablespace users;

Starting backup at 01-FEB-12
using channel ORA_DISK_1
channel ORA_DISK_1: starting compressed incremental level 2 datafile backupset
channel ORA_DISK_1: specifying datafile(s) in backupset
input datafile fno=00004 name=/dev/raw/raw4
channel ORA_DISK_1: starting piece 1 at 01-FEB-12
channel ORA_DISK_1: finished piece 1 at 01-FEB-12
piece handle=/data/backup/rman/05n27knu_1_1_20120201 tag=TAG20120201T114150
comment=NONE
channel ORA_DISK_1: backup set complete, elapsed time: 00:00:01
Finished backup at 01-FEB-12
```

Step 3 장애를 발생시킵니다.

```
SQL> @dd

TABLESPACE     MB     FILE_NAME
----------- ------- ---------------------------------------------
USERS            5    /dev/raw/raw4
SYSAUX         250    /dev/raw/raw2
UNDOTBS1        30    /dev/raw/raw3
SYSTEM         440    /dev/raw/raw1
EXAMPLE        100    /dev/raw/raw5

SQL> !dd if=/dev/zero  of=/dev/raw/raw4  bs=8k ← 장애를 발생시킵니다.
dd: writing `/dev/raw/raw4': 장치에 남은 공간이 없음
12801+0개의 레코드를 입력하였습니다
12800+0개의 레코드를 출력하였습니다

SQL> alter tablespace users offline immediate;
Tablespace altered.

SQL> alter tablespace users online;
alter tablespace users online
*
ERROR at line 1:
ORA-01122: database file 4 failed verification check
ORA-01110: data file 4: '/dev/raw/raw4'
ORA-01210: data file header is media corrupt

SQL> select * from scott.gogak2;
select * from scott.gogak2
                    *
ERROR at line 1:
ORA-00376: file 4 cannot be read at this time
ORA-01110: data file 4: '/dev/raw/raw4'
```

Step 4 RMAN으로 복구 후 확인합니다.

```
RMAN> run {
2> restore tablespace users;
3> recover tablespace users;
4> sql "alter tablespace users online" ;
5> }
```

```
Starting restore at 01-FEB-12
using channel ORA_DISK_1

channel ORA_DISK_1: starting datafile backupset restore
channel ORA_DISK_1: specifying datafile(s) to restore from backup set
restoring datafile 00004 to /dev/raw/raw4
channel ORA_DISK_1: reading from backup piece /data/backup/rman/05n27knu_1_1_20120201
channel ORA_DISK_1: restored backup piece 1
piece handle=/data/backup/rman/05n27knu_1_1_20120201 tag=TAG20120201T114150
channel ORA_DISK_1: restore complete, elapsed time: 00:00:01
Finished restore at 01-FEB-12

Starting recover at 01-FEB-12
using channel ORA_DISK_1

starting media recovery
media recovery complete, elapsed time: 00:00:01
Finished recover at 01-FEB-12
sql statement: alter tablespace users online

SQL> select * from scott.gogak2;

    NO   NAME
------- ----------
     1   CCC
     2   DDD
```

복구 완료 되었습니다.

시나리오 3. RMAN으로 Raw device 상태의 데이터 파일을 copy 명령어로 백업 받은 후 복구 방법 테스트

Step 1 현재 상태 확인

```
RMAN> report schema;

Report of database schema

List of Permanent Datafiles
===========================
File Size(MB) Tablespace       RB segs     Datafile Name
---- -------- ---------------- ----------- ------------------
```

```
1    440      SYSTEM                  ***      /dev/raw/raw1
2    30       UNDOTBS1                ***      /dev/raw/raw3
3    250      SYSAUX                  ***      /dev/raw/raw2
4    5        USERS                   ***      /dev/raw/raw4
5    100      EXAMPLE                 ***      /dev/raw/raw5

List of Temporary Files
============================================
File Size(MB) Tablespace       Maxsize(MB)      Tempfile Name
---- -------- --------------- --------------- --------------------
1    20       TEMP                   100       /dev/raw/raw15
```

Step 2 RMAN으로 Raw device 파일을 copy 백업 수행

```
RMAN> copy
2> datafile  1 to '/data/backup/rman/system' ,
3> datafile  2 to '/data/backup/rman/undotbs1' ,
4> datafile  3 to '/data/backup/rman/sysaux' ,
5> datafile  4 to '/data/backup/rman/users' ,
6> datafile  5 to '/data/backup/rman/example' ;

Starting backup at 01-FEB-12
using channel ORA_DISK_1

(중간 생략)

channel ORA_DISK_1: datafile copy complete, elapsed time: 00:00:01
Finished backup at 01-FEB-12

-- 다른 창에서 백업 파일을 확인합니다

[oracle@localhost rman]$ pwd
/data/backup/rman
[oracle@localhost rman]$ ls -lSh

-rw-r-----  1 oracle dba 441M  2?? 1 11:58 system
-rw-r-----  1 oracle dba 251M  2?? 1 11:59 sysaux
-rw-r-----  1 oracle dba 101M  2?? 1 11:59 example
-rw-r-----  1 oracle dba  31M  2?? 1 11:59 undotbs1
-rw-r-----  1 oracle dba 5.1M  2?? 1 11:59 users
```

Step 3 테스트용 테이블 scott.gogak3을 생성 후 장애를 발생시킵니다.

```
SQL> create table scott.gogak3 (no number, name varchar2(10))
  2  tablespace users;

Table created.

SQL> insert into scott.gogak3 values (1,'EEE');
1 row created.

SQL> insert into scott.gogak3 values (2,'FFF');
1 row created.

SQL> commit;
Commit complete.

SQL> select * from scott.gogak3;

        NO  NAME
--------  ----------
         1  EEE
         2  FFF

SQL> @dd

TABLESPACE          MB   FILE_NAME
------------  --------  --------------------------------------------
USERS                5   /dev/raw/raw4
SYSAUX             250   /dev/raw/raw2
UNDOTBS1            30   /dev/raw/raw3
SYSTEM             440   /dev/raw/raw1
EXAMPLE            100   /dev/raw/raw5

SQL> !dd  if=/dev/zero  of=/dev/raw/raw4  bs=8k    ← 장애를 발생시킵니다.
dd: writing `/dev/raw/raw4': 장치에 남은 공간이 없음
12801+0개의 레코드를 입력하였습니다
12800+0개의 레코드를 출력하였습니다

SQL> alter tablespace users offline immediate;
Tablespace altered.

SQL> alter tablespace users online;
alter tablespace users online
*
```

```
ERROR at line 1:
ORA-01122: database file 4 failed verification check
ORA-01110: data file 4: '/dev/raw/raw4'
ORA-01210: data file header is media corrupt

SQL> select * from scott.gogak3;
select * from scott.gogak3
                    *
ERROR at line 1:
ORA-00376: file 4 cannot be read at this time
ORA-01110: data file 4: '/dev/raw/raw4'
```

Step 4 RMAN으로 파일을 복원한 후 복구합니다.

```
RMAN> restore tablespace users;

Starting restore at 01-FEB-12
using channel ORA_DISK_1

channel ORA_DISK_1: restoring datafile 00004
input datafile copy recid=13 stamp=774100756 filename=/data/backup/rman/users
destination for restore of datafile 00004: /dev/raw/raw4
channel ORA_DISK_1: copied datafile copy of datafile 00004
output filename=/dev/raw/raw4 recid=14 stamp=774101682
Finished restore at 01-FEB-12
```

위에서 진하게 표시된 부분을 보면 RMAN에서 자동으로 copy된 raw device를 찾아서 복원하는 것을 알 수 있습니다.

```
RMAN> recover tablespace users;

Starting recover at 01-FEB-12
using channel ORA_DISK_1

starting media recovery
media recovery complete, elapsed time: 00:00:00

Finished recover at 01-FEB-12
```

-- sqlplus 창에서 데이터가 복구되었는지 확인합니다.

```
SQL> alter tablespace users online;

Tablespace altered.

SQL> select * from scott.gogak3;

        NO   NAME
--------  ----------
         1   EEE
         2   FFF
```

정상적으로 복구가 된 것을 알 수 있습니다.

위에서 살펴본 바와 같이 Raw Device로 구성된 database도 RMAN으로 동일하게 관리할 수 있습니다.

20. Control file 재생성시 대처 방법

이번 상황은 별도의 Catalog Server를 사용하지 않고 Target Database Server의 Control file에 Recovery Catalog를 만들어 둔 상황에서 부득이한 사정으로 Control file을 재생성해서 Recovery Catalog를 삭제시킨 경우에 대처하는 방법입니다.

이럴 경우는 RMAN 백업 파일에서 필요한 정보만 추출해서 Catalog에 다시 등록하면 됩니다. Control file을 재생성한 후 아래와 같이 작업하면 됩니다.

```
RMAN> catalog start with '/data/backup/rman';

searching for all files that match the pattern /data/backup/rman

List of Files Unknown to the Database
=====================================
File Name: /data/backup/rman/05o4hb5q_1_1_20130215
```

```
Do you really want to catalog the above files (enter YES or NO)? yes
cataloging files...
cataloging done

List of Cataloged Files
=======================
File Name: /data/backup/rman/05o4hb5q_1_1_20130215

RMAN> list backupset;

List of Backup Sets
===================


BS Key  Type LV Size       Device Type Elapsed Time Completion Time
------- ---- -- ---------- ----------- ------------ ----------------------
1       Full    84.34M     DISK        00:00:00     15-FEB-13
        BP Key: 1   Status: AVAILABLE  Compressed: YES  Tag: TAG20130314T234458
        Piece Name: /data/backup/rman/05o4hb5q_1_1_20130215
  List of Datafiles in backup set 1


File LV Type Ckp SCN  Ckp Time   Name
---- -------- -------- ---------- ----------------------------------------
1       Full  209829   14-MAR-13  /app/oracle/oradata/testdb/system01.dbf
2       Full  209829   14-MAR-13  /app/oracle/oradata/testdb/sysaux01.dbf
3       Full  209829   14-MAR-13  /app/oracle/oradata/testdb/undotbs01.dbf
4       Full  209829   14-MAR-13  /app/oracle/oradata/testdb/users01.dbf
```

정상적으로 잘 등록된 것이 확인됩니다.

이상으로 RMAN을 이용한 백업과 복구를 모두 살펴보았습니다. 위에서 살펴본 바와 같이 RMAN만의 장점이 아주 많으니 적극 활용하기 바랍니다.

부록 1. 리눅스 기초

1. 기본 Unix/Linux 명령어들

부록 1. 리눅스 기초

1. 기본 Unix / Linux 명령어들

이번 챕터에서는 리눅스와 유닉스에서 가장 많이 사용되는 중요한 명령어들을 살펴 보겠습니다. 다만 이 책은 전문 OS책이 아니므로 지면 관계상 모든 명령어를 전부 다룰 수는 없고 shell script 작성 및 운영과 관련된 명령어들 위주로 살펴본다는 점을 미리 알려드립니다. 아래에서 살펴보는 모든 명령어들은 Shell script나 리눅스/유닉스 서버를 관리할 때 꼭 필요한 명령어들이니 반복 사용하여 꼭 각종 옵션들까지 숙지하기 바랍니다.

(1) 유닉스 계열의 이름 지정 규칙

모든 유닉스 명령은 대 · 소문자 구분을 하며 기본적으로 소문자입니다. 유닉스에서 사용되는 파일과 디렉터리 이름의 특징은 아래와 같습니다.

1. 이름은 최대 255자까지 가능합니다
2. Alphabet, numeric, hyphen (-), underscore (_), period (.)만을 사용하는 것이 좋습니다.

   이 말은 다른 문자도 사용 가능하지만 권장하지 않는다는 뜻입니다.
3. 소문자를 사용하는 것이 좋습니다.

   유닉스 계열은 대/소문자를 구분한다는 것을 꼭 기억해야 합니다.
4. 파일 이름에 asterisks (*), ampersands (&), pipes (|), quotes (“ “), dollar

signs ($), space (공백) 등의 문자 사용은 권장하지 않습니다.

5. period (.)이 아닌 다른 문자로 시작하는 것이 좋습니다.

    period(.)은 숨김 파일의 의미가 있습니다.

6. windows 계열과 달리 확장자 (extension) 개념이 없습니다.

위 특징 중 특히 주의사항은 파일이나 디렉터리 이름이 대/소문자 구분을 한다는 점과 확장자의 개념이 없다는 것입니다. 즉 유닉스에서는 a.txt 와 A.TXT는 다른 이름입니다. 그리고 a.txt에서 .txt는 확장자가 아니라 파일 이름입니다. 윈도에서는 파일 이름은 a이고 확장자는 .txt인 것과 완전히 다르니 꼭 기억해야 합니다.

아래의 예로 유닉스에서 만들 수 있는 다양한 파일이나 디렉터리 이름을 보겠습니다.

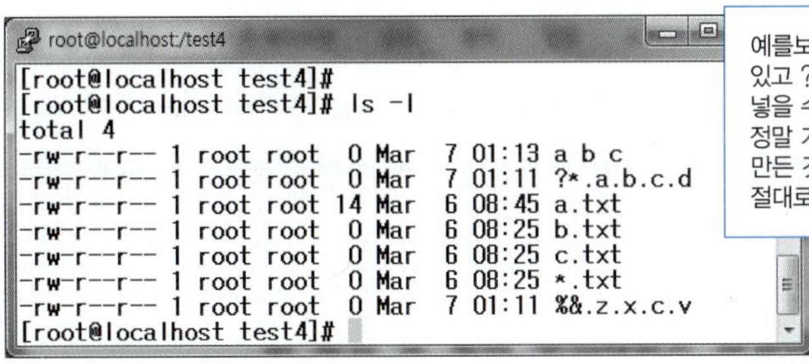

예를보면 이름에 공백도 넣을 수 있고 ? 나 *, %, & 같은 기호도 모두 넣을 수 있습니다. 그러나 위 예는 정말 가능하다는 예를 보여주기 위해 만든 것이며 이런 식의 이름지정은 절대로 권장하지 않습니다.

(2) 경로에 대해서 (PATH)

그리고 또 한가지 기억해야 할 것은 유닉스 계열은 모든 작업을 마우스가 아닌 키보드 위주로 진행하기 때문에 모든 작업을 할 때 경로를 아주 조심해야 합니다. 만약 경로를 잘못 이해하면 큰 사고를 낼 수 있으니 이번에 설명하는 경로에 대한 내용을 잘 이해하시기 바랍니다.

복사하는 작업을 예로 들면 사람이 Shell 한테 파일을 복사를 시킬 때 '어디어디에 있는 a.txt 파일을 어디어디로 복사해라' 라고 명령을 줄 것입니다. 여기서 어디어디에 해당되는 부분이 경로인데 이렇게 경로를 표시하는 방법이 절대경로(Absolute path name)와 상대경로(Relative path name) 두 가지 입니다.

이 두 가지 방법의 차이는 시작 위치입니다. 절대 경로는 경로를 알려줄 때 무조건 / (루트) 디렉터리부터 시작을 하게 됩니다. 반면 상대 경로는 경로를 알려줄 때 무조건 현재 있는 위치부터 시작을 하게 됩니다. 아래 그림으로 간략하게 살펴보겠습니다.

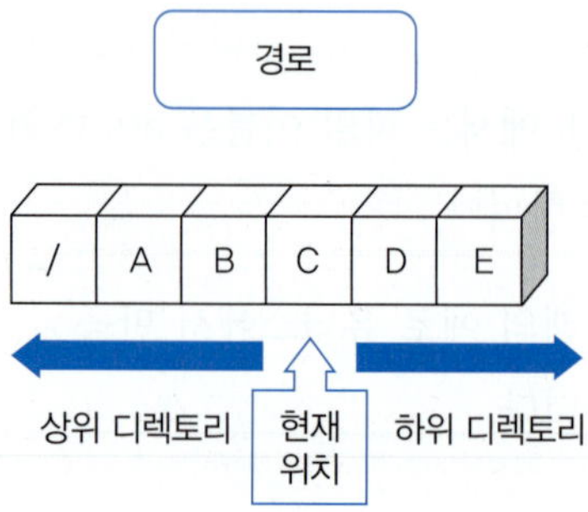

디렉터리를 이동하는 명령어가 cd 명령어인데 만약 현재 C 위치에 있는 제가 A 위치로 이동하려고 Shell에게 명령을 보낼 경우에 두 가지 방식의 차이는 아래와 같습니다.

절대경로의 경우 : cd /A
상대경로의 경우 : cd ../..

절대 경로의 경우는 현재 위치가 어디든 상관없이 가고 싶은 경로를 / 디렉터리부터 순서대로 적어주면 됩니다. 그러나 상대경로는 현재의 위치가 기준이 되어 상위 디렉터리일 경우는 .. (점 2개), 하위 디렉터리일 경우는 ./로 표시합니다. 위의 예만 보면 절대경로가 훨씬 간단하고 편한 것 같지만 그렇지 않습니다. 예를 들어 D의 위치로 이동해 보겠습니다.

절대경로의 경우 : cd /A/B/C/D
상대경로의 경우 : cd ./D (또는 ./를 생략하고 그냥 cd D해도 됩니다)

이 경우는 상대경로가 훨씬 더 유리합니다. 즉 어떤 것이 더 좋다는 의미가 아니라 경우에 따라 다를 수 있으니 잘 판단해서 유리한 방식을 사용하면 된다는 뜻입니다.

cd 명령을 예로 들었지만 이것 뿐만 아니라 cp, mv 등 모든 유닉스 명령어에서 이 경로가 다 사용되는 것이니 반드시 절대경로와 상대경로를 정확하게 이해해야 합니다.

(3) Shell Meta Character (쉘 메타 캐릭터)

메타 캐릭터라는 것은 원래의 의미가 아닌 다른 특별한 의미를 가진 뜻을 의미합니다. Shell에서 사용하는 주요 메타 캐릭터는 아래와 같습니다.

● Tilde (~) : 틸드 기호

이 문자의 의미는 홈디렉토리라는 뜻을 가지고 있습니다. 예를 들어 현재 로그인 해 있는 사용자의 홈디렉토리가 /home/oracle일 경우에 홈디렉토리로 이동하고 싶을 경우 cd /home/oracle해도 되지만 cd ~해도 됩니다. 사실 자신의 홈디렉토리로 이동하고 싶을 경우는 그냥 cd만 입력해도 이동됩니다.

만약 특정 사용자의 홈디렉토리로 이동하고 싶을 경우는 'cd ~oracle'처럼 '~사용자명'의 형식으로 입력하면 됩니다.

● Asterisk (*) : 아스테리크 기호

이 문자의 의미는 거의 대부분의 OS에서 다 사용하는 것으로 '모든것'이란 의미가 있습니다.

예를 들어 파일 이름은 모든 것이고 확장자가 .txt인 파일을 지울 경우 rm *.txt와 같이 사용하면 됩니다. 이 모든 것에는 글자수의 제한이 없습니다. 즉 *가 있는 자리에는 0글자부터 255글자 사이의 모든 글자가 올 수 있다는 뜻입니다.

● Question (?) : 물음표 기호

이 기호는 '모든것'이란 의미로 *와 같은 의미지만 *와 차이는 글자수입니다. *기호는 글자수의 제한이 없지만 ? 기호는 ? 하나에 1글자만 올 수 있습니다. 예를 들어 위의 예에서 rm *.txt와 rm ?.txt의 차이는 ?.txt는 ? 자리에 1글자만 올 수 있다는 것입니다. 아래의 예를 보세요.

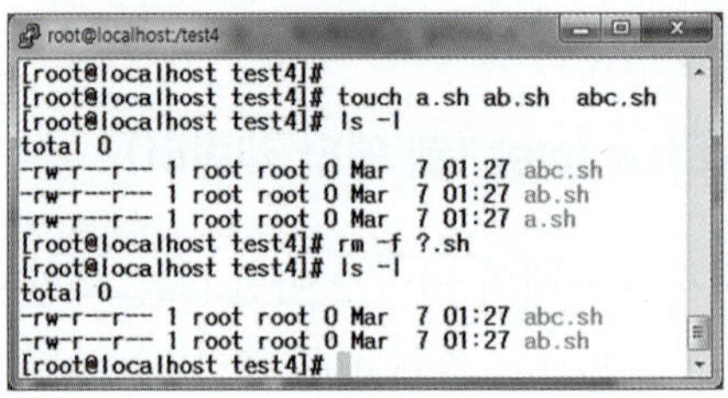

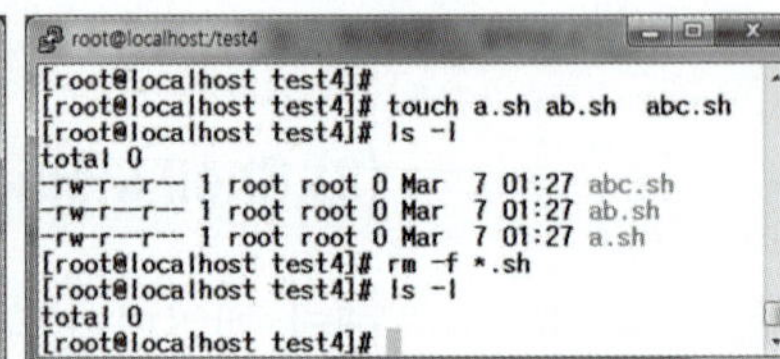

위의 화면을 보면 왼쪽 화면에서 3개의 파일이 있는데 rm 명령어로 파일을 삭제를 할 때 rm -f ?.sh 하니까 a.sh만 삭제된 것을 알 수 있습니다. 즉 ? 자리에 a가 치환이 된 거죠? 그러나 오른 쪽 화면에서 rm -f *.sh하니까 모든 파일이 다 지워진 것이 보입니다. 두 글자(*와 ?)의 차이점을 잘 이해하세요.

④ Square Brackets ([ ]) : 대괄호 기호

이 문자는 대괄호 사이의 모든 글자를 의미합니다. 예를 들어 [abc].sh라고 하면 .sh 앞에 a나 b나 c 중에서 뭐가 와도 상관없다는 뜻입니다. 즉 a.sh, b.sh, c.sh라는 의미입니다.

아래의 예로 확인해 보겠습니다.

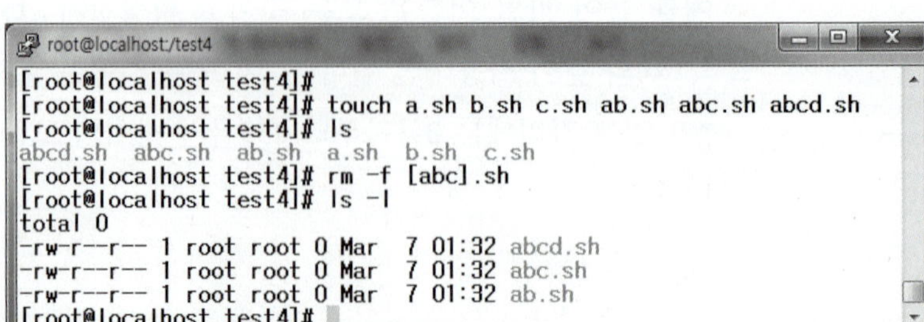

위의 예를 보면 touch 명령어로 여러 개의 파일을 생성했습니다(이 명령은 뒤에서 배웁니다.). 그리고 rm 명령어로 [abc].sh 파일을 삭제 했는데 지워진 파일은 a.sh , b.sh , c.sh입니다. a나 b나 c가 들어있는 다른 파일들은 안 지워졌다는 것에 주목하세요.

그리고 [abc].sh나 [cba].sh나 동일한 효과입니다. [0-9]를 쓰면 숫자 전체를 의미하고 [A-Z]를 쓰면 대문자 전체를 의미합니다.

메타 캐릭터와 관련된 한 가지 더 중요한 사실은 Escape Character(탈출문자)입니다. 탈출문자란 메타캐릭터의 의미를 벗어나서(탈출해서) 그 문자 그대로의 뜻이라고 알려주는 것입니다. 예를 들어 *라는 메타 캐릭터의 의미는 '모든 것'이라는 의미이지만 ₩*라고 쓰면 그냥 '*' 자체로 인식을 하게 만드는 즉 '모든 것'이라는 의미에서 탈출해서 원래의 '*'의 의미로 돌아오게 해 주는 문자입니다.

아래의 예를 보세요.

```
root@localhost:/test4
[root@localhost test4]#
[root@localhost test4]# touch a.sh b.sh ₩*.sh
[root@localhost test4]# ls -l
total 0
-rw-r--r-- 1 root root 0 Mar  7 03:42 a.sh
-rw-r--r-- 1 root root 0 Mar  7 03:42 b.sh
-rw-r--r-- 1 root root 0 Mar  7 03:42 *.sh
[root@localhost test4]#
[root@localhost test4]# rm -f ₩*.sh
[root@localhost test4]# ls -l
total 0
-rw-r--r-- 1 root root 0 Mar  7 03:42 a.sh
-rw-r--r-- 1 root root 0 Mar  7 03:42 b.sh
[root@localhost test4]#
```

가장 윗줄에서 ₩*.sh로 파일 이름이 *.sh라는 파일을 생성했습니다. ₩*이라는 부분으로 파일 이름이 그냥 *가 된 것입니다.

그리고 아래에 rm -f ₩*.sh로 *.sh만 지웠습니다. 만약 *.sh를 지우기 위해서 rm -f *.sh라고 쓰면 메타 캐릭터의 의미인 '모든것.sh'로 인식되어 모든 파일이 다 지워지게 될 것입니다.

이상으로 명령어를 보기 전에 기본적인 유닉스 관련 기초 내용을 살펴보았습니다.

(4) 주요 유닉스 명령어들

- man (manual)

  의미 : 이 명령은 어떤 명령어의 자세한 옵션이나 의미를 알려주는 도움말 페이지 입니다.

  사용법 : man 명령어

  사용 예 : cp 명령어에 대해 알고 싶을 경우

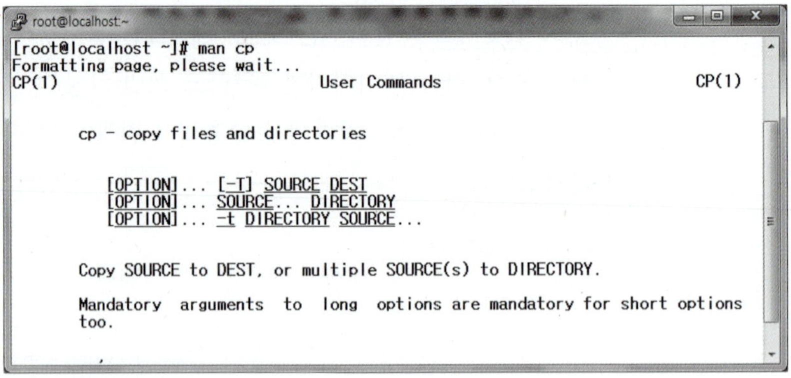

설명이 길 경우 엔터키를 누르면 다음 줄로 계속 넘어갈 수 있으며 스페이스바는 다음 페이지로 넘어가고 다시 이전 페이지로 가고 싶으면 b키, 종료하고 싶으면 q를 누르면 됩니다.

- ls (list)

  의미 : 특정 파일이나 디렉터리안에 있는 목록(list)을 보는 명령어입니다.

  사용법 : ls [옵션] 보고싶은 파일이나 디렉터리

  사용 예 : /etc/ 디렉터리에 확장자가 conf인 파일만 보기

```
root@localhost:~
[root@localhost ~]#
[root@localhost ~]# ls /etc/*.conf
/etc/autofs_ldap_auth.conf  /etc/ldap.conf        /etc/reader.conf
/etc/capi.conf              /etc/ld.so.conf       /etc/resolv.conf
/etc/cdrecord.conf          /etc/lftp.conf        /etc/scrollkeeper.conf
/etc/conman.conf            /etc/libaudit.conf    /etc/sensors.conf
/etc/dhcp6c.conf            /etc/libuser.conf     /etc/sestatus.conf
/etc/dnsmasq.conf           /etc/logrotate.conf   /etc/smartd.conf
/etc/esd.conf               /etc/ltrace.conf      /etc/sysctl.conf
/etc/gpm-root.conf          /etc/mke2fs.conf      /etc/syslog.conf
/etc/grub.conf              /etc/modprobe.conf    /etc/updatedb.conf
/etc/gssapi_mech.conf       /etc/mtools.conf      /etc/warnquota.conf
/etc/host.conf              /etc/multipath.conf   /etc/wvdial.conf
/etc/idmapd.conf            /etc/nscd.conf        /etc/xinetd.conf
/etc/initlog.conf           /etc/nsswitch.conf    /etc/yp.conf
/etc/jwhois.conf            /etc/ntp.conf         /etc/yum.conf
/etc/kdump.conf             /etc/pam_smb.conf
/etc/krb5.conf              /etc/prelink.conf
[root@localhost ~]#
```

ls 명령은 아주 다양한 옵션이 있습니다. 그 중에서 많이 사용되는 옵션들을 살펴보겠습니다. 자주 사용되는 옵션은 아래와 같습니다. 아래 옵션들은 중첩으로 사용할 수 있습니다. 실습 화면으로 아래의 옵션이 어떤 의미인지 꼭 파악하기 바랍니다.

먼저 아래의 실습을 하기 위해 아직 안 배웠지만 디렉터리를 생성하고 파일을 만들겠습니다. 이 명령어들은 뒤에서 전부 배웁니다.

```
root@localhost:/test
[root@localhost ~]#
[root@localhost ~]# mkdir /test
[root@localhost ~]# cd /test
[root@localhost test]# touch a.txt  b.txt  c.txt  .a.txt
[root@localhost test]#
```

- a : 숨긴 파일이나 디렉터리를 포함해서 모든 파일이나 디렉터리를 다 보여달라 (all)

```
root@localhost:/test
[root@localhost test]#
[root@localhost test]# ls /test
a.txt  b.txt  c.txt
[root@localhost test]# ls -a /test
.  ..  .a.txt  a.txt  b.txt  c.txt
[root@localhost test]#
```

위의 예에서 그냥 ls /test 했을 때와 -a 옵션을 준 경우와는 결과가 다릅니다. 유닉스 계열에서는 보안등의 이유로 파일을 안보이게 숨기고 싶을 때 파일 이름을 .(점)으로 시작하게 만들면 됩니다. 위의 예에서는 .a.txt 파일이 그 경우입니다.

그냥 ls 명령어로는 보이지 않았는데 -a 옵션을 주고 조회를 하니까 내용이 보입니다.

- l : 권한이나 소유자 , 크기 , 수정된 시간 등의 상세 정보를 보여달라 (long)

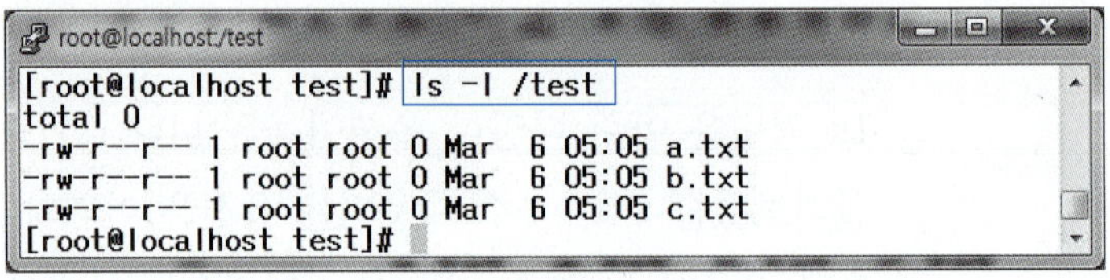

위의 -a 옵션 예에서의 출력 결과와 -l의 출력결과는 확연히 다르죠? -l 옵션을 주면 파일에 대한 자세한 내용을 알려줍니다. 각 내용은 아래와 같습니다.

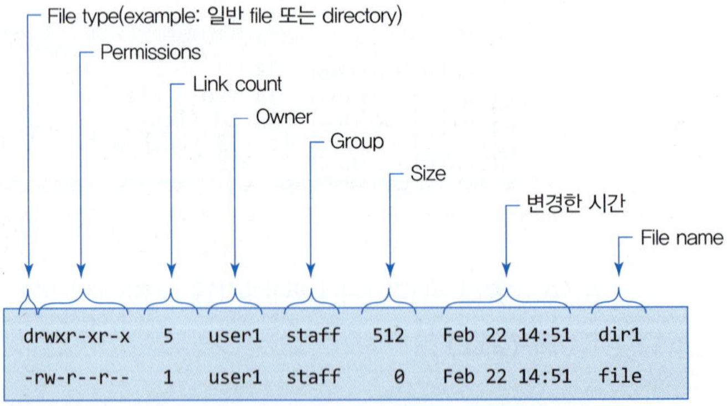

가장 앞 부분은 파일이나 디렉토리를 구분해 주는 부분입니다. 그 다음 영문자 9자리는 파일의 권한에 대한 부분으로 뒤의 사용자 관리에서 자세히 배웁니다.

그 다음은 Link Count인데 지금은 크게 중요한 부분은 아닙니다. 그 다음 Owner은 파일의 소유자를 나타내고 그 뒷부분은 소유자가 소속된 팀 이름입니다. 그 다음 Size 부분은 크기 부분이며 그 다음은 해당 파일이 마지막으로 변경된 시간을 의미합니다.

그리고 가장 마지막 부분이 파일이나 디렉터리의 이름을 나타냅니다.

-S(대문자) : 크기 별로 정렬해서 보여달라 (Size)

이 테스트를 하기 위해 아래와 같이 먼저 작업을 수행합니다. 이 작업들도 뒤에서 자세히 배웁니다.

```
root@localhost:/test
[root@localhost test]#
[root@localhost test]# man ls >> a.txt
[root@localhost test]# man ls >> a.txt
[root@localhost test]# man ls >> b.txt
[root@localhost test]# man ls >> b.txt
[root@localhost test]# man ls >> b.txt
[root@localhost test]# man ls >> c.txt
[root@localhost test]# ls -lS
total 64
-rw-r--r-- 1 root root 29109 Mar  6 05:15 b.txt
-rw-r--r-- 1 root root 19406 Mar  6 05:15 a.txt
-rw-r--r-- 1 root root  9703 Mar  6 05:15 c.txt
[root@localhost test]#
```

위 화면에서 '>>' 기호는 리다이렉션이란 기호로 아주 많이 사용될 기호입니다. 뒷부분에서 자세하게 살펴보겠습니다. 여기서는 -S 옵션으로 인해 결과가 용량이 큰 순서로 정렬이 되었음을 알 수 있습니다.

만약 사이즈가 작은 순서로 보고 싶은 경우는 -r 옵션을 사용하면 됩니다.

```
root@localhost:/test
[root@localhost test]#
[root@localhost test]# ls -lS
total 64
-rw-r--r-- 1 root root 29109 Mar  6 05:15 b.txt
-rw-r--r-- 1 root root 19406 Mar  6 05:15 a.txt
-rw-r--r-- 1 root root  9703 Mar  6 05:15 c.txt
[root@localhost test]#
[root@localhost test]# ls -lSr
total 64
-rw-r--r-- 1 root root  9703 Mar  6 05:15 c.txt
-rw-r--r-- 1 root root 19406 Mar  6 05:15 a.txt
-rw-r--r-- 1 root root 29109 Mar  6 05:15 b.txt
[root@localhost test]#
```

-h : 사람이 보기 편한 단위로 보여달라 (human)

```
[root@localhost test]#
[root@localhost test]# ls -l
total 64
-rw-r--r-- 1 root root 19406 Mar  6 05:15 a.txt
-rw-r--r-- 1 root root 29109 Mar  6 05:15 b.txt
-rw-r--r-- 1 root root  9703 Mar  6 05:15 c.txt
[root@localhost test]#
[root@localhost test]# ls -lh
total 64K
-rw-r--r-- 1 root root  19K Mar  6 05:15 a.txt
-rw-r--r-- 1 root root  29K Mar  6 05:15 b.txt
-rw-r--r-- 1 root root 9.5K Mar  6 05:15 c.txt
[root@localhost test]#
```

-h 옵션을 사용해서 사용자가 보기 편한 KB, MB, GB 단위로 표시할 수 있습니다. 이 외에도 다양한 옵션이 있으니 man 페이지를 참고하시기 바랍니다.

- mkdir (make directory)

의미 : 이 명령어는 디렉터리를 새로 만드는 명령어입니다.

사용법 : mkdir 만들 디렉터리의 경로와 이름

사용 예 : /test 디렉터리 안에 dir1 디렉터리를 생성합니다.

```
[root@localhost test]#
[root@localhost test]# mkdir /test/dir1
[root@localhost test]# ls -l
total 68
-rw-r--r-- 1 root root 19406 Mar  6 05:15 a.txt
-rw-r--r-- 1 root root 29109 Mar  6 05:15 b.txt
-rw-r--r-- 1 root root  9703 Mar  6 05:15 c.txt
drwxr-xr-x 2 root root  4096 Mar  6 05:44 dir1
[root@localhost test]#
```

위 명령어로 새로운 디렉터리가 하나 생성된 것이 확인됩니다. mkdir 명령어는 아주 편리하고도 중요한 옵션이 한 개 있습니다.

만약 관리자가 /test/dir1/dir2/dir3를 생성하고자 할 경우에는 /test 디렉터리를 생성한 후 /test/dir1 디렉터리를 생성하고 /test/dir1/dir2 디렉터리를 생성한 후에 /test/dir1/dir2/dir3 디렉터리를 생성할 수 있습니다. 즉 상위 디렉터리가 전부 다 만들어져 있어야만 하위 디렉터리를 생성할 수 있는

데 디렉터리를 많이 만들어야 할 경우 아주 번거롭습니다.

그래서 모든 디렉터리를 한번에 다 만들어 버리는 -p라는 옵션이 있습니다.

```
root@localhost:/test
[root@localhost test]#
[root@localhost test]# mkdir /test/dir1/dir2/dir3
mkdir: cannot create directory `/test/dir1/dir2/dir3': No such file or directory
[root@localhost test]#
[root@localhost test]# mkdir -p /test/dir1/dir2/dir3
[root@localhost test]#
```

-p 옵션으로 인해 에러 없이 잘 생성되는 것이 확인됩니다.

- rmdir (remove directory)

  의미 : 이 명령어는 디렉터리를 삭제하는 명령어입니다.

  사용법 : rmdir 삭제할 디렉터리의 경로와 이름

이 명령어는 삭제 할 디렉터리 안에 파일이나 또 다른 디렉터리가 하나도 없어야 삭제가 되기 때문에 많이 불편합니다. 그래서 이 명령 보다는 rm -r 옵션을 많이 사용합니다.

- cd (Change Directory)

  의미 : 이 명령어는 디렉터리를 이동하는 명령어입니다.

  사용법 : cd 이동할 디렉터리 경로명

  사용 예 : 위 경로 설명 참조

- pwd (print working directory)

  의미 : 현재 작업중인 디렉터리 이름을 보여줍니다.

  사용법 : pwd

  사용 예 :

```
root@localhost:/test2/dir1
[root@localhost ~]#
[root@localhost ~]# cd /test2
[root@localhost test2]# pwd
/test2
[root@localhost test2]# cd dir1
[root@localhost dir1]# pwd
/test2/dir1
[root@localhost dir1]#
```

- touch

의미 : 파일의 용량이 0인 파일을 생성합니다.

사용법 : touch a.txt

사용 예 :

```
root@localhost:/test4
[root@localhost test4]#
[root@localhost test4]# touch a.txt
[root@localhost test4]#
[root@localhost test4]# ls -l
total 0
-rw-r--r-- 1 root root 0 Mar  7 03:52 a.txt
[root@localhost test4]#
```

이 명령의 또 한가지 기능은 -t 옵션을 사용하여 파일의 날짜를 변경하는 것입니다.

```
root@localhost:/find
[root@localhost find]#
[root@localhost find]# cd /find
[root@localhost find]# ls -l a.txt
-rw-r--r-- 1 root root 19406 Mar  7 05:58 a.txt
[root@localhost find]#
[root@localhost find]# touch -t 05011230  a.txt
[root@localhost find]#
[root@localhost find]# ls -l a.txt
-rw-r--r-- 1 root root 19406 May  1  2013 a.txt
[root@localhost find]#
```

위 화면을 보면 a.txt의 원래 날짜는 3월 7일 05:58이었습니다. 이 날짜를 05월 01일 12시 30분으로 변경한 후 조회해보니 변경된 것이 확인됩니다. 이런 기능을 이용하여 해커들이 해킹을 한 후 생성한 파일의 날짜를 과거 날짜로 변경하는 것입니다.

● cp (copy)

의미 : 이 명령어는 파일을 복사하는 명령어 입니다.

사용법 : cp [옵션] 원본파일명 복사후파일명

사용 예 : /test 디렉터리의 a.txt 를 /test/dir1/aa.txt 로 복사하기

```
root@localhost:/test
[root@localhost test]#
[root@localhost test]# cp /test/a.txt  /test/dir1/aa.txt
[root@localhost test]# ls -l /test/dir1/
total 24
-rw-r--r-- 1 root root 19406 Mar  6 06:08 aa.txt
drwxr-xr-x 3 root root  4096 Mar  6 05:49 dir2
[root@localhost test]#
```

위의 예는 복사를 하면서 파일 이름까지 변경을 시키는 예입니다. 이 명령어로 파일을 복사할 때 반드시 경로와 이름을 주의하세요. 이 명령어에서 중요한 옵션은 -i 와 -r , -v 옵션입니다. 아래의 테스트로 이 옵션들을 테스트 해 보겠습니다.

-i 는 복사할 대상이 이미 존재할 경우 덮어쓸지 여부를 물어보게 하는 옵션입니다.

```
root@localhost:/test
[root@localhost test]#
[root@localhost test]# cp -i /test/a.txt  /test/dir1/aa.txt
cp: overwrite `/test/dir1/aa.txt'? y
[root@localhost test]#
[root@localhost test]# cp  /test/a.txt  /test/dir1/aa.txt
cp: overwrite `/test/dir1/aa.txt'? y
[root@localhost test]#
```

위의 예를 보면 -i 옵션을 쓰던 안 쓰던 물어보는데 이것은 기본적으로 cp 명령을 치면 자동으로 -i 옵션이 작동하도록 alias ₩가 설정되어 있어서 그런 것입니다.

아래의 화면으로 확인해 봅니다.

```
root@localhost:/test
[root@localhost test]# alias
alias cp='cp -i'
alias l.='ls -d .* --color=tty'
alias ll='ls -l --color=tty'
alias ls='ls --color=tty'
alias mv='mv -i'
alias rm='rm -i'
alias which='alias | /usr/bin/which --tty-only --read-alias
--show-dot --show-tilde'
[root@localhost test]#
```

위 화면에 보면 alias 명령으로 조회하니 cp='cp -i' 라는 부분이 보이죠? 사용자가 cp 명령을 치면 자동으로 shell 이 cp -i로 인식을 한다는 의미입니다.

리눅스에는 기본적으로 alias 가 설정이 되어 있어서 자동으로 인식하지만 다른 유닉스에서는 아닐 수도 있으므로 이 옵션을 꼭 기억하시기 바랍니다. 만일 설정된 alias를 취소하고 싶으면 unalias라는 명령을 사용하면 됩니다.

또 한 가지 중요한 옵션은 -r입니다. 이것은 복사 원본에 만약 디렉터리가 있을 경우 디렉터리까지 같이 복사하라는 의미입니다. 아래 화면으로 확인합니다.

이 테스트를 위해 /test2 디렉터리를 생성한 후 복사를 합니다.

```
root@localhost:/test
[root@localhost test]#
[root@localhost test]# mkdir /test2
[root@localhost test]#
[root@localhost test]# ls -l
total 68
-rw-r--r-- 1 root root 19406 Mar  6 05:15 a.txt
-rw-r--r-- 1 root root 29109 Mar  6 05:15 b.txt
-rw-r--r-- 1 root root  9703 Mar  6 05:15 c.txt
drwxr-xr-x 4 root root  4096 Mar  6 06:17 dir1
[root@localhost test]# cp /test/*  /test2/
cp: omitting directory `/test/dir1'
[root@localhost test]#
[root@localhost test]# cp -r /test/*  /test2/
cp: overwrite `/test2/a.txt'? y
cp: overwrite `/test2/b.txt'? y
cp: overwrite `/test2/c.txt'? y
[root@localhost test]#
```

위의 네모칸 안에 발생한 에러는 /test/dir1은 디렉터리라서 복사를 할 수 없다는 뜻입니다. 그러나 -r 옵션을 준 후에는 그런 에러가 발생하지 않습니다.

리눅스에서는 -r 대신 -a 옵션을 사용해도 동일한 효과가 있습니다. 또 많이 사용하는 옵션 중 한가지는 -v입니다. 이 옵션은 파일이 많을 경우에 유용합니다. 이것은 복사 되는 파일의 이름을 보여달라는 뜻으로 파일이 많을 경우에 어떤 파일이 지금 복사되고 있는지 내역을 다 볼 수 있습니다.

cp 옵션에서 주의해야 할 사항은 숨김 파일은 제외라는 것입니다. 아래의 테스트로 확인합니다. 실습을 위해 /test3 디렉터리를 생성합니다.

```
root@localhost:/test
[root@localhost test]#
[root@localhost test]# mkdir /test3
[root@localhost test]#
[root@localhost test]# ls -al /test
total 80
drwxr-xr-x  3 root root  4096 Mar  6 05:44 .
drwxr-xr-x 29 root root  4096 Mar  6 06:24 ..
-rw-r--r--  1 root root     0 Mar  6 05:05 .a.txt
-rw-r--r--  1 root root 19406 Mar  6 05:15 a.txt
-rw-r--r--  1 root root 29109 Mar  6 05:15 b.txt
-rw-r--r--  1 root root  9703 Mar  6 05:15 c.txt
drwxr-xr-x  4 root root  4096 Mar  6 06:17 dir1
[root@localhost test]# cp -v /test/*  /test3/
`/test/a.txt' -> `/test3/a.txt'
`/test/b.txt' -> `/test3/b.txt'
`/test/c.txt' -> `/test3/c.txt'
cp: omitting directory `/test/dir1'
[root@localhost test]# ls -al /test3
total 76
drwxr-xr-x  2 root root  4096 Mar  6 06:25 .
drwxr-xr-x 29 root root  4096 Mar  6 06:24 ..
-rw-r--r--  1 root root 19406 Mar  6 06:25 a.txt
-rw-r--r--  1 root root 29109 Mar  6 06:25 b.txt
-rw-r--r--  1 root root  9703 Mar  6 06:25 c.txt
[root@localhost test]#
```

위 결과를 보면 원본인 /test 디렉터리에 .a.txt라는 숨김 파일이 있습니다. 그러나 이 파일은 대상 디렉터리인 /test3 디렉터리로 복사되지 않았습니다. 즉 숨김 파일은 일반적인 모든 작업(복사, 이동, 삭제 등)에서는 제외입니다. 만약 숨김 파일에 어떤 작업을 하려면 정확하게 파일 이름을 지정해 주면 됩니다.

```
root@localhost:/test
[root@localhost test]#
[root@localhost test]# cp /test/.a.txt  /test3/
[root@localhost test]#
[root@localhost test]# ls -al /test3
total 76
drwxr-xr-x  2 root root  4096 Mar  6 06:29 .
drwxr-xr-x 29 root root  4096 Mar  6 06:24 ..
-rw-r--r--  1 root root     0 Mar  6 06:29 .a.txt
-rw-r--r--  1 root root 19406 Mar  6 06:25 a.txt
-rw-r--r--  1 root root 29109 Mar  6 06:25 b.txt
-rw-r--r--  1 root root  9703 Mar  6 06:25 c.txt
[root@localhost test]#
```

잘 복사가 된 것을 확인 할 수 있습니다. 일반적으로 복사를 하려면 해당 파일에 읽기(r)의 권한이 있으면 됩니다.

cp 명령어는 원본 파일을 대상 파일로 복사를 하는 데 생성 날짜나 권한 등은 대상 파일에 맞게 다시 설정이 됩니다. 즉 엄밀한 의미에서의 cp는 똑같은 파일을 만드는 것은 아니라는 것이죠.

그래서 정말 권한이나 날짜까지 똑같이 만들고 싶을 경우에는 -p 옵션을 사용해서 cp하면 됩니다.

- mv (move)

의미 : 이 명령어는 파일의 이름을 변경하거나 이동을 하는 명령어입니다.
사용법 : mv [옵션] 원본파일명 이동후파일명
사용 예 : /test/a.txt 파일을 /test2/aaa.txt로 이름 변경하면서 이동합니다.

```
root@localhost:/test
[root@localhost test]#
[root@localhost test]# mv /test/a.txt  /test2/aaa.txt
[root@localhost test]#
[root@localhost test]# ls /test/a.txt
ls: /test/a.txt: No such file or directory
[root@localhost test]#
[root@localhost test]# ls /test2/aaa.txt
/test2/aaa.txt
[root@localhost test]#
```

파일 이름이 변경되면서 이동된 것을 알 수 있습니다. 당연히 현재 위치에서 이름만 변경하고 싶을 경우도 동일한 방식으로 사용 가능합니다.

이 명령에도 -i 옵션을 사용할 수 있습니다. 이동하려고 하는 곳에 이미 동일한 파일명이 있을 경우 덮어 쓸 것인지를 물어보게 하는 옵션입니다.

mv 명령어는 주의사항이 있습니다. mv는 원본을 이동시키는 것으로 만약 mv 작업을 하다가 문제가 생길 경우 원본 파일이 손상되는 아주 심각한 문제가 생깁니다. 그래서 파일을 이동하는 작업을 할 경우 mv보다는 cp 명령어로 복사를 한 후 작업 완료가 되면 원본 파일을 지우는 순서로 할 것을 권장합니다.

- rm (remove)

  의미 : 이 명령어는 특정 파일이나 디렉터리를 삭제하라는 명령어입니다.

  사용법 : rm [옵션] 삭제할 대상이나 디렉터리

  사용 예 : /test2/aaa.txt 를 삭제합니다.

```
root@localhost:/test
[root@localhost test]#
[root@localhost test]# ls /test2/aaa.txt
/test2/aaa.txt
[root@localhost test]# rm /test2/aaa.txt
rm: remove regular file `/test2/aaa.txt'? y
[root@localhost test]#
```

위 화면을 보면 삭제 할 때도 정말 삭제할 것인지를 물어봅니다. 이 방식이 안전 할 수 있지만 반면 만약 1천 개의 파일을 삭제해야 하는데 일일이 이렇게 물어본다면 참 번거롭게 됩니다.

그래서 rm 명령에서 자주 쓰는 옵션이 묻지 않고 강제로 지우는 -f와 하위 디렉터리를 삭제하는 -r 옵션입니다. 다음 화면을 보세요.

```
root@localhost:/test
[root@localhost test]#
[root@localhost test]# rm -f /test/*
rm: cannot remove `/test/dir1': Is a directory
[root@localhost test]# ls /test
dir1
[root@localhost test]# rm -fr /test/*
[root@localhost test]# ls /test
[root@localhost test]#
```

위 화면을 보면 rm -f /test/* 명령으로 /test 디렉터리 안의 모든 것(*)을 지우라고 명령했습니다. 그런데 /test/dir1 은 디렉터리라고 지우지 못한다고 하고 나머지 파일들은 전부 삭제된 것을 알 수 있습니다. 그래서 rm -fr /test/* 이란 명령어로 모든 것을 지우는 것을 확인할 수 있습니다.

주의사항은 윈도의 경우 파일을 삭제 할 때 휴지통이란 기능이 있어서 잘못 삭제된 파일은 다시 되살릴 수 있지만 유닉스 계열은 휴지통 기능이 없습니다. 즉 잘못 삭제한 파일은 다시 살릴 수 없다는 뜻이므로 파일이나 디렉터리를 삭제하기 전에 한번 더 꼭 확인 한 후 삭제하기 바랍니다!!

- cat (concatenate)

  의미 : 크기가 작은 Text 파일의 내용을 화면에 출력합니다.

  사용법 : cat 파일명

  사용 예 :

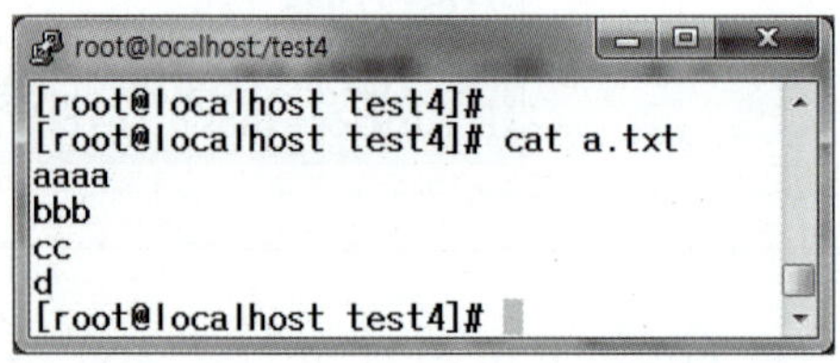

위 명령어는 문서의 내용이 아무리 길어도 한 화면에 전부 출력하는 명령어입니다. 만약 10페이지 문서가 있을 경우 cat로 보면 마지막 페이지만 보인다는 뜻입니다. 그래서 1페이지가 넘는 문서는 more 명령어로 보는 게 좋습니다.

- more

  의미 : 1 페이지가 넘는 문서의 내용을 화면에 출력할 때 페이지 단위로 볼 수 있습니다.

  사용법 : more 파일명

  사용 예 :

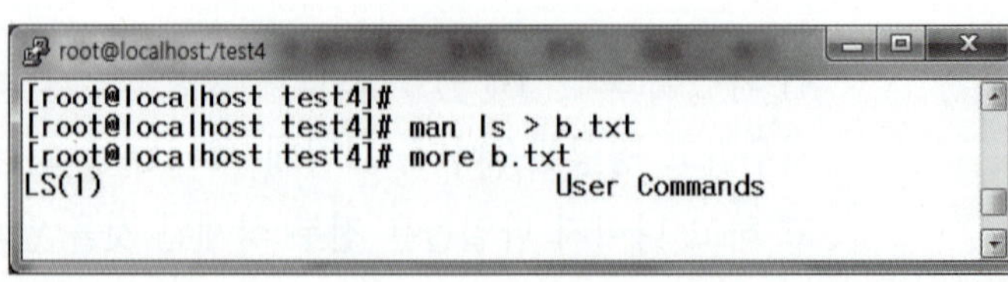

다음페이지 - 스페이스바, 다음 줄- 엔터, 이전페이지- b키, 종료-ctrl+c를 사용하면 됩니다.

- **head**

의미 : 이 명령어는 문서의 처음 10줄을 화면에 출력하는 명령어입니다.

사용법 : head [출력줄수] 파일명

사용 예 :

```
root@localhost:/test4
[root@localhost test4]#
[root@localhost test4]# head +10  b.txt
head: cannot open `+10' for reading: No such file or directory
==> b.txt <==
LS(1)                           User Commands                          LS(1)



NAME
       ls - list directory contents

SYNOPSIS
       ls [OPTION]... [FILE]...

[root@localhost test4]#
```

- **tail**

의미 : 이 명령어는 문서의 마지막 10줄을 화면에 출력하는 명령어입니다.

사용법 : tail [옵션] 파일명

사용 예 :

```
root@localhost:/test4
[root@localhost test4]#
[root@localhost test4]# tail  -10  b.txt
       the info and ls programs are properly installed at your site, the  com-
       mand

              info ls

       should give you access to the complete manual.



ls 5.97                          October 2008                          LS(1)
[root@localhost test4]#
```

tail 명령어에 -f 옵션을 사용하면 텍스트 파일 등에 내용이 추가되는 것을 실시간으로 계속 볼 수 있습니다. 실제로 특정 로그 파일 같은 경우에 tail -f httpd.log와 같은 명령어로 해당 로그 파일에 내용이 변경되는 것을 실시간으로 조회할 때 아주 많이 사용되는 명령어입니다.

- **wc (word count)**

  의미 : 이 명령어는 특정 문서나 결과물에서 단어 수, 줄 수 등을 세어주는 명령어입니다.

  사용법 : wc -l b.txt

  사용 예 :

```
root@localhost:/test4
[root@localhost test4]#
[root@localhost test4]# wc -l  b.txt
241 b.txt
[root@localhost test4]#
```

b.txt 문서에 총 241줄의 내용이 들어가 있네요. 뒤에서 파이프 배울 때 다른 활용법을 살펴보겠습니다.

- **ln (link)**

  의미: 이 명령어는 윈도의 아이콘을 생성하는 개념과 동일한 역할을 하는 링크를 생성하는 명령어입니다. 링크는 크게 하드링크(Hard link)와 소프트링크(Soft link, 또는 심볼릭 링크라고 부르기도 합니다)로 나눌 수 있고 이 중에서 soft link를 아주 많이 사용합니다. soft link가 윈도의 바로가기 아이콘과 동일한 역할입니다.

아래의 실습으로 link 생성을 연습해 보겠습니다.

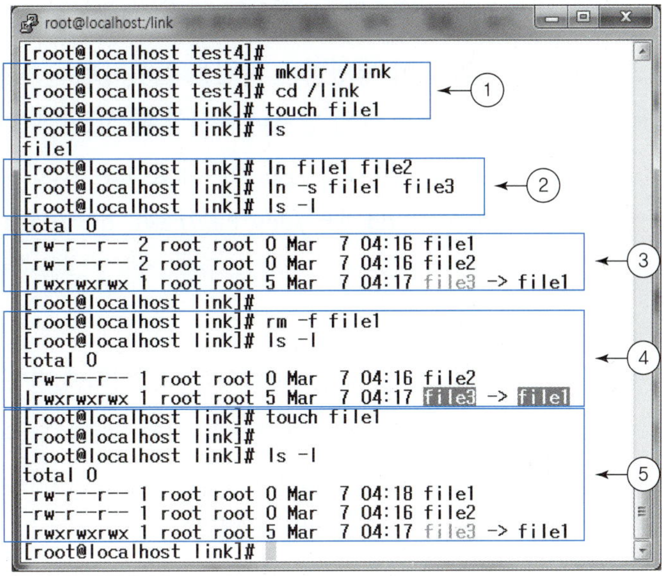

위 1번에서 테스트용으로 /link 디렉터리를 만들고 원본 파일인 file1을 생성합니다. 2번에서 ln file1 file2 명령어로 file1에 대한 hard link를 생성하고 ln -s file1 file3로 file1에 대한 soft link를 file3 로 생성합니다.

3번에서 파일명을 조회하니 file3 -> file1이라는 부분에서 file3가 file1을 지정하고 있다는 것을 알 수 있습니다. 4번에서 원본파일인 file1을 삭제한 후 조회하니까 hard link인 file2는 이상 없지만 soft link인 file3는 문제가 발생합니다.

5번에서 원본파일인 file1을 다시 생성하니까 link가 다시 살아납니다.

위에서 알 수 있듯이 hard link는 또 하나의 원본을 만드는 경우인데 문제는 이럴 경우 원본이 변경되어도 hard link로 만든 것은 반영이 안됩니다. soft link는 원본이 지워지니까 link도 문제가 됩니다. 일반적으로 soft link를 많이 사용합니다. 만약 특정 디렉터리가 아주 복잡한 경로로 되어 있을 경우 soft link를 만들어서 (마치 윈도의 바로가기 아이콘 만들듯이) 쉽게 사용할 수 있습니다.

- dd

의미 : 이 명령어는 파일을 블록단위로 복사하는 명령어입니다. 주로 raw device를 백업 받거나 복사할 때 사용합니다.

사용법 : dd if=원본 of=대상 bs=blocksize

사용 예 : dd if=/dev/raw/raw1 of=/data/backup/system_raw1 bs=8k

- alias

의미 : 이 명령어는 파일이나 디렉터리에 별칭을 줄 때 사용하는 명령어입니다. 예를 들어 cp 명령을 치면 자동으로 cp -i 옵션으로 실행되도록 설정하는 것입니다.

사용법 : alias 별명='명령'

사용 예 :

```
root@localhost:/a/b/c/d/e/f/g
[root@localhost link]#
[root@localhost link]# mkdir -p /a/b/c/d/e/f/g
[root@localhost link]#
[root@localhost link]# alias g='cd /a/b/c/d/e/f/g'
[root@localhost link]#
[root@localhost link]# g
[root@localhost g]# pwd
/a/b/c/d/e/f/g
[root@localhost g]#
```

위 예는 g 라고 치면 cd /a/b/c/d/e/f/g 라는 명령어가 실행되도록 alias를 설정한 경우입니다. 아주 많이 쓰는 편리한 기능이니 잘 활용하시기 바랍니다.

현재 설정되어 있는 alias를 보고 싶거나 설정된 alias를 해제하고 싶으면 아래와 같이 하면 됩니다.

```
root@localhost:/a/b/c/d/e/f/g
[root@localhost g]#
[root@localhost g]# alias
alias cp='cp -i'
alias g='cd /a/b/c/d/e/f/g'
alias l.='ls -d .* --color=tty'
alias ll='ls -l --color=tty'
alias ls='ls --color=tty'
alias mv='mv -i'
alias rm='rm -i'
alias which='alias | /usr/bin/which --tty-only --read-alias --s
--show-tilde'
[root@localhost g]# unalias g
[root@localhost g]#
```

alias라는 명령어로 현재 설정된 alias를 확인하고 unalias로 설정된 alias를 해제 할 수 있습니다.

- Re-directoin (리다이렉션)

의미 : 이 명령어는 표준 입력과 표준 출력 방향을 다른 곳으로 변경하는 명령어입니다.
컴퓨터를 처음 만들었을 때 표준 입력장치는 키보드고 표준 출력장치는 모니터입니다.
그래서 출력방향을 지정하지 않으면 자동으로 모니터로 출력이 됩니다.
이런 설정들을 다른 파일들로 바꾸는 것입니다.

사용법 : ls -l /etc > 결과를 저장할 파일명

사용 예 :

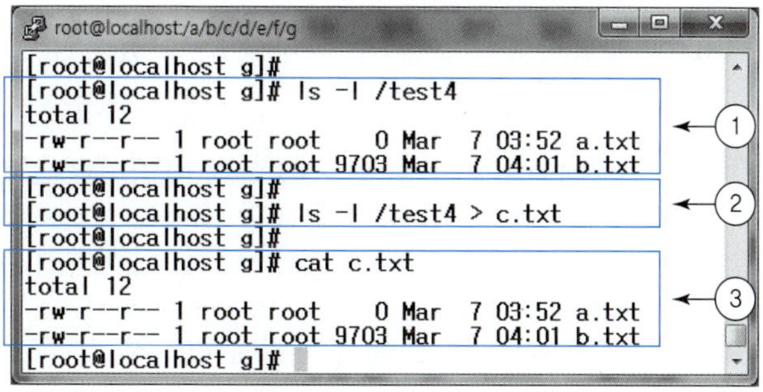

위 1번에서 표준 출력을 지정하지 않아서 화면에 결과가 보입니다. 2번에서 ls -l /test4 > c.txt라는 명령어로 출력 결과를 c.txt 파일에 저장하라고 출력 방향을 바꿉니다. 그리고 3번에서 c.txt 내용을 확인해 보면 ls -l /test4의 결과가 저장된 것이 보입니다.

위에서 살펴본 예처럼 > 기호는 출력 방향을 바꾸는 것이고 < 기호는 입력 방향을 바꾸는 것입니다. 그리고 중요한 것은 > 기호를 하나만 쓸 경우 기존 내용을 지우고 무조건 덮어 쓰는 의미이고 기존 내용 아래에 추가를 하려면 >>로 써야 합니다. 꼭 기억하세요~

- **Pipe (|)**

  의미 : 이 명령어는 하나의 명령의 결과를 다음 명령의 입력으로 넘길 수 있습니다.
  그래서 이 기능을 잘 활용하면 새로운 명령어를 만들 수도 있습니다.

  사용법 : a | b | c ....

  사용 예 : /etc/ 디렉터리에 확장자가 conf인 파일의 개수를 알고 싶을 경우

```
root@localhost:/a/b/c/d/e/f/g
[root@localhost g]#
[root@localhost g]# ls /etc/*.conf | wc -l
46
[root@localhost g]#
```

위 명령에서 | 기호는 키보드에서 ₩ 함께 있는 바 기호입니다. 위 명령어는 | (바 기호) 앞의 명령을 먼저 수행하고 그 결과를 | (바 기호) 뒤에 있는 다음 명령어로 전달을 해 주어서 뒤에 있는 명령어가 작업을 해서 결과를 보여줍니다. 이 기능을 이용하면 여러 개의 명령어를 연결해서 새로운 명령어를 만들 수 있습니다. 아주 많이 사용하는 방법이므로 잘 익혀두세요.

이상으로 많이 사용되는 파일 및 디렉터리 관련 명령어들을 살펴 보았습니다.

이번에는 리눅스에서 파일을 압축하고 압축 해제하는 방법을 살펴 보겠습니다. 리눅스에서는 파일을 압축하고 압축을 해제 할 때 tar라는 명령어를 사용합니다. 이 명령어는 원래 여러개의 파일을 하나로 묶어주는 역할을 하는 파일입니다. 즉 압축 프로그램이 아니라서 솔라리스 등의 유닉스에서는 압축 기능이 없이 그냥 여러 개의 파일을 묶어서 하나로 만들어 주는 역할만 합니다. 그러나 리눅스에서는 -z, -j 옵션이 추가되어서 tar+gzip, tar+bzip2 의 압축 기능을 포함하고 있습니다.

- **tar**

  의미 : 여러 개의 파일을 묶어서 하나의 파일로 만들어 주거나 반대로 풀어주는 명령어입니다.
  리눅스의 tar 명령어는 -z 와 -j 옵션으로 압축까지 지원을 하고 있

습니다.

사용법 : tar [옵션] file명 대상

옵션 : c : 여러 개의 파일을 하나로 만들어 주는 기능

x : 묶여있는 파일을 풀어주는 기능

t : 묶음을 풀기 전에 미리 내용을 확인하는 기능

f : 저장될 파일명 지정

v : 작업 수행 과정을 화면으로 보여주는 기능

z : tar + gzip의 의미로 압축을 지원

j : tar + bzip2의 의미로 압축을 지원

사용 예 :

```
root@localhost:/tar
[root@localhost ~]# mkdir /tar
[root@localhost ~]#
[root@localhost ~]# cd /tar
[root@localhost tar]# touch a.sh b.sh c.sh
[root@localhost tar]#
```

실습을 위해 /tar 디렉터리를 생성하고 그 안에 a.sh, b.sh, c.sh를 생성합니다.

```
root@localhost:~
[root@localhost ~]# tar cvf tar1.tar  /tar
tar: Removing leading `/' from member names
/tar/
/tar/a.sh
/tar/b.sh
/tar/c.sh
[root@localhost ~]#
```

파일 묶기

```
root@localhost:~
[root@localhost ~]#
[root@localhost ~]# tar zcvf tar2.tar.gz  /tar
tar: Removing leading `/' from member names
/tar/
/tar/a.sh
/tar/b.sh
/tar/c.sh
[root@localhost ~]# ls *.gz
tar2.tar.gz
[root@localhost ~]#
```

gzip으로 파일 압축하기

```
root@localhost:~
[root@localhost ~]#
[root@localhost ~]# tar jcvf tar3.tar.bz2 /tar
tar: Removing leading `/' from member names
/tar/
/tar/a.sh
/tar/b.sh
/tar/c.sh
[root@localhost ~]# ls *.bz2
tar3.tar.bz2
[root@localhost ~]#
```

bzip2로 파일 압축하기

```
root@localhost:~
[root@localhost ~]#
[root@localhost ~]# tar tvf tar1.tar
drwxr-xr-x root/root         0 2013-03-07 05:26:38 tar/
-rw-r--r-- root/root         0 2013-03-07 05:26:38 tar/a.sh
-rw-r--r-- root/root         0 2013-03-07 05:26:38 tar/b.sh
-rw-r--r-- root/root         0 2013-03-07 05:26:38 tar/c.sh
[root@localhost ~]#
```

내용 확인 하기

```
root@localhost:~
[root@localhost ~]#
[root@localhost ~]# tar xvf tar1.tar
tar/
tar/a.sh
tar/b.sh
tar/c.sh
[root@localhost ~]# ls -d tar
tar
[root@localhost ~]# pwd
/root
[root@localhost ~]#
```

위 예는 tar로 압축을 푸는 예제입니다. 이때 중요한 것은 압축이 풀리는 위치인데 현재 명령을 수행하는 경로 아래에 원래 있었던 디렉터리와 동일한 이름과 하위 디렉터리를 생성한 후 파일 압축을 풀게 됩니다. 즉 tar1.tar 파일은 원래 /tar 디렉터리 였지만 현재 디렉터리인 /root/tar 디렉터리로 압축이 풀리게 되었습니다.

```
root@localhost:~
[root@localhost ~]# tar zxvf tar2.tar.gz
tar/
tar/a.sh
tar/b.sh
tar/c.sh
[root@localhost ~]# tar jxvf tar3.tar.bz2
tar/
tar/a.sh
tar/b.sh
tar/c.sh
[root@localhost ~]#
```

이번에는 파일이나 디렉터리 등을 검색하는 방법을 살펴봅니다. 윈도에서 파일명이나 사용자, 크기, 내용 등의 조건을 주고 파일이나 디렉토리를 검색할 수 있는 것처럼 유닉스에서도 이런 기능이 당연히 지원 됩니다.

다만 차이가 있는 것은 검색 명령어가 두 개로 나누어져 있다는 점 입니다.

즉 텍스트 파일의 경우에 파일 안에 들어 있는 내용으로 검색할 경우는 grep라는 명령을 사용해야 하며 그 외 파일명, 소유자, 크기, 권한 등의 조건으로 검색할 경우는 find라는 명령을 사용해야 합니다. 아래에서 이 두 가지 명령을 자세히 살펴보고 검색 조건을 다양하게 줄 수 있는 정규식에 대해서도 함께 살펴보겠습니다.

- find

의미 : 파일의 이름이나 소유자, 크기, 권한 등의 조건으로 검색하는 명령어 입니다.

사용법 : find [검색시작경로] [검색옵션] 검색어

주요 옵션 :

옵션	의미
-name	파일이나 디렉터리 이름으로 검색
-user	파일이나 디렉터리의 소유자 이름으로 검색
-newer	기준되는 파일의 날짜 전/후에 생성되거나 수정된 파일 검색
-perm	주어진 권한으로 검색
-size	주어진 크기로 검색

사용 예: 실습을 위해 아래와 같이 디렉터리를 생성하고 파일을 만들어 내용을 입력합니다.

```
[root@localhost ~]# mkdir /find
[root@localhost ~]# cd /find
[root@localhost find]# touch a.txt b.txt c.sh d.sh e.doc f.doc
[root@localhost find]# ls
a.txt  b.txt  c.sh  d.sh  e.doc  f.doc
[root@localhost find]#
[root@localhost find]# man ls >> a.txt
[root@localhost find]# man ls >> a.txt
[root@localhost find]# man ls >> b.txt
[root@localhost find]# man ls >> c.doc
[root@localhost find]# man ls >> c.doc
[root@localhost find]# man ls >> c.doc
[root@localhost find]# man cp >> d.doc
[root@localhost find]# man cp >> e.doc
[root@localhost find]# man cp >> e.doc
[root@localhost find]# man rm >> f.doc
[root@localhost find]# ls -lSh
total 92K
-rw-r--r-- 1 root root  29K Mar  7 05:59 c.doc
-rw-r--r-- 1 root root  19K Mar  7 05:58 a.txt
-rw-r--r-- 1 root root  13K Mar  7 05:59 e.doc
-rw-r--r-- 1 root root 9.5K Mar  7 05:58 b.txt
-rw-r--r-- 1 root root 6.1K Mar  7 05:59 d.doc
-rw-r--r-- 1 root root 3.3K Mar  7 05:59 f.doc
-rw-r--r-- 1 root root    0 Mar  7 05:57 c.sh
-rw-r--r-- 1 root root    0 Mar  7 05:57 d.sh
[root@localhost find]#
```

- /find 디렉터리에서 확장자가 .sh인 파일을 찾기

```
[root@localhost find]#
[root@localhost find]# find  /find  -name  '*.sh'
/find/d.sh
/find/c.sh
[root@localhost find]#
```

- /find 디렉터리에서 소유자가 root인 파일 찾기

```
[root@localhost find]#
[root@localhost find]# find  /find  -user  root
/find
/find/e.doc
/find/d.sh
/find/c.doc
/find/d.doc
/find/a.txt
/find/b.txt
/find/c.sh
/find/f.doc
[root@localhost find]#
```

- /find 디렉터리에서 size 가 5k ~ 10k 사이인 파일 찾기

```
[root@localhost find]#
[root@localhost find]# find /find -size +5k -size -10k
/find/d.doc
[root@localhost find]# ls -lSh
total 92K
-rw-r--r-- 1 root root  29K Mar  7 05:59 c.doc
-rw-r--r-- 1 root root  19K Mar  7 05:58 a.txt
-rw-r--r-- 1 root root  13K Mar  7 05:59 e.doc
-rw-r--r-- 1 root root 9.5K Mar  7 05:58 b.txt
-rw-r--r-- 1 root root 6.1K Mar  7 05:59 d.doc
-rw-r--r-- 1 root root 3.3K Mar  7 05:59 f.doc
-rw-r--r-- 1 root root    0 Mar  7 05:57 c.sh
-rw-r--r-- 1 root root    0 Mar  7 05:57 d.sh
[root@localhost find]#
```

find 명령어의 기본적인 사항을 살펴보았습니다. find 명령어는 이 외에도 -exec 라는 고급 옵션을 사용할 수 있습니다.

find 명령어로 어떤 조건을 만족하는 파일이나 디렉터리를 찾은 후에 -exec 옵션 뒤에 후속 작업을 지정할 수 있습니다. 그런데 이 기능을 잘 못 사용할 경우 큰 사고로 이어질 수 있기 때문에 아주 조심해야 합니다. 아래의 예로 확인해 보겠습니다.

[find 고급기능]

- /find 디렉터리에서 크기가 0 인 파일을 찾은 후 전부 삭제하기

```
[root@localhost find]# ls -lSh
total 92K
-rw-r--r-- 1 root root  29K Mar  7 05:59 c.doc
-rw-r--r-- 1 root root  19K Mar  7 05:58 a.txt
-rw-r--r-- 1 root root  13K Mar  7 05:59 e.doc
-rw-r--r-- 1 root root 9.5K Mar  7 05:58 b.txt
-rw-r--r-- 1 root root 6.1K Mar  7 05:59 d.doc
-rw-r--r-- 1 root root 3.3K Mar  7 05:59 f.doc
-rw-r--r-- 1 root root    0 Mar  7 05:57 c.sh
-rw-r--r-- 1 root root    0 Mar  7 05:57 d.sh
[root@localhost find]#
[root@localhost find]# find /find -size 0k -exec rm -f {} \;
[root@localhost find]# ls -lSh /find
total 92K
-rw-r--r-- 1 root root  29K Mar  7 05:59 c.doc
-rw-r--r-- 1 root root  19K Mar  7 05:58 a.txt
-rw-r--r-- 1 root root  13K Mar  7 05:59 e.doc
-rw-r--r-- 1 root root 9.5K Mar  7 05:58 b.txt
-rw-r--r-- 1 root root 6.1K Mar  7 05:59 d.doc
-rw-r--r-- 1 root root 3.3K Mar  7 05:59 f.doc
[root@localhost find]#
```

–exe 절 뒤에 수행하고 싶은 후속 작업을 적으면 됩니다.

- grep

의미 : text 파일에서 파일에 포함된 특정 단어나 구문을 검색하는 명령어입니다.

사용법 : grep [옵션] 찾는단어 대상파일

옵션들 :

옵션	의미
–i	대소분자 구분을 하지 않는다.
–l	pattern이 있는 파일 이름만 출력하고 라인은 출력하지 않는다.
–n	출력하는 각 라인 앞에 라인 번호를 붙인다.
–v	pattern이 없는 라인만 출력한다.(grep 명령어의 반대)
–c	pattern이 있는 라인의 개수
–w	pattern과 맞는 단어가 독립적인 경우만 출력한다.

사용 예 :

- /etc 디렉터리 안의 모든 파일중에서 'Admin'이라는 단어가 포함된 파일명을 출력하기

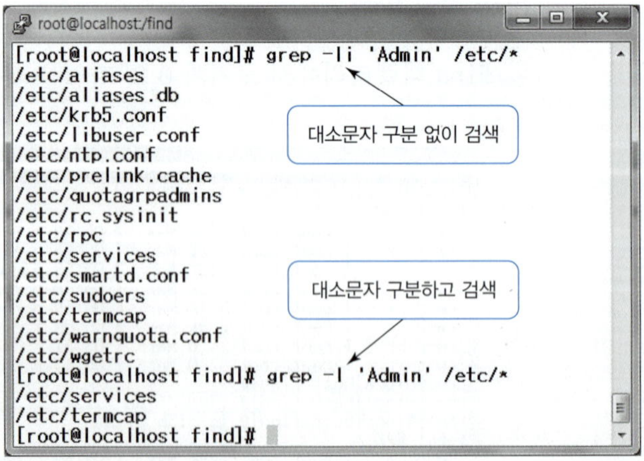

- /find 디렉터리 안의 모든 파일 중에서 'root'라는 단어가 없는 파일명을 출력하기 (-v 사용)

```
[root@localhost find]# grep -li 'root' /find/*
[root@localhost find]#
[root@localhost find]# grep -lv 'root' /find/*
/find/a.txt
/find/b.txt
/find/c.doc
/find/d.doc
/find/e.doc
/find/f.doc
[root@localhost find]#
```

- /find 디렉터리에서 Mar 7 06시 00분~06시 59분 사이에 만들어진 파일 찾기

```
[root@localhost find]#
[root@localhost find]# cd /find
[root@localhost find]#
[root@localhost find]# touch g.sh
[root@localhost find]# touch h.sh
[root@localhost find]#
[root@localhost find]# ls -lSh /find
total 92K
-rw-r--r-- 1 root root  29K Mar  7 05:59 c.doc
-rw-r--r-- 1 root root  19K Mar  7 05:58 a.txt
-rw-r--r-- 1 root root  13K Mar  7 05:59 e.doc
-rw-r--r-- 1 root root 9.5K Mar  7 05:58 b.txt
-rw-r--r-- 1 root root 6.1K Mar  7 05:59 d.doc
-rw-r--r-- 1 root root 3.3K Mar  7 05:59 f.doc
-rw-r--r-- 1 root root    0 Mar  7 06:24 g.sh
-rw-r--r-- 1 root root    0 Mar  7 06:24 h.sh
[root@localhost find]#
```

```
[root@localhost find]#
[root@localhost find]# ls -lSh /find | grep 'Mar  7 06'
-rw-r--r-- 1 root root    0 Mar  7 06:24 g.sh
-rw-r--r-- 1 root root    0 Mar  7 06:24 h.sh
[root@localhost find]#
```

- /find 디렉터리에서 Mar 7 06시 00분~06시 59분 사이에 만들어진 파일을 찾아서 list.txt 파일에 저장하기

```
[root@localhost find]# ls -lSh /find | grep 'Mar  7 06' > list.txt
[root@localhost find]#
[root@localhost find]# cat list.txt
-rw-r--r-- 1 root root    0 Mar  7 06:24 g.sh
-rw-r--r-- 1 root root    0 Mar  7 06:24 h.sh
-rw-r--r-- 1 root root    0 Mar  7 06:29 list.txt
[root@localhost find]#
```

- /find 디렉터리에서 Mar 7 06시 00분~06시 59분 사이에 만들어진 파일을 찾아서 list.txt 파일에 저장하되 list.txt는 제외하기

```
root@localhost:/find
[root@localhost find]#
[root@localhost find]# ls -lSh /find | grep 'Mar  7 06' | grep -v list.txt > list.txt
[root@localhost find]#
[root@localhost find]# cat list.txt
-rw-r--r-- 1 root root    0 Mar  7 06:24 g.sh
-rw-r--r-- 1 root root    0 Mar  7 06:24 h.sh
[root@localhost find]#
```

위 예처럼 유닉스 명령어는 파이프 기호(|)를 사용하여 다양한 명령어를 조합할 수 있으며 이런 기능을 앞으로 배울 Shell Script에서 아주 많이 사용하므로 꼭 익혀두세요!

● Regular Expression (정규식)

정규식이란 위에서 살펴본 find나 grep을 사용하여 조건을 검색할 때 검색 조건을 보다 다양하게 줄 수 있는 방법을 말합니다. 이 기능이 Oracle 10g부터 SQL에서도 지원되므로 여기서 이 기능을 꼭 잘 익히시길 바랍니다.

주요 정규식 표현방법들

문자	의미	사용예
^	Pattern으로 시작하는 line 출력	'^pattern'
$	Pattern으로 끝나는 line 출력	'pattern$'
.	P로 시작하여 n으로 끝나는 line(.→1 charater)	'p....n'
*	zero or more times	'[a-z]'
[]	Pattern에 해당하는 한 문자	'[pP]attern'
[^]	Pattern에 해당하지 않는 한 문자	'[^a-m]attern'
/\< \>/	Pattern 단어로 시작 또는 끝나는 line 출력	'/<pattern>/'

사용 예: 테스트를 위해 아래와 같이 디렉터리와 파일을 생성합니다.

```
[root@localhost grep]# mkdir /grep
[root@localhost grep]# touch /grep/a.txt
[root@localhost grep]# cat > /grep/a.txt
aaaa
bbbb
cccc
dddd
abcd
bcde
[root@localhost grep]#
```

- /grep 디렉터리에 있는 a.txt에서 첫 글자가 'a'인 행을 출력하기

```
[root@localhost grep]#
[root@localhost grep]# grep '^a' /grep/a.txt
aaaa
abcd
[root@localhost grep]# grep '^aa' /grep/a.txt
aaaa
[root@localhost grep]#
```

- /grep 디렉터리에 있는 a.txt에서 'e'로 끝나는 행을 출력하기

```
[root@localhost grep]# grep 'e$' /grep/a.txt
bcde
[root@localhost grep]#
```

- /grep 디렉터리에 있는 a.txt에서 전체 글자수가 4글자인 행 중에서 첫 글자가 'a'로 시작하고 마지막 글자가 'd'인 행 출력

```
[root@localhost grep]# grep 'a..d' /grep/a.txt
abcd
[root@localhost grep]#
```

- /grep 디렉터리에 있는 a.txt에서 첫 글자가 'a'로 시작하지 않는 행 출력하기

```
[root@localhost grep]#
[root@localhost grep]# grep ^[^a]  /grep/a.txt
bbbb
cccc
dddd
bcde
[root@localhost grep]#
```

이 정규식에서 조심해야 할 부분이 아래 화면에 있습니다.

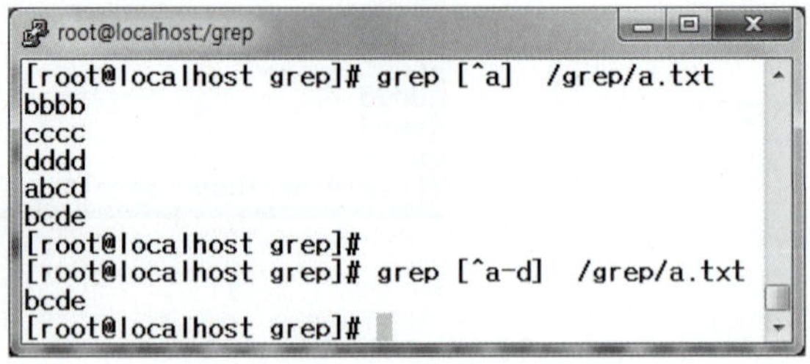

위 화면에서 첫 번째 라인의 [^a]라는 부분은 a를 제외한 행을 출력하라는 뜻인데 결과를 보면 abcd 행이 출력되었습니다. 이는 a는 제외해도 bcd가 있기 때문에 출력이 됩니다. 그래서 아래에서 [^a-d]로 조건을 바꾸어서 a나 b나 c나 d를 모두 제외하라고 출력하라고 조건을 변경하니까 bcde가 출력되었습니다. bcde에는 e라는 글자가 있기 때문에 출력이 된 것입니다.

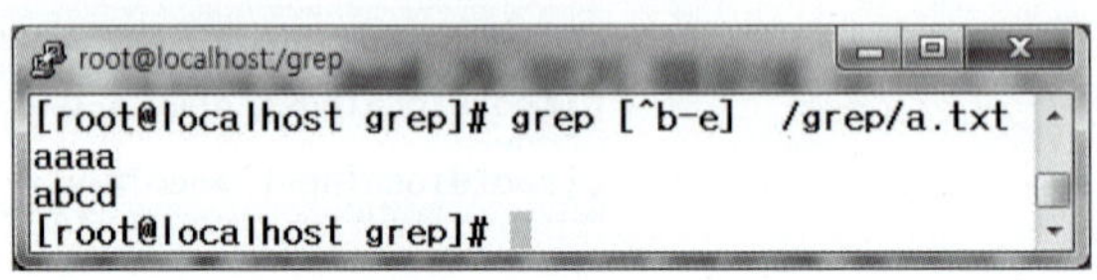

위 그림에서는 b,c,d,e를 제외하라고 해서 a가 포함된 행만 출력된 것입니다. 많이 아리송해서 실수를 많이 하는 부분이므로 확실하게 익히세요~!!

- egrep (확장 정규식)

  의미 : 위에서 살펴본 정규식은 검색 조건을 1개 밖에 못쓰지만 확장 정규식은 검색 조건을 두 개를 사용할 수 있습니다. 나머지 사용법이나 옵션들은 모두 정규식과 동일합니다.

사용 예 :

문자	의미	사용 예
+	a~z중 한 문자로 시작하로 bcd로 끝나는 단어가 있는 line cnffur	'[a-z]+bcd'
aa | bb	aa나 bb가 포함된 line 출력	'aa | bb'
(|)	does나 doing이 포함된 line 출력	'do(es | ing)+'

- /etc/passwd 파일에서 sync나 shutdown이 들어간 행을 출력하기

```
root@localhost:/grep
[root@localhost grep]# egrep  's(yn|hu)+' /etc/passwd
sync:x:5:0:sync:/sbin:/bin/sync
shutdown:x:6:0:shutdown:/sbin:/sbin/shutdown
[root@localhost grep]#
```

이상으로 유닉스에서 파일을 검색할 때 사용되는 명령어들과 각종 방법들을 살펴보았습니다.

(5) 사용자 관리

서버에 접속해서 특정 작업을 하려면 적절할 계정과 권한이 있어야합니다. 유닉스를 처음 설치하면 기본적으로 왕에 해당하는 관리자 계정인 root 계정이 생성되고 윈도의 경우도 기본적으로 관리자 계정인 administrator라는 계정이 생성됩니다.

그 외에 작업에 따라서 일반 계정을 생성해서 작업을 하는데 이번 장에서는 리눅스에서 일반 계정을 어떻게 생성하고 어떻게 관리하는지를 살펴보겠습니다. 유닉스에서 사용자를 생성하려면 해당 사용자가 소속될 그룹(팀)이 먼저 생성되어 있어야 합니다. 그래서 그룹 관련된 명령들을 먼저 살펴보겠습니다.

- **groupadd**

  의미 : 새로운 그룹(팀)을 생성합니다.

  사용법 : groupadd -g GID 그룹명

사용 예 :

```
[root@localhost ~]# groups
root bin daemon sys adm disk wheel
[root@localhost ~]#
[root@localhost ~]# groupadd -g 500 admin
[root@localhost ~]#
[root@localhost ~]# groupadd admin2
[root@localhost ~]#
[root@localhost ~]# cat /etc/group | grep admin*
admin:x:500:
admin2:x:5002:
[root@localhost ~]#
```

위 화면에서 현재 생성되어 있는 그룹을 조회하려면 groups 명령을 사용하면 됩니다. groupadd -g 500 admin이라는 명령은 새로운 admin이라는 그룹을 생성하되 그룹번호는 500번으로 지정한다는 뜻입니다. 그룹번호는 사용자가 임의로 지정하면 되지만 기존 그룹번호와 중복되면 안됩니다.

groupadd admin2 명령은 그룹번호를 지정하지 않고 admin2라는 새로운 그룹을 생성했습니다. 이럴 경우에는 적당한 그룹번호를 OS에서 자동으로 지정합니다. 위의 예에서는 5002번으로 할당 받았습니다.

- groupmod

의미 : 이 명령어로 그룹의 이름이나 그룹 번호를 바꿀 수 있습니다.

사용법 : groupmod { -g gid -o } { -n name } groupname

사용 예 :

```
[root@localhost ~]# groupmod -g 501 -n sales admin2
[root@localhost ~]#
```

- groupdel

의미 : 이 명령어로 그룹을 삭제할 수 있습니다.

사용법 : groupdel 그룹명

사용 예 :

```
root@localhost:~
[root@localhost ~]#
[root@localhost ~]# groupdel  sales
[root@localhost ~]#
```

유닉스 계열 OS에서 현재 서버 내에 생성된 그룹 정보는 /etc/group이라는 파일에 모두 저장되어 있습니다. 만약 많은 그룹을 삭제해야 할 경우 vi editor로 /etc/group 파일을 열어서 직접 삭제해도 동일합니다.

- useradd (또는 adduser)

의미 : 이 명령어는 새로운 일반 사용자 계정을 생성하는 명령어입니다.

사용법 :

useradd { -u uid } { -g gid } { -G gid } { -d dir } { -s shell } { -c comment } loginname

옵션들 :

옵션	의미
–u	UID를 지정합니다. UID는 유닉스에서의 주민등록번호입니다.
–g	GID를 지정합니다. GID는 소속 부서번호인데 –g는 주 그룹이고 –G는 보조그룹입니다. 예를 들어 홍길동 사원이 관리부 소속으로 입사했는데 업무상 영업부일까지 할 경우 주 그룹은 관리부이고 보조그룹은 영업부인 것입니다.
–d	해당 계정의 홈 디렉토리를 지정합니다.
–s	해당 계정이 사용할 Shell을 지정합니다.
–c	해당 계정에 대한 설명(comment)을 적습니다.

사용 예

```
root@localhost:~
[root@localhost ~]#
[root@localhost ~]# useradd -u 600 -g admin -d /home/user1 -s /bin/bash -c test_user user1
[root@localhost ~]#
[root@localhost ~]# useradd user2
[root@localhost ~]#
[root@localhost ~]# ls /home/
lost+found  oracle  user1  user2
[root@localhost ~]#
[root@localhost ~]# cat /etc/passwd | grep user*
rpc:x:32:32:Portmapper RPC user:/:/sbin/nologin
rpcuser:x:29:29:RPC Service User:/var/lib/nfs:/sbin/nologin
sabayon:x:86:86:Sabayon user:/home/sabayon:/sbin/nologin
user1:x:600:500:test_user:/home/user1:/bin/bash
user2:x:601:601::/home/user2:/bin/bash
[root@localhost ~]#
```

위 예를 보면 첫 번째 명령어로 -u로 UID : 600으로 주고 -g로 admin팀에 소속되도록 user1을 생성했습니다. 그리고 그 아래 명령어로 옵션을 모두 주지 않고 그냥 user2 계정을 생성했습니다. 유닉스 계열 서버에서 현재 서버에 생성되어 있는 사용자 정보는 /etc/passwd라는 파일에 전부 저장되어 있습니다. 위의 화면에서 각종 옵션을 주고 생성한 user1 계정은 사용자가 지정한 옵션으로 계정이 생성되었고 옵션을 주지 않고 생성한 user2 계정은 자동으로 옵션이 적용되어서 생성된 것이 확인됩니다.

즉 사용자를 생성할 때 세부적인 설정을 지정하고 싶으면 각 옵션을 지정한 후 생성하면 되고 특정값을 지정하지 않아도 괜찮을 경우는 후자와 같이 생성해도 됩니다. 이렇게 사용자를 생성하게 되면 해당 사용자의 홈 디렉터리에 여러 가지 파일이 생성됩니다.

홈 디렉터리라는 것은 서버 내에서 특정 해당 사용자만의 디렉터리라고 생각하면 됩니다. 홈 디렉터리의 내용을 확인해 봅니다.

```
root@localhost:~
[root@localhost ~]# ls -al /home/user1
total 40
drwx------ 4 user1 admin 4096 Mar  7 08:01 .
drwxr-xr-x 6 root  root  4096 Mar  7 08:01 ..
-rw-r--r-- 1 user1 admin   33 Mar  7 08:01 .bash_logout
-rw-r--r-- 1 user1 admin  176 Mar  7 08:01 .bash_profile
-rw-r--r-- 1 user1 admin  124 Mar  7 08:01 .bashrc
-rw-r--r-- 1 user1 admin  515 Mar  7 08:01 .emacs
drwxr-xr-x 3 user1 admin 4096 Mar  7 08:01 .kde
drwxr-xr-x 4 user1 admin 4096 Mar  7 08:01 .mozilla
-rw-r--r-- 1 user1 admin  658 Mar  7 08:01 .zshrc
[root@localhost ~]#
```

위 화면에서 보듯이 여러 가지 숨김파일들이 만들어져 있습니다. 이 파일들은 /etc/skel 디렉터리에 있는 파일들인데 관리자가 새로운 사용자를 생성할 경우 홈 디렉터리를 만든 후 /etc/skel 디렉터리에 있는 파일들 전부를 새로 생성된 사용자의 홈 디렉터리로 복사를 시킵니다. 이 원리가 아주 중요합니다.

만약 서버에서 새로운 계정이 생성될 때 마다 어떤 사항을 공지하고 싶을 경우 /etc/skel 디렉터리에 해당 파일을 넣어두면 계정이 생성될 때 마다 자동으로 복사가 되므로 아주 편리합니다.

위에서 새로운 사용자를 생성할 경우 /etc/passwd 파일에 내용이 저장된다고 했는데 이 파일의 내용을 자세하게 살펴보겠습니다.

```
root@localhost:~
root:x:0:0:root:/root:/bin/bash
bin:x:1:1:bin:/bin:/sbin/nologin
daemon:x:2:2:daemon:/sbin:/sbin/nologin
adm:x:3:4:adm:/var/adm:/sbin/nologin
lp:x:4:7:lp:/var/spool/lpd:/sbin/nologin
sync:x:5:0:sync:/sbin:/bin/sync
shutdown:x:6:0:shutdown:/sbin:/sbin/shutdown
halt:x:7:0:halt:/sbin:/sbin/halt
```

위 파일에 내용이 많은데 지면 관계상 아래 부분은 생략했습니다. 위 파일의 항목의 의미 입니다.

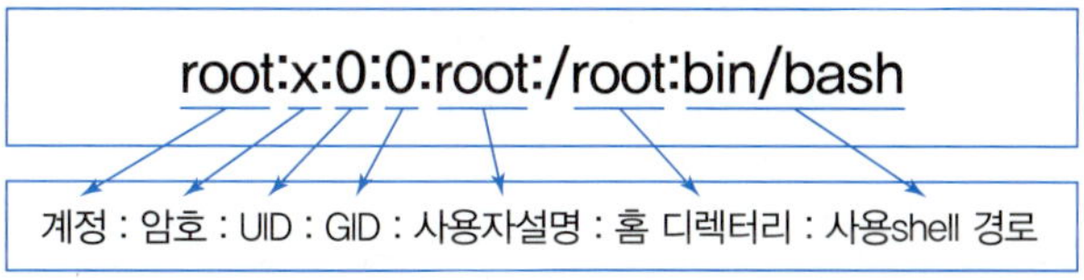

위에서 특이한 부분이 암호 부분인데 X 표시는 암호가 없다는 뜻이 아니라 암호는 /etc/shadow 라는 파일에 별도로 저장이 되어 있다는 뜻입니다.

- passwd

  의미 : 이 명령어는 사용자의 암호를 변경하는 명령어입니다.

  사용법 : passwd 계정명

  root의 경우 다른 계정의 암호를 변경할 수 있으나 일반 계정일 경우 자신의 암호만 변경할 수 있습니다.

  사용 예 :

```
root@localhost:~
[root@localhost ~]# id
uid=0(root) gid=0(root) groups=0(root),1(bin),2(daemon),3(sys),4(adm),6(disk),10(wheel)
[root@localhost ~]#
[root@localhost ~]# passwd ←① 
Changing password for user root.
New UNIX password:
BAD PASSWORD: it is based on a dictionary word
Retype new UNIX password:
passwd: all authentication tokens updated successfully.
[root@localhost ~]#
[root@localhost ~]# passwd user1 ←②
Changing password for user user1.
New UNIX password:
BAD PASSWORD: it is based on a dictionary word
Retype new UNIX password:
passwd: all authentication tokens updated successfully.
[root@localhost ~]#
```

위 화면에서 id라는 명령어는 현재 접속해 있는 계정 정보를 보는 명령어입니다. 위에서 1번의 경우 passwd 명령 뒤에 계정 명을 쓰지 않으면 현재 계정의 암호를 변경합니다.

주의 사항은 New UNIX password: 에 새로운 암호를 입력해도 보안 때문에 입력 글자가 보이지 않는다는 것입니다. 보이지는 않지만 정상적으로 입력됩니다. 동일한 암호를 두 번 입력하시면 암호가 정상적으로 변경됩니다.

위에서 2번의 경우 passwd user1으로 특정 계정의 암호를 변경할 수 있습니다. 이렇게 사용자의 암호를 지정하면 서버내의 /etc/shadow 파일에 이 내용이 암호화되어 저장됩니다.

```
root@localhost:~
[root@localhost ~]#
[root@localhost ~]# vi /etc/shadow
root:$1$YcGsR.iE$uNQrJYfBXhrGR.nrzzDA01:15770:0:99999:7:::
bin:*:15631:0:99999:7:::
daemon:*:15631:0:99999:7:::
adm:*:15631:0:99999:7:::
lp:*:15631:0:99999:7:::
sync:*:15631:0:99999:7:::
shutdown:*:15631:0:99999:7:::
halt:*:15631:0:99999:7:::
mail:*:15631:0:99999:7:::
```

위 화면은 /etc/shadow 파일을 살펴본 것입니다. root:$~~~~~~~~~01: 까지가 암호화 되어 저장된 암호입니다.

이 서버에서 root 계정의 암호는 oracle로 설정했지만 보안상의 문제로 oracle을 암호화 시켜서 위 화면처럼 저장한 것입니다. 만약 이 암호 부분을 지운다면 즉 root:: 상태로 만들게 되면 root 계정은 암호 없이 로그인 가능하게 됩니다. 보안상 문제가 되니 주의하세요~~!!

- usermod

의미 : 이 명령은 user 정보를 수정하는 명령어입니다.

사용법 :

usermod { -u uid -o } { -g gid } { -G gid } { -d dir } { -s shell } { -c comment } { -l newlogname } loginname

이 명령은 기존의 useradd와 거의 동일하지만 -u의 -o 옵션과 -l 옵션이 다릅니다. 원래 uid는 중복될 수 없는 주민등록번호의 역할을 하지만 -u -o 옵션을 이용하면 uid를 중복해서 사용할 수 있습니다. 절대 권장 사항은 아니며 특히 UID가 0번은 root의 UID인데 일반 계정명에 UID를 0번을 주면 일반 계정도 root가 되므로 주의하셔야 합니다.

사용 예 :

```
[root@localhost ~]#
[root@localhost ~]# usermod -l user3  user2
[root@localhost ~]# cat /etc/passwd | grep user*
rpc:x:32:32:Portmapper RPC user:/:/sbin/nologin
rpcuser:x:29:29:RPC Service User:/var/lib/nfs:/sbin/nologin
sabayon:x:86:86:Sabayon user:/home/sabayon:/sbin/nologin
user1:x:600:500:test_user:/home/user1:/bin/bash
user3:x:601:601::/home/user2:/bin/bash
[root@localhost ~]#
```

기존의 user2 계정이 user3로 이름이 변경된 것이 확인됩니다.

- userdel

의미 : 이 명령은 계정을 삭제하는 명령어 입니다.

사용법 : userdel [-r] 계정명

userdel 명령은 기본적으로 사용자 계정만 삭제하고 해당 사용자의 홈 디렉터리는 삭제하지 않습니다. 만약 홈 디렉터리까지 삭제하려면 -r 옵션을 사용하면 됩니다.

사용 예 :

```
root@localhost:~
[root@localhost ~]#
[root@localhost ~]# useradd user100
[root@localhost ~]# useradd user200
[root@localhost ~]# ls /home
lost+found  oracle  user1  user100  user2  user200
[root@localhost ~]# userdel user100
[root@localhost ~]# ls /home
lost+found  oracle  user1  user100  user2  user200
[root@localhost ~]# userdel -r user200
[root@localhost ~]# ls /home
lost+found  oracle  user1  user100  user2
[root@localhost ~]#
```

이상으로 사용자 관리와 관련된 명령어들과 관련 파일들에 대해서 살펴보았습니다. 다음으로 권한에 대해서 자세하게 살펴보겠습니다.

(6) 권한 관리

① 권한의 개념과 조회하기

유닉스는 처음 설계될 때부터 여러 사용자들이 사용한다는 전제로 만들어졌습니다. 반면에 MS Windows는 처음 설계가 단독 사용자가 사용한다는 전제로 설계가 되었지요. 이 말은 동시에 여러 사람이 접속해서 쓴다는 뜻이며 이럴 경우 파일이나 디렉터리들의 권한이나 소유권이 아주 중요합니다. 단 root는 소유권과 권한을 적용 받지 않고 모든 작업이 가능합니다.

윈도에서는 이런 소유권이나 권한 관리가 유닉스와는 개념이 조금 달라서 윈도를 많이 사용하는 엔지니어들이 유닉스를 배우면서 가장 힘들어 하는 부분이 지금 언급하는 권한과 소유권 부분입니다. 유닉스에서 권한이나 소유권이 잘못 설정될 경우 오라클 설치뿐만 아니라 운영중인 DB에도 문제가 생기는 경우가 아주 많기 때문에 이 부분을 잘 이해해야 합니다.

이번 장에서는 권한과 소유권에 대해서 자세하게 살펴보겠습니다. 아래 그림을 보세요.

```
#ls  -l  /etc/profile
-rw-r--r--   1  root  root  937  Jan 31 2006  /etc/profile
```

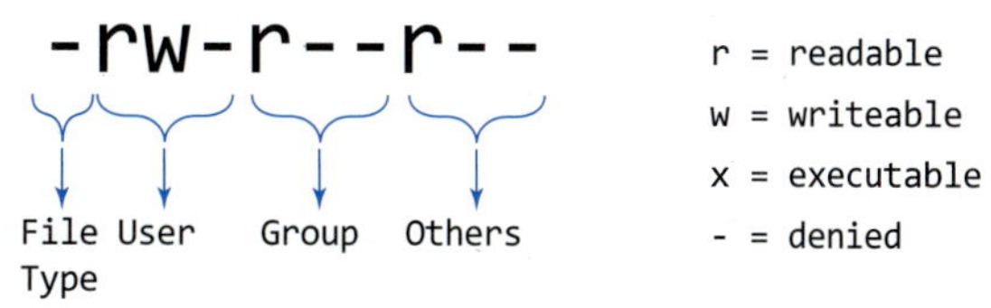

- File type – directory 와 file 구분
- User – 소유자의 permission
- Group – 소유자 그룹의 permission
- Other(world) – 소유자나 소유그룹에 포함되지 않은 사용자의 permission

위 그림은 /etc/profile을 ls -l 옵션으로 조회한 내용입니다. 결과 중에서 가장 앞에 있는 10자리가 지금부터 이야기 할 권한 관련된 부분입니다.

이 10 자리 중에서 가장 앞의 - 기호는 파일, 디렉터리 구분을 하는 것이고 나머지 9자리가 해당 파일에 대한 권한을 나타냅니다. 유닉스에서는 파일의 권한을 설정할 때 소유자, 소유자 소속팀, 나머지로 3개로 나눕니다. 그리고 각 파트에 대해서 읽기(r), 쓰기(w), 실행(x) 권한을 설정합니다.

해당 권한 자리에 영어문자가 보이면 해당권한이 있는 것이고 -로 나오면 해당 권한이 없는 것입니다. 설정되어 있는 권한을 보는 명령어는 앞에서 살펴본 바와 같이 ls -l입니다. 위의 경우를 살펴보면 rw- r-- r-- 으로 권한이 나오고 이 파일의 소유자는 root이며 root의 소속 그룹도 root라는 것을 알 수 있습니다. 즉 소유자인 root는 이 파일을 rw(읽기,쓰기)를 할 수 있으며 root의 소속팀인 root 그룹에 속한 사용자들은 r-- (읽기)작업을 할 수 있으며 , root도 아니고 root와 같은 그룹도 아닌 다른 사용자들은 모두 r-- (읽기)작업만 할 수 있습니다.

앞에서 살펴본 권한은 적용대상이 파일일 경우와 디렉터리일 경우 의미가 다릅니다. 아래 표를 보겠습니다.

권한	심볼문자	File	Directory
Read	r	File을 읽을 수 있고 copy할 수 있다.	ls commandfh Directory list를 확인할 수 있다.
Write	w	File의 내용을 수정할 수 있다.	Directory에 파일을 추가하거나 삭제할 수 있다.
Execute	x	실행가능한 file을 실행할 수 있다.(shell script 또는 실행 file)	cd command로 디렉토리를 접근할 수 있다.

위 표에서 알 수 있듯이 대상에 따라 의미가 다른데 중요한 것은 r 권한이 있을 경우 복사가 가능하다는 것입니다. 즉 r 권한을 가진 사용자가 중요한 문서를 복사해 가면 그 사용자 소유의 파일로 복사가 되기 때문에 복사를 막고 싶을 경우에는 반드시 r 권한을 제거해야 합니다.

그리고 권한은 상위 디렉터리 권한이 하위 디렉터리에게 상속됩니다. 예를 들어 /aa/bb/cc/test.txt 를 생성하는 경우에 가장 먼저 /aa 디렉터리에 권한이 있어야 하며 그 후에 bb 디렉터리 -> cc 디렉터리에 대한 권한이 다 있어야 test.txt 파일에 접근할 수 있다는 뜻입니다. test.txt 파일에 권한이 있어도 상위 디렉터리에 권한이 없다면 접근할 수 없게 됩니다.

다른 테스트를 해 보겠습니다. 이 테스트를 위해 admin 그룹 소속인 user1000, user2000을 만들고 sales 그룹 소속인 user3000 계정을 아래와 같이 생성한 후 암호를 설정합니다(암호는 적당하게 만드세요.).

```
[root@localhost ~]# groupadd admin
groupadd: group admin exists
[root@localhost ~]# groupadd sales
[root@localhost ~]# useradd -g admin user1000
[root@localhost ~]# useradd -g admin user2000
[root@localhost ~]# useradd -g sales user3000
[root@localhost ~]#
[root@localhost ~]# passwd user1000
Changing password for user user1000.
New UNIX password:
BAD PASSWORD: it is based on a dictionary word
Retype new UNIX password:
passwd: all authentication tokens updated successfully.
[root@localhost ~]# passwd user2000
Changing password for user user2000.
New UNIX password:
BAD PASSWORD: it is based on a dictionary word
Retype new UNIX password:
passwd: all authentication tokens updated successfully.
[root@localhost ~]# passwd user3000
Changing password for user user3000.
New UNIX password:
BAD PASSWORD: it is based on a dictionary word
Retype new UNIX password:
passwd: all authentication tokens updated successfully.
[root@localhost ~]#
```

테스트를 위한 준비는 끝났습니다. 테스트 방법은 아래와 같습니다.

1. user1000 계정으로 /home/user1000/a.txt 파일을 생성합니다.
2. user1000 과 같은 팀인 user2000 계정으로 파일 수정 가능한지 확인합니다.

```
[root@localhost ~]# su - user1000
[user1000@localhost ~]$ pwd
/home/user1000
[user1000@localhost ~]$ vi a.txt
[user1000@localhost ~]$ cat a.txt
aaa
[user1000@localhost ~]$ ls -l  a.txt
-rw-r--r-- 1 user1000 admin 4 Mar  7 09:44 a.txt
[user1000@localhost ~]$
```

위 화면에서 su - user1000이라는 부분이 나오는데 su는 switching user의 뜻으로 사용자 계정을 변경하는 명령입니다. 주의사항은 su - 와 같이 반드시 - (마이너스기호)를 함께 사용하세요.

이제 권한 사항을 확인하겠습니다.

앞의 화면을 보면 /temp/a.txt 파일은 소유자인 user1000 계정은 rw(읽기, 쓰기)가 가능하고 admin 그룹에 소속된 사람은 r(읽기)권한만 있고 나머지 사용자들도 r(읽기)권한만 있습니다. admin 그룹에 소속된 user2000으로 계정을 변경 한 후 이 파일 수정을 시도하겠습니다.

```
user2000@localhost:~
[user1000@localhost ~]$
[user1000@localhost ~]$ su - user2000
Password:
[user2000@localhost ~]$ vi /home/user1000/a.txt
[user2000@localhost ~]$ ls /home/user1000
ls: /home/user1000: Permission denied
[user2000@localhost ~]$
```

위에서 보듯이 권한이 없어서 permission denied라는 에러가 발생됩니다.

```
root@localhost:~
[root@localhost ~]# ls -l /home
total 40
drwx------  2 root      root   16384 Oct 18 10:04 lost+found
drwx------ 32 oracle    dba     4096 Mar  6 04:03 oracle
drwx------  4       600 admin   4096 Mar  7 08:01 user1
drwx------  4 user100       603 4096 Mar  7 09:32 user100
drwx------  4 user1000  admin   4096 Mar  7 09:44 user1000
drwx------  4 user2000  admin   4096 Mar  7 09:45 user2000
drwx------  4 user3000  sales   4096 Mar  7 09:40 user3000
[root@localhost ~]#
[root@localhost ~]# ls -l /home/user1000/a.txt
-rw-r--r-- 1 user1000 admin 4 Mar  7 09:44 /home/user1000/a.txt
[root@localhost ~]#
```

위 그림에서 보면 /home/user1000의 권한은 rwx------ 입니다. 즉 user1000 사용자만 접근할 수 있습니다. 그러나 /home/user1000/a.txt는 user1000 외 다른 계정도 r 권한을 가지고 있습니다.

앞에서 살펴본 바와 같이 상위 디렉터리에 권한이 있어야 하위 디렉터리나 파일의 권한이 적용된다는 것을 꼭 기억하기 바랍니다.

② 권한 변경하기

권한을 변경하는 명령어는 chmod입니다. 소유자나 관리자는 chmod 명령을 사용하여 파일이나 디렉터리에 대한 권한을 변경할 수 있습니다. 이때 권한을 지정하는 방법은 영어 문자(심볼릭)를 이용하는 방법이 있고 숫자를 이용하는 방법이 있습니다. 두 가지 방법을 다 사용하여 권한을 변경하겠습니다.

먼저 심볼릭 문자를 사용하여 변경하는 방법부터 살펴보겠습니다.

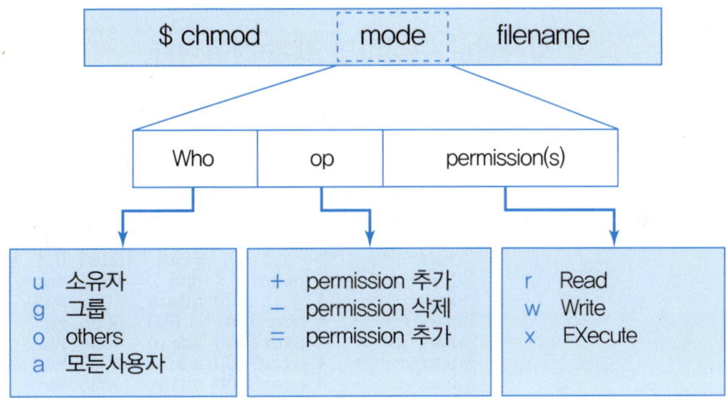

위 그림의 내용을 가지고 권한을 할당해 보겠습니다. 위에서 살펴본 바와 같이 디렉터리에 파일을 생성하고 저장하려면 해당 디렉터리에 w(쓰기)권한이 있어야 합니다. 그래서 앞의 실습에서 Permission denied 났던 /home/user1000 디렉터리에 user2000이 접근하게 하도록 w 권한을 설정하겠습니다.

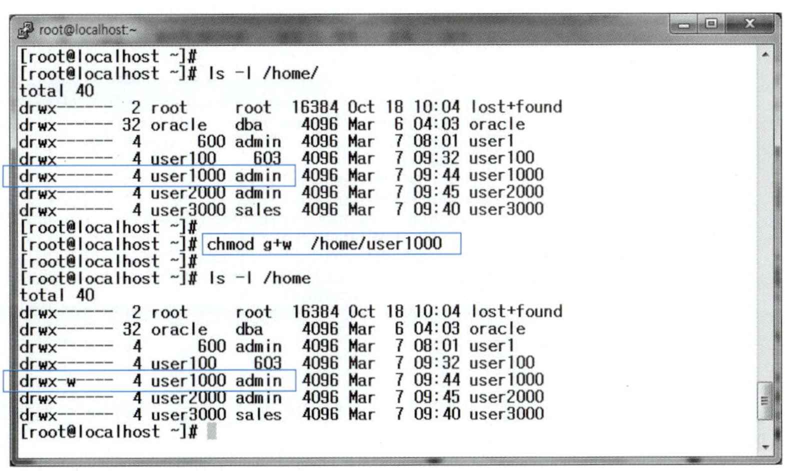

같은 그룹에 w 권한이 할당된 것이 확인됩니다. 그러나 user2000 계정으로 su

- 해서 앞에서 권한 거부 되었던 작업을 다시 시도하면 여전히 권한이 없다고 나옵니다. 그래서 r(읽기)권한도 추가합니다. 그 후에 작업해도 동일하게 권한이 없다고 나옵니다. 그래서 x(실행)권한까지 추가합니다.

그 후에 해당 파일을 user1000과 같은 admin 그룹 소속인 user2000 계정으로 조회하거나 수정하면 잘 수정됩니다.

```
user2000@localhost:~
[root@localhost ~]# ls -l /home
total 40
drwx------  2 root      root   16384 Oct 18 10:04 lost+found
drwx------ 32 oracle    dba     4096 Mar  6 04:03 oracle
drwx------  4       600 admin   4096 Mar  7 08:01 user1
drwx------  4 user100     603   4096 Mar  7 09:32 user100
drwxrwx---  4 user1000 admin    4096 Mar  7 10:57 user1000
drwx------  4 user2000 admin    4096 Mar  7 10:54 user2000
drwx------  4 user3000 sales    4096 Mar  7 10:56 user3000
[root@localhost ~]#
[root@localhost ~]# su - user2000
[user2000@localhost ~]$
[user2000@localhost ~]$ id
uid=608(user2000) gid=500(admin) groups=500(admin)
[user2000@localhost ~]$
[user2000@localhost ~]$ cat /home/user1000/a.txt
aaa
[user2000@localhost ~]$
```

그러나 admin 그룹 소속이 아닌 user3000으로 조회나 수정하려면 아래와 같이 권한이 없다고 에러가 발생합니다.

```
user3000@localhost:~
[user2000@localhost ~]$
[user2000@localhost ~]$ su - user3000
Password:
[user3000@localhost ~]$
[user3000@localhost ~]$ id
uid=606(user3000) gid=5002(sales) groups=5002(sales)
[user3000@localhost ~]$
[user3000@localhost ~]$ cat /home/user1000/a.txt
cat: /home/user1000/a.txt: Permission denied
[user3000@localhost ~]$
```

지금처럼 권한을 변경할 때 영문자로 변경하는 방법 말고 숫자로 할당하는 방법도 많이 사용됩니다. 숫자로 할당하는 경우는 r - 4, w - 2, x - 1로 치환을 합니다. 그 후에 주고 싶은 권한에 해당되는 숫자를 합해서 할당하면 됩니다. 예를 들어 rw- 권한으로 설정하고 싶다면 6으로 하고 r-x 권한으로 설정하고 싶을 경우 5로 설정하면 됩니다.

앞의 예에서 사용된 /home/user1000 디렉토리의 권한을 숫자를 이용한 방법을 써서 나머지에게도 읽기 권한을 할당해 보겠습니다.

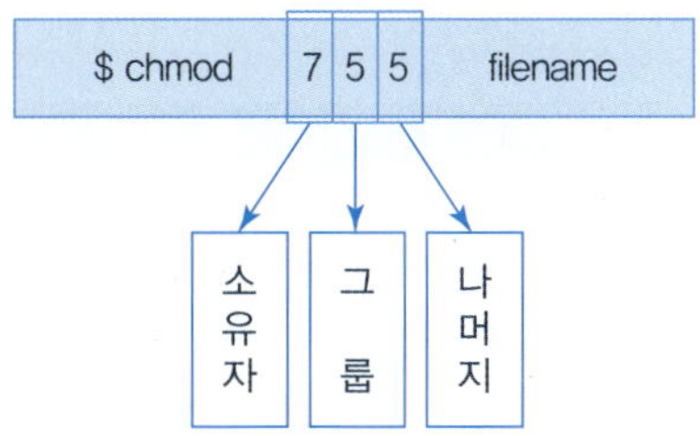

숫자값	권한
4	Read
2	Write
1	Execute

위 에서 보는 바와 같이 설정하고 싶은 권한의 숫자를 모두 더해서 할당하면 됩니다.

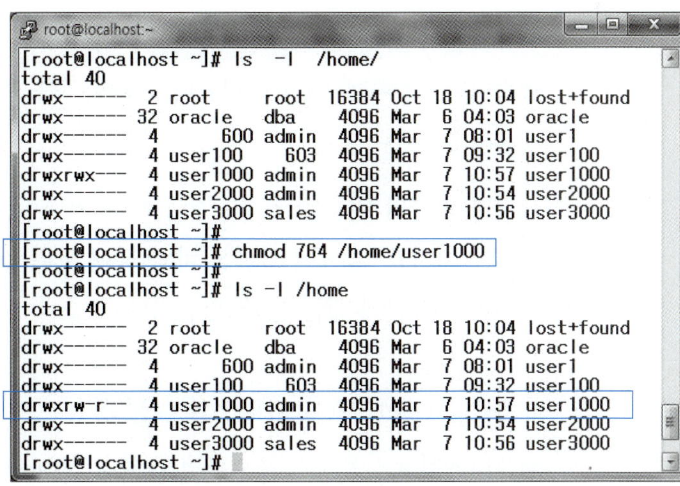

other 부분에 r 권한이 할당 된 것을 볼 수 있습니다.

지금까지 살펴 본 방식은 직접 지정한 파일이나 디렉터리의 권한만 변경되는 것이며 만일 하위 디렉터리나 하위 디렉터리에 파일이 있다면 변경되지 않습니다. 그래서 만약 하위 디렉터리까지 모두 한꺼번에 변경하고 싶다면 chmod 명령어에 -R 옵션을 사용하면 됩니다.

chmod 명령어는 소유자나 그룹은 변경하지 않고 사용 권한만 변경하는 명령입니다. 그런데 만약 소유자를 변경하고자 할 때는 chown이라는 명령을 사용하면 됩니다.

```
user3000@localhost:~
[root@localhost ~]#
[root@localhost ~]# ls -l /home/user1000/a.txt
-rw-r--r-- 1 user1000 admin 4 Mar  7 10:57 /home/user1000/a.txt
[root@localhost ~]#
[root@localhost ~]# chown user3000.sales  /home/user1000/a.txt
[root@localhost ~]#
[root@localhost ~]#  ls -l /home/user1000/a.txt
-rw-r--r-- 1 user3000 sales 4 Mar  7 10:57 /home/user1000/a.txt
[root@localhost ~]#
[root@localhost ~]# su - user3000
[user3000@localhost ~]$
[user3000@localhost ~]$ cat /home/user1000/a.txt
cat: /home/user1000/a.txt: Permission denied
[user3000@localhost ~]$
```

위 그림을 보면 원래 /home/user1000/a.txt 파일은 admin 그룹의 user1000 소유였습니다. 그런데 chown user3000.sales 명령어로 소유자와 그룹을 변경했습니다. 그 후에 다시 조회하니 sales 그룹 소속의 user3000 사용자 소유로 변경되었습니다.

그러나 파일의 내용은 조회가 안됩니다. 이 이유는 상위 디렉터리에 권한이 없기 때문이지요. 앞에서 살펴본 바와 같이 상위 디렉터리 권한이 있어야 하위 디렉터리나 파일에 접근 할 수 있습니다.

③ SetUID, SetGID, Sticky bit 설정하기

컴퓨터에서 a 사용자가 프로그램을 설치하고(즉 소유자이고) b 사용자가 그 프로그램을 실행했을 경우 프로세스를 조회하면 프로그램을 실행한 b 사용자의 권한으로 실행이 됩니다. 그런 SetUID라는 것이 설정되어 있을 경우 그 프로그램은 누가 실행을 시키든 그 프로그램의 주인의 이름으로 실행됩니다.

예를 들어 조선시대에 암행어사 박문수의 예를 들겠습니다. 박문수가 탐관오리 사또에게 가서 무릎을 꿇으라고 했을 때 마패를 보여주지 않으면 박문수의 권

한으로 탐관오리 사또에게 명령하는 것입니다. 당연히 사또는 비웃고 말을 안 들을 것입니다. 그러나 박문수가 암행어사의 상징인 마패를 보여주며 무릎을 꿇으라고 하면 사또는 벌벌 떨면서 무릎을 꿇을 것입니다. 마패는 누가 가지고 있던지 임금님을 상징하는 것이기 때문에 박문수가 명령했지만 사실은 임금님의 권한으로 실행되는 것입니다.

SetUID가 설정되는 것은 문제가 아니지만 예를 들어 root 소유의 파일에 SetUID가 설정될 경우 그 파일이 실행되면 늘 root의 권한으로 실행되기 때문에 보안상 문제가 될 수도 있습니다. 간혹 특정 프로그램이 SetUID를 필요로 하는 경우도 있습니다. 예를 들어 oracle 계정으로 설치해 놓고 실행은 root 계정으로 할 때 그 파일에 SetUID를 설정해 두면 어떤 계정으로 실행하든지 oracle 계정으로 실행이 됩니다.

SetUID는 기본 권한설정 방법에서 SetUID는 4, SetGID는 2, Sticky Bit는 1을 가장 앞에 적어주면 됩니다. 그리고 이것들은 모두 해당 파일에 기본적으로 실행 권한이 있어야 작동합니다.

```
root@localhost:~
[root@localhost ~]#
[root@localhost ~]# chmod 4755  /home/user1000/a.txt
[root@localhost ~]#
[root@localhost ~]# ls -l /home/user1000/a.txt
-rwsr-xr-x 1 user3000 sales 4 Mar  7 10:57 /home/user1000/a.txt
[root@localhost ~]#
```

위 화면에서 소유자의 권한을 보면 rws로 되어 있습니다. 실행권한 부분이 x가 아닌 s인 것 보이죠? 저렇게 설정되어 있으면 SetUID가 설정이 된 것입니다.

```
root@localhost:~
[root@localhost ~]#
[root@localhost ~]# chmod 4622  /home/user1000/a.txt
[root@localhost ~]#
[root@localhost ~]# ls -l /home/user1000/a.txt
-rwS-w--w- 1 user3000 sales 4 Mar  7 10:57 /home/user1000/a.txt
[root@localhost ~]#
```

위 화면을 보면 소유자 권한이 대문자 S인 것이 보이죠? 저건 기본적인 실행 권한이 없는 상태에서 SetUID를 지정해서 그렇습니다. 즉 실행은 안 된다는 것이지요.

Sticky bit에 대해 살펴보겠습니다. 특정 디렉터리에 모든 사용자가 읽고 쓰게 하려면 권한을 777로 주면 됩니다.

그런데 권한을 777로 줄 경우 다른 사용자가 만든 파일이나 디렉터리까지 모두 다 지울 수 있다는 문제가 있습니다. 그래서 자신이 생성한 파일이나 디렉터리만 삭제 할 수 있도록 권한을 지정하는 것이 Sticky bit입니다. 아래의 예를 보겠습니다.

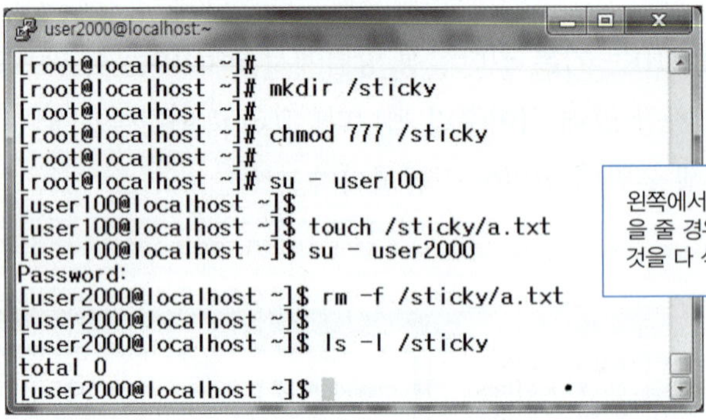

왼쪽에서 보는 바와 같이 777로 권한을 줄 경우 다른 사용자가 만든 모든 것을 다 삭제할 수 있습니다.

sticky bit 를 설정한 후 다시 동일한 테스트를 해 보겠습니다.

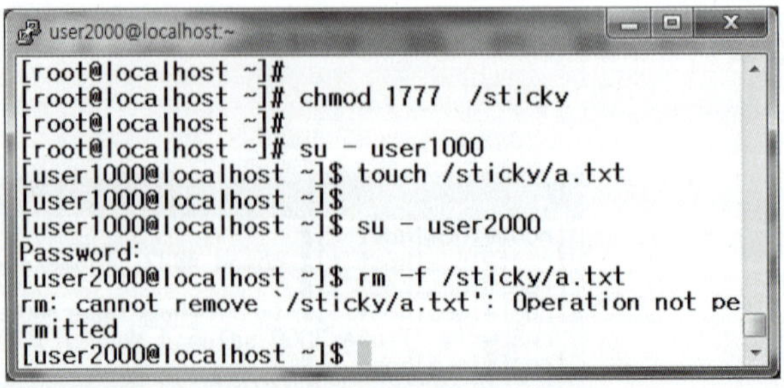

위 화면에서 보듯이 sticky bit가 설정 된 후에는 권한이 없어서 삭제를 할 수 없게 됩니다. 이 기능도 유용하게 많이 사용하는 기능이므로 꼭 기억하세요~~

(7) 디스크 관리하기

서버를 관리하다 보면 언제나 발생하는 문제가 하드 디스크 용량 부족입니다. 여기서는 하드 디스크의 용량을 볼 수 있는 두 가지 명령어를 소개합니다.

① df(disk free)

이 명령어는 현재 연결되어 있는 디스크와 해당 디렉터리 이름을 보여줍니다.

```
root@localhost:~
[root@localhost ~]#
[root@localhost ~]# df -h
Filesystem            Size  Used Avail Use% Mounted on
/dev/sda3             4.8G  3.0G  1.6G  65% /
/dev/sda7              12G  5.8G  5.7G  51% /home
/dev/sda6             965M   76M  840M   9% /var
/dev/sda2             9.5G  7.5G  1.6G  84% /app
/dev/sda1              99M   12M   83M  12% /boot
tmpfs                 506M  240M  266M  48% /dev/shm
/dev/sdb1              20G  1.9G   17G  10% /data
[root@localhost ~]#
```

위 화면이 df 명령의 결과인데 각 디렉터리 별로 총 사용량을 한눈에 볼 수 있습니다. 사용할 수 있는 옵션이 df -k / -h가 있습니다. 이 명령의 단점은 하위 디렉터리 용량은 알 수가 없는 것입니다.

예를 들어 위 화면에서 /data 디렉터리가 현재 1.9GB 쓰고 있는데 하위 디렉터리별로 용량을 각 각 보고 싶을 때는 알 수가 없습니다. 그럴 때 사용가능한 명령어가 du 명령어입니다.

② du(disk usage)

이 명령어는 특정 디렉터리의 하위 디렉터리 별로 용량을 전부 다 보여줍니다.

```
[root@localhost ~]#
[root@localhost ~]# du -h  /data
4.0K    /data/backup/open
302M    /data/backup/rman
4.0K    /data/backup/close
302M    /data/backup
167M    /data/datapump
633M    /data/arc2
16K     /data/lost+found
633M    /data/arc1
1.7G    /data
[root@localhost ~]#
```

위 화면을 보면 /data 디렉터리의 하위 디렉터리 별로 사용량을 모두 알 수 있습니다. 그런데 만약 하위 디렉터리가 많을 경우 위와 같이 조회하면 아주 많은 디렉터리가 나와서 한눈에 보기가 불편한 경우가 아주 많습니다.

예를 들어 du -h / 할 경우 전체 디렉터리의 하위 디렉터리까지 모두 다 나오기 때문에 용량을 보는 것이 거의 불가합니다.

이럴 때 --max-depth라는 옵션을 사용하면 아주 편하게 걸러서 볼 수 있습니다.

```
[root@localhost ~]# du -h /data --max-depth=0
1.7G    /data
[root@localhost ~]# du -h /data --max-depth=1
302M    /data/backup
167M    /data/datapump
633M    /data/arc2
16K     /data/lost+found
633M    /data/arc1
1.7G    /data
[root@localhost ~]# du -h /data --max-depth=2
4.0K    /data/backup/open
302M    /data/backup/rman
4.0K    /data/backup/close
302M    /data/backup
167M    /data/datapump
633M    /data/arc2
16K     /data/lost+found
633M    /data/arc1
1.7G    /data
[root@localhost ~]#
```

위 화면처럼 --max-depth 옵션을 사용하여 용량을 디렉터리 단계별로 설정해서 쉽게 확인이 가능하며 이 옵션은 솔라리스에서는 지원되지 않습니다.

③ 디스크 추가 하기

서버를 관리할 때 자주 만나는 경우가 디스크의 용량이 부족하여 증설하는 상황 일 것입니다. 이번에는 리눅스에서 디스크를 어떻게 추가하고 어떻게 관리하는지 살펴보겠습니다.

거의 대부분의 운영 서버는 서버가 켜져 있는 상태에서 디스크를 교체할 수 있는 Hot Swap 기능이 지원이 되지만 여기서 테스트는 vmware 상이므로 vmware에서 디스크를 추가하고 관리하는 부분으로 살펴봅니다. vmware에서 디스크 추가하는 부분만 빼고 나머지는 모두 동일합니다.

Step 1 vmware상의 리눅스 서버를 종료합니다

Step 2 아래의 화면처럼 Edit virutal machine settings를 눌러 장치 추가 창을 엽니다.

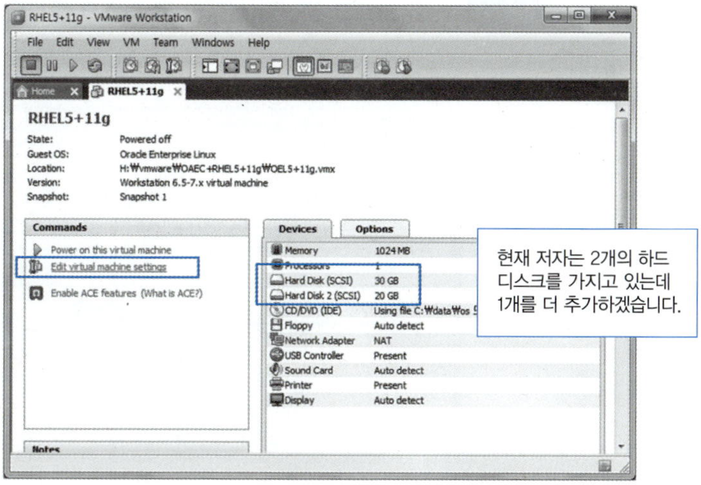

Step 3 아래 화면처럼 add 버튼을 눌러 디스크를 선택합니다.

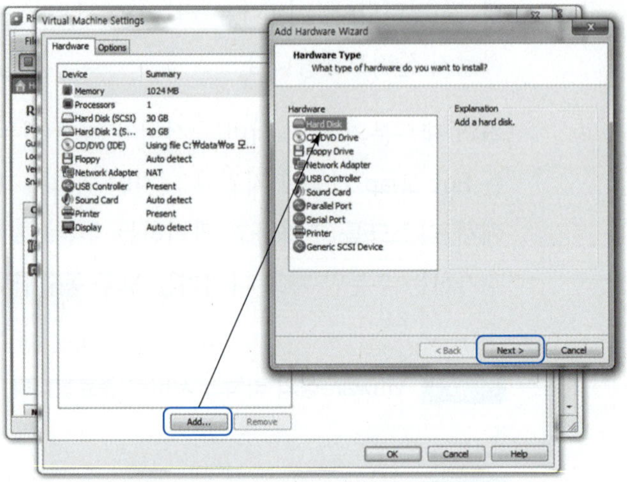

Step 4 신규 디스크 생성을 선택한 후 디스크 종류를 선택합니다.

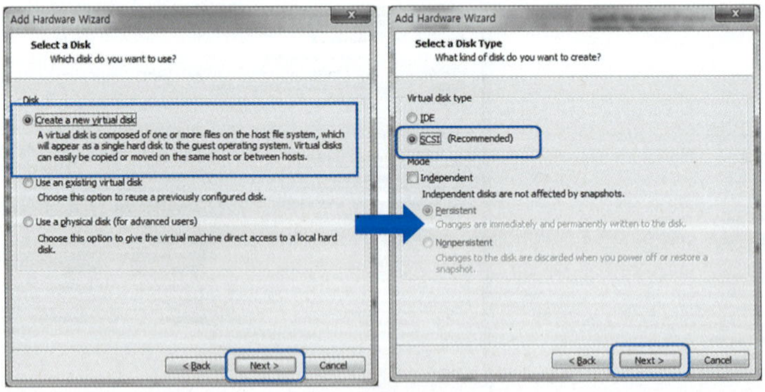

Step 5 용량을 설정하고 저장될 위치를 지정합니다.

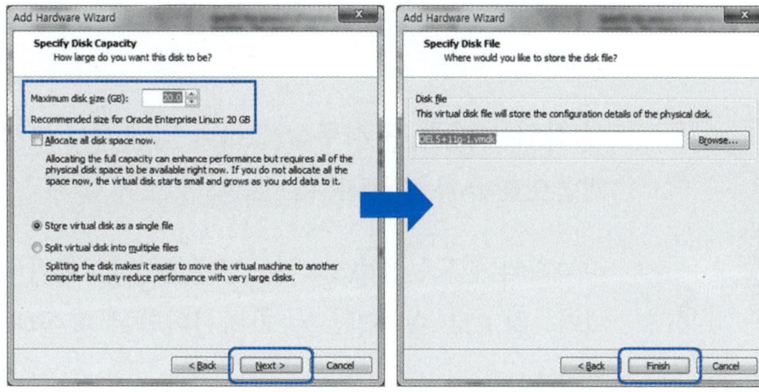

Step 6 finish를 눌러서 추가 된 내용을 확인한 후 ok를 누르고 linux를 시작시킵니다.

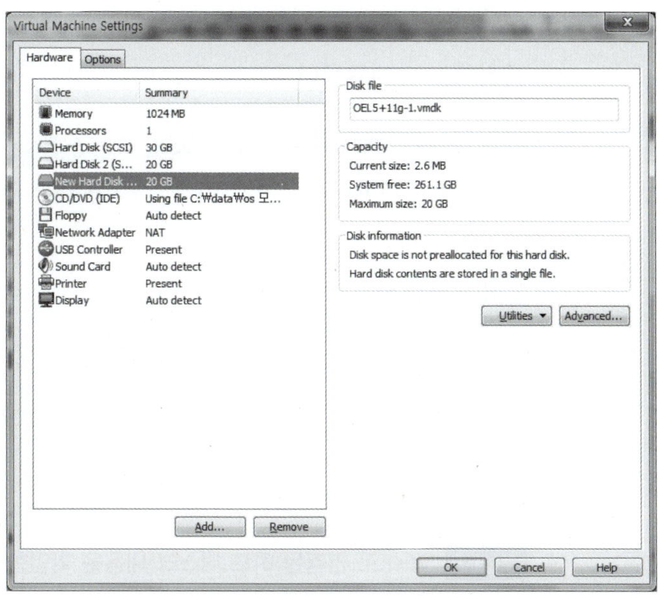

여기까지가 vmware에서 하드 디스크를 추가하는 부분입니다. 서버가 켜지면 root 계정으로 로그인 하세요. 후부터는 실제 서버에서도 동일한 방법으로 작업하면 됩니다.

새로운 하드 디스크가 추가되면 하드 디스크를 OS에서 사용 가능하도록 후속 작업을 해야 합니다. 보통 아래와 같은 순서로 작업합니다.

1. 파티션 나누기

이 작업은 마치 큰 사무실을 하나 임대해서 부서별로 구역을 나누는 것과 같은 개념으로 추가 된 하드 디스크를 용도에 맞게 분할을 하는 과정입니다.

리눅스와 윈도는 fdisk라는 명령을 쓰며 솔라리스는 format이라는 명령을 씁니다. 참고로 솔라리스는 파티션이라는 용어대신 슬라이스(slice)라는 용어를 씁니다.

2. 포맷하기

이 작업은 파티션 나눈 공간에 실제로 근무할 수 있도록 인테리어나 구조를 만드는 작업을 의미합니다. 즉 OS가 해당 구역을 사용할 수 있도록 파일 시스템을 생성하는 단계입니다.

이 과정의 작업을 수행하면 OS가 이 공간을 사용할 수 있습니다. 리눅스는 mkfs, 윈도는 format, 솔라리스는 newfs라는 명령을 씁니다.

3. 마운트하기

이 작업은 포맷이 끝나서 사용할 준비가 된 디스크를 디렉터리와 연결하는 작업을 의미합니다. 윈도는 포맷이 끝나면 자동으로 연결해 주지만 유닉스 계열은 mount라는 명령어로 수동으로 연결을 해 주어야 합니다.

Step 7 **fdisk로 연결된 하드 디스크 내용을 확인합니다.**

fdisk -l 명령어로 현재 연결되어 있는 하드 디스크를 확인해 봅니다.

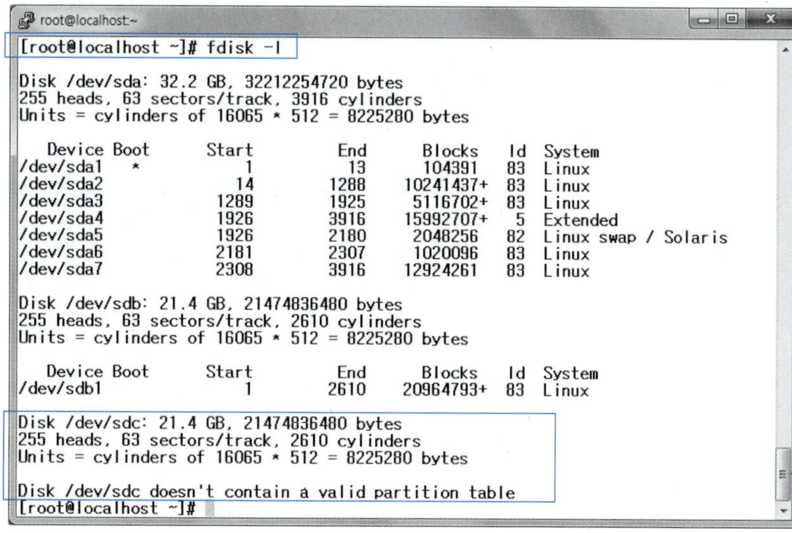

```
[root@localhost ~]# fdisk -l

Disk /dev/sda: 32.2 GB, 32212254720 bytes
255 heads, 63 sectors/track, 3916 cylinders
Units = cylinders of 16065 * 512 = 8225280 bytes

   Device Boot      Start         End      Blocks   Id  System
/dev/sda1   *           1          13      104391   83  Linux
/dev/sda2              14        1288    10241437+  83  Linux
/dev/sda3            1289        1925     5116702+  83  Linux
/dev/sda4            1926        3916    15992707+   5  Extended
/dev/sda5            1926        2180     2048256   82  Linux swap / Solaris
/dev/sda6            2181        2307     1020096   83  Linux
/dev/sda7            2308        3916    12924261   83  Linux

Disk /dev/sdb: 21.4 GB, 21474836480 bytes
255 heads, 63 sectors/track, 2610 cylinders
Units = cylinders of 16065 * 512 = 8225280 bytes

   Device Boot      Start         End      Blocks   Id  System
/dev/sdb1               1        2610    20964793+  83  Linux

Disk /dev/sdc: 21.4 GB, 21474836480 bytes
255 heads, 63 sectors/track, 2610 cylinders
Units = cylinders of 16065 * 512 = 8225280 bytes

Disk /dev/sdc doesn't contain a valid partition table
[root@localhost ~]#
```

저자의 경우는 원래 2개의 하드 디스크가 있었습니다. 리눅스에서 하드 디스크의 이름은 SCSI의 경우에 첫 번째는 /dev/sda, 두 번째는 /dev/sdb, 세 번째는 /dev/sdc와 같은 방식으로 설정되며 각 하드 디스크를 세부적으로 나누면 숫자가 붙습니다. 여기서는 신규로 연결한 /dev/sdc 20GB 용량의 하드 디스크를 10G 용량으로 2개로 분할 하겠습니다.

Step 8 fdisk 명령어로 /dev/sdc 를 10GB 두 개로 분할 합니다.

하드 디스크에 파티션은 주파티션이 최대 4개까지 만들어 질 수 있고 4개가 넘을 경우에는 확장 파티션으로 바꾸어서 계속 생성할 수 있습니다.

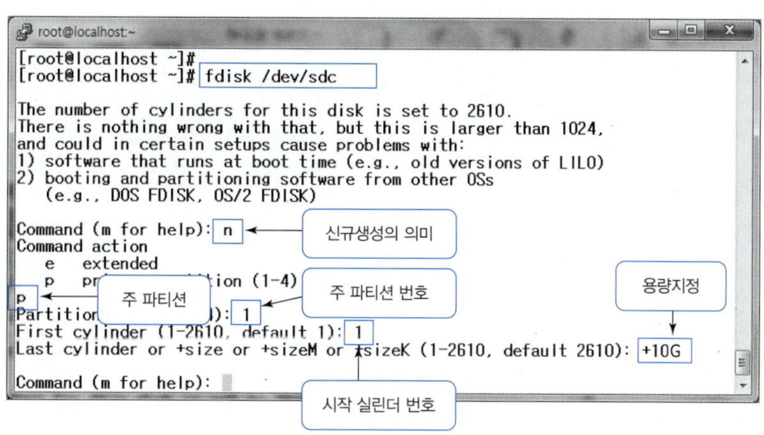

```
[root@localhost ~]#
[root@localhost ~]# fdisk /dev/sdc

The number of cylinders for this disk is set to 2610.
There is nothing wrong with that, but this is larger than 1024,
and could in certain setups cause problems with:
1) software that runs at boot time (e.g., old versions of LILO)
2) booting and partitioning software from other OSs
   (e.g., DOS FDISK, OS/2 FDISK)

Command (m for help): n
Command action
   e   extended
   p   pr        tion (1-4)
p
Partition         ): 1
First cylinder (1-2610, default 1): 1
Last cylinder or +size or +sizeM or +sizeK (1-2610, default 2610): +10G

Command (m for help):
```

위 명령어로 확인해 보니 잘 생성된 것이 보입니다. 남은 용량으로 하나 더 생성하겠습니다.

```
root@localhost:~
Command (m for help): p

Disk /dev/sdc: 21.4 GB, 21474836480 bytes
255 heads, 63 sectors/track, 2610 cylinders
Units = cylinders of 16065 * 512 = 8225280 bytes

   Device Boot      Start         End      Blocks   Id  System
/dev/sdc1               1        1246    10008463+  83  Linux

Command (m for help):
```

위 화면에서 가장 중요한 것은 제일 마지막의 w로 변경사항 저장하는 부분입니다. 이 부분을 하지 않으면 파티션 나눈 모든 것이 재부팅 후에는 모두 초기화되기 때문입니다.

```
root@localhost:~

Command (m for help): n
Command action
   e   extended
   p   primary partition (1-4)
p
Partition number (1-4): 2
First cylinder (1247-2610, default 1247): ↵
Using default value 1247
Last cylinder or +size or +sizeM or +sizeK (1247-2610, default 2610): ↵
Using default value 2610

Command (m for help): w
The partition table has been a

Calling ioctl() to re-read partition table.
Syncing disks.
[root@localhost ~]#
```

두 번째라서 2

남은 용량 모두 할당

변경 사항을 저장함

Step 9 파티션 완료된 디스크를 포맷합니다

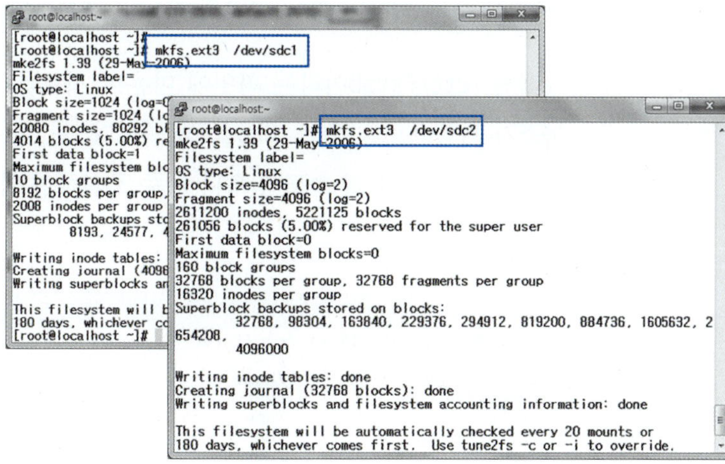

위에서 나오는 것처럼 mkfs.ext3 란 명령어로 파티션 된 디스크를 포맷합니다. 리눅스에서 많이 사용되는 파일 시스템 종류는 ext3이며 ext4나 ext2도 많이 사용합니다. 윈도는 NTFS, 솔라리스는 UFS를 사용합니다. 주의사항은 디스크 이름에 숫자부분입니다.

Step 10 디렉터리를 생성해서 마운트 작업을 합니다.

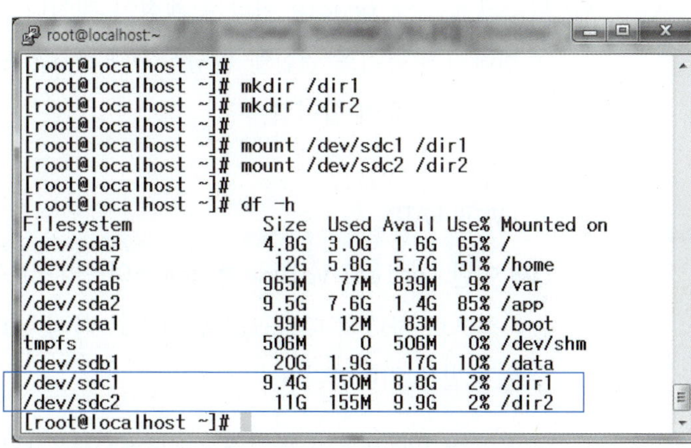

Step 11 **재부팅 후에도 유지되도록 /etc/fstab 파일에 등록합니다.**

위에서 한 작업은 서버를 재부팅 하게 되면 마운트가 취소가 되어서 다시 수동으로 위 Step 10의 mount 명령어 치는 단계를 다시 해 주어야 합니다.

그래서 /etc/fstab이라는 파일에 마운트 정보를 적어주면 재 부팅을 해도 리눅스가 자동으로 마운트 작업을 해 줍니다. 단 이 파일은 오타가 생길 경우 리눅스가 부팅이 안 될 수도 있으니 아주 조심해야 합니다.

```
[root@localhost ~]# vi /etc/fstab
LABEL=/                 /               ext3    defaults        1 1
LABEL=/home             /home           ext3    defaults        1 2
LABEL=/var              /var            ext3    defaults        1 2
LABEL=/app              /app            ext3    defaults        1 2
LABEL=/boot             /boot           ext3    defaults        1 2
tmpfs                   /dev/shm        tmpfs   defaults        0 0
devpts                  /dev/pts        devpts  gid=5,mode=620  0 0
sysfs                   /sys            sysfs   defaults        0 0
proc                    /proc           proc    defaults        0 0
LABEL=SWAP-sda5         swap            swap    defaults        0 0
/dev/sdb1               /data           ext3    defaults        1 2
/dev/sdc1               /dir1           ext3    defaults        1 2
/dev/sdc2               /dir2           ext3    defaults        1 2
~
~
```

위와 같이 추가 한 후 저장하면 됩니다. 오타 정말 조심하세요~!!!

이상으로 리눅스에서 디스크를 추가한 후 포맷하고 마운트해서 사용하는 방법을 살펴보았습니다. 이 작업은 root 계정으로만 할 수 있으며 이렇게 생성한 디스크에 만약 oracle 이라는 계정이 데이터를 기록해야 한다면 앞에서 살펴본 chmod 명령어로 권한을 할당하거나 chown 명령어로 oracle 계정으로 소유권을 변경해 줘야 합니다.

④ LVM과 RAID

LVM 이란 Logical Volume Manager의 약자로 물리적으로 여러 개인 디스크를 논리적으로 하나의 디스크로 합쳐주고 다시 논리적으로 나누어서 관리하게 해 주는 방법을 의미합니다.

예를 들어 100GB 용량의 디스크 3개를 LVM을 사용해서 300GB 용량의 디스크 1개로 만들어 주고 이것을 각 150GB씩 두 개로 나누게 해 주는 방법을 의미합니다.

아주 많이 사용하는 방법이므로 꼭 숙지하시기 바랍니다. 이 기능은 리눅스에서 fdisk를 할 때 하드 디스크를 LVM용으로 만드는 부분이 추가됩니다.

아래의 실습으로 LVM에 대해 자세히 알아보겠습니다. 아래의 실습은 1GB 용량의 디스크 3개를 추가한 후 3GB 디스크 1개로 만들고 각 1.5GB씩 파티셔닝을 하는 실습입니다.

Step 1 **vmware에서 서버 종료 후 1GB 디스크 3개를 추가 한 후 서버 재시작 합니다**

(지면 관계상 위의 디스크 관리 부분과 중복되므로 화면설명은 생략하겠습니다)

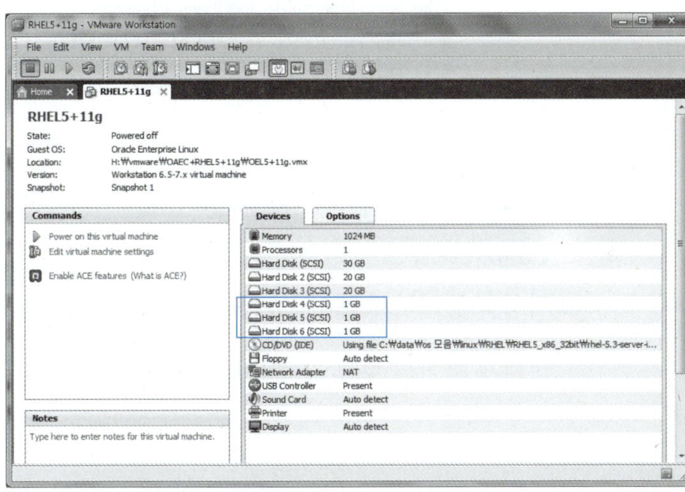

Step 2 **재부팅이 완료되면 root로 로그인 한 후 fdisk –l로 추가한 디스크를 확인합니다.**

```
Disk /dev/sdd: 1073 MB, 1073741824 bytes
255 heads, 63 sectors/track, 130 cylinders
Units = cylinders of 16065 * 512 = 8225280 bytes

   Device Boot      Start         End      Blocks   Id  System

Disk /dev/sde: 1073 MB, 1073741824 bytes
255 heads, 63 sectors/track, 130 cylinders
Units = cylinders of 16065 * 512 = 8225280 bytes

   Device Boot      Start         End      Blocks   Id  System

Disk /dev/sdf: 1073 MB, 1073741824 bytes
255 heads, 63 sectors/track, 130 cylinders
Units = cylinders of 16065 * 512 = 8225280 bytes

   Device Boot      Start         End      Blocks   Id  System
[root@localhost ~]#
```

저자의 경우에는 /dev/sdd, /dev/sde, /dev/sdf로 조회가 됩니다.

Step 3 각 디스크를 fdisk하되 리눅스 LVM용으로 파티션을 생성합니다.

```
[root@localhost ~]#
[root@localhost ~]# fdisk /dev/sdd

Command (m for help): n
Command action
   e   extended
   p   primary partition (1-4)
p
Partition number (1-4): 1
First cylinder (1-130, default 1): ↵
Using default value 1
Last cylinder or +size or +sizeM or +sizeK (1-130, default 130): ↵
Using default value 130

Command (m for help): t
Selected partition 1
Hex code (type L to list codes): 8e
Changed system type of partition 1 to 8e (Linux LVM)

Command (m for help): w
The partition table has been altered!

Calling ioctl() to re-read partition table.
Syncing disks.
[root@localhost ~]#
```

위 파티션 단계에서 t, 8e 부분이 추가되었는데 이 부분이 파티션을 생성할 때 Linux LVM용으로 파티션을 생성하는 단계입니다. 나머지 두 개의 디스크도 이 작업을 동일하게 해서 LVM용 파티션으로 생성하세요.

파티션 작업이 모두 끝났으면 조회를 해 보겠습니다.

```
Disk /dev/sdd: 1073 MB, 1073741824 bytes
255 heads, 63 sectors/track, 130 cylinders
Units = cylinders of 16065 * 512 = 8225280 bytes

   Device Boot      Start         End      Blocks   Id  System
/dev/sdd1               1         130     1044193+  8e  Linux LVM

Disk /dev/sde: 1073 MB, 1073741824 bytes
255 heads, 63 sectors/track, 130 cylinders
Units = cylinders of 16065 * 512 = 8225280 bytes

   Device Boot      Start         End      Blocks   Id  System
/dev/sde1               1         130     1044193+  8e  Linux LVM

Disk /dev/sdf: 1073 MB, 1073741824 bytes
255 heads, 63 sectors/track, 130 cylinders
Units = cylinders of 16065 * 512 = 8225280 bytes

   Device Boot      Start         End      Blocks   Id  System
/dev/sdf1               1         130     1044193+  8e  Linux LVM
[root@localhost ~]#
```

모두 Linux LVM용으로 파티셔닝이 완료되었습니다.

Step 4 LVM 용 디스크 3개를 각각 물리적 볼륨(Physical Volume)으로 변환하겠습니다.

```
[root@localhost ~]#
[root@localhost ~]# pvcreate /dev/sdd1
  Physical volume "/dev/sdd1" successfully created
[root@localhost ~]# pvcreate /dev/sde1
  Physical volume "/dev/sde1" successfully created
[root@localhost ~]# pvcreate /dev/sdf1
  Physical volume "/dev/sdf1" successfully created
[root@localhost ~]#
```

Step 5 물리적 볼륨 3개를 1개의 볼륨 그룹(Volume Group)으로 합치겠습니다.

```
[root@localhost ~]#
[root@localhost ~]# vgcreate vol1  /dev/sdd1 /dev/sde1 /dev/sdf1
  /dev/hdc: open failed: No medium found
  Volume group "vol1" successfully created
[root@localhost ~]#
[root@localhost ~]# vgdisplay
  --- Volume group ---
  VG Name               vol1
  System ID
  Format                lvm2
  Metadata Areas        3
  Metadata Sequence No  1
  VG Access             read/write
  VG Status             resizable
  MAX LV                0
  Cur LV                0
  Open LV               0
  Max PV                0
  Cur PV                3
  Act PV                3
  VG Size               2.98 GB
  PE Size               4.00 MB
  Total PE              762
  Alloc PE / Size       0 / 0
  Free  PE / Size       762 / 2.98 GB
  VG UUID               qJ1z5G-87I2-ZsQj-U9Xp-Dggx-91zd-3H3iBZ

[root@localhost ~]#
```

위 예에서 vgcreate로 vol1 그룹을 신규로 생성했습니다. 그리고 vgdisplay 명령어로 생성된 볼륨 그룹을 확인했습니다. 볼륨 그룹이란 논리적인 하나의 디스크라고 생각하면 됩니다.

Step 6 3GB 용량의 볼륨 그룹을 1.5GB 용량으로 파티셔닝을 합니다.

물리적인 디스크는 fdisk 명령어로 파티션을 분할하지만 LVM은 lvcreate라는 명령어를 사용합니다. lv란 logical volume의 뜻입니다.

```
[root@localhost ~]#
[root@localhost ~]# lvcreate -L 1500MB -n lv1  vol1
  Logical volume "lv1" created
```

위와 같이 논리적 볼륨 lv1이 볼륨그룹인 vol1 안에 만들어졌습니다. vgdisplay로 남아 있는 공간을 확인 한 후 나머지 볼륨도 생성하겠습니다.

```
[root@localhost ~]#
[root@localhost ~]# vgdisplay
  --- Volume group ---
  VG Name               vol1
  System ID
  Format                lvm2
  Metadata Areas        3
  Metadata Sequence No  2
  VG Access             read/write
  VG Status             resizable
  MAX LV                0
  Cur LV                1
  Open LV               0
  Max PV                0
  Cur PV                3
  Act PV                3
  VG Size               2.98 GB
  PE Size               4.00 MB
  Total PE              762
  Alloc PE / Size       375 / 1.46 GB
  Free  PE / Size       387 / 1.51 GB
  VG UUID               qJ1z5G-8712-ZsQj-U9Xp-Dggx-91zd-3H3iBZ

[root@localhost ~]#
```

```
[root@localhost ~]#
[root@localhost ~]# lvcreate -L 1.5GB -n lv2  vol1
  Logical volume "lv2" created
[root@localhost ~]#
[root@localhost ~]# lvscan
  ACTIVE            '/dev/vol1/lv1' [1.46 GB] inherit
  ACTIVE            '/dev/vol1/lv2' [1.50 GB] inherit
[root@localhost ~]#
```

위 화면에서처럼 두 번째 논리적 볼륨 그룹을 생성했습니다. 그 후에 lvscan으로 생성되어 있는 논리적 볼륨 그룹을 조회했습니다. 이 과정 까지가 fdisk를 사용해서 디스크를 파티셔닝 한 것과 동일한 단계입니다. 이 디스크를 사용하기 위해서는 다음 단계로 포맷을 해야 합니다.

Step 7 논리적 볼륨을 포맷합니다.

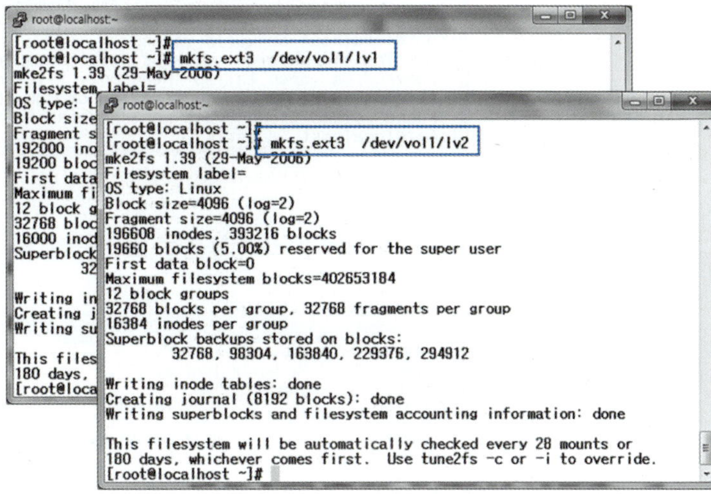

Step 8 디렉토리를 생성해서 마운트 합니다.

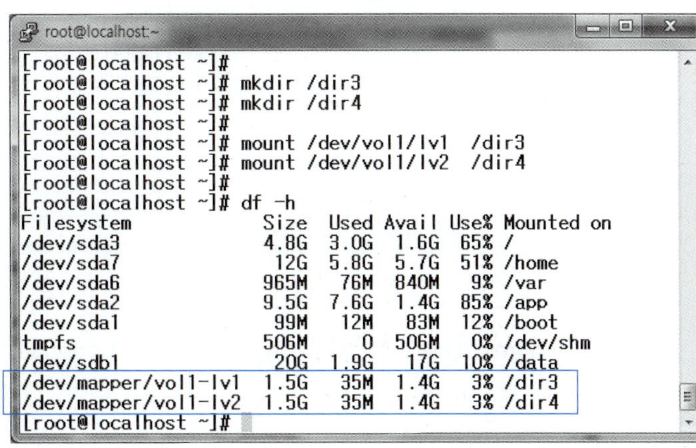

정상적으로 마운트가 잘 된 것이 확인됩니다. 이 파티션 역시 재부팅 후에도 적용시키려면 위의 네모 칸 안에 있는 정보를 /etc/fstab에 적어주면 재부팅 시에도 자동 마운트가 됩니다.

이 외에도 LVM 관련 다양한 명령어들이 있습니다.

- vgscan : 생성된 볼륨그룹을 조회하는 명령입니다

```
root@localhost:/media/Oracle Linux Server dvd 20110119/Server
[root@localhost Server]#
[root@localhost Server]# vgscan
  Reading all physical volumes.  This may take a while...
  /dev/cdrom: open failed: Read-only file system
  Attempt to close device '/dev/cdrom' which is not open.
  Found volume group "vol1" using metadata type lvm2
[root@localhost Server]#
```

- lvdisplay : 생성된 논리적 볼륨을 보여줍니다.

```
root@localhost:/media/Oracle Linux Server dvd 20110119/Server
[root@localhost Server]#
[root@localhost Server]# lvdisplay
  --- Logical volume ---
  LV Name                /dev/vol1/lv1
  VG Name                vol1
  LV UUID                XGI2cr-Zr9I-MwqQ-0ZA8-0KvK-ZK6t-sVIGmu
  LV Write Access        read/write
  LV Status              available
  # open                 1
  LV Size                1.46 GB
  Current LE             375
  Segments               2
  Allocation             inherit
  Read ahead sectors     auto
  - currently set to     256
  Block device           253:0

  --- Logical volume ---
  LV Name                /dev/vol1/lv2
  VG Name                vol1
  LV UUID                hBeFvC-On07-1CAW-WF7T-GRZv-3JWX-seekma
  LV Write Access        read/write
  LV Status              available
  # open                 1
  LV Size                1.50 GB
  Current LE             384
  Segments               2
  Allocation             inherit
  Read ahead sectors     auto
  - currently set to     256
  Block device           253:1

[root@localhost Server]#
```

- vgextend : 생성되어 있던 Volume Group에 Phycical Volume을 추가할 때 사용합니다.

  예) vgextend Volume_group 새PV명

- vgreduce: 생성되어 있던 Volume Group에 있는 Physical Volume을 삭제하는 명령입니다.

  예) vgreduce Volume_group PV명

- lvextend : 생성 되어 있던 Logical Volume의 용량을 확장하는 명령입니다.

  예) lvextend 옵션 [볼륨그룹명] LV명

  * 옵션 : -l +사이즈: 지정한 PE수만큼 용량을 늘립니다.

    -L +사이즈[kmgt]: 지정한 사이즈만큼 용량을 늘립니다.

    단위를 표시하지 않으면 기본 Megabytes 로 인식합니다.

[root@Server root]# lvextend -L +200M /dev/vol1/lv1 => 기존의 용량에 추가로 200MB를 할당합니다.

- lvreduce : 생성 되어 있던 Logical Volume의 용량을 줄이는 명령입니다.

  예) lvreduce 옵션 [볼륨그룹명] LV명

  * 옵션 : -l -사이즈: 지정한 PE수만큼 용량을 줄입니다.

    -L -사이즈: 지정한 사이즈만큼 용량을 줄입니다.

    단위를 표시하지 않으면 기본 단위는 Megabytes 로 인식합니다.

[root#Server root]# lvreduce -L -500 /dev/vol1/lv1=> /dev/vol1/lv1의 용량을 500MB 줄입니다.

- lvremove : Logical Volume 을 삭제하는 명령입니다.

  예) lvremove lv1

- vgremove : 볼륨 그룹을 삭제하는 명령입니다.

  예) vgremove vol1

LVM 기술은 아주 많이 사용되는 기술이므로 꼭 개념과 방법을 숙지해야 합니다. 이 외에도 LVM 과 관련된 중요한 기술들이 많이 있으니 꼭 익히시길 바랍니다.

LVM과 비슷한 기능 중에 RAID(레이드)라는 기능이 있습니다. LVM의 단점은 여러 개의 디스크 중에서 1개가 장애가 날 경우 모든 데이터가 다 손실된다는 점입니다. 그래서 여러 개의 디스크 중 몇 개가 장애가 발생해도 데이터가 손실되지 않도록 구성하는 기술을 RAID라고 합니다.

RAID는 아주 복잡한 기술이며 여러 가지 종류가 있는데 여기서는 0, 1, 5번만 살펴 보겠습니다.

- RAID 0 (Striping)

이 기술은 RAID라는 기능을 사용하지 않는 것을 말합니다. 다른 말로 Striping이라고도 합니다. 아래의 그림으로 살펴보겠습니다.

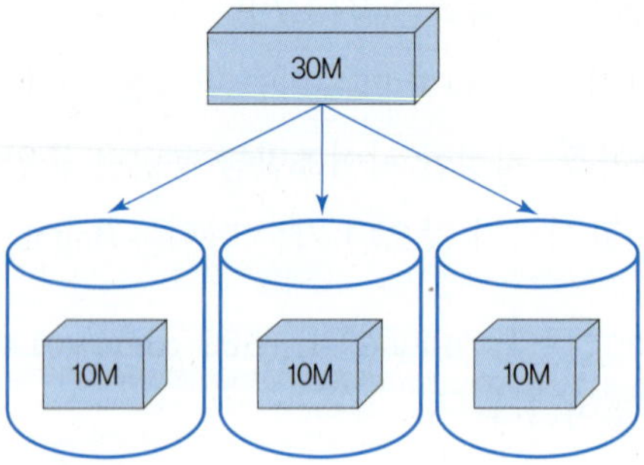

왼쪽 그림처럼 stripe는 데이터가 들어올 때 분산시켜 동시에 저장하는 방식입니다. 이럴 경우 속도는 빨라지지만 만약 1개의 디스크라도 고장나면 파일 전체가 못쓰게 됩니다.

RAID 0와 LVM은 거의 비슷해 보이지만 차이점은 LVM은 첫번째 디스크를 전부 다 쓰고 나면 두번째 디스크에 데이터를 저장하게 됩니다. 그러나 RAID 0는 세 개의 디스크에 동시에 데이터를 읽고 쓰기를 할 수 있기 때문에 속도가 월등히 빠릅니다. 하지만 LVM이나 RAID 0는 디스크 장애 발생시 치명적이기 때문에 절대 권장 사항은 아닙니다.

- RAID 1 (Mirroring)

RAID 0번의 치명적인 문제로 인해 RAID 1번은 이름처럼 같은 데이터를 두 번 중복으로 저장하는 것을 말합니다. 아래의 그림으로 살펴보겠습니다.

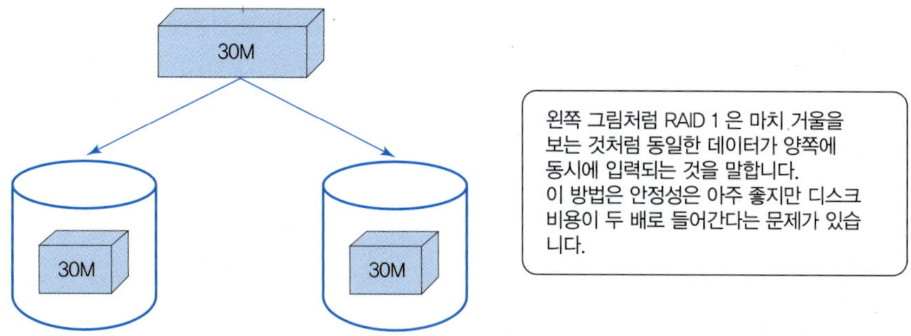

- RAID 5 (Stripe With parity)

이 방법은 위 두 가지 방법의 장점만 모아서 구현하는 방식입니다. 아래 그림으로 살펴보겠습니다.

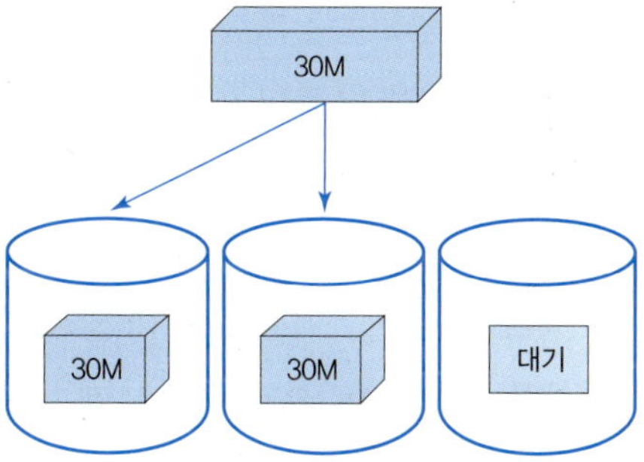

이 방식은 전체 디스크에서 1개는 만약의 경우를 위해서 데이터를 기록하지 않고 후보 디스크로 비워 둡니다. 그래서 만약 다른 운영디스크가 장애가 나면 RAID 장비가 즉시 대기하고 있던 후보디스크를 즉시 장애 난 디스크와 교체를 해서 운영에 지장이 없도록 해 주는 것입니다.

즉 이 방법은 가용 디스크 중 1개는 데이터 저장용이 아닌 spare라서 이것을 Hot Spare라고 합니다. 이 방법의 문제는 만약 Hot Space가 1개인데 2개의 디스크가 고장 나면 전체 RAID 가 손실됩니다. 즉 10개의 디스크 중에서 1개가 Hot Spare인데 만약 2개의 디스크가 동시에 장애가 날 경우 Spare 개수가 부족하기 때문에 RAID 전체가 장애가 발생합니다. 아주 위험하지요.

그래서 데이터베이스 프로그램이 설치되는 서버는 보통 RAID 1이나 RAID 1+0 같은 Mirroring 방식으로 구현하는 것이 일반적입니다.

(8) Process 관리하기

사용자가 프로그램을 실행하면 서버에서는 프로세스가 생성되어 작업이 수행됩니다. 만약 잘못된 작업을 수행하는 프로세스나 문제가 있는 프로세스가 있을 경우 서버 전체의 성능이 느려지기 때문에 관리자는 서버의 상태나 프로세스의 상황을 늘 주의 깊게 살펴 보아야 합니다. 이번에는 프로세스의 개념과 확인 방법들, 각종 관리 명령어들을 살펴보겠습니다.

① PID와 PPID

한국에 사는 모든 국민은 고유한 주민등록 번호를 가지고 있습니다. 이 번호를 가지고 사람을 구분하고 관리하는 것이지요. 컴퓨터 세상에서도 마찬가지로 실행되고 있는 모든 프로그램에게 커널이 고유한 번호를 할당합니다. 각 프로세스마다 할당 받는 고유한 번호를 PID(Process ID)라고 합니다. 또한 프로세스는 부모 프로세스(Parent Process)와 자식 프로세스(Child Process)가 있습니다. 아래 그림으로 살펴보겠습니다.

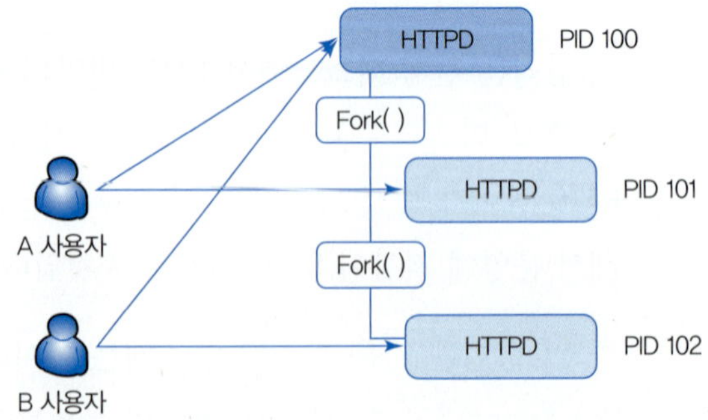

인터넷이 되는 단계를 간단히 정리해 보겠습니다.

1. 위 그림에서 A 사용자가 인터넷을 하려고 PID 100번인 HTTPD에 접속을 요

청합니다.

2. 사용자로부터 요청을 받은 PID 100번은 자신을 Fork해서 PID 101번인 HTTPD를 만들고 A 사용자의 요청을 101번으로 전달합니다.
3. 다른 B 사용자가 인터넷을 하려고 PID 100번인 HTTPD에 접속을 요청합니다.
4. B 사용자의 요청을 받은 100번 HTTPD는 자신을 Fork해서 PID 102번을 만들고 B 사용자의 요청을 102번으로 전달합니다.

위의 경우 101번과 102번의 부모 프로세스는 100번이 됩니다. 만약 B 사용자가 인터넷을 다 하고 창을 닫게 되면 B 사용자를 처리하던 102번 프로세스는 부모인 100번 프로세스에게 보고하고 정상적으로 종료가 됩니다.

이런 상황은 모두 정상적으로 프로세스가 작동하는 경우인데 만약 어떤 문제로 PID 100번 프로세스가 종료가 되었을 경우 101번과 102번은 부모 프로세스가 없어지는 좀비 프로세스(defunct Process)가 됩니다. 프로세스에 대한 기본 개념을 살펴보았습니다. 다음으로 프로세스를 관리하는 명령어들을 살펴보겠습니다.

② ps 명령어

ps 명령어는 현재 작동하고 있는 프로세스들의 목록을 보여주는 명령어입니다. 아래 화면처럼 옵션 없이 ps 명령을 치면 볼 수 있는 정보가 제한적이라서 보통 -ef 옵션을 많이 사용해서 자세한 정보를 볼 수 있습니다.

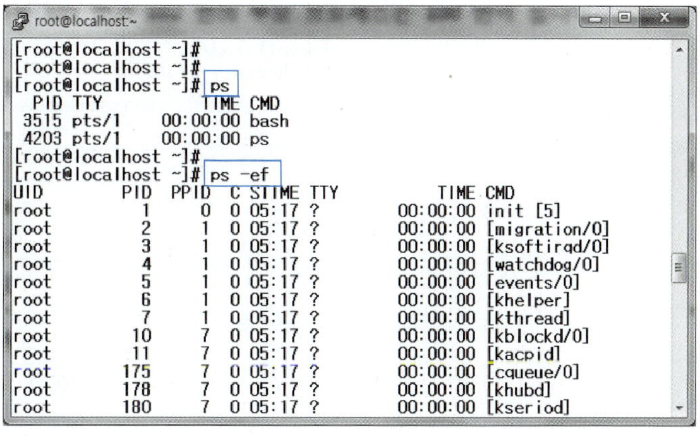

```
[root@localhost ~]#
[root@localhost ~]#
[root@localhost ~]# ps
  PID TTY          TIME CMD
 3515 pts/1    00:00:00 bash
 4203 pts/1    00:00:00 ps
[root@localhost ~]#
[root@localhost ~]# ps -ef
UID        PID  PPID  C STIME TTY          TIME CMD
root         1     0  0 05:17 ?        00:00:00 init [5]
root         2     1  0 05:17 ?        00:00:00 [migration/0]
root         3     1  0 05:17 ?        00:00:00 [ksoftirqd/0]
root         4     1  0 05:17 ?        00:00:00 [watchdog/0]
root         5     1  0 05:17 ?        00:00:00 [events/0]
root         6     1  0 05:17 ?        00:00:00 [khelper]
root         7     1  0 05:17 ?        00:00:00 [kthread]
root        10     7  0 05:17 ?        00:00:00 [kblockd/0]
root        11     7  0 05:17 ?        00:00:00 [kacpid]
root       175     7  0 05:17 ?        00:00:00 [cqueue/0]
root       178     7  0 05:17 ?        00:00:00 [khubd]
root       180     7  0 05:17 ?        00:00:00 [kseriod]
```

만약 특정 프로세스나 이름만 보고 싶다면 아래와 같이 grep을 함께 사용하면 됩니다.

```
root@localhost:~
[root@localhost ~]#
[root@localhost ~]# ps -ef | grep ssh
root      3098     1  0 05:18 ?        00:00:00 /usr/sbin/sshd
root      3513  3098  0 05:18 ?        00:00:00 sshd: root@pts/1
root      4216  3515  0 07:30 pts/1    00:00:00 grep ssh
[root@localhost ~]#
```

③ pstree

이 명령어는 작동하는 프로세스들을 Tree 형태로 정리해서 보여줍니다.

```
root@localhost:~
[root@localhost ~]#
[root@localhost ~]# pstree
init─┬─acpid
     ├─atd
     ├─auditd─┬─audispd───{audispd}
     │        └─{auditd}
     ├─automount───4*[{automount}]
     ├─avahi-daemon───avahi-daemon
     ├─crond
     ├─cupsd
     ├─dbus-daemon
     ├─dhclient
     ├─events/0
     ├─gam_server
     ├─gdm-binary───gdm-binary─┬─Xorg
     │                         └─gdmgreeter
     ├─gdm-rh-security───{gdm-rh-security}
     ├─gpm
     ├─hald───hald-runner─┬─hald-addon-acpi
     │                    ├─hald-addon-keyb
     │                    └─hald-addon-stor
     ├─hcid
     ├─hidd
     ├─khelper
     ├─klogd
     ├─krfcommd
     ├─ksoftirqd/0
     ├─kthread─┬─aio/0
     │         ├─ata/0
```

④ top

이 명령어는 리눅스에서 작업관리자 같은 역할을 하는 프로그램으로 아주 많이 사용이 됩니다. 이 명령어를 실행시키면 실시간으로 프로세스를 모니터링 하는 화면이 떠서 관리자가 Ctrl+C 명령으로 중단 시킬 때까지 자동으로 5초에 1번씩 refresh 하면서 정보를 보여줍니다.

top -c로 프로세스가 수행중인 명령까지 볼 수 있으며 CPU 사용량 순으로 정렬하고 싶으면 Shift+P, 메모리 사용량 순으로 정렬하고 싶으면 Shift+M을 누르면 됩니다.

```
root@localhost:~
top - 07:36:41 up  2:19,  1 user,  load average: 0.00, 0.00, 0.00
Tasks:  85 total,   2 running,  83 sleeping,   0 stopped,   0 zombie
Cpu(s):  0.0%us,  0.0%sy,  0.0%ni,100.0%id,  0.0%wa,  0.0%hi,  0.0%si,  0.0%st
Mem:   1035244k total,   449972k used,   585272k free,    32604k buffers
Swap:  2048248k total,        0k used,  2048248k free,   360632k cached

  PID USER      PR  NI  VIRT  RES  SHR S %CPU %MEM    TIME+  COMMAND
    1 root      15   0  2064  620  536 S  0.0  0.1   0:00.59 init [5]
    2 root      RT  -5     0    0    0 S  0.0  0.0   0:00.00 [migration/0]
    3 root      34  19     0    0    0 S  0.0  0.0   0:00.00 [ksoftirqd/0]
    4 root      RT  -5     0    0    0 S  0.0  0.0   0:00.00 [watchdog/0]
    5 root      10  -5     0    0    0 S  0.0  0.0   0:00.02 [events/0]
    6 root      18  -5     0    0    0 S  0.0  0.0   0:00.00 [khelper]
    7 root      10  -5     0    0    0 S  0.0  0.0   0:00.00 [kthread]
   10 root      10  -5     0    0    0 S  0.0  0.0   0:00.02 [kblockd/0]
   11 root      20  -5     0    0    0 S  0.0  0.0   0:00.00 [kacpid]
  175 root      20  -5     0    0    0 S  0.0  0.0   0:00.00 [cqueue/0]
  178 root      10  -5     0    0    0 S  0.0  0.0   0:00.00 [khubd]
  180 root      10  -5     0    0    0 S  0.0  0.0   0:00.00 [kseriod]
  243 root      25   0     0    0    0 S  0.0  0.0   0:00.00 [pdflush]
  244 root      15   0     0    0    0 S  0.0  0.0   0:00.07 [pdflush]
  245 root      20  -5     0    0    0 S  0.0  0.0   0:00.00 [kswapd0]
  246 root      20  -5     0    0    0 S  0.0  0.0   0:00.00 [aio/0]
  463 root      11  -5     0    0    0 S  0.0  0.0   0:00.00 [kpsmoused]
  498 root      10  -5     0    0    0 S  0.0  0.0   0:00.01 [mpt_poll_0]
  499 root      20  -5     0    0    0 S  0.0  0.0   0:00.00 [scsi_eh_0]
  502 root      20  -5     0    0    0 S  0.0  0.0   0:00.00 [ata/0]
  503 root      20  -5     0    0    0 S  0.0  0.0   0:00.00 [ata_aux]
  510 root      20  -5     0    0    0 S  0.0  0.0   0:00.00 [kstriped]
```

top 화면에서 상단 부분은 프로세스 현황과 메모리 사용량을 요약해서 보여줍니다. 그리고 그 아래쪽에 Process들이 수행중인 각종 정보를 상세하게 보여줍니다.

⑤ kill

모든 프로세스의 대장은 커널입니다. 만약 비정상적으로 작동하는 프로세스가 있다든지 관리자가 프로세스를 강제로 중단 시키고 싶을 경우 커널에게 관리자의 의도를 전달하면 됩니다.

이때 사용하는 명령어가 kill 이고 kill [-signal] PID의 형태를 수행하면 커널이 해당 프로세스에게 적절한 조치를 하게 됩니다. 이때 많이 사용하는 시그널은 아래와 같습니다.

Signal Number	Signal	Signal Name	action
1	SIGHUP	HUP	종료되었다가 다시 실행
9	SIGKILL	KILL	커널이 직접 강제 종료
15	SIGTERM	TERM	프로세스 자신이 종료 즉 정상 종료

기본값은 15번으로 정상종료입니다.

예) kill -9 1000 / kill -KILL 1000 ← 1000 번 PID 프로세스를 지금 즉시 강제 종료하라

kill 2000 / kill -TERM 2000 ← 2000 번 PID 프로세스를 정상 종료하라.

kill -1 3000 / kill -HUP 3000 ← 3000 번 PID 프로세스를 즉시 강제 종료 후 재 시작하라

일반적으로는 9번 강제종료를 많이 사용해서 프로세스를 직접 종료시키는 데 여기서 주의 사항은 오라클 관련 프로세스는 절대로 함부로 강제 종료시키면 큰일 납니다. 오라클 관련 프로세스 중에서 강제 종료가 될 경우 데이터베이스 전체가 중단되는 경우가 있으므로 오라클 서버에서는 이 명령어를 함부로 사용하시면 안됩니다.

이 작업이 잘못될 경우에 심각한 문제가 발생하므로 프로세스를 강제로 중단시킬 경우는 아주 신중하게 작업하기 바랍니다.

(9) RPM으로 프로그램 관리하기

윈도에서는 프로그램을 설치하고 삭제하는 방법이 아주 쉽지만 리눅스에서는 사실 윈도만큼 편하거나 쉽지는 않습니다.

리눅스에서 프로그램을 설치하는 방법은 Redhat Package Manager(RPM)이라고 하는 방법을 사용할 수 있고 Source 프로그램을 관리자가 적당한 과정을 거쳐 Compile을 직접 수행해서 설치하는 방법이 있습니다. 후자의 방법은 많이 복잡하고 불편해서 일반적으로 RPM을 활용하여 프로그램 관리를 하게 됩니다.

프로그램을 만든 제조사에서 프로그램을 RPM 형태로 만들어서 배포하므로 설치하고 싶은 프로그램의 RPM 파일을 찾아서 설치하시면 됩니다.

오라클 설치 시에도 적절한 패치나 각종 파일이 RPM 형태로 많이 제공되므로 꼭 이번장에서 언급하는 방법을 알고 있어야 합니다. RPM 관련 주요 명령어들을 살펴보겠습니다.

① RPM 파일의 이름의 의미

예) wget-1.11.4-2.el5_4.1.i386.rpm
의미) 패키지이름-버전-릴리즈번호.리눅스버전.아키텍쳐.rpm

RPM 파일은 설치하고자 하는 현재의 리눅스 버전과 동일하거나 호환되는 버전을 찾아서 설치해야 합니다. 이 버전이 다르거나 호환이 안될 경우 설치가 안되고 강제로 설치하게 될 경우 리눅스 자체에 문제가 생길 수 있으므로 아주 주의해야 합니다. RPM을 설치할 때 적절한 RPM 파일을 찾는 것이 가장 어려운 부분인 듯 합니다.

주로 프로그램 제작사에서 배포하거나 포털사이트에서 검색을 하는 방법으로 찾아야 합니다.

② RPM 관리하기

- 조회하기

현재 서버에 설치되어 있는 rpm을 검색하려면 -qa 옵션을 사용하면 됩니다. 아래 그림을 보세요.

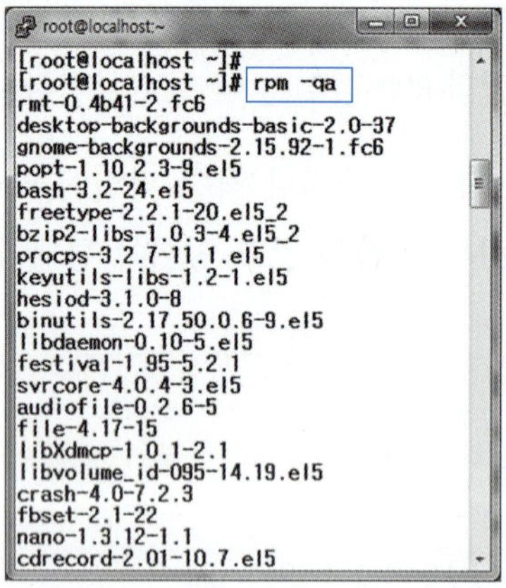

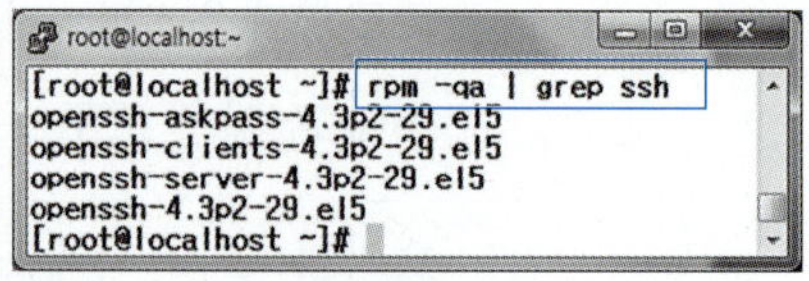

rpm –qa 옵션을 사용하면 너무 많은 rpm 설치 파일들의 명단이 출력되어서 확인하기가 아주 번거롭습니다. 그래서 특정 rpm 파일의 내역을 보고 싶다면 오른쪽 화면처럼 grep을 사용하여 특정 이름만 걸러서 볼 수 있습니다. 위에서는 ssh 관련 패키지를 조회하였습니다.

- 설치하기

만약 필요한 rpm이 설치되지 않았을 경우 설치를 할수 있습니다. 여기서는 네트워크 관련 툴인 iptraf라는 프로그램을 rpm으로 설치하겠습니다. 먼저 관련 rpm이 설치되어 있는지부터 확인하겠습니다.

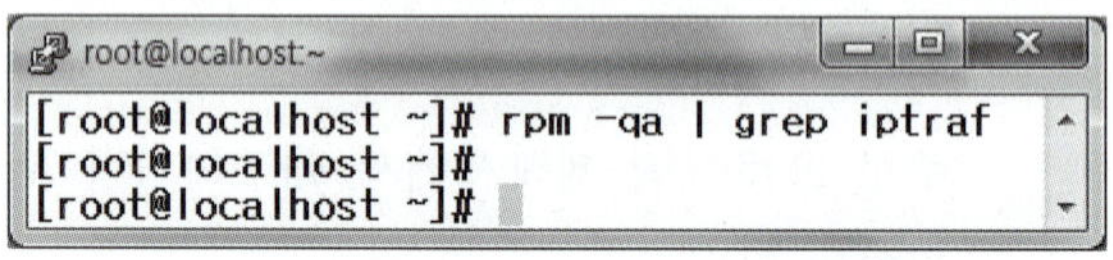

조회를 하니까 설치된 내역이 없어 조회가 되지 않습니다. 리눅스 설치 CD에서 해당 rpm을 찾아봅니다. 만약 이곳에 없으면 인터넷을 통해서 찾으면 됩니다.

위 화면을 보니까 리눅스 설치 CD에 파일이 있는 것으로 확인됩니다. 해당 파일을 설치하겠습니다.

```
[root@localhost ~]# cd /media/Oracle\ Linux\ Server\ dvd\ 20110119/Server/
[root@localhost Server]#
[root@localhost Server]# rpm -Uvh iptraf-3.0.0-5.el5.0.1.i386.rpm
warning: iptraf-3.0.0-5.el5.0.1.i386.rpm: Header V3 DSA signature: NOKEY, key ID 1
e5e0159
Preparing...                ########################################### [100%]
   1:iptraf                 ########################################### [100%]
[root@localhost Server]#
[root@localhost Server]# rpm -qa | grep iptraf
iptraf-3.0.0-5.el5.0.1
[root@localhost Server]#
```

설치를 다 하고 마지막에 확인하니까 3.0 버전이 설치되어 있는 것으로 조회됩니다. 설치시 사용한 옵션이 -Uvh인데 -U(대문자)는 이미 설치가 되어 있을 경우는 Upgrade를 하고 설치되어 있지 않다면 Install 하라는 의미입니다. 예전에는 U 대신 i를 많이 썼으나 U를 쓰는게 편합니다.

v는 설치과정을 보여달라는 뜻이고 h는 설치 과정을 hash 마크(#######)으로 해서 보여달라는 뜻입니다.

- 제거하기

```
[root@localhost Server]#
[root@localhost Server]# rpm -e iptraf-3.0.0-5.el5.0.1
[root@localhost Server]#
[root@localhost Server]# rpm -qa | grep iptraf
[root@localhost Server]#
```

제거 할 때는 rpm -e 옵션을 사용하여 제거할 수 있습니다.

- 의존성 옵션

rpm 설치 방법의 몇 가지 문제점과 불편한 부분이 있습니다. 가장 대표적인 부분이 의존성 문제입니다.

예를 들어 a.rpm을 설치하기 위해서는 미리 b.rpm이 설치되어 있어야 합니다. 그래서 b.rpm을 설치하려고 하니까 이번에는 c.rpm이 설치되어 있어야 한다고 합니다. 그래서 c.rpm을 설치하려고 했더니 d.rpm이 먼저 설치되어 있어야 한다고 계속 설치가 되지 않습니다.

원래 설치하려 했던 것은 a.rpm 인데 계속 의존성 문제 때문에 설치가 되지 않습니다. 이럴 경우 사용하는 것이 rpm -Uvh a.rpm --nodeps 옵션입니다. 이 옵션을 사용할 경우 의존성 문제가 생겨도 무시하고 그냥 설치하라는 뜻입니다. 설치는 되지만 당연히 문제가 생길 수 있습니다. 그리고 비슷한 이름의 rpm이 여러 개 일 경우 rpm -Uvh a*.rpm처럼 해도 됩니다.

또 한가지 문제는 설치 도중에 에러가 날 경우 지우려고 rpm -e를 쓰면 설치된 내역이 없다고 나오고 rpm -Uvh를 써서 설치하려고 하면 이미 설치되었다고 나오고 다시 지우려고 rpm -e를 쓰면 설치된 내역이 없다고 나오는 반복적인 문제가 생기는 것입니다.

이럴 경우 rpm -Uvh a.rpm --force라는 옵션을 줘서 강제로 설치를 한번 더 하는 방법이 있습니다. 이 두 가지 방법은 설치 시에 많이 사용되는 옵션이므로 꼭 기억하세요.

(10) Cron에 해당 작업 등록하기

Unix나 Linux에서 주기적으로 특정 작업을 반복하고 싶을 경우 Cron이라는 기능을 사용하면 됩니다.

Cron이란 기능은 관리자가 시간과 작업을 지정해 주면 정해진 시간에 정해진 작업을 수행해 주는 아주 고마운 기능입니다. 서버에서 이 작업을 실제 수행해 주는 프로그램을 crond라고 부르고 crond가 작업할 내용이 적혀 있는 파일을 crontab이라고 합니다. 관리자는 어떤 작업을 할 스크립트를 작성 한 후 crontab 파일에 작업을 정해진 규칙대로 적어주고 cron을 재시작 시키면 crond 데몬이 해당 작업을 정해진 시간에 수행해 줍니다. 아래에서 cron 관련 내용을 자세히 살펴보겠습니다.

특정 사용자가 cron 작업을 생성하려면 crontab -e라는 명령을 수행하면 crontab 파일이 열리면서 작업을 등록할 수 있게 됩니다. crontab 파일에는 지정된 양식에 맞춰서 내용이 적혀야 crond가 인식을 할 수 있습니다. crontab 파일의 형식은 아래와 같습니다.

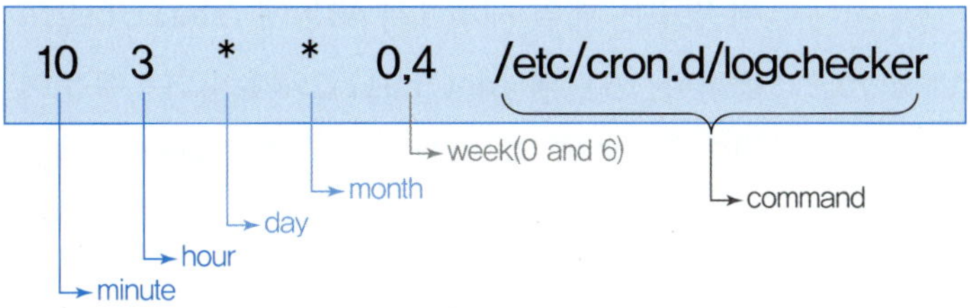

위 화면에서 가장 첫 번째 항목은 분을 의미하고 두 번째는 시간을, 세 번째는 일, 네 번째는 월, 다섯 번째는 요일을 의미합니다. 요일은 **0**-일, **1**-월, **2**-화, **3**-수, **4**-목, **5**-금, **6**-토요일입니다.

그리고 마지막 항목이 수행하고자 하는 명령어 위치와 이름을 적어주면 됩니다. 아래와 같이 수행하고자 하는 날짜와 시간을 다양하게 사용할 수 있습니다.

원하는 시간	등록형식
매주 토요일 02시 30분	30 2 * * 6 명령어
매일 오전 5-7시	* 5-7 * * * 명령어
매일 5분마다 1번씩	*/5 * * * * 명령어
매월 1일 새벽 0시 30분	30 0 1 * * 명령어

위의 항목을 설정한 후 저장을 하게 되면 해당 내용이 /var/spool/cron/username으로 저장이 됩니다. 솔라리스 같은 경우는 /var/spool/cron/crontabs/username 으로 저장이 됩니다. 만약 root 사용자로 cron을 생성했다면 /var/spool/cron/root로 저장됩니다.

사실 crontab -e 명령을 쓰지 않고 직접 vi editor로 해당 파일을 수정해도 동일한 효과이며 이 방법을 더 많이 사용합니다. 또 cron을 등록할 때 잘 작동했는지 여부를 알기 위해 작동 내역을 별도의 log 파일에 남기도록 등록하는 경우도 많은데 아래와 같이 하면 됩니다.

```
40 1 * * * /shell/bgin backup.sh 〉 /dev/null
```

위 명령은 매일 새벽 1시 40분에 /shell/begin_backup.sh를 수행하라는 의미입니다. 그런데 /dev/null 2>&1이라는 부분이 있는데 이 부분의 의미는 해당 작업을 수행할 때 발생하는 출력 결과(1)와 에러(2) 등을 /dev/null로 보내라는 (re-direction) 뜻입니다.

/dev/null이란 휴지통 같은 의미라서 정리하면 작업을 수행할 때 발생 하는 모든 메시지를 버리라는 뜻이지요. 그런데 그 메시지를 버리지 않고 어떤 파일에 저장하려면 /dev/null 자리에 저장할 파일 이름을 적어주면 됩니다.

특정 계정의 생성되어 있는 cron 작업 목록을 보고 싶으면 crontab -l, cron 작업 내역을 삭제하고 싶으면 crontab -r을 수행하면 됩니다. 그런데 crontab -r 명령은 주의사항이 있습니다. 만약 root 계정이 여러 개의 작업을 crontab에 등록했을 경우 crontab -r 명령어는 root 의 모든 crontab 등록 작업을 다 삭제한다는 점입니다. 아래의 그림을 보세요.

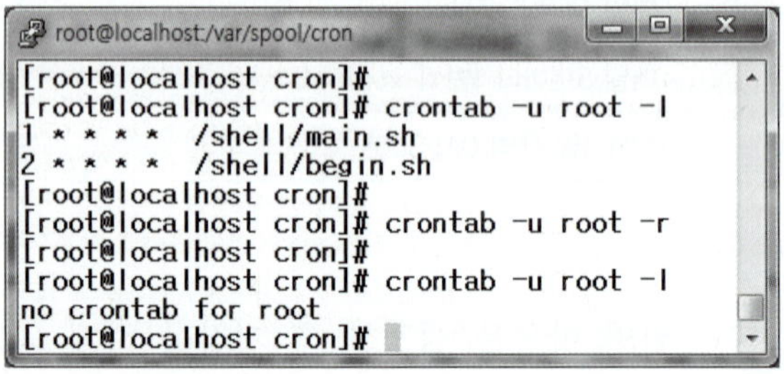

위 그림을 보면 root 계정이 2개의 작업을 crontab에 등록했습니다. 그런데 crontab -r 명령으로 crontab 작업을 삭제한 후 조회를 하니까 모두 다 삭제가 되었습니다. 만약 두 개 중에 한 개만 삭제하고 싶을 경우는 vi editor로 해당 파일을 열어서 그 부분만 삭제해야 합니다. 아주 조심해야 하는 부분입니다.

이상으로 아주 많이 사용되는 cron에 대해서 살펴보았습니다.

부록 2. Visual Editor(vi editor)

부록 2. Visual Editor(vi editor)

Editor라는 프로그램은 말 그대로 편집을 하는 프로그램입니다. 많은 종류가 있겠지만 여기서는 글자를 편집하는 프로그램의 의미로 살펴보겠습니다. 윈도 운영체제를 설치하면 자동으로 설치되는 글자 편집 프로그램 중 메모장(notepad)과 워드패드(Wordpad)가 있습니다. 이 두 가지 프로그램은 윈도 OS와 함께 기본적으로 설치되는 프로그램인데 사용법도 아주 간단하고 편리합니다.

하지만 다양한 기능이 없어서 사용자들이 제법 많은 돈을 지불하고 다른 프로그램(엑셀, 한글, 파워포인트 등)을 별도로 구입해서 사용하기도 합니다. 유닉스 계열 운영체제도 윈도와 마찬가지로 OS 설치 시에 함께 설치되는 글자 편집용 프로그램이 있습니다. 거의 대부분의 유닉스 계열(리눅스 포함)의 OS는 기본으로 Visual Editor가 설치됩니다. 이 외에도 Emac을 추가로 선택해서 설치하기도 합니다만 거의 기본적으로 유닉스 계열에서는 Visual Editor(이하 vi editor)를 사용합니다.

유닉스는 OS 분류 중에서 Character User Interface에 속하는 대표적 운영체제입니다. 유닉스 계열의 OS들은 마우스 보다는 주로 키보드로 많이 작업을 합니다. 그래서 Vi editor도 editor 내에서의 모든 명령어들이 전부 키보드로 하는 것들이라서 마우스에 익숙해져 있는 사람들이 많이 어렵다고 생각을 합니다. 그러나 익숙해지면 아주 편리하고 쉬운 editor이므로 많이 연습하여 꼭 자신의 실력으로 만들기 바랍니다.

vi editor를 모르면 유닉스와 유닉스에서 작동하는 프로그램을 운영 할 수 없습니다!

1. Vi editor의 모드

vi editor를 사용하는 이유는 글자를 입력하고, 편집하고, 저장하기 위해서입니다. 그래서 Vi editor는 독특한 3가지 모드로 작업을 할 수 있습니다.

이 부분이 윈도의 에디터들과 가장 다른 부분이라서 많이 어려워하는 부분입니다. 3가지 모드가 있다는 것은 분명 3가지 모드에서 하는 일들이 다르다는 뜻이며 여러분들은 이 3가지 모드에서 각각 어떤 일을 하는지 잘 알아야 하며 또 각 모드별로 어떻게 이동하는지를 완전히 익혀야 합니다.

(1) Vi editor 시작하기

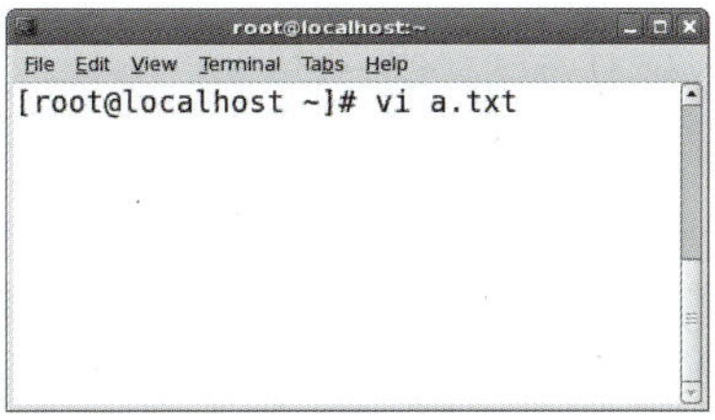

위 화면처럼 vi 파일명 하면 vi editor가 기본 모드인 Command mode로 실행됩니다. 단 주의사항은 윈도의 경우 파일명에 오타를 치면 그런 파일이 없다고 에러를 발생시키지만 유닉스의 vi editor의 경우에는 파일 이름에 오타를 치면 해당 파일을 새로 만들어서 파일을 열어줍니다.

이 기능이 때로는 좋을 수 있지만 대부분의 경우에는 수정해야 할 파일이 아닌 다른 파일을 수정하게 되기 때문에 오타에 아주 주의해야 합니다!

(2) Command mode : 명령어 모드

이 모드는 Vi editor의 기본 모드로 거의 대부분의 작업을 이 모드에서 다 할 수 있습니다.

이 모드에서 가능한 대표적 작업들은 아래와 같습니다.

- delete
- change
- copy
- move text
- cursor 위치 변경
- text strings 검색
- vi editor 종료

이 외에도 거의 대부분의 작업이 이 모드에서 진행되며 실제 작업은 뒷부분에서 자세히 살펴보겠습니다.

(3) Edit mode : 편집 모드

이 모드는 글자를 입력하는 용도로 만들어진 모드입니다. 그리고 이 모드에서도 글자를 삭제할 수도 있습니다. Command mode에서 Edit mode로 변경하려면 키보드에서 아래 키를 입력하면 되고 각 키의 차이는 입력되는 위치입니다.

아래 그림으로 글자가 입력되는 위치를 잘 구분하세요.

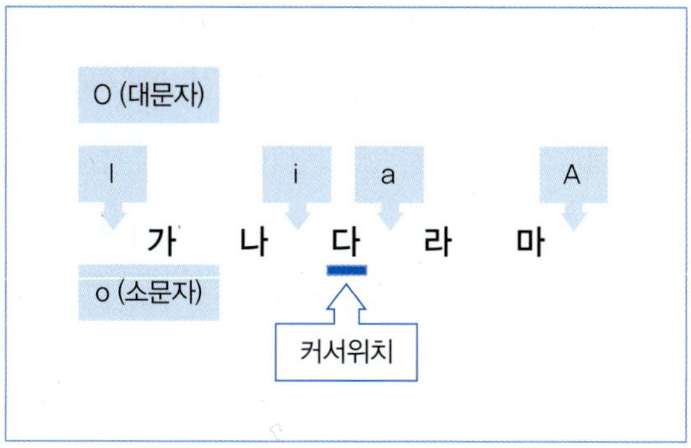

- i : 커서의 앞에 글자가 계속 입력됩니다.
- a : 커서의 뒤에 글자가 계속 입력됩니다.
- o(소문자) : 커서 아래에 새로운 줄을 생성되어 글자가 입력됩니다.
- I : 커서가 있는 줄의 가장 앞쪽에 글자가 입력됩니다.
- A : 커서가 있는 줄의 가장 마지막 글자가 입력됩니다.
- O(대문자) : 커서 윗쪽에 새로운 줄을 생성하고 글자를 입력합니다.

Command mode -> Edit mode로 변경하는 키는 위 그림에서와 같이 a, i, o, A, I, O입니다. 각 키들의 차이들을 잘 이해하세요.

Command mode에서 Edit mode로 변경하면 아래와 같이 화면에 Edit mode라는 부분이 표시가 됩니다.

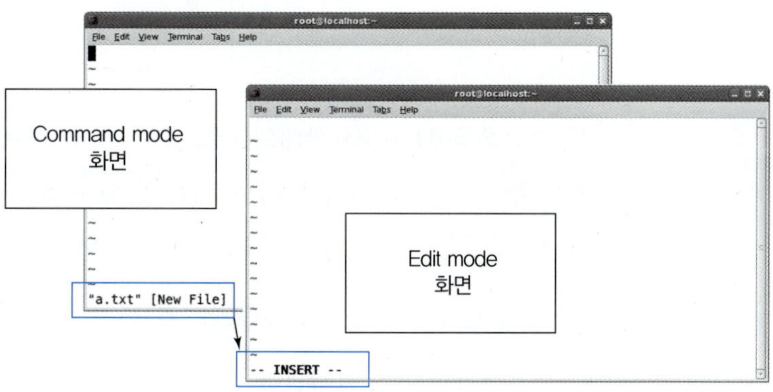

위 그림은 리눅스에서 vi editor를 실행해서 i 키를 눌러 command mode -> edit mode로 변경한 화면입니다. 오른쪽 Edit mode 화면 아래쪽에 -- INSERT -- 라는 부분이 보이죠?

Edit mode라는 의미입니다. 꼭 i 키가 아니라도 위에서 언급했던 다른 키를 눌러도 동일하게 Edit mode로 변경됩니다. 단, 리눅스 터미널이 아닌 외부 터미널 프로그램(예를 들어 Putty나 SecureCRT)에서는 -- INSERT -- 부분이 안 보일 수도 있으니 주의하세요.

(4) Last Line mode

이 모드는 작업이 끝난 후 저장을 하거나 그냥 저장 없이 종료를 하거나 또는 문서 내에서 특정 단어를 찾아서 바꾸거나 등의 작업을 하는 모드입니다. 아래 그림으로 살펴보겠습니다.

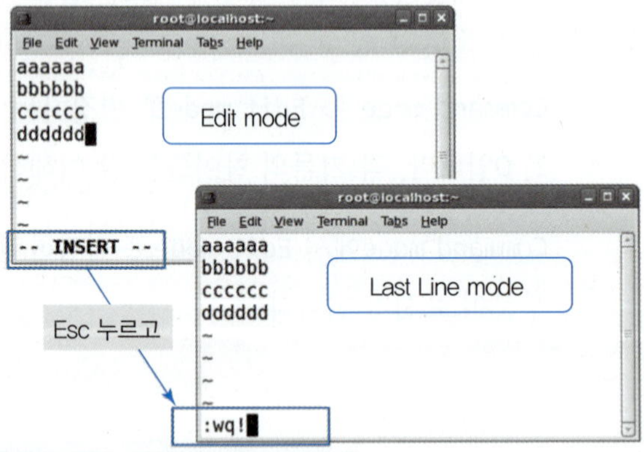

위 그림은 edit mode 상태의 작업을 마친 후 키보드 가장 왼쪽 위에 있는 esc 키를 누르고 :(콜론)을 눌러서 last line mode 상태로 변경한 것을 보여줍니다. 이 모드는 이름처럼 해당 화면의 가장 마지막 라인에 명령을 입력시킵니다.

command mode -> last line mode 로 변경하는 키는 : , / , ? 등이 있습니다.

다소 복잡한데 아래 그림으로 각 모드와 모드 간의 변경 방법을 정리하겠습니다.

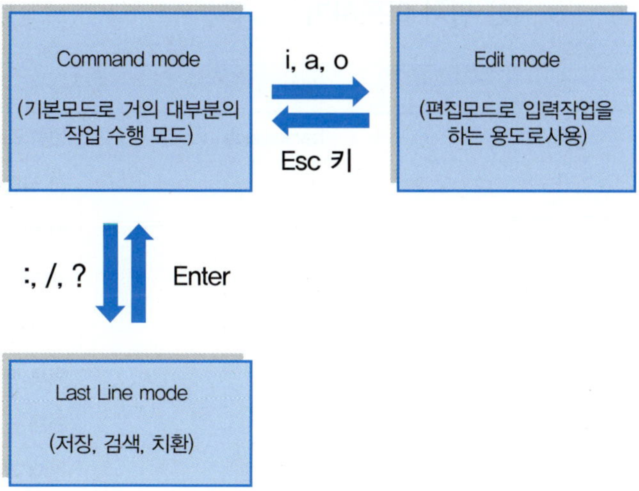

< Vi editor 모드 변경 요약 >

2. Vi editor 명령어

이번에는 vi editor에서 사용하는 주요 명령어들을 살펴봅니다. 특별한 언급이 없는 경우 기본 모드인 Command mode에서 실행하는 명령어라고 생각하고 이 명령어들을 반복적으로 연습해서 꼭 외우기 바랍니다.

(1) 새로운 글자 입력하기

명령	의미
a	Cursor 다음에 text 추가
A	해당 라인의 끝에 text 추가
i	Cursor 전에 text 삽입
I	해당라인의 시작에 text 삽입
o	Cursor 아래에 새로운 라인 추가
O	Cursor 위에 새로운 라인 추가

위 내용은 앞에서 살펴보았습니다.

(2) 위치 이동하기

명령	의미
h, ←, backspace	왼쪽으로 한 문자 이동
j or	한 라인 아래로 이동
k or	한 라인 위로 이동
l, →, spacebar	오른쪽으로 한 문자 이동
w	앞으로 한 단어 이동
b	뒤로 한 단어 이동
e	현재 단어의 끝으로 이동
$	현재 라인의 끝으로 이동
0(숫자)	현재 라인의 처음으로 이동
^	현재 라인의 공백을 제외한 처음으로 이동
Retrun	다음 라인으로 이동
Control + f or b	한 페이지 아래로(f), 한 페이지 위로(b)
Control + d or u	반 페이지 아래로(d), 반 페이지 위로(u)
Control + l	Screen Refresh

위 표에서 아주 중요한 것은 커서 이동시 사용하는 영문자 `h(<-)`, `j(아래)`, `k(위)`, `l(->)`입니다. 일반적인 경우는 커서를 이동할 때 방향키로 다 되지만 일부 경우는 네트워크로 접속해서 `vi editor`로 작업할 경우 방향키로 이동이 안 되는 경우가 있습니다. 이럴 때는 위 알파벳 키로 이동해야 합니다.

(3) 글자 삭제하기

명령	의미
x	Cursor가 위치한 한 곳의 한 문자 잘래내기(cut)
dw	위치한 곳에서부터 한 단어 잘라내기
dd	cursor가 위치한 한 라인 잘라내기
D	cursor가 위치한 곳에서부터 라인의 마지막 부분까지 잘라내기
:5, 10d	5번째부터 10번째 라인 삭제(delete)

(4) 글자 변경하기

명령	의미
J	현재 라인과 아래쪽 라인 join
xp	cursor가 위치한 문자와 오른쪽에 있는 문자 교체
~	대소문자 변경
u	이전 command undo
U	현재 라인의 모든 변경 undo
u	last-line command에서 이전 command undo
:r filename	cursor위치한 곳에 다른 파일 삽입

위 명령에서 가장 유용한 것 중 하나는 u(소문자)입니다. 윈도에서 어떤 문서를 변경하는 작업을 하다가 가장 최근에 했던 작업을 취소하고 싶을 경우 CTLR+z 키를 치면 되는 것처럼 유닉스의 vi editor에서는 u(소문자)를 치면 가장 최근 작업부터 하나씩 취소됩니다.

(5) 글자 검색하기

명령	의미
/string	해당 string을 아래로 진행하며 검색
?string	해당 string을 위로 진행하며 검색
n	string의 다음 위치 검색
N	string의 이전 위치 검색
:%s/old/new/g	file에서 'old' 문자를 'new'문자로 교체

위 명령어는 Last Line mode에서 수행하는 방법으로 아주 많이 사용되는 명령어입니다. 모양을 보면 알겠지만 Last line mode에서 수행되는 명령어입니다.

예를 들어서 서버 ip가 변경되어서 어떤 환경 설정 파일에서 서버 ip 주소를 찾아서 확인한 후 변경해야 할 경우 일일이 하나씩 뒤져본다면 너무 힘든 작업이 될 거예요.

그래서 이 기능을 이용해서 원하는 항목을 찾는데 /찾는단어일 경우 현재 커서를 기준으로 아래쪽으로 찾고 ?찾는단어일 경우 현재 커서를 기준으로 위쪽으로 찾아갑니다.

만약 찾는 단어가 여러 개가 들어 있어서 다음 항목을 찾을 경우 n(소문자)를 누르면 다음 단어를 찾게 됩니다. 위의 기능이 아주 많이 사용되는 유용한 기능이므로 꼭 기억하고 잘 활용하길 바랍니다.

(6) 복사와 붙여 넣기

명령	의미
yy(lower case)	윈도의 Ctrl+C와 같이 커서가 있는 줄을 복사합니다.
p(lower case)	커서가 위치한 아랫 줄에 붙여 넣기
P(upper case)	커서가 위치한 윗 줄에 붙여 넣기
:1, 3 co 5	1번~3번 라인을 복사하여 5번 라인 다음에 붙여 넣기
:4, 6 m 8	4번~6번 라인을 8번 라인으로 이동 (Line 6 → Line i; Line 5 → Line 7, Line 4 → Line 6)

위 표에서 yy는 y(소문자)를 두 번 누르면 됩니다.

(7) 저장하기

명령	의미
:w	변경사항 저장
:w new_filename	new_filename으로 저장
:wq	변경사항 저장하고 종료
:q!	변경사항 저장하지 않고 강제 종료
:wq!	강제로 변경사항 저장하고 종료(root 사용)

이 명령어는 Last Line Mode에서 수행하는 명령어입니다.

유닉스에서는 기본적으로 파일이 변경될 경우 무조건 저장해야만 종료됩니다.

이때 :w를 치면 저장되는데 만약 저장하지 않고 종료하고 싶을 때가 있습니다.

예를 들어 파일을 잘못 고쳤다든지의 경우인데 이럴 경우 그냥 :q!를 입력하면 그냥 종료가 됩니다. :wq와 :wq!의 차이점은 :wq!의 경우 w 권한이 없을 경우라도 강제로 저장하고 종료를 하라는 의미이며 이 명령어는 root의 경우에만 사용 가능 합니다. 즉 root의 경우에는 w(쓰기) 권한이 없어도 무조건 강제도 저장을 할 수 있기 때문에 이 옵션은 root 계정만 사용할 수 있습니다.

(8) 각종 설정하기

명령	의미
:set nu	라인 number 보기
:set nonu	라인 number 숨기기
:set ic	검색 시 대소문자 무시
:set noic	검색 시 대소문자 구분
:set list	tab이나 end-of-line 숨겨진 문자 보이기
:set nolist	tab이나 end-of-line 숨겨진 문자 숨기기
:set showmode	작업모드 보이기
:set noshowmode	작업모드 숨기기
:set	현재 설정된 변수 보기
:set all	현재 설정된 변수 + 모든 변수 보기

vi editor의 내용이 많을 경우에 행 번호가 보이면 훨씬 더 쉽게 사용할 수 있습니다. 그래서 :set nu라는 옵션을 사용하면 vi editor 화면에 행 번호가 보이게 되어 훨씬 편하게 작업을 할 수 있습니다.

(9) 이동하기

명령	의미
G	마지막 라인으로 이동
1G	처음 라인으로 이동
:21	21번 라인으로 이동
:21G	21번 라인으로 이동

문서 내에 많은 행이 있을 경우 특정 행으로 한 번에 이동하는 기능입니다. 여기서 살펴본 것 외에도 vi editor에는 아주 많은 옵션과 기능들이 있습니다.

그러나 여기서 살펴본 내용들을 기본으로 생각하고 아주 많이 연습해서 꼭 자신의 실력으로 만들기 바랍니다. vi editor를 모르면 유닉스와 유닉스에서 작동하는 오라클을 운영할 때 아주 힘들다는 것을 꼭 기억하세요.

부록 3. Linux Shell Script

1. Shell이란 무엇일까요?

부록 3. LInux Shell Script

데이터베이스를 관리하는 업무 중에서 아주 많은 작업들이 주기적으로 반복되는 경우가 많습니다. 많은 관리자들이 이런 부분을 보다 쉽게 처리하기 위해 다양한 방법으로 작업을 처리하는데 그 중 한 가지가 앞에서 살펴본 dbms_job이나 dbms_scheduler 패키지를 사용하는 방법입니다. 그리고 또 다른 방법 중 한가지가 OS에서 Shell Script를 작성해서 Cron을 활용해서 작업을 수행하는 것입니다. 두 가지 방법 모두 아주 많이 쓰이고 중요합니다

DBMS_JOB과 DBMS_SCHEDULER를 활용하는 방법은 앞에서 살펴보았고 이번 장에서는 오라클이 많이 설치되는 OS인 리눅스와 Shell Script를 작성해서 관리하는 방법을 살펴 보겠습니다.

1. Shell 이란 무엇일까요?

Shell Script를 이해하려면 먼저 Shell이 무엇인지를 알아야 하겠죠?? Shell을 이해하려면 가장 먼저 OS(운영체제)를 이해해야 합니다. 아래 그림으로 간단하게 사람과 OS와 하드웨어가 서로 어떤 관계인지 살펴보겠습니다.

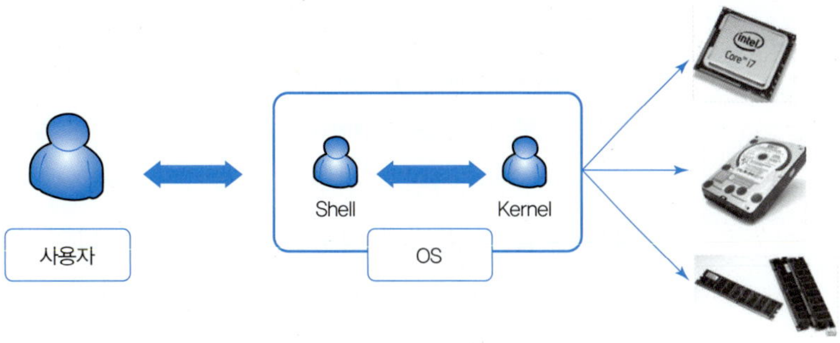

위 그림에서 왼쪽의 사용자가 어떤 작업을 하기 위해서는 OS에게 명령을 시킵니다. 이때 명령을 실행하는 방법이 Graphic이면 그 환경을 Graphic User Interface(GUI)라고 하고 명령어(Character) 방식이면 Character User Interface(CUI)라고 말합니다.

잘 아는 바와 같이 GUI의 대표가 Microsoft사의 Windows 시리즈이고 CUI의 대표가 Unix 계열입니다. 그런데 그렇다고 해서 MS Windows는 무조건 마우스로만 하고 Unix 계열은 무조건 명령어로만 하는 것은 아닙니다. 요즘은 MS Windows도 명령어 작업도 많이 하고 반대로 Unix 계열도 Graphic 관련 작업도 많이 하는 추세입니다.

여기서 강조하는 것은 사용자가 어떤 명령을 실행하면 OS가 그 명령을 받아서 수행한다는 원리입니다. 이 부분을 더 자세하게 살펴보겠습니다.

OS를 더 자세하게 살펴보면 Shell(쉘)과 Kernel(커널)로 이루어져 있습니다. OS에서 하드웨어를 제어해서 사용자가 원하는 작업을 실제 수행하는 부분은 Kernel입니다.

그럼 Shell은 무슨 역할을 할까요? Shell은 사람과 Kernel 사이에서 통역 역할을 해 주는 Interface입니다.

즉 사람이 명령어를 실행하면 Kernel이 아는 말로 바꾸어서 kernel에게 전해주고 kernel이 어떤 메시지를 발생시키면 번역해서 사람에게 보여주는 통역의 역할을 하는 것이 Shell이 하는 역할입니다. 즉 우리가 OS를 배우고 명령어를 배우는 것은 사실 Shell의 사용 방법을 배우는 것입니다.

사용자가 명령을 실행하면 그 명령을 Kernel이 아는 명령으로 바꾸는 프로그램을 명령어 해석기라고 합니다. 예전에 Microsoft DOS 시절에 이 역할을 해주는 프로그램으로 command.com 프로그램이 있었습니다. 그러다가 Windows 환경으로 넘어가면서 명령어 해석기가 exploer.exe가 추가되었습니다. Unix 계열에서는 사용자가 명령을 수행하면 Shell이 수행을 하는데 이 Shell이 얼마나 많은 명령을 지원하는가에 따라서 사용자의 편의성이 결정됩니다.

Unix 계열에서 사용하는 Shell은 아래와 같이 몇 가지 종류가 있고 각 Shell 마다 작은 차이점이 있습니다. 즉 아래의 shell은 큰 의미에서 보면 사용자와 kernel 사이의 통역 역할을 한다는 점은 동일하지만 세부적으로 처리할 수 있는 명령은 다를 수 있다는 것입니다.

- Bourne (AT&T) : 최초의 shell. 지원하는 명령어가 적음.

  AT&T Bell 연구소의 Steve Bourne이 개발해서 Bourne shell이라고 칭함
  root (system administrator) account의 기본 shell.
  일반 사용자는 프롬프트 모양이 $ 표시를 사용
  실행 프로그램은 /bin/sh

- C : B shell 의 개량형

  Berkeley 대학의 Bill Joy가 C 언어를 기반으로 개발함(1976년).
  주로 BSD 계열에서 많이 사용했으며 근대적인 shell의 시초라고 불림
  다양한 사용자 편의 기능 추가
  일반 사용자는 프롬프트 모양을 % 사용함 è(hostname%)
  실행 프로그램은 /bin/csh 임

- Korn : 현재 유닉스 계열에서 많이 사용중인 Shell

  AT&T의 David Korn 개발
  Bourne shell + 사용자 편의 기능
  일반 사용자는 프롬프트 모양을 $ 사용함
  실행 프로그램은 /bin/ksh 임

- Bash : 리눅스의 기본 shell로 다양한 명령과 편의성을 지원함

  Korn + C shell의 장점을 추가하여 방향 키 사용 가능 등의 다양한 편의성 제공

  일반 사용자는 프롬프트 모양을 $ 사용함

  실행프로그램은 /bin/bash 임

앞에서 살펴본 종류 외에도 몇 가지 종류가 더 있지만 앞에서 언급한 것들이 가장 많이 사용되고 있는 Shell입니다.

Script란 것은 여러 가지 명령이나 작업들을 모아서 적어 둔 것을 의미 하고 Shell Script란 Shell이 수행해야 할 여러 가지 작업들을 적은 것을 말합니다. 그런데 주의해야 할 것은 앞에서 언급한 대로 Shell별로 처리할 수 있는 명령어나 특징이 다르기 때문에 Script를 작성하기 전에 각 Shell의 특징을 먼저 파악해야 한다는 것입니다.

즉 korn Shell에서 잘 되던 Script라고 하더라도 Bash Shell에서 작동 안 할 수도 있다는 의미이지요.

그리고 Shell Script란 것은 Shell이 해야 할 작업을 적어주는 것이므로 Shell이 가지고 있는 기본적인 명령어를 잘 알고 있어야만 합니다. 그래서 이 책에서는 기본적인 unix 계열 명령어들과 가장 쉽고 많은 기능을 제공하는 Bash Shell을 기준으로 Shell Script를 살펴보겠습니다. 그러나 Bash Shell 이라고 해도 다른 Shell에서 문법을 조금만 수정하면 사용할 수 있으므로 이번 장을 잘 배워서 꼭 편리하고 편안하게 Database를 안정적으로 관리하길 바랍니다.

앞에서 잠시 언급한 대로 Shell Script란 Shell에게 수행할 작업의 내용을 적은 것을 말합니다. Shell Script는 프로그래밍의 한 종류이지만 기존 프로그래밍 언어와는 다른 부분이 많이 있으니 사소한 부분이라도 놓치지 말고 잘 확인하면서 꼭 실습하면서 익히길 바랍니다.

(1) Shell script 형식 살펴보기

우선 가장 기본적인 형태의 shell script를 생성해서 실행한 후에 문법을 살펴보겠습니다.

```
root@localhost:/shell
[root@localhost ~]#
[root@localhost ~]# mkdir /shell
[root@localhost ~]# cd /shell
[root@localhost shell]# vi test1.sh
[root@localhost shell]# cat test1.sh
#!/bin/bash
echo 'test1~!'
[root@localhost shell]# sh test1.sh
test1~!
[root@localhost shell]#
```

위 test1.sh 파일을 자세히 살펴보겠습니다.

```
root@localhost:/shell
[root@localhost shell]# vi test1.sh
      1 #!/bin/bash
      2 echo 'test1~!'
~
~
~
~
~
```

1번 줄의 #!/bin/bash 부분은 이 스크립트를 수행할 shell 이름을 적는 부분입니다. 필수입니다. 원래 스크립트에서 가장 앞 부분에 #을 적으면 해당 행은 주석이 되지만 이 부분은 예외입니다. 2번 줄의 echo 부분은 실행될 내용을 적습니다. echo 라는 명령은 echo 뒤의 내용을 화면에 출력하는 printf와 비슷한 기능입니다.

저장하고 종료한 후 shell script를 수행하는 방법은 첫째 sh 명령을 이용해서 수행하거나 둘째 chmod로 실행권한을 주고 ./로 실행하면 됩니다.

```
[root@localhost shell]#
[root@localhost shell]# ls -l test1.sh
-rw-r--r-- 1 root root 27 Mar  7 12:34 test1.sh
[root@localhost shell]# sh test1.sh
test1~!
[root@localhost shell]# chmod 755 test1.sh
[root@localhost shell]# ls -l test1.sh
-rwxr-xr-x 1 root root 27 Mar  7 12:34 test1.sh
[root@localhost shell]# ./test1.sh
test1~!
[root@localhost shell]#
```

① echo

의미 : 이 명령어는 echo 뒤의 내용을 화면에 출력합니다.

사용 예 :

```
[root@localhost shell]#
[root@localhost shell]# sh echo_test1.sh
 first echo test~!
[root@localhost shell]# vi echo_test1.sh
      1 #!/bin/bash
      2 echo " first echo test~!"
```

echo 뒤에 "출력할 문장" 형태로 적으면 됩니다.

```
[root@localhost shell]#
[root@localhost shell]# sh echo_test2.sh
apple
orange
berry
[root@localhost shell]# vi echo_test2.sh

      1 #!/bin/bash
      2 echo "apple"
      3 echo "orange"
      4 echo "berry"
```

여러줄을 출력하고 싶을 경우 echo 뒤에 "출력할 문장" 형태로 여러 줄을 적으면 됩니다.

```
[root@localhost shell]#
[root@localhost shell]# sh echo_test3.sh
appleorangeberry[root@localhost shell]#
[root@localhost shell]# vi echo_test3.sh
      1 #!/bin/bash
      2 echo -n "apple"
      3 echo -n "orange"
      4 echo -n "berry"
```

echo -n은 줄을 바꾸지 않고 연속적으로 출력합니다.

```
[root@localhost shell]#
[root@localhost shell]# sh echo_test4.sh
inet addr:192.168.192.129 Bcast:192.168.192.255 Mask:255.255.255.0
inet6 addr: fe80::20c:29ff:fea1:3ac4/64 Scope:Link inet6 addr: ::1/
128 Scope:Host
[root@localhost shell]# vi echo_test4.sh
      1 #!/bin/bash
      2
      3 echo `ifconfig | grep inet | grep -v 127.0.0.1`
```

역따옴표(~기호와 같이 있는 것)를 사용하면 특정 명령어를 실행한 결과를 출력할 수 있습니다. 위 명령은 ifconfig로 ip 주소 확인 후 127.0.0.1을 제외하고 출력하라고 한 것입니다.

② 변수 사용하기

변수란 모든 프로그래밍 언어에서 사용하는 것으로 데이터를 저장하기 위해 생성하는 임시 기억공간을 의미합니다. 예를 들어 사람으로부터 어떤 값을 입력받을 경우나 다른 프로그램으로부터 실행 결과를 입력으로 받을 경우에 어떤 값이 들어올지 모르기 때문에 가상 기억 공간을 미리 준비해 두는 것입니다. 예를 들어 식당에 밥 먹으러 가기 전에 미리 예약하는 것도 일종의 변수선언입니다. 변수를 지정할 때는 '변수명=값'의 형태로 사용합니다.

단 주의사항은 = 기호 좌우에 절대로 공백이 있으면 안 된다는 것입니다.

```
root@localhost:/shell
[root@localhost shell]# sh echo_test5.sh
apple
coke
[root@localhost shell]# vi echo_test5.sh
#!/bin/bash

fruit=apple
drink=coke

echo $fruit
echo $drink
~
```

위 예를 보면 fruit라는 변수에 apple이라는 값을 넣고 drink라는 변수에 coke를 넣은 후에 echo 명령어로 출력합니다. 화면에 보이는 대로 변수를 호출할 때는 $변수명의 출력 형태를 사용합니다.

```
root@localhost:/shell
[root@localhost shell]#
[root@localhost shell]# sh echo_test6.sh
apple orange
[root@localhost shell]# vi echo_test6.sh
        #!/bin/bash

        fruits="apple  orange"

        echo $fruits
~
~
~
```

위 화면에서 보는 바와 같이 만약 변수 값 안에 공백이 있을 경우에는 반드시 "(쌍 따옴표)로 묶어줘야만 합니다. 변수 중에 서버를 운영하기 위해 미리 생성되어 있는 변수를 환경변수라고 합니다. 이 변수 값은 /etc/profile이나 사용자의 홈 디렉토리 안에 .bash_profile 등에 설정되어 있으며 값을 출력할 때는 echo $HOSTNAME 처럼 하면 됩니다.

단 꼭 환경 변수 명은 꼭 대문자로 쓰세요.

```
root@localhost:/shell
[root@localhost shell]#
[root@localhost shell]# echo $HOSTNAME
localhost.localdomain
[root@localhost shell]# echo $hostname

[root@localhost shell]#
```

③ read 함수 사용하기

이 함수는 c 언어에서 scanf와 같이 사용자로부터 값을 입력 받아서 변수에 저장해 주는 역할을 합니다.

```
root@localhost:/shell
[root@localhost shell]#
[root@localhost shell]# sh echo_test7.sh
What is your name ? : jinsu
Your name is jinsu.
[root@localhost shell]# vi echo_test7.sh

      1 #!/bin/bash
      2
      3 echo -n "What is your name ? : "
      4
      5 read name
      6
      7 echo "Your name is $name. "
~
~
~
```

5번 줄에서 사용자가 입력한 값을 name 변수에 저장한 후 7번 줄에서 $name 변수 값을 호출해서 화면에 출력합니다.

```
root@localhost:/shell
[root@localhost shell]# sh echo_test8.sh
Enter your name: jinsu
Enter your nickname: simson

Name: jinsu , Nick: simson

[root@localhost shell]# vi echo_test8.sh

      1 #!/bin/bash
      2
      3 echo -n "Enter your name: "
      4 read name
      5
      6 echo -n "Enter your nickname: "
      7 read nick
      8 echo ""
      9 echo "Name: $name , Nick: $nick"
     10 echo ""
~
```

위 화면에서는 4번 줄에서 사용자에게 name을 입력받아서 name 변수에 저장하고 7번 줄에서 nickname을 입력 받아서 nick에 저장한 후 8번 줄에 공백 한 줄 만들고 9번 줄에서 화면에 내용을 출력하고 10번 줄에서 공백 한 줄을 만들게 해서 출력 결과가 저렇게 나오는 것입니다.

④ argument 사용해서 실행하기

스크립트를 실행할 때 값을 주고 실행하는 경우가 많습니다.

예를 들어 리눅스에서 네트워크 기능을 중지시킬 때 /etc/init.d/network stop을 수행하는데 stop 부분을 argument(인수)라고 부릅니다.

사용자에게 이름, 주소, tel을 입력 받되 argument로 입력받아서 출력하는 스크립트를 만들어보겠습니다.

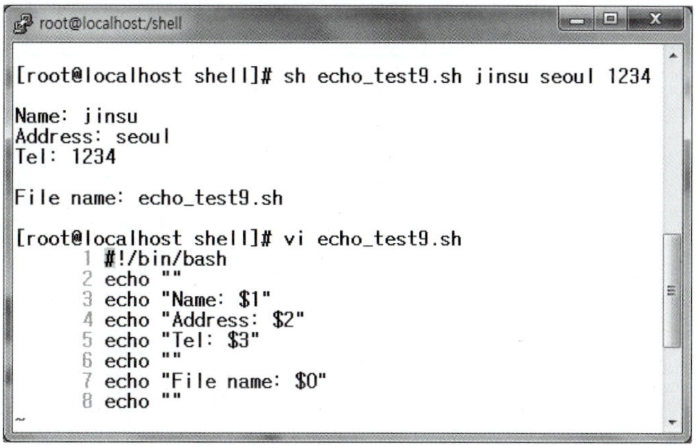

위 스크립트를 실행할 때 인수 3가지를 입력했더니 출력이 원하는 대로 됩니다. $0는 파일명을 출력합니다.

뒷부분에서 if 문이나 case 문 같은 조건문을 배우면 훨씬 더 다양하게 응용할 수 있습니다.

⑤ 크기 비교하기

일반적으로 크기를 비교할 때는 부등호(<, >)나 등호(=)를 사용합니다. 그런데 특이하게도 Shell Script에서는 이런 방법이 아닌 다른 방법을 사용합니다. 이번에는 Shell Script에서 숫자값을 비교하는 방법을 알아봅니다.

구분	의미
[$A -gt $B]	A값이 B값보다 크다
[$A -lt $B]	A값이 B값보다 작다
[$A -ge $B]	A값이 B값보다 크거나 같다
[$A -le $B]	A값이 B값보다 작거나 같다
[$A -eq $B]	A값과 B값이 같다
[$A -ne $B]	A값과 B값이 다르다

> 주의!!
> [$A -gt $B] 처럼 공백 주의하세요!. 특히 대괄호 부분!

아래의 실습으로 위 표의 내용을 어떻게 사용하는지 알아보겠습니다. 이 실습을 위해서 아직 배우지 않은 조건문인 **if** 문을 사용하겠습니다. **if** 문에 대한 자세한 내용은 뒷부분에서 배웁니다.

예제 1 사용자로부터 두 숫자를 입력 받아서 처음 숫자를 A 변수에 할당하고 두 번째 숫자를 B 변수에 할당한 후 두 숫자가 같을 경우 "A=B"를 출력하고 만약 처음 숫자가 클 경우 "A>B"를 출력하고 두 번째 숫자가 클 경우 "A<B"를 출력하세요.

```
root@localhost:/shell
[root@localhost shell]# sh comp_test1.sh

Enter First Number : 3

Enter Second Number :4

3 < 4

[root@localhost shell]# vi comp_test1.sh

#!/bin/bash
echo ""
echo -n "Enter First Number : "
read A
echo ""
echo -n "Enter Second Number :"
read B
echo ""

if [ $A -eq $B ]
then
  echo "$A = $B"
elif [ $A -gt $B ]
then
  echo "$A > $B"
elif [ $A -lt $B ]
then
  echo "$A < $B"
fi
echo ""
~
```

위 예에서 10번 줄부터 조건문인 if 문이 시작됩니다. if 문은 뒤에서 배우기로 하고 대괄호를 기준으로 여러 조건들이 사용됩니다. 위에서 언급한 대로 대괄호 앞뒤로 공백 주의하세요.

이 예는 조건문을 더 배워야 잘 할 수 있어서 다음으로 넘어가고 조건문을 배우고 난 후 많이 연습하겠습니다.

⑥ 숫자 계산하기

기본적으로 Shell Script에서는 모든 것을 문자로 인식을 합니다.

그런데 예를 들어 사용자로부터 두 숫자를 입력 받아서 더해서 결과를 출력하고 싶을 때 그냥 더하면 문자로 출력됩니다. 아래의 예를 보세요.

```
root@localhost:/shell
[root@localhost shell]# sh cal_test1.sh

Enter First Number : 3

Enter Second Number :4

3 + 4

[root@localhost shell]# vi cal_test1.sh

#!/bin/bash
echo ""
echo -n "Enter First Number : "
read A
echo ""
echo -n "Enter Second Number :"
read B
echo ""
echo "$A + $B"
echo ""
~
```

두 값을 더해서 7이 나오길 기대했지만 아니네요

이렇게 되는 이유는 기본적으로 모든 데이터를 문자로 생각하기 때문입니다. 만약 계산을 하기를 원한다면 expr이라는 명령을 사용해서 연산을 해야 합니다. 위의 테스트를 expr을 써서 다시 작성하겠습니다.

```
[root@localhost shell]#
[root@localhost shell]# sh cal_test2.sh

Enter First Number : 3

Enter Second Number :4

3 + 4 = 7

[root@localhost shell]# vi cal_test2.sh
#!/bin/bash
echo ""
echo -n "Enter First Number : "
read A
echo ""
echo -n "Enter Second Number :"
read B
hap=`expr $A + $B`
echo ""
echo "$A + $B = $hap"
echo ""
~
~
```

주의사항!!
expr 앞에는 역따옴표
(~와 같이 있는 것)입니다.

조금 더 복잡한 연산을 해 보겠습니다.

- 세 개의 숫자를 입력 받아서 (첫 번째 + 두 번째) X 세 번째 처럼 연산하기

```
[root@localhost shell]# sh cal_test3.sh

Enter First Number : 2

Enter Second Number :3

Enter Third Number : 4

(2 + 3) X 4  = 20

[root@localhost shell]# vi cal_test3.sh
#!/bin/bash
echo ""
echo -n "Enter First Number : "
read A
echo ""
echo -n "Enter Second Number :"
read B
echo ""
echo -n "Enter Third Number : "
read C
echo ""

result=`expr ₩( $A + $B ₩) ₩* $C`
echo ""
echo "($A + $B) X $C  = $result"
echo ""
~
~
```

주의사항!!
1. expr 구문에 반드시 역 따옴표를 쓰세요.
2. * 연산자와 괄호 앞뒤로는 ₩(역슬러쉬)를 꼭 붙이세요.
3. expr 구문 안에서의 모든 연산자와 기호, 변수 사이에는 공백으로 한 칸 씩 띄우세요.

지금까지 숫자를 비교하고 계산하는 방법을 살펴보았습니다. 이번에는 문자를 비교하는 방법을 알아 보겠습니다.

⑦ 문자열 비교하기

숫자는 크거나 같거나 작은가를 비교한다면 문자열은 주어진 두 문자열이 같은가 다른가를 비교할 수 있습니다. 아래 표를 보겠습니다.

구분	의미
["string1" = "string2"]	두 문자열이 같은 경우
["string1"! = "string2"]	두 문자열이 다른 경우
[-z "string"]	문자열의 길이가 0인 경우
[-n "string"]	문자열의 길이가 0이 아닌 경우

- 사용자로부터 문자를 입력 받은 후 그 내용이 "Korea"이면 화면에 "Korea"를 출력하고 "Korea"가 아닐 경우는 "Not Korea"를 출력하기

```
root@localhost:/shell
[root@localhost shell]#
[root@localhost shell]# sh comp_string1.sh

Enter String: Korea

Korea

[root@localhost shell]#
```

```
root@localhost:/shell

[root@localhost shell]# sh comp_string1.sh

Enter String: aaa

Not Korea

[root@localhost shell]# vi comp_string1.sh
#!/bin/bash
echo ""
echo -n "Enter String: "
read str
echo ""

if [ $str = "Korea" ]
then
    echo "Korea"
else
    echo "Not Korea"
fi
echo ""
~
~
```

사용방법이나 주의사항은 앞에서 살펴본 숫자 크기 비교할 때와 동일합니다.

⑧ 파일 관리하기

shell script로 파일을 체크해서 특정 작업을 할 수 있습니다. 많이 사용하는 옵션들을 아래 표로 살펴보겠습니다.

구분	의미
[–f 파일명]	파일이 있는 경우
[–s 파일명]	파일이 존재하고 내용이 있는 경우
[–d 파일명]	파일이 아니고 디렉토리인 경우
[–r 파일명]	읽기가 가능한 파일일 경우
[–w 파일명]	쓰기가 가능한 파일일 경우
[–x 파일명]	파일이 존재하고 실행 가능할 경우
[!–옵션 파일명]	옵션의 조건이 아닐 경우

아래 예로 테스트 해 보겠습니다. 테스트를 하기 위해 test.log라는 파일을 만들고 aaa라는 글자를 입력합니다.

```
root@localhost:/shell
[root@localhost shell]#
[root@localhost shell]# vi /shell/test.log
[root@localhost shell]#
[root@localhost shell]# cat /shell/test.log
aaa
[root@localhost shell]#
```

- /shell/test.log라는 파일이 있는 경우 내용을 화면에 출력하기

```
root@localhost:/shell
[root@localhost shell]# sh file_test1.sh

aaa

[root@localhost shell]# vi file_test1.sh

#!/bin/bash
echo ""
fname=/shell/test.log

if [ -f $fname ]
then
  cat  $fname
fi
echo ""
~
```

이 경우는 -f 대신에 -s를 사용해도 동일한 결과가 나옵니다.

- /shell/test.log 파일이 존재하고 내용이 있을 경우 변경 전 정보를 출력 한 후 크기를 0으로 만들고 변경 후 정보를 화면에 출력하기

```
root@localhost:/shell
[root@localhost shell]# sh file_test2.sh

Before: -rw-r--r-- 1 root root 4 Mar 8 08:58 /shell/test.log

After: -rw-r--r-- 1 root root 0 Mar 8 08:58 /shell/test.log

[root@localhost shell]# vi file_test2.sh

#!/bin/bash
echo ""
fname=/shell/test.log

if [ -s $fname ]
then
  echo -n "Before: "
  echo `ls -l /shell/test.log`
  cat /dev/null > $fname
fi
echo ""
echo -n "After: "
echo `ls -l /shell/test.log`
echo ""
~
```

위의 예는 log 파일의 크기를 체크해서 초기화시키는 작업에 활용될 수 있습니다. 주로 listener.log 파일 같은 경우 주기적으로 초기화 하는데 이런 스크립트를 활용해서 많이 작업하고 있습니다.

(2) 조건문과 반복문

앞의 예에서 잠시 살펴보았지만 Shell Script에서도 다른 프로그래밍 언어들처럼 조건문과 반복문이 있습니다. 많이 사용되는 조건문은 if 문, until 문, for 문 등이 있으며 한 가지씩 자세히 살펴보겠습니다.

① if 문

if 문은 다양한 변형을 가지고 있습니다. 그래서 기초문법부터 착실하게 잘 익혀야 합니다.

형식 1

```
if [ 조건 ]
then
   처리할 문장
fi
```

위 문장은 만약 조건이 참이면 처리할 문장을 수행하고 거짓이면 작업이 그냥 종료됩니다. 아래의 예로 살펴보겠습니다.

- 사용자로부터 과일 명을 입력 받아서 그 값이 'apple'이면 'apple good!'을 출력하고 'apple'이 아니면 그냥 종료되는 스크립트 작성

```
root@localhost:/shell
[root@localhost shell]#
[root@localhost shell]# sh if_test1.sh

Enter fruit name: apple

apple good!

[root@localhost shell]# sh if_test1.sh

Enter fruit name: orange


[root@localhost shell]# vi if_test1.sh

#!/bin/bash
echo""
echo -n "Enter fruit name: "
read fruit
echo ""
if [ $fruit = "apple" ]
then
  echo "apple good!"
fi
echo ""
~
```

apple을 입력하니까 예상대로 apple good!이 출력되고 orange를 입력하니까 화면에 아무런 결과도 나오지 않습니다.
즉 조건이 참일 경우만 then 이후 절이 실행되는 경우입니다.

그런데 일반적으로 조건이 2개 이상인 경우가 많기 때문에 이 방법은 사실 별로 쓰이지 않습니다. 아래에서 먼저 형식 2에서 조건이 2가지인 경우 어떻게 처리하는지부터 살펴보겠습니다.

형식 2

```
if [ 조건 ]
then
  처리할 문장
else
  처리할 문장
fi
```

- 사용자가 'apple'을 입력하면 'apple good!'을 출력하고 다른 것을 입력하면 'give me apple!' 을 출력하는 스크립트

```
[root@localhost shell]#
[root@localhost shell]# sh if_test2.sh

 Enter string : apple

apple good!

[root@localhost shell]# sh if_test2.sh

 Enter string : berry

give me apple!

[root@localhost shell]# vi if_test2.sh

#!/bin/bash
echo ""
echo -n " Enter string : "
read str
echo ""

if [ $str = "apple" ]
then
   echo "apple good!"
else
   echo "give me apple!"
fi
echo ""
~
```

위의 예는 조건이 2개일 경우에 유용한 방법이며 만약 조건이 2개가 넘어갈 경우는 아래와 같이 형식 3을 사용하면 됩니다.

형식 3

```
if [ 조건 ] ; then
  처리할 문장
elif [ 조건 ] ; then
  처리할 문장
else
  처리할 문장
fi
```

- 사용자로부터 글자를 입력 받아서 'apple'이면 'I like apple~!'을 출력하고 'orange'이면 'I like orange~!'를 출력하고 둘 다 아닐 경우 'give me apple or orange~!'를 출력하는 스크립트.

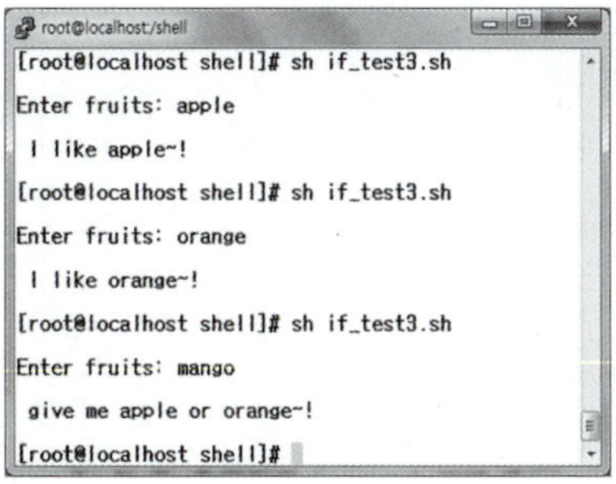

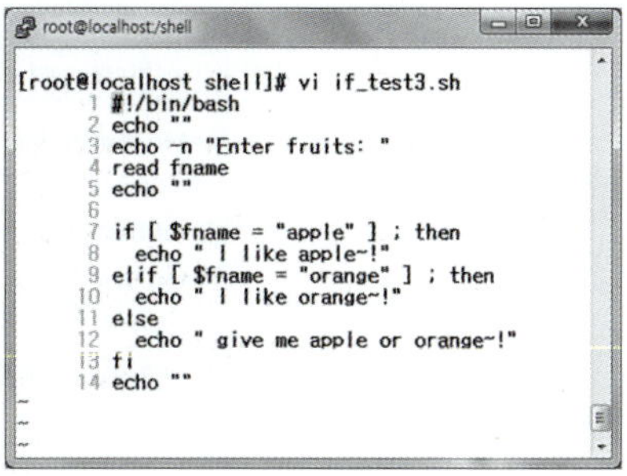

형식 4

if 문장 안에 또 다른 if 문을 사용할 수 있습니다. 즉 중첩으로 if 문을 쓰는 경우입니다.

```
if [ 조건 ] ; then
   실행 문장
   exit
elif [ 조건 ] ; then
   실행 문장
   exit
else
   if [ 조건 ] ; then
      실행 문장
      fi
fi
```

- 사용자로부터 값을 입력을 받아서 화면에 출력합니다. 이때 입력 받는 값의 범위가 1 또는 2 사이어야 하며 만약 0보다 작은 값이 들어오면 "So Small ~!!!" 이라는 메시지를 보여준 후 스크립트가 종료가 되게 하고 2보다 큰 값이 들어오면 "So Big ~!!!"이라는 메시지를 보여준 후 스크립트가 종료되도록 작성하세요.

```
[root@localhost shell]#
[root@localhost shell]# sh if_test4.sh

Enter Number 1 or 2 : 0

 So Small~!!!

[root@localhost shell]# sh if_test4.sh

Enter Number 1 or 2 : 3

 So Big~!!!

[root@localhost shell]# sh if_test4.sh

Enter Number 1 or 2 : 1

1

[root@localhost shell]# sh if_test4.sh

Enter Number 1 or 2 : 2

2

[root@localhost shell]#
```

```
[root@localhost shell]# vi if_test4.sh
#!/bin/bash
echo ""
echo -n "Enter Number 1 or 2 : "
read num
echo ""

if [ $num -lt 1 ] ; then
  echo " So Small~!!!"
  echo ""
  exit
elif [ $num -gt 2 ]; then
  echo " So Big~!!!"
  echo ""
  exit
else
  if [ $num = "1" ]; then
     echo $num
  elif  [ $num = "2" ]; then
     echo $num
  fi
fi
echo ""
```

위의 예에서 조건을 확인하는 부분에서 사용자가 입력한 숫자가 0보다 작을 경우와 2보다 클 경우를 확인할 때 if 문을 두 개를 사용했습니다. 그런데 스크립트가 길어지고 번거로운 부분이 있는데 여러 가지 조건을 확인할 때 연결해서 사용할 수 있습니다.

마치 SQL에서 AND와 OR를 사용해서 검색조건을 검색하는 것처럼 Shell Script에서도 이런 기능이 지원됩니다. 두 개 이상의 조건을 동시에 만족해야 하는 AND 연산은 -a로, 둘 중 하나만 만족해도 되는 조건은 -o로 표시하면 됩니다. 위의 문제에서 조건 부분을 조금 바꾸어서 다시 작성하겠습니다.

사용자가 1이나 2를 입력하면 그 숫자를 그대로 출력하고 그 외의 숫자들(즉 1보다 작거나 2보다 큰 숫자들)일 경우는 " Not Valid Number~!!!"라는 메시지를 보여주게 하세요.

```
[root@localhost shell]# sh if_test5.sh

Enter Number 1 or 2 : 0

 Not Valid Number !!!

[root@localhost shell]# sh if_test5.sh

Enter Number 1 or 2 : 3

 Not Valid Number !!!

[root@localhost shell]# sh if_test5.sh

Enter Number 1 or 2 : 1

1

[root@localhost shell]# sh if_test5.sh

Enter Number 1 or 2 : 2

2

[root@localhost shell]#
```

```
[root@localhost shell]# vi if_test5.sh

#!/bin/bash
echo ""
echo -n "Enter Number 1 or 2 : "
read num
echo ""

if [ ₩( $num -lt 1 ₩) -o ₩( $num -gt 2 ₩) ] ; then
  echo " Not Valid Number !!!"
  echo ""
  exit
else
  if [ $num = "1" ]; then
     echo $num
  elif  [ $num = "2" ]; then
     echo $num
  fi
fi
echo ""
```

괄호 앞에 ₩문자와 공백 주의 하세요~!!

이상으로 다양한 경우에서 if 조건문을 활용하는 방법을 모두 살펴보았습니다. 지금까지 배운 내용으로 아래의 연습문제를 풀어보세요.

연습문제 1

학생의 시험 성적을 입력 받아서 학점을 계산하는 스크립트를 작성하세요. 학점은 점수가 96-100 : A+, 90-95 : A0, 86-89 : B+, 80-85 : B0, 76-79 : C+, 70-75 : C0, 66-69 : D, 나머지는 F로 계산합니다. 그리고 100점이 넘는 점수가 들어오면 'So Big~!'이란 메시지를 출력하고 1점보다 적은 값이 들어오면 'So Small~!'이라는 메시지를 출력하고 스크립트를 종료하게 작성하세요.

연습문제 2

학생으로부터 지역번호를 입력 받아서 지역명을 출력하는 스크립트를 작성하세요. 지역번호가 02: Seoul, 031 : Kyoungki, 051 : Busan, 052 : Ulsan, 나머지는 Heaven으로 출력합니다. 단 지역번호가 0보다 작거나 100보다 크면 "Check Your Number !!!"라는 메시지를 출력하고 스크립트를 종료하게 작성하세요.

② case 문

이 문장은 분기문 또는 조건문으로 사용자가 입력하는 조건이 여러 가지일 경우 아주 유용하게 사용됩니다.

```
case 변수 in
패턴 1)
  실행명령 ;;
패턴 2)
  실행명령 ;;
*)
  실행명령 ;;
esac
```

위 문법에서 보듯이 사용자가 입력한 조건이 여러 가지일 경우 각 조건에 맞는 문장을 실행할 수 있습니다. 그리고 주의사항은 실행명령 뒤에는 반드시 세미콜론을 두 개 적어야 한다는 것과 case 문 종료할 때는 case를 거꾸로 적은 esac로 닫아줘야 한다는 점 입니다.

- 사용자로부터 숫자를 입력을 받아서 1일 경우 웹서버 백업을 수행하고, 2일 경우 WAS 서버를 백업하고, 3일 경우 DB 서버를 백업하는 스크립트를 생성하세요.

위 작업을 위해 웹서버 백업 스크립트, WAS 서버 백업 스크립트, DB서버 백업 스크립트를 아래와 같이 가상으로 만들겠습니다.

```
root@localhost:/shell
[root@localhost shell]#
[root@localhost shell]# vi web_backup.sh

#!/bin/bash
echo ""
echo "Web Server Backup Start~~!!"
echo ""
~
```

```
root@localhost:/shell
[root@localhost shell]#
[root@localhost shell]# vi was_backup.sh
#!/bin/bash
echo ""
echo "WAS Server Backup Start~~!"
echo ""

~
```

```
root@localhost:/shell
[root@localhost shell]#
[root@localhost shell]# vi db_backup.sh
#!/bin/bash
echo ""
echo "DB Server Backup Start~~!"
echo ""
~
~
```

이 스크립트를 /shell/ 디렉터리에 생성 후 CASE 테스트를 시작합니다.

```
root@localhost:/shell
[root@localhost shell]#
[root@localhost shell]# sh case_test1.sh

        [1] Web Server backup
        [2] WAS Server backup
        [3] DB  Server backup

Enter your choice : 1

Web Server Backup Start~~!!

[root@localhost shell]# sh case_test1.sh

        [1] Web Server backup
        [2] WAS Server backup
        [3] DB  Server backup

Enter your choice : 2

WAS Server Backup Start~~!

[root@localhost shell]# sh case_test1.sh

        [1] Web Server backup
        [2] WAS Server backup
        [3] DB  Server backup

Enter your choice : 3

DB Server Backup Start~~!
```

```
root@localhost:/shell
[root@localhost shell]#
[root@localhost shell]# vi case_test1.sh

#!/bin/bash
echo ""
echo   "
        [1] Web Server backup
        [2] WAS Server backup
        [3] DB  Server backup "
echo ""
echo -n "Enter your choice : "
read choice
echo ""

case $choice in
  1)
     sh /shell/web_backup.sh ;;
  2)
     sh /shell/was_backup.sh ;;
  3)
     sh /shell/db_backup.sh ;;
  *)
     echo "Enter [ 1 , 2 , 3 ]"
esac

echo ""
~
~
~
```

위의 방법을 사용하면 각종 메뉴별로 case 경우를 만들어 두고 쉽게 작업에 활용할 수 있게 됩니다. 아주 많이 사용하는 방법이므로 꼭 기억해야 합니다.

③ for 문

아마도 개발관련 언어를 배워보신 경험이 있다면 거의 대부분의 개발언어에서 등장하는 좌절의 문턱이 지금 살펴보는 for 문일 것 같습니다. 그만큼 복잡하고 또 변형도 많기 때문입니다.

Shell Script에서도 for 문을 제공하지만 다른 개발언어와는 형태가 다릅니다. 이 문장은 원하는 조건을 확인 한 후 그 조건만큼 반복을 시켜주는 문장입니다. 아래의 예로 다양한 활용법을 살펴보겠습니다.

```
for 변수명 in 값1 값2 값3 ...
do
  실행할 문장
done
```

위의 문법에서 알 수 있듯이 변수명에 값을 대입해서 값이 다 끝날 때까지 실행할 문장이 반복 수행됩니다. 그리고 if 문이 끝나면 fi로 마무리하듯이 do 부분이 끝나면 done으로 마무리해야 합니다.

다양한 예로 for 문장을 살펴보겠습니다.

- 화면에 1-5까지 출력하기

```
root@localhost:/shell
[root@localhost shell]#
[root@localhost shell]# sh for_test1.sh

1
2
3
4
5

[root@localhost shell]# vi for_test1.sh
  1 #!/bin/bash
  2 echo ""
  3 for i in 1 2 3 4 5
  4 do
  5   echo "$i"
  6 done
  7 echo ""
~
~
```

왼쪽의 for 부분을 보면 3번 줄의 I 자리에 1을 넣고 다시 5번 줄을 실행하고 다시 돌아와서 2를 넣고 다시 5번 줄을 실행하고 이렇게 반복해서 in 뒤의 값이 끝날 때까지 반복 수행됩니다.

- 반복횟수 부분의 변형 1

```
root@localhost:/shell
[root@localhost shell]# sh for_test2.sh

a.txt
b.txt
c.txt

[root@localhost shell]# vi for_test2.sh
  1 #!/bin/bash
  2 echo ""
  3 count=`ls  /shell2`
  4
  5 for i in $count
  6 do
  7   echo $i
  8 done
  9
 10 echo ""
~
~
```

3번 행에 count라는 변수를 선언합니다.
이때 주의 사항은 ls 앞에 역 따옴표를 쓴다는 것 입니다.
5번 줄의 for 문에서 반복횟수에 count 변수 값을 넣고 7번 줄에서 변수 명 출력하면 count를 실행한 값이 출력됩니다.

- 반복 횟수 부분의 변형 2

```
root@localhost:/shell
[root@localhost shell]#
[root@localhost shell]# sh for_test3.sh

Easy Shell Script~!
Easy Shell Script~!
Easy Shell Script~!

[root@localhost shell]# vi for_test3.sh
      1 #!/bin/bash
      2 echo ""
      3 count=`ls  /shell2`
      4
      5 for i in $count
      6 do
      7   echo "Easy Shell Script~!"
      8 done
      9
     10 echo ""
~
```

앞의 예와는 다르게 7번 줄에서 변수 값을 쓰지 않고 출력할 내용을 직접 지정했습니다.

- 중첩 for 문 사용하기

for 문 안에 또 다른 for 문장을 사용할 수 있습니다. 조건을 2개 이상을 줘서 첫 번째 조건을 만족할 때 두 번째 for 문을 수행하는 등의 작업을 할 때 요긴하지요. 보통 구구단의 예를 많이 듭니다. 아래의 예를 보겠습니다.

```
root@localhost:/shell
[root@localhost shell]# sh for_test4.sh

$i=a , $j=1
$i=a , $j=2
$i=a , $j=3
$i=b , $j=1
$i=b , $j=2
$i=b , $j=3
$i=c , $j=1
$i=c , $j=2
$i=c , $j=3

[root@localhost shell]# vi for_test4.sh
      1 #!/bin/bash
      2 echo ""
      3 for i in a b c
      4 do
      5     for j in 1 2 3
      6     do
      7       echo "₩$i=$i , ₩$j=$j"
      8     done
      9 done
     10 echo ""
~
~
~
```

왼쪽 문장을 보면 for문장이 두 개인데 먼저 3번 라인의 i자리에 a를 넣고 5번 라인의 1,2,3을 출력한 후 다시 3번 라인의 i 자리에 b를 넣고 1,2,3을 출력하고 다시 3번 라인에 c를 넣고 1,2,3을 실행합니다. 즉 3번 라인의 조건이 다 될 때까지 반복됩니다.

- for 문을 사용한 간단한 구구단 출력하기 예제(2단 출력하기)

```
root@localhost:/shell
[root@localhost shell]# sh for_test5.sh

2 X 1 = 2
2 X 2 = 4
2 X 3 = 6
2 X 4 = 8
2 X 5 = 10
2 X 6 = 12
2 X 7 = 14
2 X 8 = 16
2 X 9 = 18

[root@localhost shell]# vi for_test5.sh
  1 #!/bin/bash
  2 echo ""
  3
  4 for i in 2
  5 do
  6     for j in 1 2 3 4 5 6 7 8 9
  7     do
  8        gob=`expr $i \* $j`
  9        echo "$i X $j = $gob"
 10     done
 11 done
 12
 13 echo ""
~
```

8번 라인에서 gob 값을 미리 계산해서 gob 변수에 넣어 두고 계속 반복해서 수행을 하게 되는 거 알겠죠?

④ while 문

while 문장은 조건을 먼저 확인 한 후 조건을 만족할 경우에 반복을 수행하는 문장입니다.

```
while [ 조건문 ]
do
  반복할 문장
done
```

위 문법에서 조건문이 만족되는 동안에는 계속 반복적으로 수행됩니다. 즉 반복 횟수를 알 수 없는 경우에 주로 사용합니다. 반면 for 문장은 반복횟수가 결정되어 있을 때 주로 사용합니다.

- 사용자가 1이나 2를 입력하면 계속 God Bless You~!!라는 메시지를 출력하고 다른 숫자를 입력하면 Incorrect Number~Good Bye~~! 메시지를 보이면서 종료되는 스크립트를 작성하세요.

```
[root@localhost shell]# sh while_test1.sh

Enter Number (1,2) : 1

God Bless You~!!

Enter Number (1,2) : 2

God Bless You~!!

Enter Number (1,2) : 3

God Bless You~!!

Incorrect Number~
Good Bye~~!

[root@localhost shell]#
```

```
[root@localhost shell]# vi while_test1.sh
#!/bin/bash
echo ""
num=1
while [ ₩( $num -eq 1 ₩) -o ₩( $num -eq 2 ₩) ]
do
    echo -n "Enter Number (1,2) : "
    read num
    echo ""
    echo "God Bless You~!!"
    echo ""
done
    echo "Incorrect Number~"
    echo "Good Bye~~!"
    echo ""
~
~
```

- 사용자가 대문자 Y나 소문자 y를 입력할 때까지 계속 " Enter Y | y "라는 문자를 출력하게 하고 대문자 Y나 소문자 y를 입력하면 "Good~! "이라는 메시지를 출력 한 후 종료하는 스크립트를 작성하세요.

```
[root@localhost shell]#
[root@localhost shell]# sh while_test2.sh

 Enter Y | y : a

 Enter Y | y : b

 Enter Y | y : y

Good~!

[root@localhost shell]#
```

```
[root@localhost shell]# vi while_test2.sh
#!/bin/bash
echo ""
char=a

while [ ₩( $char != "Y" ₩) -a ₩( $char != "y" ₩) ]
do
  echo ""
  echo -n " Enter Y | y : "
  read char
  echo ""
done
echo ""
echo "Good~!"
echo ""
~
~
~
```

- while 문을 사용하여 사용자에게 원하는 단 수를 입력 받은 후 해당 단에 해당되는 구구단 출력하는 스크립트를 작성하세요.

```
[root@localhost shell]# sh while_test3.sh

 Enter Number :  3

3 X 1 = 3
3 X 2 = 6
3 X 3 = 9
3 X 4 = 12
3 X 5 = 15
3 X 6 = 18
3 X 7 = 21
3 X 8 = 24
3 X 9 = 27

[root@localhost shell]#
```

```
[root@localhost shell]# vi while_test3.sh
#!/bin/bash
echo ""
echo -n " Enter Number :  "
read dan
echo ""

num=1

while [ $num -lt 10 ]
do
   gob=`expr $dan ₩* $num`
   echo "$dan X $num = $gob"
   num=`expr $num + 1 `
done
echo ""
~
~
```

While 연습문제

사용자에게 원하는 단 수를 입력 받아 해당 단 수의 구구단을 출력 한 후 "Retry? y|n :" 메시지를 보인 후 대문자 Y나 소문자 y를 누르면 다시 원하는 단 수를 입력 받아 출력하게 하고 만약 "Retry? y|n :" 메시지에서 대문자 N이나 소문자 n을 누르면 "Good Bye~!!"라는 메시지를 보이면서 종료하는 스크립트를 작성하세요. (정답: while_exam1.sh)

⑤ until 반복문

while 반복문은 조건을 먼저 체크한 후 해당 조건이 참일 경우 do와 done 사이의 문장을 계속 반복하는 형태였는데 until 반복문은 조건문이 거짓이면 반복문을 계속 수행하고 조건문이 참이 될 때 반복문을 끝냅니다.

```
until [ 조건문 ]
do
  실행할 문장
done
```

- until 문으로 사용자에게 원하는 단을 입력 받아 해당 단의 구구단을 출력하세요.

```
[root@localhost shell]# sh until_test1.sh

 Enter Number :  2

2 X 1 = 2
2 X 2 = 4
2 X 3 = 6
2 X 4 = 8
2 X 5 = 10
2 X 6 = 12
2 X 7 = 14
2 X 8 = 16
2 X 9 = 18

[root@localhost shell]# sh until_test1.sh

 Enter Number :  3

3 X 1 = 3
3 X 2 = 6
3 X 3 = 9
3 X 4 = 12
3 X 5 = 15
3 X 6 = 18
3 X 7 = 21
3 X 8 = 24
3 X 9 = 27

[root@localhost shell]#
```

```
[root@localhost shell]# vi until_test1.sh

#!/bin/bash
echo ""
echo -n " Enter Number :  "
read dan
echo ""

num=1

until [ $num -eq 10 ]
do
  gob=`expr $dan ₩* $num`
  echo "$dan X $num = $gob"
  num=`expr $num + 1 `
done
echo ""
~
~
```

앞의 while 문과 조건 부분만 다르고 전부 동일하게 사용합니다.

위 예제는 7번 라인의 num= 1부터 시작해서 13번 라인으로 1씩 증가되어서 9번 조건이 참이 되는 즉 num=10이 되는 순간 스크립트가 종료됩니다.

이상으로 많이 사용되는 주요 반복문과 제어문의 문법과 활용법을 살펴보았습니다. 지금까지 살펴본 문장을 다음의 연습문제를 풀면서 완전히 익혀보겠습니다.

⑥ 제어문 연습문제

연습문제 1

아래의 예와 같이 for 문과 while 문을 사용하여 구구단 2단 - 9단까지 출력하는 스크립트를 작성하세요(파일명은 임의대로 하세요.).

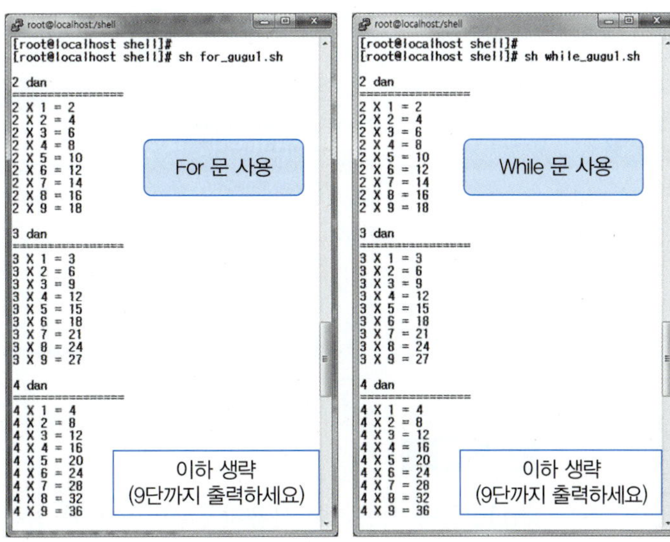

연습문제 2

이번에는 아래와 같이 옆으로 펼쳐진 구구단을 for 문과 while 문을 사용해서 작성해보세요.

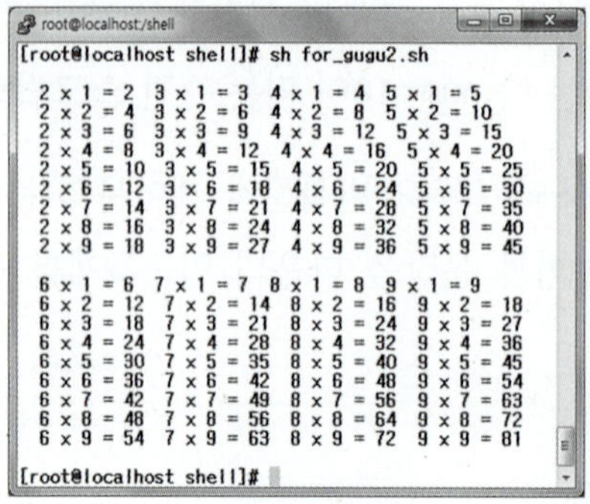

For 문 사용

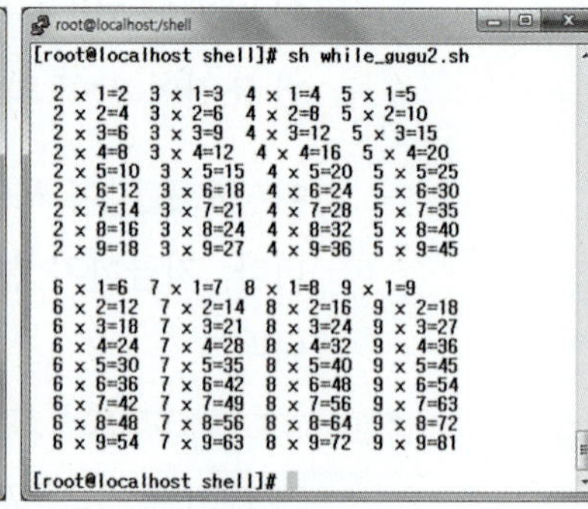

While 문 사용

연습문제 3

while 문을 사용하여 사용자로부터 숫자를 입력 받은 후 아래의 모양으로 출력 해보세요.

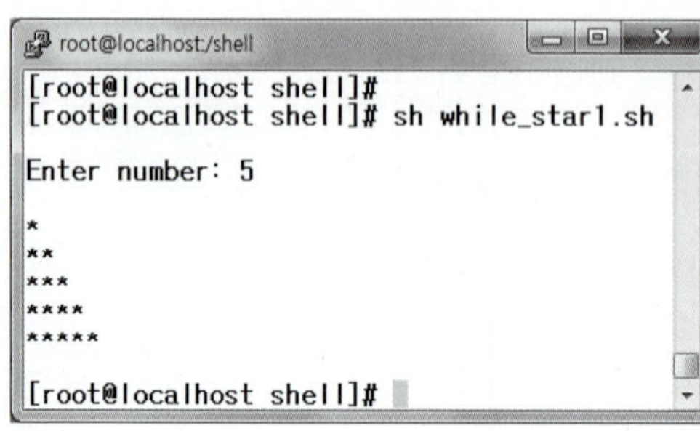

연습문제 4

while 문을 사용하여 사용자로부터 숫자를 입력 받은 후 아래의 모양으로 출력 해보세요.

```
[root@localhost shell]#
[root@localhost shell]# sh while_star2.sh

Enter number: 5

    *
   **
  ***
 ****
*****

[root@localhost shell]#
```

연습문제 5

while 문을 사용하여 사용자로부터 숫자를 입력 받은 후 아래의 모양으로 출력해보세요.

```
[root@localhost shell]#
[root@localhost shell]# sh while_star3.sh

Enter number: 5

    *
   ***
  *****
 *******
*********

[root@localhost shell]#
```

연습문제 6

while 문을 사용하여 사용자로부터 숫자를 입력 받은 후 아래의 모양으로 출력해보세요.

```
[root@localhost shell]#
[root@localhost shell]# sh while_star4.sh

Enter number: 5

*****
****
***
**
*

[root@localhost shell]#
```

연습문제 7

while 문을 사용하여 사용자로부터 숫자를 입력 받은 후 아래의 모양으로 출력해보세요.

```
root@localhost:/shell
[root@localhost shell]#
[root@localhost shell]# sh while_star5.sh

Enter number: 5

*********
 *******
  *****
   ***
    *

[root@localhost shell]#
```

연습문제 8

while 문을 사용하여 사용자로부터 숫자를 입력 받은 후 아래의 모양으로 출력해보세요.

```
root@localhost:/shell
[root@localhost shell]#
[root@localhost shell]# sh while_star6.sh

Enter number: 5

    *
   ***
  *****
 *******
*********
 *******
  *****
   ***
    *

[root@localhost shell]#
```

이상으로 어려운 반복문과 조건문을 모두 마치겠습니다. 아주 많이 사용되는 기능이므로 꼭 반복연습해서 자신의 실력으로 익히길 바랍니다.

(3) awk

awk란 이 방법을 만들어 낸 사람들인 A.V.Aho, P.J.Weinberger, B.Kernigham 의 머리 글자를 따서 붙여진 이름으로 작은 하나의 프로그래밍 언어입니다.

이 언어는 출력되는 파일의 각 행을 아주 쉽게 조작할 수 있는 기능을 제공합니다. 아주 많은 기능이 있지만 여기서는 주로 많이 사용되는 부분 위주로 살펴보겠습니다.

```
awk '패턴 {action}' "대상 파일 이름"
```

위 패턴에 올 수 있는 내용은 아래와 같습니다.

패턴	의미
BEGIN	특정 명령 실행 전에 먼저 실행함
END	특정 명령 실행 후 실행함
/정규식/	이 정규식이 있는 라인에서 실행함
패턴1 && 패턴2	패턴1과 패턴2를 동시에 만족할 때 실행함
패턴1 || 패턴2	패턴1이나 패턴2 중 하나만 만족해도 실행함
!패턴	패턴과 다를 때 실행함

AWK란 작은 프로그래밍 언어이기 때문에 다양한 연산자를 사용합니다. 거의 대부분은 Shell Script와 동일하지만 일부가 다르기 때문에 다시 한 번 살펴보겠습니다.

산술연산자	기호	의미
	+	더하기
	−	빼기
	*	곱하기
	/	나누기
	A % B	나머지 값
	+ +	1 증가
	− −	1 감소

대입연산자	기호	의미
	A = B	A = B
	A += B	A = A+B
	A −= B	A = A−B
	A *= B	A = A*B
	A /= B	A = A / B
	A %= B	A = A%B

논리연산자	기호	의미
	&&	AND
	||	OR

비교연산자	기호	의미
	!	NOT
	A 〉B	A가 B보다 크다
	A 〉= B	A가 B보다 크거나 같다
	A 〈 B	A가 B보다 작다
	A 〈= B	A가 B보다 작거나 같다
	A = = B	A와 B가 같다
	A != B	A와 B가 다르다

거의 대부분의 연산자가 C 언어와 많이 닮았지만 몇 개가 다르므로 주의 깊게 보세요.

AWK 내부에 미리 정의되어 사용되는 환경변수들의 목록은 아래와 같습니다.

변수명	의미
FILENAME	현재 처리중인 파일 이름
FS	필드 구분자
RS	레코드 구분자
NF	현재 레코드에서 필드 수
NR	현재 파일에서 전체 레코드 수
OFS	출력할 때 필드 구분자
ORS	출력할 때 레코드 구분자

awk 테스트를 하기 위해 아래와 같이 디렉터리를 만들고 파일을 생성하겠습니다.

```
root@localhost:/awk
[root@localhost shell]#
[root@localhost shell]# mkdir /awk
[root@localhost shell]# cd /awk
[root@localhost awk]# touch a.txt b.txt c.txt
[root@localhost awk]# man ls > a.txt
[root@localhost awk]# man ls > b.txt
[root@localhost awk]# man ls >> b.txt
[root@localhost awk]# man ls >> c.txt
[root@localhost awk]# man ls >> c.txt
[root@localhost awk]# man ls >> c.txt
[root@localhost awk]#
[root@localhost awk]# ls -l /awk > list.txt
[root@localhost awk]# vi list.txt

total 64
-rw-r--r-- 1 root root  9703 Mar  8 22:27 a.txt
-rw-r--r-- 1 root root 19406 Mar  8 22:27 b.txt
-rw-r--r-- 1 root root 29109 Mar  8 22:27 c.txt
-rw-r--r-- 1 root root     0 Mar  8 22:27 list.txt
~
```

예제 1

```
root@localhost:/awk
[root@localhost awk]#
[root@localhost awk]# awk '{print $1 , $2 , $3}' list.txt
total 64
-rw-r--r-- 1 root
-rw-r--r-- 1 root
-rw-r--r-- 1 root
-rw-r--r-- 1 root
[root@localhost awk]#
```

위 예에서 보는 바와 같이 awk에서는 컬럼 하나를 변수 하나에 치환해서 작업을 할 수가 있습니다. 즉 출력되는 결과 화면에서 공백으로 구분해서 첫 번째부터 $1, $2... 이런 식으로 할당해서 제어할 수 있는 것입니다.

예제 2

이번에는 조건을 주는 예제를 보겠습니다. 크기가 10000 이상인 파일만 권한, 크기, 파일명을 출력합니다.

```
root@localhost:/awk
[root@localhost awk]#
[root@localhost awk]# awk '$5 > 10000 {print $1,$5,$9}' list.txt
-rw-r--r-- 19406 b.txt
-rw-r--r-- 29109 c.txt
[root@localhost awk]#
```

예제 3

리터럴 문자를 추가해서 '...파일의 권한은...크기는....입니다' 의 형태로 출력합니다.

```
root@localhost:/awk
[root@localhost awk]#
[root@localhost awk]# awk '{print $9" 파일의 권한은  ",$1" 이고  크기는 " ,$5" 입니다" }' list.txt
 파일의 권한은   total 이고  크기는   입니다
a.txt 파일의 권한은   -rw-r--r-- 이고  크기는  9703 입니다
b.txt 파일의 권한은   -rw-r--r-- 이고  크기는  19406 입니다
c.txt 파일의 권한은   -rw-r--r-- 이고  크기는  29109 입니다
list.txt 파일의 권한은   -rw-r--r-- 이고  크기는  0 입니다
[root@localhost awk]#
```

awk 언어는 아주 방대한 내용을 가지고 있지만 여기서는 스크립트를 작성할 수 있는 정도로만 살펴보았습니다. 보다 자세한 내용은 awk 전문 서적을 참고하세요.

(4) 주요 Shell Script 예

아래 스크립트들은 데이터베이스를 백업 받는 몇 가지 스크립트입니다. 어렵지 않으니 차근차근 살펴보세요.

① main_backup.sh

```
1  export LANG=C
2  export ORACLE_BASE=/app/oracle
3  export ORACLE_HOME=$ORACLE_BASE/product/11g
4  export PATH=$ORACLE_HOME/bin:$PATH
5  export ORACLE_SID=testdb
6  echo “”
7  echo “”
8
9  echo “set begin backup mode~~”
10 time sh /app/oracle/begin_backup.sh >> /app/oracle/total.log
11 echo “”
12 echo “end begin backup mode~~”
13 echo “”
14 echo “start file copy.....................”
15 time sh /app/oracle/copy_backup.sh >> /app/oracle/total.log
16 echo “end file copy~”
17 echo “”
18 echo “set end backup mode~~”
19 time sh /app/oracle/end_backup.sh >> /app/oracle/total.log
20 echo “complete hot backup~!”
```

위 스크립트에서 10번, 15번, 19번 줄에서 다른 스크립트 파일을 호출한 후 실행 내역을 /app/oracle/total.log에 저장합니다.

어려운 부분 아니니까 이해할 수 있죠? 그럼 위에서 언급된 스크립트들을 하나씩 자세히 살펴보겠습니다.

② begin_backup.sh

```
root@localhost:/shell
[root@localhost awk]# cd /shell
[root@localhost shell]# vi begin_backup.sh

 1 export LANG=C
 2 export ORACLE_BASE=/app/oracle
 3 export ORACLE_HOME=$ORACLE_BASE/product/11g
 4 export PATH=$ORACLE_HOME/bin:$PATH
 5 export ORACLE_SID=testdb
 6
 7 sqlplus /nolog <<EOF1
 8 conn / as sysdba
 9
10 set head off
11 set feedback off
12 set time off
13 set timing off
14 set echo off
15 spool /tmp/online.tmp
16 select 'alter tablespace '|| tablespace_name ||' begin backup;' ₩
17 from dba_tablespaces ₩
18 where status='ONLINE' ₩
19 and contents != 'TEMPORARY';
20 spool off
21 !cat /tmp/online.tmp | egrep -v spool | egrep -v SQL |egrep -v SYS| egrep -v [2-4] > /app/oracle/begin.sh
22 @/app/oracle/begin.sh
23 !sh /app/oracle/status.sh
24 exit
25 EOF1
~
```

위 스크립트의 1번에서 5번까지는 기본적인 오라클 관련 환경설정을 적은 것입니다. 이 설정은 현재 운영 중이거나 설치 시에 설정했던 값들을 적으면 됩니다. 7번 줄을 보면 <<EOF1이라는 부분이 보이는데 이 부분 뒤부터 25번 줄의 EOF1이라는 부분이 나올 때까지 그 사이에 있는 내용을 SQL로 입력하는 것과 동일한 효과를 냅니다.

10번부터 14번까지는 SQL*PLUS 에서의 각종 설정 값을 off하는 것인데 직접 테스트를 해 보면 금방 효과가 눈에 보일 것입니다. 15번 줄을 보면 spool이란 부분이 보이는 데 spool은 작성하는 sql 문장을 OS 파일로 저장하는 역할을 합니다. 위의 경우에는 16번 줄부터 spool off가 나오기 전인 19번 줄까지의 내용을 /tmp/online.tmp 파일에 전부 저장하라는 뜻입니다.

16번 줄부터 19번 줄까지는 dba_tablespaces 딕셔너리에서 TEMPORARY Tablespace만 제외하고 begin backup 받는 SQL 명령어를 생성하는 부분입니다.

21번 줄은 spool로 저장한 /tmp/online.tmp 파일에서 먼저 egrep -v spool 이란 문장으로 spool 이 들어간 부분을 빼고 뒤로 넘겨서 egrep -v SQL이란 부분으로 SQL이 들어간 부분 빼고 뒤로 또 넘겨서 egrep -v SYS라는 부분으로 SYS가 들어간 부분을 빼고 egrep -v [2-4] 부분으로 숫자도 빼고 나머지 결과를 리다이렉션을 써서 /app/oracle/begin.sh 파일에 저장을 했습니다.

22번 줄은 @로 위 21번 줄에서 만든 스크립트를 실행합니다. 이 스크립트가 실행되면 모든 테이블 스페이스가 begin backup 상태로 변하게 됩니다.

23번 줄은 status.sh 파일을 실행시킵니다. 이 파일은 뒤에서 살펴보겠지만 현재 begin backup 상태 유무를 조회하는 스크립트 입니다.

③ copy_backup.sh

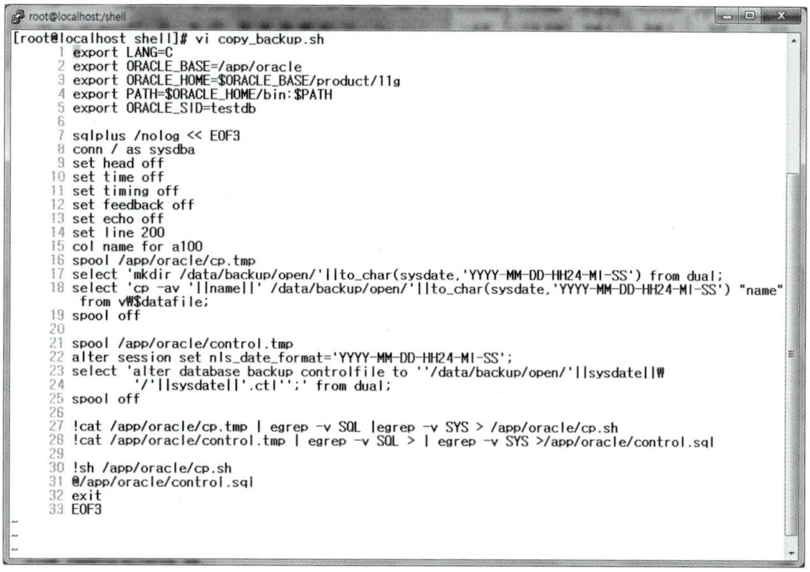

```
[root@localhost shell]# vi copy_backup.sh
 1 export LANG=C
 2 export ORACLE_BASE=/app/oracle
 3 export ORACLE_HOME=$ORACLE_BASE/product/11g
 4 export PATH=$ORACLE_HOME/bin:$PATH
 5 export ORACLE_SID=testdb
 6
 7 sqlplus /nolog << EOF3
 8 conn / as sysdba
 9 set head off
10 set time off
11 set timing off
12 set feedback off
13 set echo off
14 set line 200
15 col name for a100
16 spool /app/oracle/cp.tmp
17 select 'mkdir /data/backup/open/'||to_char(sysdate,'YYYY-MM-DD-HH24-MI-SS') from dual;
18 select 'cp -av '||name||' /data/backup/open/'||to_char(sysdate,'YYYY-MM-DD-HH24-MI-SS') "name"
    from v₩$datafile;
19 spool off
20
21 spool /app/oracle/control.tmp
22 alter session set nls_date_format='YYYY-MM-DD-HH24-MI-SS';
23 select 'alter database backup controlfile to ''/data/backup/open/'||sysdate||₩
24        '/'||sysdate||'.ctl'';' from dual;
25 spool off
26
27 !cat /app/oracle/cp.tmp | egrep -v SQL |egrep -v SYS > /app/oracle/cp.sh
28 !cat /app/oracle/control.tmp | egrep -v SQL > | egrep -v SYS >/app/oracle/control.sql
29
30 !sh /app/oracle/cp.sh
31 @/app/oracle/control.sql
32 exit
33 EOF3
~
~
~
```

1번에서 5번 줄까지는 위에서 살펴본 바와 같이 환경설정 부분입니다. 16번 줄에서 /app/oracle/cp.tmp 파일에 17번 ~ 18번 줄의 내용을 저장합니다.

17번 줄은 /data/backup/open 디렉터리 아래에 현재 SQL을 수행하는 날짜로 디렉터리를 생성하는 쿼리입니다. 이 쿼리 때문에 매일 매번 백업을 수행할 때마다 고유한 이름의 디렉터리가 생성되고 파일이 백업 됩니다.

18번 줄은 데이터 파일을 17번 줄에서 만든 디렉터리로 복사하는 작업을 합니다. 21번 줄부터 25번 줄까지는 control file을 백업 받는 작업을 수행합니다.

27번 줄은 /app/oracle/cp.tmp 파일에서 SQL과 SYS라는 단어를 뺀 후 /app/

oracle/cp.sh 파일에 저장합니다.

28번 줄은 /app/oracle/control.tmp 파일에서 SQL과 SYS라는 단어를 뺀 후 /app/oracle/control.sql 파일로 저장합니다.

④ end_backup.sh

```
root@localhost:/shell
[root@localhost shell]#
[root@localhost shell]# vi end_backup.sh
 1 export LANG=C
 2 export ORACLE_BASE=/app/oracle
 3 export ORACLE_HOME=$ORACLE_BASE/product/11g
 4 export PATH=$ORACLE_HOME/bin:$PATH
 5 export ORACLE_SID=testdb
 6
 7 sqlplus /nolog <<EOF1
 8 conn / as sysdba
 9
10 set head off
11 set feedback off
12 set time off
13 set timing off
14 set echo off
15 spool /app/oracle/end.tmp
16 select 'alter tablespace '|| tablespace_name ||' end backup;' ₩
17 from dba_tablespaces ₩
18 where status='ONLINE' ₩
19 and contents != 'TEMPORARY';
20 spool off
21 !cat /app/oracle/end.tmp | egrep -v spool | egrep -v SQL |egrep -v SYS | egrep -v [2-4] > /app/oracle/end.sh
22 @/app/oracle/end.sh
23 !sh /app/oracle/status.sh
24 exit
25 EOF1
~
~
```

위 스크립트는 앞에서 begin backup -> cp를 다 한 후 전체를 end backup 처리하는 스크립트입니다. 1번 줄 - 5번 줄까지는 환경 설정 부분입니다.

15번 줄에서 /app/oracle/end.tmp 파일에 관련 스크립트를 저장합니다. 21번 줄에서 /app/oracle/end.tmp 파일에서 spool , SQL , SYS ,[2-4] 부분을 뺀 후 /app/oracle/end.sh 파일로 저장합니다.

22번 줄에서 /app/oracle/end.sh 파일을 수행하여 전체 테이블 스페이스를 End Backup 작업합니다.

⑤ status.sh

```
root@localhost:/shell
[root@localhost shell]#
[root@localhost shell]# vi status.sh
export LANG=C
export ORACLE_BASE=/app/oracle
export ORACLE_HOME=$ORACLE_BASE/product/11g
export PATH=$ORACLE_HOME/bin:$PATH
export ORACLE_SID=testdb

sqlplus /nolog <<EOF2
conn / as sysdba

set head on
set echo off
set feedback off
spool /app/oracle/status.tmp
set line 200
col name for a50
col status for a15
select a.file#,a.name,b.status,to_char(b.time,'YYYY-MM-DD:HH24:Mi;SS') "Time" ₩
from v₩$datafile  a ,v₩$backup b ₩
where a.file#=b.file#;
spool off
exit
EOF2
~
~
~
```

위 스크립트는 End Backup이 끝난 후 모든 테이블스페이스가 End Backup이 정상적으로 되었는지 확인하는 스크립트입니다. 세부 내용은 앞에서 설명한 내용들과 많이 중복되므로 생략하겠습니다.

⑥ exp_script.sh

```
root@localhost:/shell
[root@localhost shell]#
[root@localhost shell]# vi exp_script.sh

export LANG=C
export ORACLE_BASE=/app/oracle
export ORACLE_HOME=$ORACLE_BASE/product/11g
export PATH=$ORACLE_HOME/bin:$PATH
export ORACLE_SID=testdb

sqlplus /nolog << EOF3
conn / as sysdba
set head off
set time off
set timing off
set feedback off
set echo off
set line 200
col name for a100
spool /app/oracle/exp.tmp
select 'mkdir -p /data/backup/exp/'||to_char(sysdate,'YYYY-MM-DD-HH24-MI-SS') from dual;
select distinct 'exp system/oracle'||' owner='||lower(owner)||' file=/data/backup/exp/'||
to_char(sysdate,'YYYY-MM-DD-HH24-MI-SS')||'/'||lower(owner)||'.dmp'||' filesize=100m dire
ct=y' from dba_tables where owner not in('SYS','DBSNMP','WMSYS','IX','SYSTEM','OE','PM','
EXFSYS','CTXSYS','OLAPSYS','MDSYS','SYSMAN','LOADER','XDB','ORDSYS','OUTLN','TSMSYS','DMS
YS');
spool off

!cat /app/oracle/exp.tmp | egrep -v SQL |egrep -v SYS > /app/oracle/exp.sh

!sh /app/oracle/exp.sh
exit
EOF3
~
```

이 스크립트는 원본 DB에서 데이터를 export로 추출할 때 Schema 별로 저장하는 스크립트입니다. 위에서 살펴봤던 스크립트와 거의 동일한데 주의 사항은 18번 줄입니다. 라인이 길다고 줄 바꾸지 말고 꼭 한 줄로 이어서 작성하세요. 그리고 사용자 이름이 있는 곳에 제외하고 싶은 계정을 DB에 맞게 수정해야 합니다.

이상으로 Shell Script에 대해서 살펴보았습니다.

찾아보기

쉬운 설명과 실전 예제가 가득한

오라클 관리 실무

서진수 지음

초판발행 : 2013. 7. 20
제1판3쇄 : 2017. 11. 3
발 행 인 : 김 승 기
발 행 처 : 생능출판사
신고번호 : 제406-2005-000002호
신고일자 : 2005. 1. 21
ISBN : 978-89-7050-782-8(93000)

10881
경기도 파주시 광인사길 143
대표전화 : (031)955-0761, FAX : (031)955-0768
홈페이지 : http://www.booksr.co.kr

정가 45,000원